Laura Lemay
Rogers Cadenhead

Aprendiendo Java™ 2 en 21 Días

TRADUCCIÓN:
Antonio Enrique González Velázquez
Traductor Profesional

José Antonio Solbes Shang
Traductor Profesional

REVISIÓN TÉCNICA:
Ariel Ortiz Ramírez
Profesor en Ciencias Computacionales
Tecnológico de Monterrey, Campus Estado de México

PRENTICE
HALL

MÉXICO • NUEVA YORK • BOGOTÁ • LONDRES • MADRID
MUNICH • NUEVA DELHI • PARÍS • RÍO DE JANEIRO • SIDNEY
SINGAPUR • TOKIO • TORONTO • ZURICH

/ Datos de catalogación bibliográfica

LEMAY, LAURA
Aprendiendo Java 2 en 21 días
PRENTICE-HALL, México, 1999

ISBN: 970-17-0229-8
Materia: Computación

Formato: 18.5 x 23.5　　　Páginas: 640

EDICIÓN EN ESPAÑOL
EDITOR DIVISIÓN COMPUTACIÓN: ÓSCAR MADRIGAL MUÑIZ
SUPERVISOR DE TRADUCCIÓN: ANTONIO NÚÑEZ RAMOS
SUPERVISOR DE PRODUCCIÓN: JOSÉ D. HERNÁNDEZ GARDUÑO

APRENDIENDO JAVA 2 EN 21 DÍAS

Traducido del inglés de la obra: **SAMS TEACH YOURSELF JAVA 2 IN 21 DAYS**

Authorized translation from the English Language edition published by
SAMS PUBLISHING

All rights reserved. No part of this book may be reproduced or transmitted in any form or by any means, electronic or mechanical, including photocopying recording or by any information storage retrieval system, without permission in writing from the publisher.

Spanish language edition published by
Prentice-Hall Hispanoamericana, S.A.
Copyright © 1999

Traducción autorizada de la edición en inglés publicada por: SAMS PUBLISHING
Copyright © 1998

Todos los derechos reservados. Ninguna parte de este libro puede reproducirse o transmitirse bajo ninguna forma o por ningún medio, electrónico ni mecánico, inlcuyendo fotocopiado y grabación, ni por ningún sistema de almacenamiento y recuperación de información, sin permiso por escrito del editor.

Edición en español publicada por:
Prentice-Hall Hispanoamericana, S.A.
Derechos Reservados © 1999

Calle Cuatro No. 25, 2° piso
Col. Fracc. Industrial Alce Blanco
53370 Naucalpan de Juárez, Edo. México

ISBN 970-17-0229-8

Miembro de la Cámara Nacional de la Industria Editorial, Reg. Núm. 1524
Original English Language Edition Published by SAMS PUBLISHING
Copyright © 1998
All Rights Reserved

ISBN 1-57521-390-7

Impreso en México/Printed in Mexico

Advertencia y aclaración de reponsabilidad

Este libro se vende como está, sin responsabilidad de ninguna especie expresa o tácita. Aunque se han tomado todas las precauciones posibles en la preparación de esta obra, ni el (los) autor(es) ni Prentice–Hall Hispanoamericana, asumen responsabilidad alguna por los daños que resulten del uso de la información o las instrucciones aquí contenidas; así como tampoco se hacen responsables por el daño o pérdida de datos que resulten en el equipo del usuario o lector, por el uso directo o indirecto que se haga de esta obra.

EDITOR EJECUTIVO
Mark Taber

EDITOR DE DESARROLLO
Scott Meyers

EDITOR ADMINISTRATIVO
Patrick Kanouse

EDITOR DE PROYECTO
Andrew Cupp

CORRECTORES DE ESTILO
Tonya Maddox
Chuck Hutchinson
Pat Kinyon
San Dee Phillips

INDIZADORA
Erika Millen

REVISOR TÉCNICO
Eric A. Wolf

PRODUCCIÓN
Carol Bowers
Ayanna Lacey
Gene Redding

■
MAY

LITOGRAFICA INGRAMEX, S.A. DE C.V.
CENTENO NO. 162-1
MEXICO, D.F.
C.P. 09810

1999
■

Resumen de contenido

Introducción   1

SEMANA 1 LOS INICIOS DE LA PROGRAMACIÓN EN JAVA   **7**

Día	1	Introducción a Java	9
	2	Un vistazo a la programación orientada a objetos	33
	3	Los ABCs de Java	65
	4	Lecciones de objetos	89
	5	Listas, lógica y ciclos	111
	6	Creación de clases	135
	7	Uso de métodos para realizar tareas	153

SEMANA 2 TEMAS AVANZADOS DE JAVA   **171**

Día	8	Cómo poner programas interactivos en Web	173
	9	Cómo mejorar la apariencia de sus programas con gráficos, fuentes y color	231
	10	Adición de imágenes, animación y sonido	231
	11	Construcción de interfaces de usuario sencillas para applets	267
	12	Organización de los componentes en una interfaz de usuario	291
	13	Respuesta a la entrada del usuario en un applet	317
	14	Desarrollo de interfaces de usuario avanzadas con el AWT	351

SEMANA 3 AFINE SUS CONOCIMIENTOS DE JAVA   **379**

Día	15	Funciones de las clases: paquetes, interfaces y otras características	381
	16	Circunstancias excepcionales: manejo de errores y la seguridad	413
	17	Manejo de datos a través de los flujos de Java	437
	18	Comunicación a través de Internet	461
	19	JavaBeans y otras características avanzadas	485
	20	Diseño de una interfaz de usuario con Swing	509
	21	Manejo de eventos de usuario con Swing	531

APÉNDICES			**553**
Apéndice A	Resumen del lenguaje Java		555
	B	Recursos de Java en Internet	565
	C	Configuración del JDK	573
	D	Uso de un editor de texto con el JDK	583
		Índice	589

Contenido

INTRODUCCIÓN	1
SEMANA 1 LOS INICIOS DE LA PROGRAMACIÓN EN JAVA	**7**
DÍA 1 INTRODUCCIÓN A JAVA	9
Qué es Java	11
Nacido para correr... en Web	11
La biografía no autorizada	13
Versiones del lenguaje	15
Dime, dime, esferita de cristal	16
¿Por qué está usted aquí?	16
Java está orientado a objetos	20
Java es sencillo de aprender	20
Adéntrese en la programación en Java	21
Cómo seleccionar una herramienta de desarrollo Java	21
Instalación del JDK	22
Su primera aplicación Java	26
Compilación y ejecución del programa en Windows	28
Resumen	31
Preguntas y respuestas	32
DÍA 2 UN VISTAZO A LA PROGRAMACIÓN ORIENTADA A OBJETOS	33
Piense en términos de objetos	34
Objetos y clases	35
Un ejemplo de diseño de clases	36
Atributos y comportamiento	38
Atributos de una clase de objetos	38
Comportamiento de una clase de objetos	39
Creación de una clase	41
Ejecución del programa	44
Organización de las clases y su comportamiento	48
Herencia	48
Creación de una jerarquía de clases	50
La herencia en acción	53
Herencia sencilla y múltiple	54
Interfaces	54
Paquetes	55
Creación de una subclase	55
Resumen	61
Preguntas y respuestas	63

Día 3 Los ABCs de Java — 65

- Instrucciones y expresiones 66
- Variables y tipos de datos 67
  - Creación de variables 67
  - Nomenclatura de variables 69
  - Tipos de variable 70
  - Asignación de valores a las variables 72
- Comentarios 72
- Literales 73
  - Literales numéricas 73
  - Literales booleanas 74
  - Literales de caracteres 75
  - Literales de cadena 76
- Expresiones y operadores 77
  - Aritmética 77
  - Más sobre asignación 79
  - Incremento y decremento 80
  - Comparaciones 82
  - Operadores lógicos 83
  - Precedencia de operadores 84
- Aritmética de cadenas 86
- Resumen 87
- Preguntas y respuestas 88

Día 4 Lecciones de objetos — 89

- Creación de objetos nuevos 90
  - Uso de new 90
  - Qué hace new 92
  - Observación acerca de la administración de memoria 93
- Acceso y establecimiento de variables de clase y de instancia 93
  - Cómo obtener valores 93
  - Modificación de valores 94
  - Variables de clase 95
- Llamadas a métodos 96
  - Los métodos de clase 98
- Referencias a objetos 99
- Conversión por cast y conversión normal de objetos y tipos primitivos 100
  - Conversión por cast de tipos primitivos 102
  - Conversión por cast de objetos 103
  - Conversión de tipos primitivos a objetos y viceversa 104
- Comparación de valores de objetos y de clases 105
  - Comparación de objetos 105
  - Determinacion de la clase de un objeto 107

	Examen de clases y métodos con reflexión	107
	Resumen	109
	Preguntas y respuestas	110
Día 5	**Listas, lógica y ciclos**	**111**
	Arreglos	112
	Declaración de variables de arreglo	112
	Creación de arreglos de objetos	113
	Acceso a los elementos del arreglo	114
	Modificación de los elementos de un arreglo	115
	Arreglos multidimensionales	117
	Instrucciones de bloque	118
	Condicionales `if`	119
	El operador condicional	121
	Condicionales `switch`	122
	Ciclos `for`	125
	Ciclos `while` y `do`	128
	Ciclos `while`	128
	Ciclos `do...while`	130
	Interrupción de los ciclos	131
	Ciclos etiquetados	132
	Resumen	134
	Preguntas y respuestas	134
Día 6	**Creación de clases**	**135**
	Definición de clases	136
	Creación de variables de clase y de instancia	136
	Definición de variables de instancia	136
	Constantes	137
	Variables de clase	138
	Creación de métodos	139
	Definición de métodos	139
	La palabra clave `this`	141
	Alcance de variables y definiciones de métodos	142
	Paso de argumentos a métodos	143
	Métodos de clase	145
	Creación de aplicaciones en Java	146
	Clases auxiliares	147
	Aplicaciones Java y argumentos de línea de comandos	148
	Paso de argumentos a las aplicaciones Java	148
	Manejo de argumentos en su aplicación Java	148
	Resumen	151
	Preguntas y respuestas	152

Día 7 Uso de métodos para realizar tareas — 153

Creación de métodos con el mismo nombre, pero con diferentes argumentos ... 154
Métodos constructores 158
    Métodos constructores básicos 159
    Cómo llamar a otro método constructor 160
    Sobrecarga de métodos constructores 160
Sobreposición de métodos 162
    Cómo llamar al método original 165
    Sobreposición de constructores 166
Métodos finalizadores 168
Resumen 169
Preguntas y respuestas 169

Semana 2 Temas avanzados de Java — 171

Día 8 Cómo poner programas interactivos en Web — 173

Diferencias entre los applets y aplicaciones 174
Restricciones de seguridad de applets 175
    Cómo elegir una versión de Java 176
    Control de seguridad mejorado 177
Creación de applets 177
    Actividades principales de applets 178
    Un applet sencillo 180
Inclusión de un applet en una página Web 182
    La etiqueta <APPLET> 182
    Cómo probar el resultado 183
    Cómo poner applets en Web 184
Más acerca de la etiqueta <APPLET> 185
    ALIGN 185
    HSPACE y VSPACE 186
    CODE y CODEBASE 186
    La etiqueta <OBJECT> 187
Archivos JAVA 188
    Otros formatos de almacenamiento 190
Paso de parámetros a los applets 191
Resumen 195
Preguntas y respuestas 197

Día 9 Cómo mejorar la apariencia de sus programas con gráficos, fuentes y color — 199

La clase Graphics 200
    El sistema de coordenadas para gráficos 202
Dibujo y relleno 202

	Líneas 203

- Líneas 203
- Rectángulos 203
- Óvalos 207
- Arcos 208
- Copiado y limpieza 212
- Texto y fuentes 213
  - Cree objetos `Font` 213
  - Dibujo de caracteres y cadenas 213
  - Cómo obtener información acerca de una fuente 214
- Color 216
  - Uso de objetos Color 216
  - Cómo probar y establecer los colores actuales 217
- Operaciones gráficas avanzadas mediante Java2D 218
  - Espacios de coordenadas de usuario y de dispositivo 219
  - Conversión por cast de un objeto `Graphics2D` 219
  - Especificación de los atributos de modelizado 220
  - Colores 2D 220
  - Creación de objetos para dibujar 223
  - Dibujo de objetos 225
- Resumen 228
- Preguntas y respuestas 229

Día 10 Adición de imágenes, animación y sonido 231

- Animación en Java 232
  - Pintado y repintado 232
  - Inicio y paro de la ejecución de un applet 233
  - Control de la animación mediante subprocesos 233
  - Cómo escribir applets con subprocesos 234
  - Cómo poner todo junto 236
- Cómo reducir el parpadeo de la animación 239
  - El parpadeo y cómo evitarlo 239
  - Sobreposición de `update()` 240
  - Una solución: no limpiar la pantalla 240
- Recuperación y uso de imágenes 243
  - Cómo obtener imágenes 243
  - Rutas relativas de archivo 244
  - Dibujo de imágenes 245
  - Una nota acerca de los observadores de imágenes 246
  - Cómo poner a trabajar las imágenes 246
- Cómo crear animación mediante imágenes 248
  - El ejemplo Neko 248
  - Doble búfer 256

Una nota acerca del borrado de objetos de `Graphics` 258
    El applet `Checkers` 258
Recuperación y uso sonidos 261
Resumen 264
Preguntas y respuestas 265

DÍA 11 CONSTRUCCIÓN DE INTERFACES DE USUARIO SENCILLAS PARA APPLETS   267

El AWT 268
Componentes de una interfaz de usuario 269
    Adición de componentes a un contenedor 269
    Etiquetas 271
    Botones 273
    Casillas de verificación 274
    Listas de selección 277
    Campos de texto 279
    Áreas de texto 282
    Listas desplazables 283
    Barras de desplazamiento y deslizadores 285
    Lienzos 287
Resumen 289
Preguntas y respuestas 289

DÍA 12 ORGANIZACIÓN DE LOS COMPONENTES EN UNA INTERFAZ DE USUARIO   291

Diseño básico de interfaces 292
    Diseño de una interfaz 292
    El administrador `FlowLayout` 293
    El administrador `GridLayout` 294
    El administrador `BorderLayout` 296
Cómo mezclar administradores de diseño 298
Diseño de interfaces avanzadas 299
    El administrador `CardLayout` 299
    El administrador `GridBagLayout` 302
    Relleno de celdas 313
    Márgenes 313
Resumen 314
Preguntas y respuestas 314

DÍA 13 RESPUESTA A LA ENTRADA DEL USUARIO EN UN APPLET   317

Manejo de eventos 318
    Tipos de eventos 318
    El método `handleEvent()` 318
Manejo de los clics del ratón 319
    Eventos ratón arriba y ratón abajo 319
    Doble clic 324

Manejo de los movimientos del ratón 325
    Eventos de arrastre y movimiento del ratón 325
    Los eventos ratón entra y ratón sale 326
    Un ejemplo: dibujo de líneas 326
Manejo de los eventos de teclado 331
    Los eventos tecla abajo y tecla arriba 332
    Teclas predeterminadas 332
    Un ejemplo: escriba, despliegue y mueva caracteres 333
    Prueba de las teclas modificadoras y los botones múltiples del ratón 337
El manejador de eventos genérico 338
Manejo de los eventos de componentes 340
    Manejo de eventos de acción 341
    Manejo de los eventos de enfoque 343
    Eventos del área de texto 344
    Eventos de listas desplazable 344
Un ejemplo: el interruptor de colores de fondo 345
    Adición del código de eventos 346
Resumen 349
Preguntas y respuestas 349

Día 14 Desarrollo de interfaces de usuario avanzadas con el AWT   351

Ventanas, marcos y cuadros de diálogo 352
    La clase `Window` 352
    Marcos 352
    Cuadros de diálogo 356
    Eventos de ventanas 361
Menús 362
    Menús y barras de menús 362
    Elementos de menú 363
    Eventos de menú 364
Creación de aplicaciones AWT independientes 364
Un ejemplo completo: el convertidor RGB a HSB 366
    El diseño del applet 367
    Definición de los subpaneles 369
    Manejo de eventos 371
    Actualización del resultado 372
    El código fuente completo 375
Resumen 377
Preguntas y respuestas 377

Semana 3 Afine sus conocimientos de Java — 379

Día 15 Funciones de las clases: paquetes, interfaces y otras características — 381

Modificadores 382
    Control de acceso a métodos y variables 382
Métodos y variables estáticos 388
Clases, métodos y variables final 390
    Variables 391
    Métodos 391
    Clases 392
Clases y métodos abstractos 392
Paquetes 393
Uso de los paquetes 394
    Nombres completos de paquetes y clases 395
    El comando `import` 395
    Conflictos de nombres 396
    Una nota acerca de CLASSPATH y dónde se ubican las clases 397
Creación de sus propios paquetes 397
    Selección de un nombre para el paquete 397
    Creación de la estructura de una carpeta 398
    Cómo agregar una clase al paquete 398
    Control de acceso a los paquetes y las clases 398
Interfaces 400
    El problema de la herencia sencilla 401
    Interfaces y clases 402
    Implementación y uso de las interfaces 402
    Implementación de múltiples interfaces 403
    Otros usos de las interfaces 404
Cómo crear y extender las interfaces 405
    Interfaces nuevas 405
    Métodos dentro de las interfaces 406
    Cómo extender interfaces 407
    Un ejemplo: enumeración de listas vinculadas 408
Clases internas 409
Resumen 411
Preguntas y respuestas 412

Día 16 Circunstancias excepcionales: manejo de errores y la seguridad — 413

Excepciones, la forma vieja y confusa 414
Las excepciones de Java 415
Manejo de excepciones 417
    Verificación de la consistencia de las excepciones 418
    Protección de código y captura de excepciones 418
    La cláusula `finally` 421

Cómo declarar métodos que podrían lanzar excepciones 422
    La cláusula `throws` 423
    ¿Qué excepciones debería lanzar? 423
    Cómo pasar las excepciones 424
    `throws` y herencia 425
Cómo crear y lanzar sus propias excepciones 426
    Cómo lanzar excepciones 426
    Creación de sus propias excepciones 427
    Combine `throws`, `try`, y `throw` 427
Cuándo usar excepciones y cuándo no 428
    Cuándo usar excepciones 428
    Cuándo no usar excepciones 429
    Mal estilo al usar las excepciones 429
Cómo usar firmas digitales para identificar los applets 430
    Ejemplo de una firma digital 431
    Firmas específicas para navegador 433
    Políticas de seguridad 434
Resumen 435
Preguntas y respuestas 435

Día 17 Manejo de datos a través de los flujos de Java   437

Introducción a los flujos 438
    Cómo utilizar un flujo 438
    Cómo filtrar un flujo 439
Flujos de bytes 440
    Flujos de archivo 440
Filtrado de un flujo 444
    Filtros de bytes 445
Flujos de caracteres 452
    Cómo leer archivos de texto 453
    Cómo escribir archivos de texto 455
Archivos y filtros para los nombres de archivo 456
Resumen 459
Preguntas y respuestas 460

Día 18 Comunicación a través de Internet   461

Conectividad en Java 462
    Apertura de conexiones con Web 462
    Apertura de un flujo a través de la red 463
    Sockets 467
Trivia: un socket simple tipo cliente–servidor 468
    Diseño del programa Trivia 469
    Implementación del servidor Trivia 470

Implementación del cliente Trivia	479
Trivia en acción	482
Resumen	482
Preguntas y respuestas	483

DÍA 19 JAVABEANS Y OTRAS CARACTERÍSTICAS AVANZADAS 485

JavaBeans	486
El objetivo de JavaBeans	487
Cómo se relacionan JavaBeans y Java	488
La API de JavaBeans	489
Trucos con applets	491
El método `showStatus()`	491
Información del applet	491
Creación de vínculos dentro de los applets	491
Comunicación entre applets	495
Cortar, copiar y pegar	496
Creación de objetos transferibles	497
El portapapeles	498
Invocación a Métodos Remotos	502
La arquitectura de la RMI	503
Creación de aplicaciones RMI	504
Conectividad para bases de datos de Java	505
Resumen	506
Preguntas y respuestas	507

DÍA 20 DISEÑO DE UNA INTERFAZ DE USUARIO CON SWING 509

Los beneficios de Swing	510
Estructura de una aplicación	511
Cómo agregar componentes a un marco de Swing	512
A trabajar con Swing	514
Etiquetas	515
Botones	515
Campos de texto	516
Áreas de texto	516
Casillas de verificación y botones de opción	516
Listas de selección	517
Barras de desplazamiento	517
Un ejemplo: la aplicación `SwingColorTest`	518
Las nuevas características de Swing	520
Cómo establecer la apariencia	521
Métodos abreviados	522
Información sobre herramientas	522
Descripciones y nombres de los componentes	522

	Cuadros de diálogo estándar	523
	Un ejemplo: la aplicación `Info`	527
	Resumen	530
	Preguntas y respuestas	530
Día 21	**Manejo de eventos de usuario con Swing**	**531**
	El evento principal	532
	Escuchadores de eventos	532
	Cómo establecer los componentes	533
	Métodos manejadores de eventos	534
	Trabajo con métodos	537
	Eventos de acción	537
	Eventos de ajuste	538
	Eventos de enfoque	540
	Eventos de elemento	541
	Eventos de tecla	542
	Eventos de ratón	543
	Eventos de movimiento del ratón	544
	Eventos de ventana	544
	Un ejemplo: la aplicación `SwingColorTest`	545
	Resumen	549
	Preguntas y respuestas	550

APÉNDICES   553

Apéndice A	**Resumen del lenguaje Java**	**555**
	Palabras reservadas	556
	Comentarios	556
	Literales	556
	Declaración de variables	557
	Asignación de variables	558
	Operadores	558
	Objetos	559
	Arreglos	560
	Ciclos y condicionales	560
	Definiciones de clases	561
	Definiciones de métodos y constructores	561
	Importación	563
	Protección	563
Apéndice B	**Recursos de Java en Internet**	**565**
	Sitio Web de este libro	565
	Otros título a considerar	566

	El sitio de Sun Microsystems	566
	Otros sitios Web sobre Java	568
	La página de libros de Java	568
	Directorio Java de Gamelan	568
	Servicio de clasificación de applets de Java	569
	JavaWorld	569
	Preguntas más frecuentes en Java	569
	Grupos de noticias de Java	570
	Oportunidades de empleo	571

APÉNDICE C CONFIGURACIÓN DEL JDK — 573

Configuración de Windows 95 y Windows NT 573
    Verifique la instrucción PATH 575
    Cambie su configuración de PATH 575
    Cómo reparar los errores Class not found 576
    Configuración de UNIX 580
    Reparación de errores Class not found en otras plataformas 580

APÉNDICE D USO DE UN EDITOR DE TEXTO CON EL JDK — 583

Seleccione un editor de texto 583
Cómo crear una asociación de archivos en Windows 95 585
    Cómo borrar una asociación de archivo 586
    Cómo crear una nueva asociación 587
    Cómo asociar un icono con un tipo de archivo 588

ÍNDICE — 589

Acerca de los autores

Laura Lemay es redactora técnica. Después de haberse pasado seis años escribiendo documentación de software para varias empresas de computación en Silicon Valley, decidió que escribir libros sería mucho más divertido. En sus ratos libres colecciona computadoras, direcciones electrónicas, tintes de cabello interesantes y motocicletas. También es la culpable de *Aprendiendo HTML para Web en una semana (publicado por Prentice Hall Hispanoamericana), The Official Marimba Guide to Castanet,* y *Sams Teach Yourself Perl in 21 Days, Third Edition.*

Rogers Cadenhead es un autor en serie, que escribiría sin parar si no se le detuviera. Es autor de tres de los siguientes cuatro libros: *Aprendiendo Java 1.1 en 24 horas (publicado por Prentice Hall Hispanoamericana), Sams Teach Yourself to Create a Home Page in 24 Hours, Sams Teach Yourself SunSoft Java Workshop in 21 Days,* y *Sams Teach Yourself to Erase Incriminating Audiotape in 17 Minutes.* También escribe una trivia de preguntas y respuestas en una columna del *Forth Worth Star Telegram,* Knight-Ridder News Service, y para el *New York Yimes* News Syndicate. Es el responsable del sitio Web de este libro en `http://www.prefect.com/java21`.

Dedicatoria

A Eric, por todas las razones comunes (soporte moral, preguntas estúpidas, apoyo en los momentos difíciles, tomar grandes cantidades de café). —LL

A Rita Cracker (de cariño "Nana") y Mary Cadenhead (de cariño "Abuela" o "Mimi"). Cualquiera debería tener a su alrededor abuelas tan amantes, apoyadoras y divertidas como estas dos (aunque ellas no me dieron el pony que yo realmente, pero realmente, quería cuando tenía cinco años). —Rogers

Reconocimientos

De Laura Lemay:

Al equipo de Java de Sun, por todo su intenso trabajo en Java, el lenguaje, y sobre el navegador, en particular a Jim Graham, quien me enseñó Java y HotJava en un curso intensivo en mayo de 1995 y sembró la idea de este libro.

A todos quienes compraron mis libros anteriores y les gustaron: compren también éste.

De Rogers Cadenhead:

Soy una de esas personas que planea su discurso de recepción del Oscar con anterioridad, aunque yo nunca trabajé en ningún proyecto que pudiera liderar para ganar un premio de la academia. Si este libro fuera elegible para un Oscar, mi discurso podría empezar por ayudar a los compañeros de Macmillan, quienes han contribuido en gran manera a la calidad de este libro, incluyendo a Mark Teber, Scott Meyers, Tonya Maddox, Eric Wolf, y Deborah Frisby. A continuación, quisiera agradecer a mi ex agente Brian Gill y mi agente actual David Rogerverg, y le plantaría un beso a mi esposa Mary y a mi hijo Max, quien debería estar entre la audiencia de este libro. Después del beso, lanzaría los nombres de conocidos personales y parientes a quienes debo favores o dinero, Wade DuChene, Jonhatan Bourne, Mark Winner, Phil Weinstock, Eric Manuel, Chad Cadenhead, Kelly Cadenhead, Mama, Papa, Clint Moewe, Marie Moewe, Industrial Light and Magic, James Cameron, la Academia, Mike Rhyner, la Liga anti-difamación de B'nai Brith, Andrew Borokove, Greg Williams, Walker, Comisario de Texas, el sistema decimal Dewey, y la estación de radio KTCK de Dallas –Fort Worth. Finalmente, me gustaría terminar con una súplica a toda la gente para que viva en armonía y paz, y por la abolición inmediata del bateador designado.

Prentice-Hall Hispanoamericana

El personal de Prentice-Hall Hispanoamericana, S.A. está comprometido en presentarle lo mejor en material de consulta sobre computación. Cada libro de Prentice-Hall Hispanoamericana es el resultado de meses de trabajo de nuestro personal, que investiga y refina la información que se ofrece.

Como parte de este compromiso con usted, el lector de PHH, Prentice-Hall Hispanoamericana lo invita a dar su opinión. Por favor háganos saber si disfruta este libro, si tiene alguna dificultad con la información y los ejemplos que se presentan, o si tiene alguna sugerencia para la próxima edición.

Sin embargo, recuerde que el personal de Prentice-Hall Hispanoamericana no puede actuar como soporte técnico o ni responder preguntas acerca de problemas relacionados con el software o el hardware.

Si usted tiene alguna pregunta o comentario acerca de cualquier libro de Prentice-Hall Hispanoamericana, existen muchas formas de entrar en contacto con nosotros. Responderemos a todos los lectores que podamos. Su nombre, dirección y número telefónico jamás formarán parte de ninguna lista de correos ni serán usados para otro fin, más que el de ayudarnos a seguirle llevando los mejores libros posibles. Puede escribirnos a la siguiente dirección:

Prentice-Hall Hispanoamericana, S.A.

Attn: Editorial División Computación

Calle Cuatro No. 25, 2º Piso,

Col. Fracc. Alce Blanco

Naucalpan de Juárez, Edo. de México.

C.P. 53370

Si lo prefiere, puede mandar un fax a Prentice-Hall Hispanoamericana al (525) 5387-0811.

También puede ponerse en contacto con Prentice-Hall Hispanoamericana a través de nuestra página Web: http://www.prentice.com.mx

Introducción

Hace tres años, mencionar la palabra "java" traía a la mente una de dos cosas: Una isla de Indonesia o una taza de café caliente. Hoy, quienquiera que haya tenido contacto con una página Web, alguna revista de computación, o una sección de negocios de algún diario, tiene otro concepto de Java: el lenguaje de programación introducido por Sun Microsystems.

Se pueden encontrar películas en los principales videoclubes, atletas en una intriga de crímenes y políticos corruptos que han recibido menos atención que Java. El lenguaje ha llegado a ser parte del desarrollo de software, como el líquido del mismo nombre.

Por una parte Java mantiene despiertos a los programadores hasta tarde, mientras al mismo tiempo otro tipo de Java permite a los programadores dormir mejor después de una jornada de desarrollo de programas.

El lenguaje de programación Java alcanzó un lugar importante a fines de 1995 cuando Netscape firmó un contrato para integrarlo en el navegador Navigator. Hoy hay varias opciones para agregar programas interactivos a Web, incluyendo Shockwave de Macromedia y ActiveX de Microsoft. Cuando se introdujo Java se revolucionó la naturaleza de las páginas Web. Los applets de Java, pequeños programas que se ejecutan dentro del navegador como parte de una página, sirven para varios propósitos: juegos, multimedia, animación, y otros efectos especiales. De acuerdo con la máquina de búsqueda AltaVista, más de un millón de páginas en Web incluyen applets de Java.

Al ser liberada la versión 1.2 de Java, ésta tiene alcance completo sobre Web. El lenguaje es tan popular en Internet que además está disponible para el desarrollo de programas de uso general.

Podría serle familiar el uso de herramientas de programación Java como Visual Café de Symantec y Java Workshop de SunSoft. Estos programas permiten desarrollar programas Java funcionales, pero la mejor manera de entender todo el alcance de este lenguaje es a través de la experiencia directa de trabajar con él por medio del JDK de Sun (Kit de Desarrollo de Java). El paquete, que está disponible sin costo en Web en http://java.sun.com, es un conjunto de herramientas de comandos en línea para escribir, compilar y probar la ejecución de programas Java.

Aquí es donde queremos presentar el libro *Aprendiendo Java 2 en 21 días* editado por Prentice Hall. Usted será guiado por todos los aspectos del desarrollo de programas Java mediante la versión más actual del lenguaje y las mejores técnicas disponibles.

Cuando termine de leer el libro, tendrá razones bien fundamentadas por las que Java ha llegado a ser el lenguaje de programación más comentado durante la última década, y las razones de por qué podría ser el lenguaje de programación de mayor uso en la próxima década.

Cómo está organizado este libro

Aprendiendo Java 2 en 21 días cubre el lenguaje Java y sus bibliotecas de clases en 21 días, organizándolas en tres semanas por separado. Cada semana cubre un área amplia y distinta del desarrollo de applets y aplicaciones Java.

En la primer semana usted aprenderá el lenguaje Java en sí mismo:

- Día 1 es la introducción básica: Qué es Java, por qué es tan innovador y cómo obtener los programas necesarios para crear programas Java. Incluso creará su primera aplicación Java.
- En el día 2, explorará conceptos básicos de programación orientada a objetos al mismo tiempo en que son aplicables a Java.
- En el día 3, será iniciado en detalles con bloques básicos de construcción en Java: tipos de datos, variables, y algunos tipos de expresiones como las aritméticas y las comparaciones.
- Durante el día 4 se profundiza en detalles de cómo manejar objetos en Java, cómo crearlos, cómo tener acceso a sus variables y llamar a sus métodos, y cómo compararlos y copiarlos. También tendrá un primer contacto con las bibliotecas de clases Java.
- En el día 5, aprenderá más de Java a través de los arreglos, instrucciones condicionales y ciclos.
- El día 6 explora completamente la creación de clases, los bloques de construcción básicos de cualquier programa Java y cómo ponerlos juntos para conformar una aplicación Java (Un programa que pueda ejecutarse por sí mismo sin depender de un navegador Web).
- Lo que usted aprendió durante el día 6, lo construirá durante el día 7. Usted aprenderá más acerca de cómo crear y usar métodos, incluyendo sobreseer y sobrecargar métodos y crear constructores.

La semana 2 se dedica principalmente a los applet y las técnicas de programación gráficas como la animación y manejo de imágenes:

- El día 8 proporciona los elementos básicos de los applets, cómo difieren de las aplicaciones, cómo las crean, y acerca de las partes más importantes de un ciclo de vida de un applet. También aprenderá cómo crear páginas HTML que contienen applets Java.
- En el día 9 aprenderá acerca de las clases Java para dibujar figuras y caracteres en la pantalla- incluyendo la cobertura de las nuevas clases Java 2D introducidas en Java 1.2
- En el día 10, usted crea programas multimedia que usan imágenes, sonido y secuencias de animación. Usted también tiene su primera experiencia con los subprocesos. Una forma de hacer que sus programas manejen varias tareas al mismo tiempo.

- El día 11 empieza una exploración de cuatro días a la programación visual. Usted aprende a crear una interfaz gráfica de usuario para los applets usando el AWT (Kit de herramientas para el manejo Abstracto de Ventanas), un conjunto de clases introducidas en Java 1.02.
- El día 12 cubre cómo hacer que una interfaz de usuario luzca bien mediante los administradores de diseño, un conjunto de clases que determinan cómo se organizan los componentes en una interfaz.
- El día 13 continúa la cobertura del AWT con clases de manejo de eventos, los cuales capacitan a un programa para responder a los clics del ratón y otras interacciones del usuario.
- En el día 14 usted redondea su conocimiento del AWT al aprender a desarrollar ventanas de aparición, menús, y aplicaciones independientes.

La semana 3 incluye tópicos avanzados y una introducción a Swing, la nueva expansión de programación visual al AWT:

- En el día 15 usted aprende más acerca de interfaces y paquetes, los cuales son útiles para agrupar clases y organizar una jerarquía de clases, así como otros aspectos avanzados del núcleo del lenguaje por sí mismo.
- El día 16 cubre las excepciones, errores, avisos, y otras condiciones anormales, generadas tanto por el sistema como por sus programas; también aprenderá acerca de la seguridad Java.
- El día 17 cubre los flujos de entrada y de salida, un conjunto de clases que permiten el acceso a archivos, el acceso a red, y otros manejos de datos sofisticados.
- En el día 18 usted extiende su conocimiento de flujos para escribir programas que se comunican con Internet, incluyendo la programación con sockets y el manejo de los URL.
- En el día 19 se toca algo de lo más nuevo y las características más sofisticadas del lenguaje en la versión 2, incluyendo JavaBeans, RMI (Invocación Remota de Métodos) y otros temas.
- El día 20 inicia una introducción de dos días a Swing, las nuevas clases sobresalientes que son partes de Java 2. Usted usa estas clases para crear la interfaz de usuario para una aplicación, a partir de características como una variable de sensación de apariencia
- El día 21 usted finaliza su conocimiento de Swing al activar una interfaz gráfica de usuario dentro de una aplicación funcional que pueda responder a los eventos del usuario.

Acerca de este libro

Este libro le enseña todo acerca del lenguaje Java y cómo usarlo para crear applets tanto para Web como para aplicaciones independientes. Al terminar *"Aprendiendo Java 2 en 21 días"* usted sabrá lo suficiente acerca de Java y las bibliotecas de clases Java para hacer casi cualquier cosa, dentro o fuera de un applet.

Quién debería leer este libro

Este libro enseña el lenguaje Java a tres grupos:

- Programadores novatos.
- Gente que ha sido introducida a Java 1.1 o 1.02
- Desarrolladores experimentados en otros lenguajes como Visual C++, Visual Basic o Deplhi.

Usted aprende a desarrollar applets; también conocerá los programas Java interactivos que se ejecutan como parte de una página Web y aplicaciones, programas que corren en cualquier otra parte. Cuando usted termine "*Aprendiendo Java 2 en 21 días*" será capaz de salvar cualquier aspecto del lenguaje y se sentirá lo suficientemente bien con Java para profundizar en sus propios proyectos ambiciosos de programación, dentro o fuera de Web.

Si usted todavía es razonablemente novato en la programación, o si nunca antes ha escrito un programa, bien podría suponer que éste es el libro correcto para superarse. Puesto que todos los conceptos de este libro están ilustrados con programas funcionales, usted podrá trabajar a su manera a través del tema, sin importar su nivel de experiencia. Si entiende qué son variables, ciclos y funciones, se beneficiará plenamente de este libro. El tipo de persona que querría leer este libro le incluye si cualesquiera de los siguientes aspectos son ciertos:

- Usted es un verdadero mago en HTML, entiende la programación CGI en Perl, Visual Basic, o en algún otro lenguaje y desea pasar al siguiente nivel en el diseño de páginas Web.
- Usted tuvo algún conocimiento de BASIC o Pascal, tiene idea de lo que es programación, y ha escuchado que Java es fácil de aprender, poderoso y fenomenal.
- Usted ha programado en C o C++ durante algunos años, ha oído acerca de méritos relativos a Java, y desea ver si vale la pena el entusiasmo.
- Usted ha escuchado que Java es fabuloso para la programación en Web y desea ver qué tan bien se puede usar en otros desarrollos de software.

Si nunca ha sido introducido a la programación orientada a objetos, estilo de programación inmersa en Java, no tiene de qué preocuparse. Este libro asume que no se cuenta con conocimientos previos en el diseño orientado a objetos, y usted tiene la oportunidad de aprender la estrategia de desarrollo radical al tiempo que crea sus propios applets.

Cómo se estructura este libro

Se pretende que este libro sea leído y absorbido en un lapso de tres semanas. Durante cada semana usted lee siete capítulos que le presentan conceptos asociados al lenguaje Java y la creación de applets y aplicaciones,

Convenciones

Nota — Una Nota presenta piezas interesantes de información, algunas veces técnicas, relativas a la explicación del momento.

Tip — Un Tip ofrece un consejo o una manera más sencilla de hacer algo.

Precaución — Una precaución le pone sobre aviso acerca de problemas potenciales y le ayuda a evitar un desastre.

TÉRMINO NUEVO Los términos nuevos están acompañados de cuadros propios, con el término nuevo en itálicas.

ESCRIBA Un icono ESCRIBA identifica parte del código Java que usted mismo puede escribir. También puede obtener el código del sitio Web del libro.

ENTRADA Un icono de entrada acompaña al indicador de comandos.

SALIDA Un icono de salida muestra el abandono de un programa Java.

El texto que usted escribe y el texto que debería aparecer en su pantalla se presenta en tipo monoespaciado:

```
It will look like this
```

El texto que usted escribe también aparecerá en negritas.

Esta fuente simula la forma en que el texto aparece en su pantalla. Los marcadores de posición para las variables y expresiones aparecen en *itálicas monoespaciadas*.

Al final de cada capítulo se presentan preguntas comunes acerca del tema objeto del día, con respuestas de los autores.

Semana 1

Los inicios de la programación en Java

1. Introducción a Java
2. Un vistazo a la programación orientada a objetos
3. Los ABCs de Java
4. Lecciones de objetos
5. Listas, lógica y ciclos
6. Creación de clases
7. Uso de métodos para realizar tareas

SEMANA 1

DÍA 1

Introducción a Java

> *El resultado representa el producto final de casi 15 años de intentos por conseguir un mejor lenguaje y un ambiente de programación para la construcción de un software más sencillo y confiable.*

—Bill Joy, cofundador de Sun Microsystems

> *El campanero loco tenía razón. Es posible ganar dinero en un lugar como éste.*

—El hombre sin nombre, *Un puñado de dólares*.

Cuando el lenguaje de programación Java fue dado por primera vez a la luz pública en mayo de 1995, se asemejaba mucho a Clint Eastwood en su papel de pistolero, entrando a un pueblo hostil del Oeste.

Como Clint, Java era un desconocido para el resto del pueblo. Era un lenguaje de programación que se podía ejecutar en una página Web, construyendo un nombre para sí mismo entre gráficos, texto, audio y señales de "EN CONSTRUCCIÓN" por todos lados. La gente venía desde muchos kilómetros a la redonda (la mayoría mediante enlaces de Internet, pero hubo quien vino en persona a Silicon Valley) para darle una ojeada a este lenguaje.

La leyenda de Java ha sobrepasado un poco algunas veces a la realidad:

- "¡Los programas escritos en Java se ejecutan sin falla en distintas plataformas de computación sin modificaciones!"
- "¡Java termina con la hegemonía de los sistemas operativos de Microsoft!"
- "¡Java hace que los autores de libros de computación lleguen a ser celebridades aplaudidas internacionalmente!"

Del mismo modo, la leyenda se identificó rápidamente por sí misma con las hazañas cinematográficas de Clint:

- "¡Desayuna balas!"
- "¡Golpea tan duro que tu abuelo tendrá un magullón!"
- "¡Puede matar a un hombre con sólo parpadear!"

Sin embargo, durante los últimos tres años Java ha vivido mucho más de su euforia inicial. La versión 2 de Java es un testamento para el éxito y el crecimiento continuo del lenguaje de programación.

A partir de hoy, usted aprenderá el lenguaje Java y por qué tuvo impacto inmediato en la industria de la computación. Usará la versión 2 de Java —la más actualizada del momento— para crear aplicaciones que se ejecuten en su computadora personal y también en una red como Internet. También podrá crear programas que se ejecuten en páginas Web mediante Java 1.0.2, la versión que se hizo popular primero y continúa siendo soportada por la mayoría de los navegadores Web. Cuando llegue al final del libro, posiblemente encuentre otra semejanza de Java con Clint Eastwood: Java es fenomenal.

Mas no fenomenal en el sentido de "Saltar de la sartén al fuego" o en el sentido de que "Midas es puro oro y ni siquiera lo sabe", o fenomenal en el sentido de "Soy una estrella de rap y puedo canturrear 75 frases por minuto".

Java es fenomenal porque es un lenguaje extraordinario que hace más sencillo que muchos programadores lleven a cabo cosas extraordinarias. Java es fenomenal porque hace que conceptos rompecabezas como la programación orientada a objetos, sean más inteligibles.

Como la palabra "salsa", la palabra Java es fenomenal porque es divertido pronunciarla en voz alta. La experiencia de pronunciarla es mucho más satisfactoria que exclamar "Visual Basic", "C más más", "Algol", o "Mumps".

Si hace su tarea durante los 21 días de este libro, usted pronto será un experto en toda la gama de capacidades de Java, incluyendo gráficos, entrada y salida de archivos, diseño de interfaces de usuario, manejo de eventos y animación. Podrá escribir programas que se ejecuten en páginas Web y otros que corran en su computadora personal.

Las metas de hoy son razonablemente modestas. Aprenderá sobre los temas siguientes:
- A qué se parece Java hoy y cómo llegó hasta ahí.
- Por qué vale la pena aprender Java, y por qué es un justo competidor para otros lenguajes de programación.
- Lo que se necesita para empezar a escribir programas Java, el software, las técnicas y algo de terminología básica.
- Cómo crear su primer programa de Java.

Qué es Java

Basándose en la enorme cantidad de publicaciones que Java ha recibido durante los últimos años y la altísima cantidad de libros acerca de Java (1054 de acuerdo al más reciente conteo de la revista *JavaWorld*), usted podría tener una impresión exagerada de lo que Java es capaz de hacer.

Java es un lenguaje de programación apropiado para diseñar programas que funcionen en conjunto con Internet. También es un lenguaje de programación que hace uso de una metodología cuya utilidad es creciente en el mundo del diseño de software. Además, es un lenguaje de plataformas cruzadas, lo que significa que puede ser diseñado para que corra igualmente en Windows de Microsoft, Apple de Macintosh y la mayoría de las versiones UNIX, incluyendo Solaris. Java se extiende más allá de los escritorios para ejecutarse en dispositivos como televisores, relojes de pulso y teléfonos celulares. JavaStation, la computadora de red de Sun, ejecuta el sistema operativo JavaOS y está optimizada para el lenguaje.

Java es más parecido a lenguajes de programación populares como C, C++, Visual Basic y Delphi, que a lenguajes de descripción de páginas como HTML o un lenguaje de generación de scripts sencillo como JavaScript.

Nacido para correr... en Web

A Java se le conoce mejor por su capacidad para correr en páginas Web. Los navegadores de Netscape Navigator e Internet Explorer de Microsoft pueden obtener un programa Java de una página Web y ejecutarlo localmente en el navegador Web del usuario.

Estos programas, a los cuales se les conoce como *applets*, aparecen en una página Web de manera parecida a las imágenes. A diferencia de éstas, los applets son interactivos (tomando la entrada del usuario, respondiendo a ella y presentando un contenido en cambio constante).

Los applets se pueden usar para crear animación, figuras, juegos, formularios que respondan inmediatamente a la entrada del lector, u otros efectos interactivos entre textos y gráficos en las mismas páginas Web. La figura 1.1 muestra un applet ejecutándose en la versión 4.04 de Netscape Navigator. Java permite que una persona juegue dominó contra tres oponentes en computadora.

FIGURA 1.1

Un applet de Java corriendo en Netscape Navigator 4.04.

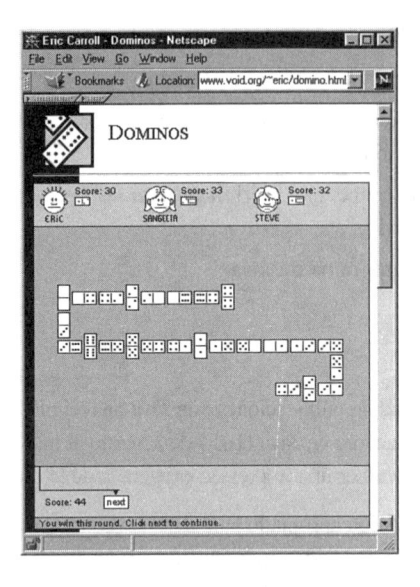

> **Nota**
>
> El applet Dominos fue escrito por Eric Carroll, un programador de Java, caricaturista, y el oponente de computadora con cabeza de púas en la figura 1.1. Puede encontrar el juego de dominó y la página de inicio de Eric visitando `http://www.void.org/~eric/domino.html`.

Los applets se descargan de Web igual que las páginas HTML, gráficos o cualquier otro elemento de un sitio Web. En un navegador equipado para manejar Java, el applet iniciará su ejecución en cuanto esté descargado por completo.

Los applets están escritos con el lenguaje Java, compilados de tal forma que puedan ser ejecutados como un programa, y colocados en un servidor Web. La mayoría de los servidores pueden entregar archivos Java sin tener ningún cambio en su configuración.

> **Nota**
>
> Actualmente casi todos los applets están escritos usando Java 1.0.2, la primera versión popular del lenguaje, debido a que las compañías líderes de navegadores han sido lentas para dar soporte a Java 1.1 y Java 2. Afortunadamente Sun Microsystems incluyó el Java Plug-in en la versión final de Java 2, el cual permite que los applets se ejecuten utilizando la máquina virtual del ambiente de ejecucción de Java 2 en lugar de usar la máquina virtual del navegador del usuario. El java Plug-in funciona con las versiones recientes de Microsoft Internet Explorer y Netscape Navigator.

Los usuarios de Web con un navegador sin soporte de Java podrían ver texto, un gráfico o nada (dependiendo de si el diseñador de la página ofrece una alternativa al applet de Java). Conforme avance en este libro aprenderá más acerca de cómo trabajan applets, navegadores y Web entre sí.

Aunque los applets son probablemente el uso más popular de Java, son sólo un modo de usar el lenguaje. Como Visual C++, Visual Basic y Delphi, Java es un lenguaje robusto para desarrollar una amplia gama de programas, soportar interfaces gráficas de usuario, conectividad de redes, conectividad de bases de datos y otra funcionalidad sofisticada. Para diferenciarlos de los applets, a los programas escritos en Java que no se ejecutan dentro de un navegador Web se les llama aplicaciones.

La biografía no autorizada

El lenguaje Java fue desarrollado en Sun Microsystems en 1991 como parte del proyecto Green, un grupo de investigación con la misión de desarrollar software para el control de dispositivos electrónicos dirigidos al consumidor final. Los investigadores esperaban desarrollar un lenguaje de programación que pudiera ser ejecutado en aparatos inteligentes del futuro (televisores interactivos, tostadores de pan interactivos, luces rastreadoras interactivas). También deseaban que estos dispositivos se comunicaran entre sí, para que la podadora le pudiera decir a la licuadora que le avisara a usted que los vecinos habían regresado del colegio y que de nuevo estaban tomando baños de sol.

Para arrancar su investigación, los investigadores de Green desarrollaron un prototipo de dispositivo llamado Star7, semejante a un control remoto común que se pudiera comunicar con otros de su propia clase. La idea original fue desarrollar el sistema operativo del Star7 en C++, el popular lenguaje de programación orientado a objetos desarrollado por Bjarne Stroustrup. Sin embargo, James Gosling, miembro del proyecto Green, al no quedar satisfecho con el desempeño de C++ en la propuesta, se encerró en su oficina y escribió un nuevo lenguaje para mejorar la manipulación del Star7. Al lenguaje se le denominó Oak, en honor al árbol que Gosling podía ver por la ventana de su oficina.

> **Nota**
>
> Sun descubrió más tarde que el nombre Oak ya se había usado, pero nunca se utilizó el método de Gosling "mira por la ventana" al renombrar al lenguaje. Si lo tuviera, usted podría agregar alguno de los siguientes nombres de lenguajes a su currículum en 21 días:
> - Fresalvaje
> - Laventanaindiscreta
> - Agujeronegro
> - Lavaventanas

- Eshoradecomer
- Guardaespaldas
- Solovino

Al ser diseñado teniendo en mente aplicaciones en vez de computadoras personales de primera línea, Java tenía que ser pequeño, eficiente y fácilmente portable a una amplia gama de dispositivos. También tenía que ser confiable. La gente ha aprendido a vivir con la suspensión ocasional del sistema o una falla en el software de la aplicación que consume 5 MB de espacio en disco. No es fácil pasar por alto a una tostadora mal programada que tiene el pésimo hábito de estallar en llamas.

Aunque originalmente Java no funcionó como una herramienta de desarrollo de dispositivos y TV's interactivas, las cosas que funcionaron para Star7 también funcionaron para Web:

- Java es pequeño —Los programas son más rápidos de descargar desde una página.
- Java es seguro —Evita que los hackers escriban programas que causen estragos en los navegadores de los usuarios.
- Java es portable —Permite ser ejecutado en Windows, Macintosh y otras plataformas sin modificación alguna.

Además, Java podría ser usado como un lenguaje de programación de propósito general para desarrollar programas que se puedan ejecutar en distintas plataformas.

Para demostrar el potencial de Java y salvar su proyecto de investigación de ser archivado, en 1994 se creó un navegador que pudiera ejecutar applets de Java. El navegador demostró dos cosas acerca de Java: lo que ofrecía a Web y qué tipo de programas podría crear. Los programadores Patrick Naughton y Johnathan Payne usaron Java para crear el navegador, originalmente llamado WebRunner, pero lo rebautizaron como HotJava.

Aunque Java y el navegador HotJava fueron bien recibidos en la comunidad Web, realmente el lenguaje tomó fuerza luego que Netscape fuera la primera compañía en licenciar el lenguaje en agosto de 1995. Marc Andreesen, ejecutivo de Netscape, fue el primero, además de Sun, en ver el atractivo de Java y le dio su apoyo irrestricto en la conferencia sobre JavaOne de mayo de 1996. Dijo a los asistentes "Java es una gran oportunidad para todos nosotros". Poco después de la primera liberación pública de Java, Sun depositó todo su desarrollo de Java en una nueva subsidiaria llamada JavaSoft y contrató a cientos de empleados para continuar expandiendo el lenguaje.

Versiones del lenguaje

Sun ha liberado tres versiones principales del lenguaje Java:

- Java 1.0.2—Es aún la versión más ampliamente soportada por los navegadores Web.
- Java 1.1.7—Ésta es una versión de 1998 con mejoras a la interfaz del usuario, manejo de eventos y mayor consistencia en el lenguaje.
- Java 2—La nueva versión, liberada primero bajo el nombre Java 1.2 para pruebas beta públicas en diciembre de 1997.

Nota

En diciembre de 1998, Sun Microsystems liberó finalmente la plataforma Java 2, cuyo nombre clave inicialmente fue JDK 1.2. Es importante notar que aunque el nombre oficial manejado por Sun con fines publicitarios es Java 2, el kit de herramientas de desarrollo, junto con toda su documentación en línea, mantiene su nombre original: JDK 1.2. Por tanto, en este libro, sin ánimo de confundir al lector, los términos Java 2 y JDK 1.2 se manejan de manera intercambiable.

Los números de versión del lenguaje Java corresponden al software primario de desarrollo de Sun: el JDK (Kit de Desarrollo de Java). Comúnmente denominado como el JDK, actualmente está disponible en las versiones 1.0.2, 1.1.7 y 1.2.

El JDK siempre ha estado disponible sin costo en http://java.sun.com, y su disponibilidad es uno de los factores detrás del rápido crecimiento del lenguaje. Es la primera herramienta de desarrollo que soporta nuevas versiones de Java cuando han sido liberadas, frecuentemente seis meses o más antes que otros programas de desarrollo de Java.

Además del JDK, hay más de una docena de herramientas comerciales de desarrollo de Java disponibles para programadores de Java, entre las que se incluyen las siguientes:

- Visual Café de Symantec
- JBuilder de Borland
- SuperCede
- JFactory de Rogue Wave
- Natural Intelligence Roaster
- CodeWarrior de MetroWerks
- Java WorkShop de SunSoft

Si planea usar alguna herramienta distinta al JDK 1.2 de Sun para crear programas de Java, asegúrese de que soporte Java 2. Al momento de escribir el libro, el JDK continúa siendo la única herramienta que tiene soporte completo a la versión 2 de este lenguaje.

Precaución

Los programas en este libro fueron probados con el JDK 1.2 Beta 3, la versión más actual del kit al momento de la impresión de este libro. Si utiliza algo diferente al JDK, asegúrese antes que soporte plenamente la versión 2 de Java.

Dime, dime, esferita de cristal

Quienquiera que pueda definir con precisión el futuro de Java debería tomar el camino de las inversiones de riesgo en vez de escribir un libro. Kleiner, Perkins, Caufield and Byers (KPCB) ha ofrecido 100 millones de dólares en apoyo a compañías que inicien operaciones en torno a Java.

Sin embargo, las mejoras incluidas en Java 2 presagian buenas cosas para su futuro, como un lenguaje multipropósito sofisticado. Las versiones previas de Java eran más propias para programas pequeños basados en Web en vez de aplicaciones a gran escala, como software de colaboración de grupos, conjuntos de productividad, y juegos multijugador en interred.

Ya no se puede decir lo mismo de Java 2. Algunas de las características avanzadas introducidas con la versión vigente incluyen lo siguiente:

- Swing —Nuevas características para crear una interfaz gráfica de usuario, ya sea en el estilo de un sistema operativo específico o un nuevo estilo de Java llamado Metal.
- Arrastrar y colocar —La capacidad de transferir interactivamente información entre aplicaciones distintas, y de una parte de una interfaz de un programa a otra.
- Revisión completa a las características de audio de Java, colocándolas más en línea con las capacidades de otros lenguajes.

He aquí una oportunidad de trabajar con éstas y otras características nuevas en las próximas tres semanas.

¿Por qué está usted aquí?

Antes era mucho más fácil imaginarse por qué la gente tomaba un libro de este tipo. La mayoría deseaba usar Java para crear applets.

Hoy no es tan sencillo. Cada nueva versión de Java introduce características que extienden sus raíces como una tecnología interesante de Web.

Sin embargo, la fortaleza de Java sigue siendo su independencia de la plataforma, su naturaleza orientada a objetos, así como su facilidad de aprendizaje.

Java es independiente de la plataforma

Independencia de la plataforma es la capacidad del programa mismo para ser ejecutado en plataformas y sistemas operativos distintos; lo cual es una de las ventajas más significativas de Java sobre otros lenguajes.

Cuando usted compila un programa escrito en lenguaje C o en la mayoría de otros lenguajes, el compilador traduce el archivo fuente en instrucciones de *código de máquina* (que son específicas al procesador que ejecuta la computadora). Si compila su código en un sistema

Introducción a Java

basado en Intel, el programa resultante se ejecutará en otras computadoras basadas en Intel pero no funcionaría en todas las Macintosh, Commodore VIC-20s, u otras máquinas. Si desea usar el mismo programa en otra plataforma, debe transferir el código fuente a la nueva plataforma y recompilarlo para producir un código de máquina específico para ese sistema. En muchos casos se requerirán cambios al código fuente antes de ser recompilados exitosamente en el nuevo equipo, sobre todo por las diferencias en sus procesadores y otros factores.

La figura 1.2 muestra lo que se obtiene de un sistema dependiente de la plataforma. Se deben producir múltiples códigos ejecutables para múltiples sistemas.

FIGURA 1.2
Programas compilados en forma tradicional.

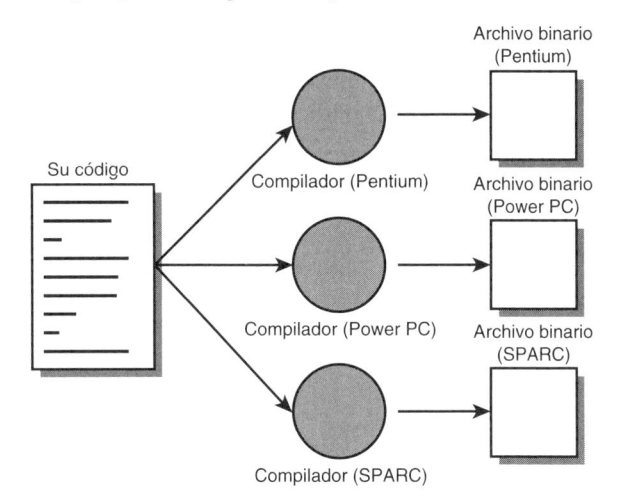

Los programas de Java logran esta independencia mediante una máquina virtual (algo así como una computadora dentro de una computadora). La *máquina virtual* toma los programas de Java compilados y traduce sus instrucciones en comandos que puede manejar un sistema operativo. El mismo programa compilado, conformado en un formato denominado código de bytes, puede ser ejecutado en cualquier plataforma y sistema operativo que tenga una máquina virtual.

TÉRMINO NUEVO *Código de bytes* es la versión de código de máquina de la máquina virtual de Java, las instrucciones que comprende directamente.

A la máquina virtual también se le conoce como el *intérprete de Java* o el *ambiente de tiempo de ejecución de Java*.

Si tiene problemas para imaginarse cómo funciona una máquina virtual, piense en el dispositivo de la película original de *Viaje a las Estrellas* que convierte al español cualquier idioma que hablen los extraterrestres, para la tripulación de la nave espacial *Enterprise*. El capitán James T. Kirk no tiene que aprender un nuevo idioma cada vez que aterrizan en un planeta, ya que el traductor universal convierte sus palabras en una expresión que los extraterrestres entienden. Del mismo modo, los programadores de Java no tienen que crear versiones distintas de sus programas para cada una de las plataformas en las que desean aterrizar pues la máquina virtual maneja la traducción necesaria. (Por supuesto, Kirk usa el traductor para conocer mujeres de otro planeta. No ofrecemos ninguna garantía explícita, ni implícita, de que Java le conseguirá algunas citas similares.)

Java también es independiente de la plataforma al nivel de código fuente. Los programas de Java son almacenados como archivos texto y estos archivos pueden ser creados en cualquier plataforma que soporte Java. Por ejemplo, usted pudo escribir un programa de Java en una Macintosh y compilarlo a código de bytes en una máquina Windows 95.

TÉRMINO NUEVO El *código fuente* es un conjunto de instrucciones de programación escritas en un editor de texto al crear un programa. El código fuente es compilado a código de bytes para que pueda ser ejecutado por una máquina virtual de Java.

El código de bytes es similar al código de máquina producido por otros lenguajes, pero no es específico a cualquier otro procesador. Agrega un nivel entre código fuente y código de máquina, como se muestra en la figura 1.3.

FIGURA 1.3
Programas de Java en plataformas múltiples.

Código de Java → Compilador de Java → Código de bytes de Java (Independiente de la plataforma) → Intérprete de Java (Pentium) / Intérprete de Java (PowerPC) / Intérprete de Java (SPARC)

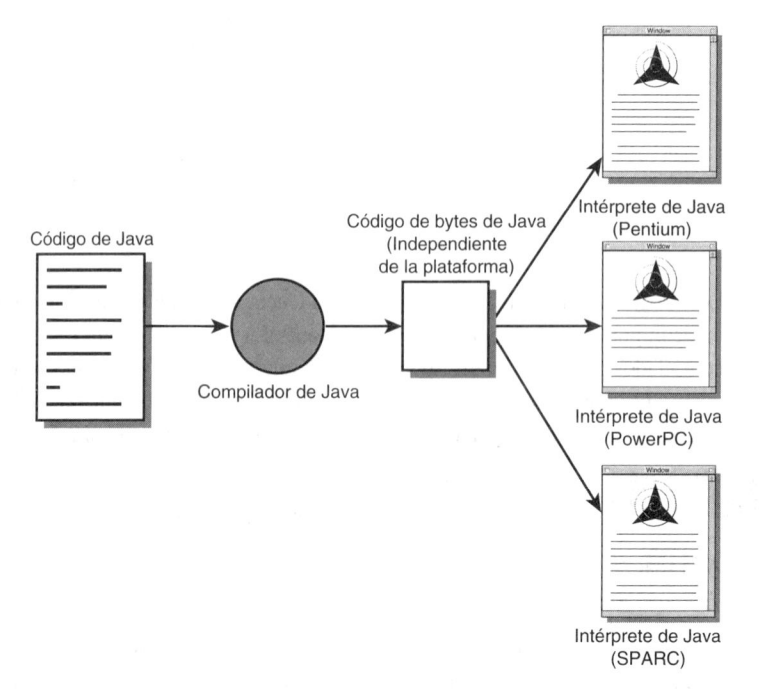

La máquina virtual de Java puede estar disponible en varios lugares. Para los applets, la máquina virtual se construye ya sea dentro de un navegador habilitado para Java o instalado por separado para el uso del navegador. Los programadores de applets no tienen por qué preocuparse de lo que haya en el sistema del usuario.

> **Precaución**
>
> Sin embargo esto no está libre de problemas. Usted se debe concentrar en la máquina virtual de Java soportada por el navegador. Si crea un applet que use las nuevas características de Java 2, su código de bytes no funcionará en los navegadores que sólo contienen la máquina virtual 1.0.2. Java Plug-in es un complemento para navegadores que Sun desarrolla actualmente, el cual habilita a los desarrolladores a especificar una máquina virtual distinta a la incluida con Netscape Navigator o Microsoft Internet Explorer. Esto permitiría que los applets de Java 1.1. y 2 funcionaran, con tan sólo especificar su máquina virtual correspondiente. Para detalles de Java Plug-in, puede consultar la siguiente página Web:
>
> `http://java.sun.com/products`

Por otra parte las aplicaciones de Java sólo se pueden ejecutar en un sistema donde se haya instalado la máquina virtual de Java correspondiente. Si desea ejecutar aplicaciones de Java 2 en su sistema de escritorio, antes debe instalar la máquina virtual.

Si está acostumbrado a crear código específico a la plataforma como en Visual Basic y Delphi, podría pensar que el intérprete de código de bytes agrega una capa innecesaria entre su código fuente y el código de máquina compilado.

Esto provoca algunas consideraciones de desempeño (los programas de Java se ejecutan con más lentitud que los compilados en código dependiente de la plataforma como C, y la diferencia de velocidad es el principal punto en contra de Java). Algunas herramientas de desarrollo incluyen compiladores "justo a tiempo", los cuales pueden ejecutar código de bytes de Java a mayor velocidad.

La capacidad de un archivo de código de bytes único para correr por todas las plataformas es crucial para que Java funcione en Web, ya que Web por sí misma es independiente de la plataforma. Así como los archivos HTML pueden ser legibles en cualquier plataforma, los applets pueden ser ejecutados en cualquier plataforma con un navegador habilitado para Java.

Para muchos programas básicos de Java, la velocidad podría no ser una preocupación. Si escribe programas que requieren más velocidad de ejecución que lo que la máquina virtual puede ofrecer, he aquí algunas soluciones disponibles:

- Mediante llamadas a código de máquina específico al sistema en su programa de Java, lo cual lo hace dependiente de la plataforma.
- Mediante compiladores "justo a tiempo", los cuales convierten el código de bytes de Java en código específico al sistema.

Al usar cualquiera de estas soluciones, usted obtiene velocidad a costa de portabilidad de Java. Una aplicación de Java que usa llamadas de Windows para sus accesos a disco no funcionaría en una Macintosh sin modificaciones.

Java está orientado a objetos

Si aún no está familiarizado con la programación orientada a objetos, aquí tiene un cúmulo de oportunidades durante los próximos seis días.

La programación orientada a objetos (también llamada OOP), es una forma de concebir un programa de computadora como un conjunto de objetos que interactúan. Para algunos es únicamente la manera de organizar programas, y se puede usar cualquier lenguaje para crear programas orientados a objetos.

Sin embargo, usted logra los mayores beneficios de la programación orientada a objetos cuando usa un lenguaje diseñado para este propósito. Java hereda mucho de los conceptos de la OOP de C++; el lenguaje Java está basado fuertemente en él. Java también toma prestados conceptos de otros lenguajes orientados a objetos.

Aprenderá más acerca de la programación orientada a objetos y Java durante el día 2, "Un vistazo a la programación orientada a objetos".

Java es sencillo de aprender

Además de la portabilidad y orientación a objetos, Java es más pequeño y sencillo que lenguajes semejantes. Esto radica en el objetivo original de Java para ser un lenguaje que requiere menor fuerza de computación para su ejecución (nadie va a gastar 3,000 dólares en un horno tostador Pentium II con tecnología MMX).

Java fue concebido para que fuera más simple de escribir, compilar, depurar y aprender. El lenguaje se creó tomando como base C++, y gran parte de la sintaxis y estructura de orientación a objetos proviene directamente de dicho lenguaje. Si es un programador C++, podrá aprender Java mucho más rápidamente, y tal vez se salte algunas partes del material de la primera semana del libro.

A pesar de las similitudes de Java con C++, se ha excluido de Java la mayoría de los aspectos complejos y propensos a errores del lenguaje. Usted no encontrará en Java apuntadores o aritmética de apuntadores, ya que estas características fácilmente provocan errores en un programa y son aún más difíciles de corregir. Las cadenas y arreglos son objetos en Java y la administración de la memoria es manejada automáticamente en vez de requerir que el programador tenga control de ella. Los programadores experimentados podrían extrañar estas características cuando empiecen a usar Java, pero al no tenerlas aprenderán otras más rápidamente.

Aunque es más sencillo de aprender que muchos otros lenguajes de programación, Java significará un gran reto para quien no tenga experiencia en programación. Es más complicado que trabajar con algo como HTML o JavaScript, pero definitivamente es algo que un novato puede hacer.

> **Nota**
> Prentice Hall publica otra línea de tutoriales dirigidos directamente a los programadores novatos, entre ellos *Aprendiendo Java 1.1 en 24 horas*, disponible desde 1997, de Rogers Cadenhead, coautor de este libro.

Adéntrese en la programación en Java

Por hoy dejaremos de lado todas las lecciones de historia, para realizar la segunda mitad del trabajo. Aquí tiene una oportunidad de ver a Java en acción cuando cree su primer programa en Java: una aplicación.

Antes de empezar, necesita instalar la herramienta de desarrollo de Java 2 en su sistema.

Cómo seleccionar una herramienta de desarrollo Java

Para escribir programas Java se requiere algún tipo de paquete de programación de Java. Si su sistema ya puede ejecutar applets al navegar por Web, tal vez piense que ya está preparado para desarrollo. Pero éste no es el caso. Se necesita una herramienta de programación para poder crear y ejecutar sus propios programas de Java.

Para poder usar este libro a toda su capacidad, debe usar una herramienta de desarrollo que soporte plenamente Java 2 y, por ahora, la única opción es el JDK. Ésta es siempre la primera herramienta que soporta una nueva versión de Java.

El JDK es un conjunto de utilerías basadas en texto para programas de línea de comandos, que no utilizan una interfaz gráfica de usuario. Los programadores ejecutan cada una de las utilerías del JDK al escribir comandos en un indicador, como lo siguiente:

```
java GetFunky
```

Este comando le indica al programa `java` (el intérprete de código de bytes) que ejecute un archivo de código de bytes llamado `GetFunky.class`. (Como podrá ver más tarde hoy, todos los programas de Java compilados tienen la extensión de archivo `.class`.)

Los usuarios de Windows 95 deben usar el comando MS-DOS (Inicio | Programas | MS-DOS) de la barra de tareas, para abrir una ventana donde se puedan escribir los comandos.

Esto representa un gran abismo en la mayoría de las herramientas de programación, las cuales utilizan interfaces gráficas de usuario, depuradores, editores de programación y otras muchas linduras. La gente que se siente cómoda con los sistemas operativos como MS-DOS y DOS se sentirá en casa con el JDK.

Si tiene otra herramienta de desarrollo de Java con la seguridad de que soporta Java 2, la puede usar para crear programas a través de este libro. De otra manera, debería usar el JDK 1.2.

Instalación del JDK

La versión 1.2 del JDK (Kit de Desarrollo de Java) está disponible actualmente para las siguientes plataformas:

- Windows 95
- Windows 98
- Windows NT
- Solaris SPARC
- Solaris x86

Descargue el JDK para estas plataformas del sitio Web de Sun, en la siguiente dirección:

`http://java.sun.com`

La sección Products & APIs del sitio Web, ofrece hipervínculos a versiones distintas del JDK y otros productos de Sun.

Para las versiones oficiales de Sun del JDK para Windows y Solaris, la dirección directa vigente es la siguiente página Web:

`http://www.javasoft.com/products/JDK/1.2/index.html`

Esta página contiene instrucciones de instalación y un vínculo para obtener el JDK para su plataforma. Use este vínculo para obtener el JDK y guárdelo en un directorio en su sistema.

> **Precaución** Elija la versión más actual del JDK 1.2. Periódicamente, Sun publica reparaciones de fallas que agregan un nuevo dígito al número, como cuando a Java 1.1 le sigue 1.1.1, 1.1.2, etcétera. Usted debería obtener la versión más reciente del JDK 1.2 disponible para su plataforma.

Si usa otra plataforma, como la Apple Macintosh, puede verificar si tiene un JDK compatible con Java 2 visitando el sitio oficial Java de Sun en:

`http://java.sun.com`

La página actual, que lista todas las versiones del JDK para distintas plataformas, tiene la dirección siguiente:

http://java.sun.com:80/cgi-bin/java-ports.cgi

Asegúrese de haber recibido completo el archivo luego de haberlo descargado. Las instrucciones de instalación de Sun en Web listan el tamaño de la versión vigente del JDK para la plataforma que usted usa.

Para verificar el tamaño en Windows 95 o Windows NT, vaya al directorio que contiene el archivo de instalación del JDK y haga clic en el archivo con el botón derecho del ratón. Surge un menú contextual, y puede seleccionar el comando Properties (Propiedades) para ver el tamaño del archivo en bytes, junto con otra información pertinente.

Instalación en Windows 95 y Windows NT

Antes de instalar el JDK en su sistema, asegúrese que no haya otras herramientas de desarrollo de Java instaladas. Tener más de una herramienta de programación Java en su sistema provocará problemas de configuración cuando trate de usar el JDK.

Para instalar el JDK en Windows 95 o Windows NT, haga doble clic en el archivo de instalación o use el comando Start | Run (Inicio | Ejecutar) de la barra de tareas de Windows para encontrar y ejecutar el archivo.

Después de ver un cuadro de diálogo que le pregunta si desea instalar el JDK 1.2, se despliega el Asistente de configuración del JDK (figura 1.4). Use esta ventana para configurar el JDK instalado en su sistema.

FIGURA 1.4

El Asistente de configuración del JDK.

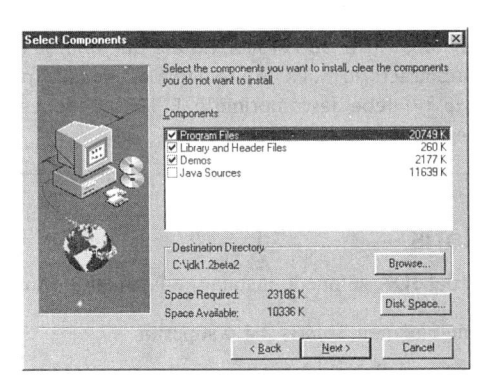

La configuración predeterminada de este asistente debería ser satisfactoria para la mayoría de los usuarios. El JDK está instalado en un nuevo directorio con un nombre basado en la versión que usted obtuvo (como \jdk1.2), a menos que utilice el botón Browse (Examinar) para seleccionar un directorio diferente en su sistema.

> **Tip:** Cualquier problema de configuración que usted pudiera tener con el JDK será más sencillo de reparar si se asegura que esté instalado en la carpeta \jdk1.2, que puede ser el valor predeterminado.

El asistente instalará tres componentes del JDK:

- Archivos de programa — Los programas ejecutables necesarios para crear, compilar y verificar el funcionamiento de sus proyectos de Java.
- Archivos de biblioteca y encabezados — Archivos usados únicamente por los programadores que hacen llamadas a código nativo desde sus programas de Java. Usted puede omitir estos archivos para los tutoriales de este libro.
- Archivos de demostración — Son programas de Java 2, con versiones que puede ejecutar y archivos fuente que puede examinar para aprender más acerca del lenguaje.

Si acepta la instalación predeterminada, usted necesita 25 MB de espacio libre en disco duro. Al omitir todo excepto los archivos de programa, evita usar 3 MB, en caso de que quisiera meter el JDK en un disco duro con poco espacio libre.

También puede elegir la instalación de archivos fuente —el código fuente de las clases que conforman la API está disponible. Sin embargo, estos archivos ocupan más de 13 MB de espacio en disco duro y no se necesitan para el material de este libro.

> **Precaución:** Después de haber instalado el JDK, notará que uno de los archivos instalados en el subdirectorio \JDK\lib se llama classes.zip. Aunque es un archivo Zip, no debe descomprimirlo. El JDK puede leer classes.zip en su formato de archivo en este directorio.

Instalación en Solaris

La versión Solaris de Sun del JDK se puede instalar en las plataformas siguientes:

- Sistemas SPARC que ejecuten Solaris 2.4 o superior
- Sistemas x86 que ejecuten Solaris 2.5 o superior

El archivero de instalación del JDK deberá ser desempacado en un directorio que no tenga previamente un subdirectorio llamado jdk1.2; si lo hay, podría sobrescribir algunos archivos existentes en su sistema.

Si descargó el archivo de instalación, asegúrese que puede accesar el archivo correctamente mediante el comando `chmod a+x` con el nombre de archivo.

Por ejemplo, los usuarios de SPARC usarían el comando siguiente:

```
% chmod a+x jdk12-solaris2-sparc.bin
```

Para instalar el JDK después de hacer el cambio con `chmod`, use una ventana de sesión del intérprete de comandos para escribir el comando `./` seguido del nombre de archivo del paquete. El siguiente es un ejemplo:

```
% ./jdk12 -solaris2-sparc.bin
```

Prueba de la instalación

En un mundo ideal, el JDK debería funcionar correctamente después de la instalación. Además, el queso debería estar libre de grasas, los presidentes deberían ser ejemplares y Jimmy Johnson debería ser todavía el entrenador en jefe de los vaqueros de Dallas.

Los problemas más comunes cuando se aprende Java provienen de errores al configurar el JDK.

Los usuarios de Windows pueden verificar su instalación del JDK al usar el comando de MS-DOS en la mayoría de los sistemas. Esto hace aparecer una ventana en la cual usted puede escribir comandos en MS-DOS, el sistema operativo que precedió a Windows 3.1.

Al indicador de MS-DOS también se le conoce como *indicador de comandos* debido a que lo puede usar para escribir comandos que ejecuta el sistema operativo.

> **Tip**
> MS-DOS puede ser intimidatorio para quienes están acostumbrados al estilo gráfico de apuntar y seleccionar de Windows 95. Por lo tanto, no puede usar el JDK sin aprender antes un poco de MS-DOS. Este libro ofrece algunos tips para facilitarle todo el aprendizaje de MS-DOS humanamente posible.

Escriba lo siguiente en un indicador de comandos para verificar que su sistema pueda encontrar la versión correcta del JDK en él:

ENTRADA `java -version`

Si está usando el JDK 1.2, en respuesta usted debería ver el siguiente mensaje:

SALIDA `java version "1.2"`

El número de versión mostrado es específico, así que si ha descargado una versión subsecuente a la reparación de una falla de programación del JDK, con un número como 1.2.1, debería ser reportado por el comando `java-version`. Si ve el número equivocado de versión o un mensaje de error "Bad command or file name", su sistema no puede encontrar la versión correcta de java.exe, el archivo que ejecuta los programas de Java. Corrija esto antes de empezar a escribir programas en Java. Para mayor información, revise el apéndice C, "Configuración del JDK".

Su primera aplicación Java

Ya es tiempo de ponerse a trabajar. Empezaremos creando una aplicación sencilla de Java: un programa que despliega una de las más extrañas interpelaciones lanzada alguna vez a una celebridad por un miembro del público: "cuál es la frecuencia, Kenneth?"

> **Nota**
> El 4 de octubre de 1986, un hombre gritó "¿Cuál es la frecuencia, Kenneth?" al comunicador de televisión Dan Rather poco antes de atacarlo en una calle de Nueva York. Durante años nadie entendió el motivo del ataque, y el grupo R.E.M. inmortalizó la frase en una canción. Posteriormente el hombre fue arrestado, luego de haberle disparado a un técnico de la cadena NBC en 1994, y le dijo a un psiquiatra que las cadenas de TV lo buscaban para atraparlo.

Las aplicaciones de Java son programas "independientes" que no requieren un navegador Web para correr. Son más parecidos a los programas que usted suele usar en su computadora (los ejecuta localmente con su ratón o escribiendo el nombre en una línea de comandos).

Aunque un programa Java puede ser diseñado para que sea un applet y una aplicación, casi todos los programas que usted encuentre serán lo uno o lo otro.

A lo largo de esta primera semana usted escribirá aplicaciones, principalmente, mientras aprende el lenguaje Java. Este conocimiento se ampliará a la programación de applets durante la semana 2, "Temas avanzados de Java". Si es de los lectores a quienes interesa sobre todo el desarrollo de applets, no intente saltarse a la segunda semana. Todo lo que aprenda mientras crea aplicaciones sencillas de Java, aplica para crear applets e, iniciar con lo elemental, es lo mejor. Usted creará una gran variedad de applets del día 8, "Cómo poner programas interactivos en Web", al día 14, "Desarrollo de interfaces de usuario avanzadas con el AWT".

Creación del archivo fuente

Como con la mayoría de los lenguajes de programación, sus archivos fuente de Java se almacenan como archivos de texto simple. Usted puede crearlos con cualquier editor de texto o procesador de palabras que puedan guardar texto sin formato, un formato al que también se le conoce como texto ASCII o texto DOS. Los usuarios de Windows 95 pueden escribir programas en Java con el Bloc de notas, DOS Edit y Write, así como Microsoft Word, si tiene el cuidado de guardar el archivo como texto en vez del formato propietario de Word. Los usuarios de UNIX pueden escribir sus programas con emacs, pico y vi, y los usuarios de Macintosh tienen SimpleText para la creación de archivos fuente de Java.

El JDK no incluye un editor de texto, pero la mayoría de herramientas de Java vienen con su propio editor para crear archivos de código fuente.

Si utiliza Windows 95 o Windows NT, un editor de texto como el Bloc de notas podría añadirle una extensión .txt de más al nombre de archivo de cualquiera de los archivos fuente de Java que usted guarde (lo cual provoca que un nombre como GetFunky.java termine en GetFunky.java.txt). El compilador de Java manejará únicamente archivos fuente con la extensión de archivo .java. Para evitar este problema, ponga entre comillas el nombre de archivo cuando guarde el archivo fuente. La figura 1.5 muestra esta técnica para guardar el archivo fuente Craps.java desde el Bloc de notas de Windows.

FIGURA 1.5

Guardado de un archivo fuente.

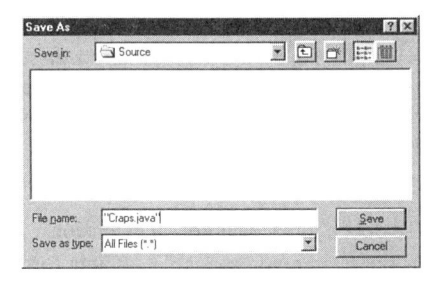

> **Tip**
>
> Una mejor solución es usar el Explorador de Windows para asociar permanentemente los archivos de Java con el editor de texto que va a usar. Esto le permitirá abrir un archivo fuente para su edición al hacer doble clic en el archivo en una carpeta de Windows. Para aprender a hacerlo, vea el apéndice D, "Uso de un editor de texto con el JDK".

Escriba el programa Ejecute el editor de su elección y escriba el programa Java que se muestra en el listado 1.1. Tenga cuidado que todos los paréntesis, llaves y comillas en el listado estén correctamente escritos, y use exactamente las mayúsculas y minúsculas requeridas. Si su editor pide un nombre de archivo antes de empezar a escribir cualquier cosa, use HelloDan.java.

ESCRIBA **LISTADO 1.1.** EL CÓDIGO FUENTE DE LA APLICACIÓN HelloDan.

```
1: class HelloDan {
2:     public static void main (String[] arguments) {
3:         System.out.println("What's the frequency, Kenneth?");
4:     }
5: }
```

Los números de línea y dos puntos a la izquierda del listado 1.1 no son parte del programa (se incluyen como una referencia de líneas específicamente por número en un programa). Si no está seguro del código fuente de un programa en este libro, lo puede comparar con una copia en el sitio Web de la versión en inglés del libro, en la dirección:

```
http://www.prefect.com/java21
```

Al terminar de escribir el programa, guarde el archivo en alguna parte en su disco duro con el nombre **HelloDan.java**.

> **Tip**
>
> Si es un usuario del JDK de Windows 95 que procura aprender tan poco MS-DOS como le sea posible, abra el directorio raíz de su sistema y cree un nuevo directorio llamado **J21work**. Guarde el archivo HelloDan.java y todos los demás archivos fuente de Java de este libro en ese directorio. Pronto verá por qué.

Los archivos fuente de Java se deben almacenar con la extensión .java. Son compilados a código de bytes con la extensión de archivo .class. De alguna forma, en Java el término clase es sinónimo de programa. (Aprenderá más acerca de las clases en los próximos tres días.)

La línea 1 del listado 1.1 identifica que el programa Java es la clase HelloDan, por lo que el nombre debe ser HelloDan.java. Si asigna un nombre diferente de su archivo fuente (incluso algo como hellodan.java o Hellodan.java), no podrá compilarlo.

Compilación y ejecución del programa en Windows

Ya está listo para compilar el archivo. Si está usando una herramienta de desarrollo distinta al JDK, deberá consultar la documentación correspondiente para detalles de cómo compilar programas de Java. Es probable que sea una operación razonablemente sencilla, como un clic de botón o un comando de menú contextual.

Con el JDK usted necesita usar la herramienta de línea de comandos javac, el compilador de Java. El compilador lee un archivo fuente .java y crea uno o más archivos .class que puedan ser ejecutados por la máquina virtual de Java.

Los usuarios de Windows 95 deben ejecutar una ventana de una sesión de MS-DOS mediante Start | Programs | MS-DOS Prompt (Inicio | Programas | MS-DOS) y cambiarse al directorio que contenga HelloDan.java.

Si guardó el archivo dentro de una carpeta recién creada J21work fuera del directorio raíz del sistema, el comando debería ser el siguiente:

```
cd \J21work
```

Introducción a Java

cd es abreviatura de "cambiar directorio", los términos carpeta y directorio son sinónimos.

Si está en la carpeta correcta, puede compilar `HelloDan.java` escribiendo lo siguiente en el indicador de línea de comandos:

ENTRADA
```
javac HelloDan.java
```

> **Nota**
>
> Si usa el comando `dir` para listar todos los archivos en un directorio en MS-DOS, usted podría notar que un archivo tiene dos nombres de archivo, el que usted le dio, como `HelloDan.java`, y una versión abreviada, como `HELLOD~1.JAV`. La forma abreviada es una muestra de cómo maneja MS-DOS los nombres de archivo con más de ocho caracteres y extensiones de tres caracteres. Al usar las utilerías del JDK en el indicador de línea de comandos, use siempre el nombre de archivo que le dio al archivo, no la abreviatura.

La figura 1.6 muestra los comandos de MS-DOS que se usaron para cambiarse a la carpeta `\J21work`, listar los archivos de las carpetas y compilar `HelloDan.java`.

FIGURA 1.6
Compilación de programas Java en una ventana de MS-DOS.

```
Microsoft(R) Windows 95
   (C)Copyright Microsoft Corp 1981-1996.

C:\WINDOWS>cd \J21work

C:\J21work>dir

 Volume in drive C has no label
 Volume Serial Number is D845-2F2F
 Directory of C:\J21work

.              <DIR>        01-24-98  2:39a .
..             <DIR>        01-24-98  2:39a ..
HELLOD~1 JAV          143   01-24-98  2:28a HelloDan.java
        1 file(s)            143 bytes
        2 dir(s)       42,696,704 bytes free

C:\J21work>javac HelloDan.java

C:\J21work>
```

El compilador del JDK no despliega ningún mensaje si el programa se compila con éxito. Si el programa se compiló sin ningún error, se creará un archivo `HelloDan.class` en el mismo directorio que contiene Hellodan.java. Este archivo .class es el código de bytes de Java que puede ser ejecutado por la máquina virtual. Si obtiene algún error, regrese al archivo fuente original y asegúrese de haberlo escrito correctamente, como aparece en el listado 1.1.

Una vez que tenga un archivo .class, lo puede ejecutar mediante el intérprete de código de bytes. La versión del intérprete del JDK se llama java, y también es ejecutado desde la línea de comandos de MS-DOS bajo Windows. Ejecute HelloDan cambiándose a la carpeta que contiene HelloDan.class y escriba lo siguiente:

ENTRADA `java HelloDan`

Si su programa fue escrito y compilado correctamente, deberá ver la frase What's the frequency, Kenneth? desplegada en la pantalla de su ventana de MS-DOS.

> **Nota** Asegúrese de eliminar la extensión .class cuando ejecute un programa Java con la herramienta java. (Escribir java HelloDan.class arrojará un error.) Además, si ve un mensaje de error de "Class not found", aun cuando esté en el mismo directorio de HelloDan.class, podría necesitar cambiar otra configuración en su archivo autoexec.bat. Vea el apéndice C.

La figura 1.7 muestra la salida apropiada de la aplicación HelloDan junto con los comandos de MS-DOS que se utilizaron para llegar a ese punto.

FIGURA 1.7

Ejecución de aplicaciones Java en una ventana de MS-DOS.

```
MS-DOS Prompt
Microsoft(R) Windows 95
   (C)Copyright Microsoft Corp 1981-1996.

C:\WINDOWS>cd \J21work

C:\J21work>dir

 Volume in drive C has no label
 Volume Serial Number is D845-2F2F
 Directory of C:\J21work

.                <DIR>         01-24-98  2:39a .
..               <DIR>         01-24-98  2:39a ..
HELLOD~1 JAV              143  01-24-98  2:28a HelloDan.java
HELLOD~1 CLA              486  01-24-98  2:49a HelloDan.class
         2 file(s)           629 bytes
         2 dir(s)     39,419,904 bytes free

C:\J21work>java HelloDan
What's the frequency, Kenneth?

C:\J21work>
```

Compilación y ejecución del programa en Solaris

Use el compilador de Java de línea de comandos que viene con el JDK para compilar el archivo fuente de Java en un sistema Solaris. Desde una línea de comandos UNIX, use cd para ir al directorio que contiene el archivo fuente de Java Hellodan.java. Si usa el directorio J21work recomendado para los usuarios de Windows, éste sería el comando que debería usar:

```
cd ~/J21work
```

Una vez en el directorio correcto, utilice así el comando javac con el nombre de archivo:

javac HelloDan.java

Suponiendo que no hubiese errores, usted finalizará con un archivo llamado HelloDan.class. Éste es el archivo de código de bytes de Java que puede ser ejecutado por la máquina virtual. Si obtiene algún error, vaya al archivo fuente original y asegúrese de que se escribió exactamente como aparece en el listado 1.1.

Una vez que tenga un archivo .class, lo puede ejecutar con el intérprete de código de bytes.

La versión del intérprete de Java JDK se llama java y también se ejecuta a partir de la línea de comandos. Ejecute HelloDan cambiándose al directorio que contenga HelloDan.class y escriba lo siguiente:

java HelloDan

Si su programa está correctamente escrito y compilado, deberá ver la frase What's the frequency, Kenneth? desplegada en la pantalla.

> **Nota**
> Si ve un mensaje de error de "Class Not Found", aun cuando esté en el mismo directorio de HelloDan.class, tal vez necesite modificar la configuración de su sistema. Vea el apéndice C.

Resumen

Ahora que ya ha configurado una herramienta de desarrollo de Java y la ha usado para escribir su primer programa de Java, puede añadir a su currículum el título de "Programador de Java".

Esto no es del todo falso, después de todo. Usted no sólo creó una aplicación funcional de Java, sino que también hizo un viaje de un día a través de la historia, fuerza, debilidades y futuro del lenguaje.

Java es un lenguaje de programación orientada a objetos, inspirado en C++. Fue diseñado para ser sencillo, menos propenso a errores, y más fácil de aprender que C++. Es independiente de plataformas y pequeño, con dos características que lo hacen ideal para ejecutarse en páginas Web.

Los applets son programas de Java que se ejecutan en Web, y las aplicaciones son todo aquel software que pueda ser escrito con Java.

Hay mucho por cubrir, pero por ahora debiera tener ya los fundamentos para crear aplicaciones más complejas y sus primeros applets. Agregue una línea en blanco a su currículum. Mañana usted será capaz de escribir "Programador Orientado a Objetos".

Preguntas y respuestas

P **¿Cuál es la relación entre JavaScript y Java?**

R Tienen iguales las primeras cuatro letras.

Una concepción equivocada en el mundo Web es que Java y JavaScript tienen más en común de lo que realmente hacen. Java es un lenguaje de programación de propósito general, sobre el cual aprenderá en este libro y usted lo usa para crear applets. JavaScript es un lenguaje de escritura de scripts inventado por Netscape que se parece a Java; al usarlo usted puede hacer varias cosas estupendas en páginas Web. Son lenguajes independientes usados para propósitos diferentes. Si está interesado en la programación en JavaScript, elija otro libro, como *Aprendiendo JavaScript en una semana*, de Laura Lemay, editado por Prentice Hall.

P **¿Dónde puedo aprender más acerca de Java y encontrar applets con los cuales jugar?**

R ¡Lea el resto de este libro! Aquí hay otros lugares donde puede buscar información de Java y applets de Java:

- La página de inicio de Java en `http://www.java.sun.com/` es la fuente oficial para información sobre Java, incluyendo información acerca del JDK y de las herramientas de desarrollo como Java Workshop, y mucha más documentación.
- Gamelan, en `http://www.gamelan.com/`, es un repertorio de applets e información de Java organizada en categorías. Si desea jugar con applets y aplicaciones, debería revisar aquí.
- Para presentación de Java, revise los grupos de noticias de Usenet `comp.lang.java`, incluyendo `comp.lang.java.programmer`, `comp.lang.java.tech`, `comp.lang.java.advocacy`, y los que faltan. (Usted necesitará un lector de noticias de Usenet para tener acceso a estos grupos de noticias.)

Semana 1

Día 2

Un vistazo a la programación orientada a objetos

La programación orientada a objetos (también llamada OOP) se parece mucho a la cerveza.

A la mayoría de la gente que la prueba por primera vez no le gusta, y podría cuestionar la salud mental de quienes cantan sus alabanzas. "¿Qué te hice… —dirían— para que me hicieras beber esto?"

Algún tiempo después, sin embargo, se cultiva un gusto por la cerveza en quienes continúan bebiéndola.

La programación orientada a objetos, como la cerveza, es un gusto que se adquiere con el tiempo. Es una de las ideas de programación más extraordinaria de los últimos años, y también fuente de gran consternación para los programadores que no están familiarizados con ella.

De algún modo se ha ganado la reputación. La programación orientada a objetos es una materia que puede ser estudiada y practicada durante años. Sin embargo, la idea central es simple: organizar los programas de modo que reflejen la forma de organización de los objetos en el mundo real.

Hoy aprenderá cómo incorpora Java los principios de la programación orientada a objetos. Éstos son los temas a tratar:

- Organización de programas en elementos llamados clases, y cómo se utilizan éstas para crear objetos.
- Definición de una clase por dos aspectos de su estructura: cómo debieran comportarse y qué atributos tienen.
- Conexión entre clases, de modo que una herede la funcionalidad de la otra.
- Enlace de clases entre sí a través de paquetes e interfaces.

Si ya está familiarizado con la programación orientada a objetos, gran parte de la lección de hoy será un mero repaso. Aun cuando sólo le diera un vistazo al material introductorio, le convendría crear un programa de ejemplo para tener alguna experiencia en el desarrollo de su primera aplicación de Java.

Piense en términos de objetos

La programación orientada a objetos es, desde su raíz, una forma de concebir un programa de computadora. Usted podría pensar en un programa como una lista de instrucciones que le indican a una computadora qué hacer, o un paquete de programas pequeños que responden a eventos específicos iniciados por la entrada del usuario. La manera en que la OOP ve a un programa es como a un conjunto de objetos que operan juntos en formas predefinidas para realizar tareas. Considere el ejemplo de los bloques de construcción del juego LEGO.

Para quienes no tienen hijos pequeños, o un niño en casa al que hay que mantener ocupado, los bloques LEGO son piezas pequeñas de plástico en varios colores y tamaños. Estos bloques tienen pequeñas protuberancias redondas en un lado las cuales ajustan en los huecos de los otros bloques. La combinación de piezas crea formas más grandes, y se pueden usar muchas otras piezas LEGO como llantas, motores, bisagras y poleas.

Con los bloques LEGO se puede hace todo tipo de cosas: castillos, automóviles, trailers de doble remolque, abrazaderas, ropa deportiva, casi cualquier cosa que se pueda uno imaginar. Cada pieza LEGO es un objeto que se une con otros objetos en forma específica para crear un objeto más grande. Pongamos otro ejemplo. Con un poco de experiencia y algo de ayuda, usted puede ir a una tienda de computadoras y ensamblar todo un equipo de computación a partir de varios componentes: una tarjeta principal, un procesador principal, una tarjeta de video, disco duro, teclado, etcétera. Idealmente, al terminar de ensamblar las diferentes unidades independientes, usted cuenta con un sistema en el cual todas las unidades trabajan en conjunto para crear un sistema más grande. Puede usar este sistema mayor para resolver aquellos problemas que le decidieron en primera instancia a comprar la computadora.

Internamente, cada uno de esos componentes podría ser sumamente complicado y construido por compañías diferentes mediante métodos de diseño distintos. Sin embargo, usted no necesita saber cómo funcionan estos componentes, qué hace cada procesador en las tarjetas y cómo una "A" es enviada a la pantalla de su computadora cuando oprime la tecla A. Cada componente que utilice es una unidad independiente y, como ensamblador de todo el sistema, a usted sólo le interesa cómo interactúan las unidades entre sí:

- ¿Esta tarjeta de video cabrá en la ranura de la tarjeta madre?
- ¿Este monitor funcionará con esta tarjeta de video?
- ¿Cada componente producirá los comandos apropiados para interactuar con otros componentes, de modo que cada parte de la computadora sea entendida por cada otra parte?

Una vez que conoce las interacciones entre los componentes y las puede empatar, ensamblar todo el sistema es sencillo.

La programación orientada a objetos es muy parecida a construir estructuras a partir de bloques LEGO o ensamblar una PC. Mediante la OOP, todo su programa está formado por objetos diferentes llamados objetos.

Término Nuevo Un *objeto* es un elemento independiente de un programa de computadora, que representa un grupo asociado de características y está diseñado para realizar tareas específicas. A los objetos también se les conoce como *instancias*.

Cada objeto tiene un papel específico en un programa, y todos los objetos pueden funcionar con otros objetos en maneras definidas.

Objetos y clases

La programación orientada a objetos se basa en la observación de que, en el mundo real, los objetos se construyen a partir de objetos más pequeños. Sin embargo, la capacidad de combinar objetos es sólo un aspecto general de dicha programación. También incluye conceptos y características que hacen que la creación y el uso de objetos sea más sencilla y flexible. La clase es la más importante de estas características.

Término Nuevo Una *clase* es una plantilla que se utiliza para crear múltiples objetos con características similares.

Las clases engloban todas las características de un conjunto particular de objetos. Cuando escribe un programa en un lenguaje orientado a objetos, usted no define objetos individuales, sino que define clases de objetos.

Por ejemplo, usted podría tener una clase `Tree` que describiera todas las características de los árboles en general:

- Tienen hojas y raíces
- Crecen
- Producen clorofila

La clase `Tree` sirve como modelo abstracto para el concepto de un árbol. Para tener verdaderamente un objeto que usted pueda manipular en un programa, debe tener una instancia concreta de la clase `Tree`. Las clases se usan para crear objetos y en un programa usted trabaja con los objetos en forma directa. Una clase `Tree` se puede usar para crear muchos objetos `Tree` diferentes y cada uno podría tener diferentes características:

- Bajo o alto
- Tupido o ralo
- Que da frutos o no

Aunque estos objetos difieren entre sí, aún tienen cosas en común para ser reconocidos inmediatamente como objetos asociados. La figura 2.1 muestra una clase `Tree` y muchos objetos creados a partir de la plantilla.

Un ejemplo de diseño de clases

En un ejemplo más cercano a lo que usted puede hacer con Java, podría crear una clase para un botón de comando, un elemento para usarse en ventanas, cuadros de diálogo, y otros programas interactivos. Una vez desarrollada la clase `CommandButton`, se podrían definir las características siguientes de un botón:

- El texto que identifica el propósito del botón
- El tamaño del botón
- Aspectos de su apariencia, como el tener o no una sombra en 3D

La clase `CommandButton` también podría definir cómo se comporta un botón:

- Si necesita un clic sencillo o doble para ser usado
- Si se debieran ignorar por completo los clics del ratón
- Qué hacer cuando se ha hecho un clic con éxito

Una vez que ha definido la clase `CommandButton`, puede crear instancias de ese botón; en otras palabras, objetos `CommandButton`. Todos los objetos toman las características básicas de botón de comando tal como se define por la clase, pero cada uno podría tener una apariencia y un comportamiento distintos, basados en lo que cada botón puede hacer. Al crear una clase

CommandButton no tiene que reescribir el código para cada botón de comando que desee usar en sus programas. Además, puede usar de nuevo la clase CommandButton para crear diferentes tipos de botones conforme los vaya necesitando, tanto en este programa como en otros.

FIGURA 2.1

La clase Tree y varios objetos Tree.

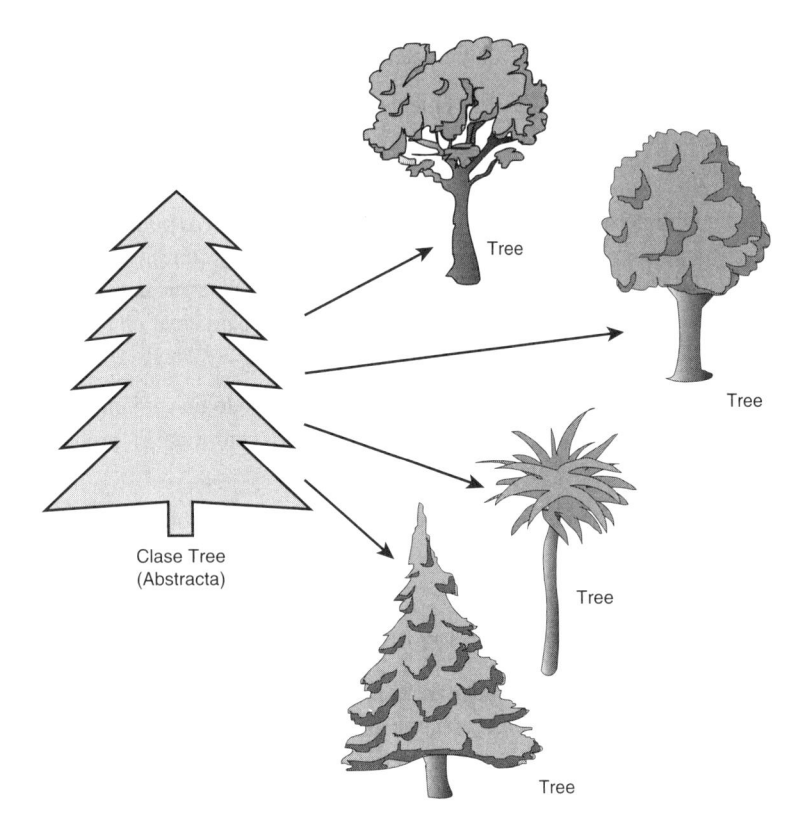

Tree

Tree

Clase Tree
(Abstracta)

Tree

Tree

Nota Una de las clases estándar de Java, java.awt.Button, agrupa toda la funcionalidad de este ejemplo hipotético CommandButton y más. Ya tendrá oportunidad de trabajar con él en el día 11, "Construya interfaces de usuario sencillas para applets".

Al escribir un programa Java, usted diseña y construye un conjunto de clases. Cuando su programa se está ejecutando, los objetos se crean desde estas clases y se usan conforme se van necesitando. Su tarea como programador de Java es crear el conjunto adecuado de clases para llevar a cabo lo que su programa requiere.

Por fortuna, no tiene que empezar de cero. Cada versión del lenguaje Java incluye un grupo de clases que implementan la mayoría de la funcionalidad básica que necesitará. A estas agrupaciones se les denomina bibliotecas.

TÉRMINO NUEVO Una *biblioteca de clases* es un grupo de clases diseñadas para su uso con otros programas. La biblioteca estándar de clases de Java contiene docenas de ellas.

Cuando usted habla de usar el lenguaje Java, realmente se refiere al uso de la biblioteca de clases de Java y algunas palabras clave y operadores que son reconocidos por un compilador Java.

La biblioteca estándar de Java maneja numerosas tareas como funciones matemáticas, manejo de textos, gráficos, sonido, interacción del usuario y conectividad de redes. En muchos casos, las bibliotecas de clases de Java serán suficientes para sus necesidades. En tal caso su tarea consistiría en crear una clase sencilla que se use para crear objetos a partir de las clases estándar de Java y manejar su interacción.

Para programas Java complicados, deberá crear todo un conjunto de clases con interacciones definidas entre ellas. Éstas se podrían usar para conformar su propia biblioteca de clases, para usarse posteriormente en otros programas.

La reutilización es uno de los beneficios de mayor importancia en la programación orientada a objetos.

Atributos y comportamiento

En general, cada clase que usted escriba en Java está compuesta de dos componentes: atributos y comportamiento. En esta sección aprenderá cómo se aplica cada componente a una clase teórica llamada `Jabberwock`. Para finalizar esta sección, creará una clase Java que implemente una representación de un `jabberwock`, (un monstruo parecido a un dragón, tomado del poema *Jabberwocky* de Lewis Carroll).

Atributos de una clase de objetos

Los *atributos* son las cosas individuales que diferencian una clase de objetos de otros y determinan la apariencia, estado y otras cualidades de esa clase. Piense cómo se podría crear la clase teórica llamada `Jabberwock`. Sus atributos podrían incluir lo siguiente:

- Color `naranja, ocre terracota, amarillo limón, maíz tostado`
- Sexo `masculino, femenino, qué-le-importa`
- Apetito `satisfecho, hambriento`

Los atributos de una clase de objetos también pueden incluir información acerca del estado de un objeto. Por ejemplo, usted podría tener las características de la disposición de un jabberwock (enojado o calmado), estado de salud (vivo o muerto), o tendencias políticas (socialista, independiente, o mamá futbolista).

En una clase los atributos están definidos por variables. Usted puede considerarlos análogos para las variables globales para cada objeto de esa clase. Cada objeto puede tener valores distintos para sus variables y a éstas se les denomina variables de instancia.

Término Nuevo Una *variable de instancia* es un elemento de información que define un atributo de un objeto en particular. La clase del objeto define qué tipo de atributo es, y cada instancia almacena su propio valor para ese atributo. A las variables de instancia también se les denomina *variables de objeto*.

Cada atributo de clase tiene una variable correspondiente sencilla; al cambiar el valor de la variable puede cambiar ese atributo en un objeto. En el programa que creará hoy un poco más adelante, la instrucción siguiente se emplea para indicar que un objeto Jabberwock representado por j ya no está hambriento:

```
j.hungry = false;
```

Las variables de instancia pueden tomar un valor cuando se crea un objeto y permanece constante a través de la vida del objeto, o bien pueden tomar valores diferentes mientras el objeto se usa en un programa en ejecución.

Para describir toda una clase de objetos se usa otro tipo de atributo en vez de objetos específicos desde la clase. A éstas se les denomina variables de clase.

Término Nuevo Una *variable de clase* es un elemento de información que define un atributo de toda una clase. La variable aplica para la clase por sí misma y para todas sus instancias, de modo que sólo se almacena un valor, no importa cuántos objetos de clase hayan sido creados.

Para un buen ejemplo de una variable de clase, suponga una variable que registre la cantidad exacta de los objetos Jabberwock que viven en una comunidad. Si se creara una variable de instancia para el conteo en la clase Jabberwock, cada uno de los objetos podría tener un conteo distinto, lo cual no sería preciso. Habría que utilizar una variable de clase para que sólo se almacenara un valor, y que cada objeto Jabberwock pudiera tener acceso a esa variable.

Comportamiento de una clase de objetos

El *comportamiento* es la manera en que una clase de objetos puede hacer cualquier cosa para sí o para otros objetos. El comportamiento de una clase determina qué objetos de esa clase hacen cambiar sus atributos, y también qué hacen cuando otros objetos les piden hacer algo. El comportamiento de un objeto Jabberwock podría incluir lo siguiente:

- Se enoja
- Se calma
- Se come a un campesino
- Se salta la cena
- Se recupera

El comportamiento para una clase de objetos se implementa a través de métodos.

Término Nuevo Los *métodos* son grupos de instrucciones asociadas en una clase de objetos que actúan en sí mismos y en otras clases y objetos. Se usan para realizar tareas específicas, del mismo modo que las funciones se usan en otros lenguajes de programación.

Los objetos se comunican entre sí utilizando métodos. Una clase o un objeto pueden llamar métodos en otra clase u objeto para muchas razones, incluyendo las siguientes:

- Para informar un cambio a otro objeto
- Para indicar al otro objeto que cambie algo acerca de sí mismo
- Para pedir a otro objeto que haga algo

Por ejemplo, piense en el espadachín del poema *El parlanchín* (Jabberwocky) de Lewis Carroll. El espadachín ataca al jabberwock con su espada vorpal; he aquí lo sucedido, palabra por palabra:

"¡Uno, dos! ¡Uno, dos! Marchando marcialmente va,

¡antojo de chocolate había, en la espada vorpal!

Ya la decapitó y con su cabeza en lo alto,

saltando con alegría, de vuelta a casa va".

En Java, el espadachín podría ser creado como un objeto `Knight`, mediante la clase `Knight` como plantilla para lo que debiera ser un objeto `Knight`. Cuando el espadachín corta la cabeza del jabberwock, esto provoca definitivamente un cambio en su estado interno. Para hacerle notar ese cambio, el objeto `Knight` podría usar un método para decirle al objeto `Jabberwock`: "¡Hey! Te corté la cabeza. Estás muerto."

Así como hay variables de instancia y de clase, también hay métodos de instancia y de clase. Los *métodos de instancia*, que son tan comunes que sólo se les llama *métodos*, se aplican a un objeto de la clase. Si el método hace un cambio para un objeto individual, debe ser un método de instancia. Los *métodos de clase* aplican para una clase en sí misma.

Creación de una clase

Ahora que ya conoce la terminología básica de la programación orientada a objetos, las cosas podrían ser más claras con un ejemplo más concreto. Creará un ejemplo de trabajo de la clase Jabberwock, para que pueda ver cómo se definen variables de instancia y métodos en una clase. Asimismo, podrá crear un applet Java que cree un objeto nuevo mediante la clase Jabberwock, modificará sus variables de instancia y tomará acción a partir de sus valores.

> **Nota** La sintaxis real del ejemplo no se detalla aquí. Úsela como una introducción a la programación orientada a objetos, más que como una lección de la sintaxis de programación Java, en la cual tendrá oportunidad de profundizar el día 3: "Los ABCs de Java."

Abra el editor de texto que suele usar para crear programas Java, de modo que empiece a crear un archivo fuente de Java. En vez de introducir un programa completo, escribirá algunas instrucciones mientras aprende a usarlo. Tiene una oportunidad de revisar doblemente su trabajo al final, para asegurarse que esté correcto.

El lugar para empezar es una definición básica de clase. Escriba lo siguiente:

```
class Jabberwock {
}
```

Usted ha creado una clase. Por el momento no es gran cosa, pero las dos líneas son un ejemplo de una clase Java en su expresión más simple.

Para que Jabberwock sea más sofisticada, hay que crear tres variables de instancia para esta clase. Justo debajo de la línea class Jabberwock {, inserte las tres líneas siguientes:

```
String color;
String sex;
boolean hungry;
```

Estas líneas crean tres variables de instancia. Dos de ellas, color y sex, pueden contener objetos String. Una *cadena* de texto es un término general que significa un grupo de caracteres, pero en Java un objeto String se crea mediante una de las clases estándar en la biblioteca de clases de Java. La clase String se usa para guardado de texto y muchas funciones de manejo de texto.

El tercer objeto, hungry, es una variable boolean que sólo puede guardar uno de dos valores: true (cierto) o false (falso). Este objeto se usa para registrar si el jabberwock está hambriento (true) o satisfecho (false).

> **Nota:** Las booleanas son un tipo especial de variable que sólo pueden contener el valor `true` o `false`. A diferencia de otros lenguajes, los valores booleanos no tienen valores numéricos donde 1 equivale a `true` y 0 a `false`. Los valores booleanos se llaman así en honor del matemático irlandés George Boole (1815-1864). Otra obra con su nombre es el álgebra booleana, fundamental para la programación de computadoras, electrónica digital y lógica.

Puede agregar algún comportamiento adicional a la clase `Jabberwock` al añadir métodos. Hay todo tipo de cosas que una jeringoza puede hacer (garras que muerden, mandíbulas que capturan y cosas así), mas para hacerlo sencillo, se agregan dos (una para alimentar al monstruo y otra para revisar sus atributos).

Para empezar, agregue las siguientes líneas debajo de las tres variables de instancia en su definición de clase:

```java
void feedJabberwock() {
    if (hungry == true) {
        System.out.println("Yum -- a peasant.");
        hungry = false;
    } else
        System.out.println("No, thanks -- already ate.");
}
// y aún hay más
```

> **Tip:** La última línea, `// y aún hay más`, es una línea de comentarios. Los comentarios sirven para que quien busca en el código fuente se imagine qué está haciendo. A las computadoras no les interesa. Cualquier cosa a partir de las diagonales `//` hasta el fin de la línea, es ignorado por un compilador Java. En la clase `Jabberwock`, el comentario se usa como un marcador de posición. Usted pronto lo remplazará.

El método `feedJabberwock()` verifica si el objeto `Jabberwock` está hambriento (en la línea `if (hungry == true)`). Si lo está, el objeto es alimentado (para su gran deleite), y el estado de hambriento se modifica a `false`. Si el objeto no está hambriento, se despliega un mensaje diciendo que el monstruo ha comido previamente. He aquí cómo debería lucir su programa:

ESCRIBA **LISTADO 2.1.** EL TEXTO ACTUAL DE JABBERWOCK.JAVA.

```java
1: class Jabberwock {
2:     String color;
3:     String sex;
4:     boolean hungry;
```

```
 5:
 6:     void feedJabberwock() {
 7:        if (hungry == true) {
 8:            System.out.println("Yum -- a peasant!");
 9:            hungry = false;
10:        } else
11:            System.out.println("No, thanks -- already ate.");
12:     }
13:
14:     // y aún hay más
15:}
```

> **Tip**
> La sangría y las líneas en blanco que se usan para dar el espaciado en el archivo fuente no afectan al compilador Java. Como los comentarios, se incluyen para beneficio de los programadores, para que la lógica del programa sea más sencilla de seguir. La sangría y el espaciado usados aquí, con las líneas en blanco entre métodos y variables sangradas y los métodos, se usan en todo el libro. La biblioteca de clases de Java usa una sangría similar. Puede elegir el estilo de sangría que prefiera.

Antes de que compile esta clase, necesita agregar un método más. El método `showAttributes()` despliega los valores actuales de las variables de instancia en una instancia de su clase `Jabberwock`.

En el programa, borre la línea de comentario `//y aún hay más` y reemplácela con lo siguiente:

```
void showAttributes() {
    System.out.println("This is a " + sex + " " + color + " jabberwock.");
    if (hungry == true)
        System.out.println("The jabberwock is hungry.");
    else
    System.out.println("The jabberwock is full.");
}
```

El método `showAttributes()` despliega dos líneas en pantalla: el sexo y color del objeto `Jabberwock` y si está hambriento o no. A través de su editor de texto, guarde en disco el archivo fuente asegurándose que se llame `Jabberwock.java`, para que el nombre de archivo corresponda al nombre de clase.

En este momento, usted tiene una clase `Jabberwock` con variables de instancia y métodos de instancia que se pueden usar para desplegar y modificar estas variables.

Use uno de los procedimientos siguientes para compilar el programa, dependiendo del sistema que esté usando.

WINDOWS Cambie al directorio que contenga el archivo fuente Java mediante el comando cd del indicador de comandos de MS-DOS, y use el comando javac para compilarlo:

ENTRADA `javac Jabberwock.java`

SOLARIS Desde una línea de comandos, cambie al directorio que contenga su archivo fuente Java, mediante el comando cd, y utilice el comando javac para compilarlo:

`javac Jabberwock.java`

Si encuentra algún problema al compilar el programa, verifique contra el listado 2.2 si no tiene errores de escritura.

ESCRIBA LISTADO 2.2. EL TEXTO ACTUAL DE JABBERWOCK.JAVA.

```
 1: class Jabberwock {
 2:     String color;
 3:     String sex;
 4:     boolean hungry;
 5:
 6:     void feedJabberwock() {
 7:         if (hungry == true) {
 8:             System.out.println("Yum -- a peasant!");
 9:             hungry = false;
10:         } else
11:             System.out.println("No, thanks -- already ate.");
12:     }
13:
14:     void showAttributes() {
15:         System.out.println("This is a " + sex + " " + color +
            " jabberwock.");
16:         if (hungry == true)
17:             System.out.println("The jabberwock is hungry.");
18:         else
19:             System.out.println("The jabberwock is full.");
20:     }
21: }
```

Ejecución del programa

Si ejecuta el archivo Jabberwock.class con la herramienta de línea de comandos como intérprete de Java, obtiene el error siguiente:

`In class Jabberwock: void main(String argv[]) is not defined`

Este error se debe a que el intérprete de Java asume que el programa es una aplicación cuando intenta ejecutarlo en la línea de comandos. Cuando se ejecuta una aplicación, el punto de inicio del programa es un método main(). Puesto que la clase Jabberwock no tiene un método main(), el intérprete no sabe qué hacer con él.

Un vistazo a la programación orientada a objetos

Hay dos maneras de usar la clase `Jabberwock`:

- Cree un applet o aplicación por separado que use esta clase.
- Agregue un método `main()` a la clase `Jabberwock` para que pueda ser ejecutada directamente.

Para este ejercicio se hará lo último. Cargue `Jabberwock.java` a su editor de texto e inserte una línea en blanco directamente debajo de la última línea del programa. (Línea 21 del listado 2.2.)

En esta línea, inserte lo siguiente:

```java
public static void main (String arguments[]) {
    Jabberwock j = new Jabberwock();
    j.color = "orange";
    j.sex = "male";
    j.hungry = true;
    System.out.println("Calling showAttributes ...");
    j.showAttributes();
    System.out.println("-----");
    System.out.println("Feeding the jabberwock ...");
    j.feedJabberwock();
    System.out.println("-----");
    System.out.println("Calling showAttributes ...");
    j.showAttributes();
    System.out.println("-----");
    System.out.println("Feeding the jabberwock ...");
    j.feedJabberwock();
}
```

Con el método `main()` en su lugar, ahora se puede usar la clase `Jabberwock` como una aplicación. Resguarde y compile el archivo.

El listado 2.3 muestra el archivo de código fuente `Jabberwock.java` final, en caso de que haya tenido problemas al compilarlos.

> **Tip:** Si tiene problemas con cualquier programa en este libro, puede obtener una copia del archivo fuente y otros archivos asociados en el sitio Web oficial de este libro en `http://www.prefect.com/java21`.

ESCRIBA **LISTADO 2.3.** LA VERSIÓN FINAL DE JABBERWOCK.JAVA.

```java
1: class Jabberwock {
2:     String color;
3:     String sex;
4:     boolean hungry;
```

continúa

LISTADO 2.3. CONTINUACIÓN

```
 5:
 6:     void feedJabberwock() {
 7:         if (hungry == true) {
 8:             System.out.println("Yum -- a peasant!");
 9:             hungry = false;
10:         } else
11:             System.out.println("No, thanks -- already ate.");
12:     }
13:
14:     void showAttributes() {
15:         System.out.println("This is a " + sex + " " + color + " jabberwock.");
16:         if (hungry == true)
17:             System.out.println("The jabberwock is hungry.");
18:         else
19:             System.out.println("The jabberwock is full.");
20:     }
21:
22:     public static void main (String arguments[]) {
23:         Jabberwock j = new Jabberwock();
24:         j.color = "orange";
25:         j.sex = "male";
26:         j.hungry = true;
27:         System.out.println("Calling showAttributes ...");
28:         j.showAttributes();
29:         System.out.println("-----");
30:         System.out.println("Feeding the jabberwock ...");
31:         j.feedJabberwock();
32:         System.out.println("-----");
33:         System.out.println("Calling showAttributes ...");
34:         j.showAttributes();
35:         System.out.println("-----");
36:         System.out.println("Feeding the jabberwock ...");
37:         j.feedJabberwock();
38:     }
39: }
```

La aplicación Jabberwock se puede ejecutar con uno de los siguientes procedimientos específicos de plataforma:

WINDOWS A partir de un indicador de MS-DOS, cambie al directorio que contenga el archivo Jabberwock.class mediante el comando cd. Use el comando java para ejecutarlo a través del intérprete, como sigue:

```
java Jabberwock
```

Un vistazo a la programación orientada a objetos

SOLARIS A partir de una línea de comandos, cambie al directorio que contenga el archivo Jabberwock.class mediante el comando cd. Use el comando java para ejecutarlo a través del intérprete, como sigue:

java Jabberwock

Al ejecutar la clase jabberwock, la salida debiera ser la siguiente:

SALIDA
```
Calling showAttributes ...
This is a male orange jabberwock.
The jabberwock is hungry.
-----
Feeding the jabberwock ...
Yum -- a peasant!
-----
Calling showAttributes ...
This is a male orange jabberwock.
The jabberwock is full.
-----
Feeding the jabberwock ...
No, thanks -- already ate.
```

Con el listado 2.3 como guía, lo que sigue toma lugar en el método main().

- Línea 22 — Se declara el método main(). La primera línea del método main() siempre se parece a ésta, y usted aprenderá acerca de cada elemento posteriormente durante esta semana.

- Línea 23, Jabberwock j = new Jabberwock();— Crea un nuevo objeto de la clase Jabberwock y almacena una referencia a él en una variable llamada j. Como lo aprendió, usted de hecho no opera directamente en las clases en sus programas Java. En vez de ello, crea objetos de aquellas clases y llama a métodos para esos objetos para operar en ellos.

- Líneas 24-26 — Las variables de instancia color, sex y hungry son asignadas para el objeto Jabberwock creado en la línea dos. El color es orange, el sexo es male y la variable hungry toma el valor booleano true. Esto indica que el objeto Jabberwock está hambriento.

- Línea 27 — En esta línea y otras más que siguen, se usa una instrucción System.out.println() para desplegar información a la pantalla. Se despliega todo lo que haya entre paréntesis.

- Línea 28 — Se llama al método showAttributes, definido en el objeto Jabberwock. Esto hace que el objeto Jabberwock indique los valores de sus variables de instancia: color, sex y hungry.

- Línea 31 — Se llama al método `feedJabberwock()` del objeto `Jabberwock`, lo cual cambia el valor de la variable `hungry` de `true` a `false` y despliega una nota de apreciación del objeto `Jabberwock` `"Yum -- a peasant!"`.
- Línea 33 — Se llama nuevamente al método `showAttributes()` para desplegar los valores de variables de instancia del objeto `Jabberwock`. En esta ocasión, la salida debería reflejar que el jabberwock está satisfecho (puesto que `hungry` tiene el valor `false`).
- Línea 36 — El método `feedJabberwock()` es llamado nuevamente en un intento de alimentar al jabberwock. Como el jabberwock ya está satisfecho, declina la invitación con un mensaje cortés : `"No thanks -- already ate."`.

> **Nota:** En este punto se asume que usted sabe cómo compilar y ejecutar una aplicación Java exitosamente. Revise el día 1: "Introducción a Java" y la documentación de su herramienta de desarrollo Java para más guía si se necesitara.

Organización de las clases y su comportamiento

Una muestra introductoria de la programación orientada a objetos en Java no está completa sin antes revisar estos conceptos: herencia, interfaces y paquetes. Estos tres conceptos conforman los mecanismos para organizar clases y su comportamiento. La biblioteca de clases de Java se apoya en estos conceptos, y las clases que usted cree para sus propios programas también las necesitan.

Herencia

La herencia es uno de los conceptos de mayor importancia en la programación orientada a objetos, y tiene un efecto directo en la manera en que usted diseñe y escriba sus propias clases Java.

Término Nuevo *Herencia* es un mecanismo que hace posible que una clase herede todo el comportamiento y los atributos de otra clase.

A través de la herencia, una clase tiene inmediatamente toda la funcionalidad de una clase existente. Debido a esto, las nuevas clases se pueden crear indicando únicamente en qué se diferencian de la clase existente.

Con la herencia, todas las clases se acomodan en una jerarquía estricta, las que uno mismo creó y aquellas que provienen de la biblioteca de clases de Java y otras bibliotecas.

Término Nuevo A una clase que hereda de otra clase se le denomina *subclase*, y a la clase que proporciona la herencia se le llama *superclase*.

Una clase puede tener únicamente una superclase, pero cada clase tiene una cantidad ilimitada de subclases. Las subclases reciben por herencia todos los atributos y comportamiento de sus superclases.

En términos prácticos, esto significa que si la superclase tiene comportamiento y atributos que la clase que usted esté creando necesita, no tendrá que redefinirlos o copiar el código para tener el mismo comportamiento y atributos. Su clase recibe automáticamente todo esto de su superclase, la cual a su vez las obtiene de su superclase y así sucesivamente por toda la jerarquía de clases. La clase que usted esté creando se convierte en una combinación de todas las características de las clases superiores en la jerarquía, así como de las propias.

La situación es comparable a la manera en que se heredan todo tipo de aspectos de los padres, como la altura, el color del cabello, el amor por la música africana, o la resistencia a preguntar cómo llegar a alguna parte. Se heredan algunas de estas cosas de los padres, quienes lo heredaron de los suyos, y así hacia atrás hasta llegar al Jardín del Edén, el Big Bang, o *(inserte aquí su propia creencia cosmológica)*.

En la figura 2.2 se muestra la estructura de una jerarquía de clases.

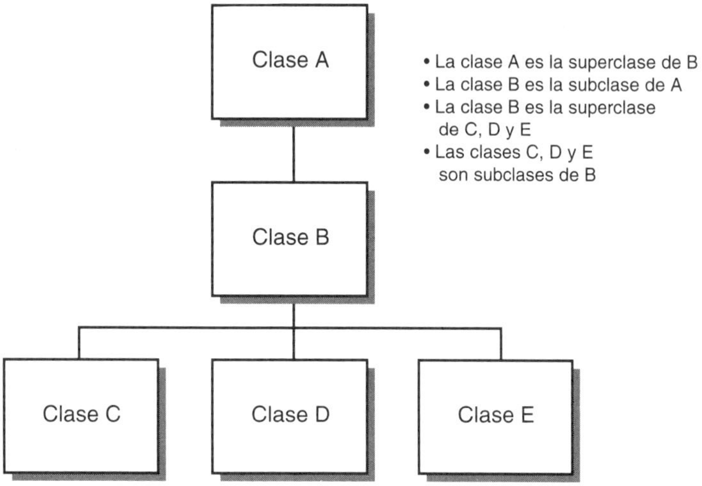

FIGURA 2.2

Una jerarquía de clases.

- La clase A es la superclase de B
- La clase B es la subclase de A
- La clase B es la superclase de C, D y E
- Las clases C, D y E son subclases de B

En la parte superior de la jerarquía de clases de Java está la clase `Object` (todas las clases heredan de esta superclase única). `Object` es la clase más general de la jerarquía y define el comportamiento y atributos heredados por todas las clases de la biblioteca de clases de Java. Conforme desciende la jerarquía, las clases se construyen para un propósito específico. Una jerarquía de clases define conceptos abstractos en la parte superior de la jerarquía. Estos conceptos se vuelven más concretos conforme desciende la línea de subclases.

A veces, al estar creando una nueva clase en Java, tal vez quisiera tener toda la funcionalidad de una clase existente con algunas modificaciones propias. Por ejemplo, una versión de `CommandButton` con un sonido explosivo y ensordecedor al seleccionarlo. (Ni los autores de este libro, ni Prentice Hall, sugieren que ésta sea una buena idea, ni se les puede hacer legalmente responsables en caso de que dicho sonido no sea apreciado por quienes inesperadamente queden sordos por él.)

Para recibir toda la funcionalidad de `CommandButton` sin tener que pasar por el trabajo de rehacerlo, defina su clase como subclase de `CommandButton`. Su clase tendría automáticamente toda la funcionalidad y atributos definidos en `CommandButton` y el comportamiento y atributos de las superclases de `CommandButton`. Todo lo que debe hacer es definir los aspectos que harán diferente a su clase de la clase `CommandButton`. La generación de subclases es el mecanismo mediante el cual se definen clases nuevas que tienen diferencias respecto de su superclase.

TÉRMINO NUEVO La *generación de subclases* es la creación de una nueva clase que hereda de una clase existente. La única tarea de la subclase es indicar las diferencias de comportamiento y atributos entre ella y la superclase.

Si su clase define totalmente el nuevo comportamiento y no es una subclase de otra clase, puede heredar directamente de la clase `Object`. Esto le permite acomodarse perfectamente en la jerarquía de clases de Java. De hecho, si crea una definición de clase que no indique una superclase, Java asume que la clase nueva es herencia directa de `Object`. La clase `Jabberwock` que se creó hereda directamente de la clase `Object`.

Creación de una jerarquía de clases

Si está creando un gran conjunto de clases, tendrá sentido que éstas hereden de la jerarquía de clases y conformen una jerarquía por sí mismas. Organizar las clases de esta manera implica invertir un tiempo considerable de planeación, pero las ventajas son las siguientes:

- La funcionalidad que es común a múltiples clases se puede colocar en superclases, lo que le permite ser utilizada repetidamente en todas las clases inferiores de la jerarquía.
- Los cambios a la superclase se reflejan automáticamente en todas sus subclases, las subclases de éstas y así sucesivamente. No hay necesidad de cambiar o recompilar cualquiera de las clases inferiores; reciben la nueva información a través de la herencia.

Por ejemplo, imagine que ha creado una clase Java para implementar todas las características de un jabberwock. (Esto no requiere mucha imaginación si no se saltó este punto del día.)

La clase `Jabberwock` está terminada, funciona correctamente y todo está bien. Ahora creará una clase Java llamada `Dragon`.

Los dragones y los jabberwocks tienen características similares (son monstruos grandes y se comen a los campesinos). Ambos tienen garras afiladas, dentadura poderosa y personalidad tipo A. El primer impulso podría ser abrir el archivo fuente `Jabberwock.java` y copiar la mayor parte de él en el nuevo archivo fuente llamado `Dragon.java`.

Un mejor plan es identificar la funcionalidad común de `Dragon` y `Jabberwock` y organizarla en una jerarquía más general de clases. Esto podría desembocar en mucho más trabajo para las clases `Dragon` y `Jabberwock`, pero ¿qué pasa si también quiere añadir `Medusa`, `Yeti`, `Sasquatch`, `Grue` y `DustBunny`? Al colocar el comportamiento común en una o más clases reutilizables se reduce en gran medida el total de trabajo.

Para diseñar una jerarquía de clases que pudiera servir para este propósito, empiece por el principio con la clase `Object`, la cima de las clases Java. La clase más general, a la cual deben pertenecer un jabberwock y un dragón, se podría llamar `Monster`. Un monstruo, generalmente, podría ser definido como una criatura feroz de algún tipo, que aterroriza a la gente y reduce el patrimonio. En la clase `Monster` se puede definir únicamente el comportamiento que califique el ser feroz, terrible y malo para el entorno.

Podría haber dos clases debajo de `Monster`: `FlyingMonster` y `WalkingMonster`. Lo obvio que las diferencia es que uno puede volar y la otra no. El comportamiento de los monstruos voladores podría incluir bajar en picada sobre la presa, tomar campesinos y cargarlos hacia el cielo, soltarlos de grandes alturas y cosas similares. Los monstruos que caminan podrían tener un comportamiento distinto y ser más susceptibles al ataque de arqueros. La figura 2.3 le muestra lo que ha hecho.

Figura 2.3

La jerarquía básica `Monster`.

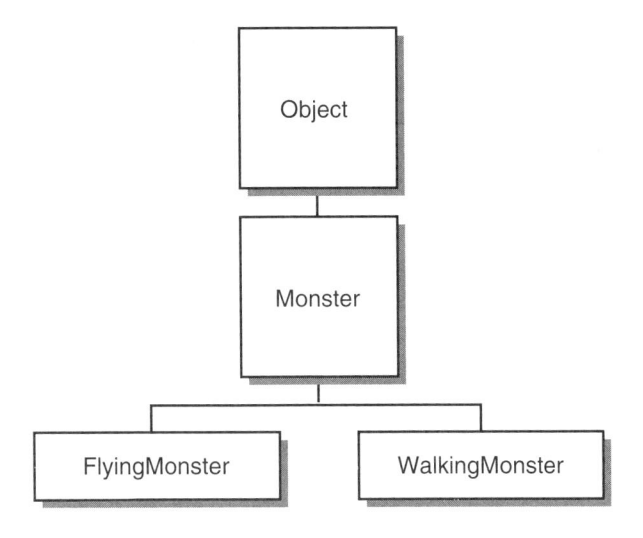

Ahora la jerarquía puede ser más específica. Con `FlyingMonster` podría tener varias clases: `Mammal`, `Reptile`, `Amphibian`, etcétera. Como una alternativa, y extendiendo la línea de acción, podría agregar más funcionalidad y tener clases intermedias para monstruos `TwoLegged` y `FourLegged`, con diferentes comportamientos para cada uno.

Figura 2.4

Monstruos voladores de dos y de cuatro patas.

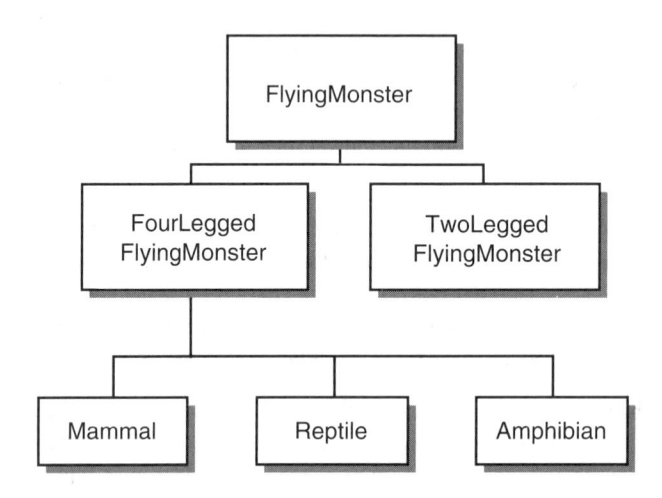

```
                    ┌──────────────┐
                    │ FlyingMonster│
                    └──────┬───────┘
                ┌──────────┴──────────┐
       ┌────────┴────────┐   ┌────────┴────────┐
       │   FourLegged    │   │   TwoLegged     │
       │  FlyingMonster  │   │  FlyingMonster  │
       └────────┬────────┘   └─────────────────┘
      ┌─────────┼─────────┐
  ┌───┴───┐ ┌───┴───┐ ┌───┴─────┐
  │Mammal │ │Reptile│ │Amphibian│
  └───────┘ └───────┘ └─────────┘
```

Finalmente la jerarquía está terminada, y ya cuenta con un lugar para `Jabberwock`. Puede ser una subclase de `Reptile`, `Fourlegged FlyingMonster` y `FlyingMonster`. (En realidad, siguiendo el camino hacia la cima de la jerarquía de clases, `Jabberwock` podría ser una subclase de `Reptile`, `Fourlegged FlyingMonster` y `FlyingMonster` y `Monster`, porque `FlyingMonster` es una subclase de `Monster`, y ésta es una subclase de `Object`.)

¿Dónde están las cualidades como sexo, color, o apetito? Vienen en el lugar que les corresponde, naturalmente, en la jerarquía de clases. Puede definir `sex` y `color` como variables de instancia en `Monster`, así como todas las subclases que tengan estas variables. Recuerde que en la jerarquía sólo se necesita definir un comportamiento o atributo una vez y, automáticamente, será heredado a cada subclase.

> **Nota**
>
> Diseñar una jerarquía de clases efectiva requiere mucha planeación y revisión. Al tiempo que intenta colocar atributos y comportamiento dentro de la jerarquía, podría encontrar razones para mover algunas clases a diferentes puntos de la misma. El objetivo es reducir la cantidad de características repetitivas que se necesitan. Si estuviera diseñando una jerarquía de monstruos, tal vez quisiera colocar `Mammal`, `Reptile` y `Amphibian` inmediatamente debajo de `Monster`, si esto describiera mejor la funcionalidad de las clases a organizar.

La herencia en acción

En Java la herencia funciona de manera mucho más simple que con las herencias en el mundo real. En el mundo Java no se requieren albaceas, jueces, o cortes de algún tipo.

Cuando se crea un objeto nuevo, Java registra cada variable definida para el objeto y cada variable definida para cada superclase del objeto. De este modo, todo lo que contienen las clases se combina para formar una estructura descriptiva del objeto en uso, y cada objeto aporta la información apropiada para su situación.

Los métodos trabajan de manera parecida: los objetos nuevos tienen acceso a todos los nombres de los métodos de su clase y superclase. Esto se determina de manera dinámica cuando se usa un método en un programa en ejecución. Si se hace un llamado a un método en un objeto en particular, el intérprete de Java primero revisará la clase del objeto para este método. Si no lo encuentra, el intérprete de Java lo busca en la superclase de esa clase, y así sucesivamente, hasta encontrar la definición del método. Esto se ilustra en la figura 2.5.

Figura 2.5
Ubicación de los métodos dentro de una jerarquía de clases.

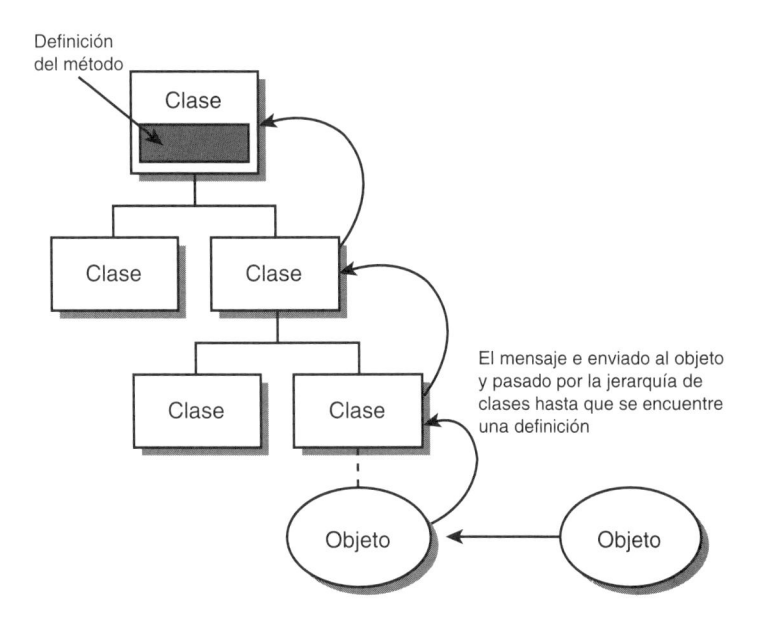

Las cosas se complican cuando una subclase define un método que tiene el mismo nombre, tipo de valor de retorno y argumentos que otro método definido en una superclase. En este caso, la definición del método que se localiza primero (comenzando por el fondo de la jerarquía y desplazándose hacia arriba) es la que se ha empleado. En consecuencia, puede crear un método en una clase que evite que se use un método de una superclase. Para hacerlo, cree un método con el mismo nombre, tipo de valor de retorno y argumentos como el método en la superclase. A este proceso se le denomina *sobreposición* (figura 2.6).

Figura 2.6

Sobreposición de métodos.

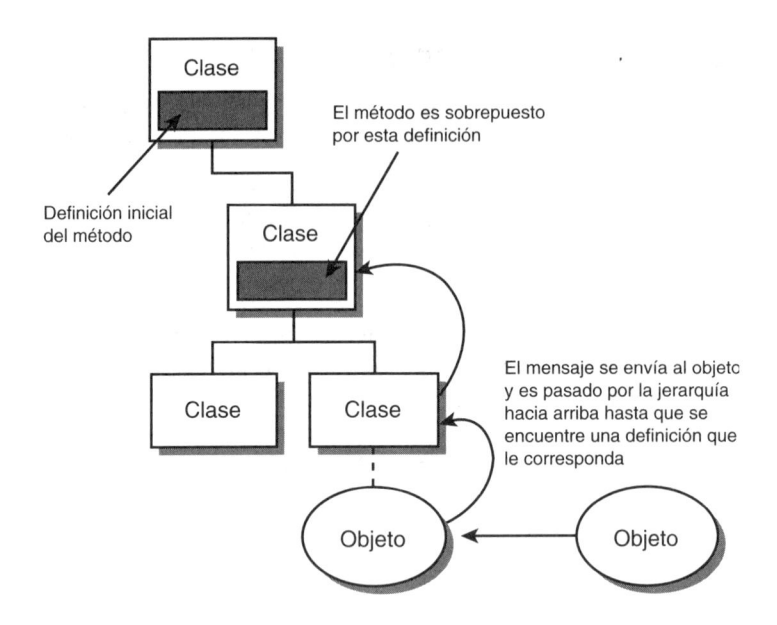

Herencia sencilla y múltiple

En Java a la forma de herencia se le denomina *herencia sencilla* debido a que cada clase Java sólo puede tener una superclase (aunque cualquier superclase dada pueda tener múltiples subclases).

En otros lenguajes de programación orientada a objetos como C++, las clases pueden tener más de una superclase y heredar variables y métodos de forma combinada de todas aquellas superclases. A esta forma se le denomina *herencia múltiple*, y proporciona la estructura para que se puedan crear clases que conformen casi cualquier comportamiento imaginable. Sin embargo, complica significativamente las definiciones de clase y el código necesario para producirlas. Java hace que la herencia sea menos complicada al habilitar únicamente la herencia sencilla.

Interfaces

La herencia sencilla hace que la relación entre clases y la funcionalidad que estas clases implementan sea más fácil de comprender y diseñar. Sin embargo, también podría ser restrictiva (sobre todo cuando se cuenta con comportamientos similares que necesitan ser duplicados a lo largo de brazos distintos de la jerarquía de clases). Con las interfaces, Java resuelve el problema del comportamiento compartido.

Término Nuevo Una *interfaz* es un conjunto de métodos que indican que una clase tiene un comportamiento particular además del que hereda de sus superclases.

Las interfaces son un tema que se entiende mejor después de tener alguna experiencia de programación orientada a objetos y Java. Las explorará ampliamente durante el día 15, "Funciones de las clases: paquetes, interfaces y otras características".

Paquetes

En Java los *paquetes* son una forma de agrupar clases e interfaces asociadas. Habilitan los grupos de clases para estar disponibles sólo si son necesarios y eliminan los conflictos potenciales entre los nombres de clases en grupos diferentes de clases.

Por ahora, sólo necesita conocer esto:

- *Las bibliotecas de clases en Java están contenidas en un paquete llamado* java. Las clases en el paquete java están garantizadas para estar en cualquier implementación de Java y son las únicas clases garantizadas para estar disponibles a través de implementaciones diferentes. El paquete java contiene paquetes más pequeños que definen subconjuntos específicos de la funcionalidad del lenguaje Java, como características estándar, manejo de archivos, multimedia y muchas otras cosas. Las clases en otros paquetes como sun y netscape suelen estar disponibles únicamente en implementaciones específicas.

- *En forma predeterminada, sus clases de Java sólo tienen acceso a las clases en* java.lang (*características básicas del lenguaje*). Para usar clases de cualquier otro paquete, tiene que referirse a ellas explícitamente por nombre de paquete o importarlas a su archivo fuente.

- *Para referirse a una clase dentro de un paquete, se deben listar todos los paquetes que la clase contiene seguidos del nombre de clase, con cada elemento separado por puntos(.).* Por ejemplo, supongamos la clase Color. Está contenida en el paquete awt, el cual está a su vez en el paquete java. Para referirse a la clase Color en sus programas se puede usar la notación java.awt.Color.

Creación de una subclase

Como un proyecto final para hoy, creará una subclase de otra clase y sobrepondrá algunos métodos. También tendrá una mejor sensación acerca de cómo trabajan los paquetes.

Cuando empieza a programar en Java, el uso más común de la generación de subclases es cuando se crean los applets. Crear applets es diferente a crear aplicaciones. Los applets java se ejecutan como parte de una página Web, y por tanto tienen reglas especiales para su comportamiento. Debido a estas reglas especiales para los applets, crear un applet sencillo es más complicado que crear una aplicación sencilla.

Todos los applets son subclases de la clase Applet (la cual es parte del paquete java.applet). Al crear una subclase de Applet, automáticamente recibe todo el comportamiento y atributos que habilitan al programa Java a ejecutarse como parte de una página Web.

En este ejemplo usted crea un applet semejante a la aplicación `HelloDan` de ayer. Para empezar, primero hay que construir la definición de la clase por sí misma. Inicie la ejecución de su editor de texto y escriba las instrucciones siguientes:

```
public class Palindrome extends java.applet.Applet {
    // y aún hay más
}
```

Esto define una clase llamada `Palindrome`. Las instrucciones son similares a la manera en que creó la clase `Hellodan` durante el día 1. Una adición nueva es el texto `extends java.applet.Applet`.

La cláusula `extends` es la manera de declarar que una clase es subclase de otra. La clase `Palindrome` es una subclase de la clase `Applet`, la cual es parte del paquete `java.applet`. Para indicar esto en un programa, se utiliza la cláusula `extends java.applet.Applet` para definir la relación entre las dos clases.

> **Nota:** Como la clase `Applet` está contenida en el paquete `java.applet`, usted no tiene acceso automático a ella, por lo que tiene que referirse a ella explícitamente por paquete o nombre de clase. Las únicas clases a las que se puede referir sin considerar el nombre del paquete son las que están en el paquete `java.lang`.

Otro elemento nuevo en la instrucción `class` es la palabra clave `public`. Ésta indica que su clase es accesible para otras clases que podrían necesitarla. En general, usted sólo necesita hacer una clase `public` si desea que sea útil para otras clases en su programa Java. Sin embargo, todos los applets deben ser `public`.

Una definición de clase sin otra cosa más que el comentario `// y aún hay más` no tiene mucho sentido; no agrega nada nuevo o sobrepone métodos o variables de su superclase. Para que la clase `Palindrome` difiera de su superclase, borre la línea de comentario `// y aún hay más` y empiece a agregar nuevas instrucciones al programa, comenzando con esta declaración:

```
Font f = new Font("TimesRoman", Font.BOLD, 36);
```

Esta instrucción cumple dos cosas:

- Se crea un objeto `Font` llamado `f`, que es parte del paquete `java.awt`, y que se usa para representar una fuente de pantalla. Se usa para desplegar una fuente distinta y un estilo de fuente distinto al que se usa en forma predeterminada en un applet.

- Se da al objeto `Font` el valor de la fuente Times Roman negritas de 36 puntos. La instrucción `new` crea un nuevo objeto `Font` con los valores especificados entre paréntesis y este nuevo objeto se asigna a `f`.

Al crear una variable de instancia para contener este objeto `Font`, lo pone disponible para todos los métodos en su clase. El siguiente paso en el proyecto `Palindrome` es crear un método que lo use.

Cuando escribe applets, hay varios métodos definidos en la superclase `Applet` que usted comúnmente sobrepone a su applet. Éstos incluyen métodos para configurar el applet antes de que se ejecute, para iniciar el applet, para responder a la entrada del ratón, y para que libere recursos cuando el applet termine su ejecución.

Uno de estos métodos es `paint()`, el cual maneja cualquier cosa que debiera ocurrir cuando el applet se despliegue en una página Web. El método `paint()` que hereda de `Palindrome` no hace nada (es un método vacío). Al sobreponer `paint()`, usted indica que debería ser dibujado en la ventana del applet en cualquier momento que necesitara ser desplegado al correr el programa. Añada una línea en blanco debajo de la declaración `font`, y escriba lo siguiente para sobreponer el método `paint()`:

```
public void paint(Graphics screen) {
    screen.setFont(f);
    screen.setColor(Color.red);
    screen.drawString("Go hang a salami, I'm a lasagna hog!", 5, 40);
}
```

El método `paint()` es declarado `public`, como el applet en sí mismo, pero por una razón distinta. En este caso, `paint()` debe ser público debido a que el método que está sobrepuesto también es público. Un método de superclase que es público debe ser sobrepuesto por un método público, o el programa Java no se compilará exitosamente.

El método `paint()` toma un argumento sencillo: una instancia de la clase `Graphics` llamada `screen`. La clase `Graphics` proporciona el comportamiento para transformar las fuentes y colores y dibujar líneas y otras formas. Aprenderá más acerca de la clase `Graphics` durante la semana 2: "Temas avanzados de Java", cuando cree más applets.

Ya ha hecho tres cosas dentro de su método `paint()`:

- Le ha indicado al objeto `Graphics` que la fuente a usar al desplegar texto es la contenida en la variable de instancia `f`.
- Le ha indicado al objeto `Graphics()` que el color a usar en texto y otras operaciones de dibujo son una instancia de la clase `Color` para el color `red`.
- Finalmente, ha dibujado el texto en pantalla `"Go hang a salami, I'm a lasagna hog!"`, en el sistema de coordenadas x,y de `5,40`. La cadena será transformada en la fuente y color indicados.

He aquí cómo luce el applet después de todo:

SALIDA
```
public class Palindrome extends java.applet.Applet {
    Font f = new Font("TimesRoman", Font.BOLD, 36);

    public void paint(Graphics screen) {
        screen.setFont(f);
        screen.setColor(Color.red);
        screen.drawString("Go hang a salami, I'm a lasagna hog.",
            5, 40);
    }
}
```

En este punto debió haber notado que algo faltaba en el ejemplo. Si guardó una copia e intentó compilarlo, podría haber visto una serie de errores como el siguiente:

`Palindrome.java:2: Class Font not found in type declaration.`

Estos errores ocurren debido a que las clases `Graphics`, `Font`, y `Color` son parte del paquete `java.awt`, y no están disponibles en forma predeterminada. Usted se refirió a la clase `Applet` en la primera línea de la definición de clase al referirse a su nombre completo de paquete (`java.applet.Applet`). En el resto del programa, se refirió a otras clases sin usar sus nombres de paquete.

Hay dos formas de resolver este problema:

- Referirse a todas las clases externas por su nombre de paquete completo, como `java.awt.Graphics`, `java.awt.Font`, y `java.awt.Color`.
- Usar una instrucción `import` al principio del programa para que estén disponibles uno o más paquetes y clases en el programa.

Cuál elija es, en su mayor parte, un asunto de preferencia personal; pero si se refiere a una clase en otro paquete muchas veces, tal vez prefiera usar `import` para disminuir la cantidad de texto.

En este ejemplo se usará lo último.

Para importar estas clases, añada los tres enunciados siguientes antes de la instrucción `public class Palindrome`:

```
import java.awt.Graphics;
import java.awt.Font;
import java.awt.Color;
```

> **Tip**
>
> También puede importar todo un paquete mediante un asterisco (*) en vez de un nombre de clase. Por ejemplo, use esta instrucción para importar todas las clases en el paquete java.awt:
>
> import java.awt.*;

Ahora, con las clases apropiadas importadas en su programa, `Palindrome.java` debería compilarse sin problemas a un archivo de clase. El listado 2.4 muestra la versión final para una revisión doble.

ESCRIBA **LISTADO 2.4.** LA VERSIÓN FINAL DE PALINDROME.JAVA.

```
 1: import java.awt.Graphics;
 2: import java.awt.Font;
 3: import java.awt.Color;
 4:
 5: public class Palindrome extends java.applet.Applet {
 6:     Font f = new Font("TimesRoman", Font.BOLD, 36);
 7:
 8:     public void paint(Graphics screen) {
 9:         screen.setFont(f);
10:         screen.setColor(Color.red);
11:         screen.drawString("Go hang a salami, I'm a lasagna hog.", 5,
                 40);
12:     }
13: }
```

Guarde este archivo con el nombre **Palindrome.java**. Puesto que este archivo fuente contiene una clase pública, `Palindrome`, el nombre de archivo debe corresponder al nombre de la clase pública para que se compile exitosamente. El uso de mayúsculas y minúsculas aquí también es importante, por lo que las letras deben ser idénticas.

Este archivo fuente puede ser compilado de la misma manera que las aplicaciones Java que usted ha creado hasta aquí. Sin embargo, para poder ejecutarlo, debe crear una página Web para colocarlo.

Muchos programas de desarrollo de páginas Web, como Home Page de Claris y Dreamweaver de Macromedia, permiten colocar un applet Java dentro de una página Web.

Si no tiene una de estas herramientas, puede crear una página Web sencilla mediante las características asociadas Java del lenguaje descriptivo de páginas HTML.

> **Tip**
>
> Aunque se describirán algunas características HTML en cuanto estén asociadas con Java, la enseñanza del desarrollo de HTML y de páginas Web está mas allá del objetivo de este libro. Al respecto le recomendamos la obra *Aprendiendo a publicar en Web con HTML*, de Laura Lemay, publicado por Prentice Hall.

Para crear una nueva página HTML que pueda contener el applet `Palindrome`, use el mismo editor de texto que suele usar para crear programas Java e inicie un nuevo documento.

Escriba el listado 2.5 y guarde el archivo como **Palindrome.html** en el mismo directorio que contiene `Palindrome.java` y `Palindrome.class`. Si usa Windows 95, ponga entre comillas el nombre del archivo para asegurarse que no se añada la extensión de archivo `.txt`.

ESCRIBA **LISTADO 2.5.** LA PÁGINA WEB PALINDROME.HTML.

```
1: <APPLET CODE="Palindrome.class" WIDTH=600 HEIGHT=100>
2: </APPLET>
```

Posteriormente aprenderá más acerca de la etiqueta `<APPLET>` de HTML, pero aquí hay dos cosas qué observar:

- El atributo `CODE` indica el nombre de la clase que contiene el applet (`Palindrome.class` en este ejemplo).
- Los atributos `WIDTH` y `HEIGHT` determinan cuán grande será en pixeles la ventana del applet en la página Web. En este ejemplo, la ventana será de 600 pixeles de ancho y 100 pixeles de alto.

Para poder ver este applet, necesita un navegador Web que pueda ejecutar applets de Java o la herramienta `appletviewer` incluida en el JDK.

> **Nota**
>
> Todos los applets en este libro sólo usan características de Java 1.0.2 a menos que se indique otra cosa, para que se puedan ver los applets con cualquier navegador que soporte Java. Las aplicaciones usan Java 2, porque pueden ser ejecutadas con un intérprete Java 2.

Para abrir la página Web `Palindrome.html` mediante un navegador Web, use el comando del menú desplegable en el navegador para abrir archivos locales en vez de páginas Web. En Navigator 4.04 de Netscape, el comando es File | Open Page | Choose File.

Para abrir la página con la herramienta `appletviewer` del JDK, vaya al indicador de una línea de comandos en la misma carpeta que contenga `Palindrome.html`, y escriba el comando siguiente:

ENTRADA `appletviewer Palindrome.html`

A diferencia del navegador Web, la herramienta `appletviewer` sólo despliega el applet (o applets) que están incluidos en la página Web. No puede manipular nada más que esté contenido en la página.

La figura 2.7 muestra el applet visto con la herramienta `appletviewer`.

FIGURA 2.7

El applet Palindrome, ejecutándose en la herramienta appletviewer.

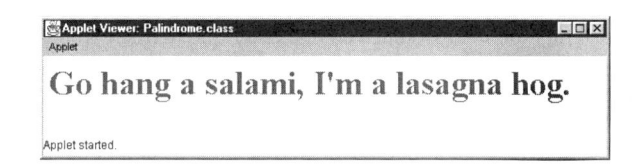

> **Tip**
>
> Si aún no se familiariza con lo que es un palíndromo, vea la figura 2.7 y lea al revés el enunciado "Go hang a salami, I'm a lasagna hog". Los palíndromos son palabras y frases que se leen igual en cualquier dirección, sin tomar en cuenta espacios y puntuación: "Dábale arroz a la zorra el abad". "Dennis and Edna sinned" es un palíndromo, como también lo son "Ah, Satan sees Natasha" y "To Idi Amin: I'm a idiot". Los tres últimos son palíndromos de la lista gigante de palíndromos de Neil/Fred en la dirección Web:
>
> `http://www.tsoft.net/~derf/palindrome.html`

Resumen

Si éste es su primer encuentro con la programación orientada a objetos, podría haber descubierto de otra forma en qué se parece a la cerveza.

La programación orientada a objetos también es capaz de marearlo, desorientarlo, y tal vez hasta hacerle sentir un poco de náuseas.

Si el material de hoy parece teórico y abrumador en este punto, no tiene por qué alarmarse. Estará usando técnicas orientadas a objetos por todo el resto del libro, y se familiarizará más conforme adquiera más experiencia al usarla.

Uno de los más grandes obstáculos en la programación orientada a objetos no son necesariamente los conceptos, más bien son los nombres. La OOP tiene más argot y lenguaje técnico ominoso que un episodio de los *Expedientes Secretos X*.

Para resumir el material de hoy, aquí le presentamos un glosario de los términos que se cubrieron:

Clase Plantilla para un objeto que contiene variables para describir el objeto y métodos para describir cómo se comporta el objeto. Las clases pueden heredar variables y métodos de otras clases.

Objeto Instancia de una clase. Objetos múltiples que son instancias de la misma clase tienen acceso a los mismos métodos, pero frecuentemente tienen valores distintos para sus variables de instancia.

Instancia Es lo mismo que un objeto. Cada objeto es una instancia de alguna clase.

Método Grupo de instrucciones en una clase que define cómo deberán comportarse los objetos de la clase. Los métodos son análogos a las funciones de otros lenguajes de programación, pero siempre deben ser ubicados dentro de una clase.

Método de clase Método que opera en una clase en sí misma en vez de instancias específicas de una clase.

Método de instancia Método que opera en instancias de esa clase en vez de en la clase en sí misma. Debido a que los métodos de instancia son mucho más comunes que los métodos de clase, se les suele llamar solamente métodos.

Variable de clase Es una variable que describe un atributo de una clase en vez de instancias específicas de la clase.

Variable de instancia Variable que describe un atributo de una instancia de una clase en vez de la clase en sí misma.

Interfaz Especificación de un comportamiento abstracto que luego las clases individuales podrán implementar.

Paquete Conjunto de clases e interfaces. Las clases de paquetes distintos de `java.lang` deben ser explícitamente importados o referidos por su nombre completo de clase y paquete.

Subclase Clase colocada en una posición inferior dentro de la jerarquía de otra clase, su superclase. A la creación de una nueva clase que herede de una existente, se le denomina generación de subclases. Una clase puede tener tantas subclases como sea necesario.

Superclase Clase colocada en una posición superior a otra clase, su subclase. Una clase sólo puede tener una superclase inmediatamente sobre ella, pero esa clase puede a su vez tener una superclase, y así sucesivamente.

Preguntas y respuestas

P **En efecto, los métodos son funciones que están definidas dentro de clases. Si lucen como funciones y actúan como funciones, ¿por qué no se les llama funciones?**

R Algunos lenguajes de programación les llaman funciones (C++ las denomina *funciones miembro*). Otros lenguajes orientados a objetos las diferencian de las funciones dentro y fuera del cuerpo de una clase u objeto, ya que en esos lenguajes el uso de términos separados es importante para entender cómo opera cada función. Puesto que la diferencia es relevante en otros lenguajes, y como ahora el término *método* es de uso común en la terminología orientada a objetos, Java también lo usa así.

P **¿Cuál es la distinción entre las variables y métodos de instancia y sus contrapartes, variables y métodos de clase?**

R Casi cualquier cosa que se pueda hacer en un programa Java involucrará instancias (también llamadas objetos) en vez de clases. Sin embargo, algunos comportamientos y atributos tienen más sentido si se almacenan en la clase por sí misma en vez de en el objeto. Por ejemplo, para crear una nueva instancia de una clase, necesita un método que esté definido y disponible para la clase por sí misma. De otra manera, usted corre entre el dilema del huevo y la gallina (no puede crear un objeto bebé sin la existencia del objeto mamá, que tiene un método de creación de bebés; y ningún objeto mamá puede existir sin haber tenido antes un bebé).

SEMANA 1

DÍA 3

Los ABCs de Java

Como ya lo aprendió, un programa Java está hecho de clases y objetos, los cuales a su vez están hechos de métodos y variables. Los métodos están hechos de instrucciones y expresiones, que están hechas de operadores.

En este momento, le podría parecer que Java es como las muñecas rusas anidadas llamadas Matryoshkas. Cada una de esas muñecas contiene una muñeca igual dentro de ella, la cual es tan intrincada y detallada como su compañera más grande.

Relájese, babushka; este día retira las muñecas grandes para revelar los elementos más pequeños de la programación en Java. Dejará por un día clases, objetos y métodos para así examinar las cosas elementales que se pueden hacer en una línea sencilla de código Java.

Hoy tocaremos los temas siguientes:

- Instrucciones Java y expresiones
- Variables y tipos de datos
- Comentarios
- Literales
- Expresiones aritméticas
- Comparaciones
- Operadores lógicos

> **Nota**: Puesto que Java es similar a C y C++, gran parte del material en este día les parecerá familiar a los programadores que estén versados en esos lenguajes de una sola letra. Cuando sea necesario, las notas técnicas como ésta describirán las diferencias específicas entre Java y otros lenguajes.

Instrucciones y expresiones

Todas las tareas que quiera cumplir en un programa Java se pueden dividir en una serie de instrucciones.

Término Nuevo: Una *instrucción* es un comando sencillo escrito en un lenguaje de programación que hace que algo ocurra.

Las instrucciones representan una acción sencilla que se toma en un programa Java. Todo lo siguiente son instrucciones sencillas de Java:

```
int age = 30;

import java.awt.dnd;

System.out.println("You're not the boss of me!");

player.score = 41367;
```

Algunas instrucciones producen un valor, como cuando suma dos números dentro de un programa. A estas instrucciones se les llama expresiones.

Una *expresión* es una instrucción que resulta en un valor a ser producido. El valor puede ser almacenado para uso posterior en el programa, usado inmediatamente en otra instrucción, o descartado. Al valor producido por una instrucción se le denomina su *valor de retorno*.

Término Nuevo: Algunas expresiones producen un valor de retorno numérico, como en el ejemplo de sumar dos números juntos. Otros producen un valor booleano (`true` o `false`) o incluso pueden producir un objeto de Java. Hablaremos de ellos más adelante.

Aunque muchos programas de Java enlistan una instrucción por línea, ésta es una decisión de formato que no determina dónde finaliza una instrucción y dónde inicia otra. En Java cada instrucción finaliza con el carácter punto y coma(;). Un programador puede colocar más de una instrucción en una línea y ésta se compilará exitosamente:

```
j.color = "lemon yellow";

j.hungry = false;
```

Las instrucciones en Java están agrupadas mediante una llave que abre ({) y la que cierra(}). Al grupo de instrucciones organizadas entre estos caracteres se le denomina *bloque* o *bloque de instrucciones*. Aprenderá más acerca de ellos durante el día 5, "Listas, lógica y ciclos".

Variables y tipos de datos

En la aplicación Jabberwock que creó el día 2, "Un vistazo a la programación orientada a objetos", usó las variables para dar seguimiento a la información.

TÉRMINO NUEVO Las *variables* son un lugar donde se puede almacenar la información mientras se ejecuta un programa. El valor puede ser modificado en algún punto en el programa, de aquí el nombre.

Para poder crear una variable, debe darle un nombre e identificar qué tipo de información almacenará. También le puede dar un valor inicial a una variable al mismo tiempo que la crea.

En Java hay tres tipos de variables: variables de instancia, variables de clase y variables locales.

Las *variables de instancia*, como lo aprendió ayer, se usan para definir los atributos de un objeto.

Las *variables de clase* definen los atributos de toda una clase de objetos, y aplican a todas sus instancias.

Las *variables locales* se usan dentro de definiciones de método, o incluso en bloques de instrucciones más pequeños dentro de un método. Sólo se pueden usar mientras el método o bloque va a ser ejecutado por el intérprete de Java, y después dejarán de existir.

Aunque los tres tipos de variables se crean de la misma manera, las variables de clase y las de instancia se usan de una manera distinta a las variables locales. Hoy aprenderá acerca de las variables locales y cubrirá las variables de clase y de instancia durante el día 4, "Lecciones de objetos".

Nota A diferencia de otros lenguajes, Java no tiene *variables globales* (aquellas que se pueden usar en todas las partes de un programa). Las variables de clase y de instancia se usan para comunicar información de un objeto a otro, reemplazando así la necesidad de variables globales.

Creación de variables

Antes de que pueda usar una variable en un programa de Java, usted debe crear la variable declarando su nombre y tipo de información que almacenará. Se enlista primero el tipo de información, seguido del nombre de la variable. Los siguientes ejemplos son declaraciones de variable:

```
int highScore;

String username;

boolean gameOver;
```

> **Nota** Hoy, en páginas posteriores, aprenderá más acerca de tipos de variables, pero ya debería estar familiarizado con los tipos utilizados en este ejemplo. El tipo `int` representa enteros, `boolean` se usa para valores `true`/`false`, y `String` es un tipo de variable especial usado para almacenar texto.

Las variables locales pueden ser declaradas en cualquier parte dentro de un método (como cualquier otra instrucción Java), pero deben serlo antes de ser usadas. El lugar normal para las declaraciones de variables es inmediatamente después de la instrucción que nombra e identifica al método.

En el ejemplo siguiente, las tres variables son declaradas en el inicio del método `main()` de un programa.

```
public static void main (String arguments[] ) {
    int total;
    String reportTitle;
    boolean active;
}
```

Si está creando varias variables del mismo tipo, puede declararlas todas en la misma instrucción, separando sus nombres con comas. La siguiente instrucción crea tres variables `String` llamadas `street`, `city` y `state`:

```
String street, city, state;
```

Al crear variables, puede asignarles un valor mediante el signo de igual (=), seguido por el valor. Las siguientes instrucciones crean variables y les asignan valores iniciales:

```
int zipcode = 90210;

String name = "Brandon";

boolean cheatedOnKelly = true;

int age = 28, height = 70, weight = 140;
```

Como indica la última instrucción, usted puede asignar valores a variables múltiples del mismo tipo mediante comas para separarlas.

A las variables locales se les debe dar valores antes de ser usadas en un programa, o el programa no se compilará con éxito. Por esta razón es una buena práctica darle valores iniciales a todas las variables locales.

A las definiciones de variables de instancia y de clase se les da un valor inicial dependiendo del tipo de información que contienen:

- Variables numéricas `0`
- Caracteres `'\0'`
- Booleanas `false`
- Objetos `null`

Nomenclatura de variables

En Java los nombres de variables deben empezar con una letra, un carácter de subrayado(__), o un signo de pesos($). No pueden empezar con un número. Después del primer carácter, los nombres de variable pueden incluir cualquier combinación de letras o números.

> **Nota:** Además, el lenguaje Java usa el conjunto de caracteres Unicode, que incluye el conjunto de caracteres estándar más miles de otros para representar alfabetos internacionales. Los caracteres acentuados y otros símbolos se pueden usar en nombres de variables tan ampliamente en cuanto contengan un número de carácter Unicode.

Cuando se da nombre a una variable y se usa en un programa, es importante recordar que Java es sensible a mayúsculas/minúsculas. La colocación de las mayúsculas debe ser consistente. Debido a esto, un programa puede tener una variable llamada X y otra llamada x, y una variable `rosa` no es igual a `Rosa` ni tampoco a `ROSA`.

En los programas de este libro y en cualquier otra parte, a las variables de Java se les da nombres con significado útil que incluyan varias palabras unidas. Para facilitar la identificación de las palabras, se aplica la siguiente guía estándar:

- La primera letra del nombre de variable es minúscula
- Cada palabra después del nombre de la variable empieza con mayúscula
- Todas las demás letras son minúsculas

Las siguientes declaraciones de variable observan esta regla de nomenclatura:

```
Button loadFile;

int areaCode;

boolean playerSetNewHighScore;
```

Tipos de variable

Además de un nombre, una declaración de variable debe incluir el tipo de información que se va a almacenar. El tipo puede ser de cualquiera de los siguientes:

- Uno de los tipos de datos básicos
- El nombre de una clase o interfaz
- Un arreglo

Usted aprende a declarar y usar variables de arreglo en el día 5. Esta lección se enfoca a otros tipos de variables.

Tipos de datos

Hay ocho tipos básicos de variables para el almacenamiento de valores enteros, números de punto flotante, caracteres y valores booleanos. A éstos se les suele denominar *tipos primitivos,* ya que están integrados en partes del lenguaje Java en vez de ser objetos, lo que los hace más eficientes en su uso. Estos tipos de datos tienen el mismo tamaño y características que hacen que no importe en qué sistema operativo o plataforma se ejecute, a diferencia de algunos tipos de datos en otros lenguajes de programación.

Hay cuatro tipos de datos que se pueden usar para almacenar enteros. Su uso depende del tamaño del entero, como se indica en la tabla 3.1.

TABLA 3.1. TIPOS DE ENTERO.

Tipo	Tamaño	Valores que se pueden almacenar
byte	8 bits	-128 a 127
short	16 bits	-32,768 a 32,767
int	32 bits	-2,147,483,648 a 2,147,483,647
long	64 bits	-9,223,372,036,854,775,808 a 9,223,372,036,854,775,807

Todos estos tipos tienen signo, lo cual significa que pueden contener tanto números positivos como negativos. El tipo usado para una variable depende de la gama de valores que necesite contener. Ninguna de estas variables enteras puede conservar confiablemente un valor que sea

El tipo final de comentario puede ser leído tanto por una computadora como por una persona. Si su comentario empieza con el texto /** (en vez de /*) y termina con */, el comentario será interpretado como un documento oficial del modo en que trabajan la clase y sus métodos públicos.

Este tipo de comentario puede ser leído entonces por utilerías como la herramienta javadoc incluida en el JDK. El programa javadoc usa comentarios oficiales para crear un conjunto de páginas Web que documentan el programa, sus clases y métodos.

Toda la documentación oficial de la biblioteca de clases de Java proviene de los comentarios de estilo javadoc. Puede ver la documentación del JDK 1.2 en la siguiente página Web:

http://java.sun.com/products/jdk/1.2/docs

Literales

Además de las variables, también utilizará una literal en una instrucción Java.

Término Nuevo Una *literal* es cualquier número, texto o información que represente directamente un valor.

Una literal es un término de programación que significa, en esencia, que lo que escribe es lo que obtiene. La siguiente instrucción de asignación es un buen ejemplo del uso de una literal:

```
Int year = 1998
```

La literal es 1998 porque representa directamente el valor entero 1998. Números, caracteres y cadenas, todos ellos son ejemplos de literales.

Aunque el uso y significado de las literales parezca muy sencillo, Java tiene algunos tipos especiales de literales que representan diferentes tipos de caracteres, números, cadenas y valores booleanos.

Literales numéricas

Java tiene varias literales enteras. El número 4, por ejemplo, es una literal entera de tipo de variable int. También puede ser asignada a las variables byte y short porque el número es lo suficientemente pequeño para que quepa dentro de estos tipos enteros. Una literal entera más grande de lo que un int puede contener es considerada automáticamente como perteneciente al tipo long. También puede indicar que una literal debería ser un entero long al agregar la letra L (L o l) al número. Por ejemplo, la instrucción siguiente almacena el valor 4 para un entero long.

```
long pennyTotal = 4L;
```

Para representar un número negativo como una literal, anteponga a éste el símbolo menos (-), como en -45.

> **Nota**
>
> Los sistemas de numeración octal y hexadecimal son convenientes para muchos usos avanzados de programación, mas no son necesarios para principiantes. Los números octales están basados en un sistema de numeración base8, lo cual significa que sólo pueden representar valores de 0 a 7 como un dígito sencillo. En octal, el octavo número es 10 (o 010 como una literal de Java).
>
> Hexadecimal es un sistema de numeración base16, y puede representar 16 números como un dígito sencillo. Las letras A a F representan los últimos seis dígitos, por lo que los primeros 16 números son 0, 1, 2, 3, 4, 5, 6, 7, 8, 9, A, B, C, D, E, F.
>
> Los sistemas octal y hexadecimal son más apropiados para determinadas tareas en programación que el sistema decimal normal. Si alguna vez ha manejado HTML para configurar el color de fondo de una página Web, ya ha utilizado números hexadecimales.

Si necesita un entero literal con numeración octal, anteponga un 0 al número. Por ejemplo, el número octal podría ser la literal 0777. Los hexadecimales enteros se usan como literales al anteponer 0x al número, como en 0x12 o 0xFF.

Las literales de punto flotante usan un carácter punto (.) para el punto decimal, como se podría esperar. La siguiente instrucción usa una literal para asignar una variable `double`.

```
double myGPA = 2.25;
```

Todas las literales de punto flotante se consideran del tipo de variable `double` en vez de `float`. Para especificar una literal de `float`, agregue la letra F(F o f) a la literal, como en el ejemplo siguiente:

```
float piValue = 3.1415927F;
```

Utilice exponentes en las literales de punto flotante al usar la letra e o E, seguida del exponente, el cual puede ser un número negativo. Las instrucciones siguientes usan notación exponencial:

```
double x = 12e22;
```

```
double y = 19E-95;
```

Literales booleanas

Los valores booleanos `true` y `false` también son literales. Éstos son los dos únicos valores que puede usar cuando se asigna un valor a una variable de tipo `boolean` o cuando, de algún modo, se requiere un booleano dentro de una instrucción.

Si ha usado otros lenguajes como C, esperaría que un valor de 1 fuera equivalente a `true` y `0` a `false`. Éste no es el caso de Java (debe usar los valores `true` o `false` para representar valores booleanos). La instrucción siguiente asigna una variable `boolean`:

```
boolean toThineOwnSelf = true;
```

Observe que la literal `true` no está entre comillas. Si así fuera, el compilador Java podría asumir que se trata de una cadena de caracteres.

Literales de caracteres

Las literales de caracteres se expresan mediante un carácter sencillo entre comillas sencillas, como `'a'`, `'#'` y `'3'`. Usted debiera estar familiarizado con el conjunto de caracteres ASCII, el cual incluye 128 caracteres entre letras, numerales, puntuación y otros caracteres útiles en computación. Java soporta miles de caracteres adicionales a través del estándar Unicode de 16 bits.

Algunas literales de caracteres representan caracteres que no son imprimibles directamente o accesibles a través del teclado. La tabla 3.2 lista los códigos especiales que puedan representar estos caracteres especiales incluso como caracteres del conjunto de caracteres Unicode. La letra *d* en los códigos de escape octal, hex, y Unicode representa un número o un dígito hexadecimal (a-f, o A-F).

TABLA 3.2 CÓDIGOS DE CARACTERES DE ESCAPE.

Escape	Significado
\n	Línea nueva
\t	Tabulador
\b	Retroceso
\r	Retorno de carro
\f	Salto de hoja
\\	Diagonal invertida
\'	Comilla sencilla
\"	Comillas dobles
\d	Octal
\xd	Hexadecimal
\ud	Carácter Unicode

> **Nota**
>
> Los programadores de C y C++ deberán tener presente que Java no incluye códigos de carácter para \a (campana) o \v (ficha vertical).

Literales de cadena

La literal final que puede usar en un programa Java representa cadenas de caracteres. En Java una cadena es un objeto en vez de ser un tipo de datos básico, y las cadenas no se almacenan en arreglos, lo que se hace en lenguajes como C.

Puesto que en Java los objetos de cadena son objetos reales, hay métodos disponibles para combinar cadenas, modificar cadenas y determinar si dos cadenas tienen el mismo valor.

Las literales de cadena constan de una serie de caracteres entre comillas dobles, como en las instrucciones siguientes:

```
String coAuthor = "Laura Lemay, killer of trees";

String password = "swordfish";
```

Las cadenas pueden incluir los códigos de caracteres de escape listados previamente en la tabla 3.2, como se muestran aquí:

```
String example = "Socrates asked, \"Hemlock is poison?\"";

System.out.println("Bob Kemp\nOne on One Sports\n2 a.m. to 6 a.m.");

String title = "Sams Teach Yourself Java in a 3-Day Weekend\u2122"
```

En el último ejemplo, la secuencia de códigos en Unicode \u2122 produce un símbolo ™ en sistemas que han sido configurados para soportar Unicode.

> **Precaución**
>
> A la mayoría de los países de habla inglesa no les agrada ver caracteres Unicode al ejecutar programas Java. Aunque Java soporte la transmisión de caracteres Unicode, el sistema del usuario también debe soportarlo para los caracteres a desplegar. El soporte de Unicode proporciona una forma de codificar sus caracteres para sistemas que soportan el estándar. Aunque Java 1.0.2 sólo soportaba el subconjunto latino de Unicode, Java 1.1 y 2 soportan el despliegue de cualquier carácter Unicode que pueda ser representado por una fuente del anfitrión.
>
> Para mayor información acerca de Unicode, visite el sitio Web del consorcio Unicode en http://www.unicode.org/.

Aunque las literales de cadena se usan en forma parecida a otras literales en un programa, son manejadas en forma diferente tras bambalinas.

Al usar una literal de cadena, Java almacena este valor como un objeto String. Usted no tiene que crear un objeto nuevo explícitamente, como lo tendría que hacer al operar con otros objetos, de modo que son tan fáciles de operar como los tipos de datos básicos. En este aspecto las cadenas son poco comunes; ninguno de los tipos básicos son almacenados como objeto cuando se usan. Hoy y mañana aprenderá más acerca de cadenas y la clase String.

Expresiones y operadores

Una *expresión* es una instrucción que produce un valor. Algunas de las expresiones más comunes son matemáticas, como en el código fuente de ejemplo que sigue:

```
int x = 3;
int y = 4;
int z = x * y;
```

La última instrucción en este ejemplo es una expresión. El operador de multiplicación * se usa para multiplicar los enteros x y y, y la expresión produce el resultado de la multiplicación. Este resultado se almacena en el entero z.

Al valor producido por una expresión se le denomina un valor de retorno, como ha aprendido. Este valor puede ser asignado a una variable y usado de otras muchas maneras en sus programas Java.

La mayoría de las expresiones en Java usan operadores como el asterisco *.

Término Nuevo Los *operadores* son símbolos especiales utilizados para funciones matemáticas, algunos tipos de instrucciones de asignación y comparaciones lógicas.

Aritmética

Hay cinco operadores que se utilizan para ejecutar la aritmética básica en Java. Éstos se muestran en la tabla 3.3

Tabla 3.3. Operadores aritméticos.

Operador	Significado	Ejemplo
+	Suma	3 + 4
-	Resta	5 - 7
*	Multiplicación	5 * 5
/	División	14 / 7
%	Módulo	20 % 7

Cada operador usa dos operandos, uno a cada lado del operador. El operador resta también se puede usar para negar un operador sencillo (lo que equivale a multiplicar el operando por −1).

Al usar la división tenga presente el tipo de números con que se maneja la operación. Si almacena una operación de división en un entero, el resultado será truncado a un número entero, ya que el tipo de datos int no puede manejar números de punto flotante. Como un ejemplo, la expresión 31 / 9 produce un resultado de 3 si se almacena como un entero.

El módulo de la división, con el cual se usa el operador %, produce el residuo de la operación de división. Usando 31 % 9 el resultado es 4 ya que 31 dividido entre 9 deja un residuo de 4.

Observe que la mayoría de las operaciones que involucran enteros producen un int sin importar el tipo original de los operandos. Si está trabajando con otros números, como números de punto flotante o enteros long, debería asegurarse que los operandos tengan el mismo tipo con el que usted quiere terminar.

El listado 3.1 es un ejemplo de aritmética sencilla en Java.

ESCRIBA **LISTADO 3.1.** EL ARCHIVO FUENTE AMOEBAMATH.JAVA.

```
 1: class AmoebaMath {
 2:     public static void main (String arguments[]) {
 3:         int x = 6;
 4:         short y = 4;
 5:         float a = .12f;
 6:
 7:         System.out.println("You start with " + x + " pet amoebas.");
 8:         System.out.println("\tTwo get married and their spouses move
                in.");
 9:         x = x + 2;
10:         System.out.println("You now have " + x);
11:
12:         System.out.println("\tMitosis occurs, doubling the number of
                amoebas.");
13:         x = x * 2;
14:         System.out.println("You now have " + x);
15:
16:         System.out.println("\tThere's a fight. " + y + " amoebas move
                out.");
17:         x = x - y;
18:         System.out.println("You now have " + x);
19:
20:         System.out.println("\tParamecia attack! You lose one-third of
                the colony.");
21:         x = x - (x / 3);
22:         System.out.println("You end up with " + x + " pet amoebas.");
23:         System.out.println("Daily upkeep cost per amoeba: $" + a);
24:         System.out.println("Total daily cost: $" + (a * x));
```

```
25:      }
26: }
```

Si ejecuta esta aplicación Java, produce la siguiente salida:

SALIDA
```
You start with 6 pet amoebas.
    Two get married and their spouses move in.
You now have 8
    Mitosis occurs, doubling the number of amoebas.
You now have 16
    There's a fight. 4 amoebas move out.
You now have 12
    Paramecia attack! You lose one-third of the colony.
You end up with 8 pet amoebas.
Daily upkeep cost per amoeba: $0.12
Total daily cost: $0.96
```

En esta sencilla aplicación Java, las tres variables están creadas con valores iniciales en las líneas 3-5: el entero x, el entero corto y, y el número de punto flotante a. Como el tipo predeterminado para los números de punto flotante es double, se antepone una f a la literal .12 para indicar que es del tipo float.

El resto del programa usa operadores aritméticos para dar seguimiento a la población de una colonia de amibas. (Ninguna amiba resultó dañada durante la preparación de este día.)

Este programa también utiliza el método System.out.println() en varias instrucciones. Este método se usa en una aplicación para desplegar cadenas y otra información para el dispositivo de salida estándar, la cual suele ser la pantalla.

System.out.println() toma un argumento sencillo dentro de sus paréntesis: una cadena. Para poder presentar más de una variable o literal como el argumento para println(), usted puede usar el operador + para combinar estos elementos en una cadena sencilla.

Hoy, en páginas adelante, aprenderá más acerca del uso del operador +.

Más sobre asignación

La asignación de un valor a una variable es una expresión, debido a que produce un valor. Por esta característica, usted puede encadenar las instrucciones de asignación unidas de la siguiente manera:

`x = y = z = 7;`

En esta instrucción, las tres variables finalizan con el valor 7.

El lado derecho de una expresión de asignación siempre se calcula antes de que se dé la asignación. Esto hace posible usar una instrucción de expresión como en el siguiente código de ejemplo:

```
int x = 5;
x = x + 2;
```

En la expresión x = x + 2, lo primero que ocurre es que se calcula x + 2. El resultado de este cálculo, 7, se asigna entonces a x.

Usar una expresión para cambiar el valor de una variable es una tarea muy común en programación. Hay varios operadores usados estrictamente en estos casos.

La tabla 3.4 muestra estos operadores de asignación y las expresiones que son funcionalmente equivalentes a:

TABLA 3.4. Operadores de asignación.

Expresión	Significado
x += y	x = x + y
x -= y	x = x - y
x *= y	x = x * y
x /= y	x = x / y

> **Precaución:** Estos operadores de asignación corta son funcionalmente equivalentes a las instrucciones de asignaciones largas a las cuales sustituyen. Sin embargo, si cada lado de su instrucción de asignación es parte de una declaración completa, hay casos en que los operadores no son equivalentes. Por ejemplo, si x es igual a 20 y y igual a 5, las dos siguientes instrucciones no producen el mismo valor:
>
> ```
> x = x / y + 5;
> x /= y + 5;
> ```
>
> Si tiene dudas, simplifique la expresión mediante instrucciones de asignación múltiples y no use operadores cortos.

Incremento y decremento

Otra tarea común es añadir o sustraer 1 de una variable entera. Hay operadores especiales para estas expresiones, los cuales se denominan operadores de incremento y decremento.

Los ABCs de Java

TÉRMINO NUEVO *Incrementar* una variable significa agregar 1 a su valor, y *decrementar* una variable significa sustraer 1 de su valor.

El operador de incremento es ++ y el operador de decremento es --. Estos operadores se colocan inmediatamente después de, o inmediatamente antes de, un nombre de variable, como en el siguiente código de ejemplo:

```
int x = 7;
x = x++;
```

En este ejemplo, la instrucción x = x++ incrementa la variable x de 7 a 8.

Estos operadores de incremento y decremento pueden ser colocados antes o después de un nombre de variable, y esto afecta el valor de las expresiones que implican a estos operadores.

TÉRMINO NUEVO Los operadores de decremento e incremento son llamados operadores *de prefijo* si se listan antes de un nombre de variable, y operadores *de posfijo* si están después de un nombre.

En una expresión simple como standards--;, usar un operador de prefijo o posfijo no cambia el resultado. Sin embargo, cuando las operaciones de incremento y decremento son parte de una expresión más grande, es importante la elección entre operadores de prefijo y posfijo.

Supongamos las dos expresiones siguientes.

```
int x, y, z;
x = 42;
y = x++;
z = ++x;
```

Éstas arrojan valores muy distintos por la diferencia entre el prefijo y el posfijo. Al utilizar operadores de posfijo como en y = x++, y recibe el valor de x antes de ser incrementado por 1. Cuando se usan operadores de prefijo como en z = ++x, x se incrementa por 1 antes de que el valor se asigne a z. El resultado final de este ejemplo es que y es igual a 42, z igual a 44 y x igual a 44.

Si aún tiene problemas para identificar su funcionamiento, aquí está nuevamente el ejemplo con comentarios que describen cada paso:

```
int x, y, z; // x, y, y z ya están declaradas
x = 42;      // a x se le ha dado el valor de 42
y = x++;     // a y se le ha dado el valor de x (42) antes de ser
             // incrementada y entonces x se ha incrementado a 43
z = ++x;     // x  se ha incrementado a 44, y z toma el valor de  x
```

> **Precaución:** Como con los operadores cortos, los operadores de incremento y decremento pueden producir resultados inesperados al utilizar expresiones extremadamente complejas. El concepto de "asignar x a y antes de que x se incremente" no es precisamente correcto, ya que Java evalúa todo en el lado derecho de una expresión antes de asignarle su valor al lado izquierdo. Java almacena algunos valores antes del manejo de una expresión para que un posfijo trabaje como se ha descrito en esta sección. Cuando no esté obteniendo los resultados esperados de una expresión compleja que incluye operadores de prefijo y posfijo, trate de romper la expresión en varias instrucciones para simplificarlo.

Comparaciones

Java tiene varias operaciones para hacer comparaciones entre las variables, variables y literales, u otros tipos de información en un programa.

Estos operadores se usan en expresiones que devuelven valores booleanos true o false, dependiendo de si la comparación que se hace es verdadera o falsa. La tabla 3.5 muestra a los operadores de comparación.

TABLA 3.5. Operadores de comparación.

Operador	Significado	Ejemplo
==	Igual	x == 3
!=	No igual	x != 3
<	Menor que	x < 3
>	Mayor que	x > 3
<=	Menor que o igual a	x <= 3
>=	Mayor que o igual a	x >= 3

El ejemplo siguiente muestra un operador de comparación en uso:

```
boolean hip;
int age = 31;
hip = age < 25;
```

La expresión age < 25 produce un resultado ya sea true o false, dependiendo del valor del entero age. Puesto que age es 31 en este ejemplo (lo cual es menor a 25), a hip se le da el valor booleano de false.

Operadores lógicos

Las expresiones que producen valores booleanos, como las operaciones de comparación, se pueden combinar para formar expresiones más complejas. Esto se maneja a través de operadores lógicos, los cuales se usan para las combinaciones lógicas AND, OR, XOR, y NOT lógico.

Para las combinaciones AND se usan los operadores lógicos & o &&. Cuando dos expresiones booleanas son enlazadas por los operadores & o &&, la expresión combinada devuelve el valor true sólo si las dos expresiones booleanas son ciertas.

Veamos este ejemplo, tomado directamente de la película *Harold & Maude*:

```
boolean unusual = (age < 21) & (girlfriendAge > 78);
```

Esta expresión combina dos expresiones de comparación: age < 21 y girlfriendAge > 78. Si ambas expresiones son verdaderas, el valor true está asignado a la variable unusual. En cualquier otra circunstancia, el valor false se asigna a unusual.

La diferencia entre & y && radica en cuánto trabajo realiza Java en la expresión combinada. Si se usa &, las expresiones en cada lado de & son evaluadas indistintamente. Si se usa && y el lado izquierdo de && es false, la expresión en el lado derecho de la && nunca se evalúa.

Para las combinaciones OR se usan los operadores ¦ o ¦¦. Estas expresiones combinadas devuelven un valor true si cualquiera de las expresiones booleanas son verdaderas.

Otro ejemplo inspirado en *Harold & Maude*:

```
boolean unusual = (grimThoughts > 10) ¦¦ (girlfriendAge > 78);
```

Esta expresión combina dos expresiones de comparación: grimThoughts > 10 y girlfriendAge > 78. Si cualquiera de estas expresiones son ciertas, el valor true se asigna a la variable unusual. Únicamente si ambas de estas expresiones son false el valor false se asignará a unusual.

Observe el uso de ¦¦ en vez de ¦. Por este uso, si grimThoughts > 10 es true, se asigna el valor de true a unusual y la segunda expresión nunca se evalúa.

La combinación XOR tiene un operador lógico, ^. Esto provoca un resultado true sólo si las dos expresiones booleanas que combina tienen valores opuestos. Si ambas son true o ambas son false, el operador ^ produce un valor false.

La combinación NOT usa el operador lógico ! seguido de una expresión sencilla. Invierte el valor de una expresión booleana de la misma manera en que un símbolo menos invierte el signo positivo o negativo en un número.

Por ejemplo, si age < 30 devuelve un valor true, !(age < 30) devuelve un valor false.

Estos operadores lógicos le pueden parecer totalmente ilógicos cuando usted se los encuentra por primera vez. Tendrá varias oportunidades para trabajar con ellos en los días subsecuentes, especialmente en el día 5.

Precedencia de operadores

Cuando se usa más de un operador en una expresión, Java tiene una precedencia establecida para determinar el orden de evaluación de los operadores. En muchos casos, esta precedencia determina el valor total de la expresión.

Por ejemplo:

y = 6 + 4 / 2;

La variable y recibe el valor 5 o el valor 8, dependiendo de qué operación aritmética se maneje primero. Si la expresión 6 + 4 llega primero, y tiene valor de 5. En caso contrario, y es igual a 8.

En general, el orden del primero al último es el siguiente:

- Operaciones de incremento y decremento
- Operaciones aritméticas
- Comparaciones
- Operaciones lógicas
- Expresiones de asignación

Si dos operaciones tienen la misma precedencia, la primera a la izquierda en la expresión actual se maneja antes de la que sigue a la derecha. La tabla 3.6 muestra la precedencia específica de los varios operadores en Java. Los operadores que están en la parte inicial de la tabla son los primeros en ser evaluados.

TABLA 3.6. PRECEDENCIA DE OPERADORES.

Operador	Notas
. [] ()	Mediante los paréntesis (()) se agrupan expresiones; el punto (.) sirve para tener acceso a métodos y variables dentro de objetos y clases (se expondrán mañana); los corchetes ([]) se utilizan en los arreglos. (Este operador se presenta posteriormente en la semana.)
++ -- ! ~ instanceof	Este operador devuelve true o false basándose en si el objeto es una instancia de la clase nombrada o cualquiera de sus subclases (se expone mañana).

Operador	Notas
new (tipo)expresión	Con el operador new se crean nuevas instancias de clases; ( ) en este caso es para convertir por casting un valor. (Mañana aprenderá acerca de ambos temas.)
* / %	Multiplicación, división, módulo.
+ -	Suma, resta.
<< >> >>>	Desplazamiento de bits a la izquierda y derecha.
< > <= >=	Pruebas de comparación por relación.
== !=	Igualdad.
&	AND
^	XOR
¦	OR
&&	AND lógico.
¦¦	OR lógico.
? :	Versión corta de if...then...else (expuesta en el día 5).
= += -= *= /= %= ^=	Asignaciones varias.
&= ¦= <<= >>= >>>=	Más asignaciones.

Volviendo a la expresión y = 6 + 4 / 2, la tabla 3.7 muestra esa división evaluada antes de la suma, por lo que el valor de y será 8.

Para cambiar el orden en que se evalúan las expresiones coloque paréntesis alrededor de las expresiones que se deberá evaluar primero. Anide un conjunto de paréntesis dentro de otros para asegurarse que las expresiones se evalúen en el orden deseado (la expresión de paréntesis más interna se evalúa primero).

La siguiente expresión produce un valor 5:

y = (6 + 4) / 2

El resultado es el valor 5, porque 6 + 4 se calcula antes del resultado, 10, que es dividido entre 2.

Los paréntesis también pueden ser útiles para mejorar la lectura de una expresión. Si la precedencia de una expresión no es inmediatamente clara para usted, añada paréntesis para imponer la precedencia deseada, de modo que la instrucción sea más sencilla de entender.

Aritmética de cadenas

Como se estableció previamente hoy, el operador + tiene una doble vida fuera del mundo de las matemáticas. Puede ser usado para concatenar dos o más cadenas.

Término Nuevo — *Concatenar* significa enlazar dos cosas. Por convención se ha elegido este verbo para describir el acto de combinar dos cadenas (destacándose sobre pegar, engomar, unir, combinar, enlazar y conjuntar).

En varios ejemplos, ha visto instrucciones que se parecen un poco a esto:

```
String firstName = "Raymond";
System.out.println("Everybody loves " + firstName);
```

Estas dos líneas hacen que se despliegue el texto siguiente:

```
Everybody loves Raymond
```

El operador + combina cadenas, otros objetos y variables para formar una cadena sencilla. En el ejemplo precedente, la literal `Everybody loves` se concatena al valor del objeto `String firstName`.

Trabajar con el operador de concatenación es más sencillo en Java por la manera en que puede manejar cualquier tipo de variable y valor de objeto como si fueran una cadena. Si cualquier parte de una operación de concatenación es una `String` o una literal `String`, todos los elementos de la operación serán tratados como si fueran cadenas:

```
System.out.println(4 + " score and " + 7 + " years ago.");
```

Esto produce el texto de salida `4 score and 7 years ago.`, como si las literales enteras 4 y 7 fueran cadenas.

Hay también un operador corto += para añadir algo al final de la cadena. Por ejemplo, la expresión siguiente:

```
myName += " Jr.";
```

Esta expresión es equivalente a la siguiente:

```
myName = myName + " Jr.";
```

En este ejemplo se cambia el valor de `myName` (que podría ser algo parecido a `Efrem Zimbalist`) al añadir `Jr.` al final (`Efrem Zimbalist Jr.`).

Resumen

Quien abre una a una las matruskas queda algo decepcionado al llegar a la muñeca más pequeña en el grupo. Idealmente, los avances en microingeniería deberían habilitar a los artistas rusos para crear muñecas aún más pequeñas, hasta que alguien alcance el límite subatómico y se declare el ganador.

Usted ha alcanzado la muñeca anidada más pequeña de Java, lo cual no debería ser una desilusión. El uso de instrucciones y expresiones lo habilita para comenzar a construir métodos efectivos, lo cual hace posible objetos y clases efectivos.

Hoy aprendió a crear variables y asignarles valores; usar literales para representar valores numéricos, caracteres y cadenas y trabajar con operadores. Mañana podrá usar estas habilidades al tiempo que desarrolle objetos para programas Java.

Para resumir el material de hoy, la tabla 3.7 lista los operadores que usted ha aprendido. Imagínese que es una muñeca matruska y revíselos cuidadosamente.

TABLA 3.7. RESUMEN DE OPERADORES.

Operador	Significado
+	Suma
-	Resta
*	Multiplicación
/	División
%	Módulo
<	Menor que
>	Mayor que
<=	Menor que o igual a
>=	Mayor que o igual a
==	Igual
!=	Diferente
&&	AND lógico
||	OR lógico
!	NOT lógico
&	AND
|	OR

continúa

TABLA 3.7. CONTINUACIÓN

Operador	Significado
^	XOR
=	Asignación
++	Incremento
--	Decremento
+=	Suma y asignación
-=	Resta y asignación
*=	Multiplicación y asignación
/=	División y asignación
%=	Módulo y asignación

Preguntas y respuestas

P **¿Qué pasa si asigna un valor entero a una variable que es demasiado grande para contener a esta variable?**

R Lógicamente, podría pensar que una variable es convertida al siguiente tipo mayor, pero esto no ocurre. En vez de eso se da un *desbordamiento* (una situación en la cual el número es cubierto de un tamaño extremo a otro). Un ejemplo de desbordamiento sería una variable `byte` que va de `127` (un valor aceptable) a `128` (no aceptable). Cubriría todo el valor menor aceptable, el cual es `-128`, y empezaría a contar hacia arriba desde allí. El desbordamiento no es algo que sea fácil de manejar en un programa, por lo que usted debería darle un espacio de vida amplio a sus variables en su tipo de datos elegido.

P **¿Por qué Java tiene todos estos operadores cortos para asignación y aritmética? En realidad, así es difícil de leer.**

R La sintaxis está basada en C++, que a su vez se basa en C (más bien como el comportamiento de las muñecas rusas anidadas). C es un lenguaje experto que da valor a la potencia de programación sobre la legibilidad, y estos operadores cortos son uno de los legados de dicha prioridad de diseño. Usarlos en un programa no es un requisito, por lo que puede evitarlos en su propia programación si así lo prefiere.

Semana 1

Día 4

Lecciones de objetos

Hace dos días, la programación orientada a objetos se comparaba con la cerveza, ya que ésta tiene un sabor que se aprecia con el tiempo que podría provocar desorientación, causar náuseas y una visión alterada del mundo.

El día de hoy ofrece un repuesto. Usted se pone al corriente con este tipo de programación al tiempo que trabaja con objetos en Java.

La mayoría de lo que se hace en este lenguaje está hecho con objetos. Usted crea objetos, los modifica, los mueve de un lado a otro, cambia sus variables, llama a sus métodos, y los combina con otros objetos. Usted desarrolla clases, crea objetos fuera de estas clases, y las usa con otras clases y objetos.

En este día trabajará extensamente con objetos y abarcará los temas siguientes:

- Creación de objetos (también llamados *instancias*).
- Revisión de la ejecución y modificación de variables de clase y de instancia en esos objetos.
- Llamadas a los métodos de un objeto.
- Conversión de objetos y otros tipos de datos de una clase a otra.

Creación de objetos nuevos

Cuando escribe un programa de Java, usted define un conjunto de clases. Como aprendió en el día 2, las clases son plantillas para objetos; para la mayor parte usted sólo usa la clase para crear instancias y así trabajar con ellas. En esta sección, por tanto, aprenderá a crear un objeto nuevo de cualquier clase dada.

¿Recuerda las cadenas de ayer? Aprendió que mediante una *literal de cadena* (una serie de caracteres entre comillas dobles) crea una nueva instancia de la clase String con el valor de esa cadena.

En este caso la clase String no es común. Aunque es una clase, hay una forma sencilla de crear instancias de esa clase mediante una literal. Las otras clases no tienen ese atajo; para crear instancias de esas clases usted tiene que hacerlo de manera explícita mediante el operador new.

> **Nota** ¿Qué hay acerca de las literales para números y caracteres?, ¿no crean objetos también? Realmente, no lo hacen. Los tipos de datos primitivos para números y caracteres crean números y caracteres, pero por eficiencia, en realidad no son objetos. Usted puede colocar envolturas de objetos alrededor de ellos si necesita tratarlos como objetos (lo cual aprenderá mas tarde en este libro).

Uso de new

Para crear un objeto nuevo, utilice el operador new con el nombre de la clase de la cual desea crear una instancia, seguido de paréntesis:

```
String teamName = new String();
Random randInfo = new Random();
Jabberwock j = new Jabberwock();
```

Los paréntesis son importantes: no hay que retirarlos. Los paréntesis pueden estar vacíos, en cuyo caso se ha creado el más simple objeto básico, o bien pueden contener argumentos que determinan los valores iniciales de variables de instancia u otras cualidades iniciales de ese objeto. Los ejemplos siguientes muestran objetos que están siendo creados con argumentos:

```
GregorianCalendar date = new GregorianCalendar(64, 6, 6, 7, 30);

Point pt = new Point(0,0);
```

La cantidad y tipo de argumentos que puede usar dentro de los paréntesis con new están definidos por la clase en sí misma mediante un método especial llamado *constructor*. (Hoy aprenderá más acerca de los constructores.) Si trata de crear una nueva instancia de una clase con el número o tipo equivocado de argumentos (o si no le proporciona argumentos y se necesita alguno), obtiene un mensaje de error cuando trata de compilar su programa Java.

He aquí un ejemplo de la creación de diversos tipos de objetos usando diferentes cantidades y tipos de argumentos: La clase Random, parte del paquete java.util, crea objetos que se usan para generar los números aleatorios en un programa. Estos objetos son llamados *generadores de números aleatorios*, y su rango es de un valor decimal de 0.0 a 1.0. Los números aleatorios son útiles en juegos y otros programas en los cuales se necesita un elemento de impredictibilidad.

En realidad el objeto Random no genera números de manera aleatoria. En vez de ello, toma un número de una secuencia extremadamente grande de números. A esto se le llama *generación pseudoaleatoria de números*, y se usa en muy diferentes lenguajes de programación. Para poder tomar un número diferente de la secuencia de números aleatorios, al objeto Random() se le debe dar un valor de semilla. Esta semilla puede ser enviada cuando el objeto se construye.

El listado 4.1 es un programa Java que crea objetos Random con new de dos maneras diferentes.

ESCRIBA **LISTADO 4.1.** EL TEXTO COMPLETO DE RANDOMNUMBERS.JAVA.

```
 1: import java.util.Random;
 2:
 3: class RandomNumbers {
 4:
 5:     public static void main(String arguments[]) {
 6:         Random r1, r2;
 7:
 8:         r1 = new Random();
 9:         System.out.println("Random value 1: " + r1.nextDouble());
10:
11:         r2 = new Random(8675309);
12:         System.out.println("Random value 2: " + r2.nextDouble());
13:     }
14: }
```

Cuando compile y ejecute el programa, la salida deberá verse como la siguiente:

SALIDA
```
Random value 1: 0.3125961341023068
Random value 2: 0.754788115099576
```

En este ejemplo se han creado dos objetos Random distintos usando argumentos distintos para la clase listada después de new. La primera instancia (línea 8) usa new Random() sin argumentos, la cual crea un objeto Random alimentado con una semilla de la hora en curso. Su valor para la primera línea de la salida depende de la hora en que ejecute el programa, porque el valor aleatorio refleja el cambio en el tiempo.

Por esta razón, la mayoría de los objetos `Random` utilizan la hora en forma predeterminada como la semilla.

Llamar al método `nextDouble()` del objeto `Random()` en las líneas 9 y 12 devuelve el próximo número en la secuencia de números pseudoaleatorios.

En este ejemplo el segundo objeto `Random` tiene un argumento entero cuando se construye en la línea 11. La segunda línea de salida deberá ser la misma cada vez que se ejecuta, mostrando una salida de 0.754788115099576. Cuando usted usa una literal como la segunda semilla, la secuencia de números aleatorios siempre es la misma. Esto podría ser útil para propósitos de pruebas.

> **Nota**
>
> Probablemente tenga problemas tratando de saber por qué se podría usar un número decimal grande como 0.754788115099576 para generar un número aleatorio. Si multiplica este valor aleatorio por un entero, el producto es un número aleatorio entre 0 y ese número. Por ejemplo, las siguientes instrucciones multiplican un número aleatorio por 12 y guardan el producto como un entero:
>
> ```
> Random r1 = new Random();
> int number = (int)(r1.nextDouble() * 12);
> ```
>
> El entero en `number` será un número aleatorio del 0 al 11.

Qué hace new

Cuando usted usa el operador `new` suceden varias cosas: Se crea la nueva instancia de la clase dada, se reserva la memoria para ella y se llama a un método especial definido en la clase dada. A este método especial se le llama constructor.

Término Nuevo Los *constructores* son métodos especiales para crear e iniciar nuevas instancias de clases. Los constructores inicializan el nuevo objeto y sus variables, crean cualquier otro objeto que el objeto necesite, y ejecuta cualquier otra operación que el objeto necesita para inicializarse por sí mismo.

Entre las múltiples definiciones de constructor en una clase, cada una puede tener un número o tipo diferente de argumentos. Cuando usted usa `new`, puede especificar argumentos diferentes en la lista de argumentos, y se llamará al constructor correcto para estos argumentos. Las múltiples definiciones de constructor son las que habilitan la clase `Random()` en el ejemplo previo para llevar a cabo diferentes cosas con las distintas versiones de la declaración `new`. Cuando cree sus propias clases, defina tantos constructores cuantos necesite para implementar el comportamiento de la clase.

Observación acerca de la administración de memoria

Si está familiarizado con otros lenguajes de programación orientada a objetos, quizá se pregunte si el operador new tiene un opuesto que destruya un objeto cuando ya no lo necesite.

La administración de memoria en Java es dinámica y automática. Cuando crea un objeto nuevo, Java asigna automáticamente la cantidad apropiada de memoria para ese objeto. Así no tiene que asignar explícitamente ninguna memoria para objetos. Java lo hace por usted.

Por esta razón, no tiene que desalojar la memoria utilizada por un objeto cuando haya terminado de usarlo, pues para entonces éste ya no tiene referencias activas de sí (no será asignado a ninguna variable que usted siga usando, o almacenado en ningún arreglo). Java tiene un recolector de basura que busca objetos sin usar y recuerda a la memoria qué objetos están en uso; por lo que no hay que liberar la memoria en forma explícita, sólo asegúrese de no contener ya un objeto que desee descartar.

Acceso y establecimiento de variables de clase y de instancia

Hasta este momento usted pudo crear su propio objeto con variables de clase y de instancia definidas en él ¿pero cómo trabajar con estas variables? ¡Es muy sencillo! Las variables de clase y de instancia se comportan igual que las variables locales que aprendió ayer. Sólo refiérase a ellas en forma ligeramente distinta a como lo hace con respecto a las variables regulares en su código.

Cómo obtener valores

Para obtener el valor de una variable de instancia, usted usa la notación de punto. Con ella, un nombre de variable de clase o de instancia tiene dos partes: el objeto a la izquierda del punto y la variable a la derecha.

Término Nuevo La *notación de punto* es una forma de referirse a las variables de instancia y métodos de un objeto mediante un operador de punto (.).

Por ejemplo, si tiene un objeto asignado a la variable myCustomer y dicho objeto tiene una variable llamada orderTotal, usted se refiere al valor de la variable con algo como esto:

myCustomer.orderTotal;

Esta forma de accesar variables es una expresión (esto es, devuelve un valor), y ambos lados del punto también son expresiones. Esto significa que usted puede anidar el acceso a variables de instancia. Si la variable de instancia orderTotal contiene por sí misma un objeto y ese objeto tiene su propia variable de instancia llamada layaway, usted podría referirse a ella de esta forma:

myCustomer.orderTotal.layaway;

Las expresiones de punto se evalúan de izquierda a derecha, así que inicie con la variable orderTotal de myCustomer, la cual apunta a otro objeto con la variable layaway. Terminará con el valor de la variable layaway.

Modificación de valores

Asignar un valor a esa variable es igualmente sencillo; sólo hay que agregar un operador de asignación a la derecha de la expresión:

myCustomer.orderTotal.layaway = true;

Este ejemplo asigna el valor de la variable layaway a true.

El listado 4.2 es un ejemplo de un programa que prueba y modifica las variables de instancia en el objeto Point. Éste es parte del paquete java.awt y se refiere a un punto de coordenadas con los valores *x* y *y*.

ESCRIBA **LISTADO 4.2.** EL TEXTO COMPLETO DE SETPOINTS.JAVA.

```
 1: import java.awt.Point;
 2:
 3: class SetPoints {
 4:
 5: public static void main(String arguments[]) {
 6:     Point location = new Point(4, 13);
 7:
 8:     System.out.println("Starting location:");
 9:     System.out.println("X equals " + location.x);
10:     System.out.println("Y equals " + location.y);
11:
12:     System.out.println("\nMoving to (7, 6)");
13:     location.x = 7;
14:     location.y = 6;
15:
16:     System.out.println("\nEnding location:");
17:     System.out.println("X equals " + location.x);
18:     System.out.println("Y equals " + location.y);
19:     }
20: }
```

Cuando usted ejecute esta aplicación, la salida deberá ser la siguiente:

SALIDA
```
Starting location:
X equals 4
Y equals 13

Moving to (7, 6)

Ending location:
X equals 7
Y equals 6
```

En este ejemplo, primero crea una instancia de Point donde x es igual a 4 y y es igual a 13 (línea 6). Las líneas 9 y 10 despliegan estos valores individuales mediante la notación de punto. Las líneas 13 y 14 cambian los valores de x a 7 y de y a 6, respectivamente. Por último las líneas 17 y 18 despliegan nuevamente los valores de x y y para mostrar cómo han cambiado.

Variables de clase

Las variables de clase, como ya lo aprendió, son variables que están definidas y almacenadas en la clase por sí mismas. Sus valores aplican a la clase y a todas sus instancias.

Con las variables de instancia, cada nueva instancia de la clase obtiene una nueva copia de las variables de instancia que define la clase. Entonces cada instancia cambia los valores de estas instancias sin afectar a las demás. Con las variables de clase sólo hay una copia de esa variable. Al modificar el valor de esa variable lo modifica para todas las instancias de esa clase.

Usted define las variables de clase al incluir la palabra clave static antes de la variable misma. Por ejemplo, tome la siguiente definición parcial de clase:

```
class FamilyMember {
    static String surname = "Igwebuike";
    String name;
    int age;
}
```

Cada instancia de la clase FamilyMember tiene sus propios valores para name y age, pero la variable de clase surname sólo tiene un valor para todos los miembros de la familia: "Igwebuike". Cambie el valor de surname y todas las instancias de FamilyMember serán afectadas.

Nota
Llamar static a estas variables es referirse a uno de los significados para la palabra *estático*: fijo en un lugar. Si una clase tiene una variable static, cada objeto de esa clase tiene el mismo valor para dicha variable.

Para accesar a las variables de clase, utilice la misma notación de punto usada con variables de instancia. Para recuperar o cambiar el valor de la variable de clase, puede usar tanto la instancia como el nombre de la clase a la izquierda del punto. En este ejemplo ambas líneas de salida despliegan el mismo valor:

```
FamilyMember dad = new FamilyMember();
System.out.println("Family's surname is: " + dad.surname);
System.out.println("Family's surname is: " + FamilyMember.surname);
```

Como usted puede usar una instancia para cambiar el valor de una variable de clase, es fácil confundirse con las variables de clase y de las cuales provienen sus valores; recuerde que el valor de una variable de clase afecta a todas sus instancias. Por esta razón, una buena idea es usar el nombre de la clase cuando se refiera a la variable de clase. Esto hace que su código sea más sencillo de leer y más fácil depurar los resultados extraños.

Llamadas a métodos

Llamar a un método en un objeto es igual a referirse a sus variables de instancia: Aquí se utiliza la notación de punto. El objeto cuyo método usted llama está a la izquierda del punto, y el nombre del método y sus argumentos están a la derecha del punto:

```
myCustomer.addToOrder(itemNumber, price, quantity);
```

Tenga presente que todos los métodos deben tener paréntesis después de ellos, aun cuando el método no tenga argumentos:

```
myCustomer.cancelAllOrders();
```

Si el método llamado devuelve un objeto que por sí mismo tiene métodos, usted puede anidar métodos como lo haría con las variables. El ejemplo siguiente llama al método `talkToManager()`, el cual está definido en el objeto devuelto por el método `cancelAllOrders()`, que fue definido en `myCustomer`:

```
myCustomer.cancelAllOrders().talkToManager();
```

Del mismo modo, puede combinar llamadas de métodos anidados y referencias a variables de instancia. En el ejemplo siguiente, el método `putOnLayaway()` está definido en el objeto almacenado por la variable de instancia `orderTotal`, la cual por sí misma es parte del objeto `myCustomer`:

```
myCustomer.orderTotal.putOnLayaway(itemNumber, price, quantity);
```

`System.out.println()`, el método que ha estado usando en todos los programas de ejemplo para desplegar información, es un ejemplo de anidación de variables y métodos. La clase `System`, parte del paquete `java.lang`, describe el comportamiento específico para el sistema en que se está ejecutando Java.

System.out es una variable de clase que contiene una instancia de la clase PrintStream. Este objeto PrintStream representa la salida estándar del sistema, la cual suele ser la pantalla, mas puede ser redirigida hacia un monitor o a un archivo en disco. Los objetos PrintStream tienen un método println() que envía una cadena al flujo de salida.

El listado 4.3 muestra un ejemplo de llamar algunos métodos definidos en la clase String. Las cadenas incluyen métodos para pruebas y modificación de cadenas, parecido a lo que esperaría en una biblioteca de cadenas en otros lenguajes.

ESCRIBA **LISTADO 4.3.** EL TEXTO COMPLETO DE CHECKSTRING.JAVA.

```
 1: class CheckString {
 2:
 3:     public static void main(String arguments[]) {
 4:         String str = "In my next life, I will believe in
                 reincarnation";
 5:         System.out.println("The string is: " + str);
 6:         System.out.println("Length of this string: "
 7:             + str.length());
 8:         System.out.println("The character at position 7: "
 9:             + str.charAt(7));
10:         System.out.println("The substring from 24 to 31: "
11:             + str.substring(24, 31));
12:         System.out.println("The index of the character x: "
13:             + str.indexOf('x'));
14:         System.out.println("The index of the beginning of the "
15:             + "substring \"will\": " + str.indexOf("will"));
16:         System.out.println("The string in upper case: "
17:             + str.toUpperCase());
18:     }
19: }
```

Cuando usted ejecuta el programa, se despliega lo siguiente en el dispositivo de salida estándar de su sistema

SALIDA
```
The string is: In my next life, I will believe in reincarnation
Length of this string: 48
The character at position 7: e
The substring from 24 to 31: believe
The index of the character x: 8
The index of the beginning of the substring "will": 19
The string in upper case: IN MY NEXT LIFE, I WILL BELIEVE IN
REINCARNATION
```

En la línea 4 usted crea una nueva instancia de String al utilizar una literal de cadena. (Este modo es más sencillo que usar new e introducir los caracteres en forma individual.) El residuo del programa, simplemente, llama a métodos de cadena diferentes para hacer operaciones diferentes en esa cadena:

- La línea 5 imprime el valor de la cadena que usted creó en la línea 4 `"In my next life, I will believe in reincarnation"`.
- La línea 7 llama al método `length()` sobre el nuevo objeto `String`. La cadena tiene 48 caracteres.
- La línea 9 llama al método `charAt()`, el cual devuelve el carácter en la posición dada de la cadena. Observe que las posiciones de la cadena empiezan en la posición `0` en vez de `1`, por lo que el carácter en la posición 7 es `e`.
- La línea 11 llama al método `substring()`, el cual toma dos enteros indicando un rango y devuelve una subcadena con los puntos de inicio y de finalización. También puede ser llamado el método `substring()` con sólo un argumento, el cual devuelve la subcadena de esa posición y hasta el final de la cadena.
- La línea 13 llama al método `indexOf()`, que devuelve la posición de la primera instancia del carácter dado (aquí, `'x'`). Las literales de carácter están rodeadas por comillas sencillas; si en la línea 13 la x estuviera entre las comillas dobles, la literal se consideraría un `String`.
- La línea 15 muestra un uso distinto del método `indexOf()`, el cual toma un argumento de cadena y devuelve el índice del principio de esa cadena.
- La línea 17 usa el método `toUpperCase` para devolver una copia de la cadena sólo en mayúsculas.

Los métodos de clase

Los métodos de clase, como las variables de clase, aplican a la clase como un todo y no como a sus instancias. Los métodos de clase suelen ser usados para métodos de utilidad general que podrían no operar directamente en una instancia de esa clase, pero pertenecen conceptualmente a ella. Por ejemplo, la clase `String` contiene un método de clase llamado `valueOf()` que puede tomar uno o muchos tipos distintos de argumentos (enteros, booleanos, otros objetos, etcétera). Entonces el método `valueOf()` devuelve una instancia nueva de `String` conteniendo el valor de cadena del argumento. Este método no opera directamente en una instancia existente de `String`, pero al obtener una cadena de otro objeto o tipo de datos es, en definitiva, una operación del estilo `String`, y tiene sentido definirlo en la clase `String`.

Los métodos de clase pueden ser útiles para colocar juntos métodos en un solo lugar (la clase). Por ejemplo, la clase `Math`, definida en el paquete `java.lang`, contiene un conjunto grande de operaciones matemáticas como métodos de clase; no hay instancias de la clase `Math`, pero aún puede usar sus métodos con argumentos numéricos o booleanos. Por ejemplo, el método de clase `Math.max()` toma dos argumentos y devuelve el más grande de los dos. Usted no necesita crear una nueva instancia de `Math`; ésta puede ser llamada en cualquier lugar que se necesite, como en el siguiente ejemplo:

```
int maximumPrice = Math.max(firstPrice, secondPrice) ;
```

La notación de punto se usa para llamar a un método de clase. Como con las variables de clase, usted puede usar una instancia de la clase, o la clase en sí misma, a la izquierda del punto. Sin embargo, por las mismas razones mencionadas en las variables de clase, mediante el nombre de la clase hace que su código sea más sencillo de leer. Las dos ultimas líneas en este ejemplo producen el mismo resultado: la cadena 5:

```
String s, s2;
s = "item";
s2 = s.valueOf(5);
s2 = String.valueOf(5);
```

Referencias a objetos

Puesto que usted trabaja con objetos, algo importante para entenderlo es el uso de referencias.

TÉRMINO NUEVO Una *referencia* es un tipo de apuntador que se usa para indicar el valor de un objeto.

En realidad no está usando objetos cuando asigna un objeto a una variable o pasa un objeto a un método como un argumento. Tampoco está usando copias de los objetos. En vez de ello, está usando referencias a dichos objetos.

Para ilustrar mejor la diferencia, el listado 4.4 muestra cómo funcionan las referencias.

ESCRIBA **LISTADO 4.4.** EL TEXTO COMPLETO DE REFERENCESTEST.JAVA.

```
1: import java.awt.Point;
2:
3: class ReferencesTest {
4:     public static void main (String arguments[]) {
5:         Point pt1, pt2;
6:         pt1 = new Point(100, 100);
7:         pt2 = pt1;
8:
9:         pt1.x = 200;
10:        pt1.y = 200;
11:        System.out.println("Point1: " + pt1.x + ", " + pt1.y);
12:        System.out.println("Point2: " + pt2.x + ", " + pt2.y);
13:    }
14: }
```

A continuación se muestra la salida del programa:

SALIDA
```
Point1: 200, 200
Point2: 200, 200
```

Lo siguiente toma lugar en la primera parte de este programa:

- Línea 5 Se crean dos variables `Point`.
- Línea 6 Se asigna un nuevo objeto `Point` a `pt1`.
- Línea 7 El valor de `pt1` se asigna a `pt2`.

Las líneas 9-12 son la parte del truco. Ambas variables x y y se establecen en `200`, y entonces se despliegan en la pantalla todas las variables de `pt1` y `pt2`.

Podría esperar que `pt1` y `pt2` tuvieran valores diferentes. Sin embargo, la salida muestra que éste no es el caso. Como puede ver, las variables x y y también se modificaron, aunque en el programa nada las cambie explícitamente.

Esto ocurre porque la línea 7 crea una referencia de `pt2` a `pt1`, en vez de crear `pt2` como un nuevo objeto copiado de `pt1`.

`pt2` es una referencia al mismo objeto como `pt1`, lo que se muestra en la figura 4.1. Se puede usar cualquier variable para referirse al objeto o cambiar sus variables.

FIGURA 4.1

Referencias a objetos.

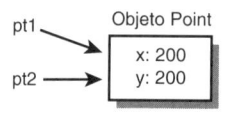

Si quería a `pt1` y `pt2` para referirse a objetos por separado, se podrían usar instrucciones `new Point()` por separado en las líneas 6 y 7 para crear objetos por separado, como se muestra a continuación:

```
pt1 = new Point(100, 100);
pt2 = new Point(100, 100);
```

En Java el uso de referencias se vuelve importante sobre todo cuando los argumentos son pasados a métodos. Este día aprenderá más al respecto.

> **Nota** En Java no hay apuntadores explícitos o aritmética de apuntadores como en C y C++. Sin embargo, al usar referencias y arreglos de Java, la mayoría de las capacidades de los apuntadores se duplican sin muchas de sus desventajas.

Conversión por cast y conversión normal de objetos y tipos primitivos

Algo que usted pronto descubre de Java es lo melindroso que es acerca de la información que manejará. Java espera que las cosas sean de una forma precisa y no aceptará alternativas.

Cuando envíe argumentos para métodos o use variables en expresiones, debe usar variables de los tipos apropiados. Si un método requiere un `int`, el compilador Java responde con un error si intenta enviar al método un valor `float`. Del mismo modo, si asigna una variable con el valor de otra, éstas deben ser del mismo tipo.

> **Nota**
>
> Hay un área donde el compilador de Java es decididamente diferente: las cadenas. El manejo de cadenas en los métodos `println()`, instrucciones de asignación y argumentos de métodos se simplifican con el uso del operador de concatenación (+). Si cualquier variable en un grupo de expresiones de concatenación es una cadena, Java trata toda la forma como un `String`. Esto hace posible lo siguiente:
>
> ```
> float gpa = 2.25F;
> System.out.println("Honest, dad, my GPA is a " + (gpa+1.5));
> ```

Algunas veces tendrá un valor en su programa de Java que no es del tipo correcto para lo que usted lo necesita. Podría ser la clase incorrecta, o el tipo de datos incorrectos, como un `float` cuando usted necesita un `int`.

Utilice la conversión por cast para convertir un valor de un tipo a otro.

TÉRMINO NUEVO *Conversión por cast* es el proceso de producir un valor nuevo con un tipo diferente al de su fuente. El significado es semejante a la actuación, donde el personaje de un programa de televisión puede ser representado por otro actor, si el primero renuncia por un problema de sueldo o es arrestado públicamente por obscenidad.

Al hacer la conversión usted no cambia el valor de una variable. En vez de ello crea una nueva variable del tipo deseado.

Aunque el concepto de conversión por cast es razonablemente sencillo, el uso se complica por el hecho de que Java tiene tanto tipos primitivos (como `int`, `float` y `boolean`), como tipos de objetos (`String`, `Point`, `ZipFile`, y similares). En esta sección se expondrán tres formas de conversión.

- Conversiones por cast entre tipos primitivos, tales como `int` a `float` o `float` a `double`.
- Conversiones por cast desde una instancia de una clase a una instancia de otra clase.
- Conversión normal de tipos primitivos a objetos, para extraer posteriormente valores primitivos de esos objetos.

Al hablar de conversiones por cast, podría ser más sencillo pensar en términos de fuentes y destinos. La fuente es la variable a ser representada en otro tipo. El destino es el resultado.

Conversión por cast de tipos primitivos

La conversión por cast entre tipos primitivos le permite cambiar el valor de un tipo a otro tipo primitivo. La mayoría de las veces ocurre con tipos numéricos, y hay un tipo primitivo que nunca puede ser usado en una conversión por cast. Los valores booleanos deben ser `true` o `false` y no se pueden usar en una operación de conversión por cast.

En muchas conversiones por cast entre tipos primitivos, el destino puede contener valores más grandes que el fuente, por lo que el valor se convierte fácilmente. Un ejemplo sería la representación de `byte` a `int`. Debido a que `byte` contiene valores de -128 a 127 y un `int` contiene de –2.1 millones a 2.1 millones, hay espacio más que suficiente para convertir de `byte` a `int`.

Con cierta frecuencia usted puede usar automáticamente un `byte` o un `char` como un `int`; o bien un `int` como un `long`, un `int` como un `float`, o cualquiera como un `double`. En la mayoría de los casos, el tipo más grande proporciona más precisión que el más pequeño, por tanto no hay pérdidas de información. La excepción es la conversión por cast de enteros a valores de punto flotante; es decir, convertir por cast un `int` o un `long` a un `float`, o un `long` a un `double`, puede causar alguna pérdida de precisión.

> **Nota** Un carácter puede ser usado como un `int` debido a que cada carácter tiene un código numérico correspondiente que representa su posición en el conjunto de caracteres. Si la variable `i` tiene el valor de 65, la representación `(char)i` produce el valor de carácter de `'A'`. El código numérico asociado con la mayúscula A es 65, de acuerdo con el conjunto de caracteres Unicode, adoptado por Java como parte de su soporte de caracteres.

Usted debe usar una conversión por cast explícita para convertir un valor más grande a un tipo más pequeño, ya que convertir ese valor podría dar por resultado una pérdida de precisión. La representación explícita toma la forma siguiente:

`(nombredeltipo)value`

En la forma anterior, `nombredeltipo` es el nombre del tipo de datos a convertir, como `short`, `int` y `float`. `value` es una expresión que resulta en el valor del tipo de fuente. Por ejemplo, el valor de `x` se divide entre el valor de `y`, y el resultado representa a un `int` en la siguiente expresión:

`(int)(x / y);`

Observe que como la precedencia de la conversión por cast es más alta que la aritmética, usted tiene que usar paréntesis aquí. De otra manera, el valor de `x` debiera ser convertido por cast antes en un `int` y luego divido entre `y`, lo cual fácilmente podría producir un resultado diferente.

Conversión por cast de objetos

Las instancias de clases también pueden ser convertidas por cast a instancias de otra clase, con una restricción: las clases fuente y destino deben estar asociadas por herencia. Una clase debe ser una subclase de la otra.

Así como se puede convertir un valor primitivo a un tipo más largo, algunos objetos podrían no necesitar ser convertidos por cast en forma explícita. Sobre todo, como todas las subclases contienen la misma información que sus superclases, usted puede usar una instancia de una subclase dondequiera que se espere una superclase.

Por ejemplo, piense en un método que toma dos argumentos: uno del tipo Object y otro del tipo Window. Usted puede pasar una instancia de cualquier clase al argumento Object, debido a que todas las clases de Java son subclases de Object. Para el argumento Window, usted puede pasarle sus subclases como Dialog, FileDialog y Frame.

Esto es cierto en cualquier parte en un programa, no sólo dentro de llamadas a métodos. Si usted tenía una variable definida como clase Window, podría asignar objetos de esa clase o cualquiera de sus subclases, a esa variable sin conversión por cast explícita.

También es cierto en forma inversa y usted puede usar una superclase cuando se espera una subclase. Sin embargo hay una desventaja: puesto que las subclases contienen mas comportamiento que sus superclases, se da una pérdida de precisión. Esos objetos de superclase podrían no tener todo el comportamiento requerido para actuar en vez de un objeto de subclase. Por ejemplo, si tiene una operación que llama a métodos en objetos de la clase Integer, mediante un objeto de la clase Number no incluiría muchos métodos definidos en Integer. Los errores ocurren si trata de llamar a métodos que el objeto destino no tiene.

Para usar objetos de superclase donde se esperan objetos de subclase, debe usar explícitamente una conversión por cast. No perderá información alguna en la conversión por cast, pero conseguirá todos los métodos y variables que define la subclase. Para convertir por cast un objeto a otra clase, utilice la misma operación que empleó para los tipos base:

(*nombredelaclase*)*object*

En este caso, *nombredelaclase* es el nombre de la clase destino y *object* es una referencia al objeto fuente. Observe que la conversión por casting crea una referencia al objeto anterior del tipo nombredelaclase; el objeto anterior aún existe como antes lo hacía.

El siguiente ejemplo convierte por casting una instancia de la clase VicePresident a una instancia de la clase Employee; VicePresident es una subclase de Employee con más información para definir que VicePresident tiene privilegios de toilet ejecutiva:

```
Employee emp = new Employee();
VicePresident veep = new VicePresident();
emp = veep; // no se necesita conversión por cast hacia arriba
veep = (VicePresident)emp; // requiere conversión por cast explícita
```

Siempre que utilice las nuevas operaciones de dibujo gráfico de 2D introducidas en Java 2, se requiere convertir por cast un objeto. Convierta por cast un objeto `Graphics` en un objeto `Graphics2D` antes de que lo pueda dibujar en pantalla. El siguiente ejemplo usa el objeto `Graphics` llamado `screen` para crear un nuevo objeto `Graphics2D` llamado `screen2D`:

```
Graphics2D screen2D = (Graphics2D)screen;
```

`Graphics2D` es una subclase de `Graphics`, y ambos están en el paquete `java.awt`. Explorará por completo el tema durante el día 9, "Cómo mejorar la apariencia de sus programas con gráficos, fuentes y color".

Además de convertir por cast objetos a clases, también puede convertir objetos a interfaces, pero únicamente si la clase del objeto o una de sus superclases, realmente implementa la interfaz. Convertir por cast un objeto a una interfaz significa que puede llamar a uno de los métodos de interfaz aun cuando en realidad la clase del objeto no implemente esa interfaz.

Conversión de tipos primitivos a objetos y viceversa

Algo que no debe hacer bajo ninguna circunstancia es convertir por cast un objeto a un tipo de dato primitivo, o viceversa. En Java los tipos de datos primitivos y objetos son cosas muy diferentes y usted no puede convertir por cast automáticamente entre ellos o usarlos de manera intercambiable.

Como una alternativa, el paquete `java.lang` incluye clases que corresponden a cada tipo de datos primitivos: `Integer`, `Float`, `Boolean`, y así sucesivamente. Observe que los nombres de clases tienen una letra mayúscula inicial y los tipos primitivos tienen nombres con minúscula. Java trata en forma diferente los tipos de datos y sus versiones de clase, y un programa no se compilará exitosamente si usted usa uno cuando se espera el otro.

Al usar métodos de clase definidos en esas clases, usted puede crear un objeto para cada uno de los tipos primitivos mediante un operador `new`. La siguiente instrucción crea una instancia de la clase `Integer` con el valor `4403`:

```
Integer dataCount = new Integer(4403);
```

Una vez creado así un objeto, lo puede usar igual que cualquiera otro. También hay métodos para cuando desee usar ese valor como un valor primitivo. Por ejemplo, si quiere obtener un valor `int` de un objeto `dataCount`, deberá utilizar la siguiente instrucción:

```
int newCount = dataCount.intValue(); // returns 4403
```

Una traducción común que usted necesita en programas es convertir por cast un `String` a un tipo numérico, como un entero. Cuando necesite un `int` como resultado, lo puede obtener a través del método `parseInt()` de la clase `Integer`. El `String` a convertir es el único argumento enviado al método, como en el ejemplo siguiente:

```
String pennsylvania = "65000";
int penn = Integer.parseInt(pennsylvania);
```

La documentación de la API de Java incluye detalles en estas clases. Puede encontrar estas páginas HTML en la sección Documentation del sitio Web de Sun Microsystems:

http://java.sun.com

> **Nota** Hay tipos especiales de clases para `boolean`, `Byte`, `Character`, `Double`, `Float`, `Integer`, `Long`, `Short` y `Void`.

Comparación de valores de objetos y de clases

Además de la conversión por cast, hay operaciones que puede desempeñar en objetos:

- Comparar objetos
- Identificar la clase de cualquier objeto dado
- Probar un objeto para verificar si es o no una instancia de una clase dada

Comparación de objetos

Ayer aprendió acerca de operadores para comparar valores: igual, distinto, menor que, etcétera. La mayoría de los operadores funcionan únicamente en tipos primitivos, no en objetos. Si intenta usar otros valores como operandos, el compilador de Java produce errores.

La excepción a esta regla son los operadores de igualdad: == (igual), y != (distinto). Cuando se usan con objetos, estos operadores no hacen lo que usted de primera impresión podría esperar. En vez de determinar si un objeto tiene el mismo valor que el otro, determina si los objetos son el mismo objeto.

Para poder comparar las instancias de una clase y tener resultados relevantes, debe implementar métodos especiales en su clase y llamar a esos métodos.

Un buen ejemplo de esto es la clase `String`. Es posible tener dos objetos diferentes que contengan los mismos valores. Sin embargo, aun cuando hubiera utilizado el operador == para compararlos, estos objetos deberían ser considerados diferentes. Pese a que sus contenidos corresponden, no son el mismo objeto.

Para poder ver si los dos objetos `String` tienen valores que corresponden, se utiliza un método de la clase llamado `equals()`. El método verifica cada carácter en la cadena y devuelve `true` si ambos tienen los mismos valores. El listado 4.5 ilustra esto:

ESCRIBA **LISTADO 4.5.** EL TEXTO COMPLETO DE EQUALSTEST.JAVA.

```java
 1: class EqualsTest {
 2:     public static void main(String args[]) {
 3:         String str1, str2;
 4:         str1 = "Free the bound periodicals.";
 5:         str2 = str1;
 6:
 7:         System.out.println("String1: " + str1);
 8:         System.out.println("String2: " + str2);
 9:         System.out.println("Same object? " + (str1 == str2));
10:
11:         str2 = new String(str1);
12:
13:         System.out.println("String1: " + str1);
14:         System.out.println("String2: " + str2);
15:         System.out.println("Same object? " + (str1 == str2));
16:         System.out.println("Same value? " + str1.equals(str2));
17:     }
18: }
```

La salida del programa es como sigue:

SALIDA
```
String1: Free the bound periodicals.
String2: Free the bound periodicals.
Same object? true
String1: Free the bound periodicals.
String2: Free the bound periodicals.
Same object? false
Same value? true
```

La primera parte de este programa (líneas 3–5) declara dos variables (str1 y str2), asigna a str1 la literal Free the bound periodicals, y entonces asigna ese valor a str2. Como aprendió previamente, str1 y str2 apuntan ahora al mismo objeto y la prueba de igualdad en la línea 9 así lo prueba.

En la segunda parte crea un nuevo objeto String con el mismo valor que str1 y asigna str2 a ese nuevo objeto String. Ahora usted tiene dos objetos String distintos en str1 y str2, pero con el mismo valor. Efectuar la prueba para ver si son el mismo objeto al usar el operador == (línea 15) devuelve la respuesta esperada (false; no son el mismo objeto en memoria). Probarlos con el método equals() en la línea 16 también devuelve la respuesta esperada (true; tienen los mismos valores).

> **Nota**
>
> ¿Por qué no puede usar sólo otra literal cuando cambia str2, en vez de usar new? En Java las literales de cadena están optimizadas. Si crea una cadena mediante una literal y luego utiliza otra literal con los mismos caracteres, Java sabe lo suficiente para devolverle el primer objeto String. Ambas cadenas son los mismos objetos. Tiene que salirse de su camino para crear dos objetos separados.

Determinación de la clase de un objeto

¿Quiere encontrar la clase de un objeto? He aquí cómo hacerlo para un objeto asignado a la variable obj.

```
String name = obj.getClass().getName();
```

¿Para qué se hace esto? El método getClass() está definido en la clase Object, y por tanto disponible para todos los objetos. El resultado de ese método es un objeto Class (donde Class es por sí misma una clase), el cual tiene un método llamado getName(). getName() devuelve una cadena representando el nombre de la clase.

Otra prueba que podría ser útil es el operador instanceof. Éste tiene dos operandos: un objeto a la izquierda y un nombre de clase a la derecha. La expresión devuelve true o false si el objeto es una instancia de la clase nombrada o cualquiera de las subclases de la clase:

```
"swordfish" instanceof String  // true
Point pt = new Point(10, 10);
pt instanceof String  // false
```

También se puede usar este operador instanceof para interfaces; si un objeto es una instancia de una clase que implementa una interfaz, el operador instanceof con ese nombre de interfaz a la derecha devuelve true.

Examen de clases y métodos con reflexión

Una de las mejoras hechas al lenguaje Java después de Java 1.0.2 fue la introducción de la reflexión, a la cual también se le denomina *introspección*. Bajo cualquier nombre, la *reflexión* habilita a una clase de Java, como la de un programa que usted escriba, para aprender detalles sobre cualquier otra clase.

A través de la reflexión, un programa Java puede cargar una clase de la cual no sabe nada, y encontrar las variables de la clase, métodos y constructores, y trabajar con ellos.

Esto podría tener más sentido si ve un ejemplo de ello justo en la barra. El listado 4.6 es una aplicación pequeña de Java llamada SeeMethods.

ESCRIBA **LISTADO 4.6.** EL TEXTO COMPLETO DE SEEMETHODS.JAVA.

```
 1: import java.lang.reflect.*;
 2: import java.util.Random;
 3:
 4: class SeeMethods {
 5:     public static void main(String[] arguments)  {
 6:         Random rd = new Random();
 7:         Class className = rd.getClass();
 8:         Method[] methods = className.getMethods();
 9:         for (int i = 0; i < methods.length; i++) {
10:             System.out.println("Method: " + methods[i]);
11:         }
12:     }
13: }
```

Este programa usa el grupo de clases java.lang.reflect.*, que proporciona información acerca de los atributos, métodos y constructores de cualquier clase.

La aplicación SeeMethods crea un objeto Random en la línea 6 y después usa la reflexión para desplegar todos los métodos públicos que son parte de la clase. El listado 4.7 muestra la salida de la aplicación.

SALIDA **LISTADO 4.7.** LA SALIDA DE LA APLICACIÓN SEEMETHODS.

```
 1: Method: public final native java.lang.Class java.lang.Object.getClass()
 2: Method: public native int java.lang.Object.hashCode()
 3: Method: public boolean java.lang.Object.equals(java.lang.Object)
 4: Method: public java.lang.String java.lang.Object.toString()
 5: Method: public final native void java.lang.Object.notify()
 6: Method: public final native void java.lang.Object.notifyAll()
 7: Method: public final native void java.lang.Object.wait(long) throws java.lang.InterruptedException
 8: Method: public final void java.lang.Object.wait(long,int) throws java.lang.InterruptedException
 9: Method: public final void java.lang.Object.wait() throws java.lang.InterruptedException
10: Method: public synchronized void java.util.Random.setSeed(long)
11: Method: public void java.util.Random.nextBytes(byte[])
12: Method: public int java.util.Random.nextInt()
13: Method: public long java.util.Random.nextLong()
14: Method: public float java.util.Random.nextFloat()
15: Method: public double java.util.Random.nextDouble()
16: Method: public synchronized double java.util.Random.nextGaussian()
```

Mediante la reflexión, la aplicación `SeeMethods` puede conocer cada método de la clase `Random` y todos los métodos heredados de las superclases `Random`. Cada línea del listado muestra la información acerca de un método:

- Si es `public`
- Qué tipo primitivo o de clase devuelve el método
- Si un objeto es de la clase actual o una de sus superclases
- El nombre del método
- El tipo de cada uno de los argumentos utilizados cuando se llama al método

La aplicación `SeeMethods` pudo haber sido hecha con cualquier clase de objetos. Cambie la línea 6 de `SeeMethods.java` para crear un objeto diferente y dar un vistazo a sus interiores.

La reflexión es muy usada por herramientas como navegadores de clases y depuradores, como una manera de aprender más acerca de la clase de los objetos examinados o depurados. También es requerida por JavaBeans, donde la capacidad de un objeto para consultar a otro acerca de lo que puede hacer (y entonces solicitar que haga algo), es útil cuando se construyen aplicaciones más grandes. Aprenderá más acerca de JavaBeans durante el día 19, "JavaBeans y otras características avanzadas".

El paquete `java.lang.reflect` incluye las clases siguientes:

- `Field`   Maneja y encuentra información acerca de variables de clase y de instancia
- `Method`   Maneja métodos de clase y de instancia
- `Constructor`   Maneja los métodos especiales para crear nuevas instancias de clases
- `Array`   Maneja arreglos
- `Modifier`   Decodifica información acerca de clases, variables, métodos (que se describen en el día 15, "Funciones de las clases: paquetes, interfaces y otras características").

Además, habrá una gran cantidad de métodos disponibles en una clase de objetos llamada `Class` que ayuda a unir varias clases que tienen que ver con reflexión.

La reflexión es una característica avanzada que usted podría no estar listo para usar en sus programas. Será más útil cuando usted trabaje en la serialización de objetos, JavaBeans y otros, de la programación más sofisticada de Java.

Resumen

Ahora que ya ha bebido profundamente de la implementación de la programación orientada a objetos en Java, está en una mejor posición para decidir cuán útil puede serle en su propia programación.

Si usted es de las personas que ven "el vaso medio vacío", la programación orientada a objetos es un nivel de abstracción que le estorbará respecto a lo que usted considera el uso de un lenguaje de programación. En los próximos días aprenderá más acerca de por qué la OOP está tan profundamente inmersa en Java.

Y si es de los que ven "el vaso medio lleno", vale la pena que use la programación orientada a objetos por los beneficios que ofrece: disponibilidad mejorada, reutilización y mantenimiento.

Usted aprendió hoy a tratar con objetos: su creación, leer sus valores y cambiarlos y llamar sus métodos. También aprendió a convertir objetos de una clase a otra, o de un tipo de datos a una clase.

Finalmente, le dio un primer vistazo a la reflexión, una manera de hacer que una clase revele detalles acerca de sí misma.

A este punto ya tiene las habilidades para manejar las tareas más simples en el lenguaje Java. Todo lo que falta son arreglos, condicionales y ciclos (los cuales se verán mañana), y cómo definir y usar clases (en el día 6, "Creación de clases").

Preguntas y respuestas

P **Estoy confundido acerca de las diferencias entre los objetos y los tipos de datos primitivos, como `int` y `boolean`.**

R Los tipos de datos primitivos en el lenguaje (`byte`, `short`, `int`, `long`, `float`, `double`, `boolean` y `char`) representan las cosas más pequeñas. No son objetos, aunque de muchas maneras se puedan manejar como objetos: Pueden ser asignados a variables y pasados dentro y fuera de los métodos. Sin embargo la mayoría de las operaciones que funcionan exclusivamente en objetos no funcionarán en tipos de datos primitivos.

Los objetos son instancias de clases y como tales suelen ser tipos de datos más complejos que los números simples y caracteres, que suelen contener números y caracteres como instancia o variables de clase.

P **¿No hay apuntadores en Java? Si usted no tiene apuntadores, ¿cómo puedo suponer que haré algo como listas vinculadas, donde tenga un apuntador de un nodo a otro, de modo que pueda pasar a través de ella?**

R No es del todo cierto decir que a fin de cuentas Java no posee apuntadores, sólo que no tiene apuntadores explícitos. Las referencias a objetos son, efectivamente, apuntadores. Para crear algo como una lista vinculada, usted crearía una clase llamada Node, la cual tendría una variable de instancia también del tipo Node. Para vincular entre sí los objetos nodo, asigne un objeto nodo a la variable de instancia del objeto inmediatamente antes de él en la lista. Puesto que las referencias al objeto son apuntadores, las listas vinculadas configuradas de esta manera se comportan como usted esperaría que lo hicieran.

Semana 1

Día 5

Listas, lógica y ciclos

Si usted escribió un programa Java con lo que sabe hasta ahora, el programa le podría parecer algo soso. Si usted escribió un programa Java con lo que sabe hasta ahora, el programa le podría parecer algo soso. Esta última oración no se repitió dos veces por un error editorial. Es una demostración de cuán fácil es que las computadoras repitan la misma cosa una y otra vez. Hoy aprenderá cómo hacer que una parte de un programa de Java repita su ejecución mediante los ciclos.

Además también aprenderá cómo hacer que un programa decida hacer algo basado en lógica. (Tal vez una computadora podría decidir que no es lógico repetir la misma oración dos veces seguidas en un libro.)

Incluso aprenderá a organizar grupos de la misma clase o tipo de datos en listas llamadas arreglos.

Lo primero por hacer en la lista de hoy son arreglos.

Arreglos

Hasta este punto usted sólo ha tenido que trabajar con algunas variables en cada programa Java. En algunos casos es más sencillo usar variables individuales para almacenar información.

Sin embargo, ¿qué pasaría si tuviera que llevar el registro de 20 elementos de información asociada? Bien podría crear 20 variables distintas y establecer sus valores iniciales, pero esto se haría más complicado conforme manejara más información. ¿Qué pasaría si fueran 100 elementos, o quizás 1,000?

Los arreglos son una forma de almacenar una lista de elementos que tienen el mismo tipo de datos o clase primitivos. Cada elemento en la lista va en su propia posición, numerada, para que usted tenga acceso fácil a la información.

Asimismo, contienen cualquier tipo de información que se almacene en una variable, pero una vez creado el arreglo sólo se puede usar para ese tipo de información. Por ejemplo, usted puede tener un arreglo de enteros, un arreglo de objetos String o un arreglo de arreglos, pero no puede tener un arreglo que contenga tanto cadenas como enteros.

Java implementa los arreglos de manera diferente a otros lenguajes, o sea como objetos que pueden ser tratados como cualquier otro objeto.

Para crear un arreglo en Java, haga lo siguiente:

1. Declare una variable para que contenga el arreglo.
2. Cree un nuevo arreglo de objeto y asígnelo a la variable de arreglo.
3. Almacene información en ese arreglo.

Declaración de variables de arreglo

El primer paso en la creación del arreglo es declarar una variable que lo habrá de contener. Las variables de arreglo indican el objeto o tipo de datos que contendrá, así como su nombre. Para diferenciarlas de las declaraciones de variables regulares, se agrega un par de corchetes ([]) vacíos al objeto o tipo de datos, o al nombre de variable.

Las instrucciones siguientes son ejemplos de declaraciones de variable de arreglos:

```
String difficultWords[];
```

```
Point hits[];
```

```
int donations[];
```

Puesto que usted puede colocar los corchetes después del tipo de información en vez del nombre de variable, las instrucciones siguientes también funcionan:

```
String[] difficultWords;

Point[] hits;

int[] guesses;
```

Usted verá los dos estilos utilizados en los programas, y como no hay un consenso sobre qué estilo sea más legible, la opción es más bien una cuestión de preferencia personal.

Creación de arreglos de objetos

Después de haber declarado la variable de arreglo, su siguiente paso es crear un arreglo de objeto y asignarlo a esa variable. He aquí las formas de dar este paso:

- Utilice el operador new.
- Inicialice directamente el contenido del arreglo.

Como los arreglos son objetos en Java, puede usar el operador new para crear una nueva instancia de un arreglo, como en la instrucción siguiente:

```
String[] playerNames = new String[10];
```

Esta instrucción crea un nuevo arreglo de cadenas con 10 posiciones que pueden contener objetos de tipo String. Cuando crea un arreglo de objetos con new, debe indicar cuántas posiciones contendrá el arreglo. En realidad estas instrucciones no colocan objetos en las posiciones; eso lo debe hacer usted posteriormente.

Los arreglos de objetos pueden contener tanto tipos primitivos (como enteros o booleanos), como objetos:

```
int[] temps = new int[99];
```

Cuando usted crea un arreglo de objeto mediante new, todas sus posiciones se inicializan automáticamente (0 para arreglos numéricos, false para booleanos, '\0' para arreglos de carácter, y null para objetos).

También puede crear e inicializar un arreglo al mismo tiempo. En vez de utilizar new para crear el objeto de arreglo nuevo, encierre los elementos del arreglo entre llaves, separándolos con comas:

```
String[] chiles = { "jalapeno", "anaheim", "serrano",
"habanero", "thai" };
```

> **Nota**: La palabra clave de Java null se refiere al objeto null (y se puede usar para cualquier referencia de objeto). No equivale a cero o al carácter '\0' como las constantes NULL en C.

Cada uno de los elementos entre llaves debe ser del mismo tipo que el de la variable que contiene el arreglo. Al crear así un arreglo con valores iniciales, el arreglo es del mismo tamaño como la cantidad de elementos que ha incluido en las llaves. El ejemplo anterior crea un arreglo de objetos `String` llamado `chiles` que contiene cinco elementos.

Acceso a los elementos del arreglo

Una vez que ya tenga un arreglo con valores iniciales, puede recuperar, cambiar y probar los valores de cada posición en dicho arreglo. Se tiene acceso al valor de una posición mediante el nombre del arreglo, seguido de un subíndice entre corchetes. Este nombre y el subíndice se pueden colocar dentro de expresiones como la siguiente:

```
contestantScore[40] = 470;
```

La parte `contestantScore` de esta expresión es una variable que contiene un arreglo de objeto, aunque puede ser también una expresión que resulte en un arreglo. La expresión del subíndice especifica la posición para accesar dentro del arreglo. Los subíndices inician en `0`, como lo hacen en C y C++, por lo que en un arreglo con 10 elementos tiene posiciones del arreglo a los que se tiene acceso mediante subíndices del `0` al `9`.

Todos los subíndices del arreglo son revisados para asegurarse que están dentro de los límites del arreglo, como se definió al crear el arreglo. En Java es imposible tener acceso o asignar un valor a un arreglo fuera de los límites del arreglo, lo cual evita los problemas que resulten de exceder los límites de un arreglo en lenguajes como C. Observe las dos instrucciones siguientes:

```
String[] beatleSpeak = new String[10];
beatleSpeak[10] = "I am the eggman.";
```

Un programa con las dos líneas de código anteriores produce un error de compilación cuando se usa `beatleSpeak[10]`. El error se debe a que el arreglo `beatleSpeak` no tiene una posición `10`, sino que tiene 10 posiciones que comienzan en `0` y terminan en `9`. El compilador Java captará este error.

El intérprete de Java produce un error si el subíndice del arreglo se calcula cuando el programa está en ejecución (por ejemplo, como parte de un ciclo) y el subíndice termina fuera de los límites del arreglo. En realidad, para ser técnicamente correctos, genera una excepción. En el día 16 "Circunstancias excepcionales: manejo de errores y seguridad", aprenderá más acerca de las excepciones. ¿Cómo puede estar seguro de no exceder accidentalmente el final de un arreglo en sus programas? Verifique la longitud del arreglo en sus programas mediante la variable de instancia `length`, la cual está disponible para todos los objetos de arreglo, sin importar el tipo:

```
int len = beatleSpeak.length;
```

Insistimos: La longitud del arreglo es 10, pero su subíndice sólo puede llegar hasta 9. Los arreglos inician su numeración en 0. Siempre que trabaje con arreglos, tenga esto en mente y reste 1 a la longitud del arreglo para obtener su elemento más grande.

Modificación de los elementos de un arreglo

Como vio en los ejemplos anteriores, puede asignar un valor a una posición específica de un arreglo al colocar una instrucción de asignación después del nombre del arreglo y el subíndice, como en el ejemplo siguiente:

```
myGrades[4] = 85;

sentence[0] = "The";

sentence[10] = sentence[0];
```

Algo importante a tener en cuenta es que en Java un arreglo de objetos es un arreglo de referencias a dichos objetos. Cuando asigna un valor a una posición en ese tipo de arreglo, está creando una referencia a ese objeto. Cuando mueve valores entre arreglos, como en el último de los ejemplos anteriores, está reasignando la referencia en vez de copiar un valor de una posición a otra. Los arreglos de un tipo de datos primitivo como int o float copian los valores de una posición a otra.

Los arreglos son razonablemente sencillos de crear y modificar, pero proporcionan una cantidad enorme de funcionalidad a Java. Usted se encontrará a sí mismo corriendo entre arreglos confome avance en el uso del lenguaje.

Para finalizar la discusión acerca de los arreglos, el listado 5.1 presenta un programa sencillo que crea, inicializa, modifica y examina las partes de un arreglo.

ESCRIBA **LISTADO 5.1.** EL TEXTO COMPLETO DE ARRAYTEST.JAVA.

```
 1: class ArrayTest {
 2:
 3:     String[] firstNames = { "Dennis", "Grace", "Bjarne", "James" };
 4:     String[] lastNames = new String[firstNames.length];
 5:
 6:     void printNames() {
 7:         int i = 0;
 8:         System.out.println(firstNames[i]
 9:             + " " + lastNames[i]);
10:         i++;
11:         System.out.println(firstNames[i]
12:             + " " + lastNames[i]);
13:         i++;
```

continúa

LISTADO 5.1. CONTINUACIÓN

```
14:            System.out.println(firstNames[i]
15:                + " " + lastNames[i]);
16:            i++;
17:            System.out.println(firstNames[i]
18:                + " " + lastNames[i]);
19:        }
20:
21:    public static void main (String arguments[]) {
22:        ArrayTest a = new ArrayTest();
23:        a.printNames();
24:        System.out.println("-----");
25:        a.lastNames[0] = "Ritchie";
26:        a.lastNames[1] = "Hopper";
27:        a.lastNames[2] = "Stroustrup";
28:        a.lastNames[3] = "Gosling";
29:        a.printNames();
30:    }
31: }
```

La salida del programa es como sigue:

SALIDA

```
Dennis null
Grace null
Bjarne null
James null
-----
Dennis Ritchie
Grace Hopper
Bjarne Stroustrup
James Gosling
```

Este ejemplo más grande muestra cómo crear y usar arreglos. La clase creada aquí, ArrayTest, tiene dos variables de instancia que contienen arreglos de objetos String. La primera, que se llama firstNames, se declara e inicializa en la línea 3 para contener cuatro cadenas. La segunda variable de instancia, lastNames, se declara y crea en la línea 4, pero no se coloca ningún valor inicial en las posiciones. Observe que también el arreglo lastNames, tiene exactamente el mismo número de posiciones que el arreglo firstNames, debido a que la variable firstNames.length se usa como índice del arreglo inicial. Cuando se usa en un arreglo de objeto, la variable de instancia length devuelve el número de posiciones en el arreglo.

La clase ArrayTest también tiene dos métodos: printNames() y main(). printNames(), definido en las líneas 6-19, es un método utilitario que va a través de los arreglos firstNames y lastNames secuencialmente, desplegando los valores de cada posición. Observe que el índice del arreglo definido aquí (i) se inicializa en 0 debido a que todas las posiciones del arreglo de Java inician su numeración desde 0.

Finalmente, el método main() desarrolla lo siguiente:

- La línea 22 crea una instancia inicial de ArrayTest para que se puedan usar sus variables de instancia y métodos.
- La línea 23 llama a printNames() para mostrar a qué se parece el objeto inicialmente. El resultado son las primeras cuatro líneas de la salida; observe que se inicializó el arreglo firstNames, pero los valores en lastNames son null. Si un arreglo no está inicializado cuando se declara, los valores de las posiciones iniciales estarán vacías: null para los arreglos de objetos, 0 para números y false para los booleanos.
- Las líneas 25-28 establecen los valores de cada una de las posiciones en el arreglo lastnames a las cadenas reales.
- La línea 29 llama a printNames() una vez más para mostrar que ahora el arreglo lastNames está lleno de valores, y cada nombre y apellido se imprime como usted esperaría. Los resultados se muestran en las últimas cuatro líneas de la salida.

Nota Si usted no reconoce los nombres de este ejemplo, podría pensar que los autores están manejando referencias de sus amigos en este libro. Todos ellos son importantes desarrolladores de lenguajes de programación de computadora: Dennis Ritchie (C), Bjarne Stroustrup (C++), Grace Hopper (COBOL) y James Gosling (Java).

Una última observación acerca del listado 5.1, es que es un ejemplo terrible de estilo de programación. De suyo cuando se trabaja con arreglos, usted puede usar los ciclos para circular a través de los elementos de un arreglo, en lugar de trabajar con ellos individualmente. Esto hace mucho más pequeño al código, y en muchos casos más sencillo de leer. Cuando aprenda acerca de ciclos hoy mismo más adelante, verá este ejemplo reescrito con diferente estilo.

Arreglos multidimensionales

Si ya ha usado arreglos en otros lenguajes, podría suponer que Java puede manejar arreglos multidimensionales: arreglos con más de un subíndice que permiten la representación de más de una dimensión.

Las dimensiones son útiles cuando se representa algo como una malla x, y de elementos de arreglo.

Java no soporta arreglos multidimensionales, pero usted puede lograr la misma funcionalidad al declarar un arreglo de arreglos. Estos arreglos pueden también contener arreglos, y así sucesivamente, para cuantas dimensiones se necesiten.

Las instrucciones siguientes muestran cómo declarar y tener acceso a estos arreglos de arreglos:

```
int[][] coords = new int[12][12];
coords[0][0] = 1;
coords[0][1] = 2;
```

Instrucciones de bloque

En Java las instrucciones se agrupan en bloques. El principio y el final de un bloque se especifican con caracteres de llave que abren ({) para el inicio y la llave que cierra (}) para finalizar.

Usted ya utilizó bloques a través de los programas durante los primeros cinco días, entre otras cosas, para las dos siguientes:

- Para contener las variables y métodos en una definición de clase.
- Para definir las instrucciones que pertenecen a un método.

Los bloques también son llamados *bloques de instrucciones*, debido a que se puede usar todo un bloque dondequiera que se use una instrucción sencilla. Entonces cada instrucción dentro de un bloque se ejecuta de principio a fin.

Los bloques se pueden colocar dentro de otros bloques, como lo hace cuando coloca un método dentro de una definición de clase.

Algo importante a observar acerca de un bloque es que crea un alcance para las variables locales creadas dentro de un bloque.

Término Nuevo *Alcance* es un término de programación para la parte de un programa en la cual hay una variable y puede ser usada. Si el programa deja el ámbito de esa variable, ésta no existe y ocurren errores si usted intenta accesar la variable.

El alcance de una variable es el bloque en el cual se creó. Cuando usted puede declarar y usar variables locales dentro de un bloque, éstas dejan de existir luego que el bloque termina su ejecución, Por ejemplo, el método `testBlock()` contiene un bloque:

```
void testBlock() {
    int x = 10;
    { // inicio de bloque
      int y = 40;
    y = y + x;
    } // fin de bloque
}
```

Hay dos variables definidas en este método: x y y. El alcance de la variable y es el bloque dentro del cual está, y sólo puede ser usada dentro de este bloque. Se podría dar un error si tratara de usarla en otra parte del método `testBlock()`. La variable x fue creada dentro del método pero fuera del bloque interior, por lo que puede usarla en cualquier parte del método. Usted puede modificar el valor de x en cualquier parte dentro del método y se retendrá este valor.

De suyo las declaraciones de bloque no se usan solas en una definición de método, como están en el ejemplo anterior. Usted las usa a través de las definiciones de clase y método, igual que en la lógica y estructuras de ciclos que aprenderá a continuación.

Condicionales `if`

Uno de los aspectos clave de la programación es la capacidad de un programa para decidir qué hará. Esto está manejado a través de un tipo especial de enunciado llamado condicional.

TÉRMINO NUEVO Una *condicional* es una instrucción de programación que sólo se ejecuta si se cumple una condición específica.

La condicional fundamental es la palabra clave `if`. La condicional `if` usa una expresión booleana para decidir cuándo se deberá ejecutar una instrucción. Si la expresión devuelve un valor `true`, la instrucción se lleva a cabo.

He aquí un ejemplo sencillo que despliega el mensaje "You call that a haircut?" sólo con una condición: Si el valor de la variable age es mayor que 39:

```
if (age > 39)
   System.out.println("You call that a haircut?");
```

Si desea que suceda algo más en caso de que la expresión `if` devuelva un valor `false`, se puede usar la palabra clave `else`. El ejemplo siguiente usa tanto `if` como `else`:

```
if (blindDateIsAttractive == true)
   restaurant = "Benihana's";
else
   restaurant = "Burrito Hut";
```

La condicional `if` ejecuta diferentes instrucciones basadas en el resultado de una prueba booleana sencilla.

Nota La diferencia entre las condicionales `if` en Java y las de C o C++ es que Java requiere que la verificación devuelva un valor booleano (`true` o `false`). En C, la verificación puede devolver un entero.

Con `if`, usted sólo puede incluir una instrucción sencilla como el código a ejecutar después de la prueba. (En el ejemplo anterior está asignada la variable `restaurant`.) Sin embargo, en Java puede aparecer un bloque dondequiera que lo haga una instrucción sola. Si desea hacer algo más que una sola cosa como resultado de un enunciado `if`, ponga esas instrucciones dentro de un bloque. Observe que el siguiente segmento de código, es una extensión del objeto `Jabberwock` que usted creó el día 2,"Un vistazo a la programación orientada a objetos":

```
if (attitude == "angry" ) {
   System.out.println("The jabberwock is angry.");
   System.out.println ("Have you made out a will?");
} else {
   System.out.println ("The jabberwock is in a good mood.");
   if (hungry)
        System.out.println("It still is hungry, though.");
   else System.out.println("It wanders off.");
}
```

Este ejemplo usa la prueba (`attitude == "angry"`) para determinan si despliega que el jabberwock está contento. Si lo está, la condición (`hungry`) se usa para ver si el jabberwock también está hambriento, asumiendo que un jabberwock hambriento es algo que hay que evitar, incluso si es un jabberwock contento. La condicional `if (hungry)` es otra manera de decir `if (hungry == true)`. Para las pruebas booleanas de este tipo, dejar fuera la última parte de la expresión es un método abreviado común en programación.

El listado 5.2 muestra otro ejemplo simple, en esta ocasión en forma de aplicación completa. La clase `EvenSteven` contiene un método utilitario llamado `evenCheck()`, el cual verifica un valor para ver si es par. Si lo es, despliega `Steven!` en pantalla.

ESCRIBA **LISTADO 5.2.** EL TEXTO COMPLETO DE EVENSTEVEN.JAVA.

```
 1: class EvenSteven {
 2:
 3:     void evenCheck(int val) {
 4:         System.out.println("Value is "
 5:             + val + ". ");
 6:         if (val % 2 == 0)
 7:         System.out.println("Steven!");
 8:     }
 9:
10:     public static void main (String arguments[]) {
11:         EvenSteven e = new EvenSteven();
12:
13:         e.evenCheck(1);
14:         e.evenCheck(2);
15:         e.evenCheck(54);
```

```
16:          e.evenCheck(77);
17:          e.evenCheck(1346);
18:     }
19: }
```

La salida del programa es como sigue:

SALIDA
```
Value is 1.
Value is 2.
Steven!
Value is 54.
Steven!
Value is 77.
Value is 1346.
Steven!
```

El corazón de la clase `EvenSteven` es el método `evenCheck()` (líneas 3-8), donde se verifican los valores y se imprime un mensaje apropiado. A diferencia de los métodos que usted ha definido en los ejemplos anteriores, observe que la definición incluye un argumento sencillo entero (vea la línea 3). El método `evenCheck()` inicia en cuanto imprime el valor que le fue pasado. Entonces se prueba ese argumento, mediante una condicional `if`, para ver si se trata de un número par.

La prueba del módulo del día 3, "Los ABCs de Java" devuelve el residuo de la división de sus operandos. Si el residuo de un número dividido entre 2 es 0, es un número par.

Si el número es par, se despliega `Steven!` (Mañana aprenderá más sobre la definición de métodos con argumentos.)

En esta aplicación el método `main()` crea una nueva instancia de `EvenSteven` y la prueba, llamando repetidamente al método `evenCheck()` con valores diferentes. En la salida, únicamente los valores que son pares obtienen un mensaje `Steven!`.

El operador condicional

Una alternativa a las palabras clave `if` y `else` en una instrucción condicional es usar el operador condicional, también conocido como *operador ternario*, llamado así porque tiene tres términos.

El operador condicional es una expresión, lo que significa que devuelve un valor, a diferencia del `if` más general, que sólo puede dar por resultado una instrucción o un bloque para ser ejecutado. El operador condicional es más útil en condicionales cortas o simples y luce como en la siguiente línea:

test ? *trueresult* : *falseresult*;

`test` es una expresión que devuelve `true` o `false`, de la misma manera que la prueba en la instrucción `if`. Si la prueba es `true`, el operador condicional devuelve el valor de `trueresult`; si es `false`, el operador condicional devuelve el valor de `falseresult`. Por ejemplo, la siguiente condicional prueba los valores de `myScore` y `yourScore`, devuelve el valor más grande de los dos como un valor, y asigna dicho valor a la variable `ourBestScore`:

```
int ourBestScore = myScore > yourScore ? myScore : yourScore;
```

Este uso del operador condicional es equivalente al siguiente código `if...else`:

```
int ourBestScore;
if (myScore > yourScore)
    ourBestScore = myScore;
else
    ourBestScore = yourScore;
```

El operador condicional tiene una precedencia muy baja; sólo se evalúa después de que lo han sido todas sus subexpresiones. Los únicos operadores con menor precedencia son los operadores de asignación. Para una actualización de la precedencia de operadores, revise la tabla 3.6 del día 3.

Condicionales `switch`

Una práctica común de programación en cualquier lenguaje es probar una variable contra algún valor, y si no corresponde el valor verificarla nuevamente contra un valor diferente, y así sucesivamente. El proceso puede llegar a ser difícil de manejar si sólo está usando instrucciones `if`, dependiendo de cuántos valores diferentes tenga que probar. Por ejemplo, usted podría terminar con un conjunto de instrucciones como el siguiente:

```
if (oper == '+')
    addargs(arg1, arg2);
else if (oper == '-')
    subargs(arg1, arg2);
else if (oper == '*')
    multargs(arg1, arg2);
else if (oper == '/')
    divargs(arg1, arg2);
```

A este uso de instrucciones `if` se le llama un `if` anidado pues cada instrucción `else` contiene otro `if` hasta que se hayan efectuado todas las pruebas.

Un método abreviado para las instrucciones `if` anidadas que usted puede usar en algunos lenguajes de programación es agrupar pruebas y acciones entre sí en una sola instrucción. En Java, puede hacer lo anterior mediante la instrucción `switch`, la cual se comporta como en C. El siguiente es un ejemplo del uso de `switch`:

```
switch (grade) {
    case 'A':
        System.out.println("Great job -- an A!");
        break;
    case 'B':
        System.out.println("Good job -- a B!");
        break;
    case 'C':
        System.out.println("Your grade was a C.");
        break;
    default: System.out.println("An F -- consider cheating!");
}
```

La instrucción `switch` se basa en una prueba; en el ejemplo anterior, la prueba está en el valor de la variable `grade`. Dicha variable, que puede ser de cualquiera de los tipos primitivos `byte`, `char`, `short` o `int` se compara con cada uno de los valores `case`. Si después de la prueba se encuentra una coincidencia, se ejecutan la instrucción o instrucciones; si no se encuentra, se ejecutan la instrucción o instrucciones `default`. La parte `default` es opcional. Si se omite y no hay coincidencia para ninguna de las instrucciones `case`, la instrucción `switch` finaliza sin ejecutar nada.

La implementación Java de `switch` es limitada. Las pruebas y valores sólo pueden ser tipos de datos primitivos que sean convertibles a `int`. Usted no puede usar tipos primitivos más grandes como `long` o `float`, cadenas, u otros objetos dentro de un `switch`, ni tampoco puede verificar por cualquier otra relación distinta a la igualdad. Estas restricciones limitan al `switch` a los casos más simples. En contraste, las instrucciones `if` anidadas pueden funcionar para cualquier clase de prueba en cualquier tipo.

Lo siguiente es una revisión de `if` anidada mostrada previamente. Ha sido reescrito como una instrucción `switch`.

```
switch (oper) {
    case '+':
        addargs(arg1, arg2);
        break;
    case '*':
        subargs(arg1, arg2);
        break;
    case '-':
        multargs(arg1, arg2);
        break;
    case '/':
        divargs(arg1, arg2);
        break;
}
```

Hay dos cosas que cuidar en este ejemplo. La primera es que después de cada caso, usted puede incluir una instrucción resultante sencilla o más; tantas cuantas necesite.

A diferencia de if, usted no necesita encerrar instrucciones múltiples con llaves para que funcione. La segunda son las instrucciones break incluidas con cada sección case. Sin una instrucción break en una sección case, una vez que ocurre una coincidencia, se ejecutan las instrucciones para esa coincidencia y todas las demás instrucciones bajo switch hasta que se encuentre un break o el final de switch. En algunos casos, esto podría ser exactamente lo que usted desea hacer. Sin embargo, en la mayoría de ellos deberá incluir break para asegurarse que sólo se ejecute el código correcto. Break, sobre el cual aprenderá en la sección "Interrupción de los ciclos", detiene la ejecución en el punto actual y salta al código fuera de la siguiente llave que cierra (}).

Un uso útil de la omisión de break sucede cuando múltiples valores debieran ejecutar las mismas instrucciones. Para cumplir con esta tarea, puede usar líneas case múltiples sin ningún resultado; switch ejecutará las primeras instrucciones que encuentre. Por ejemplo, en la siguiente instrucción switch, la cadena x is an even number se imprime si x tiene los valores de 2, 4, 6 u 8. Todos los otros valores de x hacen que se imprima la cadena x is an odd number.

```
switch (x) {
   case 2:
   case 4:
   case 6:
   case 8:
        System.out.println("x is an even number.");
        break;
   default: System.out.println("x is an odd number.");
}
```

El listado 5.3 muestra otro ejemplo más de una instrucción switch. Esta clase, NumberReader, convierte valores enteros a su equivalente en inglés con un método llamado convertIt().

ESCRIBA **LISTADO 5.3.** EL TEXTO COMPLETO DE NUMBERREADER.JAVA.

```
 1: class NumberReader {
 2:
 3:     String convertNum(int val) {
 4:         switch (val) {
 5:             case 0: return "zero ";
 6:             case 1: return "one ";
 7:             case 2: return "two ";
 8:             case 3: return "three ";
 9:             case 4: return "four ";
10:             case 5: return "five ";
11:             case 6: return "six ";
12:             case 7: return "seven ";
13:             case 8: return "eight ";
14:             case 9: return "nine ";
```

```
15:            default: return " ";
16:        }
17:    }
18:
19:    public static void main (String arguments[]) {
20:        NumberReader n = new NumberReader();
21:        String num = n.convertNum(4) + n.convertNum(1) +
           n.convertNum(3);
22:        System.out.println("413 converts to " + num);
23:    }
24: }.
```

He aquí la salida del programa:

SALIDA 413 converts to four one three

El corazón de este ejemplo es, por supuesto, la instrucción principal switch a la mitad del método en las líneas 4-16. switch toma el argumento entero que fue pasado a convertNum() y, cuando encuentra una coincidencia, devuelve el valor apropiado de la cadena. (Observe que este método está definido para devolver una cadena, al contrario de otros métodos que ha definido hasta este punto, los cuales no devuelven nada. Mañana aprenderá más acerca de esto.)

No se necesitan instrucciones break en el programa NumberReader debido a que se usa la instrucción return en su lugar; return es similar a break, excepto en que interrumpe totalmente la definición del método y devuelve un valor simple. De nuevo, aprenderá más acerca de esto mañana, cuando vea cómo definir métodos.

Hasta aquí, probablemente ha visto suficientes métodos main() para saber qué está pasando, pero veamos este método rápidamente.

- La línea 20 crea una instancia nueva de la clase NumberReader.
- La línea 21 define una cadena llamada num que será la concatenación de los valores de cadena de los tres números. Cada número se convierte mediante una llamada al método convertNum().
- La línea 22 despliega el resultado.

Ciclos for

El ciclo for repite una instrucción por un número especificado de veces hasta que una condición se cumple. Aunque los ciclos for frecuentemente son usados para la iteración simple en la cual se repite una instrucción por un número preciso de veces, se pueden usar para casi cualquier tipo de ciclo.

El ciclo `for` en Java tiene una apariencia semejante a la siguiente:

```
for (inicialización; prueba; incremento) {
    instrucción;
}
```

El inicio del ciclo `for` tiene tres partes:

- *inicialización* es una expresión que inicializa el ciclo. Si usted tiene un índice del ciclo, esta expresión podría declararla e inicializarla, como `int i=0`. Las variables que usted declara en esta parte del ciclo `for` son locales al ciclo por sí mismo; cesan de existir después de que el ciclo finaliza su ejecución. Usted puede inicializar más de una variable en esta sección al separar cada expresión con una coma. La declaración `int i = 0, int j = 10` en esta sección declararía las variables `i` y `j`, y ambas serían locales al ciclo.

- *prueba* es la prueba que ocurre después de cada paso del ciclo. La prueba debe ser una expresión booleana que devuelva un valor `Boolean`, como `i < 10`. Si la prueba es `true`, el ciclo se ejecuta. Una vez que la prueba es `false`, el ciclo finaliza su ejecución.

- *incremento* es cualquier expresión. Comúnmente se usa para cambiar el valor del índice del ciclo para acercar el estado del ciclo a devolver `false` y detener el ciclo. Similar a la sección *inicialización*, usted puede colocar más de una expresión en esta sección separando cada expresión con una coma.

La parte *instrucción* del ciclo `for` es la instrucción que se ejecuta cada vez que se repite el ciclo. Como con `if`, usted puede incluir ya sea una instrucción sencilla o de bloque; el ejemplo previo usó un bloque debido a que es más común. El siguiente ejemplo es un ciclo `for` que asigna todas las posiciones de un arreglo `String` con el valor `Mr`:

```
String[] salutation = new String[10];
int i; // la variable de índice del ciclo

for (i = 0; i < salutation.length; i++)
    salutation[i] = "Mr.";
```

En este ejemplo, la variable `i` sirve como un índice de ciclo; cuenta cuántas veces se ha ejecutado el ciclo. Antes de cada viaje a través del ciclo, el valor índice se compara con `salutation.length`, el número de elementos en el arreglo `salutation`. Cuando el índice es igual o mayor que `salutation.length`, se abandona el ciclo.

El elemento final de la instrucción `for` es `i++`. Esto hace que el índice del ciclo se incremente en 1 cada vez que éste se ejecuta; sin dicha instrucción el ciclo nunca terminaría.

La instrucción dentro del ciclo asigna un elemento del arreglo `salutation` a `"Mr."` El índice del ciclo se usa para determinar qué elemento se modifica.

Cualquier parte del ciclo for puede ser una instrucción vacía, esto es, usted puede incluir un punto y coma sin ninguna expresión o instrucción y esa parte del ciclo for será ignorada. Observe que si usa una instrucción vacía en su ciclo for, tendría que inicializar o incrementar cualquier variable de ciclo o índices de ciclo por usted mismo en otras partes del programa.

Usted también puede tener una instrucción vacía como el cuerpo de su ciclo for si todo lo que desea hacer está en la primera línea de ese ciclo. Por ejemplo, el siguiente ciclo for encuentra el primer número primo mayor a 4,000. (Llama a un método llamado notPrime(), el cual teóricamente tiene forma de averiguarlo.)

```
for (i = 4001; notPrime(i); i += 2)
    ;
```

Un error común en los ciclos for es colocar accidentalmente un punto y coma al final de la línea que incluye la instrucción for;

```
for (i = 0; i < 10; i++);
    x = x * i; //  ¡Esta línea no es parte del ciclo!
```

En este ejemplo, el primer punto y coma finaliza el ciclo sin ejecutar x = x * i como parte del ciclo. La línea x = x * i se ejecutará sólo una vez, debido a que está por completo fuera del ciclo for. Tenga cuidado de no cometer este error en sus programas de Java.

Para terminar con los ciclos for, reescriba ese ejemplo con los nombres de la sección de arreglos. El ejemplo original es largo y repetitivo y únicamente funciona con arreglos de longitud de cuatro elementos. Esta versión, mostrada en el listado 5.4, es más corta y flexible (pero devuelve la misma salida).

ESCRIBA **LISTADO 5.4.** EL TEXTO COMPLETO DE NAMESLOOP.JAVA.

```
 1: class NamesLoop {
 2:
 3:     String[] firstNames = { "Dennis", "Grace", "Bjarne", "James" };
 4:     String[] lastNames = new String[firstNames.length];
 5:
 6:     void printNames() {
 7:         for (int i = 0; i < firstNames.length; i++)
 8:             System.out.println(firstNames[i] + " " + lastNames[i]);
 9:     }
10:
11:     public static void main (String arguments[]) {
12:         NamesLoop a = new NamesLoop();
13:         a.printNames();
14:         System.out.println("-----");
15:         a.lastNames[0] = "Ritchie";
16:         a.lastNames[1] = "Hopper";
```

continúa

LISTADO 5.4. CONTINUACIÓN

```
17:         a.lastNames[2] = "Stroustrup";
18:         a.lastNames[3] = "Gosling";
19:
20:         a.printNames();
21:     }
22: }.
```

La salida del programa es:

SALIDA
```
Dennis null
Grace null
Bjarne null
James null
-----
Dennis Ritchie
Grace Hopper
Bjarne Stroustrup
James Gosling
```

La única diferencia entre este ejemplo y el listado 5.1 está en el método `printNames()`. En vez de ir a través de las posiciones del arreglo una por una, este ejemplo usa un ciclo `for` para iterar a lo largo del arreglo de posición en posición, deteniéndose en el último elemento del arreglo. Usar un ciclo de propósito más general sobre un arreglo le permite usar `printNames()` para cualquier tamaño de arreglo e incluso tener impresos todos los elementos.

Ciclos `while` y `do`

Los tipos de ciclos que falta por ver son `while` y `do`. Como `for`, los ciclos `while` y `do` habilitan a un bloque de código Java para que sea ejecutado en forma repetida hasta que encuentre una condición específica. El que utilice un ciclo `for`, `while` o `do`, es en gran parte cuestión de su personal estilo de programación. Los ciclos `while` y `do` son exactamente los mismos que en C y C++, excepto que la condición de prueba debe ser un booleano en Java.

Ciclos `while`

El ciclo `while` se utiliza para repetir una instrucción durante todo el tiempo que una condición particular sea `true`. El siguiente es un ejemplo de un ciclo `while`:

```
while (i < 10) {
    x = x * i++; //  cuerpo del ciclo
}
```

En el ejemplo anterior, la condición que acompaña la palabra clave `while` es una expresión booleana (`i<10`). Si la expresión devuelve `true`, el ciclo `while` ejecuta el cuerpo del ciclo y entonces prueba nuevamente la condición. Este proceso se repite hasta que la condición sea false. Aunque el ciclo anterior usa las llaves de apertura y cierre para formar una instrucción de bloque, éstas no se requieren ya que el ciclo contiene únicamente una instrucción: x = x * i++. Aun cuando usar las llaves no crea ningún problema, éstas le serán requeridas si más tarde agrega otra instrucción dentro del ciclo.

El listado 5.5 muestra un ejemplo de un ciclo while que copia los elementos de un arreglo de enteros (en array1) a un arreglo de floats (en array2), convirtiendo por cast a float cada elemento conforme avanza. La única falla es que si en el primer arreglo cualquiera de los elementos es 1, el ciclo finalizará inmediatamente en ese punto.

ESCRIBA **LISTADO 5.5.** EL TEXTO COMPLETO DE COPYARRAYWHILE.JAVA.

```
 1: class CopyArrayWhile {
 2:     public static void main (String arguments[]) {
 3:         int[] array1 = { 7, 4, 8, 1, 4, 1, 4 };
 4:         float[] array2 = new float[array1.length];
 5:
 6:         System.out.print("array1: [ ");
 7:         for (int i = 0; i < array1.length; i++) {
 8:             System.out.print(array1[i] + " ");
 9:         }
10:         System.out.println("]");
11:
12:         System.out.print("array2: [ ");
13:         int count = 0;
14:         while ( count < array1.length && array1[count] != 1) {
15:             array2[count] = (float) array1[count];
16:             System.out.print(array2[count++] + " ");
17:         }
18:         System.out.println("]");
19:     }
20: }
```

La salida del programa es:

SALIDA
```
array1: [ 7 4 8 1 4 1 4 ]
array2: [ 7.0 4.0 8.0 ]
```

He aquí lo que sucede en el método main():

- Las líneas 3 y 4 declaran los arreglos; array1 es un arreglo de enteros, los cuales se inicializaron a algunos números apropiados. array2 es un arreglo de números de punto flotante de la misma longitud que array1, pero no tiene valores iniciales.

- Las líneas 6-10 son para propósitos de salida; simplemente iteran a través de `array1` mediante un ciclo `for` para imprimir sus valores.
- Las líneas 13-17 es donde suceden las cosas interesantes. Este conjunto de instrucciones asigna los valores de `array2` (convirtiendo los números enteros a números de punto flotante a lo largo del arreglo) y los imprime al mismo tiempo. Usted inicia con una variable `count`, la cual lleva un registro de los elementos del índice del arreglo. La prueba en el ciclo `while` conserva un registro de las dos condiciones para la existencia del ciclo, donde las cuales corren los elementos en `array1` o que se encuentre un 1 en `array1`. (Recuerde que esa era parte de la descripción original de lo que hace este programa.)

 Usted puede usar la condicional lógica `&&` para llevar un registro de la prueba; recuerde que `&&` asegura que ambas condiciones sean `true` antes de que toda la expresión sea `true`. Si alguna de ellas es `false`, la expresión devuelve `false` y el ciclo termina. ¿Qué sucede con este ejemplo en particular? La salida muestra que los primeros cuatro elementos en `array1` fueron copiados a `array2`, pero que había un 1 en la mitad que impidió que el ciclo fuera más lejos. Sin el 1, `array2` debería finalizar con todos los mismos elementos que en `array1`. Si la prueba del ciclo `while` es `false` la primera vez que se prueba (por ejemplo, si el primer elemento en ese primer arreglo es 1), el cuerpo del ciclo `while` nunca será puesto en ejecución. Si necesita ejecutar el ciclo al menos una vez, puede hacer una de dos cosas:

- Duplicar el cuerpo del ciclo fuera del ciclo `while`.
- Utilizar un ciclo `do` (el cual se describe en la sección siguiente).

El ciclo do está considerado la mejor solución de las dos.

Ciclos do...while

El ciclo do es igual a un ciclo `while`, con una diferencia mayor: el lugar en el ciclo cuando se prueba la condición . Un ciclo `while` prueba la condición antes de llevar a cabo el ciclo, de modo que si la condición es `false` la primera vez que se prueba, el cuerpo del ciclo nunca se ejecutará. Un ciclo do ejecuta el cuerpo del ciclo al menos una vez antes de probar la condición, por lo que si ésta es `false` la primera vez, el cuerpo del ciclo ya se habrá ejecutado al menos una vez.

Ésta es la diferencia entre pedirle prestado el auto a papá o tomarlo y luego avisarle que uno ya lo ha hecho. Si papá no acepta la idea en el primer caso, no conseguirá el auto. Pero si tampoco le gusta la idea en la segunda instancia, usted ya lo ha tomado prestado al menos una vez.

Los ciclos do se parecen a esto:

```
do {
    x = x * i++; //  cuerpo del ciclo
} while (i < 10);
```

El cuerpo del ciclo se ejecuta una vez antes que se evalúe la condición de prueba, `i < 10`; entonces, si la prueba la evalúa como `true`, el ciclo se repite una vez más. Si es `false`, el ciclo termina. Tenga en mente que en los ciclos do el cuerpo del ciclo se ejecuta al menos una vez.

El listado 5.6 muestra un ejemplo sencillo de un ciclo do que imprime un mensaje cada vez que el ciclo itera (10 veces, para este ejemplo):

ESCRIBA   **LISTADO 5.6.** EL TEXTO COMPLETO DE DOTEST.JAVA.

```
1: class DoTest {
2:     public static void main (String arguments[]) {
3:         int x = 1;
4:
5:         do {
6:             System.out.println("Looping, round " + x);
7:             x++;
8:         } while (x <= 10);
9:     }
10: }
```

La salida del programa es como sigue:

SALIDA
```
Looping, round 1
Looping, round 2
Looping, round 3
Looping, round 4
Looping, round 5
Looping, round 6
Looping, round 7
Looping, round 8
Looping, round 9
Looping, round 10
```

Interrupción de los ciclos

En todos los ciclos, el ciclo finaliza al cumplirse una condición probada. Podría suceder que durante la ejecución de un ciclo ocurriera algo por lo que usted quisiera salir del ciclo antes de su término. Para eso puede usar las palabras clave `break` y `continue`.

Usted ya conoce a `break` como parte de la instrucción `switch`; `break` detiene la ejecución de una instrucción `switch`, y el programa continúa. La palabra clave `break`, cuando se usa con un ciclo, hace lo mismo: detiene inmediatamente la ejecución del ciclo actual. Si ha anidado ciclos dentro de ciclos, la ejecución continúa con el siguiente ciclo exterior. De otra manera, el programa continúa con sólo ejecutar la instrucción siguiente después del ciclo.

Por ejemplo, recordemos el ciclo `while` que copiaba elementos de un arreglo de enteros a un arreglo de números de punto flotante hasta alcanzar el final del arreglo o al encontrar un 1. Pruebe este último caso dentro del cuerpo del ciclo `while` y entonces use `break` para salir del ciclo:

```
int count = 0;
while (count < userData1.length) {
    if (userData1[count] == 1)
        break;
    userData2[count] = (float) userData1[count++];
}
```

La palabra clave `continue` inicia de nuevo el ciclo en la siguiente iteración. Para los ciclos `do` y `while`, esto significa que la ejecución de la instrucción de bloque inicia nuevamente; con los ciclos `for` se evalúa la expresión de incremento y entonces se ejecuta la instrucción de bloque. La palabra clave `continue` es útil cuando usted desea tener un caso especial de evitar elementos dentro de un ciclo. Con el ejemplo anterior de copiar un arreglo a otro, podría probar para averiguar si el elemento actual es igual a 1, y utilizar `continue` para reiniciar el ciclo después de cada 1 de modo que el arreglo resultante nunca contenga un cero. Observe que como se está saltando elementos en el primer arreglo, ahora usted tiene que llevar registro de dos contadores de arreglo diferentes:

```
int count = 0;
int count2 = 0;
while (count++ <= userData1.length) {
    if (userData1[count] == 1)
        continue;

    userData2[count2++] = (float)userData1[count];
}
```

Ciclos etiquetados

Tanto `break` como `continue` pueden tener una etiqueta opcional que le dice a Java dónde reanudar la ejecución de un programa. Sin una etiqueta, `break` salta al ciclo más cercano, ya sea un ciclo anidado o a la siguiente instrucción fuera del ciclo. La palabra clave `continue` reinicia el ciclo dentro del cual está incluida. Con `break` y `continue` con una etiqueta se puede utilizar `break` para ir a un punto externo al ciclo anidado o usar `continue` para ir a un ciclo fuera del ciclo actual.

Para usar un ciclo etiquetado agregue la etiqueta antes de la parte inicial del ciclo, con dos puntos entre la etiqueta y el ciclo. Entonces, cuando use `break` y `continue`, añada el nombre de la etiqueta después de la palabra clave, como en el siguiente:

```
out:
    for (int i = 0; i <10; i++) {
        while (x < 50) {
```

```
        if (i * x++ > 400)
            break out;
        // aquí va el ciclo interno
    }
    // aquí va el ciclo externo
}
```

En este fragmento de código la etiqueta out etiqueta el ciclo exterior. Entonces, dentro de los ciclos for y while, cuando una condición en particular se cumple, un break provoca la ejecución de interrumpir la ejecución de ambos ciclos. Sin la etiqueta out, la instrucción break saldría al ciclo interior y reanudaría la ejecución con el ciclo externo.

Aquí está otro ejemplo: El programa mostrado en el listado 5.7 contiene un ciclo for anidado. Dentro del ciclo más interno, si los valores sumados de los dos contadores es mayor que cuatro, ambos ciclos finalizan al mismo tiempo.

ESCRIBA **LISTADO 5.7.** EL TEXTO COMPLETO DE LABELTEST.JAVA.

```
 1: class LabelTest {
 2:     public static void main (String arguments[]) {
 3:
 4:     thisLoop:
 5:         for (int i = 1; i <= 5; i++)
 6:             for (int j = 1; j <= 3; j++) {
 7:                 System.out.println("i is " + i + ", j is " + j);
 8:                 if (( i + j) > 4)
 9:                     break thisLoop;
10:             }
11:         System.out.println("end of loops");
12:     }
13: }
```

La salida del programa es:

SALIDA
```
i is 1, j is 1
i is 1, j is 2
i is 1, j is 3
i is 2, j is 1
i is 2, j is 2
i is 2, j is 3
end of loops
```

Como puede ver, el ciclo iteró hasta que la suma de i y j fue mayor que 4, y entonces los dos ciclos salieron al bloque exterior y se desplegó el mensaje final.

Resumen

Ahora que ya ha sido introducido a las listas, ciclos y lógica, puede hacer que la computadora decida cuándo desplegar repetidamente el contenido de un arreglo.

Usted aprendió cómo declarar una variable de tipo arreglo, asignarle un objeto y accesar y cambiar elementos del arreglo. Con las instrucciones condicionales `if` y `switch`, puede dirigirse a partes diferentes de un programa basado en una prueba booleana. También aprendió acerca de los ciclos `for`, `while` y `do`, cada uno de los cuales permite que se repita una porción de un programa hasta que se cumpla una condición dada.

Vale la pena repetir: Usted usará frecuentemente estas tres características en sus programas Java. Usted usará frecuentemente estas tres características en sus programas Java.

Preguntas y respuestas

P Declaré una variable dentro de un bloque de instrucciones para un `if`. Cuando el `if` terminó, la definición de esa variable se desvaneció. ¿Adónde se fue?

R En términos técnicos, los bloques de instrucciones forman un nuevo *alcance de léxico*. Lo que esto significa que si declara una variable dentro de un bloque, sólo es visible y útil dentro de ese bloque. Cuando el bloque termina de ejecutarse, todas las variables que usted declaró se liberan.

Es una buena idea declarar la mayoría de sus variables en el bloque más externo en el cual serán necesitadas; por lo común en lo más alto de un bloque de instrucciones. La excepción podría ser el uso de variables muy simples, como contadores de índice en los ciclos `for`, donde declararlas en la primera línea del ciclo es un método abreviado fácil.

P ¿Por qué usted no puede usar `switch` con cadenas?

R Las cadenas son objetos, y en Java `switch` sólo opera para los tipos primitivos `byte`, `char`, `short` e `int`. Para comparar cadenas, tiene que usar `if` anidados, los cuales habilitan a expresiones de prueba más generales, incluyendo la comparación de cadenas.

SEMANA 1

DÍA 6

Creación de clases

Si llega a Java después de haber manejado otros lenguajes de programación, bien podría dirigirse hacia una lucha de clases. Aunque "clase" es sinónimo del término "programa", esto le podría crear alguna confusión en cuanto a la relación entre dichos conceptos.

En Java, un programa se conforma a partir de una clase principal (denominada `main`) y cualesquier otras clases que se necesiten para soportar la clase principal. Estas clases de soporte incluyen cualquiera de las clases de la biblioteca de Java que usted pudiera necesitar (`String`, `Math` y similares).

Hoy usted va a la cabeza de la clase por lo que ha aprendido del tema, al crear clases e identificar lo siguiente:

- Las partes de una definición de clase
- La creación y uso de variables de instancia
- La creación y uso de métodos
- El método `main()` que se utiliza en las aplicaciones Java
- El uso de argumentos pasados a una aplicación Java

Definición de clases

Como usted ya ha creado clases en los días anteriores, a estas alturas ya debería estar familiarizado con las bases de una definición de clase. Una clase se define a través de la palabra clave class y el nombre de la clase, como en el ejemplo siguiente:

```
class Ticker {
    // cuerpo de la clase
}
```

En forma predeterminada, las clases heredan de la clase Object, la cual es la superclase de todas las clases en la jerarquía de clases de Java.

Si su clase es una subclase, la palabra clave extends se usa para indicar la superclase de la nueva clase. Observe a la siguiente subclase de Ticker:

```
class SportsTicker extends Ticker {
    // cuerpo de la clase
}
```

Creación de variables de clase y de instancia

Al crear una clase que hereda de una superclase, usted tendrá que agregar algún tipo de comportamiento para hacer que la clase nueva sea diferente de la clase de la cual se hereda.

Este comportamiento se define al especificar las variables y métodos de una nueva clase. En esta sección trabajará con tres tipos de variables: variables de clase, variables de instancia y variables locales. La siguiente sección detalla los métodos.

Definición de variables de instancia

En el día 3, "Los ABCs de Java", aprendió cómo declarar e inicializar las variables locales, que son variables dentro de las definiciones de un método. Las variables de instancia se declaran y definen casi del mismo modo que las variables locales. La diferencia principal es su ubicación en la definición de clase. Las variables se consideran variables de instancia si son declaradas fuera de la definición de un método. Por lo común, sin embargo, la mayoría de las variables de instancia se definen justo después de la primera línea de la definición de clase. El listado 6.1 contiene una definición de clase sencilla para la clase Jabberwock, la cual hereda de su superclase, Reptile.

ESCRIBA **LISTADO 6.1.** EL TEXTO COMPLETO DE JABBERWOCK.JAVA.

```
1: class Jabberwock extends Reptile {
2:
3:     String color;
```

```
4:      String sex;
5:      boolean hungry;
6:      int age;
7: }
```

Esta definición de clase contiene cuatro variables. Éstas son variables de instancia porque no están definidas dentro de un método. Las variables son las siguientes:

- color   El color del jabberwock (por ejemplo, naranja, limón, amarillo limón, u ocre quemado)
- sex   Una cadena que indica el género del jabberwock
- hungry   Una variable booleana que es true si el jabberwock está hambriento y false en caso contrario
- age   La edad del jabberwock en años

Constantes

Las variables son útiles cuando usted necesita almacenar información que se pueda modificar al ejecutar un programa. Si el valor nunca se debiera modificar durante la ejecución de un programa, puede usar un tipo especial de variable denominado constante.

Término Nuevo   Una *constante*, también llamada *variable constante*, es una variable con un valor que nunca cambia. Esto podría parecer una contradicción, dado el significado de la palabra "variable".

Las constantes son útiles para definir valores compartidos para todos los métodos de un objeto; en otras palabras, para dar nombres significativos a valores que no cambian en todo el objeto. En Java, usted puede crear constantes para todos los tipos de variables: instancia, clase y local.

Nota   Las variables locales constantes no eran posibles en Java 1.0.2, pero se agregaron al lenguaje desde Java 1.1. Esto es importante si usted quiere crear un applet que sea totalmente compatible con Java 1.0.2. Aprenderá más acerca de esto durante la semana 2, "Temas avanzados de Java".

Para declarar una constante, use la palabra clave final antes de la declaración de variable e incluya un valor inicial para esa variable, como en la siguiente:

```
final float pi = 3.141592;
final boolean debug = false;
final int numberOfJenny = 8675309;
```

Las constantes pueden ser útiles para denominar los diversos estados de un objeto y luego probar dichos estados. Suponga que tiene una etiqueta de texto que se pueda alinear a la izquierda, la derecha o al centro. Puede definir esos valores como enteros constantes:

```
final int LEFT = 0;
final int RIGHT = 1;
final int CENTER = 2;
```

Como un lugar para almacenar el valor de la alineación vigente del texto, la variable `alignment` se declara como un `int`:

```
int alignment;
```

Posteriormente, en el cuerpo de la definición de un método, puede establecer la alineación con lo siguiente:

```
this.alignment = CENTER;
```

También puede verificar una alineación dada:

```
switch (this.alignment) {
    case LEFT:
        //  encargarse de alineación izquierda
        break;
    case RIGHT:
        //  encargarse de alineación derecha
        break;
    case CENTER:
        //  encargarse de alineación central
        break;
}
```

Mediante las constantes es más fácil entender los programas. Para ilustrar este punto, considere cuál de las dos instrucciones siguientes denota más su función:

```
this.alignment = CENTER;
```

```
this.alignment = 2;
```

Variables de clase

Como aprendió en las lecciones anteriores, las variables de clase aplican a una clase como un todo, en vez de ser almacenadas individualmente en objetos de la clase.

Las variables de clase son buenas para la comunicación entre objetos distintos de la misma clase, o para llevar un registro de información relativa a toda la clase entre un conjunto de objetos.

La palabra clave `static` se usa en la declaración de clase para declarar una variable de clase, como en lo siguiente:

```
static int sum;
static final int maxObjects = 10;
```

Creación de métodos

Como aprendió en el día 4, "Lecciones de objetos", los métodos definen el comportamiento de un objeto (todo lo que sucede cuando se crea el objeto y las diversas tareas que éste puede desempeñar durante su existencia).

Esta sección presenta la definición de métodos y cómo funcionan. La lección de mañana tiene mas detalle acerca de tareas avanzadas que puede hacer con ellos.

Definición de métodos

Las definiciones de método tienen cuatro partes básicas

- El nombre del método
- El tipo de objeto o tipo primitivo devuelto por el método
- Una lista de parámetros
- El cuerpo de un método

Las tres primeras partes de una definición de método conforman lo que se denomina *firma* del método.

> **Nota:** Para llevar tranquilamente las cosas hoy, se han dejado fuera dos partes opcionales de la definición del método: un modificador, como `public` o `private`, y la palabra clave `throws`, que indica las excepciones que puede deshechar un método. Durante la semana 3, "Afine sus conocimientos de Java", aprenderá acerca de estas partes de la definición de un método.

En otros lenguajes, basta el nombre del método (que bien podría llamarse función, subrutina, o procedimiento) para distinguirlo de otros métodos en el programa.

En Java, usted puede tener varios métodos en la misma clase con el mismo nombre pero con diferencias en el tipo de dato de retorno o lista de argumentos. Esta práctica se le llama *sobrecarga de método*, y mañana aprenderá mas acerca de ella. He aquí cómo se ve una definición básica de método:

```
returnType methodName(type1 arg1, type2 arg2, type3 arg3 ...) {
    // cuerpo del método
}
```

Este `returnType` es el tipo primitivo o clase del valor devuelto por el método. Puede ser uno de los tipos primitivos, un nombre de clase o `void` si el método no devuelve un valor por completo.

Observe que si este método devuelve un arreglo de objeto, los corchetes del arreglo pueden ir tanto después del `returnType` como después de la lista de parámetros. Puesto que la forma anterior es más sencilla de leer, así se usa en los ejemplos de este libro, como el siguiente:

```
int[] makeRange(int lower, int upper) {
    // cuerpo de este método
}
```

La lista de parámetros del método es un conjunto de declaraciones de variables, separadas por comas, entre paréntesis. Estos parámetros se convierten en variables locales en el cuerpo del método, recibiendo sus valores cuando se llama al método.

Usted puede tener instrucciones, expresiones, llamadas de métodos a otros objetos, condicionales, ciclos, etcétera, en el interior del cuerpo del método; todo lo que usted ha aprendido en las lecciones anteriores.

A menos que un método haya sido declarado con `void` como su tipo de retorno, el método devuelve algún tipo de valor al finalizar. Este valor debe ser devuelto explícitamente en algún punto dentro del método, mediante la palabra clave `return`.

El listado 6.2 muestra un ejemplo de una clase que define un método `makeRange()`. Éste toma dos enteros (un límite inferior y un límite superior) y crea un arreglo que contiene todos los enteros entre esos dos límites. Los límites se incluyen en el arreglo de enteros.

ESCRIBA **LISTADO 6.2.** EL TEXTO COMPLETO DE RANGECLASS.JAVA.

```
 1: class RangeClass {
 2:     int[] makeRange(int lower, int upper) {
 3:         int arr[] = new int[ (upper - lower) + 1 ];
 4:
 5:         for (int i = 0; i < arr.length; i++) {
 6:             arr[i] = lower++;
 7:         }
 8:         return arr;
 9:     }
10:
11:     public static void main(String arguments[]) {
12:         int theArray[];
13:         RangeClass theRange = new RangeClass();
14:
15:         theArray = theRange.makeRange(1, 10);
16:         System.out.print("The array: [ ");
17:         for (int i = 0; i < theArray.length; i++) {
18:             System.out.print(theArray[i] + " ");
19:         }
20:         System.out.println("]");
```

```
21:    }
22:
23: }
```

La salida del programa es la siguiente:

SALIDA   `The array: [ 1 2 3 4 5 6 7 8 9 10 ]`

En esta clase el método `main()` prueba el método `makeRange()` al crear un rango donde los límites inferior y superior del rango son 1 y 10 respectivamente (vea la línea 6), y entonces utiliza un ciclo `for` para imprimir los valores del nuevo arreglo.

La palabra clave this

En el cuerpo de una definición de un método, usted podría referirse al objeto actual; aquél desde el cual fue llamado el método. Esto se puede hacer para usar las variables de instancia del objeto o pasar el objeto actual a otro método como un argumento.

Para referirse al objeto actual en estos casos, use la palabra clave `this` donde normalmente haría referencia a un nombre de objeto.

La palabra clave `this` se refiere al objeto actual y puede usarla dondequiera que éste aparezca: en notación de punto, como argumento a un método, como valor devuelto para el método actual, etcétera. Los siguientes son ejemplos del uso de `this`:

```
t = this.x;          // la variable de instancia x para este objeto
this.resetData(this); // llamada al método  resetData, definido en
                     // esta clase y pasándolo
                     // al objeto actual

return this;         // devuelve el objeto actual
```

En muchos casos podría no necesitar hacer uso explícitamente de la palabra clave `this`, ya que esto se asume en forma automática. Por ejemplo, puede referirse a ambas variables de instancia y llamadas a métodos definidas en la clase actual simplemente por nombre, porque `this` está implícita en esas referencias. Por lo tanto, puede escribir los primeros dos ejemplos como sigue:

```
t = x;               // la variable de instancia x para este objeto
resetData(this);     // llamada al método resetData method, definido
                     // en esta clase
```

> **Nota** La omisión de la palabra clave this para variables de instancia, dependería de la existencia de variables del mismo nombre declaradas en el alcance local. En la próxima sección verá más acerca de este tema.

Como this es una referencia a la instancia actual de una clase, debe usarla sólo dentro del cuerpo de una definición de un método de instancia. Los métodos de clase, métodos declarados con la palabra clave static, no pueden usar this.

Alcance de variables y definiciones de métodos

Algo de lo que usted debe saber para usar una variable es su alcance.

Término Nuevo — *Alcance* es la parte de un programa en que se puede usar una variable u otra información.

La variable deja de existir cuando la parte que define el alcance ha terminado su ejecución.

Si declara una variable en Java, ésta siempre tiene un alcance limitado. Una variable con un alcance local, por ejemplo, sólo puede ser usada dentro del bloque en el que fue declarada. Las variables de clase y de instancia tienen un alcance que se extiende a toda la clase, por lo que se pueden usar por cualquiera de los métodos dentro de su clase.

Al referirse a una variable dentro de una definición del método, Java busca primero una definición de dicha variable en el alcance actual (que podría ser un bloque), después en cada alcance exterior inmediato y, finalmente, hasta la definición actual del método. Si la variable no es una variable local, Java busca entonces una definición de esa variable como una variable de instancia o de clase en la clase actual. Si aún así Java no encuentra la definición de la variable, la busca en cada superclase hasta encontrarla.

Por la forma en que Java verifica el alcance de una variable dada, a usted le es posible crear una variable de un alcance menor que oculte (o reemplace) el valor original de esa variable e introduzca fallas de programación sutiles y confusas en su código.

Por ejemplo, observe el pequeño programa Java del listado 6.3.

Escriba — **Listado 6.3.** El texto completo de scopetest.java.

```
 1: class ScopeTest {
 2:     int test = 10;
 3:
 4:     void printTest () {
 5:         int test = 20;
 6:         System.out.println("test = " + test);
 7:     }
 8:
 9:     public static void main(String arguments[]) {
10:         ScopeTest st = new ScopeTest();
11:         st.printTest();
12:     }
13: }
```

Ésta es la salida:

SALIDA `test = 20`

En esta clase usted tiene dos variables con el mismo nombre y definición. La primera, una variable de instancia, tiene el nombre `test` y está inicializada con el valor `10`. La segunda es una variable local con el mismo nombre, pero con el valor `20`. La variable local `test` dentro del método `printTest()` oculta la variable de instancia `test`. El método `printTest()` dentro de `main()` muestra que `test = 20` . Usted puede aislar este problema mediante `this.test` para referirse a la variable de instancia y sólo usar `test` para referirse a la variable local.

El conflicto se evita al referirse explícitamente a la variable de instancia a través de su alcance de objeto.

Un ejemplo más insidioso ocurre cuando redefine una variable en una subclase que ya ocurre en una superclase. Esto puede crear fallas sutiles en su código; por ejemplo, podría llamar a métodos que están previstos para cambiar el valor de una variable de instancia, pero la variable equivocada está modificada. Otra falla de programación se da cuando usted convierte por cast un objeto de una clase a otra; el valor de su variable de instancia podría cambiar misteriosamente, debido a que ese valor se estaba obteniendo desde la superclase en vez de su clase.

La mejor forma de evitar este comportamiento es ser cauteloso con las variables definidas en todas las superclases de su clase. Esta precaución lo previene de duplicar una variable que está en uso en un nivel superior en la jerarquía de clases.

Paso de argumentos a métodos

Cuando usted llama a un método con parámetros de objeto, los objetos que pasan dentro del cuerpo del método son pasados por referencia. Cualquier cosa que usted le haga a los objetos dentro del método, afecta a los objetos originales. Tenga presente que entre tales objetos se incluyen los arreglos y todos los objetos que están contenidos en arreglos. Cuando pasa un arreglo a un método y modifica sus contenidos, el arreglo original es afectado. Los tipos primitivos, por otro lado, son pasados por valor.

El listado 6.4 demuestra cómo funciona esto:

ESCRIBA **LISTADO 6.4.** LA CLASE PASSBYREFERENCE.

```
1: class PassByReference {
2:     int onetoZero(int arg[]) {
3:         int count = 0;
```

continúa

LISTADO 6.4. CONTINUACIÓN

```
 4:
 5:        for (int i = 0; i < arg.length; i++) {
 6:            if (arg[i] == 1) {
 7:                count++;
 8:                arg[i] = 0;
 9:            }
10:        }
11:        return count;
12:    }
13:    public static void main(String arguments[]) {
14:        int arr[] = { 1, 3, 4, 5, 1, 1, 7 };
15:        PassByReference test = new PassByReference();
16:        int numOnes;
17:
18:        System.out.print("Values of the array: [ ");
19:        for (int i = 0; i < arr.length; i++) {
20:            System.out.print(arr[i] + " ");
21:        }
22:        System.out.println("]");
23:
24:        numOnes = test.onetoZero(arr);
25:        System.out.println("Number of Ones = " + numOnes);
26:        System.out.print("New values of the array: [ ");
27:        for (int i = 0; i < arr.length; i++) {
28:            System.out.print(arr[i] + " ");
29:        }
30:        System.out.println("]");
31:    }
32: }
```

Ésta es la salida del programa:

SALIDA
```
Values of the array: [ 1 3 4 5 1 1 7 ]
Number of Ones = 3
New values of the array: [ 0 3 4 5 0 0 7 ]
```

Observe la definición del método para el método onetoZero() en las líneas 2 a la 12, la cual toma un arreglo sencillo como un argumento. El método onetoZero() hace dos cosas:

- Cuenta el número de unos en el arreglo y devuelve ese valor.
- Sustituye con un 0 a cada 1 en el arreglo.

El método main() en la clase PassByReference prueba el uso del método onetoZero(). Vaya al método main() línea por línea para que pueda ver qué sucede y por qué la salida muestra lo que hace.

Las líneas 14-16 establecen los valores iniciales para este ejemplo. El primero es un arreglo de enteros; el segundo es una instancia de la clase `PassByReference`, la cual es almacenada en la variable `test`. El tercero es un entero simple para contener la cantidad de unos en el arreglo.

Las líneas 18-22 imprimen los valores iniciales del arreglo; usted puede ver la salida de estas líneas en la primera línea de salida.

La línea 24 es donde las cosas suceden realmente; ésta es donde usted llama al método definido `onetoZero()` en el objeto `test` y lo pasa al arreglo almacenado en `arr`. Este método devuelve la cantidad de `1s` en el arreglo, que usted entonces asigna a la variable `numOnes`.

¿Lo ha podido seguir hasta ahora? La línea 25 imprime la cantidad de unos (el valor que usted obtuvo de vuelta del método `onetoZero()`). Devuelve 3, como usted esperaría.

La última sección de líneas imprime los valores del arreglo. Puesto que una referencia al objeto del arreglo se pasa al método, modificar el arreglo dentro de ese método modifica la copia original del arreglo. La impresión de los valores en las líneas 27-30 lo prueba (la última línea de la salida muestra que todos los unos en el arreglo han sido cambiados a ceros).

Métodos de clase

La relación entre las variables de clase y de instancia es directamente comparable a cómo funcionan los métodos de clase y de instancia.

Los métodos de clase están disponibles para cualquier instancia de la clase misma y pueden estar disponibles para otras clases. Además, a diferencia de un método de instancia, una clase no requiere una instancia de la clase para que se pueda llamar a sus métodos.

Por ejemplo, las bibliotecas de clases de Java incluyen una clase llamada `Math`. La clase `Math` define un conjunto de operaciones matemáticas que puede usar en cualquier programa en cualquiera de sus diferentes tipos de números, como en el ejemplo a continuación:

```
float root = Math.sqrt(453.0);

System.out.print("The larger of x and y is " + Math.max(x, y));
```

Para definir los métodos de clase, utilice la palabra clave `static` delante de la definición del método, tal como usaría `static` frente a una variable de clase. Por ejemplo, el método de clase `max()` que se usa en el ejemplo anterior podría tener la firma siguiente:

```
static int max(int arg1, int arg2) {
    // cuerpo del método
}
```

Java proporciona clases envolventes para cada uno de los tipos de base; por ejemplo, Java proporciona clases `Integer`, `Float` y `Boolean`. Al usar métodos de clase definidos en esas clases, usted puede convertir objetos a tipos primitivos y tipos primitivos a objetos.

Por ejemplo, el método de clase `parseInt()` en la clase `Integer` se puede usar con una cadena. La cadena se envía al método como un argumento, y éste se usa para calcular un valor devuelto para enviarlo de regreso como un `int`.

La siguiente instrucción muestra cómo se puede usar el método `parseInt()`:

```
int count = Integer.parseInt("42");
```

En la instrucción anterior, el valor `String` `"42"` es devuelto por `parseInt()` como un entero con un valor de `42`, y éste es almacenado en la variable `count`.

La falta de una palabra clave `static` al frente del nombre del método lo hace un método de instancia. Los métodos de instancia operan en un solo objeto, más que una clase de objetos. En el día 2, "Un vistazo a la programación orientada a objetos", creó un método de instancia llamado `feedJabberwock()` que alimenta a un jabberwock individual.

> **Tip**
> La mayoría de los métodos que operan en, o afectan a, un objeto en particular deberían ser definidos como métodos de instancia. Los métodos que proporcionan alguna capacidad general, pero no afectan directamente a una instancia de clase, debieran ser declarados como métodos de clase.

Creación de aplicaciones en Java

Ahora que ya sabe cómo crear clases, objetos, variables de clase y de instancia, y métodos de clase y de instancia, puede poner todo junto en un programa de Java.

Las *aplicaciones*, para refrescar su memoria, son programas Java que se ejecutan por sí mismos. Las aplicaciones son diferentes a los applets, los cuales requieren de un navegador que soporte Java para verlos. Los proyectos que ha estado creando hasta este punto han sido aplicaciones de Java. La próxima semana tendrá la oportunidad de bucear en los applets. Los applets requieren un poco más de conocimientos previos para llevarlos a interactuar con el navegador, así como para dibujar y actualizar el sistema gráfico.

Una aplicación de Java consiste en una o más clases y pueden ser tan grandes o tan pequeñas como usted quiera que sean. Aunque todas las aplicaciones de Java que ha creado hasta ahora no hacen nada más que lanzar algunos caracteres a la pantalla o a una ventana, también puede crear aplicaciones Java que usen ventanas, gráficos y elementos de interfaz de usuario, como lo hacen los applets.

Todo lo que necesita para poder hacer que una aplicación corra exitosamente, sin embargo, es una clase que sirve como punto de inicio para el resto de su programa Java.

La clase punto de inicio para su aplicación sólo necesita una cosa: un método main(). Al ejecutar la aplicación, el método main() es lo primero que se llama. A estas alturas nada de esto debería sorprenderle; ha estado creando aplicaciones Java con métodos main() todo el tiempo.

La firma para el método main() siempre luce así:

```
public static void main(String arguments[]) {
    //  cuerpo del método
}
```

He aquí un recorrido de las partes del método main()

- public significa que este método está disponible para otras clases y objetos. El método main() debe ser declarado public. Durante la semana 3 aprenderá más acerca de public y private.
- static significa que main() es un método de clase.
- void significa que el método main() no devuelve un valor.
- main() toma un parámetro, el cual es un arreglo de cadenas. Este argumento se usa para argumentos de programa, que conocerá en la próxima sección.

El cuerpo del método main() contiene cualquier código que usted necesite para iniciar su aplicación, como la inicialización de variables o la creación de instancias de clases.

Cuando Java ejecuta el método main(), tenga presente que main() es un método de clase. Una instancia de clase que contenga main() no se crea automáticamente cuando su programa está en ejecución. Si desea tratar esta clase como un objeto, tiene que crear una instancia de ella en el método main().

Clases auxiliares

Su aplicación Java puede tener sólo una clase o, en el caso de programas más grandes, podría estar compuesta de muchas clases, donde se crean y usan diferentes instancias de cada clase mientras la aplicación se está ejecutando. Usted puede crear tantas clases como desee para su programa.

Nota Si está usando el JDK, las clases deben ser accesibles desde un directorio que esté listado en su variable de ambiente CLASSPATH.

En tanto Java encuentra la clase, ésta será utilizada por su programa mientras corre. Observe, sin embargo, que únicamente la clase de punto de inicio necesita un método main(). Después de que éste es llamado, los métodos dentro de varias clases y objetos usados en su programa toman el control. Aunque pueda incluir métodos `main()` en las clases auxiliares, serán ignorados cuando realmente se ejecute el programa.

Aplicaciones Java y argumentos de línea de comandos

Puesto que las aplicaciones Java son programas autónomos, es útil pasar argumentos u opciones a una aplicación. Puede usar los argumentos para determinar cómo va a ejecutar la aplicación o para habilitar una aplicación genérica que funcione en diferentes tipos de entrada. Puede usar los argumentos de programa para muchos propósitos diferentes, como activar la depuración de entrada o indicar un nombre de archivo para ser cargado.

Paso de argumentos a las aplicaciones Java

El paso de argumentos a una aplicación Java depende de la plataforma en que Java se esté ejecutando. En Windows y UNIX, puede pasar argumentos al programa Java a través de la línea de comandos.

Para pasar argumentos a un programa Java en Windows o Solaris, se deben agregar a la línea de comandos al ejecutar el programa. Lo siguiente muestra un ejemplo:

```
java MyProgram argumentOne 2 three
```

En los ejemplos anteriores se pasaron tres argumentos a un programa: `argumentOne`, el número 2 y `three`. Observe que cada argumento está separado por un espacio.

Para agrupar argumentos que incluyen espacios, los argumentos deberán estar entre comillas dobles. Por ejemplo, el argumento `"No Shoes No Shirt No Service"`, produce un argumento para que sea tratado por el programa; las comillas dobles evitan que los espacios se usen para separar un argumento de otro. Estas comillas dobles no se incluyen en el argumento cuando es enviado al programa y recibido utilizando el método `main()`.

Manejo de argumentos en su aplicación Java

Cuando una aplicación se ejecuta con argumentos, Java los almacena como un arreglo de cadenas y pasa el arreglo al método `main()` de la aplicación. Revise nuevamente la firma de `main()`:

```
public static void main(String arguments[]) {
    // cuerpo del método
}
```

Aquí, arguments es el nombre del arreglo de cadenas que contiene la lista de argumentos. Usted puede llamar a este arreglo como quiera.

Dentro del método main(), entonces, puede manejar los argumentos que se le dieron a su programa iterando sobre el arreglo de argumentos. Por ejemplo, el listado 6.5 es una clase simple que imprime los argumentos conforme los recibe, uno por línea.

ESCRIBA **LISTADO 6.5.** EL TEXTO COMPLETO DE ECHOARGS.JAVA.

```
1: class EchoArgs {
2:     public static void main(String arguments[]) {
3:         for (int i = 0; i < arguments.length; i++) {
4:             System.out.println("Argument " + i + ": " + arguments[i]);
5:         }
6:     }
7: }
```

Lo siguiente es un ejemplo de entrada para ejecutar este programa:

ENTRADA `java EchoArgs Wilhelm Niekro Hough 49`

Si ejecuta la aplicación EchoArgs con los argumentos de línea de comandos previos, se produce la salida siguiente:

SALIDA
```
Argument 0: Wilhelm
Argument 1: Niekro
Argument 2: Hough
Argument 3: 49
```

He aquí otro ejemplo de entrada para ejecutar este programa:

`java EchoArgs "Hoyt Wilhelm" Charlie Hough`

Y aquí la salida que produce:

SALIDA
```
Argument 0: Hoyt Wilhelm
Argument 1: Charlie
Argument 2: Hough
```

Observe cómo se agrupan los argumentos en el segundo ejemplo de entrada; poniendo entre comillas dobles el argumento Hoyt Wilhelm lo que hace que se le trate como una unidad dentro del arreglo de argumentos.

Nota El arreglo de argumentos en Java no es análogo a argv en C y UNIX. En particular, arg[0] o arguments[0], el primer elemento en el arreglo de argumentos, es el primer argumento de la línea de comandos después del nombre de la clase; no el nombre del programa como sería en C. Sea cuidadoso con esto cuando escriba sus programas en Java.

Observe algo muy importante: todos los argumentos pasados a una aplicación Java se almacenan en un arreglo de cadenas. Para tratarlos como algo más que cadenas, usted debe convertirlos.

Por ejemplo, suponga que tiene un programa sencillo de Java llamado SumAverage que toma cualquier número de argumentos numéricos y devuelve la suma y el promedio de esos argumentos. El listado 6.6 muestra un primer intento de paso a este programa. No lo compile, sólo observe el código y trate de averiguar qué hace.

ESCRIBA **LISTADO 6.6.** UN PRIMER INTENTO A SUMAVERAGE.JAVA.

```
 1: class SumAverage {
 2:     public static void main(String arguments[]) {
 3:         int sum = 0;
 4:
 5:         for (int i = 0; i < arguments.length; i++) {
 6:             sum += arguments[i];
 7:         }
 8:
 9:         System.out.println("Sum is: " + sum);
10:         System.out.println("Average is: " +
11:             (float)sum / arguments.length);
12:     }
13: }
```

A primera vista, este programa parece ser bastante simple; un ciclo for que itera sobre el arreglo de argumentos, sumándolos, y entonces la suma y el promedio se imprimen en el último paso.

Si hubiera intentado compilar este programa, el compilador habría desplegado un error como el siguiente:

SALIDA
```
SumAverage.java:6: Incompatible type for +=. Can't convert
java.lang.String to
int.
    sum += arguments[i];
```

Este error ocurre porque el arreglo de argumentos es un arreglo de cadenas. Aun cuando usted está pasando enteros dentro de la aplicación, esos enteros serán convertidos a cadenas antes de ser almacenados en el arreglo. Tendrá que convertirlos de cadenas a enteros utilizando un método estático de la clase `Integer`, llamado `parseInt`. Cambie la línea 6 para usar ese método, como sigue:

```
sum += Integer.parseInt(arguments[i]);
```

El programa se compila exitosamente. Ejecute la aplicación de la siguiente manera:

```
java SumAverage 1 2 3
```

La salida producida que usted debería ver es:

SALIDA
```
Sum is: 6
Average is: 2
```

Resumen

Al finalizar el día de hoy, debería tener una muy buena idea de por qué Java tiene clases. Cualquier cosa que usted cree en Java implica el uso de una clase principal que interactúa con otras clases conforme se necesite. Es una forma distinta de pensar en programación a la que usted solía usar con otros lenguajes.

Hoy usted reúne todo lo que ha aprendido acerca de crear clases en Java. Se tocaron cada uno de los temas siguientes:

- Variables de clase y de instancia, las cuales contienen los atributos de una clase y objetos creados a partir de ella. Aprendió cómo declarar variables, cómo difieren de las variables locales y cómo declarar constantes.
- Métodos de clase y de instancia, los cuales definen el comportamiento de una clase. Aprendió a definir métodos, incluyendo las partes de una firma de método, cómo devolver valores de un método, cómo se pasan los argumentos a los métodos y cómo usar la palabra clave `this` para referirse al objeto actual.
- Aplicaciones de Java. Aprendió cómo funciona el método `main()` y cómo pasar argumentos a una aplicación de Java.

Mañana terminará la semana 1 con el aprendizaje de algunos aspectos avanzados de programación con métodos.

Hasta mañana, la lección ha terminado.

Preguntas y respuestas

P **Usted mencionó que las variables locales constantes no pueden ser creadas en applets que son compatibles con Java 1.0.2. ¿Por qué desearía yo crear programas que no usen las características del lenguaje en Java 2?**

R La razón más probable es que usted está tratando de crear un applet que funcione en la mayoría de los navegadores. El soporte completo para las versiones posteriores a 1.0.2 está retrasado en navegadores como Netscape Navigator e Internet Explorer de Microsoft, aunque JavaSoft está trabajando para corregir esto. La situación se expone ampliamente durante el día 8, "Cómo poner programas interactivos en Web".

P **En mi clase, tengo una variable de instancia llamada `origin`. También tengo en un método una variable local llamada `origin`, la cual a causa del alcance de una variable, queda oculta por la variable local. ¿Hay alguna forma de aislar el valor de la variable de instancia?**

R La manera más sencilla es procurar no darle a sus variables locales los mismos nombres que los que tienen sus variables de instancia. Si siente que debe hacerlo, utilice `this.origin` para referirse a la variable de instancia y `origin` para referirse a la variable local.

P **Escribí un programa que toma cuatro argumentos, pero si le doy menos argumentos, interrumpe abruptamente su ejecución con un error de tiempo de ejecución.**

R La prueba de la cantidad y tipo de argumentos que espera su programa es algo que debe hacer en su programa de Java; Java no lo hará por usted. Si su programa requiere cuatro argumentos, prueba que en realidad usted le ha incluido cuatro argumentos, y devuelve un mensaje de error si no los ha recibido.

Semana 1

Día 7

Uso de métodos para realizar tareas

Los métodos son, definitivamente, la parte más importante de cualquier lenguaje orientado a objetos, debido a que definen toda acción de un objeto.

Las clases y objetos proporcionan un marco de trabajo. Las variables de clase y de instancia brindan una forma de describir qué son las clases y los objetos. Únicamente los métodos pueden definir el comportamiento del objeto (qué es capaz de hacer y cómo interactúa con otras clases y objetos).

Ayer aprendió bastante acerca de la definición de métodos, y pudo aplicar este conocimiento a crear programas Java. Sin embargo, podría llegar a olvidar algunas características que hacen poderosos a los métodos (características que hacen que sus objetos y clases sean más eficientes y más sencillos de entender). Hoy aprenderá acerca de las siguientes características:

- *Sobrecarga de métodos*. Cómo crear métodos con múltiples firmas y definiciones, pero con el mismo nombre.
- *Creación de métodos constructores*. Los métodos que le permiten inicializar objetos para establecer su estado inicial cuando se crean.

- *Sobreposición de métodos*. Cómo crear una definición distinta para un método que ha sido definido en una superclase.
- *Métodos finalizadores*. Aquellos que limpian un objeto antes de que éste sea del sistema.

Creación de métodos con el mismo nombre, pero con diferentes argumentos

Al trabajar con la biblioteca de clases de Java, suele encontrar clases que tienen numerosos métodos con el mismo nombre. Por ejemplo, la clase `java.lang.String` tiene varios métodos `valueOf()` diferentes.

Los métodos con el mismo nombre se diferencian uno del otro por dos cosas:

- La cantidad de argumentos que toman.
- El tipo de datos u objetos de cada argumento.

Estas dos cosas conforman la firma del método, y al uso de varios métodos con el mismo nombre y diferentes firmas se le denomina *sobrecarga*.

En el ejemplo de `String`, los distintos métodos sobrecargados `valueOf()` toman tipos de datos distintos como parámetros.

La sobrecarga de métodos elimina la necesidad de métodos totalmente distintos que en esencia hacen lo mismo. También hace posible que los métodos se comporten de manera distinta basados en los argumentos que reciben.

Los métodos sobrecargados de `valueOf()` en `String` se pueden usar para convertir varios tipos de datos y objetos en valores de `String`. Cuando usted llama a un método en un objeto, Java relaciona el nombre del método y los argumentos para poder elegir qué definición de método ejecutar.

Para crear un método sobrecargado, usted crea distintas definiciones de método en una clase, cada una con el mismo nombre pero con diferentes listas de argumentos. La diferencia puede ser el número, el tipo de argumentos, o ambos. Java permite la sobrecarga de métodos siempre y cuando cada lista de argumentos sea única para el mismo nombre de método.

Observe que Java no toma en cuenta el tipo de retorno al hacer la diferencia entre los métodos sobrecargados. Si usted trata de crear dos métodos con la misma firma y diferentes tipos de retorno, la clase no se compilará. Además, los nombres de variables que usted elige para cada argumento del método son irrelevantes (todo lo que importa son el número y el tipo de argumentos).

El próximo proyecto es crear un método sobrecargado. El listado 7.1 muestra una definición de clase simple para una clase llamada `MyRect`, la cual define una figura rectangular con cuatro variables de instancia para establecer las esquinas superior izquierda e inferior derecha del rectángulo: x1, y1, x2 y y2.

ESCRIBA **LISTADO 7.1.** LOS INICIOS DE MYRECT.JAVA.

```
1: class MyRect {
2:     int x1 = 0;
3:     int y1 = 0;
4:     int x2 = 0;
5:     int y2 = 0;
6: }
```

Nota Aunque haya compilado exitosamente este programa, podría no ejecutarse debido a que no hay un método `main()`. La versión final podrá ser compilada y ejecutada cuando usted haya terminado de construir esta definición de clase.

Cuando se crea una nueva instancia de la clase `MyRect`, todas sus variables de instancia se inicializan en 0. Usted puede añadir un método de instancia `buildRect()` para asignar las variables a sus valores correctos como las dos esquinas de un rectángulo. Este método toma cuatro argumentos enteros y devuelve el objeto rectángulo resultante. Debido a que los argumentos tienen los mismos nombres que las variables de instancia, la palabra clave `this` se usa dentro del método cuando se refiere a las variables de instancia. El siguiente código es para `buildRect()`:

```
MyRect buildRect(int x1, int y1, int x2, int y2) {
    this.x1 = x1;
    this.y1 = y1;
    this.x2 = x2;
    this.y2 = y2;
    return this;
}
```

Con este método se pueden crear rectángulos ¿pero y qué tal si usted quería definir las dimensiones de un rectángulo en una forma distinta? Una alternativa podría ser utilizar objetos `Point` en vez de coordenadas individuales. Para implementar esta alternativa, puede sobrecargar `buildRect()` para que su lista de argumentos tome dos objetos `Point`. Observe lo siguiente:

```
MyRect buildRect(Point topLeft, Point bottomRight) {
    x1 = topLeft.x;
    y1 = topLeft.y;
    x2 = bottomRight.x;
```

```
        y2 = bottomRight.y;
        return this;
}
```

Para que funcione el método anterior, se debe importar la clase Point al inicio del archivo fuente para que Java pueda encontrarla.

Otra forma posible de definir el rectángulo es usar una esquina superior, un alto y un ancho. La siguiente es una definición para un método sobrecargado:

```
MyRect buildRect(Point topLeft, int w, int h) {
    x1 = topLeft.x;
    y1 = topLeft.y;
    x2 = (x1 + w);
    y2 = (y1 + h);
    return this;
}
```

Para terminar este ejemplo, se crea un printRect() que despliegue las coordenadas del rectángulo y un método main() que lo intente todo. El listado 7.2 muestra la definición completa de clase con todos sus métodos: tres métodos buildRect(), un método printRect(), y un método main().

ESCRIBA **LISTADO 7.2.** EL TEXTO COMPLETO DE MYRECT.JAVA.

```
 1: import java.awt.Point;
 2:
 3: class MyRect {
 4:     int x1 = 0;
 5:     int y1 = 0;
 6:     int x2 = 0;
 7:     int y2 = 0;
 8:
 9:     MyRect buildRect(int x1, int y1, int x2, int y2) {
10:         this.x1 = x1;
11:         this.y1 = y1;
12:         this.x2 = x2;
13:         this.y2 = y2;
14:         return this;
15:     }
16:
17:     MyRect buildRect(Point topLeft, Point bottomRight) {
18:         x1 = topLeft.x;
19:         y1 = topLeft.y;
20:         x2 = bottomRight.x;
21:         y2 = bottomRight.y;
22:         return this;
23:     }
24:
```

```
25:     MyRect buildRect(Point topLeft, int w, int h) {
26:         x1 = topLeft.x;
27:         y1 = topLeft.y;
28:         x2 = (x1 + w);
29:         y2 = (y1 + h);
30:         return this;
31:     }
32:
33:     void printRect(){
34:         System.out.print("MyRect: <" + x1 + ", " + y1);
35:         System.out.println(", " + x2 + ", " + y2 + ">");
36:     }
37:
38:     public static void main(String arguments[]) {
39:         MyRect rect = new MyRect();
40:
41:         System.out.println("Calling buildRect with coordinates 25,25,
                50,50:");
42:         rect.buildRect(25, 25, 50, 50);
43:         rect.printRect();
44:         System.out.println("***");
45:
46:         System.out.println("Calling buildRect with points (10,10),
                (20,20):");
47:         rect.buildRect(new Point(10,10), new Point(20,20));
48:         rect.printRect();
49:         System.out.println("***");
50:
51:         System.out.print("Calling buildRect with 1 point (10,10),");
52:         System.out.println(" width (50) and height (50):");
53:
54:         rect.buildRect(new Point(10,10), 50, 50);
55:         rect.printRect();
56:         System.out.println("***");
57:     }
58: }
```

Lo siguiente es la salida:

SALIDA

```
Calling buildRect with coordinates 25,25, 50,50:
MyRect: <25, 25, 50, 50>
***
Calling buildRect with points (10,10), (20,20):
MyRect: <10, 10, 20, 20>
***
Calling buildRect with 1 point (10,10), width (50) and height (50):
MyRect: <10, 10, 60, 60>
***
```

Como puede ver por este ejemplo, todos los métodos funcionan basados en los argumentos con que son llamados. Puede definir tantas versiones de un método cuantas necesite para implementar el comportamiento requerido para toda la clase.

Cuando tiene varios métodos que hacen lo mismo, usar un método para llamar a otro es una técnica de método abreviado que hay que considerar. Por ejemplo, el método `buildRect()` en las líneas 17-23 puede ser remplazado con lo que sigue, un método mucho más corto:

```
MyRect buildRect(Point topLeft, Point bottomRight) {
    return buildRect(topLeft.x, topLeft.y,
        bottomRight.x, bottomRight.y);
}
```

En este método, la instrucción `return` llama al método `buildRect()` en las líneas 9-15 con cuatro argumentos enteros. Con menos instrucciones produce los mismos resultados.

Métodos constructores

Además de métodos regulares, también puede definir métodos constructores en su definición de clase.

TÉRMINO NUEVO Un *método constructor* es aquél que un objeto llama cuando es creado; en otras palabras, cuando se construye.

A diferencia de otros métodos, un constructor no puede ser llamado directamente. En vez de ello, Java llama a métodos constructores automáticamente.

Java hace tres cosas cuando se usa `new` para crear una instancia de una clase:

- Asigna memoria para el objeto.
- Inicializa las variables de instancia de ese objeto, ya sea a sus valores iniciales o a los valores predeterminados en el sistema (`0` para números, `null` para objetos, `false` para Booleanos o `'\0'` para caracteres).
- Llama al método constructor de la clase, que puede ser uno de varios métodos.

Aun cuando una clase no tenga definido ningún método constructor, si se usa la instrucción `new` junto con la clase se crea un objeto. Sin embargo, tendría que establecer sus variables de instancia o llamar a otros métodos que el objeto necesitara para inicializarse por sí mismo. Todos los ejemplos que usted ha creado hasta este punto se han comportado de esta manera.

Al definir métodos constructores en sus propias clases, les puede establecer valores iniciales a las variables de instancia, llamar métodos basados en esas variables, llamar métodos en otros objetos y asignar propiedades iniciales de un objeto. También puede sobrecargar métodos constructores, como lo hace con los métodos comunes, para crear un objeto con propiedades específicas de acuerdo con los argumentos que le haya dado a `new`.

Métodos constructores básicos

Los métodos constructores lucen mucho como métodos regulares, con dos diferencias básicas:

- Siempre tienen el mismo nombre que la clase.
- No tienen un tipo de retorno.

Por ejemplo, el listado 7.3 muestra una clase simple llamada Person. Esta clase usa un método constructor para inicializar sus variables de instancia basadas en argumentos para new. La clase también incluye un método que permite que el objeto se presente a sí mismo.

ESCRIBA **LISTADO 7.3.** LA CLASE PERSON.

```
 1: class Person {
 2:     String name;
 3:     int age;
 4:
 5:     Person(String n, int a) {
 6:         name = n;
 7:         age = a;
 8:     }
 9:
10:     void printPerson() {
11:         System.out.print("Hi, my name is " + name);
12:         System.out.println(". I am " + age + " years old.");
13:     }
14:
15:     public static void main (String arguments[]) {
16:         Person p;
17:         p = new Person("Luke", 50);
18:         p.printPerson();
19:         System.out.println("----");
20:         p = new Person("Laura", 35);
21:         p.printPerson();
22:         System.out.println("----");
23:     }
24: }
```

Lo siguiente es la salida del programa:

SALIDA
```
Hi, my name is Luke. I am 50 years old.
----
Hi, my name is Laura. I am 35 years old.
----
```

La clase Person tiene tres métodos. El primero es el método constructor, definido en las líneas 5-8, el cual inicializa las dos variables de instancia de la clase con base en los argumentos del constructor Person(). Esta clase también incluye un método llamado printPerson() para que el objeto se pueda "presentar" a sí mismo, y un método main() para probar las cosas.

Cómo llamar a otro método constructor

A primera hora de hoy vio cómo un método podía hacer el trabajo de otro; y un método `buildRect()` llamó a otro método `buildRect()`.

Puede hacer lo mismo con cualquier tipo de método, incluyendo a los constructores. Si tiene un método constructor que tiene duplicado algún comportamiento de un método constructor existente, puede llamar al primer constructor desde el interior del segundo constructor. Java proporciona una sintaxis especial para hacer esto. Utilice lo siguiente para llamar a un método constructor definido en la clase actual:

`this(arg1, arg2, arg3);`

Utilizar `this` con un método constructor es igual a cómo puede ser usado `this` para accesar las variables de un objeto actual. En la instrucción anterior, los argumentos con `this()` son los argumentos para el método constructor. Por ejemplo, considere una clase simple que define un círculo usando las coordenadas (x,y) de su centro y la longitud de su radio. La clase `MyCircle` podría tener dos constructores: uno donde se define el radio, y uno donde el radio se asigna a su valor predispuesto de 1. Se pudo haber utilizado el código siguiente:

```
class MyCircle {
    int x, y, radius;

    MyCircle(int xPoint, int yPoint, int radiusLength) {
        this.x = xPoint;
        this.y = yPoint;
        this.radius = radiusLength;
    }

    MyCircle(int xPoint, int yPoint) {
        this(xPoint, yPoint, 1);
    }
}
```

El segundo constructor en `MyCircle` toma únicamente las coordenadas x y y del centro del círculo. Como no se definió el radio, se usa el valor predeterminado de 1. El primer constructor se llama con `xPoint`, `yPoint` y la literal entera 1, todos como argumentos.

Sobrecarga de métodos constructores

Como los métodos comunes, los métodos constructores también pueden tomar diversos tipos y cantidades de parámetros. Esta capacidad le permite crear un objeto con las propiedades que usted desea exactamente que tenga, o permitir al objeto que calcule las propiedades de diferentes tipos de entrada.

Por ejemplo, los métodos `buildRect()` que definió en la clase `MyRect` hoy temprano harían un excelente método constructor debido a que se están utilizando para inicializar las variables de instancia de un objeto a los valores apropiados. Por ejemplo, en vez del método original `buildRect()` que había definido (el cual tomó cuatro parámetros para las coordenadas de las esquinas), usted podría haber creado un constructor.

El listado 7.4 muestra una nueva clase, `MyRect2`, que tiene la misma funcionalidad que la clase `MyRect` original, excepto que ésta utiliza métodos constructores sobrecargados en vez de métodos `buildRect()` sobrecargados. La salida mostrada al final es la misma aunque el código que la produce ha cambiado.

ESCRIBA **LISTADO 7.4.** EL TEXTO COMPLETO DE MYRECT2.JAVA.

```
 1: import java.awt.Point;
 2:
 3: class MyRect2 {
 4:     int x1 = 0;
 5:     int y1 = 0;
 6:     int x2 = 0;
 7:     int y2 = 0;
 8:
 9:     MyRect2(int x1, int y1, int x2, int y2) {
10:         this.x1 = x1;
11:         this.y1 = y1;
12:         this.x2 = x2;
13:         this.y2 = y2;
14:     }
15:
16:     MyRect2(Point topLeft, Point bottomRight) {
17:         x1 = topLeft.x;
18:         y1 = topLeft.y;
19:         x2 = bottomRight.x;
20:         y2 = bottomRight.y;
21:     }
22:
23:     MyRect2(Point topLeft, int w, int h) {
24:         x1 = topLeft.x;
25:         y1 = topLeft.y;
26:         x2 = (x1 + w);
27:         y2 = (y1 + h);
28:     }
29:
30:     void printRect() {
31:         System.out.print("MyRect: <" + x1 + ", " + y1);
32:         System.out.println(", " + x2 + ", " + y2 + ">");
33:     }
34:
35:     public static void main(String arguments[]) {
36:         MyRect2 rect;
```

continúa

LISTADO 7.4. CONTINUACIÓN

```
37:
38:            System.out.println("Calling MyRect2 with coordinates 25,25
               50,50:");
39:            rect = new MyRect2(25, 25, 50,50);
40:            rect.printRect();
41:            System.out.println("***");
42:
43:            System.out.println("Calling MyRect2 with points (10,10),
               (20,20):");
44:            rect= new MyRect2(new Point(10,10), new Point(20,20));
45:            rect.printRect();
46:            System.out.println("***");
47:
48:            System.out.print("Calling MyRect2 with 1 point (10,10)");
49:            System.out.println(" width (50) and height (50):");
50:            rect = new MyRect2(new Point(10,10), 50, 50);
51:            rect.printRect();
52:            System.out.println("***");
53:
54:     }
55: }.
```

El programa produce la siguiente salida:

SALIDA

```
Calling MyRect2 with coordinates 25,25 50,50:
MyRect: <25, 25, 50, 50>
***
Calling MyRect2 with points (10,10), (20,20):
MyRect: <10, 10, 20, 20>
***
Calling MyRect2 with 1 point (10,10) width (50) and height (50):
MyRect: <10, 10, 60, 60>
***
```

Sobreposición de métodos

Cuando usted llama a un método de un objeto, Java busca esa definición de método en la clase del objeto. Si no la encuentra, pasa la llamada del método hacia arriba en la jerarquía de clases hasta que la localice. La herencia de método le permite definir y usar métodos repetidamente en subclases sin tener que duplicar el código.

Sin embargo, podría haber ocasiones en que usted desee que un objeto responda a los mismos métodos pero que tenga un comportamiento distinto al llamar a ese método. Para sobreponer un método, defina un método en una subclase con la misma firma que el método de una superclase. Entonces, al llamar al método, se localiza el método de la subclase y se ejecuta en vez del de la superclase.

Creación de métodos que sobrepongan a métodos existentes

Para sobreponer un método, todo lo que tiene que hacer es crear un método en su subclase que tenga la misma firma (nombre, tipo de retorno y lista de argumentos) que un método definido por la superclase de su clase. Como Java ejecuta la primera definición del método que encuentre que coincida con la firma, la nueva firma oculta la definición original del método.

Aquí tiene un ejemplo sencillo; el listado 7.5 muestra una clase simple con un método llamado `printMe()`, el cual imprime el nombre de la clase y los valores de sus variables de instancia.

ESCRIBA **LISTADO 7.5.** EL TEXTO COMPLETO DE PRINTCLASS.JAVA.

```java
 1: class PrintClass {
 2:     int x = 0;
 3:     int y = 1;
 4:
 5:     void printMe() {
 6:         System.out.println("x is " + x + ", y is " + y);
 7:         System.out.println("I am an instance of the class " +
 8:         this.getClass().getName());
 9:     }
10: }
```

El listado 7.6 muestra una clase llamada `PrintSubClass`, que es una subclase de `PrintClass`. La única diferencia entre `PrintClass` y `PrintSubClass` es que esta última tiene una variable de instancia z.

ESCRIBA **LISTADO 7.6.** EL TEXTO COMPLETO DE PRINTSUBCLASS.JAVA.

```java
1: class PrintSubClass extends PrintClass {
2:     int z = 3;
3:
4:     public static void main(String arguments[]) {
5:         PrintSubClass obj = new PrintSubClass();
6:         obj.printMe();
7:     }
8: }
```

He aquí la salida del programa:

SALIDA
```
x is 0, y is 1
I am an instance of the class PrintSubClass
```

Se creó un objeto `PrintSubClass` y se llamó al método `printMe()` en el método `main()` de `PrintSubClass`. Como `PrintSubClass` no define este método, Java lo busca en las superclases de `PrintSubClass`, iniciando con `PrintClass`. Ésta tiene el método `printMe`, el cual se ejecuta. Sin embargo, este método no despliega la variable de instancia z, como lo pudo ver en la salida anterior.

Nota: Hay una característica importante de `PrintClass` que destacar: No tiene un método `main()`. No lo necesita; no es una aplicación. `PrintClass` es simplemente una clase de utilería para la clase `PrintSubClass`, la cual es una aplicación y por tanto tiene un método `main()`. Sólo la clase que usted esté ejecutando con el intérprete de Java necesita un método `main()`.

Ahora crearemos una tercera clase. `PrintSubClass2` es casi idéntica a `PrintSubClass`, pero el método `printMe()` está sobrepuesto para incluir la variable z. El listado 7.7 muestra esta clase.

ESCRIBA **LISTADO 7.7.** LA CLASE PRINTSUBCLASS2.

```
 1: class PrintSubClass2 extends PrintClass {
 2:     int z = 3;
 3:
 4:     void printMe() {
 5:         System.out.println("x is " + x + ", y is " + y +
 6:                 ", z is " + z);
 7:         System.out.println("I am an instance of the class " +
 8:                 this.getClass().getName());
 9:     }
10:
11:     public static void main(String arguments[]) {
12:         PrintSubClass2 obj = new PrintSubClass2();
13:         obj.printMe();
14:     }
15: }
```

Ahora, cuando un objeto `PrintSubClass` se instancia y se llama al método `printMe()`, se llama la versión de `PrintSubClass` de `printMe()` en vez de la que está en la superclase `PrintClass`. Lo siguiente debiera ser la salida:

SALIDA
```
x is 0, y is 1, z is 3
I am an instance of the class PrintSubClass2
```

Cómo llamar al método original

Suele haber dos razones por las que usted necesita sobreponer un método ya implementado por una superclase:

- Para remplazar por completo la definición del método original.
- Para agregar comportamiento adicional al método original.

En cuanto a la primera razón usted ya lo ha aprendido: sobreponer un método y darle una nueva definición, oculta la definición del método original. Hay veces, sin embargo, en que el comportamiento debería ser agregado a la definición original en vez de remplazarla por completo, sobre todo cuando el comportamiento está duplicado tanto en el método original como en el que lo sobrepone. Al llamar al método original en el cuerpo del método que se sobrepone, usted puede agregar lo que necesita.

Use la palabra clave super para llamar al método original desde una definición del método. La palabra clave pasa la llamada hacia arriba en la jerarquía, como se muestra a continuación:

```
void myMethod (String a, String b) {
    // hacer cosas aquí
    super.myMethod(a, b);
    // posiblemente hay que hacer algo más aquí
}
```

La palabra clave super, muy parecida a la palabra clave this, es un marcador de posición para la superclase de la clase. La puede usar donde quiera que utilice this, pero super se refiere a la superclase más que a la clase actual.

Por ejemplo, el listado 7.8 muestra los dos métodos printMe() distintos usados en el ejemplo anterior.

ESCRIBA **LISTADO 7.8.** LOS MÉTODOS PRINTME().

```
1: // desde PrintClass
2:    void printMe() {
3:        System.out.println("x is " + x + ", y is " + y);
4:        System.out.println("I am an instance of the class" +
5:            this.getClass().getName());
6:    }
7: }
8:
9: //desde PrintSubClass2
10:    void printMe() {
11:        System.out.println("x is " + x + ", y is " + y + ", z is " +
            z);
12:        System.out.println("I am an instance of the class " +
13:            this.getClass().getName());
14:    }
```

En vez de duplicar la mayor parte del comportamiento del método de la superclase en la subclase, usted puede reorganizar el método de la superclase para que se agregue el comportamiento adicional sin problemas:

```
// desde PrintClass
    void printMe() {
        System.out.println("I am an instance of the class" +
            this.getClass().getName());
        System.out.println("X is " + x);
        System.out.println("Y is " + y);
}
```

Entonces, cuando sobreponga el método `printMe()` en una subclase, podrá llamar al método original y añadir solamente la porción adicional:

```
// desde PrintSubClass
    void printMe() {
        super.printMe();
        System.out.println("Z is " + z);
}
```

Lo siguiente sería el resultado de llamar a `printMe()` en una instancia de la subclase:

SALIDA
```
I am an instance of the class PrintSubClass2
X is 0
Y is 1
Z is 3
```

Sobreposición de constructores

Técnicamente, los métodos constructores no pueden ser sobrepuestos. Como siempre tienen el mismo nombre que la clase actual, los métodos constructores nuevos son creados en vez de ser heredados. Este sistema es adecuado casi siempre; al llamar al método constructor de su clase, se manda llamar al constructor sin argumentos de su superclase, y ese constructor a su vez manda llamar a un constructor de su superclase y así sucesivamente. Por lo tanto, la inicialización ocurre en todas partes de la clase que usted hereda.

Sin embargo, al definir métodos constructores para su propia clase, tal vez desee cambiar la inicialización de su objeto, no sólo inicializando nuevas variables agregadas por su clase, sino también cambiando el contenido de variables que ya estaban ahí. Para esto, tiene que llamar explícitamente los métodos constructores de la superclase y cambiar cualquier variable que lo necesite.

Para llamar a un método en una superclase, utilice `super.`*nombre del método(argumentos)*. Como los métodos constructores no tienen un nombre de método a llamar, se utiliza la forma siguiente:

```
super(arg1, arg2, ...);
```

Observe que Java tiene una regla específica para el uso de super(): Debe ser verdaderamente la primera declaración en su definición de constructor. Si no llama a super() explícitamente en su constructor, Java lo hace por usted (mediante super() sin argumentos). Puesto que el método super() debe ser la primera instrucción, usted no puede hacer algo como lo siguiente en su método sobrepuesto:

```
if (condition == true)
    super(1,2,3); // llamar un constructor de la superclase
else
    super(1,2); // llamar a un constructor distinto
```

Así como se usa this(...) en un método constructor, super(...) llama al método constructor para la superclase inmediata (la cual podría, a su vez, llamar al constructor de su superclase, y así sucesivamente). Observe que debe haber un constructor con esa firma en la superclase para que funcione la llamada a super(). El compilador de Java revisa esto cuando usted trata de compilar el archivo fuente.

Usted no tiene que llamar al constructor en su superclase que tenga la misma firma que el constructor en su clase; sólo debe llamar al constructor para los valores que necesite inicializar. De hecho, puede crear una clase que tenga constructores con firmas completamente distintas de cualquiera de los constructores de la superclase.

El listado 7.9 muestra una clase llamada NamedPoint, la cual extiende la clase Point del paquete java.awt. La clase Point sólo tiene un constructor, con el cual toma como argumentos una x y una y y devuelve un objeto Point. NamedPoint tiene una variable de instancia adicional (una cadena para el nombre) y define un constructor para inicializar x, y y el nombre.

ESCRIBA **LISTADO 7.9.** LA CLASE NAMEDPOINT.

```
 1: import java.awt.Point;
 2:
 3: class NamedPoint extends Point {
 4:     String name;
 5:
 6:     NamedPoint(int x, int y, String name) {
 7:         super(x,y);
 8:         this.name = name;
 9:     }
10:
11:     public static void main (String[] arguments) {
12:         NamedPoint np = new NamedPoint(5, 5, "SmallPoint");
13:         System.out.println("x is " + np.x);
14:         System.out.println("y is " + np.y);
15:         System.out.println("Name is " + np.name);
16:     }
17: }
```

La salida del programa es como sigue:

SALIDA
```
x is 5
y is 5
Name is SmallPoint
```

El método constructor definido aquí para `NamedPoint` llama al método constructor de `Point` para inicializar las variables de instancia de `Point` (x y y). Aunque usted mismo puede inicializar estas variables fácilmente, tal vez no podría saber qué más está haciendo `Point` para inicializarse a sí mismo. Por lo tanto, siempre es una buena idea pasar métodos constructores hacia arriba en la jerarquía para asegurarse que todo se configure correctamente.

Métodos finalizadores

Los métodos finalizadores son casi lo contrario a los métodos constructores. Un *método constructor* se usa para inicializar un objeto, y los *métodos finalizadores* se llaman justo antes de que el objeto sea recolectado como basura y se reclame su espacio de memoria.

El método finalizador es `finalize()`. La clase `Object` define un método finalizador predefinido que no hace nada. Para crear un método finalizador para sus propias clases, tiene que sobreponer el método `finalize()` usando esta firma:

```
protected void finalize() throws Throwable {
    super.finalize();
}
```

> **Nota:** La parte `throws Throwable` de esta definición de método se refiere a los errores que pudieran ocurrir cuando se llama a este método. En Java a los errores se les llama *excepciones*; aprenderá más acerca de éstas en el día 16, "Circunstancias excepcionales: manejo de errores y seguridad". Por ahora, todo lo que usted necesita es incluir estas palabras clave en la definición del método.

Incluya cualquier actividad de limpieza que desee hacer para este objeto dentro del cuerpo de ese método `finalize()`. También puede llamar a `super.finalize()` para que las superclases de su clase puedan finalizar el objeto, si fuera necesario.

Puede llamar usted mismo al método `finalize()` en cualquier momento (es un método como otros). Sin embargo, llamar a `finalize()` no activa un objeto para que sea enviado a la basura. Sólo cuando se eliminan todas las referencias de un objeto, éste se marca como eliminable.

Los métodos finalizadores se manejan sobre todo para optimizar la eliminación de un objeto; por ejemplo, para quitar referencias a otros objetos. En la mayoría de los casos, no necesita usar `finalize()`.

Resumen

Hoy aprendió todo tipo de técnicas para usar, reutilizar, definir y redefinir métodos. También aprendió acerca de los métodos sobrecargados que reutilizan un nombre de método al darle diferentes argumentos, los métodos constructores que definen variables iniciales y otras condiciones de inicio de un objeto y la sobreposición de métodos heredados. Y terminó con los métodos que eliminan a un objeto: los finalizadores.

Después de ser un actor suplente por un día en el estilo de actuación de métodos de Java, ahora debería estar listo ya para el papel principal con sus propios programas.

La próxima semana estará escribiendo programas más sofisticados mediante las técnicas de Java 1.0.2 para los applets y Java 2 para las aplicaciones. Trabajará con gráficos, interfaces gráficas de usuario, eventos del teclado y del ratón, y manejo de ventanas. Es una oportunidad de avanzar hacia los buenos tiempos.

Preguntas y respuestas

P **Yo creé dos métodos con las firmas siguientes:**
```
int total(int arg1, int arg2, int arg3) {...}
float total(int arg1, int arg2, int arg3) {...}
```
El compilador de Java se queja cuando trato de compilar la clase con esas definiciones de método, pero sus firmas son diferentes, ¿qué hice mal?

R La sobrecarga de métodos en Java sólo funciona si la lista de parámetros es distinta, ya sea en cantidad o en tipo de argumentos. El tipo de retorno no es relevante para la sobrecarga de métodos. Piense en esto: si tuviera dos métodos con exactamente la misma lista de parámetros, ¿cómo sabría Java a cuál llamar?

P **¿Puedo sobrecargar a métodos sobrepuestos? (Esto es, ¿puedo crear métodos que tengan el mismo nombre que un método heredado, pero una lista de parámetros distinta?)**

R Desde luego que sí; mientras varíe la lista de parámetros, no importa si ha definido un nuevo nombre de método o al que haya heredado desde su superclase.

Semana 2

Temas avanzados de Java

8 Cómo poner programas interactivos en Web

9 Cómo mejorar la apariencia de sus programas con gráficos, fuentes y color

10 Adición de imágenes, animación y sonido

11 Construcción de interfaces de usuario sencillas para applets

12 Organización de los componentes en una interfaz de usuario

13 Respuesta a la entrada del usuario en un applet

14 Desarrollo de interfaces de usuario avanzadas con el AWT

SEMANA 2

DÍA 8

Cómo poner programas interactivos en Web

Java ha sido la estrella de rock de los lenguajes de computadora desde su introducción, recibiendo la clase de publicidad que normalmente estaría reservada para los escándalos presidenciales, sustitutos de azúcar y atletas profesionales que cambian a una vida de crimen.

La razón más grande para este momento impulsivo han sido los applets: programas de Java que corren en Web. La primera exposición a Java de la mayoría de la gente fue cuando Netscape Navigator empezó a ejecutar applets a fines de 1995.

Aunque hoy Java puede ser usado para muchas cosas además de Web, una gran cantidad de programadores aún están aprendiendo el lenguaje para escribir applets.

La última semana usted se enfocó a aprender acerca del lenguaje Java por sí mismo, y todos excepto uno de los programas que usted creó fueron aplicaciones Java. Esta semana pasará al desarrollo de applets.

Hoy usted inicia con lo básico:

- Las diferencias entre applets y aplicaciones.
- Cómo crear un applet sencillo.
- Cómo colocar un applet en una página Web.
- Cómo enviar información de una página Web a un applet.
- Cómo almacenar un applet en un archivero para acelerar la obtención de una página Web.

Diferencias entre los applets y aplicaciones

La diferencia entre los applets de Java y las aplicaciones radica en cómo se ejecutan.

Las aplicaciones se ejecutan al usar un intérprete de Java para cargar el archivo de la clase principal de la aplicación. Normalmente esto se realiza desde un indicador de línea de comandos usando la herramienta Java del JDK (kit de Desarrollo de Java), como usted lo ha hecho desde el día 1, "Introducción a Java", de este libro.

Los applets, por otro lado, se ejecutan desde cualquier navegador que soporte Java. Al momento presente esto incluye las versiones vigentes de Netscape Navigator, Microsoft, Internet Explorer y el navegador HotJava de Sun. También se pueden probar con la herramienta appletviewer incluida con el JDK.

Para que un applet se pueda ejecutar, debe ser incluido en una página Web mediante etiquetas HTML, del mismo modo que se incluyen imágenes y otros elementos. Cuando un usuario con un navegador con soporte para Java carga una página Web que incluye un applet, el navegador obtiene el applet de un servidor Web y lo ejecuta en el propio sistema del usuario. No se necesita un intérprete de Java por separado; hay uno integrado al navegador. Como una aplicación, un applet de Java incluye un archivo de clases y cualesquier otras clases auxiliares que se necesiten para ejecutar el applet. La biblioteca de clases estándar de Java se incluye automáticamente.

Debido a que los applets de Java se ejecutan en un navegador Java, parte del trabajo de crear previamente una interfaz de usuario se ha hecho para el programador de applets. Hay una ventana existente para que el applet se ejecute, un lugar para desplegar gráficos y recibir información y la interfaz del navegador.

> **Nota**
> Es posible que un programa de Java sencillo funcione tanto como un applet y una aplicación. Aunque se utilicen diferentes procedimientos para crear estos tipos de programas, no provocan conflictos entre sí. Las características específicas para los applets podrían ser ignoradas al correr el programa como una aplicación, y viceversa.

Restricciones de seguridad de applets

Debido a que los applets de Java se ejecutan en el sistema del usuario, hay algunas restricciones serias en cuanto a lo que un applet es capaz de hacer. Si no hubiera estas restricciones, un programador de Java podría escribir fácilmente un applet que borre archivos de usuario, recolecte información privada del sistema y cometa otras infracciones de seguridad.

Como una regla general, los applets de Java se ejecutan bajo un modelo de seguridad "mejor seguro que lamentarlo". Un applet no puede hacer nada de lo siguiente:

- Leer o escribir archivos en el sistema de archivos del usuario.
- Comunicarse con un sitio de Internet distinto al que sirvió la página Web que incluyó el applet.
- Ejecutar ningún programa en el sistema del usuario.
- Cargar programas almacenados en el sistema del usuario, como programas ejecutables y bibliotecas de rutinas compartidas.

Todas estas reglas son ciertas para los applets que se ejecutan bajo Netscape Navigator o Microsoft Internet Explorer, los navegadores más favorecidos actualmente por los usuarios. Otros navegadores con capacidades Java y herramientas de desarrollo Java podrían habilitarle para configurar el nivel de seguridad que desee, permitiendo algún nivel de acceso a archivos o directorios específicos para conexiones de red a sitios selectos de Internet.

A guisa de ejemplo, la herramienta `appletviewer` permite configurar una lista de control de acceso, para las carpetas que un applet pueda leer o escribir archivos en ellas. Sin embargo, un desarrollador de applets puede asumir que la mayoría de la audiencia estará usando un navegador que implemente las más estrictas medidas de seguridad.

Las aplicaciones de Java no tienen ninguna de estas restricciones de los applets. Pueden aprovechar por completo las capacidades de Java.

> **Precaución:** Aunque el modelo de seguridad de Java hace extremadamente difícil que un applet dañe el sistema del usuario, nunca será 100% seguro. Busque "applets hostiles" en Web y encontrará exposiciones de temas de seguridad en diferentes versiones de Java y cómo han sido resueltos. Incluso podría encontrar ejemplos de applets problemáticos para quien utiliza navegadores de Java. Java es más seguro que otras soluciones de programación Web como ActiveX, pero todos los usuarios de navegadores deberían familiarizarse por sí mismos completamente con este tema.

Cómo elegir una versión de Java

Un programador de Java que escribe applets debe atender este tema: ¿Para qué versión de Java debería escribir?

Al momento de escribir esto, Java 1.0.2 es la única versión del lenguaje soportada completamente tanto en Netscape Navigator como en Microsoft Internet Explorer, los cuales cubren más del 90 por ciento del mundo consumidor de applets. Netscape ha sido lento en soportar completamente Java 1.1 en la versión 4.0 de su navegador, y Microsoft nunca podría soportarla.

> **Nota** JavaSoft está desarrollando un módulo adicional del navegador llamado Java Plug-in, que permite a los programadores de applets usar mejoras de Java 1.1 y 2 en sus programas. Aun cuando todavía no se cuenta con una versión beta, usted puede conocer los detalles más recientes en la siguiente dirección Web:
>
> http://java.sun.com/products

Debido a esta división, el curso de acción de mayor uso entre los programadores parece ser el siguiente:

- Los applets se escriben usando únicamente características de Java 1.0.2, debido a que correrán en todos los navegadores con capacidad Java.
- Las aplicaciones se escriben mediante Java 2, porque se pueden ejecutar en cualquier sistema con un intérprete de Java 2.

Java 2 ha sido diseñado para que un programa que sólo use características de Java 1.0.2 se pueda compilar y ejecutar exitosamente en el intérprete de Java 1.0.2 o en un navegador con capacidad 1.0.2.

Si un applet usa cualquier característica que haya sido introducida con Java 1.1. o Java 2, el programa no se ejecutará exitosamente en un navegador que no soporte estas versiones del lenguaje. El único ambiente de prueba que soporta completamente estas versiones es la última versión del `appletviewer` de JavaSoft.

Esto es una fuente común de errores para los programadores de applets de Java. Si usted escribe un applet de Java 2 y lo ejecuta en un navegador que no soporte esta versión obtendrá errores de seguridad errores de clases no encontradas, y otros problemas que impedirán su ejecución.

En este libro, la mayor parte de la programación de applets se pensó a partir de las técnicas de Java 1.0.2 ya que aún sigue siendo el estándar para la programación en Web. Por lo común los applets son programas más pequeños que no requieren muchas de las mejorías que se introdujeron al lenguaje en Java 1.1 o 2.

La programación de aplicaciones usará las características más recientes y mejores de Java 2. Una vez que los navegadores encuentren una forma de alcanzar a los desarrolladores del lenguaje, usted podrá utilizar las bibliotecas de clase de Java 2 en sus applets.

A través de este libro se harán notar las diferencias de versión. Ocasionalmente el compilador Java mencionará estas diferencias cuando utilice una característica de Java 1.0.2 que ha sido remplazada con una mejor solución como en Java 2, y también se le hará una advertencia al respecto.

Control de seguridad mejorado

El modelo de seguridad descrito hasta este punto es el que se introdujo con Java 1.0.2. La versión actual de Java incluye una forma para que un usuario de Web pueda confiar en un applet, de modo que ese applet se pueda ejecutar sin restricción en el sistema del usuario, tal como lo hace una aplicación.

Java 2 habilita controles de seguridad muy específicos para ser colocados en un lugar o ser removidos de los applets y aplicaciones. Esto se toca durante el día 16, "Circunstancias excepcionales: manejo de errores y seguridad".

Creación de applets

La mayoría de los programas de Java que usted ha creado hasta ahora han sido aplicaciones de Java, programas simples con un método `main()` sencillo que se usa para crear objetos, asignar variables de instancia y llamar a otros métodos.

Los applets no tienen un método `main()` que automáticamente se llama para iniciar el programa. En su lugar, hay varios métodos que son llamados en puntos distintos en la ejecución de un applet. Hoy aprenderá acerca de estos métodos.

Todos los applets son subclases de la clase `Applet` en el paquete `java.applet`. La clase `Applet` proporciona dos clases de comportamiento que todos los applets deben tener:

- Comportamiento para funcionar como parte de un navegador y manejar ocurrencias como la recarga de la página en el navegador.
- Comportamiento para presentar una interfaz gráfica de usuario y tomar la entrada de usuarios.

Aunque un applet pueda utilizar tantas clases cuantas necesite, la clase `Applet` es la principal que activa la ejecución del applet. La subclase de `Applet` que usted crea toma la forma siguiente:

```
public class yourApplet extends java.applet.Applet {
    // aquí va el código del applet
}
```

Todos los applets deben ser declarados `public` debido a que la clase `Applet` es una clase pública. Este requisito es verdadero sólo para su clase `Applet` principal, y cualquier otra clase auxiliar puede ser pública o privada. Más información sobre este tipo de control de acceso se describe en el día 15, "Funciones de las clases: paquetes, interfaces y otras características".

Cuando un intérprete de un navegador integrado a Java encuentra un applet de Java en una página Web, la clase `Applet` es cargada al paso con otras clases auxiliares que ésta use. El navegador crea en forma automática una instancia de la clase del applet y llama a métodos de la clase `Applet` cuando ocurren eventos específicos.

Los diversos applets que usan la misma clase usan instancias diferentes, por lo que usted podría colocar más de una copia del mismo tipo de applet en una página y cada uno podría comportarse en forma diferente.

Actividades principales de applets

En vez de un método `main()`, los applets tienen métodos que son llamados cuando ocurren cosas específicas al tiempo que se ejecuta el applet.

Un ejemplo de estos métodos es `paint()`, el cual se llama cada vez que la ventana del applet necesita ser desplegada o redesplegada.

En forma predeterminada, estos métodos no hacen nada. Por ejemplo, el método `paint()` que está heredado de `Applet` es un método vacío. Para todo lo que se despliegue en la ventana del applet, se debe sobreponer el método `paint()` con comportamiento para desplegar texto, gráficos y otras cosas.

Aquí aprenderá acerca de los métodos de la clase `Applet` que deberán ser sobrepuestos conforme avance la semana. Las siguientes secciones describen cinco de los métodos más importantes en la ejecución de applets: inicialización, ejecución, interrupción, destrucción y pintado.

Inicialización

La *inicialización* ocurre cuando se carga el applet. Y puede incluir la creación de los objetos que el applet necesita, configurar un estado inicial, cargar imágenes o fuentes, o configurar parámetros. Para proporcionar comportamiento para la inicialización de un applet, usted debe sobreponer el método `init()` como sigue:

```
public void init() {
    // aquí va el código
}
```

Inicio

Un applet inicia después de ser inicializado. El *inicio* también puede ocurrir si el applet fuera detenido previamente. Por ejemplo, un applet es detenido si el usuario del navegador sigue un enlace a una página distinta, y es ejecutado nuevamente cuando el usuario regresa a la página que contiene el applet.

Asimismo puede ocurrir varias veces durante un ciclo de vida del applet, pero la inicialización ocurre sólo una vez; para proporcionar comportamiento de inicio para su applet; sobreponga el método start() como sigue:

```
public void start() {
    // aquí va el código
}
```

La característica que usted coloca en el método start() podría incluir el inicio de un subproceso para controlar el applet, enviando los mensajes apropiados a los objetos auxiliares, o decirle de alguna manera al applet que comience su ejecución. Aprenderá más acerca de iniciar applets en el día 10, "Adición de imágenes, animación y sonido".

Paro

Paro e inicio van de la mano. El *paro* ocurre cuando el usuario deja la página que contiene un applet actualmente en ejecución, o cuando un applet se detiene por sí mismo al llamar directamente a stop(). En forma predeterminada, cualquier subproceso que el applet haya iniciado continúa su ejecución aun después de que el usuario ha dejado una página. Al sobreponer stop(), usted puede suspender la ejecución de estos subprocesos y reiniciarlos si el applet se visualiza nuevamente. Lo siguiente muestra la forma de un método stop():

```
public void stop() {
    // aquí va el código
}
```

Destrucción

La destrucción suena más áspera de lo que es. El método destroy() habilita al applet a realizar actividades de limpieza justo antes de que él mismo sea liberado de memoria o concluya el navegador. Usted puede usar este método para finiquitar cualquier subproceso en ejecución o para liberar a cualquier otro objeto en ejecución. En general, sobrepondrá destroy() a menos que tenga recursos específicos que necesiten ser liberados, como los subprocesos que el applet haya creado. Para proporcionar el comportamiento de limpieza para su applet, sobreponga el método destroy() como sigue:

```
public void destroy() {
    // aquí va el código
}
```

> **Nota** Tal vez le llame la atención la diferencia entre destroy() y finalize(), que se describió en el día 7, "Uso de métodos para realizar tareas". El método destroy() se aplica sólo a los applets en tanto que finalize() es de propósito general para un objeto sencillo de todo tipo de limpieza posterior en sí mismo.

Java tiene un colector de basura automático que administra la memoria por usted. El recolector reclama memoria de los recursos después de que el programa ha terminado de usarlos, por lo que usted normalmente no tiene que usar métodos como destroy().

Pintado

El *pintado* es la forma en que un applet despliega algo en pantalla, sea texto, una línea, un fondo coloreado o una imagen. El pintado puede ocurrir muchos cientos de veces durante el ciclo de vida de un applet: una vez que el applet ha sido inicializado, de nuevo si la ventana del navegador es traída desde el segundo plano de otra ventana en pantalla, de nuevo si la ventana del navegador se mueve a diferentes posiciones en la pantalla, y así por el estilo. Usted debe sobreponer el método paint() de su subclase Applet para desplegar cualquier cosa. El método paint() luce así:

```
public void paint(Graphics g) {
    // aquí va el código
}
```

Observe que a diferencia de otros métodos descritos en esta sección, paint() toma un argumento: una instancia de la clase Graphics. El objeto se crea y es pasado a paint() por el navegador, por lo que usted no tiene que preocuparse por ello. Sin embargo, siempre debe importar la clase Graphics (parte del paquete java.awt) dentro del código de su applet, comúnmente a través de una instrucción import en la parte superior de su archivo fuente Java, como en el siguiente ejemplo:

```
import java.awt.Graphics;
```

> **Tip** Si usted importa muchas clases desde el mismo paquete, como las clases del AWT, puede usar el carácter comodín para cargarlas todas al mismo tiempo. Por ejemplo, la instrucción import java.awt.*; carga todas las clases públicas del paquete java.awt. Sin embargo, la instrucción import no incluye las subclases del paquete, por tanto la instrucción import java.awt.*; no incluye las clases del paquete java.awt.image.

Un applet sencillo

En el día 2, "Un vistazo a la programación orientada a objetos", usted creó un applet sencillo llamado Palindrome que despliega el texto "Go hang a salami, I'm a lasagna hog.". Creó y utilizó el applet como ejemplo de la creación de una subclase.

Ese applet se revisa aquí por una razón diferente: para tomarlo como un ejemplo de programación de applets. El listado 8.1 muestra el código de dicho applet.

ESCRIBA LISTADO 8.1. El texto completo de Palindrome.java.

```java
 1: import java.awt.Graphics;
 2: import java.awt.Font;
 3: import java.awt.Color;
 4:
 5: public class Palindrome extends java.applet.Applet {
 6:     Font f = new Font("TimesRoman", Font.BOLD, 36);
 7:
 8:     public void paint(Graphics screen) {
 9:         screen.setFont(f);
10:         screen.setColor(Color.red);
11:         screen.drawString("Go hang a salami, I'm a lasagna hog.", 5,
                40);
12:     }
13: }
```

Este applet sobrepone el método paint(). Como el applet sólo despliega algunas palabras en la pantalla, no hay nada para inicializar. Entonces no se necesitan los métodos start(), stop() e init().

El método paint() es donde ocurre el trabajo real de este applet. El objeto Graphics pasado dentro del método paint() contiene el estado de los gráficos, el cual lleva registro de los atributos actuales de la superficie de dibujo. Por ejemplo, el estado incluye detalles de la fuente actual y el color a usar para cualquier operación de dibujo.

Las líneas 9 y 10 configuran la fuente y el color para este estado gráfico. El objeto Font está contenido en la variable de instancia f y un objeto que representa el color rojo se almacena en la variable red de la clase Color.

La línea 11 usa la fuente y color actuales para dibujar la cadena "Go hang a salami, I'm a lasagna hog." en la posición 5,40. Observe que el punto 0 para x, y está arriba a la izquierda de la superficie de dibujo del applet, con las coordenadas y trasladándose hacia abajo, de modo que 40 está en la parte inferior del applet. La figura 8.1 muestra cómo se dibujan en la página el cuadro de límites del applet y la cadena.

FIGURA 8.1

Dibujo del applet.

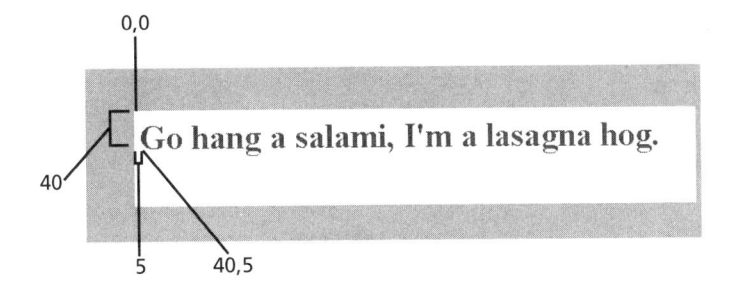

Si usted implementa los métodos correctos del applet en su clase (`init()`, `start()`, `stop()`, `paint()`, y así sucesivamente), su applet funcionará sin problemas y sin necesidad de un punto de salida explícita.

Inclusión de un applet en una página Web

Después de que haya creado la clase o clases que componen su applet y las haya compilado en archivos de clases, debe crear una página Web para colocar el applet.

Los applets se colocan en una página mediante la etiqueta `<APPLET>`, un comando de programación HTML que funciona como otros elementos de HTML. Hay numerosas herramientas de desarrollo de páginas Web como Home Page de Claris y Dreamweaver de Macromedia, que se pueden utilizar para agregar applets a una página sin usar HTML.

El propósito de `<APPLET>` es colocar un applet en una página Web y controlar cómo luce con relación a otras partes de la página.

Los navegadores con capacidades Java usan la información contenida en la etiqueta y ejecutan los archivos de clase compilados en el applet. En esta sección aprenderá a colocar applets de Java en una página Web y a servir los archivos de Java ejecutables en Web en toda su dimensión.

> **Nota:** La sección siguiente asume que usted tiene suficientes conocimientos para escribir páginas HTML o que sabe utilizar una herramienta de desarrollo en Web para generar HTML. Si requiere ayuda en esta área, le sugerimos las obra siguiente: *Aprendiendo a publicar en Web con HTML* de Laura Lemay.

La etiqueta `<APPLET>`

La etiqueta `<APPLET>` es una extensión especial a HTML para incluir applets de Java en páginas Web; la etiqueta es soportada por todos los navegadores que manejan programas de Java. El listado 8.2 muestra un ejemplo sencillo de una página Web con un applet incluido.

ESCRIBA **LISTADO 8.2.** EL TEXTO COMPLETO DE PALINDROMEPAGE.HTML.

```
1: <HTML>
2: <HEAD>
3: <TITLE>The Palindrome Page</TITLE>
4: </HEAD>
5: <BODY>
```

```
 6: <P>My favorite meat-related palindrome is:
 7: <BR>
 8: <APPLET CODE="Palindrome.class" WIDTH=600 HEIGHT=100>
 9: A secret if your browser does not support Java!
10: </APPLET>
11: </BODY>
12: </HTML>
```

En este ejemplo, la etiqueta <APPLET> incluye tres atributos:

- CODE   Especifica el nombre del archivo de la clase principal del applet.
- WIDTH   Especifica el ancho de la ventana del applet en la página Web.
- HEIGHT   Especifica el alto de la ventana del applet en la página Web.

El archivo de clase indicado por al atributo CODE debe estar en el mismo directorio que en la página Web que contiene al applet, a menos que usted use un atributo CODEBASE para especificar un directorio diferente. Más adelante aprenderá a hacerlo.

WIDTH y HEIGHT son atributos requeridos, debido a que el navegador Web necesita conocer cuánto espacio designar al applet en la página. Es fácil dibujar para un área fuera de la ventana del applet en un programa, por lo que usted debe estar seguro de proporcionar una ventana lo suficientemente grande.

Se puede incluir texto, imágenes y otros elementos de una página Web entre las etiquetas <APPLET> y </APPLET>. Éstas sólo se despliegan en navegadores que no pueden manejar programas de Java, e incluirlas es una buena forma de hacer saber a la gente que se está perdiendo de ver un applet de Java porque su navegador no lo soporta. Si usted no especifica algo entre <APPLET> y </APPLET>, los navegadores que no soportan Java no despliegan nada en el lugar del applet.

En el ejemplo actual, el texto que se despliega sobre el applet se lee así: My favorite meat-related palindrome is:. Los usuarios que no tienen navegadores que soporten Java ven el texto alterno con que se les ha provisto: A secret if your browser does not support Java!

Cómo probar el resultado

Una vez que tenga el archivo de clase principal del applet y un archivo HTML que use el applet, puede cargar el archivo HTML dentro del navegador con capacidades Java de su disco local. Con Netscape Navigator, se pueden cargar archivos locales con el comando Archivo | Abrir página | Elegir archivo. En Internet Explorer elija Archivo | Abrir | Examinar para encontrar el archivo correcto en su sistema. El navegador carga su página Web y el applet contenido en ella.

Si no tiene un navegador con capacidades Java, debe haber una forma de cargar applets incluidos con su ambiente de desarrollo. El JDK incluye la herramienta `appletviewer` para probar sus applets. A diferencia de un navegador, `appletviewer` sólo despliega los applets que están incluidos en una página Web. No despliega la página Web en sí misma.

La figura 8.2 muestra la página `PalindromePage.html` cargada en Netscape Navigator.

FIGURA 8.2

La página Web `PalindromePage.html` en Navigator.

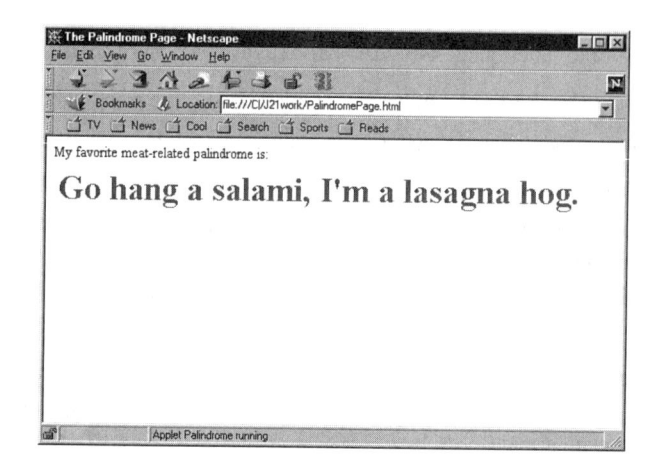

Cómo poner applets en Web

Después de probar un applet en su propio sistema, y de asegurarse de que funciona correctamente, puede ponerlo a disposición de todo el mundo en Web.

Los applets de Java son presentados por un servidor Web igual que los archivos HTML, imágenes y otros medios. Usted almacena un applet en un directorio accesible al servidor Web (con frecuencia en el mismo directorio que contiene la página Web que contiene el applet). El servidor Web debe estar configurado para ofrecer applets de Java a los navegadores que soportan el lenguaje.

Hay ciertos archivos que usted necesita obtener de un servidor Web:

- La página HTML que contiene el applet.
- Todos los archivos `.class` utilizados por el applet que no son parte de la biblioteca de clases estándar de Java.

Si sabe cómo publicar páginas Web, archivos de imágenes y otros archivos multimedia, no tiene que aprender ninguna nueva técnica para publicar applets de Java en su sitio.

Más acerca de la etiqueta <APPLET>

En su forma más simple, la etiqueta <APPLET> utiliza los atributos CODE, WIDTH y HEIGHT para crear un espacio del tamaño apropiado, y entonces carga y ejecuta el applet en ese espacio. Sin embargo, <APPLET> incluye otros atributos que le pueden ayudar a integrar mejor un applet dentro del diseño total de una página Web.

> **Nota**: Los atributos para la etiqueta <APPLET> son casi idénticos a los de la etiqueta HTML <IMG>.

ALIGN

El atributo ALIGN define cómo será alineado el applet en una página Web en relación a otras partes de la página. Este atributo puede tener uno de nueve valores:

- ALIGN=LEFT alinea el applet a la izquierda del texto que sigue al applet en la página.
- ALIGN=RIGHT alinea el applet a la derecha del texto que sigue al applet en la página.
- ALIGN=TEXTTOP alinea la parte superior del applet con la parte superior del texto más alto en la línea.
- ALIGN=TOP alinea el applet con el elemento más alto en la línea (la cual puede ser otro applet, una imagen, o lo más alto del texto).
- ALIGN=ABSMIDDLE alinea la mitad del applet con la mitad del elemento más grande en la línea.
- ALIGN=MIDDLE alinea la mitad del applet con la mitad de la línea de base del texto.
- ALIGN=BASELINE alinea la parte mas baja del applet con la línea base del texto. Este valor es lo mismo que ALIGN=BOTTOM, pero ALIGN=BASELINE es un nombre más descriptivo.
- ALIGN=ABSBOTTOM alinea la parte baja del applet con el elemento más pequeño en la línea (que puede ser la línea base del texto u otro applet o imagen).

Para finalizar el formato que se especifica con el atributo ALIGN, puede usar la etiqueta HTML de rompimiento de línea (<BR>) con el atributo CLEAR. Éste toma tres valores:

- <BR CLEAR=LEFT> continúa desplegando el resto de la página Web en el siguiente margen izquierdo disponible.
- <BR CLEAR=RIGHT> continúa desplegando en el siguiente margen derecho disponible.

- `<BR CLEAR=ALL>` continúa desplegando en el siguiente margen izquierdo y derecho disponible.

La figura 8.3 muestra varias opciones de alineamiento, en las cuales la carita sonriente es un applet.

FIGURA 8.3

Opciones de alineación del applet.

Si utiliza una herramienta de desarrollo de Web que le permite colocar applets Java en una página, usted debería poder asignar el atributo ALIGN al elegir LEFT, RIGHT, o uno de los valores dentro del programa.

HSPACE y VSPACE

Mediante los atributos HSPACE y VSPACE se configura la cantidad de espacio en pixeles entre un applet y su texto que lo rodea. HSPACE controla el espacio horizontal a la izquierda y derecha del applet, y VSPACE controla el espacio vertical sobre y bajo el applet. Por ejemplo, aquí está ese fragmento muestra de HTML con espacio vertical de 50 y espacio horizontal de 10:

```
<APPLET CODE="ShowSmiley.class" WIDTH=45 HEIGHT=42
ALIGN=LEFT VSPACE=50 HSPACE=10>
Requires Java
</APPLET>
```

La figura 8.4 muestra cómo se desplegaría este applet, el cual despliega una carita sonriente en un fondo blanco, con otros elementos de una página Web. El fondo de la página es una rejilla, y cada rejilla tiene un tamaño de 10×10 pixeles. Usted puede usar la rejilla para medir la cantidad de espacio entre el applet y el texto en la página.

CODE y CODEBASE

Los atributos CODE y CODEBASE a diferencia de otras partes de la etiqueta <APPLET>, se usan para indicar dónde se pueden encontrar el archivo de la clase principal del applet y otros archivos los cuales serán utilizados por un navegador con capacidades Java cuando trate de ejecutar un applet después de obtenerlo de un servidor Web.

FIGURA 8.4

Espacio vertical y horizontal.

CODE indica el nombre de archivo del archivo de la clase principal del applet. Si CODE se usa sin el atributo acompañante CODEBASE, el archivo de clase será cargado del mismo lugar que la página Web que contiene el applet.

Usted debe especificar la extensión de archivo .class con el atributo CODE. Lo siguiente es un ejemplo de una etiqueta <APPLET> que carga un applet llamado Bix.class del mismo directorio que la página Web:

```
<APPLET CODE="Bix.class" HEIGHT=40 WIDTH=400>
</APPLET>
```

El atributo CODEBASE se utiliza para que el navegador busque el applet y cualquier otro archivo que use en un directorio distinto. CODEBASE indica un directorio alterno, o incluso en un sitio Web alterno, para cargar las clases y otros archivos. Lo siguiente carga un archivo llamado Bix.class de un directorio llamado Torshire:

```
<APPLET CODE="Bix.class" CODEBASE="Torshire" HEIGHT=40 WIDTH=400>
</APPLET>
```

He aquí un ejemplo en que los archivos de clase de Java son cargados de un sitio Web completamente distinto del que contenía la página:

```
<APPLET CODE="Bix.class" CODEBASE="http://www.torshire.com/javaclasses"
HEIGHT=40 WIDTH=400>
</APPLET>
```

La etiqueta <OBJECT>

La etiqueta <APPLET> es una extensión HTML introducida específicamente para presentar programas de Java en páginas Web. Hoy hay otros tipos de programas que se pueden ejecutar interactivamente en una página, incluyendo controles ActiveX, applets NetRexx, y programas Python. Para poder manejar todos estos tipos de programas sin requerir una etiqueta distinta para cada uno de ellos, la etiqueta <OBJECT> ha sido añadida a la especificación de HTML.

La etiqueta <OBJECT> se usa para todos los objetos (programas interactivos y otros elementos externos) que pueden ser presentados como parte de una página Web. Es soportada por las versiones 4.0 y superiores de Netscape Navigator e Internet Explorer de Microsoft. Los navegadores anteriores no soportan esta nueva etiqueta, por lo que podría seguir usando <APPLET> en muchos casos.

La etiqueta <OBJECT> toma la forma siguiente:

```
<OBJECT CLASSID="java:Bix.class" CODEBASE="javaclasses" HEIGHT=40 WIDTH=400 >
</OBJECT>
```

Cambiar de <APPLET> a <OBJECT> requiere los cambios siguientes:

- Se debe utilizar la etiqueta <OBJECT> en vez de <APPLET>.
- El atributo CODE debe ser remplazado por CLASSID. Además, se debe colocar el texto "java:" antes del nombre del archivo de clase del applet. Por ejemplo, si el applet está en GameApplet.class, el atributo CLASSID debe ser java:GameApplet.class.

De otra manera, los atributos permanecen igual, incluyendo CODEBASE, HEIGHT, WIDTH y ALIGN. La etiqueta <OBJECT> también puede usar las etiquetas opcionales <PARAM>, que se describen posteriormente.

El listado 8.3 contiene una página Web que carga el applet del Palindrome mediante la etiqueta <OBJECT>. Cualquier otra cosa es lo mismo como en el ejemplo anterior en el listado 8.2

ESCRIBA **LISTADO 8.3.** EL TEXTO COMPLETO DE PALINDROMEPAGE2.HTML.

```
 1: <HTML>
 2: <HEAD>
 3: <TITLE>The Palindrome Page</TITLE>
 4: </HEAD>
 5: <BODY>
 6: <P>My favorite meat-related palindrome is:
 7: <BR>
 8: <OBJECT CLASSID="java:Palindrome.class" WIDTH=600 HEIGHT=100>
 9: A secret if your browser does not support Java!
10: </OBJECT>
11: </BODY>
12: </HTML>
```

Archiveros JAVA

La manera estándar de colocar un applet de Java en una página Web es mediante <APPLET> u <OBJECT> para indicar el archivo de la clase primaria del applet. De ahí lo obtiene y ejecuta un navegador con soporte para Java. Cualesquier otras clases y archivos requeridos por el applet se obtienen desde el servidor Web.

El problema de ejecutar applets de esta manera es que cada archivo sencillo que un applet necesita (ya sea otra clase auxiliar, imagen, archivo de audio, archivo de texto o cualquier otra cosa), requiere una conexión por separado de un navegador Web al servidor que contenga el archivo. Debido al poco tiempo que se necesita para establecer la conexión por sí misma, esto puede aumentar la cantidad de tiempo que toma obtener un applet y todo lo que necesita para ejecutarse.

La solución a este problema es un archivero Java, o archivo JAR (Java Archive). Un *archivo JAR* es un conjunto de clases de Java y otros archivos empacados en un archivo sencillo. Mediante un archivo JAR, el navegador establece sólo una conexión al servidor en vez de varias. Al reducir la cantidad de archivos que el navegador tiene que obtener del servidor, usted puede obtener y ejecutar su archivo más rápidamente. Los archivos JAR también pueden estar comprimidos, logrando que el tamaño total del archivo sea más pequeño y por lo tanto más rápido de obtener (aunque por el lado del navegador tomará algún tiempo descomprimir y ejecutar los archivos).

Las versiones 4.0 y superiores de los navegadores Navigator e Internet Explorer incluyen soporte para los archivos JAR. Para crear esos archiveros, el JDK incluye una herramienta llamada jar que puede empacar y desempacar archivos dentro de un archivo JAR. Los archivos JAR pueden ser comprimidos mediante el formato Zip o empacados sin compresión. El siguiente comando empaca todas las clases de un directorio y archivos de imágenes GIFs dentro de un archivo JAR sencillo llamado Animate.jar.

```
jar cf Animate.jar *.class *.gif
```

El argumento `cf` especifica dos opciones de línea de comandos que se pueden usar cuando se ejecuta el programa `jar`. La opción c indica que se deberá crear un archivo JAR, y f indica que el nombre del archivo del archivero seguirá como uno de los argumentos siguientes.

También puede añadir archivos específicos a un archivero Java con un comando como el siguiente:

```
jar cf Smiley.jar ShowSmiley.class ShowSmiley.html spinhead.gif
```

Esto crea un archivo JAR `Smiley.jar` que contiene tres archivos: `ShowSmiley.class`, `ShowSmiley.html` y `spinhead.gif`.

Ejecute `jar` sin ningún argumento para ver una lista de opciones que se puedan utilizar con el programa.

Después de que cree un archivo JAR, se usa el atributo `ARCHIVE` con la etiqueta `<APPLET>` para indicar dónde puede ser encontrado. Entonces puede utilizar las archivos JAR con un applet con etiquetas como las siguientes:

```
<applet code="ShowSmiley.class" archive="Smiley.jar" width=45 height=42>
</applet>
```

La etiqueta especifica que un archivo JAR llamado `Smiley.jar` contiene los archivos utilizados por el applet. Los navegadores y herramientas de navegación que soportan archivos JAR buscarán dentro del archivo indicado los demás archivos que se necesitan conforme se ejecuta el applet.

> **Precaución:** Aunque un archivero Java puede contener archivos de clase, el atributo `ARCHIVE` no elimina la necesidad del atributo `CODE`. Un navegador requiere conocer el nombre del archivo de la clase principal del applet para cargarlo.

Otros formatos de almacenamiento

Antes de que los desarrolladores de Java introdujeran el formato de archivo JAR, tanto Netscape como Microsoft ofrecieron sus propias soluciones de almacenamiento. No ofrecen algunas de las ventajas de los archiveros Java, pero tienen el beneficio de trabajar con navegadores con soporte para Java que todavía no soportan las versiones de Java más allá de 1.0.2.

Las versiones actuales de los navegadores Web de Netscape soportan el uso de archiveros Zip con el atributo `ARCHIVE`, pero sólo se pueden utilizar para los archivos de clase, no para imágenes u otros tipos de archivos que un applet pudiera necesitar. Con Netscape, usted puede usar el atributo `ARCHIVE` para indicar el nombre del archivero, como éste:

```
<APPLET CODE="MyApplet.class" ARCHIVE="appletstuff.zip" WIDTH=100
HEIGHT=100>
</APPLET>
```

El archivero por sí mismo es un archivo Zip sin comprimir. Los archivos Zip estándar no son reconocidos pues usan alguna forma de compresión para hacer más pequeño el archivo. Además, las clases auxiliares podrían estar contenidas dentro o fuera del archivo Zip; los navegadores de Netscape buscarán en ambos lugares. El atributo `ARCHIVE` es ignorado por los navegadores o visualizadores de applets que pudieran toparse con esta página Web.

Internet Explorer de Microsoft reconoce un tercer tipo de formato de archivero para la entrega de applets de Java: el archivo CAB. Éste es una abreviatura de la palabra cabinet (gaveta), y una forma de agrupar archivos entre sí y comprimirlos para una entrega más rápida a través de Web.

Los archivos CAB se crean con una herramienta de Microsoft llamada `CABarc`. Actualmente está disponible sin costo en la dirección siguiente:

```
http://www.microsoft.com/workshop/prog/cab/
```

Mediante `CABarc`, usted puede comprimir todos los archivos de clases y algunos más requeridos por un applet en un archivero individual, que tenga la extensión de archivo `.cab`. Para especificar este archivero se utiliza un parámetro llamado `cabbase` con la etiqueta `<PARAM>` en HTML, y el valor de `cabbase` se establece para el nombre del archivo `.cab`. Lo siguiente es un ejemplo:

```
<APPLET CODE="DanceFever.class" WIDTH=200 HEIGHT=450>
<PARAM NAME="cabbase" VALUE="DanceFever.cab">
</APPLET>
```

Como el atributo `ARCHIVE`, el parámetro `cabbase` será ignorado por los navegadores Web que no soporten su uso.

Las características de almacenamiento de Java de Netscape y de Microsoft funcionan en las ediciones vigentes de los navegadores de estas compañías y no garantizan que serán soportadas por otros navegadores. Si usted utilizara cualquiera de estas soluciones, deberá almacenar tanto el archivero como los archivos individuales que conforman el archivero en su servidor Web. De este modo, quienquiera que tenga un navegador con soporte para Java podrá utilizar el applet.

Paso de parámetros a los applets

Con las aplicaciones de Java, usted puede pasar parámetros al método `main()` mediante argumentos en la línea de comandos. Luego puede analizar esos argumentos dentro del cuerpo de su clase, y la aplicación actúa adecuadamente basándose en los argumentos dados.

Los applets, sin embargo, no tienen una línea de comandos. Pueden obtener entrada diferente desde el archivo HTML que contenga la etiqueta `<APPLET>` u `<OBJECT>` mediante parámetros del applet. Para configurar y manejar los parámetros en un applet, necesita dos cosas:

- Una etiqueta especial de parámetro en el archivo HTML.
- Código en su applet para analizar esos parámetros.

Los parámetros de applet vienen en dos partes: un nombre, simplemente el nombre que usted elija, y un valor, el cual determina el valor de un parámetro determinado. Por ejemplo, puede indicar el color de texto en un applet al usar un parámetro con el nombre `color` y el valor `red`. Usted puede determinar la velocidad de una animación con un parámetro de nombre `speed` y el valor `5`.

En el archivo HTML que contiene el applet incrustado, indica cada parámetro usando la etiqueta `<PARAM>`, la cual tiene dos atributos para el nombre y el valor llamados (¡oh sorpresa!) `NAME` y `VALUE`. La etiqueta `<PARAM>` va dentro de las etiquetas `<APPLET>` de apertura y cierre, como en el siguiente código:

```
<APPLET CODE="QueenMab.class" WIDTH=100 HEIGHT=100>
<PARAM NAME=font VALUE="TimesRoman">
<PARAM NAME=size VALUE="24">
A Java applet appears here.
</APPLET>
```

Este ejemplo en particular define dos parámetros del applet `QueenMab`: uno llamado `font` con un valor de `TimesRoman`, y uno nombrado `size` con un valor `24`.

El uso de la etiqueta `<PARAM>` es el mismo para los applets que usan la etiqueta `<OBJECT>` en vez de la etiqueta `<APPLET>`.

Los parámetros son pasados al cargar su applet. En el método init() para su applet, puede recuperar estos parámetros con el método getParameter(). Este método toma un argumento, una cadena que representa el nombre del parámetro que usted está buscando, y devuelve una cadena que contiene el valor correspondiente de ese parámetro. (Como los argumentos en las aplicaciones de Java, todos los valores de parámetros son devueltos como cadenas.) Para obtener el valor del parámetro font del archivo HTML, podría tener una línea en su método init() como la siguiente

```
String theFontName = getParameter("font");
```

Nota: Los nombres de los parámetros como se hayan especificado en <PARAM> y los nombres de los parámetros en getParameter() deben corresponder exactamente, incluso deben utilizar la misma combinación de letras mayúsculas y minúsculas. En otras palabras, <PARAM NAME="eecummings"> es diferente a <PARAM NAME="EECummings">. Si sus parámetros no están pasando adecuadamente a su applet, asegúrese que coincidan las mayúsculas y minúsculas de los parámetros.

Observe que si un parámetro que usted espera no ha sido especificado en el archivo HTML, el método getParameter() devuelve null. Las más de las veces pruebe con un parámetro null y proporcione un valor predeterminado razonable, como el que se muestra:

```
if (theFontName == null)
    theFontName = "Courier";
```

Tenga presente que getParameter() devuelve cadenas; si usted desea un parámetro para ser algún otro objeto o tipo, tiene que convertirlo usted mismo. Por ejemplo, considere el archivo HTML para el applet QueenMab. Para analizar el parámetro size y asignarlo a una variable entera llamada theSize, podría usar las líneas siguientes:

```
int theSize;
String s = getParameter("size");
if (s == null)
    theSize = 12;
else theSize = Integer.parseInt(s);
```

Cree un ejemplo de un applet que use esta técnica. Usted modifica el applet Palindrome para que despliegue un nombre específico, por ejemplo, Dennis and Edna sinned o No, sir, prefer prison. El nombre se pasa al applet a través de un parámetro HTML. El proyecto será llamado NewPalindrome.

Inicie copiando la clase Palindrome original, con un cambio para reflejar el nuevo nombre de clase, como muestra el listado 8.4.

> **ESCRIBA** **LISTADO 8.4.** EL TEXTO INICIAL PARA NEWPALINDROME.JAVA.
>
> ```
>  1: import java.awt.Graphics;
>  2: import java.awt.Font;
>  3: import java.awt.Color;
>  4:
>  5: public class NewPalindrome extends java.applet.Applet {
>  6:     Font f = new Font("TimesRoman", Font.BOLD, 36);
>  7:
>  8:     public void paint(Graphics screen) {
>  9:         screen.setFont(f);
> 10:         screen.setColor(Color.red);
> 11:         screen.drawString("Go hang a salami, I'm a lasagna hog.", 5,
>             40);
> 12:     }
> 13: }
> ```

Lo primero que necesita para añadir a esta clase es un lugar para que el parámetro `palindrome` sea almacenado. Como usted necesitará este nombre a través del applet, agregue una variable de instancia para el nombre exactamente después de la variable para la fuente:

```
String palindrome;
```

Para configurar un valor para el nombre, tiene que obtener el parámetro. El mejor lugar para manejar los parámetros de un applet es dentro del método `init()`. Este método se define del mismo modo que `paint()` (public, sin argumentos, y un tipo de retorno `void`). Al probar un parámetro asegúrese de probarlo para un valor de `null`. Si no se indica un palíndromo, lo predeterminado, en este caso, es desplegar `Dennis and Edna sinned`, como lo ilustra lo siguiente:

```
public void init() {
    palindrome = getParameter("palindrome");
        if (palindrome == null)
        palindrome = "Dennis and Edna sinned";
}
```

Una vez agregado este método, todo lo que queda es modificar el método `paint()`. El método original `drawString()` se parecía a esto:

```
screen.drawString("Go hang a salami, I'm a lasagna hog.", 5, 50);
```

Para dibujar la nueva cadena que usted almacenó en la variable de instancia `palindrome`, todo lo que necesitará es substituir dicha variable por la cadena literal:

```
screen.drawString(palindrome, 5, 50);
```

El listado 8.5 muestra el resultado final de la clase `MoreHelloApplet`. Compile la clase para que tenga listo un archivo de clase.

> **ESCRIBA** **LISTADO 8.5.** EL TEXTO COMPLETO DE NEWPALINDROME.JAVA.

```java
 1: import java.awt.Graphics;
 2: import java.awt.Font;
 3: import java.awt.Color;
 4:
 5: public class NewPalindrome extends java.applet.Applet {
 6:     Font f = new Font("TimesRoman", Font.BOLD, 36);
 7:     String palindrome;
 8:
 9:     public void paint(Graphics screen) {
10:         screen.setFont(f);
11:         screen.setColor(Color.red);
12:         screen.drawString(palindrome, 5, 50);
13:     }
14:
15:     public void init() {
16:         palindrome = getParameter("palindrome");
17:         if (palindrome == null)
18:             palindrome = "Dennis and Edna sinned";
19:     }
20: }
```

Ahora cree usted el archivo HTML que contiene este applet. El listado 8.6 muestra una nueva página Web para el applet NewPalindrome.

> **ESCRIBA** **LISTADO 8.6.** EL TEXTO COMPLETO DE NEWPALINDROME.HTML.

```html
 1: <HTML>
 2: <HEAD>
 3: <TITLE>The New Palindrome Page</TITLE>
 4: </HEAD>
 5: <BODY>
 6: <P>
 7: <APPLET CODE="NewPalindrome.class" WIDTH=600 HEIGHT=100>
 8: <PARAM NAME=palindrome VALUE="No, sir, prefer prison">
 9: Your browser does not support Java!
10: </APPLET>
11: </BODY>
12: </HTML>
```

Observe la etiqueta <APPLET>, la cual designa el archivo de clase para el applet y la altura y ancho apropiado (600 y 100, respectivamente). Exactamente debajo de ella (línea 8) está la etiqueta <PARAM> que se usa para pasar el palíndromo al applet. En este ejemplo, el parámetro NAME es palindrome, y VALUE es la cadena No, sir, prefer prison.

Cargar este archivo HTML en Netscape Navigator produce el resultado que se muestra en la figura 8.5.

FIGURA 8.5

La página NewPalindrome.html *cargada con Netscape Navigator.*

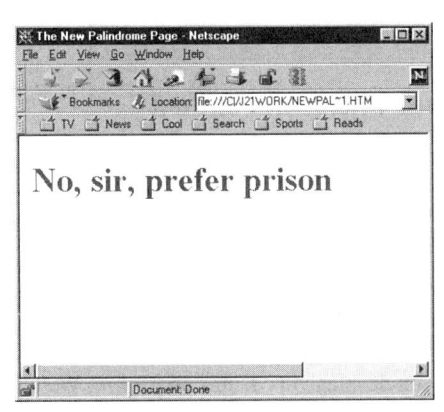

Si no se especifica un palíndromo en el código para NewPalindrome, el valor predeterminado es Dennis and Edna sinned. El listado 8.7 crea un archivo HTML sin una etiqueta de parámetros para NAME.

ESCRIBA **LISTADO 8.7.** EL TEXTO COMPLETO DE NEWPALINDROME2.HTML.

```
 1: <HTML>
 2: <HEAD>
 3: <TITLE>The New Palindrome Page</TITLE>
 4: </HEAD>
 5: <BODY>
 6: <P>
 7: <APPLET CODE="NewPalindrome.class" WIDTH=600 HEIGHT=100>
 8: Your browser does not support Java!
 9: </APPLET>
10: </BODY>
```

Como aquí no se proporcionó ningún nombre, el applet usa el predeterminado, y el resultado es lo que usted esperaba. Déle un vistazo a la figura 8.6.

Resumen

Es discutible la razón por la que los applets siguen siendo el centro de atención del desarrollo de Java, más de dos años después de que el lenguaje fuera liberado por primera vez al público.

Sin embargo, los applets permanecen como el uso público más grande de Java, porque son elaborados y colocados en miles de sitios de World Wide Web. De acuerdo con la máquina de búsqueda AltaVista en http://www.altavista.digital.com, hay más de 1,200,000 páginas Web que contienen applets.

FIGURA 8.6.

La página NewPalindrome2.html *cargada con Netscape Navigator.*

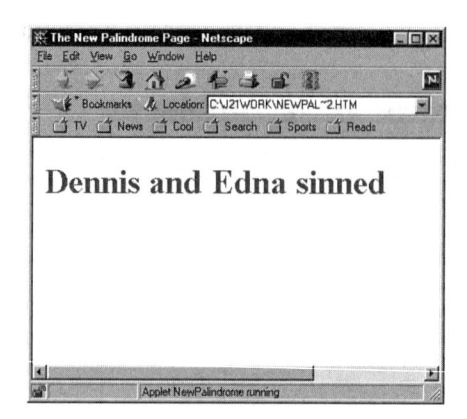

Debido a que se ejecutan y son desplegados dentro de páginas Web, los applets pueden usar los gráficos, interfaz de usuario y estructura de eventos proporcionados por el navegador Web. Esta capacidad proporciona al programador de applets mucha funcionalidad que le ahorra trabajo duro adicional.

Hoy aprendió las bases para la creación de applets, incluyendo lo siguiente:

- Todos los applets son subclases de la clase java.applet.Applet, la cual proporciona el comportamiento que el programa necesita para correr dentro de un navegador Web.
- Los applets tienen cinco métodos principales que cubren las actividades que un applet desarrolla al momento de su ejecución: init(), start(), stop(), destroy() y paint(). Estos métodos son sobrepuestos para darle funcionalidad a un applet.
- Los applets son colocados en las páginas Web mediante la etiqueta <APPLET> de HTML o una herramienta de desarrollo Web que pueda manejar applets. Cuando un navegador con capacidades Java carga una página que contiene un applet, carga el archivo de clases descrito con la etiqueta <APPLET>.
- Para acelerar el tiempo que toma cargar un applet desde un servidor Web, usted puede usar los archivos de archivero de Java, el atributo ARCHIVE de Netscape, y el parámetro cabbase de Microsoft.
- Los applets pueden recibir información desde una página Web mediante la etiqueta <PARAM> en asociación con un applet. Dentro del cuerpo de su applet, usted puede tener acceso a esos parámetros a través del método getparameter().

Preguntas y respuestas

P Tengo un applet que toma parámetros y un archivo HTML que le pasa esos parámetros, pero cuando mi applet se ejecuta, todo lo que obtengo son valores null. ¿Qué está pasando aquí?

R ¿Los nombres de sus parámetros (en el atributo NAME) corresponden exactamente con los nombres que usted está probando en getParameter()? Deben ser exactos, incluyendo mayúsculas y minúsculas, para que se pueda realizar la correspondencia. Asegúrese también que sus etiquetas <PARAM> estén dentro de las etiquetas <APPLET> de apertura y cierre y que no ha cometido ningún error de escritura.

P ¿Hay alguna configuración especial requerida para que mis programas de servidor Web puedan presentar applets de Java en páginas Web?

R Se requiere muy poco por parte del servidor para ofrecer applets de Java junto con documentos HTML, archivos de imágenes y otros archivos. Muchos de los paquetes de servidor comercialmente disponibles ofrecen soporte adicional para Java. Si no lo hacen, configurar el servidor para presentar applets de Java requiere que se asocie la extensión de archivo .class con el tipo MIME application/octet-stream. Consulte la documentación de su servidor para mayor información respecto a los tipos MIME.

P Los applets no tienen una línea de comandos o un flujo de salida estándar, ¿cómo puedo hacer una salida de depuración sencilla en un applet como System.out.println()?

R Dependiendo de su navegador u otro ambiente habilitado para Java, usted podría tener una ventana de consola donde aparezca la salida de depuración (el resultado de System.out.println()), o bien podría ser resguardada en un archivo de registro. (Netscape tiene una Consola Java [Java console] bajo el menú Options; Internet Explorer utiliza un archivo de registro que usted debe habilitar al elegir Options | Advanced.)

Puede continuar imprimiendo mensajes mediante System.out.println() en sus applets (no olvide quitarlos cuando haya terminado, para que no confundan a sus usuarios reales).

Semana 2

Día 9

Cómo mejorar la apariencia de sus programas con gráficos, fuentes y color

Una de las mejores formas de impresionar a un conocido que no sea programador es con un programa que despliegue gráficos. Tal vez el tío Pedro no aprecie los detalles de los ciclos bien construidos o una jerarquía de clases elegante, pero si le muestra la secuencia animada de un pequeño bailando "La gallinita", quedará asombrado de su pericia como programador.

Hoy empezará a aprender a ganar amigos e influenciar a la gente al escribir programas que usan gráficos, fuentes y colores.

Para usar las características en sus programas, usted utiliza clases del paquete java.awt, el cual proporciona la mayoría de las monerías visuales de Java. Con estas clases dibujará textos y figuras, como círculos y polígonos, en un applet. Aprenderá a usar fuentes y colores distintos para las figuras que trace.

También empezará a usar las características de dibujo mejoradas en Java2D, un conjunto de clases introducidas en Java 2 que ofrece algunas características que atraen a la vista:

- Objetos desasociados.
- Patrones de relleno degradados.
- Dibujo de líneas de anchos diferentes.

La clase Graphics

Un applet concibe las operaciones gráficas en forma parecida a la de un lienzo. Usted ha usado previamente el método drawString() para dibujar texto dentro de un applet. La fuente del texto y el color fueron elegidos antes de dibujar los caracteres, del mismo modo que un artista elegiría un color y una brocha antes de pintar.

El texto no es lo único que puede dibujar dentro de la ventana del applet. Usted puede dibujar líneas, óvalos, círculos, arcos, rectángulos y otros polígonos.

La mayoría de las operaciones básicas son métodos definidos en la clase Graphics. En un applet, usted no tiene que crear un objeto Graphics para poder dibujar algo (como recordará, uno de los parámetros del método paint() es un objeto Graphics). Este objeto representa la ventana del applet y sus métodos se utilizan para dibujar dentro del applet.

La clase Graphics es parte del paquete java.awt, por lo que todos los applets que dibujen algo deben usar la instrucción import para que todos los programas puedan utilizar Graphics.

El listado 9.1 es un applet sencillo que usa el método drawString() para desplegar texto, como lo ha hecho previamente con el applet Palindrome.

ESCRIBA **LISTADO 9.1.** EL TEXTO INICIAL DE MAP.JAVA.

```
1: import java.awt.Graphics;
2:
3: public class Map extends java.applet.Applet {
4:     public void paint(Graphics screen) {
5:         screen.drawString("Florida", 185, 75);
6:     }
7: }
```

Este applet utiliza el método drawString() del objeto screen para dibujar la cadena "Florida" en las coordenadas 185, 75. El listado 9.2 muestra el código HTML que despliega este applet luego de ser compilado en un archivo de clase.

ESCRIBA **LISTADO 9.2.** EL TEXTO COMPLETO DE MAP.HTML.

```
1: <body bgcolor="#c4c4c4">
2: <div align="center">
3: <applet code="Map.class" height=350 width=350>
4: </applet>
5: </div>
6: </body>
```

La figura 9.1 muestra la página y el applet cargados en Netscape Navigator.

FIGURA 9.1

Dibujo de un texto en una ventana del applet.

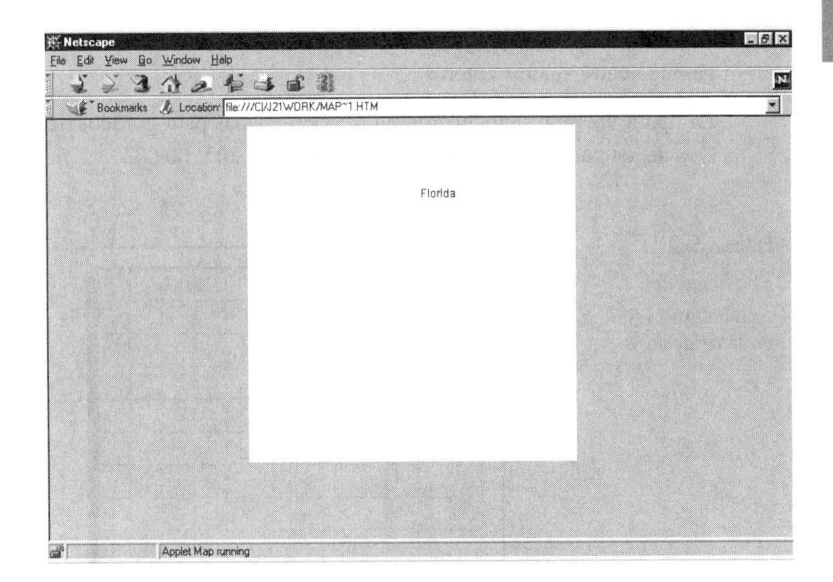

Todos los comandos básicos de dibujo que conocerá hoy serán métodos `Graphics` que son llamados dentro del método `paint()` del applet. Éste es un lugar ideal para todas las operaciones de dibujo porque `paint()` es llamado automáticamente siempre que la ventana del applet necesite ser redesplegada. Si otra ventana de algún programa cubre al applet y éste requiere ser redibujado, colocar todas las operaciones de dibujo en `paint()` asegura que ninguna parte del dibujo quede fuera.

Continuaremos agregando al applet `Map` cada método de dibujo que se abarque en esta sección.

El sistema de coordenadas para gráficos

Como drawString(), todos los métodos de dibujo tienen argumentos que indican las coordenadas x, y. Algunos toman más de un conjunto de coordenadas, como una línea, que tiene una coordenada x, y para identificar su punto de inicio y otra coordenada x, y para su punto final.

El sistema de coordenadas de Java usa pixeles como su unidad de medida. La coordenada de origen 0,0 está en la esquina superior izquierda de la ventana del applet. El valor de las coordenadas x se incrementa a la derecha de 0,0, y las coordenadas y lo hacen en sentido inferior. Esto difiere de otros sistemas de dibujo en el cual el origen 0,0 está en la esquina inferior izquierda y los valores de y se incrementan en sentido superior.

Todos los valores de pixeles son enteros (usted no puede usar números decimales para desplegar algo entre valores enteros).

La figura 9.2 representa el sistema de coordenadas para gráficos de Java con el origen en 0,0. Dos de los puntos de un rectángulo están en 20,20 y 60,60.

Figura 9.2

El sistema de coordenadas para gráficos de Java.

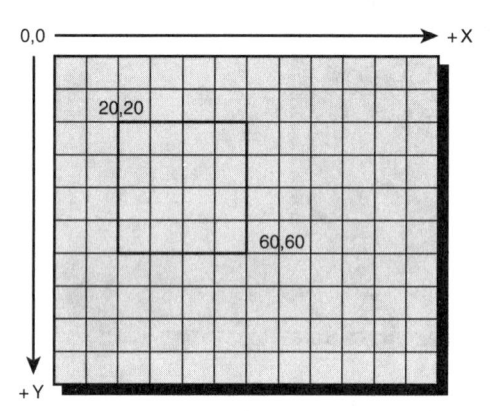

Dibujo y relleno

Hay disponibles dos clases de métodos de dibujo para muchas de las figuras que usted puede dibujar en un applet: métodos de dibujo, con los que se delinea el objeto, y métodos de relleno, con los cuales se rellena el objeto con el color actual. En cada tipo de método también se desplegará el contorno con el color actual.

> **Nota** También puede dibujar archivos de mapas de bits, como los archivos GIF y JPG, mediante la clase Image. Mañana aprenderá sobre esto.

Líneas

El método `drawLine()` se usa para dibujar una línea entre dos puntos. El método toma cuatro argumentos: las coordenadas x y y del punto inicial y las coordenadas x y y del punto final, como se muestra a continuación:

`drawLine(x1, y1, x2, y2);`

Este método dibuja una línea desde un punto (x1 y y1) al punto (x2 y y2). El ancho de la línea se fija a un pixel.

Agregue la siguiente instrucción al método `paint()` del applet Map.

`screen.drawLine(185,80,222,80);`

Esta instrucción dibuja una línea de 185,80 a 222,80; una línea que subraya el texto Florida, como se puede ver en la figura 9.3, una porción de la ventana del applet.

Figura 9.3

Florida

Agregado de una línea al applet.

> **Nota**
> Para prevenir las molestias producidas de voltear repetidamente entre este texto y su editor de código fuente de Java, la versión final de Map.java se lista completa al final de esta sección. Hasta entonces, usted puede continuar con el texto y escribir todo el código Java una sola vez.

Rectángulos

Hay métodos Graphics para dos tipos de rectángulos: rectángulos normales y con esquinas redondeadas (como en la mayoría de los teclados de computadora).

Usted puede dibujar ambos tipos de rectángulos en una forma delineada o rellena con el color actual.

Para dibujar un rectángulo normal, use el método `drawRect()` para los contornos y el método `fillRect()` para las formas rellenas.

Ambos métodos toman cuatro argumentos:

- Las coordenadas x y y de la esquina superior izquierda del rectángulo.
- El ancho del rectángulo.
- La altura del rectángulo.

Agregue la siguiente instrucción al applet Map:

```
screen.drawRect(2, 2, 345, 345);
```

Esto agrega un contorno de rectángulo justo dentro de las orillas exteriores de la ventana del applet. Si en vez de ello se ha usado el método `fillRect()`, un rectángulo sólido podría llenar la mayor parte del área del applet y ocultar el texto subrayado Florida.

Los rectángulos con esquinas redondeadas requieren los métodos `drawRoundRect()` y `fillRoundRect()`, que toman los primeros cuatro argumentos de los rectángulos normales, con dos argumentos añadidos al final.

Estos dos últimos argumentos definen el ancho y el alto del área en que se redondean las esquinas. Entre más grande sea el área, más redondas serán las esquinas. Incluso puede hacer que un rectángulo se vea como un círculo o un óvalo, haciendo estos argumentos lo suficientemente grandes.

La figura 9.4 muestra varios ejemplos de rectángulos con esquinas redondeadas. Un rectángulo tiene un ancho de 30 y una altura de 10 para cada esquina redondeada. Otro tiene un ancho de 20 y una altura de 20, y luce mucho más como un círculo que como un rectángulo.

FIGURA 9.4

Rectángulos con esquinas redondeadas.

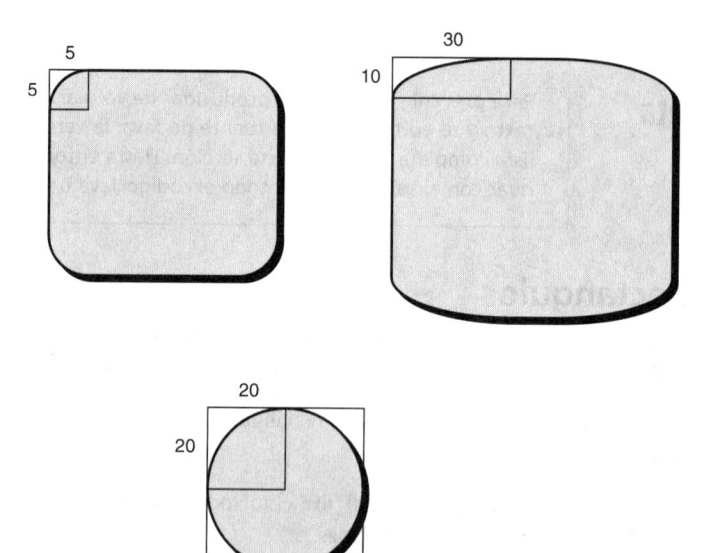

Agregue la siguiente instrucción al método `paint()` del applet Map:

```
screen.drawRoundRect(182,61,43,24,10,8);
```

Ésta dibuja un rectángulo redondeado en las coordenadas 182,61 con un ancho de 43 pixeles y una altura de 24. El área rectangular para cada esquina redondeada es de 10 pixeles de ancho y 8 de alto. El resultado se muestra en la figura 9.5, un acercamiento de una porción del applet.

FIGURA 9.5

Agregado de un rectángulo redondeado al applet.

Los Polígonos se pueden dibujar con los métodos `drawPolygon()` y `fillPolygon()`.

Para dibujar un polígono, usted necesita las coordenadas x, y para cada punto del polígono. Los polígonos pueden ser pensados como una serie de líneas que están conectadas una con otra; una línea se dibuja desde el punto inicial al punto final, y cada punto final se usa para iniciar una línea nueva, y así sucesivamente.

Puede especificar estas coordenadas de dos maneras:

- Como un par de arreglos de enteros, uno con todas las coordenadas x y el otro con todas las coordenadas y.
- Como un objeto `Polygon` que se crea mediante un arreglo entero de coordenadas x y el otro un arreglo entero de coordenadas y.

El segundo método es más flexible porque permite agregar los puntos individualmente al polígono antes de ser dibujado.

Además de las coordenadas x y y, usted debe especificar el número de puntos en el polígono; no puede especificar más coordenadas x, y que los puntos que tiene, o más puntos que las coordenadas x, y que haya configurado. En cualquier caso se presentará un error de compilación.

Para crear un objeto `Polygon`, el primer paso es crear un polígono vacío con una instrucción a `new Polygon()` como la siguiente:

```
Polygon poly = new Polygon();
```

Como una alternativa, usted puede crear un polígono desde un conjunto de puntos mediante arreglos de enteros. Esto requiere una llamada al constructor `Polygon(int[], int[], int)`, el cual especifica el arreglo de puntos x, el arreglo de puntos y y la cantidad de puntos. El siguiente ejemplo muestra el uso de este constructor:

```
int x[] = { 10, 20, 30, 40, 50 };
int y[] = { 15, 25, 35, 45, 55 };
int points = x.length;
Polygon poly = new Polygon(x, y, points);
```

Una vez creado un objeto Polygon, le puede añadir puntos mediante el método del objeto addPoint(). Éste toma las coordenadas x, y, y añade el punto al polígono. El siguiente es un ejemplo:

```
poly.addPoint(60, 65);
```

Cuando tenga un objeto Polygon con todos los puntos que necesita, puede dibujarlo con los métodos drawPolygon() o fillPolygon(). Éstos toman únicamente un argumento, el objeto Polygon, como se muestra aquí:

```
screen.drawPolygon(poly);
```

Si usa drawPolygon() bajo Java 1.0.2, puede cerrar el polígono haciendo que el último par de coordenadas x, y, sea el mismo que el primero. De otra manera, el polígono quedará abierto de un lado.

El método fillPolygon() cierra automáticamente el polígono sin tener que pedir los puntos de correspondencia.

> **Precaución** El comportamiento de drawPolygon() cambió después de la versión 1.0.2 de Java. Con las versiones 1.1 y 1.2, drawPolygon() cierra automáticamente un polígono, igual que lo hace fillPolygon. Si desea crear un polígono con un lado abierto con estas versiones del lenguaje, puede usar el método drawPolyline(). Funciona tal como drawPolygon() funcionó bajo Java 1.0.2.

Agregue las instrucciones siguientes al método paint() del applet Map para ver los polígonos en acción:

```
int x[] = { 10, 234, 253, 261, 344, 336, 295, 259, 205, 211,
    195, 191, 120, 94, 81, 12, 10 };
int y[] = { 12, 15, 25, 71, 209, 278, 310, 274, 188, 171, 174,
    118, 56, 68, 49, 37, 12 };
int pts = x.length;
Polygon poly = new Polygon(x, y, pts);
screen.drawPolygon(poly);
```

La clase Polygon es parte del paquete java.awt, por lo que deberá hacerla disponible agregando la instrucción siguiente en la parte superior del applet Map:

```
import java.awt.Polygon;
```

La figura 9.6 muestra cómo aparece el applet Map con el polígono agregado a todo lo que se haya dibujado previamente.

FIGURA 9.6

Agregado de un polígono al applet.

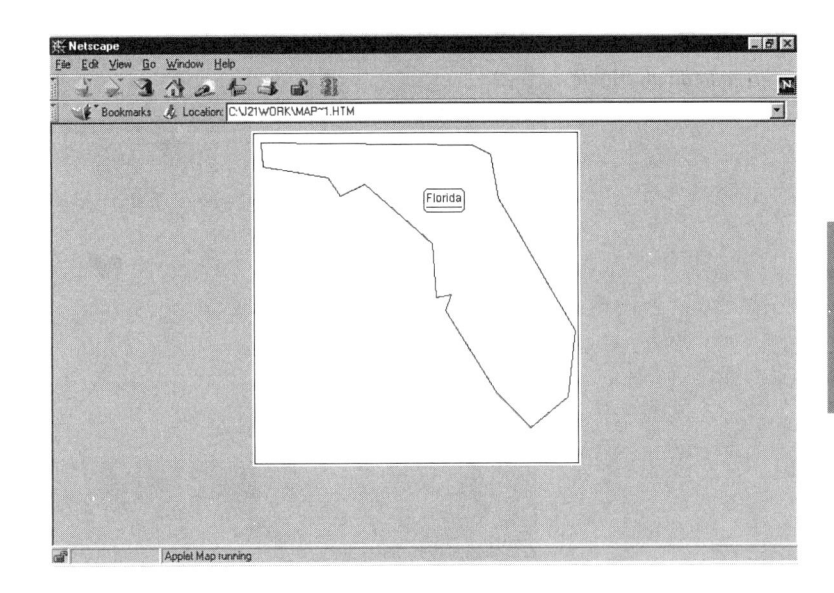

Óvalos

Círculos y óvalos se dibujan mediante los métodos drawOval() y fillOval().

Éstos toman cuatro argumentos:

- Las coordenadas x, y del óvalo.
- El ancho y alto del óvalo, que son del mismo tamaño en círculos.

Como un óvalo no tiene esquinas, tal vez le desconcierte a qué se refieren las coordenadas x, y. Los óvalos se manejan igual que las esquinas para los rectángulos redondeados. La coordenada x, y está en la esquina superior izquierda del área en que está dibujado el óvalo, y estará a la izquierda y arriba del mismo óvalo real .

Regresemos al applet Map y agregue las instrucciones siguientes:

```
screen.fillOval(235,140,15,15);
screen.fillOval(225,130,15,15);
screen.fillOval(245,130,15,15);
```

Éstos son métodos fill (rellenar) en vez de métodos draw (trazar), por eso crean tres círculos negros conectados entre sí en un punto al centro de Florida, como se ve en la figura 9.7

Figura 9.7

Agregado de un trío de círculos al applet.

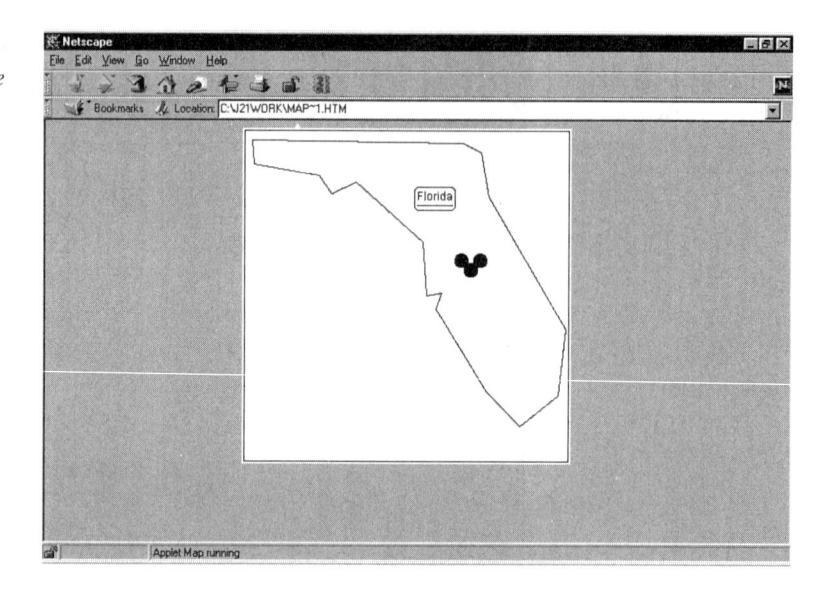

Arcos

De todas las operaciones de dibujo, los arcos son los más complejos de construir. Un arco es parte de un óvalo y se implementa en Java como un óvalo dibujado parcialmente.

Los arcos se dibujan con los métodos drawArc() y fillArc(), los cuales toman seis argumentos:

- Las coordenadas x, y del óvalo.
- El ancho y alto del óvalo.
- El ángulo de inicio del arco.
- El número de grados cursados por el arco.

Los primeros cuatro argumentos son los mismos que para un óvalo y funcionan de la misma manera.

El ángulo de inicio del arco va de 0 a 359 grados en sentido opuesto a las manecillas del reloj. En un óvalo circular, 0 grados equivale a un reloj a las 3 en punto; 90 grados a las 12 en punto; 180 grados a las 9 en punto y 270 grados a las 6 en punto.

Los grados que cursa un arco van de 0 a 359 grados en sentido contrario a las manecillas del reloj y de 0 a 359 grados en el sentido de las manecillas del reloj.

La figura 9.8 muestra cómo se calculan los últimos dos argumentos.

Cómo mejorar la apariencia de sus programas con gráficos, fuentes y color

Figura 9.8

Medidas de un arco.

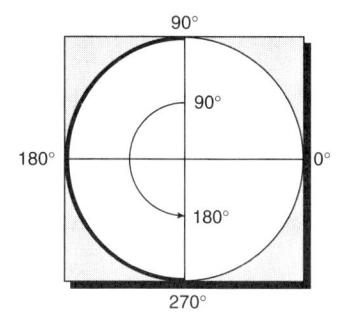

Los arcos con relleno se dibujan como si fueran secciones de un pastel redondo; en vez de unir los dos puntos extremos, éstos se unen en el centro del óvalo imaginario del arco.

El siguiente es un ejemplo de llamada al método drawArc():

```
screen.drawArc(20,25,315,150,5,-190);
```

Esta instrucción dibuja el arco de un óvalo con las coordenadas 20,25, un ancho de 315 pixeles y un alto de 150. El arco empieza en la marca de los 5 grados y surca 190 grados en el sentido de las manecillas del reloj. El arco se muestra en la figura 9.9.

Figura 9.9

Un arco.

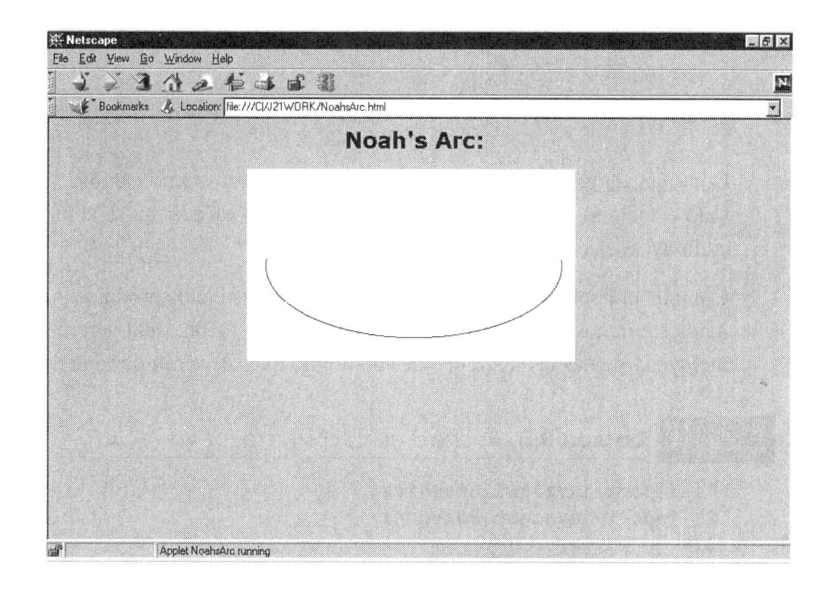

Como un último toque para el applet Map, se dibujará un paquete de arcos pequeños con cuatro argumentos que no cambian:

- Cada óvalo del arco tendrá un alto y ancho de 10 pixeles, haciendo circulares a los óvalos.
- Cada arco empezará en los 0 grados y girará 180 grados en sentido del reloj, haciendo medios círculos.

Las coordenadas x, y del arco cambiarán, y dos ciclos for circularán a través de un rango de valores x y y.

Añada las instrucciones siguientes al método paint() del applet Map:

```
for (int ax = 50; ax < 150; ax += 10)
    for (int ay = 120; ay < 320 ; ay += 10)
        screen.drawArc(ax, ay, 10, 10, 0, -180);
```

Colocar un ciclo for dentro de otro podría parecer confuso. Aquí están las primeras seis coordenadas x, y creadas por el ciclo:

50,120

50,130

50,140

50,150

50,160

50,170

Como puede ver, la coordenada x (especificada por ax) no cambia. No cambiará hasta que todo el ciclo ay ejecute su recorrido. Cuando eso suceda, ax se aumenta en 10 y todo el ciclo ay se ejecuta nuevamente.

Compile el applet Map para ver el efecto que estos ciclos producen al dibujar varios pequeños medios círculos. El listado 9.3 muestra el código fuente final y completo de Map.java, incluyendo todas las instrucciones de dibujo que se vieron durante esta sección.

ESCRIBA **LISTADO 9.3.** EL TEXTO FINAL, COMPLETO, DE MAP.JAVA.

```
1: import java.awt.Graphics;
2: import java.awt.Polygon;
3:
4: public class Map extends java.applet.Applet {
5:     public void paint(Graphics screen) {
6:         screen.drawString("Florida", 185, 75);
7:         screen.drawLine(185,80,222,80);
8:         screen.drawRect(2, 2, 345, 345);
```

Cómo mejorar la apariencia de sus programas con gráficos, fuentes y color 211

```
 9:        screen.drawRoundRect(182,61,43,24,10,8);
10:        int x[] = { 10, 234, 253, 261, 344, 336, 295, 259, 205, 211,
11:            195, 191, 120, 94, 81, 12, 10 };
12:        int y[] = { 12, 15, 25, 71, 209, 278, 310, 274, 188, 171, 174,
13:            118, 56, 68, 49, 37, 12 };
14:        int pts = x.length;
15:        Polygon poly = new Polygon(x, y, pts);
16:        screen.drawPolygon(poly);
17:        screen.fillOval(235,140,15,15);
18:        screen.fillOval(225,130,15,15);
19:        screen.fillOval(245,130,15,15);
20:        for (int ax = 50; ax < 150; ax += 10)
21:            for (int ay = 120; ay < 320 ; ay += 10)
22:                screen.drawArc(ax, ay, 10, 10, 0, -180);
23:    }
24: }
```

La figura 9.10 muestra el applet Map que ha sido pintado con los métodos de dibujo básicos de Java:

Figura 9.10

El applet Map.

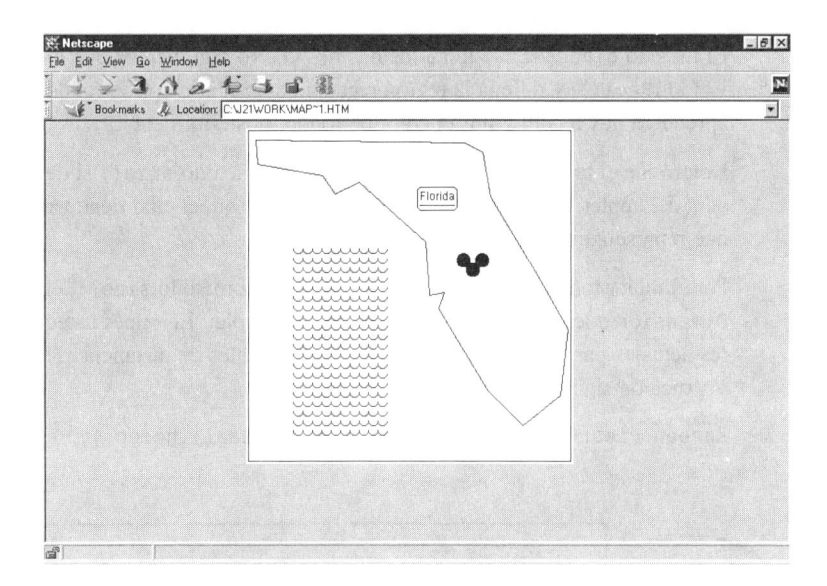

Aunque ningún cartógrafo temería perder su trabajo ante este despliegue de la hechura de un mapa, el applet combina una muestra de la mayoría de las características de dibujo de que goza la clase Graphics. Un applet como éste podría ser expandido mediante los objetos Font y Color, y se podrían reorganizar las operaciones de dibujo para mejorar el producto final.

Copiado y limpieza

La clase `Graphics` también incluye alguna funcionalidad de corte y pegado que incluye la ventana del Applet:

- El método `copyArea()`, copia una región rectangular de la ventana del applet en otra región de la ventana.
- El método `clearRect()`, limpia una región rectangular de la ventana del applet.

El método `copyArea()` toma seis argumentos:

- Las coordenadas `x`, `y` de la región rectangular a copiar.
- El ancho y alto de esa región.
- La distancia horizontal y vertical, en pixeles, para retirarse de la región antes de desplegar una copia de ella.

La siguiente instrucción copia una región de 100×100 pixeles a un área de 50 pixeles a la derecha y 25 pixeles abajo:

```
screen.copyArea(0,0,100,100,50,25);
```

El método `clearRect()` toma los mismos cuatro argumentos que los métodos `drawRect()` y `fillRect()`, y rellena la región rectangular con el color de fondo vigente del applet. Usted aprenderá hoy a configurar el color de fondo, posteriormente.

Determine el tamaño de la ventana a través del método `size()` si desea limpiar toda una ventana del applet. Esto devuelve un objeto `Dimension`, el cual tiene variables `width` y `height`, que representan las dimensiones del applet.

Para limpiar todo el applet, lo puede hacer con el método `size()`, el cual devuelve un objeto `Dimension` que representa al ancho y alto del applet. Entonces usted puede obtener los valores actuales para ancho y alto mediante las variables de instancia `width` y `height`, como en la instrucción siguiente:

```
screen.clearRect(0, 0, size().width, size().height);
```

> **Nota**
> El método `size()` fue renombrado después de Java 1.0.2. Aún funciona en Java 2, pero el compilador mandará un aviso deprecation (desaprobación) que significa que hay un método de remplazo disponible. El método `getSize()` en Java 2 funciona exactamente igual que `size()`. El cambio de nombre es parte del esfuerzo de JavaSoft para tener nombres de métodos consistentes a través de la biblioteca de clases.

Texto y fuentes

Los objetos de la clase `java.awt.Font` se usan junto con el método `drawString()` para producir fuentes diferentes. Los objetos `Font` representan el nombre, estilo y tamaño en puntos de una fuente. Otra clase, `FontMetrics`, proporciona métodos para determinar el tamaño de los caracteres que se van a desplegar con una fuente especificada, la cual se puede usar para cosas como formateo y centrado de texto.

Cree objetos `Font`

Un objeto `Font` se crea al enviar tres argumentos a su constructor:

- El nombre de la fuente.
- El estilo de la fuente.
- El tamaño del punto de la fuente.

El nombre de la fuente puede ser un nombre específico de fuente como Arial o Garamond Old Style, y se usará si la fuente está en el sistema en que se está ejecutando el programa Java.

También hay nombres que pueden ser usados para seleccionar las fuentes integradas de Java: TimesRoman, Helvetica, Courier, Dialog y DialogInput.

> **Precaución** Para Java 1.1 y posteriores, los nombres de fuentes TimesRoman, Helvetica y Courier deben ser remplazados con serif, sanserif, y monospaced, respectivamente. Estos nombres genéricos especifican el estilo de la fuente sin nombrar una familia de fuente específica usada para representarla. Ésta es una mejor opción ya que podrían faltar algunas familias de fuente en todas las implementaciones de Java, por lo que se podría usar la mejor opción para el estilo de fuente seleccionada (como serif).

Se pueden seleccionar tres estilos de fuente mediante las constantes `Font.PLAIN`, `Font.BOLD` y `Font.ITALIC`. Estas constantes son enteros y usted las puede agregar para combinar efectos.

El último argumento del constructor `Font()` es el tamaño en puntos de la fuente.

La instrucción siguiente crea una fuente Dialog de 24 puntos, que es negrita y con itálicas.

```
Font f = new Font("Dialog", Font.BOLD + Font.ITALIC, 24);
```

Dibujo de caracteres y cadenas

Para configurar la fuente actual, el método `setFont()` de la clase `Graphics` se usa con un objeto `Font`. La instrucción siguiente utiliza un objeto `Font` llamado `ft`:

```
screen.setFont(ft);
```

El texto se puede desplegar en una ventana del applet mediante los métodos `drawString()`. Este método usa la fuente actual seleccionada; si no se ha seleccionado ninguna fuente utiliza la predeterminada. Se puede configurar una nueva fuente actual en cualquier momento mediante `setFont()`.

El siguiente método `paint()` crea un nuevo objeto Font, asigna la fuente actual a dicho objeto y dibuja la cadena "I'm very font of you.", en las coordenadas 10,100.

```
public void paint(Graphics screen) {
    Font f = new Font("TimesRoman", Font.PLAIN, 72);
    screen.setFont(f);
    screen.drawString("I'm very font of you.", 10, 100);
}
```

Los dos últimos argumentos para el método `drawString()` son las coordenadas x y y. El valor x es el inicio del borde a la extrema izquierda del texto, y y es la línea de base para toda la cadena.

Cómo obtener información acerca de una fuente

La clase `FontMetrics` se puede utilizar para información detallada acerca de la fuente vigente, como el ancho y alto de caracteres que pueda desplegar.

Para usar estos métodos de clase, un objeto `FontMetrics` debe ser creado con el método `getFontMetrics()`. El método toma un argumento sencillo: un objeto Font.

La tabla 9.1 muestra información que usted puede encontrar con métricas de fuente. Todos estos métodos deben ser llamados en un objeto `FontMetrics`.

TABLA 9.1. MÉTODOS DE MÉTRICA DE FUENTE.

Nombre del método	Acción
stringWidth(String)	Dada una cadena, devuelve el ancho completo en pixeles de dicha cadena.
charWidth(char)	Dado un carácter, devuelve el ancho de ese carácter.
getHeight()	Devuelve el alto total de la fuente.

El listado 9.4 muestra cómo se pueden usar las clases Font y FontMetrics. El applet SoLong despliega una cadena en el centro de la ventana del applet, mediante FontMetrics para medir el ancho de la cadena a través de la fuente actual.

ESCRIBA **LISTADO 9.4.** EL TEXTO COMPLETO DE SOLONG.JAVA.

```
1: import java.awt.Font;
2: import java.awt.Graphics;
3: import java.awt.FontMetrics;
```

Cómo mejorar la apariencia de sus programas con gráficos, fuentes y color 215

```
 4:
 5: public class SoLong extends java.applet.Applet {
 6:
 7:     public void paint(Graphics screen) {
 8:         Font f = new Font("Courier", Font.BOLD, 18);
 9:         FontMetrics fm = getFontMetrics(f);
10:         screen.setFont(f);
11:         String s = "So long, and thanks for all the fish.";
12:         int x = (size().width - fm.stringWidth(s)) / 2;
13:         int y = size().height / 2;
14:         screen.drawString(s, x, y);
15:     }
16: }
```

La figura 9.11 muestra dos copias del applet SoLong en una página Web, cada una con ventanas de distinto tamaño.

FIGURA 9.11

Dos copias del applet SoLong.

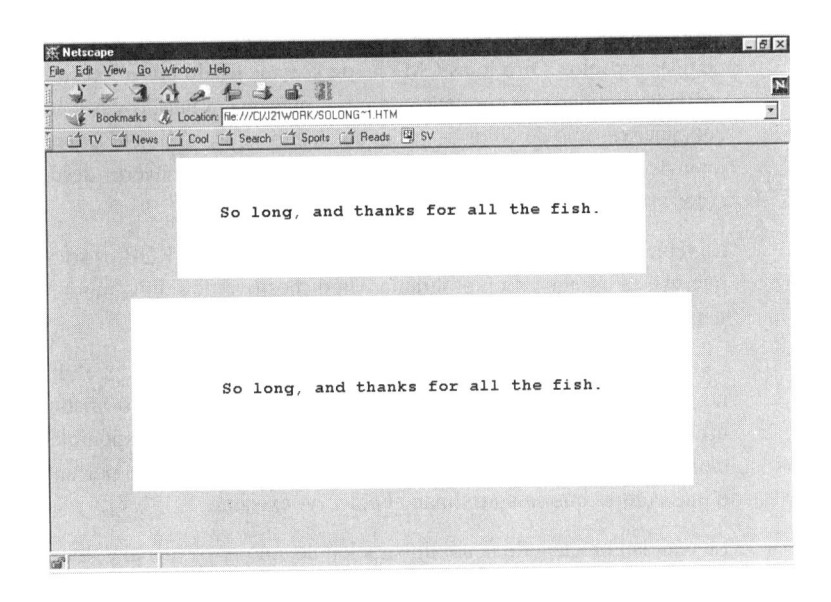

El método size() en las líneas 12 y 13 debe ser remplazado con getSize() si usted está escribiendo un applet Java 1.1 o posterior. Determinar el tamaño de la ventana del applet dentro del applet es preferible a definir el tamaño exacto en el applet, ya que es más adaptable. Usted puede cambiar el código HTML del applet en la página Web sin cambiar el programa y sigue funcionando exitosamente.

Color

Se pueden usar las clases `Color` y `ColorSpace` del paquete `java.awt` para que sus applets y aplicaciones sean más coloridas. Con estas clases puede configurar el color actual para su uso en las operaciones de dibujo, igual que el color de fondo de un applet y otras ventanas. También puede traducir un color de un sistema de descripción de colores a otro.

En forma predeterminada, Java usa colores de acuerdo a un sistema de descripción de colores llamado sRGB. En este sistema un color se describe por la cantidad que contiene de rojo, verde y azul (de allí provienen la R,G, y B de Red, Green y Blue). Cada uno de los tres componentes pueden ser representados como un entero entre 0 y 255. Negro es `0,0,0`, es la ausencia completa de color rojo, verde o azul. Blanco es `255, 255, 255`, la máxima cantidad de los tres. Usted también puede representar valores sRGB mediante los números de punto flotante que van de `0` a `1.0`. Java puede representar millones de colores entre los dos extremos mediante sRGB.

Un sistema de descripción de colores se llama un *espacio de colores*, y sRGB es únicamente uno de tales espacios. Otro lo es CMYK, un sistema usado por impresores, que describe colores según la cantidad que contienen de cyan, magenta, amarillo y negro. Java 2 soporta el uso de cualquier espacio de color deseado, en cuanto se use el objeto `ColorSpace` para definir el sistema de descripción de colores. Usted también puede convertir desde cualquier espacio de color a sRGB, y viceversa.

La representación interna de colores de Java mediante sRGB es sólo un espacio de colores que se está usando en un programa. Un dispositivo de salida, monitor o impresora, también tiene su propio espacio de color.

Cuando usted despliega o imprime algo de un color designado, el dispositivo de salida podría no soportar el color designado. En esta circunstancia, un color distinto será sustituido o se usará un patrón "*de tramado*" para aproximar el color no disponible. Esto ocurre frecuentemente en Web, cuando un color no disponible es remplazado por un patrón de tramado de dos o más colores que se aproximan al color no existente.

La realidad práctica de la administración de colores es que el color que usted designa con sRGB no está disponible en todos los dispositivos de salida. Si necesita un control más preciso de ese color, puede usar las clases `ColorSpace` y otras clases en el paquete `java.awt.color` presentado en Java 2.

En la mayoría de los programas, bastará el uso integrado de sRGB para definir los colores.

Uso de objetos `Color`

Para configurar el color del dibujo actual, ya sea con un objeto `Color` que debe ser creado para representar el color o que usted deba usar alguno de los colores estándar disponibles de la clase `Color`.

Hay dos formas de llamar al método constructor Color para crear un color:

- Mediante tres enteros que representen el valor sRGB del color deseado.
- Con tres números de punto flotante que representen el valor sRGB deseado.

Usted puede especificar el valor sRGB del color ya sea mediante tres valores int o float. Las instrucciones siguientes muestran ejemplos de cada uno:

Color c1 = new Color(0.807F,1F,0F);

Color c2 = new Color(255,204,102);

El objeto c1 describe un color verde neón y el c2 al color caramelo.

> **Nota**
>
> Es fácil confundir las literales de punto flotante como 0F y 1F con números hexadecimales, los cuales explicamos en el día 3, "Los ABCs de Java". Los colores se suelen expresar en hexadecimal, como al configurar un fondo para una página Web mediante la etiqueta <BODY> de HTML. Ninguna de las clases y métodos de Java que usted trabaja toma argumentos hexadecimales, por tanto, cuando vea una literal como 1F o 0F, es que está tratando con números de punto flotante.

Cómo probar y establecer los colores actuales

El color actual para dibujo se designa utilizando el método setColor() de la clase Graphics. Este método debe ser llamado en el objeto Graphics que representa el área que usted está dibujando. En un applet, este objeto es el que se pasa al método paint().

Una manera de establecer el color es mediante uno de los colores estándar disponibles como variables de clase en la clase Color.

Estos colores usan las siguientes variables Color (con valores sRGB indicados entre paréntesis):

    black (0,0,0)   magenta (255,0,255)

    blue (0,0,255)   orange (255,200,0)

    cyan (0,255,255)   pink (255,175,175)

    darkGray (64,64,64)   red (255,0,0)

    gray (128,128,128)   white (255,255,255)

    green (0,255,0)   yellow (255,255,0)

    lightGray (192,192,192)

La instrucción siguiente establece el color vigente del objeto `screen` a través de una de las variables de clase estándar:

```
screen.setColor(Color.pink);
```

Si usted ha creado un objeto `Color`, lo puede establecer de una manera similar:

```
Color brush = new Color(255,204,102);
screen.setColor(brush);
```

Después de establecer el color actual, todas las operaciones de dibujo ocurrirán en ese color.

Puede establecer el color de fondo para una ventana de applet los métodos `setBackground()` y `setForeground()` del propio applet. Éstos son heredados por la clase `applet` desde una de sus superclases, por lo que todos los applets que usted cree los heredarán.

El método `setBackground()` establecerá el color de fondo de la ventana del applet. Éste toma un argumento sencillo, un objeto `Color`.

```
setBackground(Color.white);
```

También hay un método `setForeground()` que es llamado en componentes de interfaz de usuario en vez de objetos `Graphics`. Funciona de la misma manera que `setColor()`, pero cambia el color de un componente de interfaz, como un botón o una ventana.

Puesto que un applet es una ventana, usted puede usar `setForeground()` en el método `init()` para establecer el color para las operaciones de dibujo. Este color es útil hasta que se elija otro color ya sea con `setForeground()` o con `setColor()`.

Si quiere encontrar cuál es el color actual, puede usar el método `getColor()` en un objeto `Graphics`, o los métodos `getForeGround()` o `getBackground()` de la clase `applet`.

La instrucción siguiente establece el color actual de `screen` (un objeto `Graphics`) al mismo color como el fondo del applet:

```
screen.setColor(getBackground());
```

Operaciones gráficas avanzadas mediante Java2D

Una de las mejoras ofrecidas con Java 2 es Java 2D, un conjunto de clases para ofrecer gráficos de 2D de alta calidad, imágenes y texto en sus programas. Las clases Java2D amplían las capacidades de las clases `java.awt` existentes que manejan gráficos, como los que usted ha aprendido hoy. No reemplazan las clases existentes, de modo que usted puede seguir usando las otras clases y programas que las implementan.

Entre las características de Java2D se incluyen las siguientes:

- Plantillas de llenado especiales, como degradados y texturas.
- Trazos que definen el ancho y estilo de un trazo de dibujo.
- Procesos de suavizado para redondear los bordes de los objetos dibujados.

Espacios de coordenadas de usuario y de dispositivo

Uno de los conceptos introducidos con Java2D es la diferencia entre un espacio de coordenadas de un dispositivo de salida y el espacio de coordenadas a que usted se refiere cuando dibuja un objeto.

Término Nuevo El *espacio de coordenadas* es cualquier área de 2D que puede ser descrita mediante coordenadas x, y.

Para todas las operaciones de dibujo hasta este punto y todas las operaciones previas a Java 2, el único espacio de coordenadas que se usó fue el del espacio de coordenadas del dispositivo. Usted especificó las coordenadas x, y de una superficie de salida como una ventana de applet y las coordenadas que se usaron para dibujar líneas, textos y otros elementos.

Java2D requiere un segundo espacio de coordenadas al que usted se refiera cuando cree un objeto y realmente lo dibuje. A esto se le llama el *espacio de coordenadas de usuario*.

Antes de que cualquier dibujo de 2D haya ocurrido en un programa, el espacio de dispositivo y espacio de usuario tienen la coordenada 0,0 en el mismo lugar: la esquina superior izquierda del área de dibujo.

La coordenada 0,0 del espacio de usuario se puede mover como resultado de las operaciones de dibujo de 2D que se lleven a cabo. Incluso los ejes x y y se pueden desplazar por una rotación 2D. Usted aprenderá más acerca de los diferentes sistemas de coordenadas conforme trabaje con Java2D.

Conversión por cast de un objeto `Graphics2D`

Todo lo que aprendió acerca de las operaciones de dibujo es que son llamadas desde un objeto `Graphics` que representa el área a ser dibujada (como una ventana de applet). Para Java2D, este objeto debe ser usado para crear un objeto `Graphics2D` nuevo, como en el siguiente método `paint()`:

```
public void paint(Graphics screen) {
    Graphics2D screen2D = (Graphics2D)screen;
}
```

El objeto `screen2D` en este ejemplo fue producido a través de una conversión por cast. Es el objeto `screen` convertido desde la clase `Graphics` a la clase `Graphics2D`.

Todas las operaciones gráficas de Java2D deben ser llamadas en un objeto `Graphics2D`. Éste es parte del paquete `java.awt`.

Especificación de los atributos de modelizado

El siguiente paso en el dibujo de 2D es especificar cómo se modelizará un objeto dibujado. Los dibujos que no son de 2D sólo pueden seleccionar un atributo: color. 2D ofrece un amplio rango de atributos para el color designado, ancho de línea, patrones de relleno, transparencia y muchas otras características.

Colores 2D

Los colores son especificados con el método setColor() el cual funciona de la misma manera que el método Graphics del mismo nombre. El siguiente es un ejemplo:

```
screen2D.setColor(Color.black);
```

> **Precaución:** Aunque algunos de los métodos 2D funcionan de la misma manera que sus opuestos no-2D, deben ser llamados a un objeto Graphics2D para usar las capacidades de Java2D.

Patrones de relleno

Los patrones de relleno controlan cómo se rellenará un objeto dibujado. Con Java2D, usted puede usar un color sólido, relleno degradado, textura o un patrón de su propia creatividad.

Un patrón de relleno se define utilizando el método setPaint() de Graphics2D con un objeto Paint como su único argumento. La interfaz Paint se implementa por cualquier clase que pueda ser un patrón de relleno, incluyendo GradientPaint, TexturePaint, y Color. El tercero podría sorprenderle, pero usar el objeto Color con setPaint() es lo mismo que llenar con un color sólido como patrón.

> **Término Nuevo:** Un *relleno degradado* es un desplazamiento gradual de un color en un punto de coordenadas a otro color en un punto diferente de coordenadas. El desplazamiento puede ocurrir una vez entre los puntos, lo cual se le llama *degradado acíclico* o puede pasar repetidamente, lo que es un *degradado cíclico*.

La figura 9.12 muestra los ejemplos de degradados acíclicos y cíclicos entre blanco y un color más obscuro. Las flechas indican los puntos y los colores insertados.

Los puntos de coordenadas en un degradado no se refieren directamente a puntos en el objeto Graphics2D al ser dibujado dentro. En vez de ello se refieren al espacio de usuario y pueden estar incluso fuera del objeto a ser rellenado con un degradado.

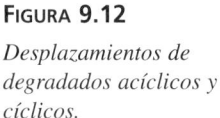

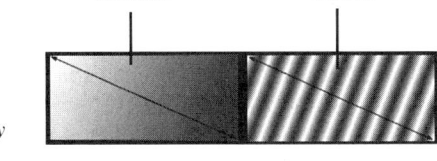

Figura 9.12
Desplazamientos de degradados acíclicos y cíclicos.

La figura 9.13 lo ilustra. Ambos rectángulos en el applet están rellenados mediante el mismo objeto `GradientPaint` como guía, pero en diferente tipo: acíclico, o sea gradual, y cíclico, o sea con el mismo patrón repetido.

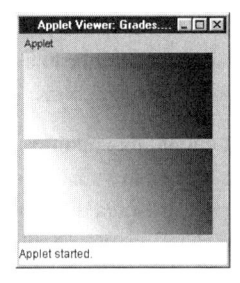

Figura 9.13
Dos rectángulos con el mismo `GradientPaint`.

Una llamada al método constructor `GradientPaint` toma el formato siguiente:

```
GradientPaint(x1,y1,color1,x2,y2,color2);
```

El punto x1, y1 es donde comienza el color representado por color1; x2, y2 es donde termina el desplazamiento en color2.

Si usted desea usar un desplazamiento de gradiente cíclico, un argumento adicional se añade al final:

```
GradientPaint(x1,y1,color1,x2,y2,color2,true);
```

El último argumento es un valor booleano que es true para un desplazamiento cíclico. Para desplazamientos acíclicos se puede usar un argumento false, o bien puede dejar fuera por completo a este argumento, pues los desplazamientos acíclicos son el comportamiento predeterminado.

Una vez creado un objeto `GradientPaint`, usted lo establece como el atributo actual de pintado con el método `setPaint()`. Las instrucciones siguientes crean y seleccionan un degradado.

```
GradientPaint pat = new GradientPaint(0f,0f,Color.white,
    100f,45f,Color.blue);
screen2D.setPaint(pat);
```

Todas las operaciones subsecuentes de dibujo para el objeto `screen2D` usarán este patrón de relleno hasta que se elija otro.

Cómo establecer un trazo de dibujo

Como lo ha aprendido, las líneas dibujadas en todas las operaciones de gráficos que no son 2D, son de un pixel de ancho. Java2D agrega la capacidad de variar el ancho de la línea de dibujo al usar el método `setStroke` con `BasicStroke`.

Un constructor simple `BasicStroke` toma tres argumentos:

- Un valor `float` que representa el ancho de la línea, con 1.0 como la norma.
- Un valor `int` que determina el estilo del final de la línea.
- Un valor `int` que determina el estilo de unión entre dos segmentos de línea.

TÉRMINO NUEVO Los argumentos final de línea y estilo de *unión* usan las variables de clase `BasicStroke`. Los estilos de final de línea se aplican a líneas que no conectan con otras. Los estilos de unión se aplican a líneas que se unen con otras.

Los estilos de final de línea son `CAP_BUTT` para que no haya puntos finales, `CAP_ROUND` para círculos alrededor de cada punto final, y `CAP_SQUARE` para cuadrados. La figura 9.14 muestra cada estilo de final de línea. Como usted puede ver, la única diferencia visible entre `CAP_BUTT` y `CAP_SQUARE` es que `CAP_SQUARE` es más larga debido a que se dibuja un final de línea cuadrado.

FIGURA 9.14.
Estilos de final de línea.

CAP_BUTT   CAP_ROUND   CAP_SQUARE

Los estilos de unión posibles son `JOIN_MITER` para unir segmentos al extender sus bordes exteriores, `JOIN_ROUND` para redondear la esquina entre los dos segmentos, y `JOIN_BEVEL` para unir segmentos con una línea recta. La figura 9.15 muestra ejemplos de cada estilo de unión.

FIGURA 9.15
Estilos de unión de punto final.

JOIN_MITER   JOIN_ROUND   JOIN_BEVEL

Las instrucciones siguientes crean un objeto `BasicStroke` y lo hacen el trazo actual:

```
BasicStroke pen = BasicStroke(2.0f,
    BasicStroke.CAP_BUTT,
    BasicStroke.JOIN_ROUND);
screen2D.setStroke(pen);
```

El trazo tiene un ancho de 2 pixeles, puntos finales sencillos y esquinas de segmento redondeadas.

Creación de objetos para dibujar

Luego de haber creado un objeto Graphics2D y especificar los atributos de modelizado, los dos pasos finales son crear el objeto y dibujarlo.

Los objetos dibujados en Java2D son creados al definirlos como figuras geométricas mediante las clases del paquete java.awt. Puede dibujar cada una de las cosas que se crearon al principio del día de hoy, incluyendo líneas, rectángulos, elipses, arcos y polígonos.

La clase Graphics2D no tiene métodos diferentes para cada una de las figuras que usted puede dibujar. En vez de ello usted define la figura y la usa como un argumento para los métodos draw() o fill().

Líneas

Las líneas se crean mediante la clase Line2D.Float. Esta clase toma cuatro argumentos: las coordenadas x, y de un punto final seguido de las coordenadas x, y de la otra. Aquí está un ejemplo:

```
Line2D.Float ln = new Line2D.Float(60F,5F,13F,28F);
```

Esta instrucción crea una línea entre 60,5 y 13,28. Observe que se usa una F con las literales enviadas como argumentos, pues de otra manera el compilador Java asumiría que son enteros.

Rectángulos

Los rectángulos se crean mediante las clases Rectangle2D.Float o Rectangle2D.Double. La diferencia entre los dos es que uno toma argumentos float y el otro toma argumentos double.

Rectangle2D.Float toma cuatro argumentos: la coordenada x, la coordenada y, ancho y alto. El siguiente es un ejemplo:

```
Rectangle2D.Float rc = new Rectangle2D.Float(10F,13F,40F,20F);
```

Esto crea un rectángulo en 10,13 que es de 40 pixeles de ancho y 20 de alto.

Elipses

Término Nuevo En Java2D los objetos ovales se llaman *elipses*, y pueden ser creados con la clase Ellipse2D.Float. Toma cuatro argumentos: la coordenada x, la coordenada y, ancho y alto.

La instrucción siguiente crea una elipse en 113,25 con un ancho de 22 pixeles y un alto de 40:

```
Ellipse2D.Float ee = new Ellipse2D.Float(113,25,22,40);
```

Arcos

Los arcos se crean con la clase `Arc2D.Float`, en forma parecida a la contraparte que no es 2D, pero hay una característica adicional: usted puede definir cómo cerrar un arco.

`Arc2D.Float` toma siete argumentos. Los primeros cuatro aplican a la elipse de la que el arco es parte: la coordenada x, la coordenada y, ancho y altura. Los tres últimos argumentos son el grado inicial del arco, el número de grados que cursa y un entero que describe cómo se cierra.

El número de grados cursados por el arco se especifica en el sentido de las manecillas del reloj, mediante números positivos. Esto es lo opuesto a como se maneja un arco no-2D.

El ultimo argumento usa una de tres variables de clase: `Arc2D.OPEN` para un arco no cerrado, `Arc2D.CHORD` para conectar los puntos finales del arco con una línea recta y `Arc2D.PIE` para conectar el arco al centro de las elipses como una rebanada de pastel. La figura 9.16 muestra cada uno de estos estilos.

FIGURA 9.16

Estilos de cierre de arco.

Arc2D.OPEN   Arc2D.CHORD   Arc2D.PIE

> **Nota**
>
> El estilo de cierre de `Arc2D.OPEN` no aplica a los arcos rellenos. Un arco relleno que tiene como su estilo `Arc2D.OPEN` será cerrado mediante el mismo estilo que `Arc2D.CHORD`.

La instrucción siguiente crea un objeto `Arc2d.Float`.

`Arc2D.Float = new Arc2D.Float(27,22,42,30,33,90,Arc2D.PIE);`

Esto crea un arco para un óvalo en 27,22 que tiene 42 pixeles de ancho y 30 de alto. El arco empieza a los 33 grados, se extiende 90 grados en el sentido de las manecillas del reloj y se cerrará como una rebanada de pastel.

Polígonos

En Java2D los polígonos se crean definiendo cada movimiento desde un punto a otro en el polígono. Un polígono puede ser formado por líneas rectas, curvas cuadráticas y curvas Bézier.

Los movimientos para crear un polígono están definidos como un objeto `GeneralPath`, que también es parte del paquete `java.awt.geom`.

Un objeto `GeneralPath` puede ser creado sin ningún argumento, como se muestra aquí:

`GeneralPath polly = new GeneralPath();`

El método `moveTo()` de `GeneralPath` se usa para crear el primer punto en el polígono. Si usted quisiera iniciar `polly` en las coordenadas 5,0 tendría que usar la instrucción siguiente:

`polly.moveTo(5f, 0f);`

Después de crear el primer punto, se usa el método `lineTo()` para crear líneas que finalizan en un nuevo punto. Este método toma dos argumentos: las coordenadas x y y del nuevo punto.

Las instrucciones siguientes añaden tres líneas al objeto `polly`:

```
polly.lineTo(205f, 0f);
polly.lineTo(205f, 90f);
polly.lineTo(5f, 90f);
```

Los métodos `lineTo()` y `moveTo()` requieren argumentos `float` para especificar los puntos de coordenadas.

Si quiere cerrar un polígono, utilice el método `closePath()` sin argumentos como se muestra aquí:

`polly.closePath();`

Este método cierra un polígono al conectar el punto actual con el punto especificado por el método `moveTo()` más reciente. Usted puede cerrar un polígono sin este método utilizando el método `lineTo()` que conecta al punto original.

Una vez creado un polígono abierto o cerrado, usted lo puede dibujar como cualquier otra figura siguiendo los métodos `draw()` y `fill()`. El objeto `polly` es un rectángulo con puntos en 5,0, 205,0, 205,90, y 5,90.

Dibujo de objetos

Después de haber definido los atributos de modelizado, como el color y ancho de la línea, y de haber creado el objeto para ser dibujado, ya está listo para dibujar algo con todo el esplendor de 2D.

Todos los objetos dibujados usan los mismos métodos de la clase `Graphics2D`: `draw()` para los contornos y `fill()` para los objetos rellenos. Éstos toman un objeto como argumento único.

En Java2D las cadenas se dibujan con el método `drawString()`. Éste toma tres argumentos: el objeto `String` para dibujar y sus coordenadas x, y. Como todas las coordenadas en Java2D, se deben especificar los números de punto flotante en vez de ser enteros.

Un ejemplo de dibujo 2D

Entre las primeras actividades de hoy usted creó un mapa de Florida siguiendo los métodos de dibujo que están disponibles a través de la clase Graphics. El próximo applet que va a crear es una versión modificada de ese mapa, el cual utiliza técnicas de dibujo 2D.

Puesto que todas las clases Java2D son nuevas con la versión 2 de Java, este applet sólo puede ser visto con un navegador Web que soporte Java 2. Al momento de escribir esta obra, la herramienta appletviewer incluida con el JDK 1.2 es la única manera de verlo.

El listado 9.5 contiene el applet Map2D. Es un programa más largo que muchos en este libro, debido a que 2D requiere muchas instrucciones para completar una operación de dibujo.

ESCRIBA **LISTADO 9.5.** EL TEXTO COMPLETO DE MAP2D.JAVA.

```
 1: importe java.awt.*;
 2: importe java.awt.geom.*;
 3:
 4: public class Map2D extends java.applet.Applet {
 5:     public void paint(Graphics screen) {
 6:         Graphics2D screen2D = (Graphics2D)screen;
 7:         setBackground(Color.blue);
 8:         // Dibujar olas
 9:         screen2D.setColor(Color.white);
10:         BasicStroke pen = new BasicStroke(2F,
11:             BasicStroke.CAP_BUTT, BasicStroke.JOIN_ROUND);
12:         screen2D.setStroke(pen);
13:         for (int ax = 10; ax < 340; ax += 10)
14:             for (int ay = 30; ay < 340 ; ay += 10) {
15:                 Arc2D.Float wave = new Arc2D.Float(ax, ay,
16:                     10, 10, 0, 180, Arc2D.OPEN);
17:                 screen2D.draw(wave);
18:             }
19:         // Dibujar Florida
20:         GradientPaint gp = new GradientPaint(0F,0F,Color.green,
21:             50F,50F,Color.orange,true);
22:         screen2D.setPaint(gp);
23:         GeneralPath fl = new GeneralPath();
24:         fl.moveTo(10F,12F);
25:         fl.lineTo(234F,15F);
26:         fl.lineTo(253F,25F);
27:         fl.lineTo(261F,71F);
28:         fl.lineTo(344F,209F);
29:         fl.lineTo(336F,278F);
30:         fl.lineTo(295F,310F);
31:         fl.lineTo(259F,274F);
32:         fl.lineTo(205F,188F);
33:         fl.lineTo(211F,171F);
34:         fl.lineTo(195F,174F);
```

```
35:            fl.lineTo(191F,118F);
36:            fl.lineTo(120F,56F);
37:            fl.lineTo(94F,68F);
38:            fl.lineTo(81F,49F);
39:            fl.lineTo(12F,37F);
40:            fl.closePath();
41:            screen2D.fill(fl);
42:            // Dibujar óvalos
43:            screen2D.setColor(Color.black);
44:            BasicStroke pen2 = new BasicStroke();
45:            screen2D.setStroke(pen2);
46:            Ellipse2D.Float e1 = new Ellipse2D.Float(235,140,15,15);
47:            Ellipse2D.Float e2 = new Ellipse2D.Float(225,130,15,15);
48:            Ellipse2D.Float e3 = new Ellipse2D.Float(245,130,15,15);
49:            screen2D.fill(e1);
50:            screen2D.fill(e2);
51:            screen2D.fill(e3);
52:        }
53: }
```

Para poder ver el applet, usted necesita crear una página HTML breve que lo contenga, mediante el listado 9.6. Como usa clases y métodos Java 2, el applet sólo puede ser visto con un navegador que soporte esta versión del lenguaje. Al momento de escribir este libro, la herramienta appletviewer incluida con el JDK era la única que ejecutaba applets de Java 2. El appletviewer maneja las etiquetas <APPLET> e ignora las etiquetas comunes de HTML, por lo que no hay motivo para crear una página complicada para algo que usted sólo podrá ver con dicha herramienta.

ESCRIBA **LISTADO 9.6.** EL TEXTO COMPLETO DE MAP2D.HTML.

```
1: <applet code="Map2D.class" height=370 width=350>
2: </applet>
```

Algunas observaciones acerca del applet Map2D:

- La línea 2 importa las clases en el paquete java.awt.geom. Esta instrucción se requiere porque import java.awt.*; en la línea 1 sólo maneja clases, no paquetes disponibles bajo java.awt.
- La línea 6 crea el objeto screen2D que se usa para todas las operaciones de dibujo de 2D. Es una conversión por cast del objeto Graphics que representa la ventana del applet.
- Las líneas 10-12 crean un objeto BasicStroke que representa un ancho de línea de 2 pixeles y entonces lo hace ser su trazo actual con el método setStroke() de Graphics2D.

- Las líneas 13-17 utilizan dos ciclos for anidados para crear ondas con arcos individuales. Esta misma técnica se usó para el applet Map, pero hay más arcos cubriendo la ventana del applet en Map2D.
- Las líneas 20 y 21 crean un patrón de relleno degradado desde el color verde en 0,0 al naranja en 50,50. El último argumento para el constructor, true, hace que el patrón de relleno se repita a sí mismo tantas veces cuantas se necesite para rellenar un objeto.
- La línea 22 establece el patrón de relleno degradado actual con el método setPaint() y el objeto gp recién creado.
- Las líneas 23-41 crean el polígono configurado para parecerse al estado de Florida y lo dibuja. Este polígono será rellenado con bandas verde a naranja según el patrón de relleno actual.
- La línea 43 establece al negro como el color actual. Éste reemplaza el patrón de relleno degradado para la siguiente operación de dibujo porque los colores también son patrones de relleno.
- La línea 44 crea un nuevo objeto BasicStroke() sin argumentos, el cual predetermina una línea de un pixel de ancho.
- La línea 45 establece el ancho de la línea actual al nuevo objeto BasicStroke, pen2.
- Las líneas 46-51 crean tres elipses en 235, 140, 225, 130 y 245,130. Cada una es de 15 pixeles de ancho y 15 de alto, lo que los convirte en círculos.

La figura 9.17 muestra la salida del applet Map2D en appletviewer.

FIGURA 9.17
El applet Map2D.

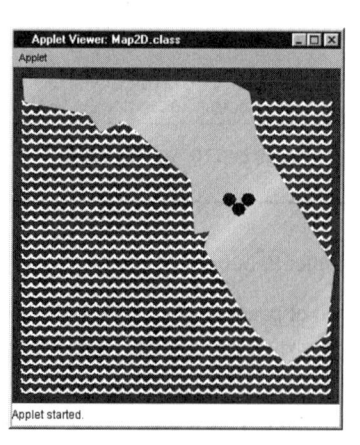

Resumen

Ahora usted ya tiene algunas herramientas para mejorar la apariencia de un applet. Ya puede dibujar con líneas, rectángulos, elipses, polígonos, fuentes, colores y patrones dentro de una ventana de applet, usando clases 2D y no-2D.

Las operaciones de dibujo no-2D requieren métodos en la clase `Graphics`, con argumentos que describen el objeto a ser dibujado.

Java2D usa los mismos dos métodos para cada operación de dibujo: `draw()` y `fill()`. Los objetos diferentes se crean mediante clases del paquete `java.awt.geom`, y éstos se utilizan como argumentos para los métodos de dibujo de `Graphics2D`.

Posteriormente aprenderá a dibujar en otros componentes de un programa Java igual que lo hizo en la ventana de applet. Esto le permite usar también las técnicas de hoy en una aplicación Java.

Usted tiene más oportunidades de impresionar mañana al Tío Pedro, cuando las lecciones de arte incluyan animación y el despliegue de archivos de imagen.

Preguntas y respuestas

P Quiero dibujar una línea de texto con una palabra en negritas a la mitad. Entiendo que necesito dos objetos `Font` (uno para la fuente normal y otro para la negrita) y que necesitaré regresar a la fuente normal después de establecer las negritas. El problema es que `drawString()` requiere una posición x y y para el inicio de cada cadena, y no puedo encontrar nada que se refiera al "punto actual". ¿Cómo puedo averiguar dónde iniciar la palabra en negritas?

R Las capacidades de despliegue de texto de Java son bastante primitivas. Java no tiene el concepto de punto actual, por lo que usted tiene que averiguar por sí mismo dónde está el final de una cadena para que pueda iniciar la siguiente. Los métodos `stringWidth()` le pueden ayudar con este problema, tanto para encontrar el ancho de la cadena que acaba de dibujar como para agregar el espacio que le sigue.

Semana 2

Día 10

Adición de imágenes, animación y sonido

Para mucha gente, su primer contacto con Java fue la contemplación de un texto animado o imágenes en movimiento en una página Web. Este tipo de animación es sencillo, y sólo requiere algunos métodos para implementarlos en Java, aun cuando estos métodos son la base para cualquier applet que requiera actualización dinámica para la pantalla. Iniciar con animación sencilla es una buena forma de construir applets más complicados.

En Java la animación se realiza mediante partes interrelacionadas del AWT (Kit de Herramientas de Manejo Abstracto de Ventanas). Hoy, usted aprenderá cómo varias partes de Java funcionan juntas para que cree figuras en movimiento y applets actualizados dinámicamente.

Crear animación es divertido y fácil en Java, y hay mucho que hacer con los métodos integrados a Java para líneas, fuentes y colores. Para una animación atractiva, sólo proporcione sus propias imágenes para cada cuadro de la animación, y agregarle sonidos lo hace ser maravilloso.

Hoy explorará los temas siguientes:

- Cómo funcionan las animaciones en Java: los métodos `paint()` y `repaint()`, inicio y paro de applets dinámicos, y cómo usar y sobreponer estos métodos en sus propios applets.
- Subprocesos múltiples, qué son y cómo pueden hacer que sus applets se comporten mejor con otros applets y con el sistema en general.
- Cómo reducir el parpadeo de la animación; un problema común con la animación en Java.
- Uso de imágenes de mapas de bits como los archivos GIF o JPEG, cómo obtenerlas del servidor, cargarlas en Java, desplegarlas en su applet y usarlas en la animación.
- Aplicación de sonidos, cómo obtenerlos y reproducirlos en los momentos apropiados.

Animación en Java

La animación es un proceso relativamente sencillo que requiere los pasos siguientes:

- Dibujar algo mediante texto, objetos o archivos de imagen.
- Indicar al sistema de manejo de ventanas que despliegue lo que usted ha dibujado.

Estos pasos se repiten en diferentes elementos que se dibujan para crear una ilusión de movimiento. Usted puede variar el lapso de tiempo entre cuadros en la secuencia animada, o dejar que Java dibuje tan rápido como pueda.

Pintado y repintado

Como lo aprendió, el método `paint()` es llamado automáticamente cuando hay que redibujar el área de despliegue de un applet. Este método es llamado al iniciarse un applet, porque la ventana está en blanco y debe ser dibujada por primera vez. También puede ser llamado cuando una ventana de applet se muestra después de haber sido ocultada por una ventana de otro programa.

Usted puede solicitar al sistema de manejo de ventanas de Java que repinte la ventana con el método `repaint()`.

> **Nota** Aquí se usa un lenguaje cortés por una razón; en realidad `repaint()` es una solicitud en vez de un comando. El sistema de manejo de ventanas de Java percibe esta solicitud y la procesa tan pronto como le es posible, pero si las solicitudes a `repaint()` se apilan más rápido de lo que Java las puede manejar, algunas podrían ser saltadas. En la mayoría de los casos, el retraso entre la llamada a `repaint()` y el redespliegue actual de la ventana es insignificante.

Para cambiar la apariencia de lo que se despliega en un área como una ventana de applet, usted dibuja lo que desea ver desplegado, llama a `repaint()`, dibuja otra cosa, llama de nuevo a `repaint()`, y así sucesivamente.

Todas estas acciones no ocurren en el método `paint()` porque éste sólo es responsable de dibujar un cuadro sencillo de animación: el cuadro más actual. El trabajo real ocurre en otra parte del applet.

En ese otro lugar, que podría ser su propio método, usted crea objetos, los dibuja, hace otras tareas necesarias y finaliza llamando a `repaint()`.

> **Precaución** Aunque puede llamar usted mismo al método `paint()`, debería hacer todas las solicitudes para dibujar el área de despliegue mediante llamadas a `repaint()`. El método `repaint()` es más sencillo de usar (no requiere un objeto Graphics como un argumento) a diferencia de `paint()`, y se encarga de todo el comportamiento necesario para actualizar el área de despliegue. Más tarde verá esto, cuando llame a `repaint()` para crear una secuencia animada.

Inicio y paro de la ejecución de un applet

Como recordará del día 8, "Cómo poner programas interactivos en Web", los métodos `start()` y `stop()` son llamados cuando un applet inicia y termina su ejecución.

Estos métodos están vacíos cuando son heredados desde `java.applet.Applet`, por lo que tiene que sobreponerlos para hacer cualquier cosa al inicio y al final de su programa. No usó `start()` o `stop()` ayer, debido a que los applets sólo necesitaron usar `paint()` una vez.

Con la animación y otros applets de Java que están en proceso y que se ejecutan al paso, se requieren `start()` y `stop()` para activar el inicio de la ejecución del applet y detener su ejecución cuando la página que contiene el applet sale de presentación.

Control de la animación mediante subprocesos

La animación es un uso ideal para los subprocesos, la forma en que Java maneja más de una tarea de programación a la vez.

> **Término Nuevo** Un *subproceso* es parte de un programa que se configura para ejecutar en sus propias condiciones mientras el resto del programa hace otra cosa. A esto también se le llama *multitarea* debido a que el programa puede manejar más de una tarea simultáneamente.

Los subprocesos son ideales para hacer cualquier cosa que tome mucho tiempo de procesamiento y está corriendo continuamente, como la creación de dibujos repetidos para crear una animación.

Al poner la carga de trabajo de la animación en un subproceso, usted deja libre al resto del programa para manejar otras cosas. También simplifica el ambiente de ejecución del applet para manejar el programa ya que todo el trabajo intensivo se concentra en su propio subproceso.

Cómo escribir applets con subprocesos

Para usar un subproceso en un applet, puede hacer cinco modificaciones a su archivo de clases:

- Modificar la declaración de clase agregando el texto `implements Runnable`.
- Crear un objeto `Thread` que contenga al subproceso.
- Sobreponer el método `start()` del applet para crear el subproceso e iniciar su ejecución.
- Sobreponer el método `stop()` para asignar `null` al subproceso en ejecución.
- Crear un método `run()` que contenga las instrucciones que hagan que el applet corra continuamente.

La palabra clave `implements` es semejante a la palabra clave `extends` debido a que modifica la clase que está declarada en la misma línea. El siguiente es un ejemplo de una clase que utiliza tanto `extends` como `implements`:

```
public class DancingBaby extends java.applet.Applet
    implements Runnable {
    // ...
}
```

Aunque la declaración de clase ha sido dividida en dos líneas, todo lo que se encuentre desde la palabra clave `public` hasta la llave izquierda "{" define la clase.

`Runnable` es un tipo especial de clase llamada una interfaz. Como recordará del día 2, "Un vistazo a la programación orientada a objetos", una *interfaz* es una forma para que una clase herede métodos que de otro modo no podrían ser heredados de sus superclases.

Estos métodos pueden ser implementados por cualquier clase que necesite el comportamiento. En este ejemplo, la interfaz `Runnable` está implementada por clases que funcionarán como un subproceso. `Runnable` proporciona una definición para el método `run()`, el cual es llamado para iniciar un subproceso.

La clase `Thread` es parte del paquete estándar `java.lang`, por lo que no tiene que haber sido puesta disponible a través de una instrucción `import`. Iniciar la creación de un objeto `Thread` es tan sencillo como darle un nombre a alguien, como en la instrucción siguiente:

```
Thread runner;
```

Este objeto puede ser creado en el método del applet `start()`. La variable `runner` tendrá el valor `null` hasta que el objeto sea creado realmente.

El lugar ideal para crearlo es en el método start() del applet. El método siguiente verifica si ya ha sido creado el subproceso. Si no es así, lo crea:

```
public void start() {
    if (runner == null) {
        runner = new Thread(this);
        runner.start();
    }
}
```

La palabra clave this utilizada en el constructor Thread() es una forma de referirse al objeto en que se ejecuta el método, el applet en sí mismo. Mediante this, el applet se identifica como la clase que proporciona el comportamiento para ejecutar el subproceso.

Para ejecutar un subproceso, se llama a su método start(), como en esta instrucción del ejemplo previo:

```
runner.start();
```

Llamar al método start() del subproceso hace que se llame a otro método (el método run() de la clase que está manejando el subproceso).

En este ejemplo, el applet implementa la interfaz Runnable y ha sido enlazado al objeto runner a través de la palabra clave this. Se debe agregar un método run() al applet. Lo siguiente es un ejemplo:

```
public void run() {
    // lo que hace realmente el applet
}
```

El método run() es el corazón del applet con subprocesos. Se le debería utilizar para conducir una secuencia animada configurándolo con todo lo necesario para los dibujos y cambiar cosas entre cada cuadro.

Después de haber llenado el método run() con cualquier comportamiento que el subproceso necesite, el último paso para hacer un applet con subprocesos es usar su método stop() para detener el subproceso.

La forma de detener un subproceso es establecer su objeto a null. Esto no detendrá al subproceso, pero usted puede diseñar el método run() de tal modo que se mantenga en ejecución sólo mientras su objeto Thread no sea igual a null.

> **Precaución** Hay un método stop() que podría ser llamado en objetos Thread para detenerlos, pero JavaSoft los ha desaprobado de la versión Java 2. Utilizar un método stop() del subproceso crea inestabilidades en el ambiente de ejecución del programa y puede introducir errores en su operación que son

> difíciles de detectar. Se ha desalentado fuertemente a los programadores del uso de stop() para detener un subproceso, aun en programas Java 1.0.2 y 1.1. La alternativa actual se recomienda en las notas liberadas con la versión de Java 2, y deberían ser apropiadas para toda la programación con subprocesos múltiples.

Al agregar `implements Runnable`, crear un objeto `Thread` asociado con el applet, y usar los métodos `start()`, `stop()`, y `run()`, un applet se convierte en un programa con subprocesos.

Cómo poner todo junto

La programación con subprocesos debería ser más clara cuando usted realmente la ve en acción. El listado 10.1 contiene un applet animado que despliega la fecha y hora con actualizaciones constantes. Esto crea un reloj digital como se muestra en la figura 10.1.

FIGURA 10.1

El applet DigitalClock en Netscape Navigator.

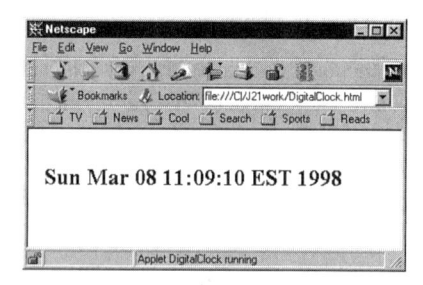

Este applet usa los métodos `paint()`, `start()` y `stop()`. También usa subprocesos.

ESCRIBA **LISTADO 10.1.** EL TEXTO COMPLETO DE DIGITALCLOCK.JAVA.

```
 1: import java.awt.Graphics;
 2: import java.awt.Font;
 3: import java.util.Date;
 4:
 5: public class DigitalClock extends java.applet.Applet
 6:     implements Runnable {
 7:
 8:     Font theFont = new Font("TimesRoman",Font.BOLD,24);
 9:     Date theDate;
10:     Thread runner;
11:
12:     public void start() {
13:         if (runner == null) {
14:             runner = new Thread(this);
```

```
15:            runner.start();
16:        }
17:    }
18:
19:    public void stop() {
20:        if (runner != null) {
21:            runner = null;
22:        }
23:    }
24:
25:    public void run() {
26:        Thread thisThread = Thread.currentThread();
27:        while (runner == thisThread) {
28:            repaint();
29:            try {
30:                Thread.sleep(1000);
31:            } catch (InterruptedException e) { }
32:        }
33:    }
34:
35:    public void paint(Graphics screen) {
36:        theDate = new Date();
37:        screen.setFont(theFont);
38:        screen.drawString("" + theDate.toString(), 10, 50);
39:    }
40: }
```

Para probar el applet, colóquelo en una página Web en una ventana de applet con `width=380` y `height=100`.

> **Nota**
>
> Este applet usa la clase `Date()` para obtener la fecha y hora actuales, lo cual lo hace compatible con Java 1.0.2. Para versiones posteriores del lenguaje, se deberían usar las clases `Calendar` y `GregorianCalendar` ya que proporcionan mejor soporte para los sistemas de calendario internacional. Hay una versión compatible con Java 2 del applet DigitalClock llamado `DigitalClock12.java` en el sitio Web de este libro en `http://www.pre-fect.com/java21`.

La animación es un buen ejemplo del tipo de tarea que necesita su propio subproceso. Supongamos el ciclo `while()` sin fin en el applet DigitalClock. Si usted no utilizara subprocesos, el ciclo `while()` se ejecutaría en el subproceso predeterminado del sistema Java, el cual también es responsable del dibujo en la pantalla, del manejo de la entrada del usuario como clics del ratón y de llevar un registro interno actualizado. Desafortunadamente, si ejecuta ese ciclo `while()` en el subproceso principal del sistema, monopoliza los recursos de Java e impide toda acción, incluso dibujar. En realidad nunca vería nada en pantalla porque Java estaría esperando a que terminara el ciclo while(), antes de hacer cualquier otra cosa.

En esta sección se ve este applet desde la perspectiva de las partes reales de animación y más tarde manejará las partes que administran los subprocesos.

Las líneas 8-9 definen dos variables de instancia básicas: theFont y theDate, las cuales contienen objetos que representan la fuente actual y la fecha actual, respectivamente. Después aprenderá más acerca de esto.

Aquí, los métodos start() y stop() inician y detienen un subproceso; la mayor parte del trabajo del applet está en el método run() (líneas 25-33).

Dentro de run() es donde realmente ocurre la animación. Observe el ciclo while() dentro de este método (al inicio con la instrucción en la línea 27); la expresión runner == thisThread, devolverá un valor true hasta que el objeto runner se configure a null (lo cual ocurre en el método stop() del applet). Dentro de ese ciclo while se construye un cuadro sencillo de animación.

Lo primero que sucede en el ciclo es que la instrucción repaint() es llamada en la línea 28 para repintar el applet. Las líneas 29-31, tan complicadas como se ven, no hacen nada excepto una pausa por 1000 milisegundos (1 segundo) antes de que se repita el ciclo.

El método sleep() de la clase Thread hace que el applet haga una pausa. Sin un método específico sleep(), el applet correría tan rápido como pudiera. El método sleep() controla la ocurrencia exacta de la animación. Los bloques try y catch a su alrededor permiten a Java manejar errores si se presentan. Estas instrucciones serán descritas en el día 16, "Circunstancias excepcionales: manejo de errores y seguridad".

En el método paint() en las líneas 35-39, se crea una nueva instancia de la clase Date para contener la fecha y tiempo actuales; observe que ya fue importada específicamente en la línea 3. Este objeto nuevo Date se asigna a la variable de instancia theDate.

En la línea 37 la fuente actual se establece mediante el valor de la variable theFont y la fecha se despliega por sí misma en la pantalla; observe que ha tenido que llamar al método toString() de Date para desplegar la fecha y hora como una cadena. Cada vez que se llama a paint(), se crea un nuevo objeto theDate que contiene la fecha y hora actuales.

Mire las líneas de este applet que crea y administra subprocesos. Primero, mire la definición misma de la clase en las líneas 5-6. Observe que la definición de clase implementa la interfaz Runnable. Cualquier clase que usted cree y que utilice subprocesos múltiples debe incluir Runnable.

La línea 10 define una tercera variable de instancia para esta clase llamada runner del tipo Thread, la cual contendrá el objeto subproceso para este applet.

Las líneas 12-23 definen los métodos `start()` y `stop()` que no hacen otra cosa que crear y destruir subprocesos. Estas definiciones de método serán semejantes de clase en clase debido a que todo lo que hacen es configurar la infraestructura para los subprocesos utilizados por el programa.

Finalmente, la mayor parte del trabajo de su applet va dentro del método `run()` en las líneas 25-33.

Cómo reducir el parpadeo de la animación

Cuando se ejecuta el applet `DigitalClock`, usted ve un parpadeo ocasional en el texto al desplegarlo en la pantalla. El grado de parpadeo depende de la calidad del ambiente de ejecución de Java en que corra el programa y de la velocidad del procesador. Sin embargo, puede ser molesto incluso en una PC veloz y una máquina virtual de Java bien implementada.

El parpadeo es uno de los efectos colaterales de la manera en que las imágenes se hayan actualizado en un programa Java, y es uno de los problemas del que debe desembarazarse al crear animaciones.

El parpadeo y cómo evitarlo

El parpadeo es causado por la forma en que Java repinta cada cuadro de un applet. Al principio de la lección de hoy, usted aprendió que al llamar al método `repaint()`, éste llama el método `paint()`.

En realidad, hay un intermediario involucrado. Cuando se ha llamado a `repaint()`, se llama también al método `update()`, el cual limpia la pantalla de cualquier contenido rellenándolo con el color de fondo de la ventana del applet. Entonces el método `update()` llama a `paint()`.

El proceso de limpieza de pantalla en `update()` es el principal culpable del parpadeo. Como la pantalla se limpia entre cuadro y cuadro, las partes de la pantalla que no cambian durante el cambio de cuadros se alternan rápidamente entre el dibujo y la limpieza; en otras palabras, parpadean.

Hay dos maneras principales de evitar el parpadeo en sus applets de Java:

- Sobreponer el método `update()` para que no limpie la pantalla o que únicamente limpie las partes de la pantalla que usted cambió.
- Sobreponer ambos métodos `update()` y `paint()` mediante el *doble búfer*.

La manera más fácil de reducir el parpadeo es sobreponer `update()` para que no limpie la pantalla. El modo más exitoso de resolver esto es con el doble búfer.

Sobreposición de update()

El método predeterminado update() de cualquier applet toma la forma siguiente:

```
public void update(Graphics g) {
   g.setColor(getBackground());
   g.fillRect(0, 0, size().width, size().height);
   g.setColor(getForeground());
   paint(g);
}
```

El método update() limpia la pantalla rellenando la ventana del applet con el color de fondo, establece el color de vuelta al normal, y entonces llama a paint(). Cuando usted sobreponga update() con su propia versión del método, asegúrese que su versión de update() hace algo igual. En las próximas dos secciones, trabajará a través de algunos ejemplos de sobreposición de update() para reducir el parpadeo.

Una solución: no limpiar la pantalla

La primera solución para reducir el parpadeo es no limpiar la pantalla por completo. Esta solución funciona sólo para algunos applets, por supuesto. Por ejemplo, el applet ColorSwirl despliega una cadena sencilla (Look to the Cookie!), pero la cadena se presenta en colores diferentes que se desvanecen entre sí dinámicamente. Este applet parpadea terriblemente cuando se ejecuta. El listado 10.2 muestra el código fuente inicial para este applet y la figura 10.2 muestra el resultado.

FIGURA 10.2

La salida del applet ColorSwirl mediante Netscape Navigator.

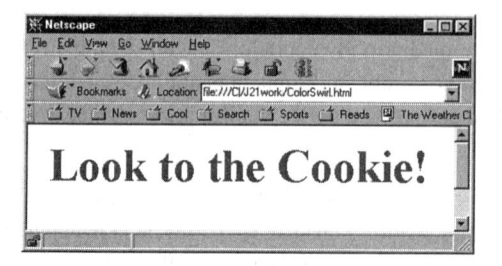

ESCRIBA **LISTADO 10.2.** EL TEXTO COMPLETO DE COLORSWIRL.JAVA.

```
 1: import java.awt.Graphics;
 2: import java.awt.Color;
 3: import java.awt.Font;
 4:
 5: public class ColorSwirl extends java.applet.Applet
 6:     implements Runnable {
 7:
 8:     Font f = new Font("TimesRoman", Font.BOLD, 48);
 9:     Color colors[] = new Color[50];
10:     Thread runner;
```

```
11:
12:     public void start() {
13:         if (runner == null) {
14:             runner = new Thread(this);
15:             runner.start();
16:         }
17:     }
18:
19:     public void stop() {
20:         runner = null;
21:     }
22:
23:     public void run() {
24:         // inicializa el arreglo de colores
25:         float c = 0;
26:         for (int i = 0; i < colors.length; i++) {
27:             colors[i] =
28:             Color.getHSBColor(c, (float)1.0,(float)1.0);
29:             c += .02;
30:         }
31:
32:         // itera entre los colores
33:         int i = 0;
34:         Thread thisThread = Thread.currentThread();
35:         while (runner == thisThread) {
36:             setForeground(colors[i]);
37:             repaint();
38:
39:             i++;
40:             try {
41:                 Thread.sleep(200);
42:             } catch (InterruptedException e) { }
43:             if (i == colors.length ) i = 0;
44:         }
45:     }
46:
47:     public void paint(Graphics screen) {
48:         screen.setFont(f);
49:         screen.drawString("Look to the Cookie!", 15, 50);
50:     }
51: }
```

Para probar el funcionamiento de este applet, colóquelo en una página Web con una etiqueta <APPLET> con los atributos height=150 width=450. Estas tres cosas del applet le podrían parecer un tanto extrañas:

- La línea 9 define una variable de instancia colors, la cual es un arreglo de 50 elementos. Al iniciar el applet, lo primero que usted hace en el método run() (en las líneas

25-30) es llenarlo con objetos Color. Al crear de antemano todos los objetos, usted puede entonces dibujar texto en ese color, uno a la vez; es más fácil precalcular todos los colores de una vez y, de hecho, este ciclo for podría tener más sentido en un método init() porque sólo necesita ocurrir una vez. La selección de los 50 colores es arbitraria; el programa podría realizar su ciclo fácilmente con 20 o 250 colores.

- Para crear los objetos de colores diferentes, en la clase Color se usa un método llamado getHSBColor(), en vez de usar solamente new con varios valores sRGB. El método clase getHSBColor() crea un objeto Color basado en valores para tinte, saturación y brillantez, en vez del rojo, verde y azul estándares. Al incrementar el valor de tinte, mientras se mantienen constantes la saturación y la brillantez, usted puede crear un rango de colores sin tener que generar el valor sRGb para cada uno. Es sólo una forma rápida y fácil de crear el arreglo de colores.

- Para crear la animación, el applet repite un ciclo a lo largo del arreglo de colores, estableciendo el color de fondo para cada objeto Color en turno y llamando a repaint(). Cuando llega al final del arreglo, inicia nuevamente (línea 45), por lo que el proceso se repite hasta el infinito.

Ahora que entiende lo que hace el applet, es tiempo de arreglar el parpadeo. Éste se presenta debido a que cada vez que se dibuja el applet, hay un momento en que la pantalla se limpia. En vez de que el texto circule nítidamente de rojo a un rosa agradable, a un púrpura, el texto se va de rojo a gris, de rosa a gris, de púrpura a gris, y así sucesivamente.

Puesto que la limpieza de la pantalla es lo que está ocasionando todo el problema, la solución es sencilla: sobreponer update() y quitar la parte donde se limpia la pantalla. De todos modos no se necesita limpiar porque no está cambiando nada excepto por el color del texto. Al retirar de update() el comportamiento de limpieza de pantalla, todo lo que update() necesita hacer es llamar a paint(). He aquí cómo se debería ver el método update() en el applet ColorSwirl modificado.

```
public void update(Graphics screen) {
    paint(screen);
}
```

Al agregar estas tres líneas se detiene el parpadeo.

> **Nota** Usted puede encontrar la primera versión de ColorSwirl.java bajo ese nombre en el sitio Web de este libro, en http://www.prefect.com/java21 y en el mismo lugar la versión mejorada como BetterSwirl.java.

Aprenderá más tarde otro método para reducir el parpadeo; una técnica llamada doble búfer.

Recuperación y uso de imágenes

El manejo básico de imágenes en Java se hace a través de la clase Image, que es parte del paquete java.awt. Cuando trabaja con un applet, usted puede usar métodos de las clases Applet y Graphics para cargar y desplegar imágenes.

Cómo obtener imágenes

Para desplegar una imagen en su applet, usted primero debe cargar esa imagen a través de Web en su programa Java. Las imágenes se almacenan como archivos separados de los archivos de clases de Java, por lo que usted tiene que indicarle a Java dónde encontrarlos.

Cuando utilice la clase Image, la imagen debe estar en el formato .GIF o .JPG.

Una dirección Web está representada en Java como un objeto URL, acrónimo que significa Localizador Uniforme de Recursos. La clase URL es parte del paquete java.net, y al igual que Image, requiere una instrucción import para que sea usada en un programa Java.

El objeto URL se crea al enviar una dirección de página Web al método constructor URL. He aquí un ejemplo:

```
URL u = new URL("http://www.prefect.com/java21/images/book.gif");
```

Cuando usted tiene un objeto URL, lo puede usar para crear un objeto Image que represente al archivo de gráficos.

La clase Applet proporciona un método llamado getImage() para cargar una imagen dentro de un objeto Image. Hay dos formas de usarlo:

- El método getImage() con un argumento sencillo (un objeto del tipo URL) recupera una imagen en ese URL.
- El método getImage() con dos argumentos: el URL base (también un objeto URL) y una cadena que representa la trayectoria relativa o el nombre de archivo de la imagen real.

Aunque la primera forma pudiera parecer más sencilla, la segunda es más flexible. Si usted usa una dirección Web específica en su applet, debe modificar esta dirección y recompilar el programa si su sitio de Web se cambia.

La clase Applet tiene dos métodos que se pueden usar para crear un URL base sin utilizar una dirección específica dentro del programa:

- El método getDocumentBase() devuelve un objeto URL que representa el directorio que contiene la página Web que presenta al applet. Por ejemplo, si la página se localiza en http://www.prefect.com/java21/, el método getDocumentBase() devuelve un URL que apunta a esa ruta.
- El método getCodeBase() devuelve un objeto URL que representa el directorio donde se localiza el archivo de la clase principal del applet.

Rutas relativas de archivo

La ruta relativa que usted usa como el segundo argumento para getImage() cambiará dependiendo en qué se haya usado en el primer argumento.

Por ejemplo, considere una página Web en http://www.prefect.com/java21/index.html que contenga un archivo de imagen llamado http://www.prefect.com/java21/book.gif. Si desea cargar esta imagen dentro de un applet, se puede usar la instrucción siguiente:

```
Image img = getImage(getDocumentBase(), "book.gif");
```

Como un ejemplo más, si el archivo book.gif fuera movido a http://www.prefect.com/java21/images/book.gif, se podría usar la instrucción siguiente:

```
Image img = getImage(getDocumentBase(), "images/book.gif");
```

Elegir entre getDocumentBase() o getCodeBase() depende de si sus imágenes están almacenadas en subdirectorios de su applet de Java o en subdirectorios de la página Web del applet.

> **Nota**: Al usar ya sea getDocumentBase() o getCodeBase() también es posible cargar la imagen cuando usted lo pruebe en su propia computadora. No tiene que almacenarla dentro de un sitio Web antes de ver si funciona.

Mediante alguno de estos métodos, usted hace posible que su applet se mueva junto con la página Web y no se hagan cambios al programa.

> **Nota**: Si utiliza un archivero de Java para presentar su applet, usted puede incluir archivos de imagen y otros archivos de datos en el archivero. Estos archivos serán extraídos automáticamente desde el archivero, junto con cualesquier archivos de clase en el archivo .JAR.

Dibujo de imágenes

Después que haya cargado una imagen dentro de un objeto `Image`, usted la puede desplegar en un applet a través del método `drawImage()` de la clase `Graphics`.

Para desplegar una imagen a su tamaño real, llame al método `drawImage()` con cuatro argumentos:

- El objeto `Image` a desplegar
- La coordenada x
- La coordenada y
- La palabra clave `this`

Para desplegar un archivo gráfico almacenado en el objeto `img`, utilice el siguiente método `paint()`:

```
public void paint(Graphics screen) {
    screen.drawImage(img, 10, 10, this);
}
```

Las coordenadas `x`, `y` que se utilizan con `drawImage()` son similares a las coordenadas `x`, `y` para desplegar un rectángulo. El punto representa la esquina superior izquierda de la imagen.

Usted puede desplegar una imagen a un tamaño diferente mediante seis argumentos extra:

- El objeto `Image` a desplegar
- La coordenada x
- La coordenada y
- Ancho
- Alto
- La palabra clave `this`

Los argumentos ancho y alto describen el ancho y alto, en pixeles, que la imagen debería de ocupar al desplegarse. Si no son del tamaño real, la imagen será escalada para que quepa en el ancho y alto modificados. Esto no altera la imagen, por lo que usted puede usar varias llamadas a `drawImage()` para desplegar un objeto `Image` en varios tamaños diferentes.

Hay dos métodos de la clase `Image` que son útiles cuando se despliega una imagen en otro tamaño distinto al real. El método `getHeight()` devuelve la altura de la imagen como un entero, y el método `getWidth()` que devuelve la altura.

Una nota acerca de los observadores de imágenes

El último argumento del método `drawImage()` es la palabra clave `this`. Como recordará por lo visto en días anteriores, `this` se puede utilizar dentro de un objeto para referirse a sí mismo.

La palabra clave `this` se usa en `drawImage()` para identificar que este applet pueda registrar a una imagen cuando se carga desde Web. La carga de una imagen se rastrea a través de la interfaz `ImageObserver`. Las clases que implementan esta interfaz, como `Applet`, pueden seguir el progreso de una imagen. Esto sería útil para crear un programa que despliegue un mensaje como "Cargando imágenes..." mientras se están cargando los archivos de gráficos.

El soporte para `ImageObserver` debería ser suficiente para usos sencillos de imágenes en applets, por lo que la palabra clave `this` se ha usado como un argumento para `drawImage()`.

Cómo poner a trabajar las imágenes

Antes de que profundice en la animación de imágenes, un applet sencillo mostrará un ejemplo de carga de una imagen desde un URL y desplegarlo en dos tamaños distintos. El applet `Fillmore` en el listado 10.3 despliega una imagen de Millard Fillmore, presidente de Estados Unidos de Norteamérica, el último de los Whigs (grupo político que precedió al partido republicano).

ESCRIBA **LISTADO 10.3.** EL TEXTO COMPLETO DE FILLMORE.JAVA.

```
 1: import java.awt.Graphics;
 2: import java.awt.Image;
 3:
 4: public class Fillmore extends java.applet.Applet {
 5:     Image whig;
 6:
 7:     public void init() {
 8:         whig = getImage(getCodeBase(),
 9:             "images/fillmore.jpg");
10:     }
11:
12:     public void paint(Graphics screen) {
13:         int iWidth = whig.getWidth(this);
14:         int iHeight = whig.getHeight(this);
15:         int xPos = 10;
16:         // 25%
17:         screen.drawImage(whig, xPos, 10,
18:             iWidth / 4, iHeight / 4, this);
19:         // 100%
20:         xPos += (iWidth / 4) + 10;
21:         screen.drawImage(whig, xPos, 10, this);
22:     }
23: }
```

Adición de imágenes, animación y sonido

Para preparar la prueba del applet Fillmore, haga lo siguiente:

- Cree un subdirectorio nuevo en el directorio \J21work llamado images.
- Copie el archivo fillmore.jpg dentro de este directorio desde el sitio Web de este libro en http://www.prefect.com/java21. Como una alternativa, usted puede usar cualquier archivo .JPG que ya esté en su sistema.
- Cree una página Web que cargue el applet, con atributos height=400 width=420 para la etiqueta <APPLET>. Si utiliza uno de sus propios archivos .JPG, podría necesitar un ajuste a los atributos height y width para hacer espacio suficiente en la ventana del applet para la imagen.

La figura 10.3 muestra la salida del applet, que despliega el archivo gráfico fillmore.jpg en dos tamaños: 25 por ciento y 100 por ciento.

FIGURA 10.3
El applet Fillmore.

La línea 5 del applet asocia la variable whig con la clase Image. No tiene que usar la instrucción new para crear un objeto aquí, ya que recibe un objeto Image desde el método getImage() en las líneas 8-9.

Las líneas 13-14 usan getWidth() y getHeight(), dos métodos de la clase Image y almacenan sus valores como variables enteras. Éstas se necesitan para crear una versión reducida a escala de la imagen en las líneas 17-18.

La línea 15 crea la variable xPos, la cual almacena la coordenada x para usar ambas versiones del presidente Fillmore. En la línea 20, esta variable se incrementa para que la foto más grande aparezca 10 pixeles a la derecha de la versión más pequeña.

Cómo crear animación mediante imágenes

Crear animación con imágenes es lo mismo que con fuentes, colores y otros objetos animados. Usted usa los mismos métodos y los mismos procedimientos para dibujo, repintado y reducción de los problemas de parpadeo. La única diferencia es que usted tiene una pila de imágenes para hojear entre sí, en vez de un conjunto de dibujos.

La mejor forma de mostrar cómo animar imágenes es trabajar a través de un ejemplo. El próximo proyecto es el más grande que usted haya emprendido y está ampliamente detallado. El applet Neko es una buena demostración de la programación de subprocesos en applets, manejo de imágenes y animación.

El ejemplo Neko

Las imágenes con que usted trabaja en el applet Neko les parecerán familiares a muchos usuarios de sistemas Macintosh, así como a otros usuarios de algunas otras plataformas. Neko, que proviene de la palabra japonesa que significa gato, es un programa de Macintosh escrito por Kenji Gotoh que desarrolla un gato pequeño animado. Neko juega con el puntero del ratón, duerme y se comporta en forma parecida al juguete Tamagotchi.

Para este ejemplo, creará animación basada en los gráficos originales de Neko, éste está basado en Java se ejecutará desde el lado izquierdo de la ventana del applet, se detendrá a la mitad, maullará, se rascará la oreja, dormirá un poco y luego desaparecerá por la derecha.

Paso 1: reúna sus imágenes

Antes de empezar a escribir un código Java para construir una animación, usted debería tener consigo todas las imágenes que forman la animación en sí. Para esta versión de Neko, hay nueve de ellas (el original tiene 36), como se muestra en la figura 10.4.

FIGURA 10.4

Las imágenes del applet Neko.

Para estar listo para este proyecto, copie en el directorio \J21work\images que debió haber creado previamente, los siguientes nueve archivos de imagen del sitio Web http://www.prefect.com/java21 de este libro: Awake1.gif, Right1.gif, Right2.gif, Scratch1.gif, Scratch2.gif, Sleep1.gif, Sleep2.gif, Stop.gif y Yawn.gif.

Paso 2: organice y cargue las imágenes en su applet

La idea básica en el applet Neko es tomar la serie de imágenes y desplegarlas de una en una para crear la apariencia de movimiento.

Una forma de manejar esto en Java es almacenar las imágenes en un arreglo de objetos `Image` y usar otro objeto `Image` llamado `currentImg` para tener un seguimiento de la imagen actual a desplegar.

Para el applet `Neko`, las imágenes serán almacenadas en un arreglo llamado `nekoPics` y un objeto `Image` llamado `currentImg`, el cual contendrá la imagen actual. Las instrucciones siguientes declaran estos objetos:

```java
Image nekoPics[] = new Image[9];
Image currentImg;
```

El arreglo de imágenes tiene nueve posiciones (0 a 8), que contienen las imágenes.

Puesto que la animación de Neko dibuja las imágenes del gato en diferentes posiciones en la pantalla, las coordenadas x, y actuales serán seguidas también en las variables enteras x y y. Neko se moverá totalmente de izquierda a derecha, por tanto la variable entera y tendrá siempre el mismo valor: 50. Las instrucciones siguientes crean estas variables:

```java
int x;
int y = 50;
```

El método `init()` del applet se usará para cargar las imágenes dentro del arreglo `nekoPics`. Usted puede hacer llamadas separadas a `getImage()` para cada uno de los nueve nombres de archivos, pero una forma menos redundante de hacerlo es crear un arreglo `String` que contenga los nueve nombres de archivo. Este arreglo será usado en un ciclo `for` para alimentar los nombres de archivo para el método `getImage()`. He aquí el resultado:

```java
public void init() {
    String nekoSrc[] = { "right1.gif", "right2.gif",
        "stop.gif", "yawn.gif", "scratch1.gif",
        "scratch2.gif", "sleep1.gif", "sleep2.gif",
        "awake.gif" };

    for (int i=0; i < nekoPics.length; i++) {
        nekopics[i] = getImage(getCodeBase(),
            "images/" + nekoSrc[i]);
    }
}
```

Puesto que las imágenes se almacenaron en el subdirectorio `images`, son parte del archivo de referencia enviado al método `getImage()`.

Paso 3: anime las imágenes

Con las imágenes cargadas, el siguiente paso en el applet es empezar la animación de los elementos del applet. Como éste es un applet con subprocesos, para este propósito se usará el método `run()`.

Neko tiene el siguiente comportamiento en el programa:

- Ejecuta desde el lado izquierdo de la pantalla
- Se detiene a la mitad y bosteza
- Se rasca cuatro veces
- Duerme
- Se levanta y corre hacia fuera por la derecha de la pantalla

Cada una de las actividades de Neko estará contenida en su propio método. Esto permite reutilizar algunas de las acciones, como Neko corriendo a través del applet, y reorganizar el orden de los pasos como se desee.

El primer método creado es `nekoRun()`, que toma dos enteros como argumentos: `start` y `end`. Éstos determinan la coordenadas x donde Neko empieza y deja de correr. Mediante los argumentos, usted permite que los métodos sean reutilizables. He aquí el código de inicio para el cuerpo del método:

```
vid nekorun(int start, int end) {
  // pendiente de hacer
}
```

Hay dos imágenes que representan la carrera de Neko: `Right1.gif` y `Right2.gif`, que son almacenadas en los elementos `0` y `1` del arreglo `nekoPic`.

Para generar la sensación de que el gato virtual está corriendo por la ventana, estas imágenes se despliegan en secuencia. Al mismo tiempo se incrementa la coordenada x de la imagen, por lo que ésta se dibuja un poco más a la derecha cada vez. Para el ciclo entre los valores `star` y `end` se utiliza un ciclo `for` y se incrementa la coordenada x.

El objeto `currentImg` se encarga de registrar la imagen actual y de pasar de un valor a otro a través del ciclo `for`.

Una llamada a `repaint()` despliega la imagen registrada por `currentImg`.

Lo último por hacer en el método `nekoRun()` es detenerse en el ciclo `for` antes de que las imágenes sean retiradas y aparezca una nueva.

Puesto que cada método de movimiento de Neko necesita una pausa, se agrega un método `pause()` al applet que se puede reutilizar. Este método utiliza el método `Thread.sleep()`, como se muestra aquí:

```
void pause(int time) {
    try {
        Thread.sleep(time);
    } catch (InterruptedException e) { }
}
```

Después de la llamada a `pause()`, el método `nekoRun()` consta de lo siguiente:

Adición de imágenes, animación y sonido

```
void nekoRun(int start, int end) {
    for (int i = start; i < end; i+=10) {
        x = i;
        // intercambiar imágenes
        if (currentImg == nekoPics[0])
            currentImg = nekoPics[1];
        else currentimg = nekoPics[0];
        repaint();
        pause(150);
    }
}
```

La última parte de la instrucción `for()` incrementa el ciclo 10 pixeles cada vez, empujando las imágenes a esa distancia a la derecha con cada actualización. Esta selección, como la pausa de 150 milisegundos en la llamada al método `pause()`, fue localizada a través de prueba y error para determinar cómo luce mejor al ejecutarse la secuencia de animación. Ha visto ya que el método `nekoRun()` almacena el cuadro actual de la animación en el objeto `currentImg` antes de llamar a `repaint()`. El método `paint()` del applet hará el trabajo real de desplegar esta imagen, como se muestra aquí:

```
public void paint(Graphics screen) {
    if (currentImg != null)
        screen.drawImage(currentImg, x, y, this);
}
```

Antes de llamar a `drawImage()`, el método verifica que exista `currentImg`. Si no lo hiciera así, el objeto tendría un valor `null`.

Ahora que hay un método para aproximarse a parte del movimiento de Neko, y se han configurado los métodos `pause()` y `paint()`, se pueden agregar algunas instrucciones al método `run()`, como sigue:

```
// corre de un lado de la pantalla hacia el centro
nekoRun(0, size().width / 2);
```

> **Precaución**
>
> El método `size()` de la clase `Applet` ha sido desaprobado después de Java 1.0.2, por lo que si usted está escribiendo este applet para permanecer con Java 1.2, lo puede remplazar con `getSize()`, que modifica la llamada a `nekoRun()` a lo siguiente:
>
> `nekoRun(0, getSize().width / 2);`

La segunda actividad que Neko emprende es detenerse y bostezar. Esta acción es un cuadro sencillo de la animación que no se repite, por lo que será agregado al método `run()` directamente en vez de ser implementado con sus propios métodos.

Todo lo que tiene que suceder para desplegar cada una de estas imágenes es lo siguiente:

- Cambiar el valor de `currentImg` al objeto `Image` que debiera desplegar.
- Llamar a `repaint()`.
- Hacer una pausa por determinado lapso de tiempo.

He aquí el código:

```
// detenerse y hacer una pausa
currentImg = nekoPics[2];
repaint();
pause(1000);
//  bostezar
currentImg = nekoPics[3];
repaint();
pause(1000);
```

La tercera parte de la animación será cuando Neko se rasque, lo que implica alternar entre los elementos 4 y 5 del arreglo `nekoPics`. No hay movimiento horizontal durante esta parte de la animación, por lo que todo lo que un método `nekoScratch()` necesita manejar es cuántas veces se ha de desplegar cuando Neko se rasca la oreja.

El método `nekoScratch()` toma un argumento sencillo: cuántas veces se rasca. En este argumento se usa el ciclo `for`, que despliega ambas imágenes de `nekoPics`. Las instrucciones siguientes comprenden el método:

```
void nekoScratch(int numTimes) {
    for (int i = numTimes; i > 0; i--) {
        currentImg = nekoPics[4];
        repaint();
        pause(150);
        currentImg = nekoPics[5];
        repaint();
        pause(150);
    }
}
```

Dentro del método `run()` del applet, se llama al método `nekoScratch()` con un argumento de 4:

```
//  rascarse cuatro veces
nekoScratch(4);
```

El siguiente método `nekoSleep()` alternará dos imágenes para mostrar a Neko durmiendo. Estas imágenes ocupan los elementos 6 y 7 del arreglo y cada una aparecerá seguida de una pausa de 150 milisegundos. Aquí se aplican técnicas que usted ha visto antes en otros métodos:

```
void nekoSleep(int numTimes) {
    for (int i = numTimes; i > 0; i--]) {
        currentImg = nekoPics[6];
```

```
            repaint();
            pause(250);
            currentImg = nekoPics[7];
            repaint();
            pause(250);
        }
    }
```

Se llama al método `nekoSleep()` en el método `run()` del applet con un argumento de 5, como se muestra aquí:

```
// dormir por cinco "turnos"
nekoSleep(5);
```

Como la última de las actividades, la imagen `nekoPics[8]` de Neko despertando aparecerá en el método `run()`, seguida de otra llamada al método `nekoRun()` para que el gato salga por la derecha. He aquí las instrucciones:

```
//  despertarse y salir corriendo
currentImg = nekoPics[8];
repaint();
pause(500);
nekoRun(x, size().width + 10);
```

Paso 4: finalice

Todas las imágenes en la animación de Neko tendrán fondo blanco. Si su ventana del applet tiene cualquier otro color distinto al blanco, cada cuadro de la animación tendrá una caja blanca alrededor.

Para que cada cuadro se mezcle en la ventana del applet, agregue la instrucción siguiente al inicio del método `run()`:

```
setBackground(Color.white);
```

En este applet hay mucho código que utiliza varios métodos diferentes para efectuar una animación razonablemente sencilla. Observe que no se ha hecho nada para reducir la cantidad de parpadeo en este applet, ya que el tamaño de imagen y el área de dibujo son tan pequeños que el problema se minimiza. Por lo general una buena idea es escribir su animación de la manera más simple y entonces agregarle comportamiento para que se ejecute de la forma más limpia posible.

Para terminar con esta sección, el listado 10.4 muestra el código completo para el applet Neko.

ESCRIBA **LISTADO 10.4.** EL TEXTO COMPLETO DE NEKO.JAVA.

```
1: import java.awt.Graphics;
2: import java.awt.Image;
```

continúa

LISTADO 10.4. CONTINUACIÓN

```java
 3: import java.awt.Color;
 4:
 5: public class Neko extends java.applet.Applet
 6:     implements Runnable {
 7:
 8:     Image nekoPics[] = new Image[9];
 9:     Image currentImg;
10:     Thread runner;
11:     int x;
12:     int y = 50;
13:
14:     public void init() {
15:         String nekoSrc[] = { "right1.gif", "right2.gif",
16:             "stop.gif", "yawn.gif", "scratch1.gif",
17:             "scratch2.gif","sleep1.gif", "sleep2.gif",
18:             "awake.gif" };
19:
20:         for (int i=0; i < nekoPics.length; i++) {
21:             nekoPics[i] = getImage(getCodeBase(),
22:                 "images/" + nekoSrc[i]);
23:         }
24:     }
25:
26:     public void start() {
27:         if (runner == null) {
28:             runner = new Thread(this);
29:             runner.start();
30:         }
31:     }
32:
33:     public void stop() {
34:         runner = null;
35:     }
36:
37:     public void run() {
38:         setBackground(Color.white);
39:         //  correr de un lado de la pantalla hacia el centro
40:         nekoRun(0, size().width / 2);
41:         //  detenerse y hacer una pausa
42:         currentImg = nekoPics[2];
43:         repaint();
44:         pause(1000);
45:         //  bostezar
46:         currentImg = nekoPics[3];
47:         repaint();
48:         pause(1000);
49:         //  rascarse cuatro veces
50:         nekoScratch(4);
51:         //  dormir por cinco "turnos"
```

```
52:            nekoSleep(5);
53:            // despertarse y salir corriendo
54:            currentImg = nekoPics[8];
55:            repaint();
56:            pause(500);
57:            nekoRun(x, size().width + 10);
58:        }
59:
60:        void nekoRun(int start, int end) {
61:            for (int i = start; i < end; i += 10) {
62:                x = i;
63:                // intercambiar imágenes
64:                if (currentImg == nekoPics[0])
65:                    currentImg = nekoPics[1];
66:                else currentImg = nekoPics[0];
67:                repaint();
68:                pause(150);
69:            }
70:        }
71:
72:        void nekoScratch(int numTimes) {
73:            for (int i = numTimes; i > 0; i--) {
74:                currentImg = nekoPics[4];
75:                repaint();
76:                pause(150);
77:                currentImg = nekoPics[5];
78:                repaint();
79:                pause(150);
80:            }
81:        }
82:
83:        void nekoSleep(int numTimes) {
84:            for (int i = numTimes; i > 0; i--) {
85:                currentImg = nekoPics[6];
86:                repaint();
87:                pause(250);
88:                currentImg = nekoPics[7];
89:                repaint();
90:                pause(250);
91:            }
92:        }
93:
94:        void pause(int time) {
95:            try {
96:                Thread.sleep(time);
97:            } catch (InterruptedException e) { }
98:        }
99:
100:       public void paint(Graphics screen) {
```

continúa

LISTADO 10.4. CONTINUACIÓN

```
101:            if (currentImg != null)
102:                screen.drawImage(currentImg, x, y, this);
103:        }
104: }
```

Cuando este applet se compila mediante un compilador del JDK 1.2, los mensajes de precaución aparecen porque se usa el método desaprobado `size()`. Éstos pueden ser ignorados y el applet corre exitosamente en navegadores compatibles con Java 1.0.2 y 1.1 como Netscape Navigator. Una versión Java 2 de este applet, Neko12, está disponible en el sitio Web de este libro en http://www.prefect.com/java21.

Para probar el funcionamiento de este applet, hay que crear una página Web donde la ventana del applet Neko tenga un ancho de 300 pixeles y una altura de 200. La figura 10.5 muestra el resultado.

FIGURA 10.5

El applet Neko.

Doble búfer

El próximo ejemplo, el applet Checkers, utiliza una técnica llamada doble búfer (*double buffering*) para mejorar el desempeño de la animación.

TÉRMINO NUEVO El *doble búfer* describe el proceso de dibujar todo un cuadro de una animación a un área no visible antes de copiarlo dentro de la ventana visible de un programa. El área fuera de pantalla es lo que se llama *búfer*.

Con el doble búfer usted crea una superficie adicional (fuera de pantalla, por decirlo así), construye todo el dibujo en esa área fuera de pantalla y al final dibuja toda la superficie de una sola vez en el applet real (y en la pantalla), en vez de dibujar en la superficie de gráficos del applet intermedias. Como en realidad todo el trabajo se realiza en sgundo plano, las partes internas del proceso de dibujo no pueden aparecer accidentalmente y distorsionar la suavidad del movimiento.

Adición de imágenes, animación y sonido

El doble búfer no siempre es la mejor solución. Si su applet sufre de parpadeo, trate de sobreponer `update()` y dibujar primero sólo porciones de la pantalla; eso podría resolver su problema. El doble búfer es menos eficiente que el uso normal de espacio, y también toma más memoria y espacio, por lo que en algunos casos no podría ser la solución óptima. Sin embargo, para eliminar casi por completo el parpadeo de la animación, el doble búfer funciona excepcionalmente bien.

Para crear un applet que utilice el doble búfer, usted necesita dos cosas: una imagen fuera de pantalla para dibujar en ella y un contexto gráfico para dicha imagen. Juntas simulan el efecto de la superficie de dibujo del applet: el contexto gráfico (una instancia de `Graphics`) para proporcionar los métodos de dibujo, como `drawImage()` (y `drawString()`), y el objeto `Image` para contener los puntos a ser dibujados.

Hay cuatro pasos principales para añadir el doble búfer a su applet. Primero, su imagen fuera de pantalla y el contexto gráfico necesitan ser almacenados en variables de instancia para que usted las pueda pasar al método `paint()`. Declare las siguientes variables de instancia en su definición de clase:

```
Image offscreenImage;
Graphics offscreen;
```

Segundo, durante la inicialización del applet, usted creará un objeto `Image` y otro `Graphics` y los asignará a estas variables. (Usted tiene que esperar hasta la inicialización para saber qué tan grandes serán.) El método `createImage()` le da una instancia de `Image`, con la que puede entonces enviar el método `getGraphics()` para obtener un nuevo contexto `Graphics` para esa imagen:

```
offscreenImage = createImage(size().width,
    size().height);
offscreen = offscreenImage.getGraphics();
```

Ahora, siempre que tenga que dibujar la pantalla (regularmente con el método `paint()`), en vez de dibujar los gráficos de paint, hay que dibujar los gráficos fuera de pantalla. Por ejemplo, para dibujar una imagen llamada bug en la posición 10,10, use esta línea:

```
offscreen.drawImage(bug, 10, 10, this);
```

Al final de su método `paint`, después que se ha terminado todo el dibujado de la imagen fuera de pantalla, agregue la línea siguiente para colocar el búfer fuera de pantalla en la pantalla real:

```
screen.drawImage(offscreenImage, 0, 0, this);
```

Por supuesto, las más de las veces deberá sobreponer el método `update()` para que no se limpie la pantalla entre cuadros:

```
public void update(Graphics g) {
    paint(g);
}
```

Ahora revise estos cuatro pasos:

1. Agregue variables de instancia para contener la imagen y el contexto gráfico para el búfer fuera de pantalla.
2. Cree una imagen y un contexto gráfico cuando se inicialice su applet.
3. Realice todo el dibujo de su applet en el búfer fuera de pantalla, no en el área de dibujo del applet.
4. Al final de su método `paint()`, dibuje el búfer fuera de pantalla para la pantalla real.

Una nota acerca del borrado de objetos de `Graphics`

Aunque el recolector de basura de Java recoge objetos en forma automática cuando ya no se necesitan en un programa, esto no funciona para los objetos `Graphics`, que son creados para manejar espacios de búfer fuera de pantalla.

Puesto que los objetos no utilizados gastan memoria y pueden afectar el desempeño de Java, usted debe usar el método `dispose()` de la clase `Graphics()` para retirar explícitamente sus objetos cuando no se necesiten. Un buen lugar para colocar esto dentro de un applet es en el método `destroy()`, ya descrito en el día 8, "Cómo poner programas interactivos en Web". Este método se llama sin argumentos, como se muestra en este ejemplo:

```
public void destroy() {
    offscreen.dispose();
}
```

El applet `Checkers`

El applet `Checkers` dibuja una pieza roja del juego de damas y la mueve de un lado a otro entre un cuadro blanco y negro. Si fuera dibujado con las mismas técnicas que los applets `Neko` y `ColorSwirl`, habría un terrible parpadeo cuando la pieza pasara por diferentes fondos de color. En esta instancia, sobreponer `update()` para que la ventana no se limpie no eliminaría el problema del parpadeo. El applet `Checkers` usa los metodos `fillRect()` y `fillOval()` para dibujar el tablero y la ficha. Estos últimos son parte del método `paint()` del applet.

Para mover la pieza de un lado a otro, una variable entera llamada `xPos` mantiene registro de dónde debería aparecer en cualquier momento dado. El valor de esta variable cambia continuamente en el método `run()`.

Esto es consistente con los applets de animación que usted creó hasta este punto. La manera en que el método `paint()` maneja las actualizaciones de la ventana del applet es nueva.

Adición de imágenes, animación y sonido

En vez de dibujar cada elemento de la animación directamente a la ventana del applet, serán dibujados primero a un búfer fuera de pantalla. Cuando todo un cuadro de la animación está terminado, entonces se dibujará este cuadro completo en la ventana del applet.

Al utilizar este método de "no hasta que todo esté listo", no se desplegará ningún parpadeo por los distintos objetos que aparecerán en momentos ligeramente distintos.

El primer paso en el doble búfer es crear un objeto Image que contenga el cuadro fuera de pantalla cuando esté por ser terminado, y un objeto Graphics que le permitirá dibujar en esta área de imagen fuera de pantalla. Las siguientes instrucciones crean estos objetos:

```
Image offscreenImg;
Graphics offscreen;
```

Los objetos serán asignados a estas variables en el método init() del applet:

```
public void init() {
    offscreenImg = createImage(size().width, size().height);
    offscreen = offscreenImg.getGraphics();
}
```

A continuación, se modifica el método paint() para dibujar el búfer en vez del objeto Graphics principal:

```
public void paint(Graphics screen) {
    // dibujar fondo
    offscreen.setColor(Color.black);
    offscreen.fillRect(0, 0, 100, 100);
    offscreen.setColor(Color.white);
    offscreen.fillRect(100, 0, 100, 100);
    // dibujar ficha
    offscreen.setColor(Color.red);
    offscreen.fillOval(xPos, 5, 90, 90);
    screen.drawImage(offscreenImg, 0, 0, this);
}
```

Observe la última instrucción del método, que es la única que despliega algo en la ventana del applet. Esta instrucción despliega la imagen completada fuera de pantalla en las coordenadas (0,0). Debido a que offscreenImg se creó para que fuera del mismo tamaño que el área de la pantalla, llena totalmente la ventana del applet.

Para finalizar, se elimina el objeto offscreen en el método destroy() del applet, como se indica aquí:

```
public void destroy() {
    offscreen.dispose();
}
```

El listado 10.5 muestra el código fuente completo para el applet Checkers.

ESCRIBA **LISTADO 10.5.** EL TEXTO COMPLETO DE CHECKERS.JAVA.

```
 1: import java.awt.*;
 2:
 3: public class Checkers extends java.applet.Applet implements Runnable {
 4:     Thread runner;
 5:     int xPos = 5;
 6:     int xMove = 4;
 7:     Image offscreenImg;
 8:     Graphics offscreen;
 9:
10:
11:     public void init() {
12:         offscreenImg = createImage(size().width, size().height);
13:         offscreen = offscreenImg.getGraphics();
14:     }
15:
16:     public void start() {
17:         if (runner == null) {
18:             runner = new Thread(this);
19:             runner.start();
20:         }
21:     }
22:
23:     public void stop() {
24:         runner = null;
25:     }
26:
27:     public void run() {
28:         Thread thisThread = Thread.currentThread();
29:         while (runner == thisThread) {
30:             xPos += xMove;
31:             if ((xPos > 105) ¦ (xPos < 5))
32:                 xMove *= -1;
33:             repaint();
34:             try {
35:                 Thread.sleep(100);
36:             } catch (InterruptedException e) { }
37:         }
38:     }
39:
40:     public void update(Graphics screen) {
41:         paint(screen);
42:     }
43:
44:     public void paint(Graphics screen) {
45:       // dibujar fondo
46:       offscreen.setColor(Color.black);
```

```
47:        offscreen.fillRect(0,0,100,100);
48:        offscreen.setColor(Color.white);
49:        offscreen.fillRect(100,0,100,100);
50:        // dibujar ficha
51:        offscreen.setColor(Color.red);
52:        offscreen.fillOval(xPos,5,90,90);
53:        screen.drawImage(offscreenImg, 0, 0, this);
54:    }
55:
56:    public void destroy() {
57:        offscreen.dispose();
58:    }
59: }
```

Pruebe el funcionamiento en una página Web con una ventana de applet de `height=200` y `width=300`. La figura 10.6 muestra el resultado.

FIGURA 10.6
El applet Checkers.

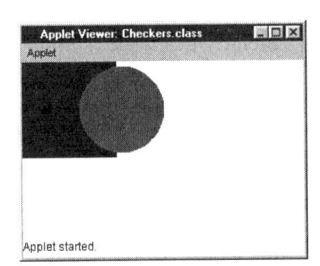

Recuperación y uso de sonidos

Java soporta la reproducción de archivos de sonido a través de la clase `Applet`, y usted puede reproducir un sonido una sola vez o como un ciclo de repetición de sonido.

Antes de Java 2, el lenguaje sólo podía manejar un formato de audio: 8 KHz monoaural AU con codificación ley-mu (nombrada por la letra griega "µ", o mu). Si deseaba usar algo que estuviera en un formato como WAV, usted tenía que trasladarlo a ley-mu, frecuentemente con una pérdida de calidad.

Java 2 agrega soporte mucho más completo para audio. Usted puede cargar y reproducir archivos de sonido digitalizado en los siguientes formatos: `AIFF`, `AU` y `WAV`. También hay tres formatos de archivos de canciones basados en MIDI, que también son soportados: Tipo 0 MIDI, tipo 1 MIDI y RMF. El soporte ampliamente mejorado a sonido puede manejar datos de audio de 8 o 16 bits en monoaural o estéreo, y las tasas de muestreo pueden ir de 8 a 48 KHz.

La manera más simple de recuperar y reproducir un sonido es a través del método `play()` de la clase `Applet`. El método `play()`, como el método `getImage()`, toma una de dos formas:

- `play()` con un argumento, un objeto URL, carga y reproduce un espacio de audio almacenado en ese URL.
- `play()` con dos argumentos, un URL base y una trayectoria de directorio, carga y reproduce el archivo de audio. Con frecuencia, el primer argumento será llamar a `getDocumentBase()` o `getCodeBase()`, como lo ha visto con `getImage()`.

La instrucción siguiente recupera y reproduce el sonido `zap.au`, el cual está almacenado en el mismo lugar que el applet:

```
play(getCodeBase(), "zap.au");
```

El método `play()` recupera y reproduce el sonido dado tan pronto como le sea posible después de ser llamado. Si el archivo de sonido no puede ser localizado, la única indicación de problema que usted recibirá es un silencio. No se desplegará mensaje de error.

Para reproducir un sonido repetidamente, iniciar y detener el sonido, o reproducirlo como un ciclo de repeticiones, usted debe cargarlo dentro de un objeto `AudioClip` a través del método `getAudioClip` del applet. `AudioClip` es parte del paquete `java.applet`, de modo que para ser usado en un programa deberá ser importado.

El método `getAudioClip()` toma uno o dos argumentos del mismo modo que el método `play()`. El primer (o único) argumento es un argumento URL que identifica el archivo de sonido, y el segundo es una referencia de trayectoria de directorio.

La siguiente instrucción carga un archivo de sonido dentro del objeto `clip`:

```
AudioClip clip = getAudioClip(getCodeBase(),
    "audio/marimba.wav");
```

En este ejemplo, el nombre de archivo incluye una referencia al directorio, por lo que el archivo `marimba.wav` será cargado desde el subdirectorio `audio`.

El método `getAudioClip()` sólo puede ser llamado dentro de un applet. Como en Java 2, las aplicaciones pueden cargar archivos de sonido al usar el método `newAudioClip()` de la clase `Applet`. Aquí está el ejemplo previo reescrito para su uso en una aplicación.

```
AudioClip clip = newAudioClip("audio/marimba.wav");
```

Después de haber creado un objeto `AudioClip`, usted puede llamar los métodos internos `play()`, `stop()` y `loop()`. Éstos hacen lo que usted esperaría que hicieran: `play()` reproduce el sonido, `stop()` detiene la reproducción y `loop()` reproduce el audio repetidamente.

Adición de imágenes, animación y sonido

Si los métodos getAudioClip() y newAudioClip() no encuentran el archivo de sonido por sus argumentos, el valor del objeto AudioClip será null. Al tratar de reproducir un objeto null se produce un error, por lo que usted debe verificar esta condición antes de usar un objeto AudioClip.

Se puede reproducir más de un sonido en forma simultánea, pues serán mezclados durante su reproducción.

Un punto importante a tener en cuenta cuando se usa un ciclo de sonido en un applet es que no se detendrá automáticamente cuando se detenga el subproceso del applet que está corriendo. Si un usuario de Web se cambia a otra página, el sonido continuará reproduciéndose, lo cual no es muy apropiado para ganar amigos entre el público usuario de Web.

Usted puede corregir este problema a través del método stop() en el sonido que se repite, para que se detenga al mismo tiempo que el subproceso del applet.

El listado 10.6 es un applet que reproduce dos sonidos: un sonido en repetición llamado loop.au y el toque de un claxon llamado beep.au que se reproduce cada cinco segundos.

ESCRIBA **LISTADO 10.6.** EL TEXTO COMPLETO DE AUDIOLOOP.JAVA.

```
 1: import java.awt.Graphics;
 2: import java.applet.AudioClip;
 3:
 4: public class AudioLoop extends java.applet.Applet
 5:     implements Runnable {
 6:
 7:     AudioClip bgSound;
 8:     AudioClip beep;
 9:     Thread runner;
10:
11:     public void start() {
12:         if (runner == null) {
13:             runner = new Thread(this);
14:             runner.start();
15:         }
16:     }
17:
18:     public void stop() {
19:         if (runner != null) {
20:             if (bgSound != null)
21:                 bgSound.stop();
22:             runner = null;
23:         }
24:     }
25:
26:     public void init() {
```

continúa

LISTADO 10.6. CONTINUACIÓN

```
27:            bgSound = getAudioClip(getCodeBase(),"loop.au");
28:            beep = getAudioClip(getCodeBase(), "beep.au");
29:        }
30:
31:        public void run() {
32:            if (bgSound != null)
33:                bgSound.loop();
34:            Thread thisThread = Thread.currentThread();
35:            while (runner == thisThread) {
36:                try {
37:                    Thread.sleep(5000);
38:                } catch (InterruptedException e) { }
39:                if (beep != null)
40:                    beep.play();
41:            }
42:        }
43:
44:        public void paint(Graphics screen) {
45:            screen.drawString("Playing Sounds ...", 10, 10);
46:        }
47: }
```

Para probar el funcionamiento de AudioLoop, cree una página Web con una ventana de applet que tenga una altura de 100 y un ancho de 200 pixeles. Los archivos audio loop.au y beep.au se podrían copiar del sitio Web de este libro (http://www.prefect.com/java21) al directorio \J21work de su sistema. Cuando usted ejecuta el applet, la única salida visual es una cadena simple, pero usted debería escuchar que se reproducen dos sonidos al ejecutarse el applet.

El método init() en las líneas 26-29 carga los archivos de sonido loop.au y beep.au. En este método no se hace ningún intento para asegurarse que los archivos sean cargados realmente, lo cual daría por resultado valores null para los objetos bgsound y beep. Esto será probado en cualquier parte antes de utilizar los archivos de sonido, como en las líneas 32 y 39, cuando los métodos loop() y play() sean utilizados en los objetos AudioClip.

Las líneas 20 y 21 apagan el ciclo de sonido si el subproceso también se detiene.

Resumen

Hoy usted aprendió acerca de una plétora de métodos, como start(), stop(), paint(), repaint(), run() y update(), y obtuvo los fundamentos básicos para crear y usar subprocesos. También aprendió cómo usar imágenes en sus applets (localizarlas, cargarlas y usarlas, a través del método drawImage() para desplegarlas y animarlas).

Una técnica de animación que usted ahora puede usar es el doble búfer, el cual virtualmente elimina el parpadeo en su animación, a riesgo de perder eficiencia en la animación y velocidad. Mediante imágenes y contextos de gráficos, usted puede crear un búfer fuera de pantalla, cuyo resultado se despliega en la pantalla en el último momento posible.

Usted aprendió a usar sonidos, que se pueden incluir en sus applets en cualquier momento que lo necesite, en momentos específicos, o como sonidos de fondo que se puedan repetir al ejecutarse el applet. También aprendió a localizar, cargar y reproducir sonidos a través de los métodos `play()` y `getAudioClip()`.

Preguntas y respuestas

P En el programa Neko, usted pone el proceso de carga de la imagen dentro del método `init()`. Me parece que podría tomarle a Java mucho tiempo cargar todas esas imágenes, y puesto que `init()` no es subproceso principal del applet, ahí habrá una diferencia de pausas. ¿Por qué no en ese caso poner la carga de imágenes al principio del método `run()`?

R Cosas extrañas suceden detrás de la escena. El método `getImage()` realmente no carga la imagen; de hecho, devuelve un objeto `Image` casi instantáneamente, por lo que no toma mucho tiempo de procesamiento durante la inicialización. Los datos de la imagen que apunta a `getImage()` no están realmente cargados hasta que se necesita la imagen. De esta manera, Java no tiene que conservar imágenes enormes en memoria si el programa sólo va a usar una sola pieza pequeña. En todo caso, le bastará tener una referencia de esos datos y recuperarlos posteriormente cuando se necesiten.

P Compilé y ejecuté el applet `Neko`. Algo muy raro está pasando; la animación inicia en la mitad y pierde cuadros. Es como si sólo se hubieran cargado algunas imágenes al ejecutarse el applet.

R Eso es lo que precisamente sucede. Como en realidad la carga de imágenes no sucede inmediatamente, su applet sólo podría estar animando pantallas en blanco mientras las imágenes todavía se están cargando. Dependiendo de cuánto tarde en cargar esas imágenes, podría parecer que su applet inicia en la mitad, pierde cuadros o no funciona del todo.

Hay tres soluciones posibles a este problema. La primera es tener el ciclo de animación (esto es, empezar nuevamente desde el inicio cuando se detiene). Posiblemente, las imágenes se cargarán y la animación funcionará correctamente. La segunda solución, y no es muy buena, es tomarse una siesta antes de iniciar la animación, para suspender mientras las imágenes se cargan. La tercera, la mejor solución, es usar observadores de imagen para asegurarse que no haya partes de la animación que se reproduzcan antes de que las imágenes hayan sido cargadas. Para más detalles revise la documentación de la interfaz `ImageObserver`.

Semana 2

Día 11

Construcción de interfaces de usuario sencillas para applets

Con la popularidad de los sistemas operativos Macintosh y Windows, la mayoría de los actuales usuarios de computadora espera que sus programas desarrollen una interfaz gráfica de usuario y hagan cosas que puedan controlar con el ratón. En el lugar de trabajo, el derecho de apuntar y hacer clic está en primer lugar, por encima de la vida, la libertad y el objetivo de lograr un buen plan de retiro.

Estas amenidades de software son gratas para el usuario pero no para el programador en muchos lenguajes. Escribir programas de manejo de ventanas puede tener una o más tareas que representen un reto para un desarrollador novato.

Por fortuna, Java ha simplificado el proceso con el AWT (Kit de Herramientas de Manejo Abstracto de Ventanas), un conjunto de clases para la creación y uso de interfaces gráficas de usuario.

Hoy usted tendrá que usar el conjunto de herramientas para crear una interfaz de usuario para un applet. Utilizará las técnicas de Java 1.0.2, debido a que permanece como la versión estándar del lenguaje entre la audiencia de usuarios de applets.

Mañana aprenderá a organizar todos los componentes en una interfaz de usuario. En el día 13, "Respuesta a la entrada del usuario en un applet", finalizará una interfaz de usuario al hacerla responsable del control del usuario.

Cuando haya aprendido a crear programas mediante el AWT, usted estará listo para usar técnicas de Java 2 para crear aplicaciones en el día 20, "Diseño de una interfaz de usuario con Swing".

El AWT

El Kit de Herramientas de Manejo Abstracto de Ventanas, mejor conocido como AWT, es un conjunto de clases que le capacita para crear una interfaz gráfica de usuario y recibir la entrada del usuario desde el ratón y el teclado.

Puesto que Java es un lenguaje independiente de la plataforma, el AWT ofrece una manera de diseñar una interfaz que tendrá la misma apariencia general y funcionalidad en todos los sistemas en que se ejecute.

> **Precaución**: Algo que usted aprenderá al crear applets de Java con el AWT es que algunas cosas no son totalmente consistentes entre plataformas. Los distintos ambientes de ejecución de Java creados por Netscape, Microsoft, y otras compañías para sus navegadores no siempre están de acuerdo en cómo debería funcionar una interfaz AWT. Es importante revisar el funcionamiento de sus applets con ventanas en tantas plataformas y navegadores como sea posible.

Mediante el AWT, una interfaz de usuario consta de tres cosas:

- *Componentes*. Cualquier cosa que pueda ser colocada en una interfaz de usuario, incluyendo botones habilitados para hacer clic en ellos, listas desplazables, menús contextuales, casillas de verificación y campos de texto.
- *Contenedores*. Un componente que puede contener otros componentes. Usted ha estado trabajando con uno de éstos todo el tiempo (la ventana del applet) y otros incluyen paneles, cuadros de diálogo y ventanas solitarias.
- *Administradores de diseño*. Un objeto que define cómo se organizarán los componentes en un contenedor. Usted no verá el administrador de diseño en una interfaz, pero definitivamente verá los resultados de su trabajo.

Todas las clases del AWT son parte del paquete java.awt. Para hacer que todas las clases estén disponibles en un programa, se puede utilizar la instrucción siguiente en la parte superior de un archivo de código fuente:

```
import java.awt.*;
```

Esto importa todos los componentes, contenedores y administradores de diseño que usted usará para diseñar una interfaz. Usted también puede usar instrucciones `import` individuales con las clases que utiliza en un programa.

Las clases del AWT, como todas las partes de la biblioteca de clases de Java, están organizadas dentro de una jerarquía de herencia. Al aprender a usar una clase del AWT, usted conoce algo más acerca de cómo usar otras clases que heredan de la misma superclase.

Componentes de una interfaz de usuario

Los componentes están colocados dentro de una interfaz de usuario al agregarlos en un contenedor. Un contenedor es por sí mismo un componente, de modo que puede ser agregado a otros contenedores. Usted usará esta funcionalidad cuando empiece a trabajar con administradores de diseño para organizar una interfaz.

La manera más sencilla de demostrar el diseño de interfaces es utilizando el contenedor con que ha estado trabajando todo el tiempo, la clase `Applet`.

Adición de componentes a un contenedor

Un componente se agrega a un contenedor a través de los pasos siguientes:

- Crear el componente.
- Llamar al método `add()` del contenedor con el componente.

Puesto que todos los applets son contenedores, usted puede usar el método `add()` dentro de un applet para agregar un componente en forma directa a la ventana del applet.

Cada componente de interfaz de usuario del AWT es una clase, por lo que usted crea un componente al crear un objeto de esa clase.

La clase `Button` representa botones habilitados para hacer clic en una interfaz. Usted puede crear un botón al especificar la etiqueta del botón en su método constructor, como en la siguiente instrucción:

```
Button panic = new Button("Panic!");
```

Ésta crea un objeto `Button` que se etiqueta con el texto `"Panic!"`.

Una vez que ha creado un componente, la manera más sencilla de agregarlo a un contenedor es llamar al método `add()` del contenedor con el componente como su único argumento.

Como un applet es un contenedor, se podría usar la instrucción siguiente para añadir el objeto `panic` a la ventana del applet.

```
add(panic);
```

Agregar un componente no hace que aparezca inmediatamente. En vez de ello, aparecerá al llamar al método paint() de su contenedor. Esto es algo que Java maneja detrás del escenario, pero usted puede forzar a llamar a paint() en un applet con el método repaint().

Cuando usted agrega un componente a un contenedor, no especifica una coordenada x, y que indique dónde debería ser colocado el componente. La organización de componentes está manejada por el administrador de diseño según las necesidades del contenedor.

> **Nota**
>
> Mañana aprenderá más acerca de los administradores de diseño. El diseño predeterminado para un contenedor es colocar cada componente en una línea de izquierda a derecha hasta que no haya más espacio, y continuar colocando componentes en la siguiente línea. A esto se le denomina *diseño de flujo*, y es manejado por la clase FlowLayout.

En un applet, el mejor lugar para crear componentes y añadirlos a contenedores es el método init(). Esto se demuestra en un applet de un botón mostrado en el listado 11.1. El applet Slacker crea un objeto Button y lo agrega a la ventana del applet. El botón se despliega cuando se llama al método paint() del applet (heredado de la clase Applet).

ESCRIBA **LISTADO 11.1.** EL TEXTO COMPLETO DE SLACKER.JAVA.

```
 1: import java.awt.*;
 2:
 3: public class Slacker extends java.applet.Applet {
 4:     String note = "I am extremely tired and would prefer not " +
 5:         "to be clicked. Please interact somewhere else.";
 6:     Button tired = new Button(note);
 7:
 8:     public void init() {
 9:         add(tired);
10:     }
11: }
```

Pruebe este applet en una página Web mediante la siguiente etiqueta <APPLET>:

```
<applet code="Slacker.class" width=550 height=75>
</applet>
```

La figura 11.1 muestra el resultado al usar el appletviewer.

FIGURA 11.1
El applet `Slacker`.

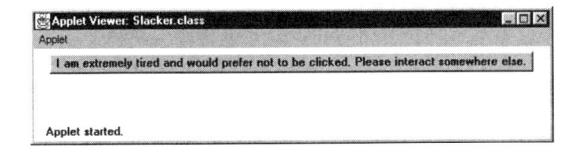

Etiquetas

El componente de interfaz de usuario más sencillo es la etiqueta, creada desde la clase `Label`. Las *etiquetas* se utilizan para identificar el propósito de otros componente en una interfaz, y no pueden ser editadas directamente por un usuario.

Es preferible utilizar una etiqueta para texto que a través del método `drawString()` por las razones siguientes:

- Las etiquetas son dibujadas automáticamente después de la creación y no tienen que ser manejadas explícitamente en el método `paint()`.
- Las etiquetas se depositarán de acuerdo con el administrador de diseño actual, en vez de estar unidas específicamente a una dirección x, y como una cadena dibujada.

Puede crear una etiqueta mediante alguno de los constructores siguientes:

- `Label()` crea una etiqueta vacía con su texto alineado a la izquierda.
- `Label(String)` crea una etiqueta con la cadena de texto dada, también alineada a la izquierda.
- `Label(String, int)` crea una etiqueta con la cadena de texto dada y la alineación indicada por el argumento `int`. Las variables de clase siguientes se usan para establecer la alineación: `Label.RIGHT`, `Label.LEFT` y `Label.CENTER`.

Usted puede cambiar la fuente de la etiqueta con el método `setFont()` acerca del que aprendió el día 9, "Cómo mejorar la apariencia de sus programas con gráficos, fuentes y colores". Este método puede ser llamado en el contenedor de la etiqueta (como un applet), el cual afecta a todos los componentes en el contenedor o en la etiqueta misma.

Se puede utilizar el método `setText(String)` de una etiqueta para cambiar el texto de la etiqueta después de haber sido creada. El nuevo texto indicado por *String* se despliega al ser repintado el componente. Usted también puede usar el método `getText()` para obtener el texto actual de la etiqueta.

El listado 11.2 contiene un applet sencillo que crea algunas etiquetas en Helvetica Bold.

ESCRIBA — LISTADO 11.2. EL TEXTO COMPLETO DE LABELS.JAVA.

```
 1: import java.awt.*;
 2:
 3: public class Labels extends java.applet.Applet {
 4:     Label lefty = new Label("Bleeding heart!");
 5:     Label center = new Label("Centrist!", Label.CENTER);
 6:     Label righty = new Label("Hardliner!", Label.RIGHT);
 7:     Font lf = new Font("Helvetica", Font.BOLD, 14);
 8:     GridLayout layout = new GridLayout(3,1);
 9:
10:     public void init() {
11:         setFont(lf);
12:         setLayout(layout);
13:         add(lefty);
14:         add(center);
15:         add(righty);
16:     }
17: }
```

Pruebe el funcionamiento de este applet con la siguiente etiqueta <APPLET>:

```
<applet code="Labels.class" height=150 width=175>
</applet>
```

La figura 11.2 muestra la salida de este applet en el appletviewer. Ésta es una buena herramienta a usarse para este programa, ya que puede redimensionar la ventana y ver cómo resulta en una alineación para las tres etiquetas. La etiqueta "Hardliner!" se coloca en el borde derecho de la ventana del applet, y la etiqueta "Centrist!" permanece centrada.

FIGURA 11.2

El applet Labels.

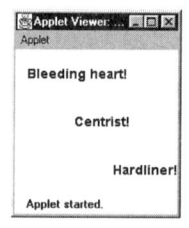

Las líneas 8 y 12 de este applet se han utilizado para crear un objeto GridLayout y usar ese objeto para configurar la apariencia del contenedor. Aunque esto se describirá posteriormente, se tuvo que usar aquí para ilustrar la alineación, ya que las etiquetas no están alineadas bajo el comportamiento predeterminado, el cual tiene un diseño de flujo. Las líneas 8 y 12 se usaron para organizar los componentes dentro de una rejilla con una columna y tres renglones.

Botones

Los botones para hacer clic en ellos pueden ser creados mediante la clase Button, como lo vio con el applet Slacker. Los botones son útiles en una interfaz para activar una acción, como un botón Quit para salir de un programa.

Puede crear un botón mediante alguno de los constructores siguientes:

- Button() crea un botón sin una etiqueta de texto que indica su función.
- Button(String) crea un botón con la cadena dada como una etiqueta.

Después de crear un objeto Button, usted puede configurar su etiqueta con el método setLabel(String) y obtener la etiqueta del texto con el método getLabel().

El listado 11.3 contiene el applet VCR, el cual despliega varios comandos familiares en botones.

ESCRIBA **LISTADO 11.3.** EL TEXTO COMPLETO DE VCR.JAVA.

```
 1: import java.awt.*;
 2:
 3: public class VCR extends java.applet.Applet {
 4:     Button rewind = new Button("Rewind");
 5:     Button play = new Button("Play");
 6:     Button ff = new Button("Fast Forward");
 7:     Button stop = new Button("Stop");
 8:     Button eat = new Button("Eat Tape");
 9:
10: public void init() {
11:     add(rewind);
12:     add(play);
13:     add(ff);
14:     add(stop);
15:     add(eat);
16:     }
17: }
```

Pruebe el funcionamiento del applet VCR con el siguiente código HTML:

```
<applet code="VCR.class" height=60 width=300>
</applet>
```

La figura 11.3 muestra este applet cargado con el appletviewer. Observe que el botón Eat Tape aparece en una nueva línea debido a que no había suficiente espacio en la línea anterior. Si hizo la ventana del applet de 500 pixeles de ancho en vez de 300, los cinco botones estarán alineados.

Figura 11.3

El applet VCR.

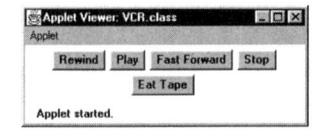

Casillas de verificación

Las *casillas de verificación* son casillas etiquetadas o no etiquetadas que pueden estar "seleccionadas" o vacías. Por lo común se usan para seleccionar o deseleccionar algún tipo de opción en un programa, como las casillas de verificación Disable Sound y Password Protected de un protector de pantalla de Windows, el cual se muestra en la figura 11.4.

Figura 11.4

Un cuadro de diálogo con casillas de verificación.

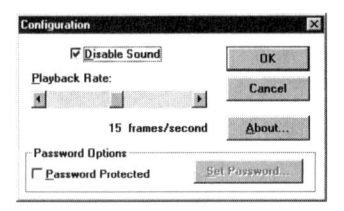

Las casillas de verificación normalmente son *no excluyentes*, lo que significa que si usted tiene cinco casillas de verificación en un contenedor, las cinco pueden estar seleccionadas o deseleccionadas al mismo tiempo.

Este componente también puede estar organizado dentro de grupos de *botones de opción*, que reciben su nombre de los antiguos radios de automóvil, en los que al oprimirse un botón saltaba cualquier otro de los restantes que estuviera oprimido.

Ambos tipos de casillas de verificación son creados mediante la clase CheckBox. Usted puede crear una casilla de verificación no excluyente con alguno de los siguientes constructores:

- Checkbox() crea una casilla de verificación sin etiquetar que no está seleccionada.
- Checkbox(*String*) crea una casilla de verificación sin seleccionar con la cadena indicada como una etiqueta.

Después de haber creado un objeto Checkbox, usted puede usar el método setState(*boolean*) con un valor de true como el argumento para seleccionar la casilla y false para deseleccionarla de antemano. El método getState() devolverá un booleano para indicar si la casilla de verificación está seleccionada o no.

En el listado 11.4 se han creado cinco casillas de verificación, el cual es un applet que le capacita para seleccionar hasta cinco celebridades nacidas en Checoslovaquia. Todas son checoslovacas, pero sólo una está seleccionada, la modelo y actriz Paulina Porizkova.

Construcción de interfaces de usuario sencillas para applets

ESCRIBA **LISTADO 11.4.** EL TEXTO COMPLETO DE CHECKACZECH.HTML.

```
1: import java.awt.*;
2:
3: public class CheckACzech extends java.applet.Applet {
4:     Checkbox c1 = new Checkbox("Milos Forman");
5:     Checkbox c2 = new Checkbox("Paulina Porizkova");
6:     Checkbox c3 = new Checkbox("Ivan Reitman");
7:     Checkbox c4 = new Checkbox("Tom Stoppard");
8:     Checkbox c5 = new Checkbox("Ivana Trump");
9:
10:    public void init() {
11:        add(c1);
12:        c2.setState(true);
13:        add(c2);
14:        add(c3);
15:        add(c4);
16:        add(c5);
17:    }
18: }
```

La figura 11.5 muestra la salida de este applet, cuyo funcionamiento puede ser verificado con la siguiente etiqueta <APPLET>:

```
<applet code="CheckACzech.class" height=200 width=150>
</applet>
```

FIGURA 11.5

El applet CheckACzech.

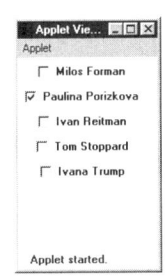

Para organizar varias casillas de verificación dentro de un grupo, de modo que sólo una pueda ser seleccionada a la vez, se crea un objeto `CheckboxGroup` empleando una instrucción como la que sigue:

```
CheckboxGroup radio = new CheckboxGroup();
```

El objeto `CheckboxGroup` se mantiene al tanto de todas las casillas de verificación del grupo. Usted usa este objeto como un argumento adicional al constructor `Checkbox`.

Checkbox(*String*, *CheckboxGroup*, *boolean*) crea una casilla de verificación etiquetada con la cadena dada que pertenece a CheckboxGroup indicada por el segundo argumento. El tercer argumento es igual a true si la casilla está seleccionada; de otra manera es false.

> **Precaución**
>
> En Java 2 el método constructor Checkbox(*String*, *CheckBoxGroup*, *boolean*) ha sido desaprobado, lo cual significa que hay mejores métodos disponibles. Si usted no está escribiendo un applet de Java1.0.2, debería usar en su lugar el método Checkbox(*String*, *boolean*, *CheckboxGroup*). El uso es el mismo, pero el segundo y el tercer argumentos están invertidos.

El ejemplo siguiente crea un grupo y dos casillas de verificación que le pertenecen:

```
CheckboxGroup betterDarrin = new CheckboxGroup();
Checkbox r1 = new Checkbox("Dick York", betterDarrin, true);
Checkbox r2 = new Checkbox("Dick Sargent", betterDarrin, false);
```

El objeto betterDarrin se usa para agrupar las casillas de verificación r1 y r2. Se selecciona el objeto r1, el cual tiene la etiqueta "Dick York". Sólo se puede seleccionar un miembro del grupo a la vez, por lo que es imposible usar true simultáneamente como el tercer argumento tanto para r1 como r2. Si usted trata de usar true con más de una casilla de verificación en un grupo, la última será la única seleccionada. Un grupo puede aparecer sin ninguna casilla seleccionada.

En el listado 11.5 se demuestra un grupo de casillas de verificación, un applet que proporciona casillas de verificación para cinco cineastas nacidos en Polonia y selecciona a uno: Krzysztof Kieslowski, el director de *Azul, Blanco y Rojo*.

ESCRIBA **LISTADO 11.5.** EL TEXTO COMPLETO DE PICKAPOLE.JAVA.

```
 1: import java.awt.*;
 2:
 3: public class PickAPole extends java.applet.Applet {
 4:     CheckboxGroup p = new CheckboxGroup();
 5:     Checkbox p1 = new Checkbox("Samuel Goldwyn", p, false);
 6:     Checkbox p2 = new Checkbox("Krzysztof Kieslowski", p, true);
 7:     Checkbox p3 = new Checkbox("Klaus Kinski", p, false);
 8:     Checkbox p4 = new Checkbox("Joanna Pacula", p, false);
 9:     Checkbox p5 = new Checkbox("Roman Polanski", p, false);
10:
11:     public void init() {
```

```
12:            add(p1);
13:            add(p2);
14:            add(p3);
15:            add(p4);
16:            add(p5);
17:        }
18: }
```

Utilice la etiqueta <APPLET> siguiente en una página Web para probar el funcionamiento de este applet, como se muestra en la figura 11.6:

```
<applet code="PickAPole.class" height=200 width=150>
</applet>
```

Figura 11.6

El applet PickAPole.

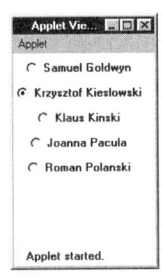

El método setCurrent(*Checkbox*) se puede utilizar para establecer en el grupo la casilla de verificación seleccionada. También hay un método getCurrent(), el cual devuelve la casilla de verificación seleccionada.

Listas de selección

Las *listas de selección*, que son creadas con la clase Choice, son componentes que capacitan a un elemento sencillo para ser seleccionado de una lista desplegable. Estas listas se suelen encontrar al llenar un formulario en una página Web. La figura 11.7 muestra un ejemplo del sitio Web "Macmillan Personal Bookshelf".

> **Nota**
>
> Personal Bookshelf es un programa de Macmillan que permite a los usuarios revisar hasta cinco libros, incluyendo los de Sams Publishing, en texto completo en Web. Para más detalles visite la siguiente página Web:
>
> http://www.mcp.com/personal/

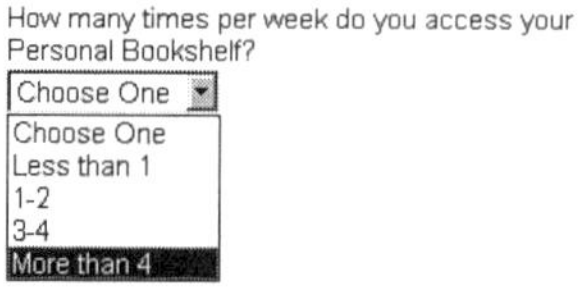

Figura 11.7

Ejemplo de una lista de selección.

El primer paso para crear una lista de selección es crear un objeto Choice para que contenga la lista, como se muestra en la instrucción siguiente:

```
Choice gender = new Choice();
```

Los elementos se agregan a la lista de selección a través del método addItem(*String*) en el objeto. Las instrucciones siguientes agregan dos elementos a la lista de selección sexo:

```
gender.addItem("Male");
gender.addItem("Female");
```

A continuación puede utilizar addItem() para agregar a la lista después de que se ha agregado la lista de selección a un contenedor.

> **Precaución** El método addItem(*String*) se desaprueba después de Java 1.02. Utilice el método add(*String*) en su lugar cuando diseñe para versiones posteriores del lenguaje.

Después de haber creado la lista de selección, se agrega al contenedor como cualquier otro componente (el método add() del contenedor se usa con la lista de selección como el argumento).

El listado 11.6 muestra un applet que continúa la tendencia de usar Java a reconocer personajes internacionales. El applet SelectSpaniard construye una lista de selección de celebridades nacidas en España, de las cuales puede ser seleccionado un solo elemento.

ESCRIBA **LISTADO 11.6.** EL TEXTO COMPLETO DE SELECTASPANIARD.JAVA.

```
 1: import java.awt.*;
 2:
 3: public class SelectASpaniard extends java.applet.Applet {
 4:     Choice span = new Choice();
 5:
 6:     public void init() {
 7:         span.addItem("Pedro Almodóvar");
 8:         span.addItem("Antonio Banderas");
 9:         span.addItem("Charo");
10:         span.addItem("Xavier Cugat");
```

```
11:            span.addItem("Julio Iglesias");
12:            add(span);
13:     }
14: }
```

Pruebe el funcionamiento de este applet con la siguiente etiqueta HTML y el resultado se mostrará en la figura 11.8.

```
<applet code="SelectASpaniard.class" height=200 width=150>
</applet>
```

FIGURA 11.8

El applet SelectASpaniard.

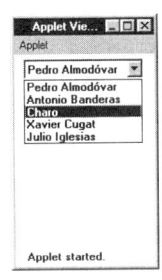

La clase Choice tiene varios métodos que se pueden usar para controlar una lista de selección.

- El método getItem(*int*) devuelve el texto de un elemento de la lista en una posición de índice especificada por el argumento entero. Como con los arreglos, el primer elemento de una lista de selección está en la posición 0, la segunda se encuentra en la posición 1, y así sucesivamente.
- El método countItems() devuelve la cantidad de elementos de la lista. Éste está desaprobado en Java 2 y se remplaza con getItemCount(), que hace lo mismo.
- El método getSelectedIndex() devuelve la posición del índice del elemento seleccionado en la lista.
- El método getSelectedItem() devuelve el texto del elemento seleccionado.
- El método select(*int*) selecciona el elemento en la posición indicada del índice.
- El método select(*String*) selecciona el primer elemento en la lista con el texto dado.

Campos de texto

Previamente, usted usó etiquetas para el texto que no pueden ser modificadas por un usuario. Los campos de texto se utilizan para crear un componente para texto editable, a partir de la clase TextField.

Puede crear un campo de texto mediante alguno de los constructores siguientes:

- TextField() crea un campo de texto vacío sin un ancho especificado.

- `TextField(int)` crea un campo de texto vacío con ancho suficiente para desplegar la cantidad especificada de caracteres. Ha sido desaprobado en Java 2 y debe ser remplazado con `TextField(String, int)` para applets superiores a la versión 1.0.2.
- `TextField(String)` crea un campo de texto lleno con el texto especificado y sin ningún ancho especificado.
- `TextField(String, int)` crea un campo de texto con el texto y ancho especificados.

El atributo de ancho de un campo de texto únicamente tiene relevancia bajo un administrador de diseño que no redimensione sus componentes, como el administrador `FlowLayout`. Así adquirirá más experiencia para cuando trabaje mañana con los administradores de diseño.

La instrucción siguiente crea un campo de texto vacío con un espacio suficiente para 30 caracteres:

```
TextField name = new TextField(30);
```

Se hubiera podido utilizar la instrucción siguiente si usted hubiera proporcionado el texto inicial `"Puddin N. Tane"` en el campo de texto `name`:

```
TextField name = new TextField("Puddin N. Tane", 30);
```

También puede crear un campo de texto que oculte, con un carácter común, los caracteres que se están escribiendo. Esto se suele usar en campos del tipo `Enter Password` para ocultar una contraseña a miradas indiscretas.

En Java 1.0.2, para configurar un carácter común se utiliza el método `setEchoCharacter(char)` de la clase `TextField`. (En versiones subsecuentes del lenguaje se debe usar `setEchoChar(char)`). Si se usa una literal para especificar el carácter, ésta deberá estar rodeada por comillas sencillas, como en `'*'`. Java interpreta como un objeto `String` cualquier literal que aparezca entre comillas dobles.

El ejemplo siguiente crea un campo de texto y establece un signo (#) como el carácter que se mostrará en cuanto el texto se escriba en el campo:

```
TextField passkey = new TextField(16);
passkey.setEchoCharacter('#');
```

En el listado 11.7 el applet crea varios campos de texto. Las etiquetas sirven para identificar los campos. Así usará usted las etiquetas, en vez de proporcionar el texto dentro del campo de texto explicando su uso. Uno de los campos usa un carácter común para ocultar el texto que se está escribiendo.

Construcción de interfaces de usuario sencillas para applets

> **ESCRIBA** **LISTADO 11.7.** EL TEXTO COMPLETO DE OUTOFSITE.JAVA.

```
 1: import java.awt.*;
 2:
 3: public class OutOfSite extends java.applet.Applet {
 4:     Label siteLabel = new Label("Site Name: ");
 5:     TextField site = new TextField(25);
 6:     Label addressLabel = new Label("Site Address: ");
 7:     TextField address = new TextField(25);
 8:     Label passwordLabel = new Label("Admin Password: ");
 9:     TextField password = new TextField(25);
10:
11:     public void init() {
12:         add(siteLabel);
13:         add(site);
14:         add(addressLabel);
15:         add(address);
16:         add(passwordLabel);
17:         password.setEchoCharacter('*');
18:         add(password);
19:     }
20: }
```

Pruebe el funcionamiento de este applet mediante la siguiente etiqueta <APPLET>:

```
<applet code="OutOfSite.class" width=350 height=125>
</applet>
```

Como este applet utiliza el administrador de diseño predeterminado, por lo único que los seis componentes aparecen en tres líneas distintas es el ancho de la ventana. De acuerdo con la plataforma que utilice, tal vez necesite ajustar el ancho de la ventana para producir una salida comparable a la figura 11.9. (En la próxima sección aprenderá a usar los administradores de diseño para prevenir este problema.)

FIGURA 11.9

El applet OutOfSite.

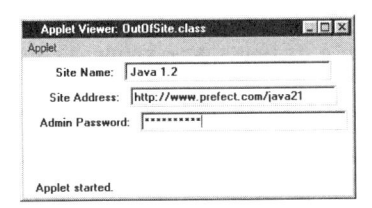

La clase TextField tiene varios métodos que se pueden utilizar para controlar un campo de texto:

- El método getText() devuelve el texto contenido en el campo.
- El método setText(*String*) llena el campo con el texto indicado.

- El método setEditable(*boolean*) determina si el campo puede o no ser editado. Un argumento false impide que el campo sea editado y true lo permite (que es lo predeterminado).
- El método isEditable() devuelve un valor booleano indicando si el campo puede ser editable (true) o no (false).

Áreas de texto

Las *áreas de texto*, que se crean con la clase TextArea, son campos de texto editables que pueden manejar más de una línea de entrada. Las áreas de texto tienen barras de deslizamiento horizontal y vertical que permiten a los usuarios deslizarse a través del texto contenido en el componente.

Para crear un área de texto, utilice alguno de los constructores siguientes:

- TextArea() crea un área de texto vacía de un ancho y alto especificado.
- TextArea(*int, int*) crea un área de texto vacía con la cantidad indicada de líneas (primer argumento) y el ancho de caracteres (segundo argumento).
- TextArea(*String*) crea un área de texto que contiene la cadena indicada de ancho y alto no especificados.
- TextArea(*String, int, int*) crea un área de texto que contiene la cadena indicada, la cantidad de líneas (primer argumento) y el ancho en caracteres (segundo argumento).

El applet mostrado en el listado 11.8 despliega un área de texto que se llena con una cadena de texto cuando se inicia la ejecución del programa.

ESCRIBA **LISTADO 11.8.** EL TEXTO COMPLETO DE VIRGINIA.JAVA.

```
 1: import java.awt.*;
 2:
 3: public class Virginia extends java.applet.Applet {
 4:     String letter = "Dear Editor:\n" +
 5:         "I am 8 years old.\n" +
 6:         "Some of my little friends say there is no Santa Claus." +
 7:             " Papa\n" +
 8:         "says, ''If you see it in The Sun it's so.'' Please tell" +
 9:             " me the truth,\n" +
10:         "is there a Santa Claus?\n\n" +
11:         "Virginia O'Hanlon\n" +
12:         "115 West 95th Street\n" +
13:         "New York";
14:     TextArea lt;
15:
16:     public void init() {
17:         lt = new TextArea(letter, 10, 50);
18:         add(lt);
```

```
19:        }
20: }
```

Pruebe el funcionamiento del applet Virginia con la siguiente etiqueta HTML:

```
<applet code="Virginia.class" height=250 width=450>
</applet>
```

En la figura 11.10 se muestra la salida del applet cargado con el appletviewer.

FIGURA 11.10

El applet Virginia.

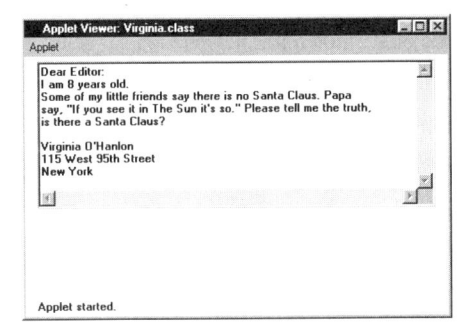

Tanto las áreas de texto como los campos de texto heredan de la clase TextComponent, por lo que gran parte del comportamiento para los campos de texto también son útiles en áreas de texto. Usted también puede usar los métodos setText(), getText(), setEditable(), e isEditable() en áreas de texto, y éstas pueden usar los métodos siguientes:

- El método insertText(*String, int*) inserta la cadena indicada en el índice de carácter indicado por el entero. El índice inicia en 0 para el primer carácter y cuenta hacia delante. Este método se desaprueba después de Java 1.0.2 y es reemplazado por insert(*String, int*)

- El método replaceText(*String, int, int*) reemplaza el texto entre las posiciones enteras dadas con la cadena indicada. Este método también es descontinuado después de Java 1.0.2 y reemplazado con replace (*String, int*).

Listas desplazables

Las *listas desplazables*, que son creadas desde la clase List, son similares a las listas de selección con dos diferencias significativas:

- Una lista desplazable se configura para que se pueda seleccionar más de un elemento a la vez.

- Las listas desplazables no aparecen súbitamente al ser seleccionadas. En vez de ello se despliegan varios elementos en forma parecida a un área de texto. Si la lista contiene más elementos de los que se puedan desplegar, se cuenta con una barra de desplazamiento para moverse a través de toda la lista.

Una lista desplazable se desarrolla al crear un objeto List y agregar luego elementos individuales a la lista. La clase List tiene los constructores siguientes:

- List() crea una lista desplazable vacía que únicamente habilita a un elemento para ser seleccionado a la vez.
- List(*int, boolean*) crea una lista desplazable con la cantidad indicada de elementos visibles en la lista, la cual podría ser menor que el total de elementos. El argumento *boolean* indica si los elementos múltiples pueden ser seleccionados (true) o no (false).

Después que ha sido creado un objeto List, su método addItem (*String*) se usa para añadir elementos a la lista. (Nota de desaprobación: el método preferido para usar en Java 2 es add(*String*).)

El ejemplo siguiente crea una lista y le añade dos elementos:

```
List lackeys = new List();
lackeys.addItem("Rosencrantz");
lackeys.addItem("Guildenstern");
```

Después de crear la lista desplazable y llenarla de elementos, la lista debe ser agregada a su contenedor a través del método add(). El listado 11.9 ilustra la creación de una lista desplazable con siete elementos.

ESCRIBA **LISTADO 11.9.** EL TEXTO COMPLETO DE HAMLET.JAVA.

```
 1: import java.awt.*;
 2:
 3: public class Hamlet extends java.applet.Applet {
 4:     List hm = new List(5, true);
 5:
 6:     public void init() {
 7:         hm.addItem("Hamlet");
 8:         hm.addItem("Claudius");
 9:         hm.addItem("Gertrude");
10:         hm.addItem("Polonius");
11:         hm.addItem("Horatio");
12:         hm.addItem("Laertes");
13:         hm.addItem("Ophelia");
14:         add(hm);
15:     }
16: }
```

Construcción de interfaces de usuario sencillas para applets   285

En la figura 11.11 se muestra la salida del applet; la etiqueta del applet que se usó es la siguiente:

```
<applet code="Hamlet.class" height=150 width=200>
</applet>
```

FIGURA 11.11

El applet Hamlet *con Claudius, Polonius, y Horatio seleccionados.*

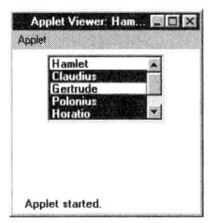

Las listas desplazables tienen varios métodos que trabajan del mismo modo que los métodos para las listas de selección: getItem(*int*), countItems(), getSelectedIndex(), getSelectedItem() y select(*int*) trabajan igual. countItems() también tiene el mismo remplazo para los programas Java 2: getItemCount().

Debido a que en una lista desplazable se puede elegir más de un elemento, también se pueden usar los métodos siguientes:

- El método getSelectedIndexes() devuelve un arreglo de enteros que contiene la posición del índice para cada elemento seleccionado.
- El método getSelectedItems() devuelve un arreglo de cadenas de caracteres que contienen el texto de cada elemento seleccionado.

Barras de desplazamiento y deslizadores

Las *barras de desplazamiento* son componentes que permiten a un valor ser seleccionado al deslizar una casilla entre flechas. Varios componentes tienen funcionalidad de barras de desplazamiento integradas, incluyendo áreas de texto y listas desplazables. La clase Scrollbar se usa para otras barras de desplazamiento. Una barra de desplazamiento puede ser horizontal o vertical.

Por lo común las barras de desplazamiento se crean especificando los valores mínimos y máximos que se pueden establecer mediante el componente.

Para crear una barra de desplazamiento, utilice los constructores siguientes:

- Scrollbar() crea una barra de desplazamiento vertical con sus valores máximo y mínimo iniciales igual a 0.
- Scrollbar(*int*) crea una barra de desplazamiento con valores máximo y mínimo de 0 y la orientación indicada. Se utilizaron las variables de clase para establecer la orientación con el argumento único del método: Scrollbar.HORIZONTAL o Scrollbar.VERTICAL.

También puede usar un tercer constructor con cinco argumentos enteros: Scrollbar(*int, int, int, int, int*). Los argumentos para este método están en orden aquí:

- La orientación, ya sea Scrollbar.HORIZONTAL o Scrollbar.VERTICAL.
- El valor inicial de la barra de desplazamiento, que debería ser igual o estar entre los valores mínimo y máximo de la barra.
- El ancho o altura total de la casilla usada para cambiar el valor de la barra de desplazamiento. Éste puede ser igual a 0 si se usa el tamaño predeterminado.
- El valor mínimo de la barra de desplazamiento.
- El valor máximo.

El listado 11.10 muestra un applet sencillo que despliega una barra de desplazamiento. El objeto GridLayout se usa con el método setLayout() del applet, en el cual una barra de desplazamiento llena todo su contenedor. Mañana aprenderá acerca de los administradores de diseño.

ESCRIBA **LISTADO 11.10.** EL TEXTO COMPLETO DE SLIDER.JAVA.

```
 1: import java.awt.*;
 2:
 3: public class Slider extends java.applet.Applet {
 4:     GridLayout gl = new GridLayout(1,1);
 5:     Scrollbar bar = new Scrollbar(Scrollbar.HORIZONTAL,
 6:     50,0,1,100);
 7:
 8:     public void init() {
 9:         setLayout(gl);
10:         add(bar);
11:     }
12: }
```

Los valores usados para alto y ancho de la ventana del applet no son relevantes, pues la barra de desplazamiento cubrirá el área por completo. La figura 11.12 fue producida mediante la etiqueta siguiente:

```
<applet code="Slider.class" height=20 width=500>
</applet>
```

La clase Scrollbar proporciona muchos métodos para administrar los valores dentro de las barras de desplazamiento:

- El método getValue() devuelve el valor actual de la barra de desplazamiento.
- El método setValue(*int*) asigna el valor actual.

FIGURA 11.12

El applet `Slider`.

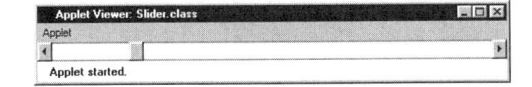

Lienzos

Los *lienzos* son componentes que se usan primariamente como un espacio en una interfaz para desplegar imágenes o animación. Usted puede dibujar otros componentes, como lo ha hecho con la ventana del applet a lo largo de este libro, pero los lienzos son el objeto más simple para este tipo de uso.

Para poder usar un lienzo, debe crear una subclase de `Canvas`. Esta subclase puede manejar cualquier dibujo que necesite tener un lugar en el lienzo en su método `paint()`.

Una vez que ha creado una subclase `canvas`, puede utilizarla en un programa llamando a su constructor y agregando el nuevo objeto `Canvas` a un contenedor.

Esto se demuestra con el applet `Crosshair`, mostrado en el listado 11.11. Este applet dibuja un objetivo de líneas cruzadas (similar a la marca que genera la mirilla de un arma) en el centro de la ventana del applet y se puede mover inmediatamente al centro si se redimensiona la ventana.

ESCRIBA   **LISTADO 11.11.** EL TEXTO COMPLETO DE CROSSHAIR.JAVA.

```
 1: import java.awt.*;
 2:
 3: public class Crosshair extends java.applet.Applet {
 4:     GridLayout gl = new GridLayout(1,1);
 5:     MyCanvas can = new MyCanvas();
 6:
 7:     public void init() {
 8:         setLayout(gl);
 9:         add(can);
10:     }
11:
12: }
13:
14: class MyCanvas extends java.awt.Canvas {
15:     public void paint(Graphics g) {
16:         int x = size().width / 2;
17:         int y = size().height / 2;
18:         g.setColor(Color.black);
19:         g.drawLine(x-10,y,x-2,y);
20:         g.drawLine(x+10,y,x+2,y);
21:         g.drawLine(x,y-10,x,y-2);
22:         g.drawLine(x,y+10,x,y+2);
23:     }
24: }
```

El programa `Crosshair` se puede probar con una ventana de cualquier tamaño para el applet. Para producir la salida que se muestra en la figura 11.13, se utilizó la etiqueta <APPLET> siguiente:

```
<applet code="Crosshair.class" height=100 width=100>
</applet>
```

FIGURA 11.13

El applet `Crosshair`.

El listado 11.11 contiene dos archivos de clases. El primero, `Crosshair`, es el applet en sí mismo. El segundo, listado en las líneas 14-24, es la clase `MyCanvas`, que es una subclase de `Canvas`.

Lo siguiente está sucediendo en la clase `Crosshair`:

- La línea 4 crea un objeto `GridLayout` que será establecido como el administrador de diseño para la clase en la línea 8.
- La línea 5 crea un objeto `MyCanvas` llamado `can` mediante la subclase de `Canvas` que se crea en las líneas 14-24.
- La línea 9 añade `can` a la ventana del applet. Puesto que efectivamente hay un administrador de diseño de rejilla, el lienzo se expande para cubrir toda la ventana.

La mayor parte del trabajo en este proyecto está hecha en `MyCanvas`, la clase auxiliar. Esto es lo que sucede en la clase:

- Las líneas 16 y 17 determinan el punto en el centro de la ventana del applet. Esto se hace dinámicamente cada vez que el lienzo se redibuja. Las variables `size().width` y `size().height` contienen el ancho y alto del lienzo, y pueden ser divididas entre 2 para determinar el punto central. Si usted no está escribiendo un applet de Java 1.0.2, debe usar las variables `getSize().width` y `getSize().height` en su lugar para evitar los avisos de desaprobación cuando compile el programa.
- La línea 18 establece el fondo del lienzo a un color negro. Observe que este método se llama en el objeto `Graphics` y no en el lienzo por sí mismo. El objeto `Graphics` enviado al método `paint()` maneja todas las operaciones de dibujo que suceden en el objeto.
- Las líneas 19-22 usan las coordenadas del centro x, y para dibujar cuatro líneas en un patrón de líneas cruzadas. Cada línea es de 8 pixeles de largo y termina a 2 pixeles del centro.

Resumen

Ahora usted ya sabe cómo dibujar una interfaz de usuario dentro de la ventana de un applet de Java mediante la paleta estándar del lenguaje: los componentes del AWT.

El AWT incluye clases para gran parte de los botones, barras, listas y campos que usted esperaría ver en un programa. Estos componentes se utilizan para crear una instancia de sus clases y añadirlas a un contenedor, como una ventana de applet, con el método add() del contenedor.

Hoy usted aprendió algo acerca de la funcionalidad al desarrollar componentes y agregarlos a un programa. Durante los próximos dos días aprenderá más acerca de lo que se necesita para hacer útil la interfaz gráfica:

Forma: Cómo arreglar componentes en conjunto para formar una interfaz completa.

Retroalimentación: Cómo recibir entrada de un usuario a través de estos componentes.

Preguntas y respuestas

P Con todos los métodos desaprobados que son parte del AWT en Java 2, ¿por qué debería escribir applets en Java 1.0.2?

R Idealmente, usted no tendría que aprender nada acerca de versiones pasadas de Java si ya puede aprender Java 2. Sin embargo, los líderes desarrolladores de navegadores han sido extremadamente lentos para introducir soporte para las versiones del lenguaje más allá de 1.0.2, y parece que al momento de escribir este libro, Microsoft nunca soportará Java 1.1 por completo, mucho menos Java 2. Debido a esto, Java 1.0.2 sigue siendo el estándar cuando se escriben applets. Sun está trabajando en una forma para que los desarrolladores de applets puedan especificar su ambiente de ejecución con un applet, el cual haría posible escribir applets de Java 2 y asegurarse que quien use navegadores habilitados para Java pueda correr el programa.

P Mi herramienta de desarrollo Java tiene una manera de diseñar una interfaz de programa en forma visual. Puedo arrastrar y colocar botones y otros componentes y acomodarlos con un ratón. ¿Necesito aprender acerca del AWT?

R Si usted está contento con los resultados obtenidos y confía en su habilidad para usar la interfaz del programa que utiliza, el AWT no es necesario. Sin embargo, usar el AWT para desarrollar una interfaz gráfica de usuario es uno de los principales proyectos de este libro. Desarrolla habilidades de las que usted obtendrá beneficios en otras áreas de Java.

SEMANA 2

DÍA 12

Organización de los componentes en una interfaz de usuario

Si diseñar una interfaz gráfica de usuario es comparable a dibujar, de hecho usted puede producir sólo un tipo de arte: expresionismo abstracto. Puede colocar componentes en una interfaz pero no tendrá mucho control sobre dónde serán colocados.

Para poder dar algún tipo de forma a una interfaz diseñada con el AWT (Kit de Herramientas de Manejo Abstracto de Ventanas), usted debe usar un conjunto de clases llamado *administradores de diseño*.

Hoy aprenderá a usar cinco administradores de diseño para acomodar componentes en una interfaz. Usted se beneficiará de la flexibilidad del AWT de Java, diseñado para las diversas plataformas que soportan el lenguaje.

Cuando una organización no corresponde a lo que usted tiene en mente para un programa, también aprende a colocar varios administradores de diseño distintos para que trabajen en la misma interfaz.

El punto de inicio está en los administradores de diseño básico.

Diseño básico de interfaces

Como aprendió ayer, una interfaz gráfica de usuario diseñada con el AWT es algo muy fluido. Redimensionar una ventana puede causar estragos en su interfaz, al moverse los componentes a posiciones que no tenía consideradas.

Esta fluidez es por necesidad. Java se implementa en muchas plataformas distintas, y hay diferencias sutiles en la manera en que cada plataforma despliega botones, barras de desplazamiento y similares.

Con lenguajes de programación como Visual Basic de Microsoft, una posición del componente en una ventana está definida precisamente por sus coordenadas x, y. Algunas herramientas de desarrollo de Java permiten un control similar sobre una interfaz a través de sus propias clases de manejo de ventanas.

Mediante el AWT, un programador obtiene más control sobre la apariencia de una interfaz mediante los administradores de diseño.

Diseño de una interfaz

Un administrador de diseño determina cómo se habrán de organizar los componentes al ser agregados a un contenedor.

El administrador de diseño predeterminado es la clase `FlowLayout`. Esta clase permite que los componentes fluyan de izquierda a derecha en el orden en que se agregan al contenedor. Cuando no hay más espacio, empieza inmediatamente un nuevo renglón de componentes debajo del primero, y continuará de izquierda a derecha, en ese orden.

El AWT incluye cinco administradores de diseño básicos: `FlowLayout`, `GridLayout`, `BorderLayout`, `CardLayout` y `GridBagLayout`. Para crear un administrador de diseño para un contenedor, se crea una instancia del contenedor mediante una instrucción como la siguiente:

```
FlowLayout flo = new FlowLayout();
```

Después de crear un administrador de diseño, usted lo convierte en el administrador de un contenedor a través de su método `setLayout()`. El administrador de diseño ya debe estar establecido antes de agregar cualquier componente al contenedor. Si no se especifica un administrador de diseño, se usará el diseño de flujo.

Las instrucciones siguientes representan el punto de inicio para un applet que crea un administrador de diseño y usa `setLayout()`, por lo que controla la disposición de todos los componentes que se agregarán a la ventana del applet:

```
public class Starter extends java.applet.Applet {
    FlowLayout lm = new FlowLayout();
```

```
    public void init() {
        setLayout(lm);
    }
}
```

Una vez configurado el administrador de diseño, usted puede añadir componentes al contenedor que lo administra. Para algunos de los administradores de diseño como `FlowLayout`, el orden en que se agreguen los componentes es significativo. Hoy aprenderá más en las secciones subsecuentes al trabajar con cada uno de los administradores.

El administrador `FlowLayout`

La clase `FlowLayout` es el más simple de los administradores de diseño. Deposita componentes en forma parecida a como se organizan las palabras en una página, de izquierda a derecha hasta que ya no haya espacio, y continúa en el renglón siguiente.

En forma predeterminada, los componentes en cada renglón se centrarán mediante el constructor `FlowLayout()` sin argumentos. Si desea que los componentes sean alineados junto al borde izquierdo o derecho del contenedor, la variable de clase `FlowLayout.LEFT` o `FlowLayout.RIGHT` debería ser el único argumento del constructor, como en la instrucción siguiente:

`FlowLayout righty = new FlowLayout(FlowLayout.RIGHT);`

La variable de clase `FlowLayout.CENTER` sirve para especificar componentes centrados.

En el listado 12.1 el applet despliega seis botones organizados por el administrador de diseño de flujo. Como la variable de clase `FlowLayout.LEFT` se utilizó en el constructor `FlowLayout()`, los componentes están alineados a la izquierda de la ventana del applet.

ESCRIBA **LISTADO 12.1.** EL TEXTO COMPLETO DE ALPHABET.JAVA.

```
 1: import java.awt.*;
 2:
 3: public class Alphabet extends java.applet.Applet {
 4:     Button a = new Button("Alibi");
 5:     Button b = new Button("Burglar");
 6:     Button c = new Button("Corpse");
 7:     Button d = new Button("Deadbeat");
 8:     Button e = new Button("Evidence");
 9:     Button f = new Button("Fugitive");
10:     FlowLayout lm = new FlowLayout(FlowLayout.LEFT);
11:
12:     public void init() {
13:         setLayout(lm);
14:         add(a);
15:         add(b);
```

continúa

LISTADO 12.1. CONTINUACIÓN

```
16:         add(c);
17:         add(d);
18:         add(e);
19:         add(f);
20:     }
21: }
```

Para producir la salida mostrada en la figura 12.1 con el `appletviewer` se utilizó la siguiente etiqueta <APPLET>:

```
<applet code="Alphabet.class" height=120 width=220>
</applet>
```

FIGURA 12.1

Seis botones organizados en un diseño de flujo.

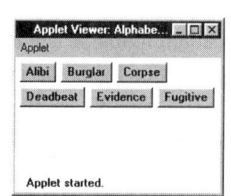

En el applet `Alphabet`, el administrador de diseño coloca un espacio de tres pixeles entre cada componente en un renglón y tres pixeles entre cada renglón. Usted puede cambiar el espacio horizontal y vertical entre componentes con algunos argumentos adicionales al constructor `FlowLayout()`.

El constructor `FlowLayout(int, int, int)` toma los tres argumentos siguientes, en orden:

- La alineación, que debe ser `FlowLayout.CENTER`, `FlowLayout.LEFT` o `FlowLayout.RIGHT`.
- El espacio horizontal entre componentes, en pixeles.
- El espacio vertical, en pixeles.

El siguiente constructor crea un administrador de diseño de flujo con componentes centrados, un espacio horizontal de 30 pixeles y un espacio horizontal de 10:

```
FlowLayout flo = new FlowLayout(FlowLayout.CENTER, 30, 10);
```

El administrador `GridLayout`

El administrador de diseño de cuadrícula acomoda los componentes dentro de una cuadrícula de renglones y columnas. Los componentes se agregan primero en el renglón superior de la cuadrícula, iniciando con la celda que esté más a la izquierda de la cuadrícula y continuando a la derecha. Cuando todas las celdas del renglón superior están llenas, el siguiente componente se agrega a la celda de la extrema izquierda de la cuadrícula, si hay un segundo renglón, y así sucesivamente.

El diseño de cuadrícula se crea con la clase `GridLayout`. Se envían dos argumentos al constructor `GridLayout`: el número de renglones y de columnas en la cuadrícula. La instrucción siguiente crea un administrador de diseño de cuadrícula con 10 renglones y 3 columnas:

```
GridLayout gr = new GridLayout(10,3);
```

Como con el diseño de flujo, usted puede especificar un espacio vertical y horizontal entre componentes con dos argumentos adicionales. La instrucción siguiente crea un diseño de cuadrícula con 10 renglones, 3 columnas, un espacio horizontal de 5 pixeles y un espacio vertical de 8 pixeles:

```
GridLayout gr2 = new GridLayout(10,3,5,8);
```

El espacio predeterminado entre componentes bajo el diseño de cuadrícula es de 0 pixeles tanto en la dirección vertical como en la horizontal.

El listado 12.2 contiene un applet que crea una cuadrícula con 3 renglones, 3 columnas y un espacio tanto vertical como horizontal entre componentes de 10 pixeles.

ESCRIBA **LISTADO 12.2.** EL TEXTO COMPLETO DE BUNCH.JAVA.

```
 1: import java.awt.*;
 2:
 3: public class Bunch extends java.applet.Applet {
 4:     GridLayout family = new GridLayout(3,3,10,10);
 5:     Button marcia = new Button("Marcia");
 6:     Button carol = new Button("Carol");
 7:     Button greg = new Button("Greg");
 8:     Button jan = new Button("Jan");
 9:     Button alice = new Button("Alice");
10:     Button peter = new Button("Peter");
11:     Button cindy = new Button("Cindy");
12:     Button mike = new Button("Mike");
13:     Button bobby = new Button("Bobby");
14:
15:     public void init() {
16:         setLayout(family);
17:         add(marcia);
18:         add(carol);
19:         add(greg);
20:         add(jan);
21:         add(alice);
22:         add(peter);
23:         add(cindy);
```

continúa

Listado 12.2. continuación

```
24:         add(mike);
25:         add(bobby);
26:     }
27: }
```

La figura 12.2 muestra este applet en una página con la siguiente etiqueta <APPLET>:

```
<applet code="Bunch.class" height=160 width=160>
</applet>
```

Figura 12.2

Nueve botones organizados en un diseño de cuadrícula de 3 × 3.

Algo a tener en cuenta acerca de los botones en la figura 12.2 es que se han expandido para llenar el espacio disponible entre ellos en cada celda. Ésta es una diferencia importante entre el diseño de flujo y otros administradores de diseño. En el diseño de cuadrícula, un componente siempre tomará el espacio completo de una celda. Si carga el applet Bunch con la herramienta appletviewer, podrá ver que los botones modifican el tamaño al redimensionar la ventana del applet.

El administrador `BorderLayout`

Los *diseños de bordes*, que se crean mediante la clase BorderLayout, dividen un contenedor en cinco secciones, north, south, east, west y center. Las cinco áreas de la figura 12.3 muestran cómo se organizan estas secciones.

Figura 12.3

Organización de los componentes bajo el diseño de bordes.

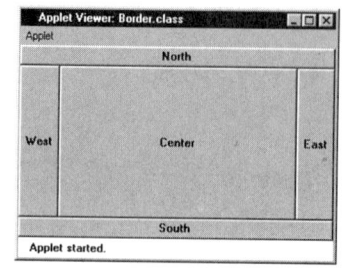

Bajo el diseño de bordes, los componentes en los cuatro puntos de dirección toman tanto espacio cuanto necesiten; el centro ocupa todo el espacio restante. Por lo común, esto da por resultado una disposición de un componente central grande y cuatro componentes pequeños alrededor.

Un diseño de bordes se crea con los constructores BorderLayout() o BorderLayout(*int*, *int*). El primer constructor crea un diseño de bordes sin conexión entre los componentes y el segundo especifica el espacio horizontal y vertical, respectivamente.

Después de haber creado un diseño de bordes y configurado como el administrador de diseño del contenedor, se agregan los componentes mediante una llamada distinta al método add() que usted ya ha visto:

add(String, component)

El segundo argumento de este método es el componente que se deberá agregar al contenedor.

El primer argumento es una cadena que indica a cuál parte del diseño de bordes se asignará el componente. Hay cinco posibles valores: "North", "South", "East", "West", o "Center".

La instrucción siguiente agrega un botón llamado quitButton a la parte North del diseño de bordes:

add("North", quitButton);

El listado 12.3 contiene el applet que se utilizó para producir la figura 12.3.

ESCRIBA **LISTADO 12.3.** EL TEXTO COMPLETO DE BORDER.JAVA.

```
 1: import java.awt.*;
 2:
 3: public class Border extends java.applet.Applet {
 4:     BorderLayout b = new BorderLayout();
 5:     Button north = new Button("North");
 6:     Button south = new Button("South");
 7:     Button east = new Button("East");
 8:     Button west = new Button("West");
 9:     Button center = new Button("Center");
10:
11:     public void init() {
12:         setLayout(b);
13:         add("North", north);
14:         add("South", south);
15:         add("East", east);
16:         add("West", west);
17:         add("Center", center);
18:     }
19: }
```

La etiqueta <APPLET> que se usó es la siguiente:

```
<applet code="Border.class" height=120 width=120>
</applet>
```

Cómo mezclar administradores de diseño

A estas alturas se preguntará cómo funcionará el AWT con el tipo de interfaces gráficas de usuario que desea diseñar. Elegir un administrador de diseño es una experiencia semejante a cuando *Ricitos de oro* llega a la casa de los tres osos y encuentra que algo anda mal: "¡Esto es demasiado cuadrado!, ¡esto está demasiado desorganizado!, ¡esto es demasiado raro!"

Para encontrar el diseño correcto, usted tiene que combinar más de un administrador en la misma interfaz.

Esto se hace agregando contenedores a un contenedor principal como a una ventana de applet, y dándole a cada uno de estos contenedores más pequeños sus propios administradores de diseño.

El contenedor a usar para estos contenedores más pequeños es el panel, el cual se crea a partir de la clase `Panel`. Los *paneles* son contenedores que sirven para agrupar componentes. Hay dos cosas que tener en mente cuando se trabaja con paneles:

- El panel se llena con componentes antes de ser colocado en un contenedor más grande.
- El panel tiene su propio administrador de diseño.

Los paneles se crean con una simple llamada al constructor a la clase `Panel`, como se muestra en el ejemplo siguiente:

```
Panel pane = new Panel();
```

El método de diseño se configura para un panel al llamar al método `setLayout()` en ese panel. Esto funciona idénticamente al método `setLayout()` que usted ha estado utilizando para la ventana del applet; tanto `Applet` como `Panel` son subclases de la clase `Container`, y heredan el comportamiento del administrador de diseño sin modificar su superclase.

Las instrucciones siguientes crean un administrador de diseño y lo aplican a un objeto `Panel` llamado pane:

```
BorderLayout bo = new BorderLayout();
pane.setLayout(bo);
```

Los componentes se agregan a un panel al llamar al método `add()` del panel, el cual funciona de la misma manera para los paneles como para otros contenedores como los applets.

La instrucción siguiente agrega un área de texto llamada `dialogue` a un objeto `Panel` llamado `pane`:

```
pane.add(dialogue);
```

Usted verá varios ejemplos del uso de paneles en el resto de los programas de ejemplo de hoy.

Diseño de interfaces avanzadas

Además de los tres administradores de diseño que usted ha conocido hoy: diseño de flujo, diseño de cuadrícula y diseño de borde, el AWT incluye dos sofisticados administradores de diseño. Los administradores de diseño de naipe y de cuadrícula de bolsa también pueden ser mezclados con otros administradores al anidar un contenedor dentro de otro.

El administrador `CardLayout`

Los diseños de naipe difieren de otros diseños debido a que ocultan algunos componentes a la vista. Un *diseño de naipe* es un grupo de contenedores que son desplegados uno a la vez, igual que un barajador de naipes de blackjack toma cada vez un naipe del montón. Cada contenedor en el grupo se llama *naipe*.

Si usted ha usado programas como HyperCard en Macintosh o un cuadro de diálogo con fichas como la parte Propiedades del sistema, del Panel de control de Windows 95, usted ha trabajado con un programa que usa el diseño de naipe.

La manera normal de usar un diseño de naipe es usar un panel para cada naipe. Los componentes se agregan primero a los paneles, y éstos son agregados al contenedor que se configura para usar el diseño de naipe.

Un diseño de naipe se crea de una clase `CardLayout` con una simple llamada al constructor:

```
CardLayout cc = new CardLayout();
```

El método `setLayout()` se usa para que éste sea el administrador de diseño para el contenedor, como en la instrucción siguiente:

```
setLayout(cc);
```

Después de configurar un contenedor para usar el administrador de diseño de naipe, usted debe hacer una llamada al método `add()` ligeramente distinta para agregar naipes al diseño.

El método a usar es `add(String, container)`. El segundo argumento especifica el contenedor o componente que es el naipe. Si es un contenedor, todos los componentes se deben agregar a éste antes de agregar el naipe.

El primer argumento para el método add() es una cadena que representa el nombre del naipe. Esto puede ser cualquier cosa que quiera para llamar al naipe. Podría numerar los naipes de alguna manera y usar el número en el nombre, como en "Card1", "Card 2", "Card 3", y así sucesivamente.

Las siguientes instrucciones añaden un panel llamado options a un contenedor y le da a este naipe el nombre de "Options Card":

add("Options Card", options);

Después que haya añadido un naipe al contenedor principal para un programa, como una ventana de applet, usted puede usar el método show() de su administrador de diseño para desplegar un naipe. El método show() toma dos argumentos:

- El contenedor en que se han agregado todos los naipes. Si el contenedor es el applet, usted puede usar la palabra clave this dentro del applet para este argumento.
- El nombre que le ha dado al naipe.

La instrucción siguiente llama al método show() del administrador de diseño de naipe llamado cc:

cc.show(this, "Fact Card");

La palabra clave this se refiere a la clase que esta instrucción hace aparecer, y "Fact Card" es el nombre del naipe a revelar. Cuando se muestra un naipe, el naipe previamente desplegado será ocultado. Únicamente se puede ver un naipe a la vez en el diseño de naipe.

En un programa que utiliza el administrador de diseño de naipe, un cambio de naipe por lo común se activará por una acción del usuario. Por ejemplo, en un programa que despliega direcciones de correo en naipes diferentes, el usuario podría desplegar un naipe seleccionando un elemento en una lista desplazable. Como una alternativa, el applet en el listado 12.4 emplea animación con subprocesos para moverse de un panel de un naipe al siguiente.

ESCRIBA **LISTADO 12.4.** EL TEXTO COMPLETO DE BURMASHAVE.JAVA.

```
 1: import java.awt.*;
 2:
 3: public class BurmaShave extends java.applet.Applet
 4:     implements Runnable {
 5:
 6:     CardLayout card = new CardLayout();
 7:     Label[] lab = new Label[6];
 8:     int current = 0;
 9:     Thread runner;
10:
11:     public void start() {
12:         if (runner == null) {
```

```
13:             runner = new Thread(this);
14:             runner.start();
15:         }
16:     }
17:
18:     public void stop() {
19:         runner = null;
20:     }
21:
22:     public void init() {
23:         lab[0] = new Label("Grandpa's beard");
24:         lab[1] = new Label("Was stiff and coarse.");
25:         lab[2] = new Label("And that's what caused");
26:         lab[3] = new Label("His fifth");
27:         lab[4] = new Label("Divorce.");
28:         lab[5] = new Label("Burma Shave.");
29:         setLayout(card);
30:         for (int i = 0; i < 6; i++)
31:             add("Card " + i, lab[i]);
32:     }
33:
34:     public void run() {
35:         Thread thisThread = Thread.currentThread();
36:         while (runner == thisThread) {
37:             card.show(this, "Card " + current);
38:             current++;
39:             if (current > 5)
40:                 current = 0;
41:             repaint();
42:             try {
43:                 Thread.sleep(5000);
44:             } catch (InterruptedException e) { }
45:         }
46:     }
47: }
```

Para producir la salida que se muestra en la figura 12.4 se utilizó la siguiente etiqueta <APPLET>.

```
<applet code="BurmaShave.class" height=80 width=160>
</applet>
```

El applet `BurmaShave` construye un diseño de naipe con seis naipes. Cada naipe es un componente de etiqueta y la animación se consigue al repetir un ciclo a través de los seis naipes.

Algunas observaciones acerca del applet:

- Línea 7 —Se crea el arreglo `lab` para que contenga las seis etiquetas.
- Línea 8 —Se establece la variable `current`. Así se registra el naipe actual a desplegar.

- Líneas 23–28 —Se crean los seis objetos `Label` y cada uno se intitula con una línea del lema de ventas del anuncio de Burma Shave que se coloca en las carreteras.
- Línea 29 —El administrador de diseño para el applet se establece como `card`.
- Líneas 30 y 31 —Mediante un ciclo `for`, las seis etiquetas del arreglo `lab` se agregan a la ventana del applet como naipes. A cada naipe se le da un nombre que inicia con el texto `"Card"`, seguido de un espacio y un número del 0 al 5, como en `"Card 0"`
- Línea 37 —El método `show()` de la clase `CardLayout` se utiliza para mostrar al naipe actual. El nombre del naipe es el texto `"Card"`, seguido de un espacio y el valor de la variable `current`.
- Línea 38 —El valor de `current` se incrementa en 1.
- Líneas 39 y 40 —La variable `current` se establece de vuelta a `0` si supera al 5.

Figura 12.4

Un naipe desplegado en un diseño de multi-naipe.

El administrador `GridBagLayout`

El último de los administradores de diseño disponibles a través del AWT es el diseño de cuadrícula de bolsa, que es una extensión del administrador de diseño de cuadrícula. Un diseño de cuadrícula de bolsa difiere de un diseño de cuadrícula por las razones siguientes:

- Un componente puede tomar más de una celda en la cuadrícula.
- Las proporciones entre renglones y columnas diferentes no tienen que ser iguales.
- Los componentes dentro de las celdas de la cuadrícula se pueden organizar de distintas maneras.

Para crear un diseño de cuadrícula de bolsa, usted usa la clase `GridBagLayout` y la clase auxiliar llamada `GridBagConstraints`. La primera es el administrador de diseño, y mediante `GridBagConstraints` se definen las propiedades de cada componente que se coloque en la celda: posición, dimensiones, alineación, etcétera. La relación entre la cuadrícula de bolsa, las restricciones y cada componente, define el diseño final.

En su forma más general, la creación de una cuadrícula de bolsa implica los pasos siguientes:

1. Crear un objeto `GridBagLayout` y definirlo como el administrador de diseño actual, como lo haría para cualquier administrador de diseño.
2. Crear una nueva instancia de `GridBagConstraints`.
3. Establecer las restricciones para un componente.

4. Avisar al administrador de diseño acerca del componente y sus restricciones.
5. Agregar el componente al contenedor.

El siguiente ejemplo agrega un botón sencillo a un contenedor, implementando un diseño de cuadrícula de bolsa. (No se preocupe por las restricciones, éstas se cubren posteriormente.)

```
//   configurar diseño
GridBagLayout gridbag = new GridBagLayout();
GridBagConstraints constraints = new GridBagConstraints();
setLayout(gridbag);

//   definir restricciones para el botón
Button btn = new Button("Save");
constraints.gridx = 0;
constraints.gridy = 0;
constraints.gridwidth = 1;
constraints.gridheight = 1;
constraints.weightx = 30;
constraints.weighty = 30;
constraints.fill = GridBagConstraints.NONE;
constraints.anchor = GridBagConstraints.CENTER;

//   agregar restricciones al diseño, agregar botón
gridbag.setConstraints(btn, constraints);
add(b);
```

Como puede ver en este ejemplo, usted tiene que establecer todas las restricciones para cada componente que quiera agregar al panel. Ante tantas restricciones, ayuda tener un plan para manejar un tipo de limitación a la vez.

Paso uno: diseñe la cuadrícula

El primer lugar para empezar el diseño de la cuadrícula de bolsa es el papel. Hacer un boceto del diseño de la interfaz de usuario de antemano, antes incluso de haber escrito una línea de código, le será de gran ayuda a largo plazo para tener una idea de cómo va todo. Deje a un lado por el momento a su editor de texto, tome un papel y lápiz y construya la cuadrícula.

La figura 12.5 muestra el diseño del panel que usted construirá en este ejemplo. La figura 12.6 muestra el mismo diseño con una cuadrícula sobrepuesta. Su diseño tendrá una cuadrícula similar a ésta, con renglones y columnas formando celdas individuales.

Cuando dibuje su cuadrícula, tenga en mente que cada componente debe tener su propia celda. Usted no puede poner más de un componente en la misma celda. Sin embargo un componente puede abarcar múltiples celdas en la dirección x o y (como en el botón OK en el renglón final, que abarca dos columnas de celdas). Observe en la figura 12.6 que las etiquetas y los campos de texto tienen sus propias cuadrículas y que el botón ocupa dos columnas de celdas.

Figura 12.5

Un diseño de cuadrícula de bolsa.

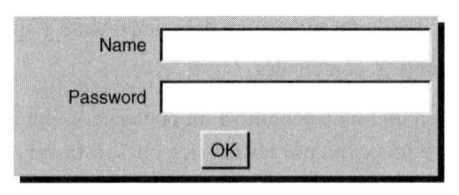

Figura 12.6

El diseño de cuadrícula de bolsa de la figura 12.5, con una cuadrícula impuesta.

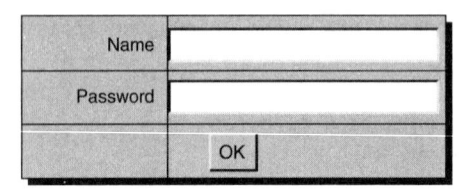

Etiquete las celdas con sus coordenadas x y y mientras está trabajando en el papel, pues esto le ayudará posteriormente. Éstas no son coordenadas de pixeles, sino sólo coordenadas de celda. La celda superior izquierda es 0,0. La siguiente celda a la derecha de ella es la 1,0. La celda a la derecha de ésta es 2,0. Pasando al siguiente renglón, la celda a la extrema izquierda es 0,1, la siguiente en el renglón es 1,1, y así sucesivamente. Etiquete sus celdas en el papel con estos números; los necesitará después, cuando desarrolle el código para este ejemplo. La figura 12.7 muestra los números para cada una de las celdas en este ejemplo.

Figura 12.7

El diseño de cuadrícula de bolsa de la figura 12.5, con coordenadas de celda.

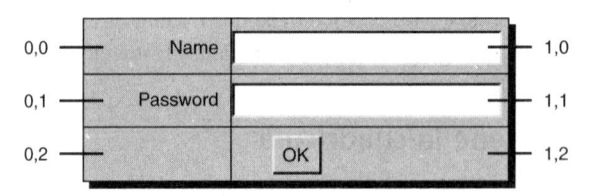

Paso dos: cree la cuadrícula

Ahora regresemos a Java y empecemos a implementar el diseño que usted acaba de dibujar en papel. En principio, usted se va a enfocar exclusivamente en el diseño, con la cuadrícula y las proporciones correctas. Para esto, podría ser más sencillo usar botones como marcadores de posición para los elementos actuales en el diseño. Son fáciles de crear y definen claramente el espacio que un componente ocupará en el administrador, o administradores, de diseño que estén en uso. Una vez que todo esté configurado correctamente, los botones pueden ser remplazados con los elementos correctos.

Para reducir la cantidad de escritura que tiene que realizar para establecer todas esas restricciones, puede empezar por definir un método auxiliar que tome muchos valores y asigne las restricciones a esos valores. El método `buildConstraints()` toma siete argumentos: un objeto `GridBagConstraints` y seis enteros que representan las variables de instancia `gridx`, gridy, gridwidth, gridheight, weightx y weighty de GridBagConstraints. Más tarde aprenderá qué es lo que hacen; por ahora, aquí está el código del método auxiliar que usará más tarde en este ejemplo.

```
void buildConstraints(GridBagConstraints gbc, int gx, int gy,
    int gw, int gh, int wx, int wy) {

    gbc.gridx = gx;
    gbc.gridy = gy;
    gbc.gridwidth = gw;
    gbc.gridheight = gh;
    gbc.weightx = wx;
    gbc.weighty = wy;
}
```

Ahora dirijámonos al método init(), donde ocurre realmente todo el diseño. Aquí está la definición básica del método, donde usted definirá el GridBagLayout para que sea el administrador de diseño inicial y creará un objeto de restricciones (una instancia de GridBagConstraints):

```
public void init() {
    GridBagLayout gridbag = new GridBagLayout();
    GridBagConstraints constraints = new GridBagConstraints();
    setLayout(gridbag);

    constraints.fill = GridBagConstraints.BOTH;
}
```

Una breve nota explicativa: la última línea, que asigna el valor de constraints.fill, será eliminada (y explicada) posteriormente. Está allí para que los componentes llenen toda la celda en la cual está contenida, lo cual le ayuda a ver qué está pasando. Agréguela por ahora, más tarde tendrá una idea más clara de lo que es.

Ahora agregue los botones marcadores de posición al diseño. (Recuerde que por el momento se está enfocando en una organización de cuadrícula básica, por lo que usará botones como marcadores de posición para los elementos de interfaz de usuario reales que añadirá posteriormente.) Empiece por asignar las restricciones a un botón. Este código estará en el método init() justo después de la línea setLayout:

```
// etiqueta de nombre
buildConstraints(constraints, 0, 0, 1, 1, 100, 100);
Button label1 = new Button("Name:");
gridbag.setConstraints(label1, constraints);
add(label1);
```

Estas cuatro líneas establecen las restricciones para un objeto, crean un nuevo botón, asignan las restricciones al botón y entonces lo agregan al panel. Observe que las restricciones para un componente son almacenadas en el objeto GridBagConstraints, y que incluso el componente no tiene que existir para establecer sus restricciones.

Ahora atienda los detalles: ¿Cuáles son los valores para las restricciones que usted ha insertado en el método `buildConstraints()`?

Los primeros dos argumentos enteros son los valores `gridx` y `gridy` para las restricciones. Son las coordenadas de la celda que ocupa este componente. ¿Recuerda cómo escribió estos componentes en el papel en el paso uno? Con las celdas numeradas casi del mismo modo que en el papel, todo lo que tiene que hacer es insertar los valores correctos. Observe que si tiene un componente que ocupa múltiples celdas, las coordenadas serán las de la celda de la esquina superior izquierda.

Este botón está en la esquina superior izquierda, por lo que su `gridx` y `gridy` (los primeros dos argumentos de `buildConstraints()`) son 0 y 0, respectivamente.

Los siguientes dos argumentos enteros son `gridwidth` y `gridheight`. No son anchos ni alturas medidos en pixeles, en vez de ello son el número de celdas que este componente ocupa: `gridwidth` para las columnas y `gridheight` para los renglones. Aquí este componente cubre sólo una celda, por lo que los valores para ambos son 1.

Los dos últimos argumentos enteros son para `weightx` y `weighty`, que se utilizan para establecer las proporciones de los renglones y las columnas, esto es, cómo serán de ancho y profundidad. Los pesos pueden llegar a ser muy confusos, por lo que por ahora establezca ambos valores a `100`. Los pesos se verán en el paso tres.

Una vez construidas las restricciones, las puede asignar a un objeto con el método `setConstraints()`. Éste, que es un método definido en `GridBagLayout`, toma dos argumentos: el componente (aquí un botón) y las restricciones para ese botón. Finalmente, usted puede agregar el botón al panel.

Después de que ha establecido y asignado las restricciones a un componente, puede reutilizar el objeto `GridBagConstraints` para establecer las restricciones para el próximo objeto. Entonces, duplica estas cuatro líneas para cada componente en la cuadrícula, con valores diferentes para el método `buildConstraints()`. Para ahorrar espacio, los métodos `buildConstraints()` sólo se mostrarán para estas últimas cuatro celdas.

La segunda celda a agregar es la que contendrá el cuadro de texto para el nombre. Las coordenadas para esta celda son 1,0 (segunda columna, primer renglón); sólo ocupa una celda y ambos pesos (por ahora) son `100`:

```
buildConstraints(constraints, 1, 0, 1, 1, 100, 100);
```

Los dos componentes siguientes, que serán una etiqueta y un campo de texto, son casi los mismos que los dos anteriores; la única diferencia está en sus coordenadas de celda. La etiqueta de contraseña está en 0,1 (primera columna, segundo renglón) y el campo de texto de contraseña está en 1,1 (segunda columna, segundo renglón):

```
buildConstraints(constraints, 0, 1, 1, 1, 100, 100);
buildConstraints(constraints, 1, 1, 1, 1, 100, 100);
```

Finalmente, usted necesita el botón OK, el cual es un componente que ocupa dos columnas en el renglón final del panel. Aquí las coordenadas son las de la celda inferior izquierda, donde empieza la ocupación (0,2). Aquí, a diferencia de los componentes previos, establecerá
`gridwidth` y `gridheight` en algo distinto a 1 debido a que esta celda ocupa varias columnas. Gridwidth es 2 (ocupa dos columnas) y `gridheight` es 1 (ocupa únicamente un renglón):

```
buildConstraints(constraints, 0, 2, 2, 1, 100, 100);
```

Usted ha establecido las restricciones de colocación para todos los componentes que serán agregados al diseño de cuadrícula. También necesita asignar las restricciones de cada componente al administrador del diseño y luego agregar cada componente al panel. La figura 12.8 muestra el resultado en este punto. Observe que no hay que preocuparse de las proporciones exactas aquí, o asegurar que todo esté alineado. De lo que tiene que asegurarse hasta aquí es de que la cuadrícula sea funcional, que tenga el número correcto de renglones y columnas, y que no esté pasando nada extraño (celdas en el lugar incorrecto, celdas encimadas, y ese tipo de cosas).

Figura 12.8

Diseño de cuadrícula de bolsa, primer paso.

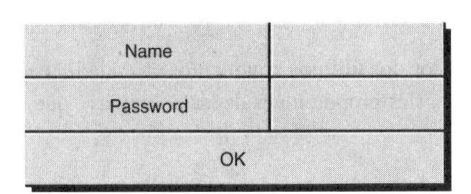

Paso tres: determine las proporciones

El paso siguiente es determinar las proporciones entre los renglones y columnas. Por ejemplo, en este caso cambiará el tamaño de las etiquetas (nombre y contraseña) para que ocupen menos espacio que los cuadros de texto. Las proporciones de las celdas dentro de un diseño se establecen mediante las restricciones `weightx` y `weighty`.

La manera más fácil de pensar en `weightx` y `weighty` es que sus valores son porcentajes del ancho y altura totales del panel, o 0 si el ancho y altura han sido establecidos por otra celda. Los valores de `weightx` y `weighty` para todos sus componentes, entonces, deberán sumar 100.

Nota

En realidad, los valores `weightx` y `weighty` no son porcentajes; simplemente son proporciones y pueden tener cualquier valor. Cuando se calculan las pro-

> porciones, se suman todos los valores en una dirección para que cada valor individual esté en proporción al total. Para que este proceso sea más sencillo de entender, considere a los pesos como porcentajes y asegúrese que sumen 100 para que todo salga correctamente.

¿Qué celdas tienen valores y cuáles tienen 0? Las celdas que ocupan varios renglones o columnas deberían ser siempre 0 en la dirección en que se extienden. Así, todo es simplemente cuestión de elegir la celda que tendrá un valor, y entonces las otras celdas en ese renglón o columna deberán ser 0.

Mire las cinco llamadas a buildConstraints() hechas en el paso anterior:

```
buildConstraints(constraints, 0, 0, 1, 1, 100, 100); //nombre
buildConstraints(constraints, 1, 0, 1, 1, 100, 100); //texto nombre
buildConstraints(constraints, 0, 1, 1, 1, 100, 100); //contraseña
buildConstraints(constraints, 1, 1, 1, 1, 100, 100); //texto contraseña
buildConstraints(constraints, 0, 2, 2, 1, 100, 100); //botón OK
```

Usted tendrá que cambiar los dos últimos argumentos en cada llamada a buildConstraints. Empiece con la dirección x (las proporciones de las columnas), que es el penúltimo argumento en la lista anterior.

Si observa la figura 12.6 (la imagen del panel con la cuadrícula sobrepuesta), verá que la segunda columna es mucho más grande que la primera. Si fuera a elegir porcentajes teóricos para esas columnas, podría decir que la primera es 10 por ciento y la segunda es 90 por ciento. (Esto es una estimación; y es todo lo que necesita hacer también.) Con estas dos suposiciones, usted las puede asignar a las celdas. No necesita asignar algún valor a la celda con el botón OK, porque la celda ocupa ambas columnas y allí los porcentajes no funcionarían. Agréguelos a las primeras dos celdas, la etiqueta del nombre y la del campo de texto del nombre:

```
buildConstraints(constraints, 0, 0, 1, 1, 10, 100); //nombre
buildConstraints(constraints, 1, 0, 1, 1, 90, 100); //texto nombre
```

¿Qué pasa con los valores de las dos celdas restantes, la etiqueta de contraseña y el campo de texto? Puesto que las proporciones de las columnas han sido previamente establecidas por la etiqueta de nombre y de campo, usted no tiene que volver a establecerlas aquí. Déle tanto a estas celdas, como a la primera del botón OK, los valores 0:

```
buildConstraints(constraints, 0, 1, 1, 1, 0, 100); //contraseña
buildConstraints(constraints, 1, 1, 1, 1, 0, 100); //texto contraseña
buildConstraints(constraints, 0, 2, 2, 1, 0, 100); //botón OK
```

Observe aquí que un valor 0 no significa que la celda tenga un ancho de 0. Estos valores son proporciones, no valores de pixel. Un 0 simplemente significa que la proporción ha sido establecida a algo distinto; todo lo que 0 dice es "organícelo para que llene el espacio".

Organización de los componentes en una interfaz de usuario

Ahora que los totales de todas las restricciones `weightx` son `100`, usted se puede mover hacia los argumentos `weighty`. Aquí tiene tres renglones. Indirectamente sobre la cuadrícula que usted dibujó, parece que el botón tiene cerca de 20 por ciento y los campos de texto tienen el resto (40 por ciento cada uno). Como con los valores x, tiene que establecer el valor de únicamente una celda por renglón (las dos etiquetas y el botón), y todas las demás celdas deberán tener un `weighty` de `0`.

He aquí las cinco llamadas finales a `buildConstraints()` con los pesos en su lugar.

```
buildConstraints(constraints, 0, 0, 1, 1, 10, 40); //nombre
buildConstraints(constraints, 1, 0, 1, 1, 90, 0);  //texto nombre
buildConstraints(constraints, 0, 1, 1, 1, 0, 40);  //contraseña
buildConstraints(constraints, 1, 1, 1, 1, 0, 0);   //texto contraseña
buildConstraints(constraints, 0, 2, 2, 1, 0, 20);  //botón OK
```

La figura 12.9 presenta el resultado con las proporciones correctas.

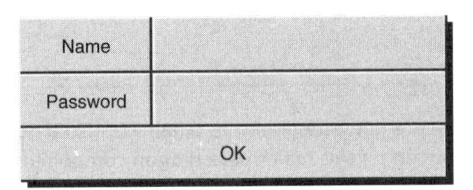

FIGURA 12.9

Diseño de cuadrícula de bolsa, segundo paso.

En este paso, el objetivo es tratar de proponer algunas proporciones básicas de cómo se espaciarán los renglones y celdas en la pantalla. Usted puede hacer algunas estimaciones básicas en cuán grandes espera que sean los componentes, pero lo más probable es que usted vaya a seguir muchas veces el método de prueba y error en esta parte del proceso.

Paso cuatro: agregue y organice los componentes

Con el diseño y las proporciones en su lugar, ahora puede remplazar los botones marcadores de posición por las etiquetas y campos de texto reales. Puesto que ya ha configurado todo, todo debería funcionar a la perfección, ¿cierto? Bueno, casi. La figura 12.10 muestra lo que usted obtiene si utiliza las mismas restricciones como antes y remplaza los botones con los componentes reales.

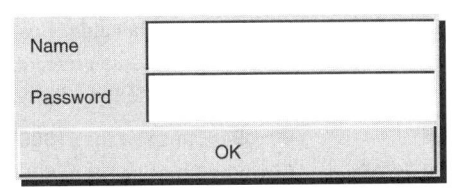

FIGURA 12.10

Diseño de cuadrícula de bolsa, casi lista.

Este diseño es muy aproximado, pero algo extraño. Los cuadros de texto son demasiado altos, y el botón OK ocupa todo el ancho de la celda.

Lo que se está olvidando son las restricciones que organizan los componentes dentro de la celda. Hay dos de ellas: `fill` y `anchor`.

La restricción `fill` determina, para componentes que se pueden extender en cualquier dirección, en qué dirección hacerlo (como cuadros de texto y botones). `Fill` puede tener uno de cuatro valores, definidos como variables en la clase `GridBagConstraints`:

- `GridBagConstraints.BOTH`, extiende el componente para llenar la celda en ambas direcciones.
- `GridBagConstraints.NONE`, hace que el componente se despliegue en su tamaño más pequeño.
- `GridBagConstraints.HORIZONTAL`, hace que el componente se extienda en la dirección horizontal.
- `GridBagConstraints.VERTICAL`, extiende el componente en la dirección vertical.

> **Nota** Tenga presente que este diseño es dinámico. Usted no va a establecer las dimensiones en pixeles reales para ningún componente; en vez de ello, usted le indica a esos elementos en qué dirección pueden crecer ya que un panel puede ser de cualquier tamaño.

En forma predeterminada, la restricción `fill` para todos los componentes es `NONE`. ¿Por qué los campos de texto y etiquetas llenan las celdas en este caso? Si usted recuerda nuevamente el código para este ejemplo, se agregó esta línea al método `init()`:

```
constraints.fill = GridBagConstraints.BOTH;
```

Ahora ya sabe lo que hace. Para la versión final de este applet, usted podrá eliminar esa línea y añadir valores `fill` para cada componente independiente si así lo desea.

La segunda restricción que afecta la aparición de un componente en la celda es `anchor`. Esta restricción se aplica únicamente a los componentes que no se ajustan a toda la celda, y le indica al AWT dónde colocar al componente dentro de la celda. Los valores posibles para la restricción `anchor` son `GridBagConstraints.CENTER`, que alinea el componente tanto horizontal como verticalmente dentro de la celda o alguno de los ocho valores de dirección:

```
GridBagConstraints.NORTH         GridBagConstraints.SOUTH
GridBagConstraints.NORTHEAST     GridBagConstraints.SOUTHWEST
GridBagConstraints.EAST          GridBagConstraints.WEST
GridBagConstraints.SOUTHEAST     GridBagConstraints.NORTHWEST
```

El valor predeterminado de anchor es GridBagConstraints.CENTER.

Usted establece estas restricciones del mismo modo que las otras: al modificar las variables de instancia en el objeto GridBagConstraints. Aquí puede cambiar la definición de buildConstraints() para que tome dos argumentos más (son enteros), o bien puede establecerlos en el cuerpo del método init(). Esto último fue lo que se hizo en este proyecto.

Tenga cuidado con los valores predeterminados. Recuerde que debido a que está reutilizando el mismo objeto GridBagConstraints para cada componente, podría dejar de lado algunos valores al terminar un componente. Por otro lado, si un fill o un anchor de un objeto es el mismo que el anterior a él, no tiene que volver a establecer el objeto.

Para este ejemplo se van a realizar tres cambios para los valores fill y anchor de los componentes:

- Las etiquetas no tendrán fill y serán alineadas al este (EAST), para que se acerquen al lado derecho de la celda.
- Los campos de texto serán llenados horizontalmente (para que inicien una línea arriba y se extiendan al ancho de la celda).
- El botón no tendrá fill y estará alineado al centro.

Esto se refleja en el código completo al final de esta sección.

Paso cinco: haga ajustes

Por lo común, mientras usted trabaja con sus propios programas y diseños de cuadrícula de bolsa, el diseño resultante pide que se piense un poco en él. Podría tener que jugar con valores distintos de las restricciones para obtener una interfaz a su satisfacción. No hay nada incorrecto en eso, el objetivo de seguir el paso previo es obtener que las cosas lleguen a sus posiciones casi finales, no tener un diseño perfecto cada vez.

El listado 12.5 muestra el código completo para el diseño que usted ha estado construyendo en esta sección. Si tuvo problemas al seguir la explicación hasta este punto, podría serle útil ir a través de este código línea por línea, asegurándose que entiende las distintas partes que lo componen.

ESCRIBA **LISTADO 12.5.** EL TEXTO COMPLETO DE NAMEPASS.JAVA.

```
1: import java.awt.*;
2:
3: public class NamePass extends java.applet.Applet {
4:
5:    void buildConstraints(GridBagConstraints gbc, int gx, int gy,
6:        int gw, int gh, int wx, int wy) {
```

continúa

LISTADO 12.5. CONTINUACIÓN

```
 7:
 8:        gbc.gridx = gx;
 9:        gbc.gridy = gy;
10:        gbc.gridwidth = gw;
11:        gbc.gridheight = gh;
12:        gbc.weightx = wx;
13:        gbc.weighty = wy;
14:    }
15:
16:    public void init() {
17:        GridBagLayout gridbag = new GridBagLayout();
18:        GridBagConstraints constraints = new GridBagConstraints();
19:        setLayout(gridbag);
20:
21:        // etiqueta de nombre
22:        buildConstraints(constraints, 0, 0, 1, 1, 10, 40);
23:        constraints.fill = GridBagConstraints.NONE;
24:        constraints.anchor = GridBagConstraints.EAST;
25:        Label label1 = new Label("Name:", Label.LEFT);
26:        gridbag.setConstraints(label1, constraints);
27:        add(label1);
28:
29:        // campo de texto de nombre
30:        buildConstraints(constraints, 1, 0, 1, 1, 90, 0);
31:        constraints.fill = GridBagConstraints.HORIZONTAL;
32:        TextField tfname = new TextField();
33:        gridbag.setConstraints(tfname, constraints);
34:        add(tfname);
35:
36:        // etiqueta de contraseña
37:        buildConstraints(constraints, 0, 1, 1, 1, 0, 40);
38:        constraints.fill = GridBagConstraints.NONE;
39:        constraints.anchor = GridBagConstraints.EAST;
40:        Label label2 = new Label("Password:", Label.LEFT);
41:        gridbag.setConstraints(label2, constraints);
42:        add(label2);
43:
44:        // campo de texto de contraseña
45:        buildConstraints(constraints, 1, 1, 1, 1, 0, 0);
46:        constraints.fill = GridBagConstraints.HORIZONTAL;
47:        TextField tfpass = new TextField();
48:        tfpass.setEchoCharacter('*');
49:        gridbag.setConstraints(tfpass, constraints);
50:        add(tfpass);
51:
52:        // botón OK
53:        buildConstraints(constraints, 0, 2, 2, 1, 0, 20);
54:        constraints.fill = GridBagConstraints.NONE;
55:        constraints.anchor = GridBagConstraints.CENTER;
```

```
56:        Button okb = new Button("OK");
57:        gridbag.setConstraints(okb, constraints);
58:        add(okb);
59:    }
60: }
```

La siguiente etiqueta <APPLET> sirvió para probar el funcionamiento de este applet:

```
<applet code="NamePass.class" height=180 width=240>
</applet>
```

Cuando compile este applet, la llamada al método setEchoCharacter() en la línea 48 podría provocar un mensaje de desaprobación, ya que el método fue renombrado después de Java 1.0.2. Puede remplazarlo con setEchoChar() si usted está escribiendo un applet para la versión 2 del lenguaje

Relleno de celdas

Antes de que termine con los diseños de cuadrícula de bolsa, dos restricciones más merecen mención: ipadx e ipady. Éstas controlan el *relleno* (el espacio adicional alrededor de un componente individual). En forma predeterminada, ningún componente tiene espacio adicional alrededor de él (el cual se aprecia com más facilidad en componentes que llenan completamente la celda).

ipadx agrega espacio a cualquier lado del componente, e ipady lo agrega arriba y abajo.

Márgenes

Los espacios horizontal y vertical, creados cuando usted construye un nuevo administrador de diseño (o mediante ipadx e ipady en los diseños de cuadrícula de bolsa), se utilizan para determinar la cantidad de espacio entre componentes en un panel. Los *márgenes*, sin embargo, sirven para determinar la cantidad de espacio alrededor del panel mismo. La clase Insets incluye valores para los márgenes superior, inferior, izquierdo y derecho, utilizados cuando el panel se dibuja.

Los márgenes determinan el espacio entre las orillas de un panel y sus componentes.

Para incluir un inset para su diseño, tiene que sobreponer el método insets() para Java 1.0.2, o el método getInsets() para Java 2. Estos métodos hacen la misma cosa.

Dentro de los métodos getInsets() o insets(), cree un nuevo objeto Insets, donde el constructor de la clase Insets tome cuatro valores enteros que representan los márgenes superior, izquierdo, inferior y derecho del panel. El método insets() deberá entonces devolver ese objeto Insets. Aquí hay alguna información para agregar márgenes a un diseño de cuadrícula: 10 para el superior y el inferior, y 30 para el izquierdo y derecho. La figura 12.11 muestra el resultado.

```
public Insets insets() {
    return new Insets(10, 30, 10, 30);
}
```

Figura 12.11

Un panel con un margen de 10 pixeles en la parte superior e inferior, y 30 pixeles por la izquierda y la derecha.

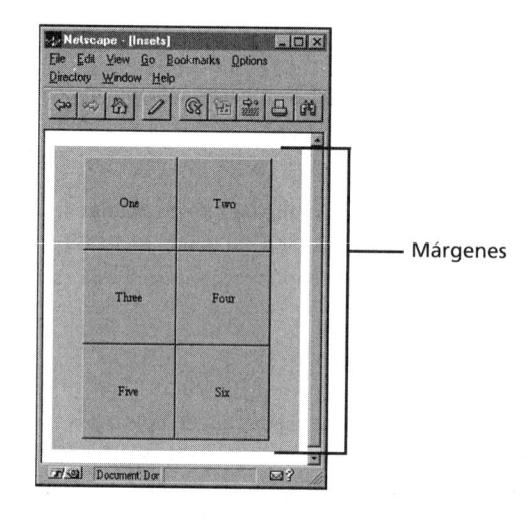

Resumen

Únicamente el expresionismo abstracto va más lejos, como ya lo vio durante el día de hoy que acaba de terminar. Los administradores de diseños requieren algún ajuste para quien está acostumbrado a tener un control más preciso sobre el lugar en que los componentes aparecen en una interfaz.

Ahora ya sabe cómo usar los cinco distintos administradores de diseños y paneles. Cuando trabaje con el AWT, encontrará que puede elaborar cualquier tipo de interfaz mediante contenedores anidados y diferentes administradores de diseños.

Una vez que domine el desarrollo de una interfaz de usuario en Java, sus programas pueden ofrecer algo que la mayoría de los lenguajes de programación visual no hacen: una interfaz que funcione en múltiples plataformas sin modificación.

Tomaré prestada una frase: *No sé si es arte, pero me gusta.*

Preguntas y respuestas

P **Realmente me disgusta trabajar con los administradores de diseños, ya que son muy simplistas o demasiado complicados (diseño de cuadrícula de bolsa). Incluso con un gran esfuerzo, nunca puedo hacer que mis applets luzcan como yo deseo. Todo lo que quiero es definir los tamaños de mis componentes y colocarlos en una posición x, y en la pantalla. ¿Puedo hacer esto?**

R Es posible, pero muy problemático. El AWT fue diseñado de manera que una interfaz gráfica de usuario de un programa pudiera correr igualmente bien en plataformas diferentes y con distintas resoluciones de pantalla, fuentes, tamaños de monitores, etcétera. Depender de las coordenadas x, y puede hacer que un programa luzca bien en una plataforma y no sea útil en otras, donde los componentes se encimen unos con otros, o que se recorten por el borde de un contenedor, y otros desastres de diseño. Los administradores de diseño, al colocar los elementos en la pantalla en forma dinámica, resuelven estos problemas. Aunque podrían haber algunas diferencias entre el resultado en diferentes plataformas, las diferencias están muy lejos de ser catastróficas.

¿Aún no se convence? Utilice un administrador de diseños `null` y el método `reshape()` para hacer un componente de un tamaño específico y colocarlo en una posición específica:

```
setLayout(null);
Button myButton = new Button("OK");
myButton.reshape(10, 10, 30, 15);
```

Encontrará más acerca de `reshape()` en la clase `Component`.

P Estaba explorando las clases del AWT y vi este subpaquete llamado peer. Las referencias a las clases peer están dispersas a través de la documentación de la API de Java; ¿qué hacen las clases peer?

R Las clases *peer* son responsables de las partes específicas para una plataforma del AWT. Por ejemplo, cuando usted crea una ventana Java con el AWT, obtiene una instancia de la clase `Window` que proporciona comportamiento genérico de ventanas, y a continuación obtiene una instancia de una clase al implementar `WindowPeer`, que crea una ventana específica para una plataforma, como una ventana motif bajo X Windows, una ventana del estilo Macintosh bajo Macintosh, o una ventana Windows 95 bajo Windows 95. Estas clases peer también manejan la comunicación entre el sistema de manejo de ventanas y la ventana Java misma. Al separar el comportamiento genérico del componente (las clases AWT) de la implementación y la apariencia del sistema real (las clases peer), usted se puede enfocar a dar el comportamiento a su aplicación de Java y dejar que la implementación de Java lidie con los detalles específicos de la plataforma.

Semana 2

Día 13

Respuesta a la entrada del usuario en un applet

Con los conocimientos obtenidos hasta ahora, usted puede diseñar una interfaz gráfica de usuario, muy bonita pero sin cerebro. Podría verse como una interfaz funcional (recibiendo clics y otras interacciones, como cualquier programa) pero no sucedería nada en respuesta a esas interacciones.

Para hacer una interfaz funcional en Java, debe aprender a hacer que un programa responda a los eventos. Los *eventos* son llamadas a métodos, ejecutadas por el sistema de manejo de ventanas de Java cada vez que se manipula algún elemento de la interfaz de usuario. Hay una amplia variedad de eventos que utilizan el teclado y el ratón, incluyendo eventos de clic, eventos de movimiento con el ratón y eventos de teclado.

Hoy aprenderá, aplicando las técnicas de Java 1.0.2, cómo hacer que un applet maneje los eventos para que sus programas se puedan ejecutar en cualquier navegador Web que soporte Java. Durante el día 21, "Manejo de eventos de usuario con Swing", aprenderá a manejar los eventos mediante las técnicas de Java 2.

Manejo de eventos

Algo de lo que aprendió al crear applets por primera vez es que, cada vez que se ejecuta el programa hay fuerzas que trabajan "tras bambalinas". El sistema de manejo de ventanas de Java llama automáticamente a métodos como paint(), init() y start() cada vez que los necesita, sin que usted intervenga.

Al igual que en la programación de applets, el manejo de los eventos involucra métodos que son llamados en forma automática cada vez que el usuario realiza uno de esos eventos.

Tipos de eventos

Un evento se genera en respuesta a casi todo lo que un usuario puede hacer durante el ciclo de vida de un programa de Java. Cada movimiento del ratón, clic o tecla, genera un evento.

En sus programas usted no tiene que tratar con todos los eventos que pudieran ocurrir. En vez de eso, maneja aquellos eventos a los cuales desea que el programa responda, ignorando los demás. Por ejemplo, si el usuario hace clic en cualquier lugar en la ventana del applet, o presiona una tecla, usted espera que el programa actúe en respuesta a ese evento.

Éstos son algunos de los eventos que se pueden manejar en sus propios programas:

- *Clics del ratón.* Ratón abajo (botón presionado), ratón arriba (botón suelto) y clic del ratón (oprimir y soltar en el mismo sitio).
- *Movimientos del ratón.* Entradas o salidas del puntero del ratón a un componente de la interfaz, o arrastre del ratón (movimientos del puntero que ocurren con el botón presionado).
- *Teclas presionadas.* Tecla presionada, tecla liberada y tecla digitada (presionada y liberada).
- *Eventos de interfaz de usuario.* Botón presionado, movimiento de la barra de desplazamiento hacia arriba y abajo, activación de menús contextuales, etcétera.

El método `handleEvent()`

El manejo de eventos es el área donde se han dado los cambios más importantes entre Java 1.0.2 y su presente versión 2. Los eventos se generan y fluyen a través del sistema casi en la misma forma, independientemente de la versión del lenguaje que esté usando al crear el programa. La diferencia estriba en la forma de recibir y procesar los eventos.

En Java 1.0.2, todos los eventos que ocurren durante el ciclo de existencia de su programa fluyen a través del mismo y son manejados por un método llamado handleEvent(). Este método está definido en la clase Component, heredada de java.applet.Applet.

Cuando un evento es enviado al método `handleEvent()`, y dependiendo del tipo de evento de que se trate, este método llama a otro más específico para manejar los eventos. Algunos de ellos son: `mouseDown()`, `mouseUp()` y `keyDown()`.

Para manejar un evento en sus applets, tiene que sobreponer uno de esos métodos específicos manejadores de eventos. Luego, cuando suceda el evento, se llama al método sobrepuesto. Por ejemplo, usted puede sobreponer el método `mouseDown()` para que despliegue un mensaje en la ventana del applet. El mensaje aparece cuando ocurre un evento ratón abajo.

Manejo de los clics del ratón

Uno de los eventos más comunes en que usted se pueda interesar, es un clic del ratón. Los eventos de clic del ratón suceden cada vez que el usuario hace clic en cualquier parte de la interfaz del programa.

Usted puede interceptar los clics del ratón para hacer cosas sencillas, como poner o quitar el sonido en un applet, moverse a la siguiente transparencia durante una presentación o borrar la pantalla. También puede usar los clics, junto con los movimientos del ratón, para realizar interacciones más complejas con el usuario.

Eventos ratón arriba y ratón abajo

Cuando el usuario hace clic una vez, se generan dos eventos: un evento ratón abajo al oprimir el botón y un evento ratón arriba al soltarlo. Esta división permite que sucedan cosas diferentes, en diferentes etapas del clic.

Manejar eventos del ratón en su applet es muy fácil; usted sobrepone la definición del método correcto en su applet, y este método se manda llamar cada vez que ocurre ese evento en particular. El siguiente es un ejemplo de la firma de un método para un evento ratón abajo:

```
public boolean mouseDown(Event evt, int x, int y) {
    // ...
}
```

El método `mouseDown()` (así como el método `mouseUp()`) toma tres parámetros: el evento en sí y las coordenadas x y y donde ocurrió el evento ratón abajo o ratón arriba.

El argumento `evt` es una instancia de la clase `Event`. Todos los eventos generan una instancia de la clase `Event`, la cual contiene información sobre dónde y cuándo tuvo lugar el evento, el tipo de evento y otra información. Como descubrirá más adelante, en esta misma sección, a veces es útil tener una referencia de ese objeto `Event`.

Las coordenadas x y y del evento, al entrar a través de los argumentos x y y al método mouseDown(), son particularmente interesantes porque le permiten usarlas para determinar con precisión el lugar en que tuvo efecto el clic del ratón. De modo que, por ejemplo, si el evento ratón abajo fue sobre un botón gráfico, usted podría activar ese botón. Observe que puede llegar a las coordenadas x y y dentro del objeto Event; en este método pasan como variables separadas para hacer más fácil su manejo.

Aquí tenemos un método sencillo que muestra la información acerca de la ocurrencia de un evento ratón abajo:

```
public boolean mouseDown(Event evt, int x, int y) {
    System.out.println("Mouse down at " + x + "," + y);
    return true;
}
```

Si incluye este método en su applet, este mensaje aparece en el dispositivo de salida estándar cada vez que un usuario hace clic dentro del applet.

Nota   El uso de System.out.println() en un applet provoca un comportamiento diferente en ambientes distintos. El appletviewer despliega la línea en la misma ventana en la que se emitió el comando appletviewer. Netscape Navigator despliega la salida en una ventana separada denominada Java Console, que está disponible desde la opción Ventana | Consola de Java. Microsoft Internet Explorer registra la salida de Java en un archivo separado. Verifique en su ambiente para ver a dónde se envían las salidas estándar de sus applets.

Observe que este método, a diferencia de los otros de la biblioteca de clases de Java que ha estudiado hasta ahora, le devuelve un valor booleano en vez de nada (mediante la palabra clave void).

Tener un método de manejo de eventos que devuelve true o false, determina la posibilidad de que un componente dado pueda interceptar un evento o pasarlo al componente que lo contiene. La regla general es que si su método intercepta un evento y hace algo con él, debe devolver un valor true. Si por alguna razón el método no hace nada con ese evento, debe devolver un valor false para que otros componentes en el sistema de manejo de ventanas tengan una oportunidad de manejar el evento. En la mayoría de los ejemplos de la lección de hoy usted estará interceptando eventos sencillos, de modo que aquí casi todos los métodos devolverán un valor true.

La segunda mitad de un evento clic del ratón es el método mouseUp(), que es llamado al soltar el botón del ratón. Para manejar un evento ratón arriba, agregue el método mouseUp() a su applet. Este método se parece al mouseDown():

```
public boolean mouseUp(Event evt, int x, int y) {
    // ...
}
```

Un ejemplo: Spots

En esta sección usted creará un applet de muestra que maneje eventos de ratón abajo. El applet Spots empieza con una pantalla vacía que se queda en espera. Al dar un clic en la pantalla, aparece un punto azul. Puede colocar hasta diez puntos en la pantalla. La figura 13.1 muestra el applet Spots.

FIGURA 13.1

El applet Spots.

A partir de la definición de clase inicial, empecemos por el principio y construyamos este applet:

```
import java.awt.Graphics;
import java.awt.Color;
import java.awt.Event;

public class Spots extends java.applet.Applet {
    final int MAXSPOTS = 10;
    int xspots[] = new int[MAXSPOTS];
    int yspots[] = new int[MAXSPOTS];
    int currspots = 0;
}
```

Esta clase utiliza otras tres clases del AWT (Kit de Herramientas de Manejo Abstracto de Ventanas): `Graphics`, `Event` y `Color`. La clase `Event` requiere ser importada a todo applet que maneje eventos.

La clase `Spots` tiene cuatro variables de instancia: `MAXSPOTS`, una constante que determina el número máximo de puntos que se pueden dibujar, dos arreglos para almacenar las coordenadas x y y que se acaban de dibujar, y un entero para registrar el número del punto actual.

> **Nota:** La clase Event no incluye la cláusula implements Runnable en su definición. Como podrá ver más adelante conforme vaya construyendo este applet, tampoco tiene un método run(). ¿Por qué no? Porque en realidad no hace nada por sí mismo; simplemente espera la entrada y entonces hace su trabajo. Si no está haciendo algo en forma constante, el applet no necesita subprocesos.

A continuación, agregue el método init(), el cual hace una sola cosa: establecer el color de fondo a blanco:

```
public void init() {
    setBackground(Color.white);
}
```

Aquí usted establece el color de fondo en init(), en vez de en paint(), como lo había hecho en ejemplos pasados, porque necesita establecer el color de fondo sólo una vez. Puesto que cada vez que se añade un nuevo punto hay que llamar a paint(), establecer el fondo en el método paint() lo retrasaría innecesariamente. Ponerlo en init() es una idea mucho mejor.

La acción principal de este applet se da con el método mouseDown(), así que agréguelo ahora:

```
public boolean mouseDown(Event evt, int x, int y) {
    if (currspots < MAXSPOTS) {
        addspot(x,y);
        return true;
    }
    else {
        System.out.println("Too many spots.");
        return false;
    }
}
```

Cuando ocurre un clic del ratón, el método mouseDown() verifica si hay menos de 10 puntos. Si es así, llama al método addspot() (que pronto escribirá) y devuelve un valor true (el evento ratón abajo fue interceptado y manejado). En caso contrario, sólo imprime un mensaje de error y devuelve un valor false. ¿Qué hace addspot()? Agrega las coordenadas del punto en los arreglos de almacenaje, incrementa la variable currspots y llama a repaint():

```
void addspot(int x, int y) {
    xspots[currspots] = x;
    yspots[currspots] = y;
    currspots++;
    repaint();
}
```

Se preguntará por qué debe registrar todos los puntos anteriores, además del actual. Eso se debe a `repaint()`: Cada vez que usted dibuja en la pantalla, tiene que dibujar de nuevo todos los puntos viejos además del último. De otra forma, cada vez que dibuje un punto nuevo los puntos viejos se borrarán.

Ahora, sigamos con el método `paint()`:

```
public void paint(Graphics g) {
    g.setColor(Color.blue);
    for (int i = 0; i < currspots; i++) {
        g.fillOval(xspots[i] -10, yspots[i] - 10, 20, 20);
    }
}
```

Dentro de `paint()`, usted sólo debe recorrer los puntos que tiene almacenados en los arreglos `xspots` y `yspots` dibujando cada uno (en realidad, los dibuja un poco hacia la derecha y arriba para que el punto aparezca alrededor del puntero del ratón, en vez de abajo y a la derecha).

Eso es todo lo que necesita para crear un applet que maneje los clics del ratón. Todo lo demás, se maneja automáticamente. Usted sólo tiene que añadir el comportamiento apropiado a `mouseDown()` o `mouseUp()` para interceptar y manejar el evento.

El listado 13.1 nos muestra el texto completo del applet Spots.

ESCRIBA **LISTADO 13.1.** TEXTO COMPLETO DE SPOTS.JAVA.

```
 1: import java.awt.Graphics;
 2: import java.awt.Color;
 3: import java.awt.Event;
 4:
 5: public class Spots extends java.applet.Applet {
 6:     final int MAXSPOTS = 10;
 7:     int xspots[] = new int[MAXSPOTS];
 8:     int yspots[] = new int[MAXSPOTS];
 9:     int currspots = 0;
10:
11:     public void init() {
12:         setBackground(Color.white);
13:     }
14:
15:     public boolean mouseDown(Event evt, int x, int y) {
16:         if (currspots < MAXSPOTS) {
17:             addspot(x,y);
18:             return true;
19:         }
20:         else {
```

continúa

LISTADO 13.1. CONTINUACIÓN

```
21:              System.out.println("Too many spots.");
22:              return false;
23:          }
24:     }
25:
26:     void addspot(int x,int y) {
27:         xspots[currspots] = x;
28:         yspots[currspots] = y;
29:         currspots++;
30:         repaint();
31:     }
32:
33:     public void paint(Graphics g) {
34:         g.setColor(Color.blue);
35:         for (int i = 0; i < currspots; i++) {
36:             g.fillOval(xspots[i] - 10, yspots[i] - 10, 20, 20);
37:         }
38:     }
39: }
```

Usted puede cargar este applet en una página con el siguiente HTML:

```
<applet code="Spots.class" height=250 width=250>
</applet>
```

Doble clic

¿Qué sucede si en el evento de ratón que le interesa hay más de un clic? ¿O qué tal si usted quiere un clic doble o un clic triple? La clase Event de Java le proporciona una variable denominada clickCount para registrar esta información. clickCount es una variable que representa el número de clics consecutivos ocurridos (donde "consecutivo" está determinado por el sistema operativo o el hardware del ratón). Si le interesan los clics múltiples en sus applets, puede probar este valor en el cuerpo de su método mouseDown(), de la siguiente manera:

```
public boolean mouseDown(Event evt, int x, int y) {
    switch (evt.clickCount) {
        case 1:    // clic sencillo
        case 2:    // doble clic
        case 3:    // triple clic
            // ...
    }
}
```

Un punto importante que debe tener presente cuando busque clics dobles y triples, es que mouseDown() es llamado una vez por cada clic del botón. Considere el ejemplo siguiente:

```
public boolean mouseDown(Event evt, int x, int y) {
    system.out.println("Click count: " + evt.clickCount);
    return false;
}
```

Si pone este método en un applet, cada vez que haga un clic triple aparecerá lo siguiente en la salida estándar:

```
Click count: 1
Click count: 2
Click count: 3
```

Hoy también aprenderá que algunos componentes generan un evento de acción cada vez que hace doble clic. Por lo tanto, no siempre es necesario usar `mouseDown()` para establecer una diferencia entre los clics sencillos y los clics dobles generados por un componente.

Manejo de los movimientos del ratón

Cada vez que se mueve el ratón, se genera un evento de movimiento del ratón. Si lo movemos de un lado al otro del applet, eso nos da como resultado docenas de eventos. En el AWT descubrirá dos tipos de eventos distintos de movimientos del ratón: arrastre, el cual ocurre cuando movemos el ratón con el botón presionado, y simple, cuando sólo movemos el ratón sin oprimir botón alguno.

Además, los eventos de entrada y salida del ratón se generan cada vez que el ratón entra en, o sale del, applet o de cualquier componente o contenedor del mismo.

Para cada uno de esos eventos hay métodos especiales que los interceptan, como los métodos `mouseDown()` y `mouseUp()` que interceptan los clics del ratón.

Eventos de arrastre y movimiento del ratón

Para interceptar y manejar los eventos de movimiento del ratón, utilice los métodos `mouseDrag()` y `mouseMove()`.

El método `mouseMove()`, para manejar el movimiento simple del ratón sin oprimir algún botón, se parece mucho al método para manejar los clics:

```
public boolean mouseMove(Event evt, int x, int y) {
   // ...
}
```

El método `mouseDrag()` maneja los movimientos hechos con el botón presionado (un movimiento completo de arrastre consiste en un evento de ratón abajo, una serie de eventos de arrastre por cada pixel que se desplace el ratón, y un evento de ratón arriba, que se genera al soltar el botón). El método `mouseDrag()` tiene la apariencia siguiente:

```
public boolean mouseDrag(Event evt, int x, int y) {
    // ...
}
```

Observe que para ambos métodos, `mouseMove()` y `mouseDrag()`, los argumentos para las coordenadas x y y forman la nueva ubicación del ratón, no su punto de arranque.

Los eventos ratón entra y ratón sale

Los métodos `mouseEnter()` y `mouseExit()`, son llamados cuando el puntero del ratón entra o sale de un applet, o de una parte de él. Tanto `mouseEnter()` como `mouseExit()` tienen firmas similares a los métodos de clic del ratón. Los dos tienen tres argumentos: el objeto evento y las coordenadas x y y del punto del applet en que el ratón entró o salió. Los ejemplos siguientes nos muestran las firmas para `mouseEnter()` y `mouseExit()`:

```
public boolean mouseEnter(Event evt, int x, int y) {
    // ...
}

public boolean mouseExit(Event evt, int x, int y) {
    // ...
}
```

Un ejemplo: dibujo de líneas

En esta sección usted creará un applet que le permitirá dibujar líneas rectas en la pantalla, arrastrando desde el punto de inicio hasta el punto final. La figura 13.2 muestra el applet en funcionamiento.

FIGURA 13.2

Dibujo de líneas.

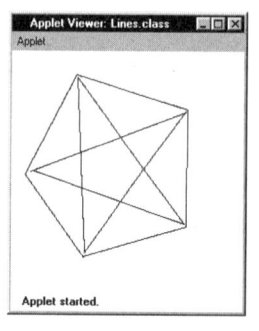

Tal como hizo con el applet `Spots` (en el cual basamos este applet), comience con la definición básica y trabaje en ella agregando los métodos apropiados para construir el applet. La siguiente es una definición de clase simple para el applet `Lines`, con algunas variables de instancia iniciales y un método `init()` sencillo:

```java
import java.awt.Graphics;
import java.awt.Color;
import java.awt.Event;
import java.awt.Point;

public class Lines extends java.applet.Applet {
    final int MAXLINES = 10;
    Point starts[] = new Point[MAXLINES]; // puntos de inicio
    Point ends[] = new Point[MAXLINES];   // puntos de terminación
    Point anchor;       // inicio de la línea actual
    Point currentpoint; // fin de la línea actual
    int currline = 0; // número de líneas

    public void init() {
        setBackground(Color.white);
    }
}
```

Este applet usa algunas variables más que el applet Spots. A diferencia de éste, que lleva un registro de las coordenadas con valores enteros, el applet Lines lo hace con objetos Point. Point representa una coordenada x y una y encapsuladas en un solo objeto. Para tratar con esos puntos, usted debe importar la clase Point (java.awt.Point) y establecer un grupo de variables de instancia que almacene los puntos:

- El arreglo starts mantiene puntos que representan los puntos iniciales de las líneas dibujadas.
- El arreglo ends mantiene los puntos finales de las mismas líneas.
- anchor mantiene el punto inicial de la línea que se está dibujando.
- currentpoint mantiene el punto actual de terminación de la línea que se está dibujando.
- currline conserva la cantidad actual de líneas (para asegurar que no se exceda del valor máximo de MAXLINES y para mantener un registro de qué línea será la siguiente en el arreglo).

Por último, el método init(), como en el applet Spots, establece el color de fondo en blanco.

Los tres eventos principales de este applet son mouseDown(), para definir el punto de anclaje de la línea actual; mouseDrag(), para dar animación a la línea actual mientras se dibuja, y mouseUp(), para marcar el punto final de la nueva línea. Como usted ya tiene variables de instancia para mantener cada uno de esos valores, todo lo que debe hacer es conectar las variables correctas con los métodos adecuados. Aquí se muestra mouseDown(), que establece el punto de anclaje (pero sólo en caso de que no haya excedido el máximo de líneas):

```java
public boolean mouseDown(Event evt, int x, int y) {
    if (currline < MAXLINES) {
        anchor = new Point(x,y);
```

```
            return true;
    }
    else  {
        System.out.println("Too many lines.");
        return false;
    }
}
```

Mientras se arrastra el ratón para dibujar una línea, el applet anima esa línea. Al arrastrar el ratón en el dibujo, las nuevas líneas se mueven con él desde el punto de anclaje hasta el puntero del ratón. Cada vez que movemos el ratón, el evento mouseDrag() contiene el punto actual, así que use este método para rastrear ese punto (y para volver a dibujar cada movimiento, haciendo que la línea se "anime"). Tenga en cuenta que si excede el número máximo de líneas, ya no podrá hacer este trabajo. Aquí presentamos el método mouseDrag() para todos esos trabajos:

```
public boolean mouseDrag(Event evt, int x, int y) {
    if (currline < MAXLINES) {
        currentpoint = new Point(x,y);
        repaint();
        return true;
    }
    else return false;
}
```

La línea nueva no se agregará a los arreglos de las líneas viejas, hasta que se suelte el botón del ratón. Aquí se muestra mouseUp(), con el cual se asegura que no haya excedido el máximo de líneas, antes de llamar al método addline(), descrito a continuación:

```
public boolean mouseUp(Event evt, int x, int y) {
    if (currline < MAXLINES) {
    addline(x,y);
    return true;
    }
    else return false;
}
```

En el método addline() se actualizan los arreglos de los puntos de inicio y final, y se dibuja de nuevo el applet para que tome en cuenta a la línea nueva:

```
void addline(int x,int y) {
    starts[currline] = anchor;
    ends[currline] = new Point(x,y);
    currline++;
    currentpoint = null;
    anchor = null;
    repaint();
}
```

Observe que en este método también establece `currentpoint` y `anchor` a `null` porque la línea que estaba dibujando se terminó. Al fijar esas variables en `null`, usted puede probar ese valor en el método `paint()` para ver si necesita dibujar una línea nueva.

Dibujar el applet significa dibujar todas las líneas viejas almacenadas en los arreglos `starts` y `ends`, así como la línea actual en proceso (cuyos puntos extremos están en `anchor` y `currentpoint` respectivamente). Para desplegar la animación de la línea en proceso, dibújela en azul. He aquí el método `paint()` para el applet `Lines`:

```java
public void paint(Graphics g) {
    // dibuja las líneas existentes
    for (int i = 0; i < currline; i++) {
        g.drawLine(starts[i].x, starts[i].y,
            ends[i].x, ends[i].y);
    }

    // dibuja la línea actual
    g.setColor(Color.blue);
    if (currentpoint != null)
        g.drawLine(anchor.x, anchor.y,
            currentpoint.x, currentpoint.y);
}
```

En `paint()`, cuando dibuja una línea, primero hace una prueba para ver si el valor de `currentpoint` es `null`. Si así es, el applet no está en el proceso del dibujo de una línea, por lo tanto, no hay razón para tratar de dibujar una línea que no existe. Al probar `currentpoint` (y establecer el valor a `null`, en el método `addline`), usted puede dibujar únicamente lo que necesita. Eso es todo; con sólo 68 líneas de código y algunos métodos básicos, usted tiene una aplicación básica de dibujo en su navegador Web. El listado 13.2 nos muestra el texto completo del applet `Lines` para que pueda juntar todas las partes.

ESCRIBA **LISTADO 13.2.** TEXTO COMPLETO DE LINES.JAVA.

```java
1: import java.awt.Graphics;
2: import java.awt.Color;
3: import java.awt.Event;
4: import java.awt.Point;
5:
6: public class Lines extends java.applet.Applet {
7:     final int MAXLINES = 10;
8:     Point starts[] = new Point[MAXLINES];   // puntos de inicio
9:     Point ends[] = new Point[MAXLINES];     // puntos de terminación
10:    Point anchor;       // inicio de la línea actual
11:    Point currentpoint; // final de la línea actual
```

continúa

LISTADO 13.2. CONTINUACIÓN

```
12:     int currline = 0; // número de líneas
13:
14:     public void init() {
15:         setBackground(Color.white);
16:     }
17:
18:     public boolean mouseDown(Event evt, int x, int y) {
19:         if (currline < MAXLINES) {
20:             anchor = new Point(x,y);
21:             return true;
22:         }
23:         else {
24:             System.out.println("Too many lines.");
25:             return false;
26:         }
27:     }
28:
29:     public boolean mouseUp(Event evt, int x, int y) {
30:         if (currline < MAXLINES) {
31:             addline(x,y);
32:             return true;
33:         }
34:         else return false;
35:     }
36:
37:     public boolean mouseDrag(Event evt, int x, int y) {
38:         if (currline < MAXLINES) {
39:             currentpoint = new Point(x,y);
40:             repaint();
41:             return true;
42:         }
43:         else return false;
44:     }
45:
46:     void addline(int x,int y) {
47:         starts[currline] = anchor;
48:         ends[currline] = new Point(x,y);
49:         currline++;
50:         currentpoint = null;
51:         anchor = null;
52:         repaint();
53:     }
54:
55:     public void paint(Graphics g) {
56:         // dibuja las líneas existentes
57:         for (int i = 0; i < currline; i++) {
```

```
58:            g.drawLine(starts[i].x, starts[i].y,
59:                ends[i].x, ends[i].y);
60:        }
61:
62:        // dibuja la línea actual
63:        g.setColor(Color.blue);
64:        if (currentpoint != null)
65:            g.drawLine(anchor.x,anchor.y,
66:                currentpoint.x,currentpoint.y);
67:    }
68: }
```

Pruebe este applet con el siguiente HTML:

```
<applet code="Lines.class" height=250 width=250>
</applet>
```

Manejo de los eventos de teclado

Cada vez que el usuario presiona una tecla se genera un evento de teclado. Con ellos usted puede obtener los valores de las teclas que presionó el usuario para ejecutar una acción o, simplemente, para obtener información de los usuarios de su applet.

Para que un evento de teclado sea recibido por un componente, ese componente debe tener el enfoque; dicho de otra forma, debe ser el componente actualmente seleccionado de la interfaz para recibir entradas. Más adelante aprenderá más sobre esto cuando trabaje con eventos de enfoque. Es más fácil entender el enfoque si piensa en una interfaz con varios campos de texto. El cursor parpadea en el campo de texto que tiene el enfoque y el usuario puede escribir en ese campo con el teclado. Ningún otro campo de texto puede recibir texto hasta que reciba el enfoque. Todos los componentes, incluyendo a los contenedores, se pueden configurar para que tengan el enfoque.

Para indicar explícitamente que un componente tiene el enfoque de entrada, se puede llamar al método del componente `requestFocus()` sin argumentos. La siguiente instrucción le da el enfoque a un objeto `Button` llamado `quit`:

```
quit.requestFocus();
```

Puede asignar el enfoque a una ventana de applet, llamando al método `requestFocus()` del applet.

Los eventos tecla abajo y tecla arriba

Para manejar los eventos en un teclado, utilice el método `keyDown()`:

```
public boolean keyDown(Event evt, int key) {
    // ...
}
```

Las teclas generadas por los eventos de tecla abajo (y pasadas al método `keyDown()` como el argumento `key`), son enteros que representan valores de caracteres Unicode, los cuales incluyen caracteres alfanuméricos, teclas de función, tabuladores, retornos, etcétera. Para usarlos como caracteres (por ejemplo, para imprimirlos), tiene que convertirlos por cast en caracteres, de este modo:

```
currentchar = (char)key;
```

He aquí un ejemplo sencillo de un método `keyDown()`, que todo lo que hace es imprimir la tecla que acaba de oprimir tanto en sus representaciones de Unicode como de carácter (puede ser divertido ver qué valores son producidos por qué caracteres):

```
public boolean keyDown(Event evt, int key) {
    System.out.println("ASCII value: " + key);
    System.out.println("Character: " + (char)key);
    return true;
}
```

Al igual que con los clics de ratón, cada evento de tecla abajo tiene un correspondiente evento de tecla arriba. Para interceptar los eventos de teclas, utilice el método `keyUp()`:

```
public boolean keyUp(Event evt, int key)  {
    // ...
}
```

Teclas predeterminadas

La clase `Event` proporciona un conjunto de variables de clase que se refieren a varias teclas estándar no alfanuméricas, como las teclas de flecha y de función. Si la interfaz de su applet usa estas teclas, usted puede proporcionar un código más legible al probar estos nombres en su método `keyDown()`, en vez de probar sus valores numéricos (incluso, al usar estas variables es más fácil que su código funcione en distintas plataformas). Por ejemplo, para probar si presionó la flecha arriba, podría usar el siguiente segmento de código:

```
if (key == Event.UP) {
    // ...
}
```

Puesto que los valores contenidos en estas variables de clase son enteros, también puede utilizar la instrucción `switch` para probarlos.

La tabla 13.1 muestra las variables de clase estándar de Event para varias teclas, y las teclas reales que representan.

TABLA 13.1. TECLAS ESTÁNDAR DEFINIDAS POR LA CLASE EVENT.

Variable de clase	Tecla representada
Event.HOME	Tecla inicio
Event.END	Tecla fin
Event.PGUP	Tecla RePág (Page Up)
Event.PGDN	Tecla AvPág (Page Down)
Event.UP	Flecha hacia arriba
Event.DOWN	Flecha hacia abajo
Event.LEFT	Flecha a la izquierda
Event.RIGHT	Flecha a la derecha
Event.F1	Tecla F1
Event.F2	Tecla F2
Event.F3	Tecla F3
Event.F4	Tecla F4
Event.F5	Tecla F5
Event.F6	Tecla F6
Event.F7	Tecla F7
Event.F8	Tecla F8
Event.F9	Tecla F9
Event.F10	Tecla F10
Event.F11	Tecla F11
Event.F12	Tecla F12

Un ejemplo: escriba, despliegue y mueva caracteres

Tómese ahora un momento para examinar un applet que demuestra eventos del teclado. Con él usted escribe un carácter y éste aparece al centro de la ventana del applet. Puede, entonces, mover ese carácter por toda la pantalla mediante las teclas de flecha. Si escribe cualquier otro carácter en cualquier momento, modifica el carácter desplegado. La figura 13.3 nos presenta un ejemplo de ello.

Figura 13.3.

El applet Keys.

En realidad este applet es menos complicado que los que utilizó antes, ya que sólo tiene tres métodos: init(), keyDown() y paint(). Las variables de instancia también son más sencillas porque todo lo que necesita para mantenerlas son las posiciones x y y del carácter actual y los valores de ese carácter. Ésta es la definición de la clase inicial:

```
import java.awt.Graphics;
import java.awt.Event;
import java.awt.Font;
import java.awt.Color;

public class Keys extends java.applet.Applet {

    char currkey;
    int currx;
    int curry;
}
```

Comencemos agregando un método init(). Aquí, init() es responsable de tres tareas: establecer el color de fondo, definir el tipo de letra del applet (en este caso, Helvetica negrita de 36 puntos) y establecer la posición inicial del carácter (el centro de la pantalla, menos algunos puntos para ajustarlo ligeramente hacia arriba y a la derecha).

```
public void init() {
    currx = (size().width / 2) - 8;
    curry = (size().height / 2) - 16;
    setBackground(Color.white);
    setFont(new Font("Helvetica", Font.BOLD, 36));
    requestFocus();
}
```

La última instrucción en el método init() le da el enfoque de entrada a la ventana del applet. Esta instrucción es necesaria para asegurar que la entrada del teclado sea recibida por el componente que la maneja, la ventana del applet en este caso.

> **Nota**
>
> En versiones anteriores de Java no era necesario llamar a requestFocus() para que la ventana del applet recibiera entrada desde el teclado, y podía enfocar la ventana haciendo clic en ella. Esto funciona todavía en las últimas

> versiones de Netscape Navigator y Microsoft Internet Explorer. Sin embargo, el `appletviewer` del JDK 1.2 requiere el uso de `requestFocus()`; de no hacerse así, la ventana del applet nunca recibirá el enfoque para la entrada del teclado. Recuerde esta diferencia cuando esté probando applets que usen eventos de teclado. Para pedir explícitamente el enfoque para una ventana de applet, mejor use `requestFocus()`.

Puesto que el comportamiento de este applet está basado en la entrada del teclado, la mayor parte del trabajo se hace siguiendo el método `keyDown()`:

```java
public boolean keyDown(Event evt, int key) {
    switch (key) {
        case Event.DOWN:
            curry += 5;
            break;
        case Event.UP:
            curry -= 5;
            break;
        case Event.LEFT:
            currx -= 5;
            break;
        case Event.RIGHT:
            currx += 5;
            break;
        default:
            currkey = (char)key;
    }
    repaint();
    return true;
}
```

En el centro del applet `keyDown()` hay una instrucción `switch`, la cual prueba los diferentes eventos del teclado. Si el evento es una tecla de flecha, se hará el cambio apropiado a la posición del carácter. Si el evento es cualquier otra tecla, el carácter cambiará (ésa es la parte predeterminada del `switch`). El método termina con un `repaint()` y devuelve un valor `true`.

Aquí el método `paint()` es casi trivial; simplemente despliega el carácter actual en la posición actual. Sin embargo, observe que cuando el applet se inicia no tiene un carácter inicial y nada que dibujar, así que tome en cuenta ese punto. La variable `currkey` se inicializa en 0, de modo que usted dibujará el applet sólo si `currkey` tiene un valor real:

```java
public void paint(Graphics g) {
    if (currkey != 0) {
        g.drawString(String.valueOf(currkey), currx,curry);
    }
}
```

El listado 13.3 muestra el código fuente completo del applet Keys.

ESCRIBA **LISTADO 13.3.** TEXTO COMPLETO DE KEYS.JAVA.

```java
 1: import java.awt.Graphics;
 2: import java.awt.Event;
 3: import java.awt.Font;
 4: import java.awt.Color;
 5:
 6: public class Keys extends java.applet.Applet {
 7:
 8:     char currkey;
 9:     int currx;
10:     int curry;
11:
12:     public void init() {
13:         currx = (size().width / 2) -8;   // predeterminado
14:         curry = (size().height / 2) -16;
15:
16:         setBackground(Color.white);
17:         setFont(new Font("Helvetica",Font.BOLD,36));
18:         requestFocus();
19:     }
20:
21:     public boolean keyDown(Event evt, int key) {
22:         switch (key) {
23:         case Event.DOWN:
24:             curry += 5;
25:             break;
26:         case Event.UP:
27:             curry -= 5;
28:             break;
29:         case Event.LEFT:
30:             currx -= 5;
31:             break;
32:         case Event.RIGHT:
33:             currx += 5;
34:             break;
35:         default:
36:             currkey = (char)key;
37:         }
38:
39:         repaint();
40:         return true;
41:     }
42:
43:     public void paint(Graphics g) {
44:         if (currkey != 0) {
```

```
45:            g.drawString(String.valueOf(currkey), currx,curry);
46:        }
47:    }
48: }
```

Verifique el applet con el HTML siguiente:

```
<applet code="Keys.class" height=100 width=100>
</applet>
```

Prueba de las teclas modificadoras y los botones múltiples del ratón

Las teclas Mayús, Control (Ctrl) y Meta son modificadoras. Por sí mismas no generan eventos de teclado, pero cuando usted obtiene un evento normal del ratón o del teclado, puede hacer una prueba para ver si estas teclas modificadoras estaban presionadas cuando ocurrió el evento. Hay veces en que este hecho puede ser obvio; por ejemplo, las teclas alfanuméricas producen eventos diferentes al presionarse junto con Mayús, que cuando no es así. No obstante, para otros eventos (en particular los del ratón), tal vez necesite manejar un evento con una tecla modificadora presionada, para diferenciarla de una versión regular de dicho evento.

Nota Por lo común la tecla Meta se usa en los sistemas UNIX; en general está asociada a la tecla Alt en los teclados de PC, y a Command (manzanita) en los teclados Macintosh.

La clase Event proporciona tres métodos para probar si se mantuvo presionada una tecla modificadora: shiftDown(), metaDown() y controlDown(). Estos tres métodos devuelven valores booleanos si la tecla aún está presionada. Usted los puede usar en cualquiera de los métodos de manejo de eventos (ratón o teclado) llamándolos en el objeto evento que pasó a ese método:

```
public boolean mouseDown(Event evt, int x, int y) {
    if (evt.shiftDown())
        // manejo de mayúsculas+clic
    else if controlDown()
        // manejo de control+clic
    else // manejo de clic regular
}
```

Otro uso importante de estos métodos de tecla modificadora es probar qué botón del ratón generó un evento particular en ratones con dos o tres botones. En forma predeterminada, los eventos del ratón (como ratón abajo y arrastre del ratón) se generan sin importar qué botón se esté usando. Sin embargo, para probar las acciones de los botones del ratón, los eventos de

Java asignan internamente las acciones derecha y central a las teclas modificadoras Meta y Control (Ctrl), respectivamente. Probando las teclas modificadoras, puede averiguar qué botón se usó y ejecutar un comportamiento para esos botones, distinto al que usaría para el botón izquierdo. Para probar cada caso, use una instrucción `if` como ésta:

```
public boolean mouseDown(Event evt, int x, int y) {
    if (evt.metaDown())
        // maneja un clic derecho
    else if (evt.controlDown())
        // maneja un clic central
    else // maneja un clic normal
}
```

Observe que esta asignación desde los botones del ratón a los modificadores del teclado se da en forma automática, no tiene que trabajar mucho para estar seguro de que sus applets o aplicaciones funcionan en sistemas diferentes con distintos tipos de ratón. Como los clics izquierdo o derecho asignan los eventos a las teclas modificadoras, usted puede utilizar las teclas modificadoras reales, en sistemas con ratón de menos botones, para generar exactamente los mismos resultados. Así, por ejemplo en Windows, mantener presionada la tecla Control y hacer clic con el ratón; o bien en el sistema Macintosh, mantener presionada la tecla Control equivale a hacer clic en el botón central de un ratón con tres botones; por su parte, si en una Mac mantiene presionada la tecla Command (manzanita) y hace clic con el ratón, es igual a hacer clic con el botón derecho en un ratón de dos o tres botones.

Tenga presente, además, que usar ratones con botones diferentes o teclas modificadoras podría no ser obvio de inmediato si su applet o aplicación corren en un sistema con menos botones de los que está acostumbrado a usar. En este caso, piense en la conveniencia de restringir su interfaz a un solo botón del ratón, o dar información o ayuda que explique el uso de su programa.

El manejador de eventos genérico

Los métodos predeterminados que ha aprendido hoy para el manejo de eventos básicos en los applets, son llamados por un método genérico manejador de eventos denominado `handleEvent()`. Cuando usted usa este método, el AWT trata genéricamente con los eventos que ocurren entre los componentes de la aplicación y los eventos basados en las entradas del usuario.

En el método predeterminado `handleEvent()` se procesan los eventos básicos y se llama a los métodos que aprendió hoy. Para manejar eventos distintos a los aquí mencionados (como eventos para las barras de desplazamiento u otros elementos de la interfaz de usuario), cambiar el comportamiento del manejo de un evento predeterminado, o crear y pasar sus propios eventos, necesita modificar `handleEvent()` en los programas que usted haga.

Respuesta a la entrada del usuario en un applet

El método `handleEvent()` luce así:

```
public boolean handleEvent(Event evt) {
    // ...
}
```

Para probar eventos específicos, examine la variable de instancia `id` del objeto `Event` que recibió en `handleEvent()`. El ID del evento es un entero y, por fortuna, la clase `Event` define todo un grupo de IDs como variables de clase cuyos nombres puede comprobar en el cuerpo de `handleEvent()`. Puesto que estas variables de clase son constantes enteras, una instrucción `switch` funciona bastante bien. Por ejemplo, aquí tenemos un método simple `handleEvent()` para imprimir información depuradora acerca de los eventos del ratón:

```
public boolean handleEvent(Event evt) {
    switch (evt.id) {
        case Event.MOUSE_DOWN:
            System.out.println("MouseDown: " +
                evt.x + "," + evt.y);
            return true;
        case Event.MOUSE_UP:
            System.out.println("MouseUp: " +
                evt.x + "," + evt.y);
            return true;
        case Event.MOUSE_MOVE:
            System.out.println("MouseMove: " +
                evt.x + "," + evt.y);
            return true;
        case Event.MOUSE_DRAG:
            System.out.println("MouseDrag: " +
                evt.x + "," + evt.y);
            return true;
        default:
            return false;
    }
}
```

Puede probar los siguientes eventos de teclado:

- `Event.KEY_PRESS` se genera al oprimir una tecla (igual que en el método `keyDown()`).
- `Event.KEY_RELEASE` se genera cuando liberamos la tecla.
- `Event.KEY_ACTION` y `Event.KEY_ACTION_RELEASE` se generan cuando se presiona o se libera una tecla de "acción" (una tecla de función, de flecha, RePág, AvPág o Inicio).

Puede probar los siguientes eventos de ratón:

- `Event.MOUSE_DOWN` se genera cuando presiona el botón del ratón (igual que en el método `mouseDown()`).

- `Event.MOUSE_UP` se genera al liberar el botón del ratón (igual que en el método `mouseUp()`).
- `Event.MOUSE_MOVE` se genera al mover el ratón (igual que en el método `mouseMove()`).
- `Event.MOUSE_DRAG` se genera al mover el ratón con el botón presionado (igual que en el método `mouseDrag()`).
- `Event.MOUSE_ENTER` se genera cuando el ratón entra al applet (o a un componente de ese applet). También puede utilizar el método `mouseEnter()`.
- `Event.MOUSE_EXIT` se genera cuando el ratón sale del applet. También puede usar el método `mouseExit()`.

Observe que si sobrepone el `handleEvent()` en su clase, ninguno de los métodos predeterminados del manejo de eventos que aprendió hoy será llamado, a menos que los llame explícitamente en el cuerpo de `handleEvent()`. De modo que sea muy cuidadoso en caso de que decida sobreponer este evento. La mejor forma de evitar este problema es probar el evento que le interesa y, si ése no es el evento, llame a `super.handleEvent()` para que la superclase que define `handleEvent()` pueda procesar cosas. He aquí un ejemplo:

```
public boolean handleEvent(Event evt) {
    if (evt.id == Event.MOUSE_DOWN) {
        // procesa el ratón abajo
        return true;
    } else
        return super.handleEvent(evt);
}
```

Asimismo, observe que `handleEvent()` devuelve un valor booleano, igual que los métodos individuales para eventos individuales. Aquí el valor devuelto es particularmente importante; si usted pasa el manejo del evento a otro método, tiene que devolver `false` (el método que llame también devuelve `true` o `false`). Si maneja el evento en el cuerpo de este método, devuelve `true`; si pasa el evento a una superclase, ese método devolverá `true` o `false`; usted no tiene que devolverlo personalmente.

Manejo de los eventos de componentes

Las técnicas que ha aprendido hasta aquí para el manejo de eventos, se han enfocado en las interacciones del usuario (hacer clic con el ratón, oprimir teclas, etcétera). También hay eventos para manejar otros eventos específicos que tienen lugar en componentes como botones, áreas de texto y otros elementos de la interfaz. Por ejemplo, los botones usan eventos de acción que son disparados al presionarlos. Usted no tiene que preocuparse por el ratón abajo o el ratón arriba, o determinar dónde tuvo lugar la interacción del ratón; el componente lo maneja todo.

Los eventos siguientes pueden ser generados por la interacción con los componentes de la interfaz:

- *Eventos de acción*. Son los eventos primarios para la mayoría de los componentes de la interfaz que indican que el componente ha sido "activado". Los eventos de acción se generan al presionar un botón, seleccionar o deseleccionar una casilla de verificación o un botón de opción; cuando seleccionamos una opción del menú o cuando el usuario presiona las teclas Retorno o Entrar en un campo de texto.
- *Eventos de selección y cancelación de lista*. Éstos se generan al seleccionar una casilla de verificación o una opción del menú (lo que a su vez genera un evento de acción).
- *Eventos de enfoque o desenfoque*. Pueden ser generados por cualquier componente, ya sea en respuesta a un clic del ratón o como parte de un desplazamiento del enfoque mediante la tecla Tab. "Obtener el enfoque" significa justamente eso, que el componente tiene el enfoque de entrada y ahora se le puede seleccionar, escribir en él o activar. "Perder el enfoque" significa que el enfoque de entrada se ha movido a otro componente.

Manejo de eventos de acción

Un evento de acción es el evento de interfaz más utilizado y, por esa razón, se utiliza un método especial para manejarlo exactamente igual que los métodos de eventos básicos como el ratón y el teclado.

Para interceptar un evento de acción generado por un componente cualquiera, defina un método `action()` en su applet o clase, con la firma siguiente:

```
public boolean action(Event evt, Object arg) {
    // ...
}
```

Este método `action()` deberá parecerse a los métodos de los eventos básicos de ratón y teclado. Al igual que ellos, éste hace que pase el objeto evento que representa este evento. También hace que pase un objeto extra (en este código, el parámetro `arg`) el cual puede ser de cualquier tipo de clase.

¿Qué clase de objeto es ese segundo argumento para el método de acción?, ello depende del componente de la interfaz que genera la acción. La definición básica es que se trata de "un argumento arbitrario", determinado por el componente en sí, para pasarle cualquier información extra que le pudiera ser útil en el procesamiento de esa acción. La tabla 13.2 muestra los argumentos extra para cada componente de la interfaz.

TABLA 13.2. ARGUMENTOS DE ACCIÓN PARA CADA COMPONENTE.

Componente	Tipo de argumento	Contenido
Botones	Cadena	La etiqueta del botón
Casillas de verificación	Booleano	Siempre true
Botones de opción	Booleano	Siempre true
Menús de selección	Cadena	La etiqueta del elemento seleccionado
Campos de texto	Cadena	El texto dentro del campo

Dentro del método action(), lo primero que se debe hacer es una prueba para ver qué componente generó la acción (a diferencia de los eventos de ratón o teclado, en los cuales no es importante, porque todos los componentes pueden generar acciones). Por fortuna, el objeto Event que usted obtiene al llamar action() contiene una variable de instancia llamada target que contiene una referencia al objeto que recibe el evento. Para averiguar cuál es el componente que generó el evento, utilice el operador instanceof de la siguiente manera:

```
public boolean action(Event evt, Object arg) {
    if (evt.target instanceof TextField)
        return handleText(evt.target);
    else if (evt.target instanceof Choice)
        return handleChoice(arg);
        // ...
    return false;
}
```

En este ejemplo, action() pudo haber sido generado por un TextField o por un menú de selección; la instrucción if determina cuál de los dos generó el evento y llama a otros métodos (en este caso handleText() o handleChoice()) para poderlo manejar; de éstos ninguno es un método AWT; sólo son ejemplos de nombres que se pueden utilizar para los métodos auxiliares. Una práctica común es crear métodos auxiliares para que action() no se llene con demasiados códigos.

Al igual que los demás métodos de eventos, action() devuelve un valor booleano. Del mismo modo, usted debe devolver true si action()trata por sí mismo con el método, o false si pasa el método a otra parte (o lo ignora). En este ejemplo usted le pasó el control a los métodos handleText() o handleChoice(), y ellos deben devolver true o false para que usted, a su vez, pueda devolver false (recuerde que sólo puede devolver true si ese método procesó el evento).

Las complicaciones extra se presentan cuando tiene muchos componentes dentro de la misma clase, por ejemplo, un grupo de botones. Todos generan acciones, y todos son instancias de Button. Aquí es donde entra el argumento extra: Usted puede usar etiquetas, elementos o contenido del componente para determinar cuál generó el evento y comparar las cadenas para escoger entre ellas. (No olvide convertir el argumento en el objeto correcto.)

```
public boolean action(Event evt, Object arg) {
    if (evt.target instanceof Button) {
        String labl = (String)arg;
        if (labl.equals("OK"))
            // maneja el botón OK
        else if (labl.equals("Cancel"))
            // maneja el botón Cancel
        else if (labl.equals("Browse"))
            // maneja el botón Browse
        // ...
    }
}
```

> **Nota**
> ¿Y qué pasa con las casillas de verificación y los botones de opción? Su argumento extra es siempre `true`, el cual no es muy útil para hacer pruebas. En general usted no debería reaccionar ante una casilla de verificación o un botón de opción cuando ocurran. De hecho, las casillas de verificación y los botones de opción pueden ser seleccionados o deseleccionados a gusto del usuario y entonces se revisan los valores en otro momento (por ejemplo, al oprimir un botón).
>
> Si realmente quiere que su programa reaccione ante una casilla de verificación o un botón de opción, utilice el método `getLabel()` y extraiga la etiqueta de la casilla desde `action()`, en vez del argumento extra. (En realidad, todos los componentes tienen algún método de este tipo; de hecho su uso es más fácil cuando ha pasado como el argumento extra.)

Manejo de los eventos de enfoque

Como ya se dijo antes, los eventos de acción son los eventos de interfaz más comunes con que tendrá que tratar para los componentes aprendidos en esta lección. Sin embargo, puede usar cuatro eventos adicionales en sus propios programas: seleccionar lista, deseleccionar lista, obtener el enfoque y perder el enfoque.

En el caso de los eventos obtener el enfoque y perder el enfoque, puede usar los métodos `gotFocus()` y `lostFocus()`, los cuales se usan igual que `action()`. Éstas son las firmas:

```
public boolean gotFocus(Event evt, Object arg) {
    // ...
}

public boolean lostFocus(Event evt, Object arg) {
    // ...
}
```

Para los eventos seleccionar lista y deseleccionar lista, no es fácil obtener métodos que se puedan sobreponer para su uso. Para esos eventos tiene que utilizar handleEvent(), de la siguiente forma:

```
public boolean handleEvent(Event evt) {
    if (evt.id == Event.LIST_SELECT)
        handleSelect(Event);
    else if (evt.id == Event.LIST_DESELECT)
        handleDeselect(Event);
    else return super.handleEvent(evt);
}
```

En este segmento de código, Event.LIST_SELECT y Event.LIST_DESELECT son los IDs oficiales para los eventos seleccionar lista y deseleccionar lista y, aquí, el control se ha pasado a dos métodos de ayuda (handleSelect() y handleDeselect()), los cuales están definidos teóricamente en alguna otra parte. Observe también la llamada a super.handleEvent() en la parte inferior; esta llamada permite que los otros eventos pasen sin contratiempo de regreso al método original handleEvent().

Eventos del área de texto

Las áreas de texto tienen los mismos eventos que los campos de texto. Para atrapar los eventos de enfoque puede utilizar los métodos gotFocus() y lostFocus():

```
public boolean gotFocus(Event evt, Object arg) {
    // ...
}

public boolean lostFocus(Event evt, Object arg) {
    // ...
}
```

Eventos de listas desplazables

Estas listas generan tres tipos diferentes de eventos: seleccionar o deseleccionar un elemento individual de una lista da como resultado un evento de selección o cancelación de lista, y un doble clic en uno de los elementos da como resultado un evento de acción.

Puede sobreponer el evento action() para manejar un elemento de lista que haya recibido un doble clic. Para la selección y cancelación de lista, tiene que sobreponer handleEvent() y probar los IDs de eventos LIST_SELECT y LIST_DESELECT.

Eventos de la barra de desplazamiento

Si le gusta manipular los eventos, usted va a adorar las barras de desplazamiento. Hay todo un grupo de eventos que se genera y maneja moviendo la barra de desplazamiento. Para todos estos eventos, tiene que usar handleEvent(). La tabla 13.3 muestra los IDs de eventos que hay que buscar y los movimientos que los activan.

TABLA 13.3. Eventos de la barra de desplazamiento.

ID de evento	Lo que representa
SCROLL_ABSOLUTE	Se genera al mover el cuadro de la barra de desplazamiento.
SCROLL_LINE_DOWN	Se genera al seleccionar el punto inferior o izquierdo (botón) de la barra de desplazamiento.
SCROLL_LINE_UP	Se genera al seleccionar el punto superior o derecho (botón) de la barra de desplazamiento.
SCROLL_PAGE_DOWN	Se genera al seleccionar el campo inferior (o a la izquierda) del cuadro de la barra de desplazamiento.
SCROLL_PAGE_UP	Se genera al seleccionar el campo sobre (o a la derecha) del cuadro de la barra de desplazamiento.

Un ejemplo: el interruptor de colores de fondo

Si sólo tiene algunos segmentos de código para trabajar, es difícil imaginarse cómo se ajustan todas las partes. Para solucionar tal problema en este momento, puede crear un applet sencillo basado en el AWT.

El applet que construirá en esta sección, tal como aparece en la figura 13.4, usa cinco botones, distribuidos en la parte superior de la pantalla, cada uno marcado con un color. Cada botón cambia el color de fondo del applet al color que aparece en el botón.

FIGURA 13.4

El applet SetBack.

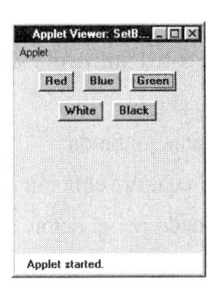

En el primer paso de esta sección, usted va a crear el código para la interfaz de usuario del applet. Ésta suele ser la mejor manera de abordar cualquier applet basado en el AWT: crear los componentes y el diseño y asegurarse de que todo se vea bien, antes de conectar los eventos que harán trabajar al applet.

Para este applet, los componentes y el diseño no podrían ser más sencillos. El applet contiene cinco botones, distribuidos en la parte superior de la pantalla. Un diseño de flujo funciona mejor en esta distribución y requiere poco trabajo.

He aquí el código para la estructura de la clase y el método `init()` creado para este applet. El `FlowLayout` está centrado y cada botón tendrá 10 puntos de espacio entre sí. Después de eso, usted sólo necesita crear y agregar cada uno de los botones.

```java
import java.awt.*;

public class SetBack extends java.applet.Applet {

    Button redButton,blueButton,greenButton,
        whiteButton,blackButton;

    public void init() {
        setBackground(Color.white);
        setLayout(new FlowLayout(FlowLayout.CENTER, 10, 10));

        redButton = new Button("Red");
        add(redButton);
        blueButton = new Button("Blue");
        add(blueButton);
        greenButton = new Button("Green");
        add(greenButton);
        whiteButton = new Button("White");
        add(whiteButton);
        blackButton = new Button("Black");
        add(blackButton);
        }
```

Adición del código de eventos

Los botones, cada vez que son presionados, desembocan en eventos de acción. Y, como ya aprendió antes, para manejar un evento de acción usted utiliza el método `action()`. Aquí, este método lleva a cabo lo siguiente:

- Prueba que el destino del evento sea realmente un botón.
- Hace más pruebas para saber con exactitud cuál fue el botón que se presionó.
- Cambia el color del fondo al color denominado por el botón.
- Llama a `repaint()` (la acción de cambiar el fondo no es suficiente por sí sola).

Antes de escribir `action()`, permítame ayudarle a tomar otra decisión más respecto al diseño. Los tres últimos pasos son esencialmente idénticos para cada botón con diferencias menores, por eso tiene sentido ponerlos en su propio método, al que puede llamar `changeColor()`. Al hacerlo así se simplifica la lógica misma de `action()`.

Una vez tomada esa decisión, crear el método `action()` es muy fácil:

```java
public boolean action(Event evt, Object arg) {
    if (evt.target instanceof Button) {
```

```
        changeColor((Button)evt.target);
        return true;
    } else return false;
}
```

No hay mucho en `action()` que lo distinga de las acciones simples creadas en la sección de acciones. El primer paso es utilizar `evt.target` para asegurarnos que el componente sea un botón; en ese momento pasaremos el control al todavía pendiente de escritura método `changeColor()`, y devolveremos `true`. Si el evento no es un botón, devolverá `false`.

Observe el argumento para `changeColor()`. Con éste, usted pasa el objeto `Button` que recibió el evento, al método `changeColor()`. (El objeto en `evt.target` es una instancia de la clase `Object`, de modo que se debe convertir por cast en `Button` para que lo pueda usar como un botón.) De aquí en adelante lo manejará el método `changeColor()`.

Siga adelante y defina ahora el método `changeColor()`. El enfoque principal de `changeColor()` es decidir en qué botón se hizo el clic. Recuerde que el argumento extra para `action()` fue la etiqueta del botón. Aunque en `changeColor()` puede comparar cadenas para resolver cuál fue el botón que se presionó, esa solución no es la más elegante, y enlaza con demasiada fuerza el código del evento a la interfaz de usuario. Si decide cambiar la etiqueta de algún botón, también tendrá que regresar y trabajar a través del código de evento. De modo que, en este applet, puede ignorar todos los argumentos extra.

Entonces, ¿cómo puede decir cuál fue el botón que se oprimió? En este punto entran en juego las variables de instancia de tipo `Button`. El objeto contenido en la variable de instancia `target` del evento, aquel que usted pasó a `changeColor()`, es una instancia de `Button`, y una de esas variables de instancia contiene una referencia a ese mismo objeto. En `changeColor()` sólo tiene que comparar las dos referencias para ver si se trata del mismo objeto, establecer el color de fondo y dibujarlo de nuevo para que luzca así:

```
void changeColor(Button b) {
    if (b == redButton) setBackground(Color.red);
    else if (b == blueButton) setBackground(Color.blue);
    else if (b == greenButton) setBackground(Color.green);
    else if (b == whiteButton) setBackground(Color.white);
    else setBackground(Color.black);
    repaint();
}
```

Desde la interfaz de usuario, al oprimir un botón se llama a `action()`, `action()` llama a `changeColor()` y `changeColor()` establece el color de fondo apropiado. ¡Así de fácil! El listado 13.4 nos muestra el applet final.

> **ESCRIBA** **LISTADO 13.4.** TEXTO COMPLETO DE SETBACK.JAVA.

```java
 1: import java.awt.*;
 2:
 3: public class SetBack extends java.applet.Applet {
 4:
 5:     Button redButton,blueButton,greenButton,whiteButton,blackButton;
 6:
 7:     public void init() {
 8:         setBackground(Color.white);
 9:         setLayout(new FlowLayout(FlowLayout.CENTER, 10, 10));
10:
11:         redButton = new Button("Red");
12:         add(redButton);
13:         blueButton = new Button("Blue");
14:         add(blueButton);
15:         greenButton = new Button("Green");
16:         add(greenButton);
17:         whiteButton = new Button("White");
18:         add(whiteButton);
19:         blackButton = new Button("Black");
20:         add(blackButton);
21:     }
22:
23:     public boolean action(Event evt, Object arg) {
24:         if (evt.target instanceof Button) {
25:             changeColor((Button)evt.target);
26:             return true;
27:         } else return false;
28:     }
29:
30:     void changeColor(Button b) {
31:         if (b == redButton) setBackground(Color.red);
32:         else if (b == blueButton) setBackground(Color.blue);
33:         else if (b == greenButton) setBackground(Color.green);
34:         else if (b == whiteButton) setBackground(Color.white);
35:         else setBackground(Color.black);
36:
37:         repaint();
38:     }
39: }
```

Pruebe el applet con el siguiente HTML:

```
<applet code="SetBack.class" width=200 height=200>
</applet>
```

Resumen

Terminar el trabajo de hoy es un gran evento en su carrera de programador de Java. La habilidad adquirida para manejar los eventos le permite escribir applets de Java muy bien desarrollados, con interfaces gráficas que se pueden utilizar para la interacción entre usuarios.

Mañana redondeará sus conocimientos del AWT con un proyecto más sofisticado, el cual cubrirá características como las ventanas independientes.

Durante la semana 3 tendrá oportunidad de crear una aplicación funcional que utiliza Swing, el nuevo paquete de ventanas que se presenta con Java 2.

Preguntas y respuestas

P Tengo una nueva clase de botón definida para que se vea distinta a los objetos estándar de botones AWT, en **1.0.2**. Me gustaría implementar devoluciones de llamadas para este botón (es decir, ejecutar una función arbitraria cada vez que se presiona el botón), pero no veo la forma de hacer que Java ejecute un método arbitrario. En C++, sólo requiero un apuntador a una función. En Smalltalk, usaría `perform:`. ¿Cómo puedo hacer esto en Java?

R Con Java 1.0.2 no puede hacer eso; las acciones de botones se ejecutan desde un evento `action()`, el cual debe estar contenido en la misma clase del botón. Cada vez que vaya a crear un comportamiento diferente para ese botón, necesita crear una subclase en la clase de su botón. Este aspecto del lenguaje es una de las razones por las que se cambió el modelo de manejo de eventos después de Java 1.0.2. Crear sus propios componentes es mucho más fácil y eficiente, cuando el código del evento no está demasiado ligado al código de la interfaz de usuario.

Semana 2

Día 14

Desarrollo de interfaces de usuario avanzadas con el AWT

Éste es el último día en que aprenderá acerca del AWT (Kit de Herramientas de Manejo Abstracto de Ventanas). Si lo considera como buenas o malas noticias dependerá, probablemente, de qué tan bien se haya sentido trabajando con sus clases.

Si cree que son buenas noticias, se sentirá mejor acerca del AWT después de aprender algunas de sus características avanzadas.

Hoy podrá construir todo lo que aprendió en días pasados sobre componentes, administradores de diseño y eventos de interfaz de usuario, además conocerá algunos conceptos nuevos

- Cómo funcionan los componentes y lo que puede hacer con ellos.
- Ventanas, marcos y cuadros de diálogo.
- Menús.
- Cómo crear aplicaciones AWT independientes.

Ventanas, marcos y cuadros de diálogo

Además de todo lo que hemos visto hasta este punto, el AWT proporciona características para crear elementos de interfaz de usuario distintos a los de los applets y el navegador, incluyendo ventanas, marcos y cuadros de diálogo. Estas características le permiten crear aplicaciones con la funcionalidad que necesite, ya sea como parte de su applet o como aplicaciones independientes de Java.

La clase `Window`

Las clases del AWT para producir ventanas y cuadros de diálogo se heredan de una sola clase: `Window`. La clase `Window` hereda de `Container`, tal como lo hacen los paneles y los applets, y proporciona un comportamiento genérico para todos los elementos similares a las ventanas.

En general, usted no usa instancias de `Window`. En vez de ello, utiliza dos de las subclases: `Frame` y `Dialog`.

La clase `Frame` nos da una ventana con una barra de título, botones de cierre y otras características específicas de la plataforma. Los marcos también le permiten agregar barras de menús. `Dialog` es una forma más limitada de `Frame` que suele no tener título. `FileDialog`, una subclase de `Dialog`, proporciona un cuadro de diálogo estándar para seleccionar archivos (normalmente, y debido a las restricciones de seguridad de los applets, sólo se puede usar dentro de las aplicaciones de Java).

Cuando quiera agregar una nueva ventana o cuadro de diálogo a su applet o aplicación, usted tendrá que crear subclases de las clases `Frame` y `Dialog`.

Marcos

TÉRMINO NUEVO Los *marcos* son ventanas independientes de un applet y del navegador que contiene al applet; son ventanas separadas con títulos propios, controladores de tamaño, botones de cierre y barras de menús. Usted puede crear marcos para que sus propios applets produzcan ventanas, o también los puede usar en las aplicaciones de Java para guardar el contenido de esa aplicación.

Para crear un marco, utilice alguno de los constructores siguientes:

- `new Frame()` crea un marco básico sin título.
- `new Frame(String)` crea un marco básico con un título.

Debido a que los marcos heredan de `Window`, el cual hereda de `Container`, que a su vez hereda de `Component`, los marcos se crean y usan en la misma forma que otros componentes del AWT. Los marcos son contenedores, al igual que los paneles, de modo que usted puede añadirles otros componentes, como lo haría con los paneles regulares, a través del método add(). El diseño predeterminado para los marcos es BorderLayout. Éste es un ejemplo simple para crear un marco, establecer su diseño y agregarle dos botones:

```
win = new Frame("My Cool Window");
win.setLayout(new BorderLayout(10, 20));
win.add("North", new Button("Start"));
win.add("Center", new Button("Move"));
```

Para establecer un tamaño para el marco nuevo, use el método resize() con la altura y el ancho del marco. Por ejemplo, esta línea de código ajusta el tamaño de la ventana a 100 pixeles de ancho por 200 de alto:

```
win.resize(100, 200);
```

Puesto que distintos sistemas tienen diferentes ideas sobre lo que es un pixel, y diferentes resoluciones para esos pixeles, es difícil crear una ventana que tenga el tamaño "exacto" para cada plataforma. Las ventanas que funcionan bien con una, podrían ser muy grandes o muy pequeñas para otra.

Una forma de resolver este problema es a través del método pack() en vez del resize(). El método pack(), que no tiene argumentos, crea una ventana del menor tamaño posible, considerando los tamaños reales de todos los componentes que hay dentro de la ventana, del administrador de diseño y de los márgenes en uso. El ejemplo siguiente crea dos botones y los agrega a la ventana, la cual será redimensionada al tamaño más pequeño posible que permita contener esos botones.

```
FlowLayout flo = new FlowLayout();
Button ok = new Button("OK");
Button cancel = new Button("Cancel");
win = new Frame("My Other Cool Window");
win.setLayout(flo);
win.add(ok);
win.add(cancel);
win.pack();
```

Cuando usted crea una ventana, ésta es invisible. Para hacer que aparezca en la pantalla, necesita el método show(); para ocultarla de nuevo puede utilizar hide():

```
win.show();
```

Observe que cuando hace aparecer una ventana dentro de los applets, el navegador indicará de algún modo que la ventana no es una ventana normal de navegador; por lo común lo hará por medio de un aviso en la ventana misma.

En Netscape, hay un mensaje en la parte inferior de cada ventana Unsigned Java Applet Window. Esta advertencia le hace saber al usuario que la ventana procede de un applet, no del mismo navegador. (Recuerde que la clase Frame produce ventanas que se ven como las ventanas normales del sistema.) El aviso es para prevenirle de algún programador malintencionado que esté creando un applet que imite a otros programas para conseguir contraseñas y otro tipo de información. Siempre estará presente, a no ser que su applet dé los pasos para solicitar, y recibir, la certificación del usuario de que es un programa confiable. Esto se describe durante las actividades del día 16 bajo el título, "Circunstancias excepcionales: manejo de errores y seguridad".

Los listados 14.1 y 14.2 nos muestran las clases que componen un applet simple del cual surge una ventana. Tanto el applet como la ventana se muestran en la figura 14.1. El applet tiene dos botones: uno para mostrar la ventana y el otro para ocultarla. El marco de la ventana, creado de una subclase llamada BaseFrame1, contiene una sola etiqueta: This is a Window. Nos referiremos reiteradamente a esta ventana básica y al applet a través de esta sección; de modo que, cuanto mejor entienda lo que está sucediendo, más fácil le será después.

FIGURA 14.1

El applet y la ventana que produce.

ESCRIBA **LISTADO 14.1.** TEXTO COMPLETO DE POPUPWINDOW.JAVA.

```
 1: import java.awt.*;
 2:
 3: public class PopUpWindow extends java.applet.Applet {
 4:     Frame window;
 5:     Button open, close;
 6:
 7:     public void init() {
 8:         open = new Button("Open Window");
 9:         add(open);
10:         close = new Button("Close Window");
11:         add(close);
12:
13:         window = new BaseFrame1("A Pop Up Window");
14:         window.resize(150,150);
15:     }
16:
17:     public boolean action(Event evt, Object arg) {
18:         if (evt.target instanceof Button) {
19:             String label = (String)arg;
```

```
20:            if (label.equals("Open Window")) {
21:                if (!window.isShowing())
22:                    window.show();
23:            } else {
24:                if (window.isShowing())
25:                    window.hide();
26:            }
27:            return true;
28:        } else
29:            return false;
30:    }
31: }
```

ESCRIBA LISTADO 14.2. TEXTO COMPLETO DE BASEFRAME1.JAVA.

```
 1: import java.awt.*;
 2:
 3: class BaseFrame1 extends Frame {
 4:     String message = "This is a Window";
 5:     Label l;
 6:
 7:     BaseFrame1(String title) {
 8:         super(title);
 9:         setLayout(new BorderLayout());
10:
11:         l = new Label(message, Label.CENTER);
12:         l.setFont(new Font("Helvetica", Font.PLAIN, 12));
13:         add("Center", l);
14:     }
15:
16:     public Insets getInsets() {
17:         return new Insets(20,0,25,0);
18:     }
19: }
```

Después de compilar ambas clases, puede probar el applet con el siguiente HTML:

```
<applet code="PopUpWindow.class" height=200 width=200>
</applet>
```

Este ejemplo está formado por dos clases: la primera, `PopUpWindow`, es la clase del applet que crea y controla la ventana de aparición súbita. Dentro del método `init()` de esta clase, y en particular en las líneas 7–15 del Listado 14.1, usted le agrega al applet dos botones para controlar la ventana; a partir de ahí usted crea, redimensiona y muestra la ventana.

El control en este applet se da cuando se presiona uno de los botones. El método `action()` en las líneas 17–30 del listado 14.1 maneja los clics de estos botones, los cuales generan eventos de acción. En este método, el botón Open Window mostrará la ventana en caso de que esté oculta (líneas 20–22 del listado 14.1), y la oculta si está visible (líneas 23–25).

La ventana de aparición súbita es de un tipo especial llamado `BaseFrame1`. En este ejemplo, el marco es bastante simple; utiliza un `BorderLayout` y muestra una etiqueta en el centro del marco. Observe que la inicialización del marco tiene lugar en un constructor, no en un método `init()`. Como los marcos son objetos regulares y no applets, debe inicializarlos de un modo más convencional.

En el constructor `BaseFrame1`, observe que la primera línea (línea 8) es una llamada a la superclase del constructor `BaseFrame1`. Tal como lo aprendió durante el día 6, "Creación de clases", el primer paso para iniciar una nueva clase es hacer esta llamada. No olvide este paso al hacer sus propias clases; usted nunca sabrá qué cosas importantes estará haciendo su superclase en ese constructor.

Cuadros de diálogo

Los cuadros de diálogo son semejantes a los marcos en cuanto que permiten nuevas ventanas de aparición súbita en la pantalla. Sin embargo, están diseñados para usarse en ventanas transitorias, ventanas que le permiten ver mensajes de advertencia, ventanas que le piden información específica, etcétera.

TÉRMINO NUEVO Por lo común, los cuadros de diálogo no tienen barras de título o muchas de las características generales de una ventana normal (aunque puede crear un cuadro de diálogo con una barra de título). Se pueden hacer no redimensionables o *modales*. (Los diálogos modales impiden la entrada a cualquier otra ventana en la pantalla, hasta que se cierren.)

Los *diálogos* son ventanas transitorias que alertan al usuario acerca de algunos eventos, o que obtienen una entrada del usuario. A diferencia de los marcos, los diálogos no tienen barras de título o botones de cierre.

Un diálogo modal impide la entrada a cualquiera de las demás ventanas en la pantalla, hasta que dicho cuadro de diálogo haya sido cerrado. No podrá traer otra ventana al frente o reducir a un icono una ventana de diálogo modal; tiene que cerrar el cuadro de diálogo modal antes de estar en posibilidad de hacer cualquier otra cosa en el sistema. Los mensajes de advertencia y de alerta son cuadros de diálogos modales comunes.

El AWT proporciona dos tipos de cuadros de diálogo: la clase `Dialog`, que suministra un cuadro de diálogo genérico, y `FileDialog`, el cual produce el cuadro de diálogo para seleccionar el archivo específico de la plataforma.

Objetos de diálogo

Los cuadros de diálogo se crean y utilizan de la misma forma que las ventanas. Usted puede crear un cuadro de diálogo genérico mediante alguno de estos constructores:

- Dialog(*Frame, boolean*) crea un cuadro de diálogo invisible vinculado al marco actual, el cual puede ser modal (true) o no (false).
- Dialog(*Frame, String, boolean*) crea un cuadro de diálogo invisible con un título, el cual puede ser modal (true) o no (false).

Término Nuevo La *ventana del diálogo*, al igual que la ventana del marco, es un panel en el que puede diseñar y dibujar los componentes de la interfaz de usuario y ejecutar operaciones con gráficos, tal como lo haría en cualquier otro panel. Al igual que con otras ventanas, el diálogo es invisible al principio, pero lo puede mostrar con show() y ocultar con hide().

Agregue un diálogo al ejemplo con la ventana de aparición súbita. De las tres clases que hay en este applet, BaseFrame2 es la única que necesita cambios. Aquí modificará la clase para incluir un botón para asignar texto y añadir una nueva clase, TextDialog, que produce un diálogo de entrada de texto semejante al que se muestra en la figura 14.2.

Figura 14.2
El cuadro Enter Text.

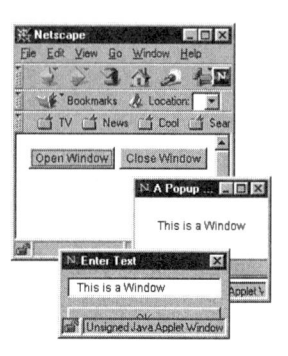

Nota Este proyecto es una expansión del anterior. Para evitar sobrescribir los archivos fuente del proyecto anterior, haga una copia de BaseFrame1.java denominada BaseFrame2.java, y una copia de PopUpWindow.java llamada PopUpWindowDialog.java. Utilice estas copias para el próximo proyecto.

Cuando se agrega el diálogo a la clase BaseFrame2, los cambios son menores. Primero, se debe cambiar el nombre de la clase de BaseFrame1 a BaseFrame2, y el del constructor a BaseFrame2(*String title*). Después, necesita una variable de instancia para guardar el diálogo porque se va a estar refiriendo a él durante toda esta clase:

```
TextDialog dl;
```

En el método del constructor `BaseFrame2` puede crear el cuadro de diálogo (una instancia de la nueva clase `TextDialog` que creará en un momento más), asignarlo a la variable de instancia dl y redimensionarlo; el nuevo redimensionamiento se muestra en las dos líneas siguientes del código. Aún no querrá mostrarlo porque sólo debe aparecer cuando haga clic en el botón Set Text.

```
dl = new TextDialog(this, "Enter Text", true);
dl.resize(150,150);
```

Cree ahora el botón Set Text, el cual tendrá un funcionamiento semejante al de los otros botones, y lo agregará al `BorderLayout` en la posición `"South"` (que lo coloca directamente debajo de la etiqueta).

```
Button b = new Button("Set Text");
add("South", b);
```

Después de haber agregado el `TextDialog` y un botón Set Text a la clase `BaseFrame2`, necesitará agregar el siguiente método manejador de eventos:

```
public boolean action(Event evt, Object arg) {
    if (evt.target instanceof Button) {
        dl.show();
        return true;
    } else
        return false;
}
```

Al hacer clic en cualquier botón del marco, este método despliega el objeto dl del `TextDialog`. En este ejemplo, hay un solo botón: Set Text.

Éste es el final del comportamiento que debe agregar a la ventana de aparición súbita para crear un diálogo. Sólo se necesitan dos cambios en el `PopUpWindowDialog`. Primero, se debe cambiar el nombre de la clase de `PopUpWindow` a `PopUpWindowDialog`. Luego se debe hacer referencia a la clase `BaseFrame2` en vez de a la `BaseFrame1`, tal como se ilustra en la instrucción siguiente:

```
window = new BaseFrame2("A Pop Up Window");
```

El resto del nuevo comportamiento va en la clase `TextDialog`, cuyo código se muestra en el listado 14.3.

ESCRIBA **LISTADO 14.3.** TEXTO COMPLETO DE TEXTDIALOG.JAVA.

```
1: import java.awt.*;
2:
3: class TextDialog extends Dialog {
4:     TextField tf;
```

```
 5:     BaseFrame2 theFrame;
 6:
 7:     TextDialog(Frame parent, String title, boolean modal) {
 8:         super(parent, title, modal);
 9:
10:         theFrame = (BaseFrame2)parent;
11:         setLayout(new BorderLayout(10,10));
12:         setBackground(Color.white);
13:         tf = new TextField(theFrame.message,20);
14:         add("Center", tf);
15:
16:         Button b = new Button("OK");
17:         add("South", b);
18:     }
19:
20:     public Insets insets() {
21:         return new Insets(30,10,10,10);
22:     }
23:
24:     public boolean action(Event evt, Object arg) {
25:         if (evt.target instanceof Button) {
26:             String label = (String)arg;
27:             if (label == "OK") {
28:                 hide();
29:                 theFrame.l.setText(tf.getText());
30:             }
31:             return true;
32:         } else
33:             return false;
34:     }
35: }
```

Hay algunos puntos que debe tener presentes acerca de este código. Primero, a diferencia de las otras dos ventanas en este applet, el manejo del evento está dentro de la clase, por lo que el diálogo funciona como su propio manejador.

A pesar de esto, este diálogo tiene muchos de los elementos de la clase `BaseFrame2`. Observe que el constructor de `TextDialog` es idéntico a uno de los constructores de su superclase `Dialog` porque, a pesar de que `TextDialog` esté adjunto a un objeto cuya clase es `BaseFrame2`, los diálogos deben adjuntarse a un objeto `Frame`. Es más fácil para usted hacer más genérico el constructor y luego especializarlo, después de llamar al constructor de la superclase, que es exactamente lo que usted hace en las líneas 8 y 10 del listado 14.3. La línea 8 es la llamada para que el constructor de la superclase conecte el diálogo con el marco, y la línea 10 establece la variable de instancia en una instancia específica de la clase `Frame` definida en la clase `BaseFrame2`.

El resto del constructor del `TextDialog` simplemente establece lo que falta del diseño: un campo de texto y un botón en un diseño de borde. El método `getInsets()` agrega algunos márgenes y el método `action()`, que maneja la acción del botón OK del diálogo. El método `action()` hace dos cosas: oculta el diálogo en la línea 28 y lo retira, y en la línea 29 cambia el valor de la etiqueta del marco ancestro y lo convierte en el nuevo valor del texto.

¡Tantas clases para un simple applet! Las diversas ventanas y las clases de eventos asociados hacen complicado al applet. Aunque, en este punto, debe estar tranquilo de cómo cada parte de un applet tiene sus propios componentes y acciones, y por la forma en que se ajustan todas sus partes.

Cómo adjuntar diálogos a los applets

Los diálogos sólo se pueden adjuntar a los marcos. Para crear un diálogo, tiene que pasar una instancia de la clase `Frame` a uno de los métodos constructores del diálogo. Esto implica que no puede crear cuadros de diálogo que estén adjuntos a los applets. Como los applets no tienen marcos explícitos, usted no le puede dar un argumento de marco a la clase `Dialog`. Sin embargo, recurriendo a una trampa de código puede acceder al objeto `frame` que contiene ese applet (normalmente, el navegador o la ventana misma del visor del applets) y usarlo como marco para el diálogo.

Este código utiliza el método `getParent()` definido para todos los componentes del AWT. El método `getParent()` devuelve el objeto que contiene este objeto. Por lo tanto, el objeto ancestro (dentro de todas las aplicaciones del AWT) tiene que ser un marco. Los applets se comportan del mismo modo. Llamando repetidamente a `getParent()`, estará en posibilidad de tener acceso a una instancia de `Frame`. Éste es el código que puede poner dentro del applet:

```
Object anchorpoint = getParent()
while (! (anchorpoint instanceof Frame))
    anchorpoint = ( (Component) anchorpoint ).getParent();
```

En la primera línea de este código, usted crea una variable local llamada `anchorpoint`, para que contenga el futuro marco para este applet. El objeto asignado a `anchorpoint` puede ser de muchas clases, por lo tanto declare su tipo como `Object`.

Las dos líneas siguientes del código son un ciclo `while` que llama a `getParent()` en cada objeto diferente de la cadena hasta llegar a un objeto `Frame`. Observe aquí que, para que el método `getParent()` funcione, y ya que este método está definido solamente en los objetos que lo heredan de `Component`, tiene que convertir por cast el valor de `anchorpoint` a `Component` cada vez.

Después de la salida del ciclo, el objeto contenido en la variable `anchorpoint` será una instancia de la clase `Frame` (o una de sus subclases). Entonces, podrá crear un objeto `Dialog` adjunto a ese marco y convertir `anchorpoint` una vez más para estar seguro de que tiene un objeto `Frame`:

```
TextDialog dl = new TextDialog((Frame)anchorpoint,
    "Enter Text", true);
```

Objetos de diálogo de archivo

La clase `FileDialog` proporciona un cuadro de diálogo básico para abrir y guardar archivos que le permite el acceso al sistema local de archivos. La clase `FileDialog` es independiente del sistema, mas dependiendo de la plataforma, introducirá el diálogo estándar Open File o Save File.

> **Nota**
> El que pueda utilizar instancias de `FileDialog` para los applets, dependerá del navegador. Debido a las restricciones predeterminadas de seguridad para los applets, la mayoría de los navegadores producen excepciones de seguridad cuando trata de usar estas instancias. Es mucho más fácil usar `FileDialog` en aplicaciones independientes.

Puede crear un diálogo de archivo mediante los constructores siguientes:

- `FileDialog(Frame, String)` crea un diálogo de archivo, adjunto al marco determinado, con el título determinado. Esta forma crea un diálogo para cargar un archivo.
- `FileDialog(Frame, String, int)` también crea un diálogo de archivo, pero se usa el argumento entero para determinar si el diálogo es para cargar un archivo o para guardarlo. (La única diferencia son las etiquetas en los botones; en realidad el diálogo de archivo no abre o guarda nada.) Las opciones para el argumento del modo son `FileDialog.LOAD` y `FileDialog.SAVE`.

Después de crear una instancia de `FileDialog`, despliéguela mediante `show()`:

```
FileDialog fd = new FileDialog(this, "FileDialog");
fd.show();
```

Si el lector escoge un archivo en el diálogo `File`, después de que lo cierre usted puede obtener el nombre del archivo escogido por el lector a través de los métodos `getDirectory()` y `getFile()`. Ambos le devuelven cadenas que indican los valores escogidos por el lector. En ese momento, podrá abrir el archivo con los métodos de manejo de flujos y de archivos que conocerá la próxima semana, y entonces podrá leer o escribir en ese archivo.

Eventos de ventanas

Ya hemos llegado al último grupo de eventos que puede manejar en el AWT: los eventos para ventanas y diálogos. (En términos de eventos, un diálogo se considera como otro tipo de ventana.) Los eventos de ventanas se presentan cuando el estado de una ventana cambia en cualquier forma: cuando la movemos, redimensionamos, minimizamos, restauramos, traemos al frente o cerramos. En una aplicación bien estructurada, manejará al menos algunos de esos eventos; por ejemplo, detener un subproceso cuando la ventana es minimizada, o limpiar todo al cerrarla.

Para probar cada uno de los eventos que se muestran en la tabla 14.1, puede usar `handleEvent()` mediante la instrucción estándar `switch` con la variable de instancia `id`.

Tabla 14.1. Eventos de ventanas.

Nombre del evento	Cuándo se presenta
WINDOW_DESTROY	Se genera al destruir una ventana mediante el cuadro Close, o el elemento Close en el menú.
WINDOW_EXPOSE	Se genera cuando la ventana estaba oculta por otra y es traída al frente.
WINDOW_ICONIFY	Se genera al minimizar la ventana.
WINDOW_DEICONIFY	Se genera al restaurar la ventana.
WINDOW_MOVED	Se genera al mover la ventana.

Menús

Sólo nos queda hablar de un elemento de la interfaz de usuario en el AWT: los menús

Una barra de menús es una colección de menús. Un menú, a su vez, contiene una colección de elementos, los cuales pueden tener nombres y, algunas veces, métodos abreviados de teclado opcionales. El AWT proporciona clases para todos estos elementos de menú, entre ellas `MenuBar`, `Menu` y `MenuItem`.

Menús y barras de menús

Término Nuevo Una *barra de menús* es un grupo de menús que aparecen a lo ancho de la pantalla en su parte superior. Como forman parte integral de la ventana, usted no puede crear barras de menús en los applets (pero si ese applet tiene una ventana independiente, la ventana puede tener una barra de menús).

Para crear una barra de menús en una ventana específica, debe crear una nueva instancia de la clase `MenuBar`:

```
MenuBar mbar = new MenuBar();
```

Para establecer esta barra de menús como el menú predeterminado para la ventana, utilice el método `setMenuBar()` (definido en la clase `Frame`), de la siguiente forma:

```
window.setMenuBar(mbar);
```

También puede añadir menús individuales (Archivo, Editar, etc.) a la barra de menús, creándolos y agregándolos con `add()`. El argumento para el constructor `Menu`, es el nombre del menú tal como deberá aparecer en la barra de menús.

```
Menu myMenu = new Menu("File");
mbar.add(myMenu);
```

Algunos sistemas proporcionan un menú especial de Ayuda, el cual está dibujado en el lado derecho de la barra de menús. Con el método `setHelpMenu()`, usted puede indicar que un menú específico es el menú de ayuda. Antes de convertirlo en menú de ayuda, el menú debe agregarse a la barra de menús.

```
Menu helpmenu = new Menu("Help");
mbar.add(helpmenu);
mbar.setHelpMenu(helpmenu);
```

Si por alguna razón quisiera evitar que un usuario seleccionara un menú, puede utilizar el comando `disable()` en ese menú (y `enable()` cuando quiera habilitarlo de nuevo):

```
myMenu.disable();
```

Elementos de menú

Puede agregar cuatro tipos de elementos a los menús individuales:

- Instancias de la clase `MenuItem`, para los elementos regulares del menú.
- Instancias de la clase `CheckboxMenuItem`, para elementos de menú que cambien de un estado a otro.
- Otros menús, con sus propios elementos de menú.
- Separadores, para las líneas que separan grupos de elementos en los menús.

Creación de elementos de menú

Los elementos regulares de un menú se crean y agregan al mismo mediante la clase `MenuItem`. Primero debe crear una instancia de `MenuItem`, y después agregarla al componente Menu con el método `add()`:

```
Menu myMenu = new Menu("Tools");
myMenu.add(new MenuItem("Info"));
myMenu.add(new MenuItem("Colors"));
```

Se pueden agregar submenús creando una nueva instancia de Menu y agregándola al primer menú. Entonces podrá agregar elementos a ese menú:

```
Menu submenu = new Menu("Sizes");
myMenu.add(submenu);
submenu.add(new MenuItem("Small"));
submenu.add(new MenuItem("Medium"));
submenu.add(new MenuItem("Large"));
```

La clase `CheckboxMenuItem` crea un elemento de menú con una casilla de verificación; ésta permite cambiar el estado del menú. (Al seleccionarla una vez, la casilla aparecerá marcada, y al seleccionarla de nuevo, aparecerá sin marcar.) Puede crear una casilla de verificación y agregarla al menú, de la misma forma en que crea y agrega un elemento regular:

```
CheckboxMenuItem coords =
new CheckboxMenuItem("Show Coordinates");
myMenu.add(coords);
```

Finalmente, para agregar un separador al menú (una línea que se usa para separar grupos de elementos en un menú), cree y agregue un elemento de menú con un guión (-) como etiqueta. Ese elemento especial de menú se dibujará con una línea separadora. Las dos líneas siguientes del código Java, crean un elemento separador de menú y lo agregan al menú myMenu:

```
MenuItem msep = new MenuItem("-");
myMenu.add(msep);
```

Cualquier elemento de menú se puede desactivar con el método disable(), y se activa de nuevo mediante enable(). Los elementos desactivados no son sujetos de selección.

```
MenuItem item = new MenuItem("Fill");
myMenu.add (item);
item.disable();
```

Eventos de menú

El hecho de seleccionar un elemento de menú con el ratón, o con un método abreviado desde el teclado, genera un evento de acción. Puede manejar ese evento a través del método action(), como lo ha estado haciendo durante los últimos dos días.

Además de los eventos de acción, CheckboxMenuItems genera eventos de selección y deselección de lista, los cuales se pueden manejar mediante handleEvent().

Conforme va procesando eventos generados por elementos de menú y elementos de casilla de verificación, no olvide que como CheckboxMenuItem es una subclase de MenuItem, no necesita tratar este elemento de menú como un caso especial. Puede manejar esta acción del mismo modo en que maneja otros métodos de acción.

Creación de aplicaciones AWT independientes

Aunque aprenda la próxima semana a crear interfaces gráficas de usuario mediante las nuevas clases Swing, ya tiene la mayor parte de los conocimientos necesarios para crear una aplicación de Java 1.0.2.

En realidad no hay mucha diferencia entre un applet de Java y una aplicación gráfica de Java. Todo lo que ha aprendido hasta este punto acerca del AWT, incluyendo los métodos de gráficos, técnicas de animación, eventos, componentes de interfaz de usuario, ventanas y diálogos, se puede utilizar de la misma forma en las aplicaciones de Java y en los applets.

¿Qué opina acerca de crear una aplicación gráfica de Java? El código que necesita es casi insignificante. La clase principal de la aplicación debe heredarla de Frame. Si utiliza subprocesos (para animación u otro procesamiento), también debe implementar Runnable:

```
class MyAWTApplication extends Frame implements Runnable {
    // ...
}
```

Dentro del método main(), usted crea una nueva instancia de clase para su aplicación (ya que su clase extiende Frame, eso le dará una nueva ventana del AWT que podrá redimensionar y mostrar como cualquier otra ventana del AWT).

Establezca las características normales del AWT para una ventana como lo haría en un método init() de un applet pero ahora dentro del constructor de su clase: defina el título, agregue el administrador de diseño, cree y añada los componentes, como una barra de menús u otros elementos de interfaz de usuario, inicie un subproceso, y así sucesivamente.

He aquí un ejemplo de una aplicación muy sencilla:

```
import java.awt.*;

class MyAWTApplication extends Frame {

    MyAWTApplication(String title) {
        super(title);
        setLayout(new FlowLayout());
        add(new Button("OK"));
        add(new Button("Reset"));
        add(new Button("Cancel"));
    }

    public static void main(String args[]) {
        MyAWTApplication app = new MyAWTApplication("Hi! I'm an application");
        app.resize(300,300);
        app.show();
    }
}
```

Para controlar y manejar la mayor parte de su aplicación, puede utilizar cualquiera de los métodos aprendidos esta semana. Los únicos métodos que no puede usar son los específicos a cada applet (es decir, los definidos en java.applet.Applet, los cuales incluyen los métodos para recuperar la información del URL y reproducir segmentos de audio).

Hay otra diferencia entre las aplicaciones y los applets, que debe conocer: Cuando maneja un evento de cierre de ventana, además de ocultarla o destruirla, también debe llamar a System.exit(0) para indicarle al sistema que su aplicación ha salido.

```
public void windowClosing(WindowEvent e) {
    win.hide();
    win.destroy();
    System.exit(0);
}
```

Un ejemplo completo: el convertidor RGB a HSB

Como una oportunidad para darle otra utilidad al material de días anteriores, presentamos un ejemplo de applet que nos muestra la creación del diseño, los paneles anidados, la creación de la interfaz y el manejo de los eventos.

La figura 14.3 muestra el applet que usted creará en este ejemplo. El applet `ColorTest` le permite tomar colores de los espacios de color sRGB y HSB, los cuales describen los colores basados en el contenido de rojo, verde y azul, o los valores de tono, saturación y brillantez, respectivamente.

FIGURA **14.3**

El applet `Color Test`.

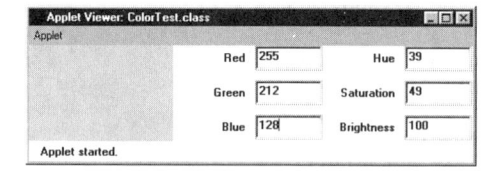

El applet `ColorTest` tiene tres partes principales: un cuadro de color en el lado izquierdo y dos grupos de campos de texto en el derecho. El primer grupo indica los valores sRGB; el segundo los HSB. Si cambia cualquiera de los valores en cualquiera de los cuadros de texto, actualizará el cuadro de color con el color nuevo, con los mismos valores del otro grupo de cuadros de texto.

Este applet utiliza dos clases:

- `ColorTest`, que hereda de `Applet`. Ésta es la clase que controla al applet.
- `ColorControls`, que hereda de `Panel`. Esta clase se crea para representar un grupo de tres campos de texto y para manejar las acciones desde ellos. Se crean dos instancias de esta clase, una para los valores de sRGB y otra para los de HSB, y se agregan al applet.

Por su complejidad, y porque puede crear confusiones, trabaje en este ejemplo paso a paso. Al final de esta sección se muestra el código completo para este applet.

El diseño del applet

La mejor forma de iniciar la creación de un applet que utilice componentes del AWT, es pensar primero en el diseño y luego en la funcionalidad. Cuando se enfrente al diseño, debe empezar con el panel más alejado y trabajar hacia adentro.

Para aprovechar mejor el diseño y el espacio, haga un boceto del diseño de la interfaz. Los diseños en papel son útiles aun cuando no utilice diseños de cuadrícula de bolsa, y aún más cuando las usa. (Para este applet, estará utilizando un diseño de cuadrícula simple.)

La figura 14.4 muestra el applet `ColorTest` con una cuadrícula, para que tenga una idea de cómo trabajan los paneles simples y los paneles incrustados.

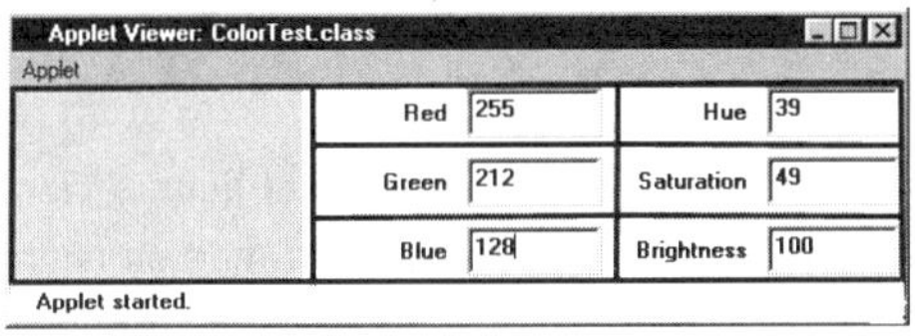

FIGURA 14.4

Los paneles y componentes del applet `Color Test`.

Comience con el panel más exterior, el applet en sí mismo. Este panel tiene tres partes: el cuadro de color a la izquierda, los campos de texto RGB en el medio y los campos HSB a la derecha.

Como el panel más exterior es el applet mismo, la clase `ColorTest` será la clase del applet y heredará de `Applet`. Aquí también importará las clases del AWT. (Observe que como está usando tantas clases del AWT en este programa, es más fácil que importe todo el paquete.)

```
import java.awt.*;

public class ColorTest extends java.applet.Applet {
   // ...
}
```

Este applet tiene tres elementos principales: el cuadro de color y los dos subpaneles. Cada uno de estos dos subpaneles se refiere a cosas distintas, pero en esencia son el mismo panel y se comportan de la misma forma. En vez de duplicar muchos códigos en esta clase, aprovechará la oportunidad para crear otra clase estrictamente para los subpaneles, para usar instancias de esa clase en el applet y para comunicar todo utilizando métodos. En un momento definiremos la nueva clase llamada `ColorControls`.

Sin embargo, por ahora ya sabe que necesita mantener el control de las tres partes del applet, para poder actualizarlas cuando cambien. Cree tres variables de instancia: una de tipo `Canvas` para el cuadro de color, y las otras dos del tipo `ColorControls` para controlar los paneles.

```
ColorControls RGBcontrols, HSBcontrols;
Canvas swatch;
```

Ahora puede avanzar al método `init()`, donde tiene lugar toda la inicialización básica y el diseño del applet. Para inicializar el applet siga estos tres pasos:

1. Cree el diseño de las partes grandes del applet. Aunque aquí funcionaría un diseño de flujo, es mejor crear una cuadrícula con una fila y tres columnas.
2. Cree e inicialice los tres componentes de este applet: un lienzo para el cuadro de color y dos subpaneles para los campos de texto.
3. Agregue esos componentes al applet.

El paso 1 es el diseño. Utilice un diseño de cuadrícula con un espacio de 10 puntos para separar cada componente:

```
setLayout(new GridLayout(1, 3, 5, 15));
```

El paso 2 es la creación de los componentes, primero el lienzo. Tiene una variable de instancia para contenerlo. Aquí crea el lienzo e inicializa el fondo en negro:

```
swatch = new Canvas();
swatch.setBackground(Color.black);
```

También necesita crear aquí dos instancias de los paneles `ColorControls` inexistentes hasta este momento. Puesto que todavía no ha creado la clase, usted no sabe cómo se verá el constructor de dicha clase. En ese caso, coloque algunos constructores vacíos, después podrá llenar los detalles.

```
RGBcontrols = new ColorControls(...);
HSBcontrols = new ColorControls(...);
```

El paso 3 es agregar los tres componentes al panel del applet, en esta forma:

```
add(swatch);
add(RGBcontrols);
add(HSBcontrols);
```

Mientras trabaja en el diseño, agregue los márgenes para el applet (10 puntos a lo largo de todos los bordes):

```
public Insets getInsets() {
    return new Insets(10, 10, 10, 10);
}
```

¿Ya llegó hasta ahí? En este punto usted debe tener tres variables de instancia, un método `init()` con dos constructores incompletos y un método `getInsets()` en su clase `ColorTest`. Continúe la creación del diseño del subpanel en la clase `ColorControls`, para que pueda llenar estos constructores y terminar el diseño.

Definición de los subpaneles

La clase `ColorControls` tendrá el comportamiento para diseñar y manejar los subpaneles que representan los valores RGB y HSB para el color. `ColorControls` no necesita ser una subclase de `Applet` porque en realidad no es un applet; es sólo un panel. Defínala para heredarla de `Panel`:

```
import java.awt.*;

class ColorControls extends Panel {
    // ...
}
```

La clase `ColorControls` necesita una cantidad determinada de variables de instancia para que la información de ese panel pueda regresar al applet.

La primera de esas variables de instancia es un retorno a la clase del applet que contiene este panel. Ya que la clase del panel externo controla la actualización de cada panel, este panel necesita una forma de decirle al applet que algo ha cambiado. Para llamar a un método en ese applet, necesita una referencia para el objeto; la variable de instancia número uno es una referencia a una instancia de la clase `ColorTest`:

```
ColorTest applet;
```

La clase `applet` controlará los campos individuales de texto de este subpanel. Cree las variables de instancia para esos campos de texto:

```
TextField tfield1, tfield2, tfield3;
```

Ahora puede pasar al constructor de esta clase. Ya que esta clase no es un applet, no tendrá que utilizar `init()` para inicializarla; en vez de eso, usará un método constructor. Dentro del constructor hará mucho de lo que hizo dentro de `init()`: crear el diseño para el subpanel, crear los campos de texto y agregarlos al panel.

Aquí la meta es hacer que la clase `ColorControls` sea lo bastante genérica como para que la pueda utilizar en los campos RGB y HSB. Estos dos paneles difieren únicamente en un aspecto: las etiquetas para el texto; debe obtener tres valores antes de poder crear el objeto. Usted puede pasar estos tres valores a través de los constructores en `ColorTest`. También necesita uno más: la referencia del applet incluido, misma que también puede obtener del constructor.

Ahora tiene cuatro argumentos del constructor básico para la clase `ColorControls`. Ésta es la firma para el constructor:

```
ColorControls(ColorTest parent,
    String l1, String l2, String l3) {
}
```

Inicie este constructor estableciendo primero el valor de parent a la variable de instancia applet:

```
applet = parent;
```

A continuación, cree el diseño de este panel. También puede usar un diseño de cuadrícula para estos subpaneles, como lo hizo para el panel del applet, pero esta vez la cuadrícula tendrá tres filas (una para cada uno de los pares de campos de texto y etiquetas) y dos columnas (una para las etiquetas y otra para los campos). También debe definir un espacio de 10 puntos entre los componentes de la cuadrícula:

```
setLayout(new GridLayout(3,2,10,10));
```

Ahora, ya puede crear y añadir los componentes al panel. Primero debe crear los objetos campo de texto (inicializados con la cadena "0") y asignarlos a las variables de instancia apropiadas:

```
tfield1 = new TextField("0");
tfield2 = new TextField("0");
tfield3 = new TextField("0");
```

Agregue estos campos y las etiquetas apropiadas al panel, mediante los tres parámetros restantes del constructor, como texto para las etiquetas:

```
add(new Label(l1, Label.RIGHT));
add(tfield1);
add(new Label(l2, Label.RIGHT));
add(tfield2);
add(new Label(l3, Label.RIGHT));
add(tfield3);
```

Usted ha terminado el constructor de la clase ColorControls del subpanel. ¿Ya terminó el diseño? Todavía no. También puede añadir márgenes alrededor del subpanel, solamente en la parte superior e inferior, para mejorar un poco el diseño. Agregue aquí los márgenes, tal como lo hizo en la clase ColorTest utilizando el método getInsets():

```
public Insets getInsets() {
    return new Insets(10, 10, 0, 0);
}
```

¡Ya casi termina! Ahora tiene colocado el 98 por ciento de la estructura básica y está listo para seguir, pero le falta un paso: regresar a ColorTest y arreglar los constructores vacíos para el subpanel, de modo que se igualen con los constructores para ColorControls.

El constructor que acaba de crear para ColorControls tiene cuatro argumentos: el objeto ColorTest y tres etiquetas (cadenas). Recuerde cuando creó el método init() para ColorTest. Agregó dos marcadores de posición para crear nuevos objetos de ColorControls. Ahora cambie esos marcadores de posición por las versiones correctas. Asegúrese de agregar los cuatro argumentos que el constructor necesita para trabajar: el objeto ColorTest y

Desarrollo de interfaces de usuario avanzadas con el AWT

tres cadenas. Puede usar la palabra clave `this` para pasar el objeto `ColorTest` a estos constructores:

```
RGBcontrols = new ColorControls(this, "Red",
    "Green", "Blue");
HSBcontrols = new ColorControls(this, "Hue",
    "Saturation", "Brightness");
```

> **Nota**
> En este ejemplo se usa el número 0 (en realidad la cadena "0") como valor inicial para todos los campos de texto. Para el color negro, los valores de RGB y HSB son 0, por eso podemos hacer esta suposición. Si desea inicializar el applet en algún otro color, podría reescribir la clase `ColorControls` para utilizar valores inicializadores así como para inicializar etiquetas. Se hizo de esta forma para un ejemplo más corto.

Manejo de eventos

Después de crear el diseño, debe establecer las acciones con los componentes de la interfaz de usuario para que el applet pueda responder cuando el usuario interactúa con él.

Esta acción del applet se da cuando el usuario cambia un valor en cualquiera de los campos de texto. Ante una acción en un campo de texto, el color cambia, el cuadro de color se actualiza al nuevo color y cambia el valor de los campos en el subpanel opuesto para reflejar el nuevo color.

La clase `ColorTest` es la responsable de la actualización porque controla todos los subpaneles. Sin embargo, usted debe rastrear e interceptar los eventos en el subpanel en que ocurren. Como la acción del applet es una acción de texto, utilice el método `action()` para interceptarlo en la clase ColorControls:

```
public boolean action(Event evt, Object arg) {
    if (evt.target instanceof TextField) {
        applet.update(this);
        return true;
    }
    else return false;
}
```

En el método `action()`, usted debe hacer una prueba para asegurarse de que la acción fue generada realmente por un campo de texto (ya que sólo tenemos disponibles campos de texto, ésa es la única acción que va a obtener; de cualquier modo, sería una buena idea probarlo). Si así fue, llame al método `update()` definido en `ColorTest` para actualizar el applet de modo que refleje los nuevos valores. Debido a que el applet exterior es el responsable de hacer toda la actualización, precisamente por eso necesita enlazarse con el applet, para que pueda llamar al método correcto en el momento preciso.

Actualización del resultado

Ahora viene la parte difícil: hacer la actualización basándose en los nuevos valores de cualquier campo de texto que haya cambiado. Para este paso, necesita definir el método update() en la clase ColorTest. Este método toma un solo argumento: la instancia ColorControls que contiene el valor que cambió. (El argumento lo toma de los métodos de evento en el objeto ColorControls.)

> **Nota**
> ¿No interferirá este método con el método update() del sistema? No. Recuerde que los métodos pueden tener el mismo nombre, pero diferentes firmas y definiciones. Debido a que este update() tiene un solo argumento de tipo ColorControls, no interfiere con la otra versión de update(). Por lo común, todos los métodos llamados update() deberían significar lo mismo. Ése no es el caso y esto es sólo un ejemplo.

El método update() tiene la responsabilidad de actualizar todos los paneles del applet. Para saber qué panel actualizar, necesita saber cuál es el que cambió. Esto lo puede averiguar probando si el argumento que recibió del panel es el mismo de los subpaneles que guardó en las variables de instancia RGBcontrols y HSBcontrols:

```
void update(ColorControls controlPanel) {

    if (controlPanel == RGBcontrols) {  // RGB ha cambiado, actualizar HSB
        // ...
    } else {  // HSB ha cambiado, actualizar RGB
        // ...
    }
}
```

Esta prueba es el corazón del método update(). Empiece con el primer caso, se ha cambiado un número en los campos de texto RGB. Ahora, basándose en esos nuevos valores de RGB, tiene que generar un nuevo objeto Color y actualizar los valores en el panel HSB. Para ahorrarse algo de escritura de códigos, puede crear algunas variables locales para contener algunos valores básicos. En particular, los valores de los campos de texto son cadenas cuyos valores puede obtener utilizando el método getText() definido en los objetos TextField del objeto ColorControls. Como la mayor parte del tiempo habrá de considerar esos valores como enteros en este método, puede obtener los valores de estas cadenas, convertirlos a enteros y guardarlos en las variables locales (value1, value2, value3). He aquí el código que se encargará de este trabajo (se ve más complicado de lo que es):

```
int value1 = Integer.parseInt(controlPanel.tfield1.getText());
int value2 = Integer.parseInt(controlPanel.tfield2.getText());
int value3 = Integer.parseInt(controlPanel.tfield3.getText());
```

Mientras define las variables locales, también necesita una para el nuevo objeto `Color`:

```
Color c;
```

Ahora, suponga que uno de los campos de texto en el lado RGB del applet ha cambiado y agregue el código para la parte `if` del método `update()`. Necesita crear un nuevo objeto `Color` y actualizar el lado HSB del panel. Esa primera parte es fácil. Con los tres valores RGB usted puede crear un nuevo objeto `Color` utilizando esos valores como argumentos para el constructor:

```
c = new Color(value1, value2, value3);
```

> **Nota** Esta parte del ejemplo no es muy sólida. Da por hecho que el usuario ha registrado enteros del 0 al 255 en los campos de texto. Una mejor versión haría pruebas para asegurarse de que no han ocurrido errores de inserción de datos, aunque este ejemplo ha sido pequeño.

Ahora, convierta los valores RGB a HSB. Los algoritmos estándar pueden convertir un color basado en RGB a un color HSB, pero usted no tiene que buscarlos. La clase `Color` tiene un método de clase llamado `RGBtoHSB()` que usted puede utilizar. Este método trabaja por usted, al menos la mayor parte de él. Sin embargo, el método `RGBtoHSB()` presenta dos problemas:

- El método `RGBtoHSB()` devuelve un arreglo de tres valores HSB, de modo que usted tiene que sacar esos tres valores del arreglo.
- Los valores HSB se miden en valores de punto flotante que van desde `0.0` a `1.0`. Yo prefiero pensar en los valores HSB como valores enteros, en los que el tono es un valor en grados de una rueda de colores (de `0` a `360`), y la saturación y la brillantez son porcentajes que van de `0` a `100`.

Ninguno de estos problemas es insuperable; lo único que debe hacer es agregar unas líneas más de código. Empiece por llamar a `RGBtoHSB()` con los nuevos valores RGB que ya tiene. El tipo devuelto por ese método es un arreglo de `floats`, de modo que usted crea una variable local (HSB) para guardar los resultados del método `RBGtoHSB()`. (Observe que también debe crear y pasar a `RGBtoHSB()`, un arreglo vacío de `floats` como el cuarto argumento.)

```
float[] HSB = Color.RGBtoHSB(value1, value2,
    value3, (new float[3]));
```

Ahora, convierta estos valores de punto flotante que van de `0.0` a `1.0`, a valores de `0` a `100` (para la saturación y el brillo), y de `0` a `360` (para el tono), multiplicando los números apropiados y reasignando el valor al arreglo:

```
HSB[0] *= 360;
HSB[1] *= 100;
HSB[2] *= 100;
```

Ahora ya tiene los números que quiere. La última parte de la actualización pone nuevamente estos valores en los campos de texto. Desde luego, estos valores son aún números de punto flotante de modo que tiene que convertirlos a ints antes de convertirlos en cadenas y guardarlos:

```
HSBcontrols.tfield1.setText(String.valueOf((int)HSB[0]));
HSBcontrols.tfield2.setText(String.valueOf((int)HSB[1]));
HSBcontrols.tfield3.setText(String.valueOf((int)HSB[2]));
```

Ya estamos a medio camino. La siguiente parte del applet es la que actualiza los valores RGB cuando cambia un campo de texto en el lado HSB. Esta parte es el else en el gran if...else que define este método y determina qué es lo que se debe actualizar, una vez dado el cambio.

Es más fácil generar valores RGB, tomándolos de los valores HSB, que hacer todo el proceso a la inversa. Un método de la clase Color, getHSBColor(), crea un nuevo objeto de Color, a partir de tres valores HSB. Una vez que obtiene un objeto Color, puede extraer fácilmente los valores RGB. El inconveniente, desde luego, es que getHSBColor toma tres argumentos de punto flotante y que los valores que usted tiene son los valores enteros que preferí utilizar. Al llamar a getHSBColor, tendrá que convertir por cast los valores enteros de los campos de texto a floats y dividirlos entre el factor de conversión apropiado. El resultado de getHSBColor es un objeto Color. De ahí en adelante, simplemente puede asignar el objeto a la variable local c de modo que la pueda usar de nuevo más adelante:

```
c = Color.getHSBColor((float)value1 / 360,
    (float)value2 / 100, (float)value3 / 100);
```

Una vez establecido el objeto Color, actualizar los valores de RGB implica la extracción de esos valores desde ese objeto Color. Los métodos getRed(), getGreen() y getBlue(), definidos en la clase Color, harán justamente eso:

```
RGBcontrols.tfield1.setText(String.valueOf(c.getRed()));
RGBcontrols.tfield2.setText(String.valueOf(c.getGreen()));
RGBcontrols.tfield3.setText(String.valueOf(c.getBlue()));
```

Por último, y sin que importe si cambiaron los valores de RGB o HSB, necesita cambiar el cuadro de color a la izquierda, para que muestre el nuevo color. Puesto que usted tiene un nuevo objeto Color guardado en la variable c, puede utilizar el método setBackground para cambiar el color. Asimismo, observe que setBackground no redibuja la pantalla en forma automática, así que establezca de inmediato un método repaint():

```
swatch.setBackground(c);
swatch.repaint();
```

¡Ya está! Lo logró. Ahora, compile las clases ColorTest y ColorControls, cree un archivo HTML para cargar el applet ColorTest, y verifíquelo.

El código fuente completo

El listado 14.4 nos muestra el código fuente completo para la clase del applet `ColorTest`, y el listado 14.5 nos muestra la fuente para la clase auxiliar `ColorControls`. Con frecuencia, es más fácil imaginarse lo que está pasando en un applet cuando todo el código está en un solo lugar y usted puede seguir las llamadas a métodos y la forma en que los valores pasan de un lado al otro. Comience con el método `init()` en el applet `ColorTest`, y continúe a partir de ahí.

ESCRIBA **LISTADO 14.4.** TEXTO COMPLETO DE COLORTEST.JAVA.

```
 1: import java.awt.*;
 2:
 3: public class ColorTest extends java.applet.Applet {
 4:     ColorControls RGBcontrols, HSBcontrols;
 5:     Canvas swatch;
 6:
 7:     public void init() {
 8:         setLayout(new GridLayout(1, 3, 5, 15));
 9:         swatch = new Canvas();
10:         swatch.setBackground(Color.black);
11:         RGBcontrols = new ColorControls(this, "Red",
12:             "Green", "Blue");
13:         HSBcontrols = new ColorControls(this, "Hue",
14:             "Saturation", "Brightness");
15:         add(swatch);
16:         add(RGBcontrols);
17:         add(HSBcontrols);
18:     }
19:
20:     public Insets getInsets() {
21:         return new Insets(10, 10, 10, 10);
22:     }
23:
24:     void update(ColorControls controlPanel) {
25:         int value1 = Integer.parseInt(controlPanel.tfield1.getText());
26:         int value2 = Integer.parseInt(controlPanel.tfield2.getText());
27:         int value3 = Integer.parseInt(controlPanel.tfield3.getText());
28:         Color c;
29:         if (controlPanel == RGBcontrols) {  // RGB ha cambiado, actualizar HSB
30:             c = new Color(value1, value2, value3);
31:             float[] HSB = Color.RGBtoHSB(value1, value2,
32:                 value3, (new float[3]));
33:             HSB[0] *= 360;
34:             HSB[1] *= 100;
35:             HSB[2] *= 100;
```

continúa

LISTADO 14.4. CONTINUACIÓN

```
36:                HSBcontrols.tfield1.setText(String.valueOf((int)HSB[0]));
37:                HSBcontrols.tfield2.setText(String.valueOf((int)HSB[1]));
38:                HSBcontrols.tfield3.setText(String.valueOf((int)HSB[2]));
39:            } else {   // HSB ha cambiado, actualizar RGB
40:                c = Color.getHSBColor((float)value1 / 360,
41:                    (float)value2 / 100, (float)value3 / 100);
42:                RGBcontrols.tfield1.setText(String.valueOf(c.getRed()));
43:                RGBcontrols.tfield2.setText(String.valueOf(c.getGreen()));
44:                RGBcontrols.tfield3.setText(String.valueOf(c.getBlue()));
45:            }
46:            swatch.setBackground(c);
47:            swatch.repaint();
48:        }
49: }
```

ESCRIBA **LISTADO 14.5.** TEXTO COMPLETO DE COLORCONTROLS.JAVA.

```
1: import java.awt.*;
2:
3: class ColorControls extends Panel {
4:     ColorTest applet;
5:     TextField tfield1, tfield2, tfield3;
6:
7:     ColorControls(ColorTest parent,
8:         String l1, String l2, String l3) {
9:
10:         applet = parent;
11:         setLayout(new GridLayout(3,2,10,10));
12:         tfield1 = new TextField("0");
13:         tfield2 = new TextField("0");
14:         tfield3 = new TextField("0");
15:         add(new Label(l1, Label.RIGHT));
16:         add(tfield1);
17:         add(new Label(l2, Label.RIGHT));
18:         add(tfield2);
19:         add(new Label(l3, Label.RIGHT));
20:         add(tfield3);
21:
22:     }
23:
24:     public Insets getInsets() {
25:         return new Insets(10, 10, 0, 0);
26:     }
27:
28:     public boolean action(Event evt, Object arg) {
29:         if (evt.target instanceof TextField) {
30:             applet.update(this);
```

```
31:            return true;
32:        }
33:        else return false;
34:    }
35: }
```

Después de compilar ambos archivos de clase, podrá cargar el applet `ColorTest` en una página, con el siguiente HTML:

```
<applet code="ColorTest.class" width=475 height=100>
</applet>
```

Resumen

Cuatro días es mucho tiempo para enfocarlos en un elemento específico del lenguaje Java. Pero el AWT es una parte esencial en las habilidades de cualquier programador de Java.

Ahora ya puede crear una interfaz gráfica de usuario para un applet, o incluso crear una aplicación mediante las técnicas del AWT y de Java 1.0.2. Durante la última semana de este libro aprenderá cómo lograr algunas de las mismas tareas a través de las clases Swing para el manejo de ventanas.

Aunque su respuesta sea un triste adiós o un ¡qué bueno que ya salí de esto! a partir de mañana abandonará el AWT para avanzar hacia nuevos temas.

De cualquier manera se merece este reconocimiento: ¡Felicidades por su buen trabajo!

Preguntas y respuestas

P **En su comentario sobre las aplicaciones independientes, tengo la impresión de que no hay ninguna diferencia entre un applet y una aplicación. ¿Cómo es eso?**

R Dentro del AWT, tanto los applets como las aplicaciones siguen los mismos procedimientos para construir los componentes, desplegarlos y manejar los eventos. Dejando ligeramente de lado las restricciones de seguridad, la única diferencia está en que las aplicaciones se inicializan desde main() y se despliegan en sus propias ventanas, y los applets se inicializan y arrancan desde init() y start(), respectivamente. Debido a la gran cantidad de similitudes entre los applets y las aplicaciones, el 99 por ciento de lo que ha aprendido sobre los applets se puede utilizar con las aplicaciones. De hecho, debido a que los applets ignoran el método main(), si es que éste existe en una clase, no hay razón por la que no pueda crear un programa sencillo que se ejecute igualmente como un applet y como una aplicación.

P He creado una aplicación independiente, pero cuando hago clic en la casilla de cierre, no sucede nada. ¿Qué debo hacer para cerrar la aplicación?

R Capture el evento cerrar ventana con WINDOW_CLOSE en el modelo de eventos de Java 1.0.2. Como respuesta a ese evento, llame a hide(), si abrirá la ventana más tarde, o llame a destroy() para deshacerse de ella para siempre. Si el evento cerrar ventana da como resultado la salida de todo el programa, llame también a System.exit().

Semana 3

Afine sus conocimientos de Java

15 Funciones de las clases: paquetes interfaces y otras características

16 Circunstancias excepcionales: manejo de errores y seguridad

17 Manejo de datos a través de los flujos de Java

18 Comunicación a través de Internet

19 JavaBeans y otras características avanzadas

20 Diseño de una interfaz de usuario con Swing

21 Manejo de eventos de usuario con Swing

Semana 3

Día 15

Funciones de las clases: paquetes, interfaces y otras características

La tercera semana de este curso aumentará sus conocimientos. Podría detenerse en este punto y desarrollar programas funcionales, pero se perderá algunas de las características avanzadas que expresan los verdaderos puntos fuertes del lenguaje.

Hoy aumentará sus conocimientos de las clases y cómo interactúan con otras clases en un programa de Java. Cubriremos los siguientes temas:

- Cómo controlar el acceso a los métodos y variables desde afuera de una clase.
- Cómo finalizar clases, métodos y variables para que sus valores o definiciones no se puedan convertir en subclases ni ser sobrepuestos.
- Cómo crear clases y métodos abstractos para factorizar el comportamiento común en las superclases.
- Cómo agrupar clases dentro de paquetes.
- Cómo usar las interfaces para reducir las brechas en una jerarquía de clases.

Modificadores

Las técnicas de programación que aprenderá hoy implican diferentes estrategias y formas de pensar acerca de cómo se organiza una clase. Pero hay algo que es común a todas ellas, y es que todas utilizan palabras clave modificadoras del lenguaje de Java.

En la semana 1, "Inicie la programación en Java", aprendió a definir clases, métodos y variables en Java. Los modificadores son palabras clave que se agregan a esas definiciones para cambiar su significado.

El lenguaje Java tiene una amplia variedad de modificadores, incluyendo:

- Modificadores para controlar el acceso a clases, métodos o variables: `public`, `protected`, y `private`.
- El modificador `static`, para crear métodos y variables de clase.
- El modificador `final`, para finalizar las implementaciones de clases, métodos y variables.
- El modificador `abstract`, para crear clases y métodos abstractos.
- Los modificadores `synchronized` y `volatile`, los cuales se utilizan en los subprocesos.

Para usar un modificador, debe incluir su palabra clave en la definición de la clase, método o variable que se va a modificar. El modificador va antes que el resto del enunciado, tal como se muestra en los siguientes ejemplos:

```
public class MyApplet extends java.applet.Applet { ... }
private boolean killJabberwock;
static final double weeks = 9.5;
protected static final int MEANINGOFLIFE = 42;
public static void main(String arguments[]) { ...}
```

Si está utilizando más de un modificador en una instrucción, los puede colocar en cualquier orden, siempre y cuando todos los modificadores precedan al elemento que están modificando. Asegúrese de no tratar el tipo devuelto por un método, como `void`, como si fuera uno de los modificadores.

Los modificadores son opcionales, punto que ya habrá notado después de utilizar algunos en las dos semanas anteriores. Aunque, como verá más adelante, va a tener muy buenas razones para usarlos.

Control de acceso a métodos y variables

Los modificadores que utilizará con más frecuencia en la mayoría de sus programas, son los que controlan el acceso a los métodos y variables: `public`, `private` y `protected`. Estos modificadores determinan cuáles variables y métodos de una clase son visibles para las otras clases.

Mediante el control de acceso usted controla cómo será utilizada su clase por las demás clases. Algunas de las variables y métodos de una clase serán útiles sólo dentro de la misma clase, y deben ocultarse de otras que pudieran interactuar con ella. Este proceso se llama encapsulado: un objeto controla lo que el mundo exterior puede saber de él, y cómo puede interactuar con él.

Término Nuevo El *encapsulado* es el proceso de evitar que las variables de una clase sean leídas o modificadas por otras clases. La única forma de utilizar estas variables, es llamando a los métodos de la clase, si están disponibles.

El lenguaje Java le proporciona cuatro niveles para controlar el acceso: `public`, `private`, `protected` y un nivel predeterminado, en el cual no se utilizan modificadores.

Acceso predeterminado

En la mayoría de los ejemplos de este libro, usted no ha especificado ningún tipo de control de acceso. Las variables y los métodos se declararon mediante instrucciones como la siguiente:

```
String singer = "Phil Harris";
boolean digThatCrazyBeat() {
    return true;
}
```

Una variable o método declarado sin modificadores para el control de acceso está disponible para cualquier otra clase dentro del mismo paquete. Usted ya vio, con anterioridad, cómo están organizadas en paquetes las clases en la biblioteca de clases de Java. El paquete `java.awt` es uno de ellos, es un grupo de clases relacionadas entre sí para el comportamiento relativo al AWT de Java.

Cualquier variable declarada sin un modificador puede ser leída o cambiada por otra clase del mismo paquete. Cualquier método declarado en la misma forma puede ser llamado por cualquier otra clase del mismo paquete. Ninguna otra clase puede tener acceso a estos elementos en ninguna forma.

Este nivel de acceso no tiene mucho control del mismo. Cuando empiece a pensar más sobre cómo va a ser utilizada su clase por las demás clases, usará con más frecuencia alguno de los tres modificadores, en vez de aceptar el control predeterminado.

Nota Los comentarios anteriores ponen de manifiesto la pregunta de en qué paquete están sus clases hasta este punto. Como verá más adelante, usted puede hacer que su clase sea miembro de un paquete mediante la instrucción package. Si no utiliza esta instrucción, la clase se pone en un paquete con todas las demás clases que no pertenecen a ningún otro paquete.

Acceso privado

Para ocultar totalmente un método o variable y evitar que sea usado por otras clases, utilice el modificador `private`. El único lugar en que se podrán ver estos métodos o variables, será dentro de su propia clase.

Por ejemplo, una variable de instancia privada puede ser utilizada por los métodos de su propia clase, pero no por los objetos de cualquier otra clase. Asimismo, los métodos privados pueden ser llamados por otros métodos de su misma clase, pero no por los de otras. Esta restricción también afecta a la herencia: ninguna variable o método privado son heredados por las subclases.

Las variables privadas son extremadamente útiles en dos circunstancias:

- Cuando las otras clases no tienen razón para utilizar esa variable.
- Cuando otra clase pudiera causar estragos cambiando la variable en forma inapropiada.

Por ejemplo, suponga una clase de Java llamada `BingoBrain` que genera números de lotería para un sitio Web de juego. Una variable en esa clase, llamada `winRatio`, podría controlar el número de ganadores y perdedores. Como se podrá imaginar, esta variable tiene un gran impacto en ese sitio. Si la variable fuera cambiada por otras clases, el desempeño de `BingoBrain` también cambiaría de manera importante. Para protegerse de este escenario, puede declarar la variable `winRatio` como una variable `private`.

La clase siguiente utiliza un control de acceso privado:

```java
class Writer {
    private boolean writersBlock = true;
    private String mood;
    private int income = 0;

    private void getIdea(Inspiration in) {
        // ...
    }

    Manuscript createManuscript(int numDays, long numPages) {
        // ...
    }
}
```

En este ejemplo de código, todos los datos internos de la clase `Writer` (las variables `writersBlock`, `mood` e `income` y el método `getIdea()`) son privados. El único método accesible desde fuera de la clase `Writer` es `createManuscript()`. Ésta es la única tarea que los otros objetos podrían pedirle al objeto `Writer` que desempeñe. Los objetos `Editor` y `Publisher` quizá prefirieran un método más directo para sacar un objeto `Manuscript` de `Writer`, pero no tienen el acceso para hacerlo.

La mejor forma de hacer que un objeto se encapsule a sí mismo, es mediante el modificador `private`. Usted no puede limitar las formas de utilizar una clase, sin usar `private` en muchos lugares para ocultar variables y métodos. Si usted no controla el acceso, cualquier clase tendrá libertad para cambiar las variables de una clase y llamar a sus métodos en la forma que lo desee.

Acceso público

En algunos casos, tal vez necesite que un método o una variable de una clase estén a disposición de cualquier otra clase que desee utilizarlos. Piense en la variable de clase `black` de la clase `Color`. Esta variable se utiliza cuando una clase necesite usar el color negro, de modo que `black` no tendrá ningún control de acceso.

Las variables de clase se suelen declarar como `public`. Un ejemplo sería un grupo de variables en una clase `Football` que representa el número de puntos utilizado en las anotaciones. La variable `TOUCHDOWN` sería igual a 7, la variable `FIELDGOAL` sería igual a 3, y así sucesivamente. Estas variables necesitarían ser públicas para que las pudieran utilizar otras clases en instrucciones tales como:

```
if (position < 0) {
    System.out.println("Touchdown!");
    score = score + Football.TOUCHDOWN;
}
```

El modificador `public` hace que un método o variable esté disponible para todas las clases. De hecho, usted lo ha utilizado en todas las aplicaciones escritas, con una instrucción como la siguiente:

```
public static void main(String[] arguments) {
    // ...
}
```

El método `main()` de una aplicación tiene que ser público. De otra forma, no podría ser llamado por el intérprete de `java` para ejecutar la clase.

Debido a la herencia de clases, todos los métodos y variables públicos de una clase son heredados por sus subclases.

Acceso protegido

El tercer nivel de control de acceso sirve para limitar el uso de un método y una variable a los dos grupos siguientes:

- Las subclases de una clase
- Las demás clases del mismo paquete

Para hacer eso utilice el modificador `protected`, como en la siguiente instrucción:

```
protected boolean weNeedMoreCalgon = true;
```

> **Nota**
>
> También se preguntará por qué son diferentes estos dos grupos. Después de todo, ¿qué las subclases no forman parte del mismo paquete que su superclase? No siempre. Applet es un ejemplo. Ésta es una subclase de java.awt.Panel pero en realidad está en su propio paquete, java.applet. La forma en que el acceso protegido difiere de los accesos predeterminados es la siguiente; las variables protegidas están disponibles para las subclases, aun cuando no estén en el mismo paquete.

Este nivel de control de acceso es útil cuando quiere facilitar que una subclase se implemente a sí misma. Su clase podría utilizar un método o variable para ayudar a la clase a que haga su trabajo. Debido a que una subclase hereda mucho del mismo comportamiento y atributos, podría tener la misma tarea por hacer. El acceso protegido le da a la subclase una oportunidad de usar un método o variable de ayuda evitando, al mismo tiempo, su utilización por una clase no relacionada.

Considere el ejemplo de una clase `AudioPlayer`, la cual reproduce un archivo digital de audio. `AudioPlayer` tiene un método llamado `openSpeaker()`, un método interno que interactúa con el hardware para preparar las bocinas para que reproduzcan el sonido. `openSpeaker()` no es importante para los que están fuera de la clase `AudioPlayer`, de modo que, a primera vista, quizá la quisiera hacer `private`. Un segmento de `AudioPlayer` se vería así:

```
class AudioPlayer {

    private boolean openSpeaker(Speaker sp) {
        // detalles de la implementación
    }
}
```

Este código funciona bien si no se derivaran subclases de `AudioPlayer`. Pero, ¿qué pasaría si usted fuera a crear una clase llamada `StreamingAudioPlayer` que fuera una subclase de `AudioPlayer`? Esta clase podría requerir acceso al método `openSpeaker()` para sobreponerlo y proporcionar una corriente de inicialización específica de audio para las bocinas. Usted no quiere que el método esté disponible para cualquier objeto (por lo tanto no debería ser `public`), pero sí quiere que la subclase tenga acceso a él.

Comparación de los niveles de control de acceso

Las diferencias entre los diversos tipos de protección se pueden volver muy confusas, particularmente en el caso de los métodos y variables `protected`. La tabla 15.1, que resume con exactitud lo que está permitido y dónde, ayuda a aclarar las diferencias entre las formas de protección, desde las menos (`public`) hasta las más restrictivas (`private`).

TABLA 15.1. LOS DISTINTOS NIVELES DEL CONTROL DE ACCESO.

Visibilidad	pública	protegida	predeterminada	privada
De la misma clase	sí	sí	sí	sí
De cualquier clase en el mismo paquete	sí	sí	sí	no
De cualquier clase fuera del paquete	sí	no	no	no
De una subclase en el mismo paquete	sí	sí	sí	no
De una subclase fuera del mismo paquete	sí	sí	no	no

Control de acceso y herencia

Un último punto referente al control de acceso para los métodos, involucra a las subclases. Cuando usted crea una subclase y sobrepone un método, debe considerar el control de acceso del método original.

Recordará que hay métodos de `Applet` tales como `init()` y `paint()` que deben hacerse `public` en sus applets.

Como regla general, no puede sobreponer un método en Java y hacer que este método sea más controlado que el original. Sin embargo, sí puede hacer más público. Las reglas siguientes para los métodos heredados, son obligatorias:

- Los métodos declarados `public` en una superclase, también deben ser `public` en todas las subclases (por esta razón, la mayoría de los métodos de `Applet` son `public`).
- Los métodos declarados `protected` en una superclase, también deben ser `protected` o `public` en las subclases; no pueden ser `private`.
- Los métodos declarados sin control de acceso (sin modificadores) pueden declararse más privados en las subclases.

Los métodos declarados `private` no se heredan del todo, por lo tanto no se aplican las reglas.

Métodos de acceso

En muchos casos usted podría tener una variable de instancia en una clase, con reglas estrictas para los valores que pueda contener. Un ejemplo de ello podría ser una variable `zipCode`. En Estados Unidos, un código postal debe tener un número de cinco dígitos: son válidos los valores del 10000 al 99999, pero otros enteros fuera de ese rango no pueden ser códigos postales.

Para evitar que una clase externa establezca la variable `zipCode` en forma incorrecta, puede declararla `private` con una instrucción como ésta:

```
private int zipCode;
```

Sin embargo, ¿qué pasaría si otras clases requirieran la posibilidad de establecer la variable `zipCode` para la clase con el fin de hacerla útil? En esa circunstancia, le puede dar acceso a otras clases a una variable privada, a través de un método de acceso dentro de la misma clase que contiene a `zipCode`.

Los métodos de acceso toman este nombre porque proporcionan el acceso a algo que, de otra forma, estaría fuera de los límites. A través de un método para proporcionar el acceso a una variable privada, usted puede controlar cómo se utilizará esa variable. En el ejemplo del código postal, la clase podría evitar que alguien más estableciera `zipCode` en un valor incorrecto.

Suele haber métodos de acceso separados que pueden leer y escribir una variable. Los métodos que leen tienen un nombre que comienza con `get`, y los que escriben tienen un nombre que comienza con `set`, como en `setZipCode(int)` y `getZipCode(int)`.

> **Nota** Esta convención se está haciendo cada vez más estándar con cada versión de Java. Usted debe recordar cómo ha cambiado el método `size()` de la clase Dimension a `getSize()` a partir de Java 2. Tal vez quiera utilizar la misma convención de nombramiento para sus propios métodos de acceso como un medio para que la clase sea más inteligible.

Es una técnica común, en la programación orientada a objetos, utilizar estos métodos para accesar a variables de instancia. Esta técnica hace que las clases sean más reutilizables porque las protege contra un uso inapropiado.

Métodos y variables estáticos

Un modificador que ya ha utilizado en los programas es `static`, presentado durante el día 6, "Creación de clases". El modificador `static` sirve para crear métodos y variables de clase, como en el ejemplo siguiente:

```
public class Circle {
    public static float pi = 3.14159265F;

    public float  area(float r) {
        return  pi * r * r;
    }
}
```

Funciones de las clases: paquetes, interfaces y otras características

Las variables y métodos de clase se pueden accesar mediante el nombre de la clase seguido de un punto y el nombre de la variable o del método, como en `Color.black` o `Circle.pi`. También puede usar el nombre de un objeto de la clase, pero en el caso de las variables y métodos, es mejor utilizar el nombre de la clase. Esta técnica deja más claro el tipo de variable o método con el que está trabajando; las variables y métodos de instancia no se pueden referir por el nombre de la clase.

Las instrucciones siguientes utilizan variables y métodos de clase:

```
float circumference = 2 * Circle.pi * getRadius();
float randomNumer = Math.random();
```

> **Tip**
> Por la misma razón válida para las variables de instancia, las variables de clase se pueden beneficiar de ser privadas y limitar su utilización solamente a los métodos de acceso.

El listado 15.1 muestra una clase llamada `CountInstances` que utiliza variables de clase e instancia para registrar cuántas instancias de esa clase se han creado.

ESCRIBA **LISTADO 15.1.** TEXTO COMPLETO DE COUNTINSTANCES.JAVA.

```
 1: public class CountInstances {
 2:     private static int numInstances = 0;
 3:
 4:     protected static int getNumInstances() {
 5:         return numInstances;
 6:     }
 7:
 8:     private static void addInstance() {
 9:         numInstances++;
10:     }
11:
12:     CountInstances() {
13:         CountInstances.addInstance();
14:     }
15:
16:     public static void main(String arguments[]) {
17:         System.out.println("Starting with " +
18:             CountInstances.getNumInstances() + " instances");
19:         for (int  i = 0; i < 10; ++i)
20:             new CountInstances();
21:         System.out.println("Created " +
22:             CountInstances.getNumInstances() + " instances");
23:     }
24: }
```

La salida de este programa es la siguiente:

SALIDA
```
Started with 0 instances
Creates 10 instances
```

Este ejemplo tiene un cierto número de características, de modo que tómese su tiempo para leerlas línea por línea. En la línea 2 usted declara una variable de clase `private` para contener el número de instancias (llamadas `numInstances`). Es una variable de clase (declarada `static`) porque el número de instancias es importante para la clase como un todo, no para cualquier instancia individual. Además es privada, de modo que sigue las mismas reglas de los métodos de acceso de las variables de instancia.

Observe la inicialización de `numInstances` a `0` en esa misma línea. Del mismo modo en que se inicializa una variable de instancia al crear la instancializa, se inicializa una variable de clase al crear la clase. Esta inicialización de la clase se da esencialmente antes de que suceda cualquier otra cosa en esa clase, o en sus instancias, de modo que la clase del ejemplo trabajará tal como se planeó.

En las líneas 4–6, usted crea un método `get` para esa variable de instancia privada con el fin de obtener su valor (`getNumInstances()`). Este método también queda declarado como un método de clase, ya que se aplica directamente a la variable de clase. El método `getNumInstances()` se declara `protected`, en oposición a `public`, porque sólo esta clase, y quizás las subclases, estarán interesadas en ese valor; por lo tanto, las demás clases no lo pueden ver.

Observe que no tiene un método de acceso para establecer el valor. La razón es que el valor de la variable se debe incrementar sólo cuando se crea una nueva instancia; no se debe establecer en cualquier valor aleatorio. Por lo tanto, en vez de crear un método de acceso, lo que crea es un método privado especial llamado `addInstance()` en las líneas 8–10 que incrementa el valor de `numInstances` en 1.

Las líneas 12–14 crean el método constructor para esta clase. Recuerde, los constructores se llaman cada vez que se crea un nuevo objeto, lo cual hace que éste sea el lugar lógico para llamar a `addInstance()` e incrementar la variable.

Por último, el método `main()` indica que lo puede ejecutar como una aplicación de Java y probar todos los demás métodos. En el método `main()`, usted crea 10 instancias de la clase `CountInstances`, reportando el valor de la variable de clase `numInstances` al terminar (el cual, podemos predecir, será 10).

Clases, métodos y variables `final`

El modificador `final` se utiliza con las clases, métodos y variables para indicar que no cambiarán. Tiene un significado diferente para cada cosa que pueda finalizar, de acuerdo con lo siguiente:

- Una clase `final` no puede tener subclases.
- Un método `final` no puede ser sobrepuesto por ninguna subclase.
- Una variable `final` no puede cambiar su valor.

Variables

En el día 6, tuvo la oportunidad de trabajar con variables finales. Con bastante frecuencia se les llama variables constantes (o sólo constantes) porque nunca cambian su valor.

Con las variables, el modificador `final` se utiliza frecuentemente con `static` para convertir la constante en una variable de clase. Si el valor no cambia nunca, no tiene muchas razones para darle a cada objeto, dentro de la misma clase, su propia copia del valor. Todos pueden utilizar la variable de clase con la misma funcionalidad.

Las instrucciones siguientes son ejemplos de declaración de constantes:

```
public static final int touchdown = 7;
static final String title = "Captain";
```

A partir de Java 2, cualquier tipo de variable puede ser una variable final: de clase, instancia o local. En Java 1.0.2, una variable local no podía ser final, pero eso cambió como parte de la adición al lenguaje de las clases internas.

Métodos

Los métodos finales son aquellos que nunca pueden ser sobrepuestos por una subclase. Usted los declara mediante el modificador `final` en la declaración de clase, como en el ejemplo siguiente:

```
public final void getMaxwellSmart() {
    // ...
}
```

La única razón para declarar un método como `final`, es para hacer que la clase se ejecute con más eficiencia. Normalmente, cuando un ambiente de ejecución de Java, como el intérprete `java`, ejecuta un método, primero verifica la clase actual para encontrar el método, luego verifica a su superclase y, por último, continúa hacia arriba en la jerarquía hasta encontrar el método. Esta secuencia sacrifica un poco de velocidad en aras de la flexibilidad y facilidad de desarrollo.

Si un método es `final`, el compilador de Java puede colocar directamente el código de bytes ejecutable del método, en cualquier programa que llame al método. A fin de cuentas, el método nunca va a cambiar aunque lo sobreponga una subclase.

Cuando desarrolle una clase por primera vez, no tendrá muchas razones para utilizar `final`. Sin embargo, si necesita que la clase se ejecute con más rapidez, puede cambiar algunos métodos a métodos de tipo `final` para acelerar el proceso. Al hacerlo, elimina la posibilidad de que el método sea sobrepuesto más adelante por una subclase, de modo que analice cuidadosamente este cambio antes de seguir adelante.

La biblioteca de clases de Java declara `final` a muchos de los métodos de mayor uso para que se puedan ejecutar con más rapidez al utilizarlos en programas que los llamen.

> **Nota:** Los métodos `private` son finales aunque no se declaren así porque no pueden ser heredados por las subclases bajo ninguna circunstancia.

Clases

Finalice las clases mediante el modificador `final` en la declaración de la clase, como en el ejemplo siguiente:

```
public final class AnotherFineMess {
    // ....
}
```

De una clase final no se pueden derivar subclases. Al igual que con los métodos finales, este proceso introduce algunos beneficios de velocidad en el lenguaje de Java, a expensas de la flexibilidad.

Si trata de imaginarse lo que está perdiendo al utilizar las clases `final`, es porque todavía no ha intentado extender alguna clase de la biblioteca de clases de Java. Muchas de las clases populares son finales, tales como: `java.lang.String`, `java.lang.Math` y `java.net.InetAddress`. Si desea crear una clase que se comporte como las cadenas, pero con algunos cambios nuevos, no puede extender a `String` en una subclase y definir sólo el comportamiento distinto. Tiene que empezar desde el principio.

Todos los métodos en una clase `final` se convierten en finales automáticamente, de modo que no tiene que utilizar un modificador en sus declaraciones.

No tendrá muchas razones para hacer que sus propias clases sean finales porque las clases que pueden legar su comportamiento y atributos a las subclases, son mucho más útiles.

Clases y métodos abstractos

En una jerarquía de clases, mientras más alta esté una clase más abstracta será su definición. La clase más alta, dentro de la jerarquía de clases, sólo puede definir el comportamiento y los atributos comunes a todas las clases. El comportamiento y los atributos más específicos, caerán hacia algún punto en la parte baja de la jerarquía.

Cuando usted factoriza el comportamiento y los atributos comunes, durante el proceso de definir una jerarquía de clases, algunas veces se encontrará con clases que no necesitan ser instanciadas directamente. En vez de eso, estas clases sirven como un lugar para retener el comportamiento común y los atributos compartidos por las subclases.

Estas clases se llaman clases abstractas, y se crean utilizando el modificador `abstract`. Éste es un ejemplo:

```
public abstract class BroadwayBoogieWoogie {
    // ...
}
```

`java.awt.Component` es un ejemplo de una clase abstracta; es la superclase de todos los componentes del AWT. Todos los componentes heredan de esta clase, por eso contiene métodos y variables que son útiles para cada una de ellas. Sin embargo, no contiene cosas como un componente genérico que se pueda agregar a una interfaz, por eso nunca tendrá que crear un objeto `Component` en un programa.

Las clases abstractas pueden contener lo mismo que las clases normales, incluyendo los métodos constructores, porque sus subclases podrían tener la necesidad de heredar esos métodos. Las clases abstractas también pueden contener métodos abstractos, los cuales son firmas de métodos sin implementación. Estos métodos se implementan en subclases de la clase abstracta. Los métodos abstractos se declaran con el modificador `abstract`. No puede declarar un método abstracto en una clase no abstracta. Si una clase abstracta no tiene más que métodos abstractos, mejor utilice una interfaz, como verá más adelante.

Paquetes

Como dijimos previamente, utilizar paquetes es una forma de organizar grupos de clases. Un paquete contiene clases relacionadas en propósito, alcance o por herencia.

Si sus programas son pequeños y utilizan un número limitado de clases, quizá no necesite explorar los paquetes. Pero, mientras más programación de Java vaya creando, se dará cuenta de que tiene más clases. Y aunque esas clases, individualmente, pueden estar bien diseñadas, ser reutilizables, estar encapsuladas y con interfaces específicas para otras clases, quizá necesite una entidad más grande que le permita agrupar sus paquetes.

Los paquetes son útiles por varias y amplias razones:

- Le permiten organizar sus clases en unidades. Así como tiene carpetas o directorios en su disco duro, para organizar los archivos y aplicaciones, los paquetes le permiten organizar sus clases en grupos para que sólo utilice los que necesita para cada programa.
- Le reduce los problemas de conflictos en los nombres. Al crecer el número de clases de Java, también crece la probabilidad de que use el mismo nombre de clase utilizado por alguna otra persona, abriendo la posibilidad de colisión y errores en los nombres al tratar de integrar grupos de clases en un solo programa. Los paquetes le permiten "ocultar" clases para evitar conflictos.
- Le permiten proteger clases, variables y métodos de manera más extensa que a nivel de clases individuales, tal como aprendió hoy. Más adelante aprenderá acerca de protecciones con paquetes.

- Se pueden usar para identificar sus clases. Por ejemplo, si usted implementa un grupo de clases para realizar alguna tarea, podría nombrar un paquete de esas clases con un identificador único que lo identifique a usted o a su organización.

Aunque un paquete es, más que nada, un conjunto de clases, los paquetes también pueden contener otros paquetes, formando otro nivel de organización ligeramente análogo a la jerarquía de herencia. Normalmente, cada "nivel" representa un menor y más específico agrupamiento de clases. La misma biblioteca de clases de Java está organizada de acuerdo con estos lineamientos. El nivel más alto se llama java, el nivel siguiente incluye nombres como: io, net, util y awt. El último tiene un nivel aún más bajo, el cual incluye al paquete image.

> **Nota**
> Por convención, el primer nivel de la jerarquía especifica el nombre global único para identificar al autor o propietario de esos paquetes. Por ejemplo, todas las clases de Sun Microsystems, que no son parte del ambiente estándar de Java, comienzan con el prefijo sun. Las clases que incluye Netscape con su implementación están contenidas en el paquete netscape. El paquete estándar, java, es una excepción a esta regla por ser tan fundamental y porque podría, algún día, ser implementado por varias compañías.

Uso de los paquetes

Usted ha estado usando paquetes a lo largo de este libro. Cada vez que utiliza el comando import, y siempre que se refiere a una clase por el nombre completo del paquete (por ejemplo java.awt.Color), está utilizando paquetes.

Para utilizar una clase contenida en un paquete, puede usar uno de estos tres mecanismos:

- Si la clase que desea utilizar está en el paquete java.lang (por ejemplo, System o String), simplemente utilice el nombre de la clase para referirse a ella. Las clases java.lang están disponibles en forma automática en todos los programas.

- Si la clase que quiere usar está en algún otro paquete, se puede referir a la clase por su nombre completo, incluyendo cualquiera de los nombres del paquete (por ejemplo, java.awt.Font).

- Para las clases de otros paquetes que usa con frecuencia, puede importar las clases individuales o todo el paquete. Después de importar una clase o un paquete, se puede referir a la clase por su nombre.

Si no declara que su clase pertenece a un paquete, será colocada en un paquete predeterminado sin nombre. Se puede referir a esas clases, desde cualquier parte de su código, simplemente por el nombre de la clase.

Nombres completos de paquetes y clases

Para referirse a una clase de cualquier otro paquete, utilice su nombre completo: el nombre de la clase precedido de cualquier otro nombre de paquete. No necesita importar la clase o el paquete para utilizarlo de esta forma:

```
java.awt.Font f = new java.awt.Font()
```

En el caso de las clases que sólo utiliza una o dos veces en su programa, tiene más sentido usar el nombre completo. Sin embargo, si usa la clase varias veces, o si el nombre del paquete es muy largo con muchos subpaquetes, debería importar la clase para ahorrarse algo de "tecleo".

El comando `import`

Para importar clases de un paquete, utilice el comando import, como lo ha estado usando en los ejemplos de este libro. También puede importar una clase individual como ésta:

```
import java.util.Vector;
```

O bien importar todo un paquete de clases, mediante un asterisco (*) para remplazar los nombres individuales de las clases, como éste:

```
import java.awt.*;
```

> **Nota**
>
> En realidad, permítame ser técnicamente correcto al decir que este comando no importa todas las clases de un paquete; solamente importa las clases que han sido declaradas public, y aun así, importa sólo aquellas a las que se refiere el código mismo. En la sección titulada "Control de acceso a los paquetes y las clases", aprenderá más acerca de este tema.

Observe que el asterisco de este ejemplo (*) no es como el que podría usar en un indicador de comandos para especificar el contenido de una carpeta, o para indicar varios archivos. Por ejemplo, si pide una lista del contenido del directorio classes/java/awt/*, esa lista incluirá todos los archivos .class y subdirectorios, como image y peer. Si escribe import java.awt.* importa todas las clases públicas de ese paquete, pero no importa los subpaquetes como image y peer. Para importar todas las clases en una jerarquía compleja de paquete, debe importar explícitamente cada nivel de jerarquía a mano. Tampoco puede indicar nombres parciales de clases (por ejemplo, L* para importar todas las clases que comienzan con L). Cuando utiliza una instrucción import, las únicas opciones son: cargar todas las opciones de clases en un paquete, o cargar una sola clase.

Las instrucciones `import` en su definición de clase van en la parte superior del archivo, antes de cualquier definición de clase (pero después de la definición del paquete, tal como verá en la próxima sección).

De modo que, ¿se deberá tomar su tiempo para importar las clases en forma individual, o simplemente las importa como un grupo? La respuesta depende de qué tan específico quiera ser. Importar un grupo de clases no va a retrasar su programa ni va a hacerlo más largo; sólo se cargarán las clases que utilice en su código conforme las vaya necesitando. Pero importar un paquete dificulta a los lectores de su código averiguar de dónde provienen sus clases. Usar comandos `import` individuales o importar paquetes, es más una cuestión de su propio estilo de codificación.

> **Nota**
>
> Si sus antecedentes de programación son de C o C++, al llegar a Java esperaría que la instrucción `import` funcione como `#include`, que da por resultado un programa muy largo al incluir código fuente de otro archivo. Éste no es el caso; `import` sólo indica dónde se puede encontrar una clase. No incrementa el tamaño de la clase.

Conflictos de nombres

Por lo regular, después de importar una clase o paquete de clases, usted se puede referir a una clase simplemente por su nombre, sin el identificador del paquete. En un solo caso tendría la necesidad de ser más explícito: cuando tiene varias clases con el mismo nombre, pero de diferentes paquetes.

He aquí un ejemplo. Digamos que usted importa las clases de dos paquetes de distintos programadores (Jonathan y Bourne):

```
import jonathanclasses.*;
import bourneclasses.*;
```

Dentro del paquete de Jonathan hay una clase llamada `Defenestrate`. Lamentablemente, dentro del paquete de Bourne también encontrará una clase llamada `Defenestrate`, que tiene un significado e implementación totalmente distintos. Usted se preguntará qué versión de `Defenestrate` se utilizaría si usted se refiriera a la clase `Defenestrate` en su propio programa, de la siguiente manera:

```
Defenestrate outWindow = new Defenestrate("Phil");
```

La respuesta es, ninguna de las dos; el compilador de Java se quejará de un conflicto de nombres y rehusará compilar su programa. En este caso, y a pesar de que usted haya importado ambas clases, todavía tiene que referirse a la clase `Defenestrate` apropiada con el nombre completo del paquete, tal como sigue:

```
jonathanclasses.Defenestrate outWindow = new
    jonathanclasses.Defenestrate("Phil");
```

Una nota acerca de CLASSPATH y dónde se ubican las clases

Para que Java pueda utilizar una clase, debe estar en posibilidad de encontrar esa clase en el sistema de archivos. De otra forma, obtendrá un error indicando que esa clase no existe. Para encontrar las clases, Java utiliza dos elementos: el nombre del paquete y los directorios que aparecen en su variable CLASSPATH (siempre y cuando esté en un sistema Windows o Solaris).

Primero, los nombres de paquete. Los nombres de paquete se asocian con los nombres de directorio en el sistema de archivos, por lo que la clase java.applet.Applet se encuentra en el directorio applet, el cual a su vez está dentro del directorio java (en otras palabras, java\applet\Applet.class).

Java, a su vez, busca esos directorios dentro de los directorios que aparecen en su variable CLASSPATH, si es que hay uno en su configuración. Si recuerda el día 1, "Introducción a Java", cuando instaló el JDK, quizá hubiera necesitado una variable CLASSPATH para apuntar a los diversos lugares donde se localizaban sus clases de Java. Si no hay CLASSPATH, el JDK busca el directorio java\lib predeterminado; en su versión del JDK y en la carpeta actual. Cuando Java busca una clase a la que usted se ha referido en su código fuente, busca el nombre del paquete y la clase en cada uno de esos directorios y devuelve un error, en caso de no encontrar el archivo de la clase. La mayoría de los errores class not found se dan por una mala configuración de las variables CLASSPATH.

Creación de sus propios paquetes

Crear un paquete para algunas de sus clases en Java, no es mucho más complicado que crear una clase. Debe seguir tres pasos básicos, como se explica a continuación:

Selección de un nombre para el paquete

El primer paso es seleccionar un nombre. El nombre escogido depende de la forma en que va a utilizar esas clases. Quizá le ponga su propio nombre, o quizá el de alguna parte del sistema de Java en el que esté trabajando (como graphics o hardware_interfaces). Si intenta distribuir su paquete en la Red, o como parte de un producto comercial, debe utilizar un nombre exclusivo que identifique al autor.

Sun recomienda una regla convencional para nombrar paquetes, que es usar el nombre de su dominio de Internet, pero con los elementos a la inversa. Por ejemplo, si Sun siguiera esta recomendación, sus paquetes se llamarían com.sun.java en vez de simplemente java. Si su nombre en Internet es prefect.com, su paquete se podría llamar com.prefect. Tal vez quiera alargar el nombre con algo que describa las clases del paquete, como com.prefect.canasta, o alguno de los códigos de dos letras que identifican a un país.

La idea es estar seguro de la exclusividad del nombre para el paquete. Aunque los paquetes pueden ocultar nombres de clase conflictivos, la protección termina ahí. Usted no puede estar seguro de que su paquete no causará conflictos con el paquete de alguien más, si ambos utilizan el mismo nombre.

Por convención, los nombres de los paquetes tienden a comenzar con una letra minúscula, para distinguirlos de los nombres de clase. Así, por ejemplo, en el nombre completo de la clase integrada String, java.lang.String, es más fácil, a simple vista, separar el nombre del paquete del nombre de la clase. Esta convención ayuda a reducir los conflictos con los nombres.

Creación de la estructura de una carpeta

El paso dos en la creación de paquetes es crear una estructura de carpeta en el disco duro que corresponda al nombre del paquete. Si su paquete tiene un solo nombre (mypackage), debe crear una carpeta para ese nombre. Si el nombre del paquete consta de varias partes, debe crear carpetas dentro de las carpetas. Por ejemplo, para el nombre de paquete com.prefect.canasta, necesita crear una carpeta com, una carpeta prefect dentro de com, y otra carpeta canasta dentro de prefect. Entonces, sus archivos de clases y de código fuente podrán ir en el directorio prefect.

Cómo agregar una clase al paquete

El último paso para colocar su clase dentro de los paquetes, es agregar una instrucción al archivo de la clase por encima de cualquier instrucción import que se haya utilizado. La instrucción package se usa junto con el nombre del paquete, como aparece a continuación:

```
package com.prefect.canasta;
```

El comando sencillo package, si lo hay, debe ser la primera línea del código en su archivo fuente, después de cualquier comentario o líneas en blanco y antes de cualquier comando import.

Después de iniciar el uso de los paquetes, deberá asegurarse de que todas las clases pertenecen a algún paquete para reducir la posibilidad de confusión sobre a dónde pertenecen sus clases.

Control de acceso a los paquetes y las clases

Usted ha aprendido acerca de los modificadores para el control de acceso a los métodos y variables. También puede controlar el acceso a las clases, como ya habrá notado cuando utilizó el modificador public en algunas declaraciones de clase en proyectos anteriores.

En caso de no especificar un modificador, las clases tienen un control de acceso predeterminado, lo cual significa que la clase está disponible para las demás clases en el mismo paquete, pero no está visible o disponible fuera de ese paquete, ni siquiera para los subpaquetes. No se pueden importar ni referirse a ellas por nombre; las clases con protección de paquete están ocultas dentro del paquete en que están contenidas.

El paquete se protege cuando usted define una clase, como lo ha hecho a lo largo del libro, de la siguiente forma:

```
class TheHiddenClass extends AnotherHiddenClass {
    // ...
}
```

Para permitir que una clase sea visible e importable fuera de su paquete, le puede dar protección pública agregando el modificador public a su definición:

```
public class TheVisibleClass {
    // ...
}
```

Las clases declaradas como public pueden ser importadas por otras clases externas al paquete.

Observe que cuando utiliza una instrucción import con un asterisco, sólo importa las clases públicas dentro de ese paquete. Las clases ocultas permanecen así y sólo pueden ser utilizadas por las otras clases del paquete.

¿Por qué necesitaría usted ocultar una clase dentro de un paquete? Por la misma razón que necesita ocultar variables y métodos dentro de una clase: para tener clases de utilería y comportamiento que sólo sirvan a su implementación, o para limitar la interfaz de su programa para que minimice el efecto de los cambios mayores. Al diseñar sus clases, deberá considerar todo el paquete y decidir qué clases desea declarar como public y cuáles quiere que estén ocultas.

El listado 15.2 nos muestra dos clases para ilustrar este punto. La primera es una clase pública que implementa una lista vinculada; la segunda es un nodo privado de esa lista.

ESCRIBA **LISTADO 15.2.** TEXTO COMPLETO DE LINKEDLIST.JAVA.

```
1: package   collections;
2:
3: public class  LinkedList {
4:     private Node  root;
5:
6:     public  void  add(Object o) {
7:         root = new Node(o, root);
8:     }
9:     // ...
```

continúa

LISTADO 15.2. CONTINUACIÓN

```
10: }
11:
12: class   Node {    // no público
13:     private Object  contents;
14:     private Node    next;
15:
16:     Node(Object o, Node n) {
17:         contents = o;
18:         next     = n;
19:     }
20:     // ...
21: }
```

> **Nota**
> En cada archivo, usted puede incluir todas las definiciones de clase que desee, pero sólo una podrá ser declarada como public, y ese nombre de archivo deberá tener el mismo de una clase pública. Cuando Java compile el archivo, creará archivos separados .class para cada definición de clase dentro del archivo.

La clase pública LinkedList proporciona un grupo de métodos públicos muy útiles (como add()) a cualquier otra clase que quisiera utilizarlos. Esas otras clases no necesitan saber sobre cualquier clase de apoyo que necesite LinkedList para hacer su trabajo. Node, que es una de esas clases de apoyo, está declarada sin un modificador public y no aparecerá como parte de la interfaz pública del paquete collections.

El hecho de que Node no sea pública, no significa que LinkedList no tenga acceso a ella después de ser importada a alguna otra clase. Cuando piense en protecciones, no piense en clases totalmente ocultas sino, más bien, en la verificación de los permisos de una clase determinada para usar otras clases, variables y métodos. Cuando usted importa y usa LinkedList, también cargará la clase Node en el sistema, pero sólo las instancias de LinkedList tendrán permiso para usarla.

La creación de un buen paquete consiste en definir un grupo pequeño y limpio de clases y métodos públicos para que los usen otras clases, e implementarlos mediante cualquier cantidad de clases ocultas de apoyo. Más adelante aprenderá otro uso para las clases ocultas.

Interfaces

Las interfaces, al igual que las clases y métodos abstractos, proporcionan plantillas de comportamiento que se espera sean implementadas por las otras clases. Sin embargo, las interfaces proporcionan mucha más funcionalidad a Java y al diseño de clases y objetos que las clases y métodos abstractos simples.

El problema de la herencia sencilla

Después de pensarlo con más detenimiento o de una experiencia más compleja en el diseño, descubrirá que la simplicidad pura de la jerarquía de clase es restrictiva, particularmente cuando usted tiene algún comportamiento que necesita ser utilizado por las clases en diferentes ramas del mismo árbol.

Veamos un ejemplo que nos ayudará a aclarar los problemas. Digamos que usted tiene una jerarquía con `Animal` en la parte más alta, y las clases `Mammal` y `Bird` debajo de ella. Las cosas que definen a un mamífero incluyen dar a luz a los críos y tener pelo. El comportamiento o características de las aves incluyen tener un pico y poner huevos. Hasta aquí vamos bien, ¿verdad? Pero, ¿cómo crearía una clase para el ornitorrinco, que tiene pelo y pico y pone huevos? Sería necesario combinar el comportamiento de las dos clases para formar la clase `Platipus`. Y, puesto que en Java las clases sólo pueden tener una superclase inmediata, este tipo de problemas no se pueden resolver tan fácilmente.

Otros lenguajes de programación orientada a objetos incluyen el concepto de la herencia múltiple, lo cual resuelve este problema. Con la herencia múltiple, una clase puede heredar de más de una superclase y tener el comportamiento y los atributos de todas sus superclases al mismo tiempo. Un problema con la herencia múltiple, es que hace al lenguaje de la programación mucho más complejo para aprenderlo, utilizarlo e implementarlo. Cuestiones como la invocación del método y la forma en que se organiza la jerarquía de clases se vuelven mucho más complicadas con la herencia múltiple, y más abiertas a la confusión y la ambigüedad. Y puesto que una de las metas de Java era ser fácil, se rechazó la herencia múltiple en favor de la herencia sencilla, mucho más simple.

Así que, ¿cómo resuelve usted el problema de necesitar un comportamiento que no encaja en la rigidez de la jerarquía de clases? Java tiene otra jerarquía completamente separada de la jerarquía principal de clases, una jerarquía de clases con un comportamiento combinable. Entonces, cuando usted crea una nueva clase, esa clase sólo tiene una superclase primaria, pero puede tomar y elegir distintos comportamientos comunes de la otra jerarquía. Esta otra jerarquía es la jerarquía de la interfaz. Una interfaz de Java es un conjunto de comportamientos abstractos que se pueden mezclar en cualquier clase y darle, a esa clase, el comportamiento que no le dan sus superclases. Específicamente, una interfaz de Java contiene solamente definiciones y constantes de métodos abstractos, no tiene variables de instancia ni implementaciones de métodos.

Las interfaces se implementan y utilizan en toda la biblioteca de clases de Java, cuando se espera una implementación de comportamiento por parte de un número de clases dispares. Por ejemplo, la jerarquía de clases de Java, define y utiliza las interfaces `java.lang.Runnable`, `java.util.Enumeration`, `java.util.Observable`, `java.awt.image.ImageConsumer`, y `java.awt.image.ImageProducer`. Algunas de estas interfaces ya las ha visto antes; otras las verá más adelante.

Interfaces y clases

Las clases e interfaces, a pesar de sus definiciones diferentes, tienen mucho en común. Las interfaces, como las clases, están declaradas en los archivos fuente, una interfaz por archivo. Al igual que las clases, también se compilan en archivos .class usando el compilador de Java. Y, en muchos casos, donde quiera que pueda utilizar una clase (como un tipo de datos para una variable, como resultado de una conversión, etc.), también puede utilizar una interfaz.

Donde quiera que este libro tenga un nombre de clase en cualquiera de sus ejemplos o comentarios, lo puede substituir un nombre de interfaz. Con frecuencia, los programadores de Java dicen "clase" cuando en realidad quieren decir "clase o interfaz". Las interfaces complementan y amplían el poder de las clases, y las dos se pueden tratar casi igual. Una de las pocas diferencias entre ellas es que no se puede crear una instancia de interfaz: new sólo puede crear una instancia de una clase.

Implementación y uso de las interfaces

Hay dos cosas que puede hacer con las interfaces: usarlas en sus propias clases y definir sus propias interfaces. Por ahora, comience con la primera.

Para usar una interfaz, debe añadir la palabra clave implements como parte de su definición de clase. Esto lo hizo el día 10, "Adición de imágenes, animación y sonido", cuando aprendió acerca de los subprocesos e incluyó la interfaz Runnable en su definición del applet:

```
public class Neko extends java.applet.Applet
    implements Runnable {

    //...
}
```

En este ejemplo, java.applet.Applet es la superclase, pero la interfaz Runnable amplía el comportamiento que está implementado.

Como las interfaces no aportan nada más que definiciones de métodos abstractos, usted tiene que implementar esos métodos en sus propias clases, utilizando las mismas firmas de métodos que hay en la interfaz. Observe que una vez incluida una interfaz, tiene que implementar todos los métodos de la interfaz, no puede tomar y elegir únicamente los métodos que necesita. Al implementar una interfaz, le está diciendo a los usuarios de su clase que usted soporta todo el contenido de esa interfaz. (Observe que ésta es otra diferencia entre interfaces y clases abstractas; las subclases de estas últimas pueden elegir qué métodos implementar o sobreponer, e ignorar los otros.)

Una vez que su clase implementa una interfaz, las subclases de su clase heredan los nuevos métodos (y pueden sobreponerlos o sobrecargarlos) como si su superclase los hubiera definido. Si su clase hereda de una superclase que implementa una interfaz determinada, usted no tiene que agregar la palabra clave implements en su propia definición de clase.

Veamos un ejemplo sencillo, la creación de la nueva clase `Orange`. Suponga que ya tiene una buena implementación de la clase `Fruit` y una interfaz, `Fruitlike`, que representa lo que se espera que haga `Fruit`. Usted quiere que una naranja sea una fruta, pero también quiere que sea un objeto esférico que se pueda lanzar, girar, etc. Ésta es la forma de expresar todo eso (por ahora, no se preocupe por las definiciones de esas interfaces, hoy aprenderá más sobre ellas):

```
interface Fruitlike {
    void decay();
    void squish();
    // ...
}

class Fruit implements Fruitlike {
    private Color myColor;
    private int daysTilIRot;
    // ...
}

interface Spherelike {
    void toss();
    void rotate();
    // ...
}

class Orange extends Fruit implements Spherelike {
    // si lanza algo (toss()) podría aplastarse (may squish()) (únicos
para esta clase)
}
```

Observe que la clase `Orange` no tiene que decir `implements Fruitlike` porque, al extender `Fruit`, ¡ya lo dijo! Una de las cosas agradables de esta estructura es que usted puede cambiar de forma de pensar sobre qué clase extiende `Orange` (por ejemplo, si de pronto se implementa una gran clase `Sphere`), aún así, `Orange` sigue entendiendo las mismas dos interfaces:

```
class Sphere implements Spherelike {    // extiende Object
    private float radius;
    // ...
}

class Orange extends Sphere implements Fruitlike {
    // ... ¡los usuarios de Orange nunca necesitan saber del cambio!
}
```

Implementación de múltiples interfaces

A diferencia de la jerarquía de clases de herencia sencilla, usted puede incluir tantas interfaces como necesite en sus propias clases, y su clase implementará el comportamiento combinado de todas las interfaces incluidas. Para incluir interfaces múltiples en una clase, sólo separe los nombres con comas:

```
public class Neko extends java.applet.Applet
    implements Runnable, Eatable, Sortable, Observable {

    // ...
}
```

Observe que al implementar múltiples interfaces, pueden surgir complicaciones. ¿Qué sucede si dos interfaces diferentes definen el mismo método? Hay tres formas de resolver este problema:

- Si los métodos en cada una de las interfaces tienen firmas idénticas, implemente un método en su clase y esa definición satisface a ambas interfaces.
- Si los métodos tienen listas diferentes de parámetros, es un caso simple de sobrecarga del método; implemente ambas firmas de método, y cada definición satisface a su respectiva definición de interfaz.
- Si los métodos tienen las mismas listas de parámetros, pero difieren en el tipo devuelto, usted no puede crear un método que satisfaga a ambos (recuerde, la sobrecarga del método se acciona por las listas de parámetros, no por el tipo devuelto). En este caso, tratar de compilar una clase que implemente ambas interfaces produce un error de compilación. Incurrir en este tipo de problema significa que sus interfaces tienen algunas fallas de diseño que debería examinar de nuevo.

Otros usos de las interfaces

Recuerde que en casi en todo aquello en que pueda utilizar una clase, puede usar una interfaz a cambio. Por ejemplo, usted puede declarar una variable para que sea un tipo de interfaz:

```
Runnable aRunnableObject = new MyAnimationClass()
```

Cuando una variable es declarada como un tipo de interfaz, significa simplemente que cualquier objeto que se refiera a la variable se espera que tenga implementada esa interfaz; es decir, se espera que entienda todos los métodos que especifica la interfaz. También asume que se ha mantenido un compromiso hecho entre el diseñador de la interfaz y sus eventuales implementadores. En este caso, debido a que aRunnableObject contiene un objeto del tipoRunnable, la suposición es que usted puede llamar a aRunnableObject.run().

Aquí, el punto importante que debemos captar es que aunque se espera que aRunnableObject esté en posibilidad de tener el método run(), usted podría escribir este código mucho antes de implementar (¡o incluso crear!) cualquier clase que califique. En la tradicional programación orientada a objetos, usted está obligado a crear una clase con implementaciones "stub" (métodos vacíos, o métodos que imprimen mensajes simples) para obtener el mismo efecto. También puede convertir objetos en una interfaz, al igual que puede convertir objetos en otras clases. Por ejemplo, regrese a la definición de la clase Orange, que implementó tanto la interfaz Fruitlike (a través de su superclase Fruit) como la interfaz Spherelike. Ahí puede usted convertir instancias de Orange en ambas clases e interfaces:

```
Orange anOrange = new Orange();
Fruit aFruit = (Fruit)anOrange;
Fruitlike aFruitlike = (Fruitlike)anOrange;
Spherelike aSpherelike = (Spherelike)anOrange;


aFruit.decay();       // descomposición
aFruitlike.squish();  // y aplastamiento de la fruta

aFruitlike.toss();    // las cosas que son como la fruta no se lanzan
aSpherelike.toss();   // pero las cosas esféricas sí

anOrange.decay();     // las naranjas pueden hacer todo eso
anOrange.squish();
anOrange.toss();
anOrange.rotate();
```

En este ejemplo se han utilizado declaraciones y conversiones para restringir el comportamiento de una naranja para que actúe más como una simple fruta o como una esfera.

Por último, observe que aunque las interfaces se usan normalmente para mezclar comportamiento de otras clases (firmas de método), también se pueden utilizar para mezclar constantes generalmente útiles. Por ejemplo, si una interfaz define un grupo de constantes y luego hay múltiples clases que usan esas constantes, los valores de esas constantes podrían cambiarse en forma global sin tener que modificar múltiples clases. Éste es otro ejemplo de un caso en el que el uso de las interfaces para manejar por separado el diseño y la implementación puede hacer que su código sea más generalizado y más fácil de mantener.

Cómo crear y extender las interfaces

Después de haber usado las interfaces por un rato, el paso siguiente es definir sus propias interfaces. Éstas se parecen mucho a las clases; se declaran casi en la misma forma y se pueden acomodar dentro de una jerarquía. Sin embargo, usted debe seguir determinadas reglas para declarar las interfaces.

Interfaces nuevas

Para crear una interfaz nueva, declare lo siguiente:

```
public interface Growable {
    // ...
}
```

En realidad, esta declaración es igual a una definición de clase, excepto que la palabra `interface` remplaza a la palabra `class`. Dentro de la definición de la interfaz, usted tiene métodos y constantes. Las definiciones de método dentro de la interfaz son métodos `public` y `abstract`; usted puede declararlos como tal en forma explícita, o se convertirán en métodos `public` y `abstract` si no incluye esos modificadores. Usted no puede declarar un método como `private` o `protected` en una interfaz. Por ejemplo, aquí tenemos una interfaz Growable con un método declarado explícitamente `public` y `abstract` (growIt()) y uno declarado implícitamente como tal (growItBigger()):

```
public interface Growable {
    public abstract void growIt(); // explícitamente público y abstracto
    void growItBigger(); // implícitamente público y abstracto
}
```

Observe que, al igual que con los métodos abstractos en las clases, los métodos dentro de las interfaces no tienen cuerpos. Recuerde, una interfaz es diseño puro; no involucra ninguna implementación.

Además de los métodos, las interfaces también pueden tener variables, pero dichas variables deben ser declaradas como `public`, `static` y `final` (haciéndolas constantes). Al igual que con los métodos, usted puede definir en forma explícita una variable para que sea `public`, `static`, y `final`, o ésta será definida implícitamente como tal si no utiliza esos modificadores. Aquí tenemos la misma definición Growable con dos nuevas variables:

```
public interface Growable {
    public static final int increment = 10;
    long maxnum = 1000000; // se vuelve pública, estática y final

    public abstract void growIt(); //explícitamente público y abstracto
    void growItBigger(); // implícitamente público y abstracto
}
```

Las interfaces deben tener protección pública o de paquete, igual que las clases. Observe, sin embargo, que las interfaces sin el modificador `public` no convierten sus métodos automáticamente a `public` y `abstract` ni sus constantes a `public`. Una interfaz no-public también tiene métodos y constantes no-public que pueden ser utilizados únicamente por las clases y otras interfaces en el mismo paquete.

Las interfaces, como las clases, pueden pertenecer a un paquete si usted agrega la instrucción `package` a la primera línea del archivo de clase. Al igual que las clases, las interfaces también pueden importar otras interfaces y clases de otros paquetes.

Métodos dentro de las interfaces

Hay un truco acerca de los métodos dentro de las interfaces: se supone que estos métodos son abstractos y se aplican a cualquier tipo de clase, pero ¿cómo puede definir los parámetros para esos métodos? ¡Usted no sabe qué clase los estará utilizando! La respuesta reside en el hecho de que, como ya aprendió con anterioridad, usted utiliza un nombre de interfaz dondequiera que se pueda usar un nombre de clase. Definiendo los parámetros de su método, usted puede crear parámetros genéricos que se aplican a cualquier clase que pudiera usar esta interfaz.

Así, por ejemplo, considere la interfaz `Fruitlike`, que define los métodos (sin argumentos) `decay()` y `squish()`. También podría tener un método `germinate()`, con un argumento: la fruta en sí. ¿De qué tipo va a ser ese argumento? No puede ser simplemente `Fruit` porque usted ya podría tener una clase que fuera `Fruitlike` (es decir, una clase que implemente la interfaz `Fruitlike`) sin que sea una fruta. La solución es declarar el argumento en la interfaz como `Fruitlike` simplemente:

```
public interface Fruitlike {
    public abstract germinate(Fruitlike self) {
        // ...
    }
}
```

Entonces, en una implementación real para este método en una clase, puede tomar el argumento genérico `Fruitlike` y convertirlo al objeto apropiado:

```
public class Orange extends Fruit {

public germinate(Fruitlike self) {
    Orange theOrange = (Orange)self;
    // ...
    }
}
```

Cómo extender interfaces

Al igual que con las clases, usted puede organizar las interfaces en una jerarquía. Cuando una interfaz hereda de otra interfaz, esa "subinterfaz" adquiere todas las definiciones y constantes de método que definió su "superinterfaz". Para extender una interfaz, utilice la palabra clave `extends`, tal como lo haría en una definición de clase:

```
public interface Fruitlike extends Foodlike {
    ...
}
```

Observe que, a diferencia de las clases, la jerarquía de interfaces no tiene equivalente de la clase `Object`; esta jerarquía no tiene raíz en ningún punto. Las interfaces pueden existir en forma independiente, o heredar de otra interfaz.

También debemos notar que, a diferencia de la jerarquía de clases, la jerarquía de interfaces es de herencia múltiple. Así, por ejemplo, una interfaz sencilla se puede extender a cuantas interfaces necesite (separada por comas en la parte `extends` de la definición), y la nueva interfaz deberá contener una combinación de todos los métodos y constantes ancestrales. Aquí presentamos una definición para una interfaz denominada `BusyInterface` que hereda de todo un lote de otras interfaces:

```
public interface BusyInterface extends Runnable, Growable, Fruitlike,
    Observable {

    // ...
}
```

En las interfaces con herencia múltiple, las reglas para manejar los conflictos de nombre de método son las mismas que para las clases que utilizan múltiples interfaces; los métodos que difieren solamente en el tipo devuelto, dan como resultado un error de compilación.

Un ejemplo: enumeración de listas vinculadas

Para finalizar la lección de hoy, veamos el ejemplo siguiente, el cual utiliza paquetes, protección de paquete y define una clase que implementa la interfaz Enumeration (que es parte del paquete java.util). El listado 15.3 nos muestra el código.

ESCRIBA **LISTADO 15.3.** TEXTO COMPLETO DE LINKEDLIST.JAVA.

```
 1: package collections;
 2:
 3: public class LinkedList {
 4:     private Node  root;
 5:
 6:     // ...
 7:     public Enumeration enumerate() {
 8:         return new LinkedListEnumerator(root);
 9:     }
10: }
11:
12: class Node {
13:     private Object contents;
14:     private Node next;
15:
16:     // ...
17:     public Object contents() {
18:         return contents;
19:     }
20:
21:     public Node next() {
22:         return next;
23:     }
24: }
25:
26: class LinkedListEnumerator implements Enumeration {
27:     private Node currentNode;
28:
29:     LinkedListEnumerator(Node root) {
30:         currentNode = root;
31:     }
```

```
32:
33:       public boolean hasMoreElements() {
34:           return currentNode != null;
35:       }
36:
37:       public Object nextElement() {
38:           Object anObject = currentNode.contents();
39:
40:           currentNode = currentNode.next();
41:           return anObject;
42:       }
43: }
```

Éste es un uso típico del enumerador:

```
collections.LinkedList aLinkedList = createLinkedList();
java.util.Enumeration e = aLinkedList.enumerate();

while (e.hasMoreElements()) {
    Object  anObject = e.nextElement();
    // haga algo útil con anObject
}
```

Observe que, aunque esté utilizando el `Enumeration` e como si supiera lo que es, la realidad es que no lo sabe. De hecho, es una instancia de una clase oculta (`LinkedListEnumerator`) que no puede ver o usar directamente. Utilizando una combinación de paquetes e interfaces, la clase `LinkedList` se las ha arreglado para proporcionar una interfaz pública transparente para algunos de sus comportamientos más importantes (por medio de la interfaz definida `java.util.Enumeration`), mientras mantiene encapsuladas (ocultas) sus dos clases de implementación (soporte).

Algunas veces, el manejo de un objeto como éste se conoce como "vender". Es frecuente que el "vendedor" ofrezca un objeto que el receptor no puede crear por sí mismo, pero que sí sabe cómo manejarlo. Al regresarle el objeto al vendedor, el receptor puede probar que tiene una cierta capacidad, autentificarse a sí mismo, o hacer cualquier número de tareas útiles, todas ellas sin saber mucho del objeto vendido. Esta poderosa metáfora se puede aplicar en un amplio rango de situaciones.

Clases internas

Las clases en que ha trabajado hasta aquí, son miembros de un paquete, ya sea porque usted especificó el nombre del paquete con la instrucción `package` o porque se utilizó el paquete predeterminado. Las clases que pertenecen a un paquete se conocen como clases de nivel superior. Cuando se presentó Java, ésas eran las únicas clases soportadas por el lenguaje.

A partir de Java 1.1, usted podía definir una clase dentro de otra clase, como si fuera un método o una variable. Estos tipos de clases se conocen como clases internas. El listado 15.4 contiene el applet Inner, el cual utiliza una clase interna llamada BlueButton para representar botones seleccionables que tienen un fondo predeterminado de color azul.

ESCRIBA LISTADO 15.4. TEXTO COMPLETO DE INNER.JAVA.

```
 1: import java.awt.Button;
 2: import java.awt.Color;
 3:
 4: public class Inner extends java.applet.Applet {
 5:     Button b1 = new Button("One");
 6:     BlueButton b2 = new BlueButton("Two");
 7:
 8:     public void init() {
 9:         add(b1);
10:         add(b2);
11:     }
12:     class BlueButton extends Button {
13:         BlueButton(String label) {
14:             super(label);
15:             this.setBackground(Color.blue);
16:         }
17:     }
18: }
```

La figura 15.1 se produjo en appletviewer con la siguiente etiqueta HTML:

```
<applet code="Inner.class" width=100 height=100>
</applet>
```

FIGURA 15.1

El applet Inner.

En este ejemplo, la clase BlueButton no difiere de una clase de ayuda que está incluida en el mismo archivo fuente que la clase principal de un programa. La única diferencia consiste en que la clase de ayuda está definida dentro del archivo de la clase, lo cual tiene varias ventajas:

- Las clases internas son invisibles para todas las demás clases, lo cual significa que usted no tiene que preocuparse por los conflictos de nombres entre las clases internas y las demás clases.

- Las clases internas pueden tener acceso a las variables y métodos que están dentro del alcance de una clase de nivel superior, acceso que no tendrían si fueran una clase separada.

En muchos casos, una clase interna es un breve archivo de clase que solamente existe para un propósito limitado. En el applet `Inner`, debido a que `BlueButton` no contiene muchos atributos y comportamiento complejo, lo más aconsejable es implementarla como clase interna.

El nombre de una clase interna está asociado con el nombre de la clase que la contiene, y es asignado automáticamente cuando se hace la compilación del programa. En el ejemplo de la clase `BlueButton`, el nombre `Inner$BlueButton.class` le ha sido dado por el JDK.

> **Precaución** Cuando utilice clases internas, tenga mucho cuidado de incluir todos los archivos `.class` al hacer disponible un programa. Cada clase interna tiene su propio archivo de clase, y estos archivos de clase se deben incluir junto con cualquier clase de nivel superior. Por ejemplo, si publica el applet `Inner` en Web, debe publicar juntos los archivos `Inner.class` e `Inner$-BlueButton.class`.

Aunque aparentemente las clases internas son una mejora menor al lenguaje de Java, en realidad representan una modificación importante. Las reglas que gobiernan el alcance de una clase interna, son muy parecidas a las que gobiernan las variables. El nombre de una clase interna no es visible fuera de su alcance, excepto si el nombre está totalmente calificado, lo cual ayuda a la estructuración de clases dentro del paquete. El código para una clase interna puede usar nombres simples de alcances que lo encierran, incluyendo variables de clase y de miembro que lo encierran, así como variables locales de bloques que lo encierran.

Además, usted puede definir una clase de nivel superior como un miembro estático de otra clase superior. A diferencia de una clase interna, una clase de nivel superior no puede utilizar directamente las variables de instancia de ninguna otra clase. La capacidad de anidar clases así permite a cualquier clase de nivel superior proporcionar una organización de tipo paquete para un grupo de clases de nivel secundario asociado lógicamente.

Resumen

Hoy aprendió a encapsular un objeto mediante los modificadores del control de acceso para sus variables y métodos. También aprendió a utilizar otros modificadores como `static`, `final` y `abstract` en el desarrollo de clases y jerarquías de clases de Java.

Para extender el trabajo de desarrollar un grupo de clases y utilizarlas, aprendió cómo agrupar las clases en paquetes. Estos agrupamientos organizan mejor sus programas y permiten compartir las clases con muchos otros programadores de Java que ponen sus códigos a disposición pública.

Finalmente, aprendió a implementar interfaces y clases internas, dos estructuras de mucha utilidad para diseñar una jerarquía de clases.

Preguntas y respuestas

P **Utilizar métodos de acceso en todas partes, ¿no hará más lento mi código de Java?**

R No siempre. Conforme los compiladores de Java mejoren y puedan crear más optimizaciones, estarán en posibilidad de hacer que los métodos de acceso sean automáticamente rápidos, pero si está preocupado por la velocidad, siempre estará en posibilidad de declarar los métodos de acceso como `final` y serán tan rápidos como los accesos directos a las variables de instancia.

P **¿Se heredan los métodos de clase (`static`) igual que los métodos de instancia?**

R No. Los métodos estáticos (de clase) ahora están predeterminados como `final`. ¿Cómo, entonces, puede declarar un método de clase no `final`? La respuesta es que no puede. No está permitida la herencia de métodos de clase.

P **Basándome en lo que he aprendido, los métodos `private abstract` y los métodos o clases `final abstract` no parecen tener sentido. ¿Son legales?**

R No, como ya se figuró, son errores de compilación. Para que sean útiles, los métodos `abstract` deben ser sobrepuestos, y de las clases `abstract` se deben derivar subclases, pero ninguna de esas dos operaciones serían legales si también fueran `private` o `final`.

SEMANA 3

DÍA 16

Circunstancias excepcionales: manejo de errores y la seguridad

Los programadores de cualquier lenguaje se esfuerzan por escribir programas libres de errores, programas que nunca se detengan, programas que puedan manejar cualquier situación con elegancia y se puedan recuperar de situaciones anormales sin causarle un esfuerzo indebido al usuario. Dejando de lado las buenas intenciones, esos programas no existen.

En los programas reales, los errores ocurren ya sea porque el programador no anticipó todas las situaciones en las que se pudiera meter su código (o no tuvo el tiempo suficiente para probar el programa de manera exhaustiva), o debido a las situaciones fuera de control; mala información de parte de los usuarios, archivos corruptos que no tienen la información correcta, conexiones de red que no funcionan, dispositivos de hardware que no responden, manchas solares, gremlins, lo que se imagine.

En Java, a este tipo de eventos extraños, que pueden hacer que un programa falle, se les llama excepciones. Java define un cierto número de características del lenguaje que tratan con esas excepciones, incluyendo las siguientes:

- Cómo manejarlas en su código, y recuperarse con estilo de esos problemas potenciales.
- Cómo decirle a Java, y a los usuarios de sus métodos, que usted espera que se presente una excepción potencial.
- Cómo crear una excepción, si es que la detecta.
- Las limitaciones de su código, y cómo se va haciendo más robusto a partir de las excepciones.

Además de las excepciones, aprenderá el sistema establecido para Java 2, que permite a los applets hacer cosas en un programa que normalmente causarían excepciones de seguridad.

Excepciones, la forma vieja y confusa

Manejar condiciones de error, en la mayoría de los lenguajes de programación, requiere de mucho más trabajo que manejar un programa que se ejecuta en forma apropiada. Pueden crear una estructura de instrucciones muy confusa, similar en funcionalidad a los bloques de Java `if...else` y `switch`, para manejar los errores que se pudieran presentar.

Como un ejemplo, suponga las instrucciones siguientes, que muestran la estructura de cómo se podría cargar un archivo desde un disco. Cargar un archivo es algo que puede convertirse en un problema, debido a múltiples circunstancias: errores de disco, errores de archivo no encontrado, y otros similares. Si el programa necesita los datos de ese archivo para funcionar adecuadamente, debe tratar con cualquiera de esas circunstancias antes de continuar.

Ésta es la estructura de una posible solución:

```
int status = loadTextfile();
if (status != 1) {
   // ha sucedido algo anormal, descríbalo
   switch (status) {
       case 2:
           // no se encontró el archivo
       case 3:
           // error de disco
       case 4:
           // archivo corrupto
       default:
           // otro error
   }
} else {
   // archivo cargado, continúe con el programa
}
```

Este código trata de cargar un archivo con una llamada al método `loadTextfile()`, el cual se ha definido en alguna otra parte de este programa. Este método devuelve un entero que indica si el archivo se cargó debidamente (`status == 1`) o si ocurrió un error (`status` diferente a `1`).

Según el tipo de error, el programa utiliza una instrucción `switch` para tratar de resolverlo. El resultado final es un elaborado bloque de códigos en el que la circunstancia más común, una carga exitosa de archivo, se puede perder en medio de un código de manejo de error. Todo esto es para manejar tan sólo un posible error. Si usted tiene otros errores que se pudieran producir más adelante en el programa, podría terminar con más bloques `if...else` y `switch/case` anidados.

Cuando usted comienza a crear sistemas más grandes, el manejo de errores se puede convertir en un problema importante. Los distintos programadores podrían usar valores especiales diferentes para manejar los errores, y pudiera ser que no los documentaran debidamente, si es que lo hicieran. De vez en cuando, podría utilizar los errores en sus propios programas. Con frecuencia, el código para manejar este tipo de errores podría oscurecer la intención original del programa, haciendo que el propio código se vuelva difícil de leer y mantener. Por último, si trata de manejar los errores en esta forma torpe, no hay una manera sencilla para que el compilador verifique la consistencia, en la misma forma que lo haría para asegurarse de que usted llamó a un método con los argumentos correctos.

Aunque los ejemplos anteriores utilizan la sintaxis de Java, usted no tiene que manejar de esa forma los errores en sus programas. El lenguaje presenta una mejor manera de manejar las circunstancias excepcionales en un programa: a través del uso de un grupo de clases llamadas excepciones.

Las excepciones incluyen errores que podrían ser fatales para su programa, pero también incluyen otras situaciones fuera de lo común. Mediante la administración de las excepciones, usted puede manejar los errores y, posiblemente, evitarlos.

A través de una combinación de características especiales del lenguaje, verificando la consistencia en tiempo de compilación y mediante un conjunto de clases extensibles de excepción, en los programas de Java se pueden manejar los errores y otras condiciones anormales con mucha más facilidad.

Una vez dadas estas características, ahora puede agregar toda una nueva dimensión al comportamiento y diseño de sus clases, jerarquías de clases y a todo su sistema en general. Las definiciones de sus clases e interfaces, describen la forma en que se supone que se comporte su programa, dentro de las mejores circunstancias. Mediante la integración del manejo de excepciones en el diseño de su programa puede establecer la manera en que se va a desempeñar cuando las circunstancias no sean tan buenas, y esto permitirá a quienes utilicen sus clases, saber qué pueden esperar en esos casos.

Las excepciones de Java

En este punto del libro, existe la posibilidad de que se haya encontrado con una excepción de Java, por lo menos; quizá escribió mal un nombre de método o cometió un error en su código que causó un problema. Puede ser que haya tratado de ejecutar un applet de Java escrito utilizando la versión 2 del lenguaje, en un navegador que no lo soporta todavía, y le apareció un mensaje de `Security Exception` en la línea de estado del navegador.

Quizá también hubo un programa que dejó de funcionar y emitió varios errores misteriosos en la pantalla. Esos errores misteriosos son excepciones. Cuando su programa deja de funcionar, es porque le *lanzaron* una excepción. Las excepciones pueden ser lanzadas por el sistema o, en forma explícita, por los programas que escribe usted.

El término "lanzar" es apropiado, porque las excepciones también se pueden "atrapar". Atrapar una excepción, involucra manejar la circunstancia que la causó para que su programa no se anule; más adelante aprenderá sobre esto. En la terminología propia de Java, *lanzar una excepción* quiere decir "ha sucedido un error".

El corazón del sistema de excepciones de Java, es la propia excepción en sí. Las excepciones en Java son objetos reales, instancias de clases que heredan de la clase `Throwable`. Una instancia de una clase `Throwable` se crea cuando se lanza la excepción. La figura 16.1 nos muestra una jerarquía de clases parcial para las excepciones.

FIGURA 16.1

La jerarquía de clases de excepciones.

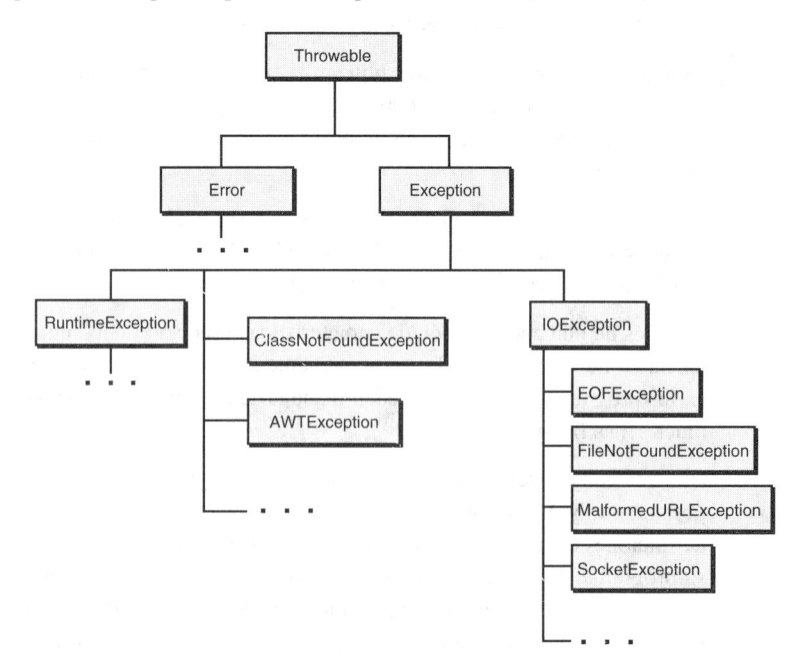

`Throwable` tiene dos subclases: `Error` y `Exception`. Las instancias de `Error`, son errores internos en el ambiente de la unidad de tiempo de ejecución de Java (la máquina virtual). Estos errores son raros y con frecuencia fatales; no hay mucho que pueda hacer con ellos (atraparlos o volverlos a lanzar), pero existen para que Java los utilice en caso necesario.

La clase `Exception` es más interesante. Las subclases de `Exception` caen en dos grupos generales:

- Excepciones de tiempo de ejecución (subclases de la clase `RuntimeException`) tales como `ArrayIndexOutofBounds`, `SecurityException` o `NullPointerException`.
- Otras excepciones tales como `EOFException` y `MalformedURLException`.

Las excepciones de tiempo de ejecución ocurren normalmente debido a que el código no es muy robusto. Por ejemplo, una excepción `ArrayIndexOutofBounds` no se debe lanzar nunca, si usted está verificando adecuadamente para estar seguro de que su código se mantiene dentro de los límites de un arreglo. Las excepciones `NullPointerException` no se darán, a no ser que trate de utilizar una variable antes de que se haya establecido, para contener un objeto.

> **Precaución:** De todas formas, si su programa está provocando excepciones durante su ejecución bajo cualquier circunstancia, debe arreglar esos problemas incluso antes de empezar a tratar con el manejo de las excepciones.

El último grupo de excepciones es el más interesante porque éstas son las excepciones que indican que está sucediendo algo muy raro o fuera de control. `EOFExceptions`, por ejemplo, suceden cuando usted está leyendo en un archivo, y ese archivo termina antes de lo esperado. `MalformedURLExceptions`, suceden cuando un URL no está en el formato correcto (quizá su usuario lo escribió mal). Este grupo incluye excepciones creadas por usted para que den aviso de los casos anormales que pudieran ocurrir en sus propios programas.

Al igual que en otras clases, las excepciones están ordenadas en jerarquías donde las superclases `Exception` son los errores más generalizados y las subclases, son errores más específicos. Esta organización se vuelve más importante para usted conforme va tratando con excepciones en su propio código.

La mayoría de las clases de excepción son parte del paquete `java.lang` (incluyendo `Throwable`, `Exception`, y `RuntimeException`). Muchos de los demás paquetes definen otras excepciones, y esas excepciones se utilizan en toda la biblioteca de clases. Por ejemplo, el paquete `java.io` define una clase de excepción general llamada `IOException`, la cual no sólo es extendida por otras clases en el paquete `java.io` para las excepciones de entrada y salida (`EOFException`, `FileNotFoundException`), sino que también en clases `java.net` para las excepciones de comunicaciones en red, tales como `MalFormedURLException`.

Manejo de excepciones

Ahora que ya sabe lo que es una excepción, ¿cómo trata con ellas en su propio código? En muchos casos, cuando usted trata de utilizar métodos que usan excepciones, el compilador de Java obliga al manejo de esas excepciones; necesita manejar esas excepciones en su propio código, o simplemente no se va a compilar. En esta sección aprenderá acerca de esa verificación de la consistencia y la forma de utilizar las palabras clave de lenguaje try, catch y finally, para manejar las excepciones que se puedan presentar.

Verificación de la consistencia de las excepciones

Cuanto más trabaje con las bibliotecas de clases de Java, más factible será que caiga en un error del compilador (¡una excepción!) similar a éste:

```
BoogieDown.java:32: Exception java.lang.InterruptedException
must be caught or it must be declared in the throws clause
of this method.
```

¿Qué quiere decir esto? En Java, un método puede indicar los tipos de errores que podría lanzar. Por ejemplo, los métodos que leen desde archivos podrían, potencialmente, lanzar errores IOException, de manera que esos métodos se declaran con un modificador especial que indique errores potenciales. Cuando usted utiliza esos métodos en sus propios programas de Java, tiene que proteger su código contra esas excepciones. La regla es impuesta por el mismo compilador, de la misma forma en que el compilador hace verificaciones para estar seguro de que usted está utilizando métodos con el número correcto de argumentos y de que todos sus tipos de variables concuerdan con lo que les está asignando.

¿Por qué tiene lugar esta verificación? Hace que sus programas tengan menos probabilidades de chocar con errores fatales porque usted sabe, de inmediato, el tipo de excepciones que pueden ser lanzadas por los métodos que utiliza un programa. Ya no tendrá que leer cuidadosamente la documentación o el código de un objeto que va a utilizar, para estar seguro de que trató con todos los problemas potenciales, Java hace la verificación por usted. Por otro lado, si usted define sus métodos de forma que indiquen las excepciones que pueden lanzar, Java le puede decir a los usuarios de sus objetos que manejen esos errores.

Protección de código y captura de excepciones

Supongamos que ha estado codificando tranquilamente y de pronto aparece un mensaje de excepción durante una compilación de prueba. De acuerdo con el mensaje usted tiene dos opciones, atrapar el error o declarar que su método lo lanza. Vamos a tratar con el primer caso: cómo atrapar las excepciones potenciales.

Para atrapar una excepción, puede hacer dos cosas:

- Proteger el código que contiene el método que podría lanzar una excepción dentro de un bloque try.
- Hacer una prueba y manejar una excepción dentro de un bloque catch.

Circunstancias excepcionales: manejo de errores y la seguridad

Lo que `try` y `catch` quieren decir realmente es "pruebe este fragmento de código que podría causar una excepción. Si se ejecuta bien, siga adelante con el programa. Si no, atrape la excepción y manéjela".

Usted ya ha visto `try` y `catch` antes, cuando manejó los subprocesos por primera vez. Durante el día 10, "Adición de imágenes, animación y sonido", aprendió acerca de un applet que creó un reloj digital, el movimiento hacía una pausa a cada segundo mediante este fragmento de código:

```
try {
    Thread.sleep(1000);
} catch (InterruptedException e) { }
```

Aunque este ejemplo usa `try` y `catch`, no es un buen uso para ello. Esto es lo que sucede en esas instrucciones: el método de clase `Thread.sleep()` podría lanzar una excepción del tipo `InterruptedException`, lo cual significa que el subproceso ha sido interrumpido por alguna razón.

Para manejar esta excepción, la llamada a `sleep()` se coloca dentro de un bloque `try` y se establece un bloque asociado `catch`. Este bloque `catch` recibe cualquier objeto `InterruptedException` que se haya lanzado dentro del bloque `try`.

La razón por la que éste no es un buen ejemplo de manejo de errores, es que la cláusula `catch` no tiene nada en su interior; en otras palabras, usted atrapará el error si se produce, pero no tendrá con qué responder a su ocurrencia. En la mayor parte de los casos, excepto en los más simples (como éste, en el que la excepción no es de importancia), va a necesitar algo dentro del bloque `catch` que haga alguna operación de limpieza después de sucedido el error.

La parte de la cláusula `catch` que está entre paréntesis, es similar a la lista de argumentos en la definición de un método. Contiene la clase de la excepción que se debe atrapar y un nombre de variable (normalmente se utiliza e). Usted se puede referir a este objeto de excepción dentro del bloque `catch`.

Un uso común para este objeto, es llamar a su método `getMessage()`. Este método está presente en todas las excepciones, y despliega un mensaje detallado del error describiendo lo que pasó.

El siguiente ejemplo es una versión actualizada de la instrucción `try...catch`, que usó en el applet `DigitalClock` del día 10:

```
try {
    Thread.sleep(1000);
} catch (InterruptedException e) {
    System.out.println("Error: " + e.getMessage());
}
```

Para otro ejemplo, visite de nuevo el tema del manejo de archivos en Java. Si tiene un programa que puede leer de un archivo, es muy probable que utilice una de las clases de flujo de entrada/salida que aprenderá el día 17, "Manejo de datos a través de los flujos de Java". La idea básica es que puede abrir una conexión con un archivo y usar el método `read()` para obtener datos de él. Esto puede causar varias excepciones, como un error de disco, o un intento de leer más datos de los que contiene el archivo. En cualquiera de los dos casos, el método `read()` lanza una `IOException` la cual, si no la captura, haría que el programa detuviera su ejecución o que se estrellara.

Al poner su método `read()` dentro de un bloque `try`, podrá manejar tranquilamente ese error dentro de un bloque `catch`. Podría hacer la limpieza después del error, y volver a algún estado de seguridad, arreglando las cosas lo suficiente para que el programa prosiga, o si todo esto falla, guardar lo más posible del estado actual del programa y salir.

El siguiente ejemplo trata de leer de un archivo y atrapar los errores, en caso de que sucedan:

```
try {
    while (numBytes <= mybuffer.length) {
        myInputStream.read(myBuffer);
        numBytes++;
    }
} catch (IOException e) {
    System.out.println("Oops! IO Exception — only read " + numBytes);
    // otro código de limpieza
}
```

Aquí, el "otro código de limpieza" puede ser lo que usted quiera; puede seguir adelante con el programa utilizando la información parcial que sacó del archivo, o quizá desee desplegar un cuadro de diálogo que le permita al usuario seleccionar un archivo diferente.

Los ejemplos que ha visto hasta aquí, atrapan un tipo específico de excepción. Debido a que las clases de excepciones están organizadas en una jerarquía y usted puede utilizar una subclase dondequiera que se espere una superclase, puede atrapar grupos de excepciones dentro de la misma instrucción `catch`.

Como un ejemplo, hay varios tipos diferentes de excepciones `IOException`, tales como `EOFException` y `FileNotFoundException`. Atrapando `IOException`, también captura instancias de cualquiera de las subclases `IOException`.

¿Qué pasa si usted quiere atrapar excepciones de tipos muy diferentes que no estén relacionados por herencia? Puede utilizar múltiples bloques `catch` para un solo `try`, así:

```
try {
    // código que puede generar excepciones
} catch (IOException e) {
    // maneja excepciones de entrada y salida
} catch (ClassNotFoundException e2) {
    // maneja excepciones de clase no encontrada
} catch (InterruptedException e3) {
    // maneja excepciones de interrupción
}
```

Dado que el alcance de las variables locales en una instrucción `catch` es igual al alcance del bloque externo en el que está el bloque `try...catch`, puede repetir el nombre entre las distintas cláusulas. En un bloque múltiple `catch`, el primer bloque `catch` que concuerde será ejecutado, y el resto será ignorado.

La cláusula `finally`

Suponga que hay alguna acción en su código que debe hacer por obligación, sin importar lo que suceda, sin importar si se lanzó, o no, un error. Normalmente, esto se hace para liberar algún recurso externo que se haya adquirido, para cerrar un archivo después de abrirlo o algo similar. Aunque usted podría poner esa acción tanto dentro como fuera de un bloque `catch`, eso sería duplicar el mismo código en dos lugares diferentes. En vez de eso, ponga una copia de ese código dentro de una parte opcional especial del bloque `try...catch` denominada `finally`. El ejemplo siguiente nos muestra cómo está estructurado un bloque `try...catch...finally`:

```
try {
    readTextfile();
} catch (IOException e) {
    // maneja los errores de entrada y salida
} finally {
    closeTextfile();
}
```

En realidad la instrucción `finally` es útil fuera de las excepciones; también la puede utilizar para ejecutar un código de limpieza después de un ciclo interno `return`, `break` o `continue`. Para el último caso, utilice una instrucción `try` con un `finally` pero sin la instrucción `catch`.

El siguiente proyecto muestra cómo se puede usar una instrucción `finally` dentro de un método.

ESCRIBA **LISTADO 16.1.** TEXTO COMPLETO DE FINAL.JAVA.

```
 1: class Final {
 2:     int[] num1 = { 12, 15, 10, 8, -1, 7 };
 3:     int[] num2 = { 1, 5, 20, 8, 1, 13 };
 4:
 5:     public static void main(String[] arguments) {
 6:         Final fin = new Final();
 7:         System.out.println("First array: ");
 8:         fin.readNumbers(fin.num1);
 9:         System.out.println("Second array: ");
10:         fin.readNumbers(fin.num2);
11:     }
12:
```

continúa

LISTADO 16.1. CONTINUACIÓN

```
13:     void readNumbers(int[] numArray) {
14:         int count = 0;
15:         int lastNum = 0;
16:         try {
17:             while (count < numArray.length) {
18:                 lastNum = numArray[count++];
19:                 if (lastNum == -1)
20:                     return;
21:             }
22:         } finally {
23:             System.out.println("Last number read: " + lastNum);
24:         }
25:         return;
26:     }
27: }
```

La salida de este programa es la siguiente:

```
First array:
Last number read: -1
Second array:
Last number read: 13
```

El bloque `try...finally`, en las líneas 16–24, hace que suceda algo anormal cuando se llega a la instrucción `return` en la línea 20. Cabría esperar que `return` hiciera que el método saliera inmediatamente.

Debido a que están dentro de un bloque `try...finally`, las instrucciones dentro del bloque `finally` se ejecutan sin que importe la forma de salida del bloque `try`. El texto `"Last number read"` siempre se despliega.

Cómo declarar métodos que podrían lanzar excepciones

En ejemplos anteriores, aprendió cómo tratar con métodos que pudieran lanzar excepciones (protegiendo el código y atrapando cualquier excepción que pudiera ocurrir). El compilador de Java hace verificaciones para estar seguro de que usted ha manejado, de alguna forma, los errores de un método; pero, ¿cómo sabría sobre qué errores informarle en primer lugar?

La respuesta es que el método original, indicado en su firma, contiene las excepciones que podría lanzarle. Puede utilizar este mecanismo en sus propios métodos; de hecho, es bueno hacerlo para asegurarse de que los demás usuarios de sus clases estén alertas ante los errores que pudieran producir sus métodos.

Para indicar que un método podría lanzar un error, utilice una cláusula especial en la definición del método, llamada throws.

La cláusula `throws`

Para indicar que algún código en el cuerpo de su método podría lanzar una excepción, simplemente agregue la palabra clave `throws` después de la firma del método (antes de la llave de apertura) con el nombre, o nombres, del error lanzado por su método:

```
public boolean myMethod (int x, int y) throws AnException {
    // ...
}
```

Si su método puede lanzar diversos tipos de errores, los puede colocar todos en la cláusula `throws` separados por comas:

```
public boolean myOtherMethod (int x, int y)
    throws AnException, AnotherException, AThirdException {
        // ...
}
```

Observe que al igual que con `catch`, puede utilizar una superclase de un grupo de excepciones para indicar que su método podría lanzar cualquier subclase de esa excepción:

```
public void YetAnotherMethod() throws IOException {
    // ...
}
```

Tenga en mente que, agregar un método `throws` a su definición de método, significa simplemente que el método podría lanzar un error en caso de que algo estuviera mal, eso no quiere decir que lo lanzará siempre. La cláusula `throws` sólo proporciona información extra a la definición de su método, sobre errores potenciales, y permite que Java se asegure de que su método se está utilizando correctamente por otros usuarios.

Piense en la descripción general del método, como en un contrato entre el diseñador de ese método (o clase) y el que llama al método (desde luego, usted puede estar en cualquier lado del contrato). Por lo regular, la descripción indica los tipos de argumento de un método, lo que devuelve y la semántica general de lo que hace normalmente. Asimismo, usando `throws`, usted agrega información sobre las cosas anormales que puede hacer el método. Esta parte nueva del contrato ayuda a separar y hacer explícitos todos los lugares en los que se deben manejar las condiciones excepcionales en su programa, y eso hace que diseño a gran escala sea más fácil.

¿Qué excepciones debería lanzar?

Una vez que usted decida declarar que su método podría lanzar una excepción, también debe decidir los tipos de excepciones que podría lanzar (y lanzarlas o llamar a un método para que las lance; en la próxima sección aprenderá a lanzar sus propias excepciones). En muchos casos, esto es aparente desde la operación del método en sí. Quizá ya esté creando y lanzando sus propias excepciones, en cuyo caso usted sabrá exactamente qué excepciones lanzar.

En realidad, no tiene que hacer una lista de todas las excepciones posibles que podría lanzar su método; algunas excepciones son manejadas por la propia unidad de tiempo de ejecución y son tan comunes (no comunes por su naturaleza, sino por su ubicuidad) que no tiene que tratar con ellas. En particular, las excepciones de las clases Error o RuntimeException (o cualquiera de sus subclases) no tienen que listarse en su cláusula throws. Tienen un tratamiento especial porque pueden ocurrir en cualquier sitio dentro de un programa de Java, y normalmente son condiciones que usted, como programador, no causó directamente. Un buen ejemplo es OutOfMemoryError, el cual puede suceder en cualquier lugar, en cualquier momento y por cualquier número de razones. Estos dos tipos de excepciones se llaman *excepciones implícitas*, pero no tiene que preocuparse por ellas.

Las excepciones implícitas son subclases de RuntimeException y Error. Normalmente, las excepciones implícitas son lanzadas por la propia unidad de tiempo de ejecución de Java. Usted no tiene que declarar que su método las lanza.

Nota Desde luego que, si lo desea, también puede optar por hacer una lista de esos errores y excepciones que se lanzan en tiempo de ejecución en su cláusula throws, pero los llamadores de su método no se verán obligados a manejarlos; sólo se deben manejar las excepciones que no sean de tiempo de ejecución.

Todas las demás excepciones se denominan *excepciones explícitas* y son candidatos potenciales de una cláusula throws en su método.

Cómo pasar las excepciones

Además de declarar métodos que lanzan excepciones, hay otra instancia en la que la definición de su método podría incluir una cláusula throws. En este caso, usted necesita utilizar un método que lance una excepción, pero no quiere atrapar o manejar esa excepción. En muchos casos tendría más sentido, para el método que llama a su método, tratar con esa excepción en vez de ser usted el que tenga que manejarla. No hay nada malo en ello; es una situación común de justicia que usted no tenga que tratar con una excepción, sino pasarla de regreso al método que llamó al suyo. En cualquiera de los casos, es mejor pasar las excepciones a los métodos que llaman, que atraparlas e ignorarlas.

En lugar de utilizar las cláusulas try y catch en el cuerpo de su método, puede declarar su método con una cláusula throws de modo que pueda, a su vez, lanzar la excepción apropiada. Así, le corresponde al método que llama a su método manejar la excepción. Éste es el otro caso que satisface al compilador de Java, que usted haya hecho algo con un método determinado. Aquí mostramos otra forma de implementar un ejemplo que lee caracteres de un flujo:

```java
public void readFile(String filename) throws IOException {
    // abra el archivo, inicie el flujo aquí
    while (numBytes <= myBuffer.length) {
        myInputStream.read(myBuffer);
        numBytes;++
    }
}
```

Este ejemplo es similar a uno que utilizamos anteriormente el día de hoy; recuerde que declaró el método `read()` de forma que pudiera lanzar una `IOException`, por lo que tendrá que utilizar `try` y `catch` para usarlo. Sin embargo, una vez que usted declare que su método puede lanzar una excepción, puede usar otros métodos que también lancen esas excepciones dentro del cuerpo de este método, sin necesitar proteger el código o atrapar la excepción.

> **Nota** Obviamente, además de pasar las excepciones listadas en la cláusula `throws`, puede manejar otras excepciones utilizando `try` y `catch` en el cuerpo de su método. También puede manejar la excepción en alguna forma y volverla a lanzar para que el método que llame a su método, sea el encargado de tratar con ella. En la próxima sección aprenderá cómo lanzar excepciones.

throws y herencia

Si la definición de su método se sobrepone a otro método en una superclase que incluya una cláusula `throws`, hay reglas especiales para que el método que sobrepuso trate con `throws`. A diferencia de otras partes de la firma del método que deben imitar las del método que está sobreponiendo, su nuevo método no requiere el mismo conjunto de excepciones listadas en la cláusula `throws`.

Debido a que hay una posibilidad de que su nuevo método pueda tratar mejor con las excepciones, en vez de lanzarlas simplemente, el método puede lanzar menos tipos de excepciones. Incluso podría no lanzar ninguna. Esto significa que puede tener las dos siguientes definiciones de clase y las cosas seguirán funcionando bien:

```java
public class RadioPlay {
    public void startPlaying() throws SoundException {
        // ...
    }
}
public class StereoPlay extends RadioPlay {
    public void startPlaying() {
        // ...
    }
}
```

Lo contrario de esta regla no es verdadero: un método de subclase no puede lanzar más excepciones (ya sean excepciones de tipos diferentes, o de clases más generales) que el de su superclase.

Cómo crear y lanzar sus propias excepciones

Toda excepción tiene dos lados: el que lanza la excepción y el que la atrapa. Una excepción se puede lanzar varias veces hacia varios métodos antes de que la atrapen, pero a la larga será capturada y manejada.

¿Quién hace realmente el lanzamiento? ¿De dónde vienen las excepciones? Muchas de las excepciones son lanzadas por la unidad de tiempo de ejecución de Java o por métodos dentro de las mismas clases. Usted también puede lanzar cualquier excepción estándar definida en la biblioteca de clases de Java, o puede crear y lanzar sus propias excepciones. Esta sección describe todo esto.

Cómo lanzar excepciones

Declarar que su método lanza una excepción, le sirve solamente a los usuarios de su método y al compilador de Java, el cual hace una verificación para asegurarse de que todas sus excepciones han sido manejadas, pero la declaración en sí no hace nada para lanzar esa excepción; eso lo tendrá que hacer usted mismo en el cuerpo del método.

Recuerde que todas las excepciones son instancias de alguna clase de excepción, de las cuales hay muchas definidas en la biblioteca estándar de clases de Java. Necesita crear una nueva instancia de una clase de excepción para poder lanzar una excepción. Una vez que tenga esa instancia, utilice la instrucción throw para lanzarla. La forma más simple de lanzar una excepción es la siguiente:

```
NotInServiceException() nis = new NotInServiceException();
throw nis;
```

> **Nota:** Sólo puede lanzar objetos que sean subclases de Throwable. Esto difiere de las excepciones de C++, las cuales le permiten lanzar objetos de cualquier tipo.

Dependiendo de la clase de excepción que esté utilizando, ésta podría tener también argumentos. El más común de ellos es un argumento de cadena, el cual le permite describir el problema real con mayor detalle (lo cual puede ser muy útil para propósitos de depuración). He aquí un ejemplo:

```
NotInServiceException() nis = new
    NotInServiceException("Exception: Database Not in Service");
throw nis;
```

Una vez lanzada la excepción, el método se termina de inmediato sin ejecutar ningún otro código (más que el código dentro de `finally`, en caso de que exista ese bloque) y sin devolver ningún valor. Si el método que hace la llamada no tiene un `try` o `catch` rodeando la llamada a su método, el programa podría concluir, basado en la excepción que lanzó.

Creación de sus propias excepciones

Aunque en la biblioteca de clases de Java hay una buena cantidad de excepciones para utilizar en sus propios métodos, podría tener que crear sus propias excepciones para manejar diferentes tipos de errores en los que caen sus programas. Por fortuna, crear nuevas excepciones es fácil.

Su nueva excepción debe heredar de algunas otras excepciones dentro de la jerarquía de Java. Todas las excepciones creadas por los usuarios deben ser parte de la jerarquía `Exception` en vez de la jerarquía `Error`, la cual está reservada para los errores que involucran a la máquina virtual de Java. Busque una excepción que se parezca a la que está creando, por ejemplo, una excepción para un mal formato de archivo debería ser, lógicamente, una `IOException`. Si no puede encontrar una excepción muy relacionada para su nueva excepción, considere heredarla de `Exception`, la cual forma la parte más alta de la jerarquía de excepciones explícitas. (Recuerde que las excepciones implícitas, las cuales incluyen las subclases de `Error` y `RuntimeException`, heredan de `Throwable`.)

Normalmente, las clases de excepciones tienen dos constructores: el primero no toma argumentos, y el segundo toma una sola cadena como argumento. En el segundo caso debe llamar a `super()` en ese constructor para asegurarse de que la cadena se aplicó en el lugar correcto en la excepción.

Más allá de estas tres, las clases de excepciones se ven como las otras clases. Las puede poner en sus propios archivos fuente y compilarlos tal como lo haría con otras clases:

```
public class SunSpotException extends Exception {
    public SunSpotException() {}
    public SunSpotException(String msg) {
        super(msg);
    }
}
```

Combine `throws`, `try` y `throw`

¿Qué pasa si desea combinar todos los métodos mostrados hasta aquí? A usted le gustaría manejar las excepciones en su método, pero también le gustaría pasárselas al método que llama al suyo. El solo uso de `try` y `catch` no pasa la excepción, y si únicamente le agrega una cláusula `throws`, no tendrá oportunidad de manejarla. Si desea manejar la excepción y pasársela al método que llama, utilice los tres mecanismos: la cláusula `throws`, la instrucción `try` y una instrucción `throw` que vuelva a lanzar explícitamente la excepción.

```
public void responsibleExceptionalMethod() throws IOException {
    MessageReader mr = new MessageReader();

    try {
        mr.loadHeader();
    } catch (IOException e) {
        // coloque el código que manejará
        // la excepción
        throw e; // vuelva a lanzar la excepción
    }
}
```

Esto funciona porque los manejadores de excepciones se pueden anidar. Usted maneja la excepción haciendo algo responsable con ella, pero decide que es demasiado importante como para no darle la oportunidad a un manejador, que podría estar en el método que llama, de manejarla a su vez. De esta forma, las excepciones flotan todo el camino a lo largo de la cadena de llamadores de métodos (normalmente, sin ser manejadas por la mayoría de ellos) hasta que, finalmente, el mismo sistema maneja las que no han sido atrapadas, abortando su programa y mandando un mensaje de error. Ésta no es una mala idea en un programa independiente, pero en un applet podría hacer que se detenga el navegador. La mayoría de los navegadores se protegen a sí mismos de este desastre, atrapando todas las excepciones cada vez que ejecutan un applet, pero nunca se puede estar seguro. Si le es posible atrapar una excepción y hacer algo inteligente con ella, hágalo.

Cuándo usar excepciones y cuándo no

Dado que lanzar, atrapar y declarar excepciones son conceptos relacionados y pueden llegar a ser muy confusos, aquí damos un resumen rápido de cuándo y qué hacer.

Cuándo usar excepciones

Si su método llama a otro método que contiene una cláusula `throws`, usted puede hacer una de tres cosas:

- Manejar la excepción mediante las instrucciones `try` y `catch`.
- Pasar la excepción a la cadena que llama agregando su propia cláusula `throws` a su definición de método.
- Realizar los dos métodos anteriores, atrapando la excepción mediante `catch` y lanzándola de nuevo en forma explícita mediante `throw`.

En casos en los que un método lanza más de una excepción, puede manejar cada una de ellas en forma distinta. Por ejemplo, podría atrapar algunas de esas excepciones mientras permite el paso de otras hacia la cadena que hace la llamada.

Si su método lanza sus propias excepciones, debe declararlo mediante la instrucción throws. Si su método se sobrepone a un método de superclase que tiene una instrucción throws, puede lanzar el mismo tipo de excepciones o subclases de esas excepciones; lo que no puede hacer es lanzar un tipo diferente de excepciones.

Por último, si su método ha sido declarado con una cláusula throws, no se olvide de lanzar la excepción en el cuerpo del método mediante la instrucción throw.

Cuándo no usar excepciones

Hay varios casos en los que no debe lanzar excepciones, aun cuando parezcan apropiadas en ese momento.

Primero, no debe usar excepciones si la excepción es algo que espera y puede evitar fácilmente con una simple expresión. Por ejemplo, aunque puede confiar en una excepción ArrayIndexOutofBounds para indicar que ha rebasado el final de un arreglo, es fácil utilizar la variable length del arreglo para prevenirle que no rebase los límites.

Además, si sus usuarios van a escribir datos que deban ser un entero, es mejor hacer pruebas para estar seguro de que es un entero, que lanzar una excepción y manejarla en algún otro sitio.

Las excepciones toman mucho tiempo de procesamiento para su programa de Java. Una simple prueba, o serie de pruebas, sería mucho más rápido que manejar excepciones y harían más eficiente su programa. Las excepciones se deben utilizar en casos realmente excepcionales, que estén fuera de su control.

También es fácil dejarse llevar por las excepciones y tratar de asegurarse de que todos sus métodos están declarados para lanzar todas las excepciones posibles. En general esto hace que su código sea más complejo; además, si otras personas van a utilizar su código, tendrán que manejar todas las excepciones que puedan lanzar sus métodos. Cuando usted se deja llevar por las excepciones, le está creando más trabajo a todas las personas involucradas. No es aconsejable declarar un método para que lance algunas o muchas excepciones, ya que cuantas más excepciones pueda lanzar su método, más complicado será utilizarlo. Declare sólo las excepciones que tengan más probabilidad de ocurrir y que tengan sentido para el diseño general de sus clases.

Mal estilo al usar las excepciones

Al empezar a usar excepciones, le podría parecer atractivo evitar los errores del compilador que resulten al utilizar un método que declare una instrucción throws. Aunque sea legal añadir una cláusula vacía catch o una instrucción throws a su propio método (y hay razones apropiadas para hacer ambas cosas), dejar caer excepciones en forma intencional, sin enfrentarse a ellas, desvirtúa las verificaciones que el compilador de Java hace por usted.

El sistema de excepciones de Java fue diseñado de modo que, si existe la posibilidad de que ocurra un error, se le avisa de inmediato. Si no hacemos caso de esos avisos, o simplemente les damos la vuelta, es probable que sucedan errores fatales en nuestro programa, errores que se hubieran podido evitar con unas cuantas líneas de código. Peor aún, agregando instrucciones throws a sus métodos para evitar las excepciones, significa que los usuarios de ellos (objetos que están más allá en la cadena de llamada) tendrán que manejarlos. Lo único que logra con esto es hacer que su método sea más difícil de utilizar.

Los errores del compilador referentes a las excepciones están ahí para recordarle que medite sobre estos aspectos. Dése el tiempo suficiente para manejar las excepciones que pudieran afectar su código. Este cuidado extra le recompensará ampliamente cuando vuelva a utilizar sus clases en proyectos futuros y en programas más y más grandes. Desde luego, la biblioteca de clases de Java se ha escrito con este grado de cuidado, y es una de las razones por las cuales tiene la fuerza suficiente para ser utilizada en la construcción de todos sus proyectos en Java.

Cómo usar firmas digitales para identificar los applets

Una de las suposiciones fundamentales de la estrategia de seguridad de los applets de Java, es que usted no puede confiar en nadie en World Wide Web. Ese pensamiento podría sonar algo cínico, pero en la práctica significa lo siguiente: la seguridad de Java da por hecho que alguien tratará de escribir applets maliciosos, de modo que se previene contra cualquier intento al respecto. En consecuencia, cualquier característica del lenguaje que pudiera ser usada con abuso, ha sido bloqueada en los applets. Las características prohibidas son las siguientes:

- Leer archivos del sistema en el que se está ejecutando el applet.
- Escribir archivos en el sistema en el que se está ejecutando el applet.
- Obtener información sobre un archivo del sistema.
- Borrar un archivo del sistema.
- Conectarse a cualquier máquina distinta a la que entregó la página Web que contiene el applet.
- Desplegar una ventana que no incluya el aviso estándar "Ventana de un applet de Java".

Java 2 permite que los applets realicen todo lo que puede hacer cualquier aplicación de Java, pero sólo si vienen de un proveedor de applets confiable y contienen la firma digital para verificar su autenticidad. Una firma digital es un archivo encriptado que acompaña a un programa, indicando exactamente de quién viene. El documento que representa esta firma digital se llama *certificado*.

Para inspirar confianza, un proveedor de applets debe comprobar su identidad mediante un grupo llamado *autoridad de certificación*. Lo ideal es que estos grupos no tengan ningún tipo de relación con el proveedor de applets, y que tengan una reputación bien establecida como empresa confiable. Actualmente, de alguna forma las compañías siguientes ofrecen servicios de autentificación:

- VeriSign —Ésta es la primera y más reconocida autoridad de certificación; ofrece autorizaciones específicas para Microsoft y Netscape. http://www.verisign.com.
- Thawte Certification —Una nueva autoridad para Microsoft, Netscape y certificados de prueba. http://www.thawte.com.

Hay otras compañías que ofrecen certificación para clientes en áreas geográficas específicas. En la siguiente dirección Web, Netscape proporciona una lista de autoridades de certificación con las que trabaja:

https://certs.netscape.com/client.html

Los usuarios que saben quién produce un programa, pueden decidir si ese grupo o persona es confiable. Quienes estén familiarizados con los controles ActiveX reconocerán este sistema, porque es semejante a la forma en que se facilitan los demás programas ActiveX en las páginas Web.

> **Nota**
> El modelo de seguridad general que hemos descrito aquí es el creado oficialmente por JavaSoft para ser utilizado en su propio navegador HotJava y en cualquiera otro de los navegadores que le dan soporte total a Java 2. Netscape y Microsoft han presentado sus propios modelos de seguridad para usar en sus navegadores, de modo que al momento de escribir esto, un applet debe implementar diferentes sistemas para cada navegador en el que se vaya a ejecutar. Por fortuna los sistemas son semejantes, de modo que si domina uno de ellos, le será más fácil aprender los demás.

Usted también puede establecer niveles de seguridad distintos a la confianza absoluta (un applet puede hacer todo), o desconfianza (un applet no puede hacer nada que pueda ser dañino). Java 2 permite esto mediante un conjunto de clases llamadas *permisos*.

Por ahora todos los applets estarán restringidos, a no ser que la persona que los desarrolle tome las providencias para ponerle la firma digital y el usuario pase a través del proceso para establecer que el programador es confiable.

Ejemplo de una firma digital

Quizá le sea más fácil entender el proceso de confiar en el applet si utiliza tres entidades ficticias: un desarrollador de applets llamado Fishhead Software, un grupo industrial de Java llamado Signatures 'R' Us y un usuario de Web llamado Gilbert.

Fishhead Software ofrece un applet de juego en su sitio Web, que guarda las anotaciones más altas y otra información en el disco duro del usuario. Normalmente, esta capacidad no es viable con un applet, ya que el acceso al disco es un no definitivo. Para que el juego se pueda realizar, Fishhead debe firmar el applet digitalmente y permitir que el usuario lo establezca como un programador confiable.

Este proceso consta de cinco pasos:

1. Fishhead Software utiliza `keytool`, una herramienta que viene con el JDK, para crear dos archivos encriptados denominados: clave pública y clave privada. Juntas, estas claves constituyen una tarjeta de identificación electrónica que identifica totalmente a la compañía. Fishhead se asegura de que su clave privada esté oculta a cualquier otra persona. Como una forma parcial de identificación puede, y debe, poner su clave pública a disposicion de cualquiera.
2. Fishhead Software necesita alguien que pueda comprobar su identidad. Manda su clave pública y un archivo descriptivo acerca de Fishhead Software a un grupo independiente en el que podrían confiar los usuarios de Java, Signatures 'R' Us.
3. Signatures 'R' Us comprueba la identidad de Fishhead Software, para asegurarse de que es un grupo legítimo con la misma clave pública que se les envió. Cuando Fishhead pasa el muestreo, Signatures 'R' Us crea un nuevo archivo encriptado que se llama certificado y lo envía a Fishhead.
4. Fishhead crea un archivero de Java que contiene su applet de juego y todos los archivos relacionados. Con una clave pública, una clave privada y un certificado, Fishhead Software ya puede utilizar la herramienta `jar` para firmar digitalmente el archivero.
5. Fishhead coloca el archivero firmado en el sitio Web, junto con las instrucciones para descargar su clave pública.

Este proceso es todo lo que necesita Fishhead Software para poner su applet a disposición de quienquiera que confíe en la compañía lo suficiente como para ejecutarlo en Web. Una de las personas que decide confiar el Fishhead, es un usuario de Web llamado Gilbert, quien tiene un navegador con soporte para Java 2.

Su proceso es más fácil:

1. Gilbert se da cuenta de que no puede ejecutar el nuevo applet de juego de Fishhead, sin antes establecer a la compañía como un programador confiable. Descarga la clave pública de Fishhead.
2. Después de decidir que Fishhead es una organización confiable, Gilbert utiliza otra herramienta de seguridad del JDK, `jarsigner`, junto con la clave pública de Fishhead, para agregar a la compañía a su lista de programadores confiables.

Ahora, Gilbert puede jugar el applet de Fishhead con absoluta confianza. Dependiendo de cómo estén establecidos los permisos dentro del applet, éste podría leer y escribir archivos y abrir conexiones de red, así como otras cosas no muy seguras. Esto significa que el sistema de Gilbert puede ejecutar códigos maliciosos o dañinos, con o sin mala intención, pero esto también puede suceder con cualquier software que instale y ejecute en su computadora. La ventaja de una firma digital es que los programadores están claramente identificados. Hágase esta pregunta, ¿cuántos escritores de virus distribuirían su trabajo en cualquier tipo de sistema que proporcionara un rastro que condujera directamente hasta ellos?

Un aspecto del nuevo modelo de seguridad de Java que le podría quedar un poco confuso, es el de por qué hay una clave pública y una privada. Si se pueden utilizar en conjunto para identificar a alguien, ¿cómo se puede usar la clave pública sola, como identificador de Fishhead?

Una clave pública y una clave privada, forman una pareja correspondiente. Como identifican totalmente a Fishhead Software, esa entidad es la única que tiene acceso a ambas. De otra manera, alguien más podría pretender ser Fishhead y nadie podría decir que es falso. Si Fishhead protege su clave privada, también protege su identidad y reputación.

Cuando Signatures 'R' Us usa una clave pública para comprobar la identidad de Fishhead, su función principal es asegurarse de que la clave pública pertenece realmente a la compañía. Dado que las claves públicas se le pueden dar a cualquiera, Fishhead puede poner su clave en el sitio Web. Como parte de su proceso de certificación, Signatures 'R' Us podría descargar esta clave pública y compararla con la que recibió. El grupo de certificación actúa como un sustituto de clasificadores para la clave privada, comprobando que la clase pública sea legítima. El certificado que se emite está ligado a la clave pública, el cual sólo puede ser usado con la clave privada de Fishhead.

Cualquiera puede emitir un certificado para una clave pública mediante el programa `keytool`; incluso Fishhead Software podría certificarse a sí misma. Sin embargo, al hacerlo así sería mucho más difícil para los usuarios confiar en ella, que si la certificación viniera de otra compañía independiente bien establecida.

Utilizando en forma conjunta las claves pública y privada y la certificación, se puede crear una firma digital confiable para un archivo de Java. La documentación de Sun para `keytool`, `jarsigner`, permisos y otras nuevas características de seguridad está disponible en la siguiente dirección Web:

`http://www.sun.com`

Firmas específicas para navegador

Al momento de escribir este libro, el único modo de firmar un applet en forma digital es siguiendo los procedimientos establecidos por los desarrolladores de Netscape y Microsoft para sus propios navegadores. Si usted quiere llegar a los usuarios de ambos navegadores, tiene que utilizar sus herramientas y firmar un applet mediante ambos procedimientos.

Para firmar un applet y usarlo en Microsoft Internet Explorer, se requiere lo siguiente:

- Una identificación digital Microsoft Authenticode, de una empresa como VeriSign o Thawte, compañías que comprobarán su identidad.
- Internet Explorer 4.0 o superior.
- Las siguientes herramientas del Microsoft Java Software Development Kit: `cabarc.exe`, `chktrust.exe`, `signcode.exe`, y los archivos `javasign.dll` y `signer.dll`. Este kit está disponible descargándolo de Microsoft en: http://www.microsoft.com/java/download.htm.

Para firmar un applet y usarlo en Netscape Navigator se requiere lo siguiente:

- El software Netscape Object Signing que publica identificaciones digitales, el cual se puede adquirir en alguna de las compañías listadas en la página Web https://certs.netscape.com/client.html.
- El software Netscape Signing Tool, el cual está disponible en la página Web http://developer.netscape.com/software/signedobj/jarpack.html. Signing Tool tiene una característica para utilizar un certificado de prueba antes de darle la identificación digital.

> **Nota**
> La documentación para el uso de estas herramientas está disponible en los sitios de Microsoft y Netscape. Además, Daniel Griscom, de Suitable Systems, ha recopilado un excelente recurso de firma para el código Java en la siguiente dirección Web:
> http://www.suitable.com/Doc_CodeSigning.shtml

Políticas de seguridad

Antes de Java 2, había la creencia implícita de que se debía confiar en todas las aplicaciones y se les permitía usar todas las características del lenguaje.

Para facilitar la creación de aplicaciones más limitadas, ahora las aplicaciones tienen que pasar por el mismo escrutinio de seguridad de los applets.

En la práctica general, esto no cambia la forma en que se escriben o ejecutan las aplicaciones; las que usted haya creado durante la lectura de este libro no deben encontrar ningún error de seguridad al ejecutarlas en su sistema. Esto ocurre porque el establecimiento de la política de seguridad, durante la instalación del JDK, es lo más liberal posible permitiéndole todas las características disponibles a las aplicaciones.

La política de seguridad está guardada en un archivo llamado `java.policy`. Este archivo está en la subcarpeta `lib\security\` de la carpeta principal de instalación del JDK. Este archivo se puede editar con cualquier editor de texto, pero no lo debería alterar a no ser que conozca muy bien la forma en que está establecido. También puede utilizar una herramienta gráfica de edición incluida con el JDK, llamada `policytool`.

Una visión general de las características de seguridad implementadas en Java 2 está disponible en la página Web de Sun:

http://java.sun.com/products/jdk/1.2/docs/guide/security/spec/security-spec.doc.html

Resumen

Hoy aprendió cómo le ayudan las excepciones a diseñar y fortalecer su programa. Las excepciones le dan una forma de manejar los errores potenciales en sus programas y de alertar a los usuarios de ellos, de la posibilidad de su ocurrencia. Mediante `try`, `catch` y `finally`, usted puede proteger códigos que se podrían convertir en excepciones, atrapar y manejar esas excepciones (en caso de que ocurrieran) y ejecutar códigos sin que importe si se generó o no una excepción.

El manejo de las excepciones es sólo la mitad de la ecuación; la otra mitad es generar y lanzar excepciones usted mismo. Hoy aprendió acerca de la cláusula `throws`, la cual le dice a los usuarios de su método que éste podría lanzar una excepción. También se puede utilizar `throws` para pasar una excepción a otro método, en el cuerpo de su propio método.

Además de la información proporcionada por la cláusula `throws`, también aprendió a crear y lanzar sus propias excepciones mediante la definición de nuevas clases de excepciones y lanzando instancias de cualquier clase de excepción mediante `throw`.

También aprendió las bases de cómo se implementa el modelo de seguridad de Java 2 y la forma en que los desarrolladores de los diferentes navegadores ofrecen una forma de ignorar la seguridad normal del applet con firmas digitales.

Preguntas y respuestas

P **Todavía no estoy seguro de entender las diferencias entre excepciones, errores y excepciones en tiempo de ejecución. ¿Hay otra forma de verlo?**

R Los errores son causados por el enlace dinámico o por problemas de la máquina virtual, y por lo tanto son de muy bajo nivel como para que la mayoría de los programas los tomen en cuenta, o estén en posibilidad de manejarlos, aun en el caso de que se preocuparan por ellos. Las excepciones en tiempo de ejecución se generan por la ejecución normal del código de Java, y aunque en ocasiones reflejan una condición que usted tendrá que manejar explícitamente, es más frecuente que reflejen una equivocación de código cometida por el programador, y por lo tanto sólo necesitan imprimir un error para indicar esa equivocación. Las excepciones que no son de tiempo de ejecución (excepciones `IOException`, por ejemplo) son condiciones que, debido a su naturaleza, deben ser manejadas explícitamente por cualquier código robusto y bien desarrollado. La biblioteca de clases de Java se ha escrito utilizando sólo unas cuantas de éstas, pero son de extrema importancia para utilizar el sistema con seguridad y corrección. El compilador le ayuda a manejar estas excepciones apropiadamente, mediante la verificación y restricciones de `throws`.

P **¿Hay alguna forma de evitar las restricciones tan estrictas colocadas en los métodos por la cláusula `throws`?**

R Sí. Suponga que lo ha pensado durante mucho tiempo y ha decidido que necesita evitar la restricción. Casi nunca se presenta este caso porque la solución correcta es regresar y rediseñar sus métodos para que muestren las excepciones que necesita lanzar. Sin embargo, imagínese que por alguna razón una de las clases del sistema lo tiene amarrado con una "camisa de fuerza". Su primera solución será extender la clase `RuntimeException` para hacer una nueva excepción exenta. Ahora la puede lanzar porque la cláusula `throws` que le estaba molestando no necesita incluir esta nueva excepción. Si necesita muchas excepciones de ese tipo, un enfoque elegante sería mezclar algunas nuevas interfaces de excepciones en sus nuevas clases `Runtime`. Usted está en libertad de escoger cualquier subconjunto que quiera atrapar de estas nuevas interfaces (ninguna de las excepciones normales de `Runtime` necesita ser atrapada), mientras que a cualquiera de las excepciones sobrantes de `Runtime` se les permite ir a través del, de otra forma molesto, método estándar en la biblioteca.

Semana 3

Día 17

Manejo de datos a través de los flujos de Java

Muchos de los programas que crea con Java necesitarán interactuar con algún tipo de fuente de datos. Existen incontables formas de guardar información en una computadora, incluyendo archivos en un disco duro o CD-ROM, páginas en un sitio Web, e incluso en la memoria misma de la computadora.

Quizá hasta podría esperar que hubiera otras técnicas para manejar cada uno de los diversos dispositivos de almacenamiento. Por fortuna, éste no es el caso.

En Java, la información se puede guardar y recuperar mediante un sistema de comunicación llamado flujos, los cuales están implementados en el paquete `java.io`.

Hoy aprenderá a crear flujos de entrada para leer información, y flujos de salida para guardar información. Trabajará con cada uno de los siguientes elementos:

- Flujos de bytes, los cuales se utilizan para manejar bytes, enteros y otros tipos simples de datos.
- Flujos de caracteres, los cuales manejan archivos de texto y otras fuentes de texto.

Puede manejar todos los datos en la misma forma una vez que aprenda a trabajar con un flujo de entrada, ya sea que venga de un disco, de Internet, o incluso de otro programa. Lo contrario se aplica a los flujos de salida.

Los flujos son un mecanismo poderoso para manejar datos, pero usted no pagará por esa potencia con clases difíciles de implementar.

Introducción a los flujos

En Java, todos los datos se escriben y leen usando flujos. Los flujos, al igual que los cuerpos de agua que comparten el mismo nombre, llevan algo de un lugar a otro.

TÉRMINO NUEVO Un *flujo* es una ruta seguida por los datos de un programa. Un *flujo de entrada* envía datos desde una fuente a un programa, y un *flujo de salida* envía datos desde un programa hacia un destino.

Hoy tratará con dos tipos diferentes de flujos: flujos de bytes y flujos de caracteres. Los *bytes* llevan enteros con valores que van desde 0 a 255. Hay una extensa variedad de datos que se pueden expresar en formato de bytes, incluyendo datos numéricos, programas ejecutables, comunicaciones de Internet y códigos de bytes; estos últimos son archivos de clase ejecutados por una máquina virtual de Java.

De hecho, todos los tipos de datos imaginables se pueden expresar usando bytes individuales, o una serie de bytes combinados entre ellos.

TÉRMINO NUEVO Los *flujos de caracteres* son un tipo especializado de flujo de bytes que sólo maneja datos de texto. Se distinguen de los flujos de bytes porque el conjunto de caracteres de Java soporta Unicode, un estándar que incluye muchos más caracteres de los que se podrían expresar utilizando bytes solamente.

Cualquier clase de datos que comprenda texto debería utilizar flujos de caracteres, incluyendo archivos de texto, páginas Web y otros tipos comunes de texto.

Cómo utilizar un flujo

Ya sea que esté utilizando un flujo de bytes o de caracteres, el procedimiento para usarlos en Java es casi el mismo. Antes de que empiece a trabajar con los detalles específicos de las clases `java.io`, sería útil dar algunos pasos a través del proceso de crear y utilizar flujos.

Para un flujo de entrada, el primer paso es crear un objeto que esté asociado con la fuente de datos. Por ejemplo, si la fuente es un archivo en su disco duro, se podría asociar un objeto `FileInputStream` con este archivo.

Ya que tenga un objeto de flujo, podrá leer información de ese flujo con alguno de los métodos del objeto. `FileInputStream` incluye un método `read()` que devuelve una lectura de bytes desde el archivo.

Cuando haya terminado de leer información del flujo, llame al método `close()` para indicarle que ya terminó de utilizar el flujo.

Para un flujo de salida, empiece por crear un objeto que esté asociado con el destino de los datos. Un objeto así, se puede crear desde la clase `BufferedWriter`, la cual representa una manera eficiente de crear archivos de texto.

El método `write()` es la manera más fácil de enviar información al destino del flujo de salida. Por ejemplo, un método `BufferedWriter write()` puede enviar caracteres individuales a un flujo de salida.

Cuando ya no tenga más información que enviar en un flujo de salida, del mismo modo que con los flujos de entrada, llame a `close()`.

Cómo filtrar un flujo

Dependiendo de si es un flujo de salida o de entrada, el modo más sencillo de usar un flujo es crearlo y llamar a sus métodos para enviar o recibir datos.

Muchas de las clases con las que trabajará hoy, logran resultados más sofisticados si asocian un filtro con un flujo antes de leer o escribir datos.

Término Nuevo Un *filtro* es un tipo de flujo que modifica la forma en que se maneja un flujo existente. Imagínese una represa hecha por castores en una corriente de agua. La represa regula el flujo de agua desde los puntos altos hasta los puntos bajos de la corriente. La represa es una especie de filtro, retírela y el agua fluirá con mucho menos control.

El procedimiento para usar un filtro en un flujo es básicamente el siguiente:

- Cree un flujo asociado con una fuente o un destino de datos.
- Asocie un filtro con esa fuente.
- Lea o escriba datos desde el filtro, y no desde el flujo original.

Los métodos a llamar en un filtro son iguales a los métodos que llamaría en un flujo: hay métodos `read()` o métodos `write()`, como los habría en un flujo sin filtros.

Incluso puede asociar un filtro con otro, para hacer posible la siguiente ruta para la información: un flujo de entrada asociado con un archivo de texto, el cual es filtrado a través de un filtro traductor del español al inglés, el cual a su vez es pasado a través de un filtro protector, y finalmente enviado hasta su destino: un ser humano que lo quiere leer.

Si todo esto suena confuso en lo abstracto, tendrá muchas oportunidades de verlo en la práctica en las siguientes secciones.

Flujos de bytes

Todos los flujos de bytes son una subclase de `InputStream` o `OutputStream`. Estas clases son abstractas, de modo que no puede crear un flujo creando objetos de estas clases directamente. En vez de eso, usted crea flujos a través de una de sus subclases, como la siguiente:

- `FileInputStream` y `FileOutputStream` Son flujos de bytes guardados en archivos de disco, CD-ROMs, o en otros dispositivos de almacenamiento.
- `DataInputStream` y `DataOutputStream` Son flujos de bytes en los que se pueden leer datos como enteros y números de punto flotante.

`InputStream` es la superclase de todos los flujos de entrada.

Flujos de archivo

La mayoría de los flujos de bytes con que trabaja, es probable que sean flujos de archivo, los cuales se utilizan para intercambiar datos entre sus discos, CD-ROMs, u otros dispositivos de almacenamiento a los que se pueda referir mediante una ruta de carpeta y un nombre de archivo.

Usted puede enviar bytes a un flujo de salida de archivo y recibir bytes de un flujo de entrada de archivo.

Flujos de entrada de archivo

Un flujo de entrada de archivo se puede crear con el constructor `FileInputStream(string)`. El argumento de cadena debe ser el nombre del archivo. Puede incluir una referencia de ruta con el nombre del archivo, lo cual permite colocar el archivo en una carpeta diferente a la clase que lo carga. La siguiente instrucción crea un flujo de entrada de archivo desde el archivo scores.dat:

```
FileInputStream fis = new FileInputStream("scores.dat");
```

Después de crear un flujo de entrada de archivo, podrá leer bytes desde el flujo llamando a su método `read()`. Este método devuelve un entero que contiene el próximo byte (carácter) en el flujo. Si el método devuelve un –1, lo cual no es un valor de byte (carácter) posible, esto significa que ya llegó al final del flujo.

Para leer más de un byte de datos desde el flujo, llame a su método `read(byte[], int, int)`. Los argumentos de este método son los siguientes:

- Un arreglo de bytes donde se guardarán los datos.
- El elemento dentro del arreglo donde se debe guardar el primer byte de los datos.
- El número de bytes que se va a leer.

A diferencia del otro método `read()`, éste no devuelve datos desde el flujo. En vez de ello, devuelve un entero que representa el número de bytes que se han leído, o –1 si no se leyó ningún byte antes de llegar al final del flujo.

Las instrucciones siguientes utilizan un ciclo `while` para leer los datos de un objeto `FileInputStream` llamado `df`:

```java
int newByte = 0;
while (newByte != -1) {
    newByte = df.read();
    System.out.print(newByte + " ");
}
```

Este ciclo lee todo el archivo referido por `df`, un byte a la vez, y despliega cada `byte` seguido de un carácter de espacio. También puede desplegar un -1, cuando se llega al final del archivo. Usted se podría proteger fácilmente contra esto con una instrucción `if`.

La aplicación `ReadBytes` del listado 17.1, utiliza una técnica parecida para leer un flujo de entrada de archivo. El método `close()` del flujo de entrada sirve para cerrar el flujo después de leer el último byte en este archivo. Esto se debe hacer para liberar los recursos del sistema, asociados con el archivo abierto.

ESCRIBA **LISTADO 17.1.** TEXTO COMPLETO DE READBYTES.JAVA.

```java
 1: import java.io.*;
 2:
 3: public class ReadBytes {
 4:     public static void main(String[] arguments) {
 5:         try {
 6:             FileInputStream file = new
 7:                 FileInputStream("class.dat");
 8:             boolean eof = false;
 9:             int count = 0;
10:             while (!eof) {
11:                 int input = file.read();
12:                 System.out.print(input + " ");
13:                 if (input == -1)
14:                     eof = true;
15:                 else
16:                     count++;
17:             }
18:             file.close();
19:             System.out.println("\nBytes read: " + count);
20:         } catch (IOException e) {
21:             System.out.println("Error -- " + e.toString());
22:         }
23:     }
24: }
```

Si usted ejecuta este programa, obtendrá el siguiente mensaje de error:

SALIDA   `Error -- java.io.FileNotFoundException: class.dat`

Este mensaje de error se ve como el tipo de excepciones generadas por el compilador, pero en realidad viene del bloque `catch` en las líneas 21–23 de la aplicación `ReadBytes`. La excepción es lanzada por las líneas 6 y 7, porque no se pudo encontrar el archivo `class.dat`.

Usted necesita un archivo de bytes en el que pueda leer. Éste puede ser cualquier archivo, una elección adecuada es el archivo de clase del programa, el cual contiene las instrucciones del código de bytes ejecutado por la máquina virtual de Java. Cree este archivo haciendo una copia de `ReadBytes.class` y volviendo a nombrar la copia `class.dat`. No renombre el archivo `ReadBytes.class`, o no estará en posibilidad de ejecutar el programa.

> **Tip**
>
> Los usuarios de Windows 95 y Windows NT pueden utilizar el MS-DOS para crear `class.dat`. Vaya a la carpeta que contiene `ReadBytes.class` y utilice el siguiente comando de DOS:
>
> `copy ReadBytes.class class.dat`
>
> Los usuarios de UNIX pueden escribir lo siguiente en una línea de comandos:
>
> `cp ReadBytes.class class.dat`

Cuando ejecute el programa, cada byte de `class.dat` se desplegará, seguido de un conteo del número total de bytes. Si utiliza `ReadBytes.class` para crear `class.dat`, el resultado de las últimas líneas será algo así:

SALIDA
```
49 43 182 0 23 54 4 178 0 20 187 0 11 89 21 4 184 0 26 183 0 16 18
 2 182 0 18 182 0 24 182 0 21 21 4 2 160 0 8 4 61 167 0 6 132 3 1
28 153 255 209 43 182 0 19 178 0 20 187 0 11 89 18 1 183 0 16 29 1
82 0 17 182 0 24 182 0 22 167 0 29 76 178 0 20 187 0 11 89 18 3 18
3 0 16 43 182 0 25 182 0 18 182 0 24 182 0 22 177 0 1 0 0 93 0 9
6 0 7 0 1 0 53 0 0 0 90 0 22 0 0 5 0 0 6 0 4 0 7 0 6 0 6 0 10
0 8 0 12 0 9 0 14 0 10 0 17 0 11 0 23 0 12 0 49 0 13 0 55 0 14 0 5
7 0 13 0 60 0 16 0 63 0 10 0 67 0 18 0 71 0 19 0 83 0 20 0 90 0 19
 0 93 0 5 0 96 0 21 0 97 0 22 0 122 0 4 0 1 0 58 0 0 0 2 0 57 -1
Bytes read: 1121
```

La cantidad de bytes desplegados en cada línea depende del ancho de la columna que pueda ocupar el texto en su sistema. El número de bytes que aparezca, depende del archivo utilizado para crear `class.dat`.

Flujos de salida de archivo

Un flujo de salida de archivo, se puede crear con el constructor `FileOutputStream(String)`. La utilidad es la misma que la del constructor `FileInputStream(String)`, para que así pueda especificar una ruta con un nombre de archivo.

Tenga mucho cuidado al especificar el archivo en el cual va a escribir un flujo de salida. Si es igual a un archivo existente, el original se borrará cuando empiece a escribir datos en el flujo.

Con el constructor `FileOutputStream(String, boolean)`, puede crear un flujo de salida de archivo que agregue datos después del final de un archivo existente. La cadena especifica el archivo, y el argumento booleano deberá ser igual a `true` para agregar datos, en vez de sobreescribir cualquier información existente.

El método `write(int)`, del flujo de salida de archivo, se utiliza para escribir bytes en el flujo. Después de que haya escrito el último byte en el archivo, utilice el método `close()` del flujo para cerrarlo.

El método `write (byte[], int, int)` sirve para escribir más de un byte. Este método funciona de manera similar al método `read (byte [], int, int)` descrito anteriormente. Los argumentos de este método son el arreglo de bytes que contiene los bytes de salida, el punto de inicio en el arreglo y el número de bytes que debe escribir.

La aplicación `WriteBytes` del listado 17.2 escribe un arreglo de enteros en un flujo de salida de archivo.

ESCRIBA **LISTADO 17.2.** TEXTO COMPLETO DE WRITEBYTES.JAVA.

```
 1: import java.io.*;
 2:
 3: public class WriteBytes {
 4:     public static void main(String[] arguments) {
 5:         int[] data = { 71, 73, 70, 56, 57, 97, 15, 0, 15, 0,
 6:             128, 0, 0, 255, 255, 255, 0, 0, 0, 44, 0, 0, 0,
 7:             0, 15, 0, 15, 0, 0, 2, 33, 132, 127, 161, 200,
 8:             185, 205, 84, 128, 241, 81, 35, 175, 155, 26,
 9:             228, 254, 105, 33, 102, 121, 165, 201, 145, 169,
10:             154, 142, 172, 116, 162, 240, 90, 197, 5, 0, 59 };
11:         try {
12:             FileOutputStream file = new
13:                 FileOutputStream("pic.gif");
14:             for (int i = 0; i < data.length; i++)
15:                 file.write(data[i]);
16:             file.close();
17:         } catch (IOException e) {
18:             System.out.println("Error - " + e.toString());
19:         }
20:     }
21: }
```

En este programa tiene lugar lo siguiente:

- Líneas 5–10 Se crea un arreglo enteros llamado `data` con 66 elementos.
- Líneas 12 y 13 Se crea un flujo de salida de archivo con el nombre de archivo `pic.gif`, en la misma carpeta que el archivo `WriteBytes.class`.
- Líneas 14 y 15 Mediante un ciclo, se circula a través del arreglo `data` y se escribe cada elemento en el flujo del archivo.
- Línea 16 Se cierra el flujo de salida de archivo.

Después de ejecutar este programa, puede desplegar el archivo `pic.gif` en cualquier navegador Web, o herramienta editora de gráficos. Es un archivo pequeño de imagen en formato GIF, como el que se muestra en la figura 17.1.

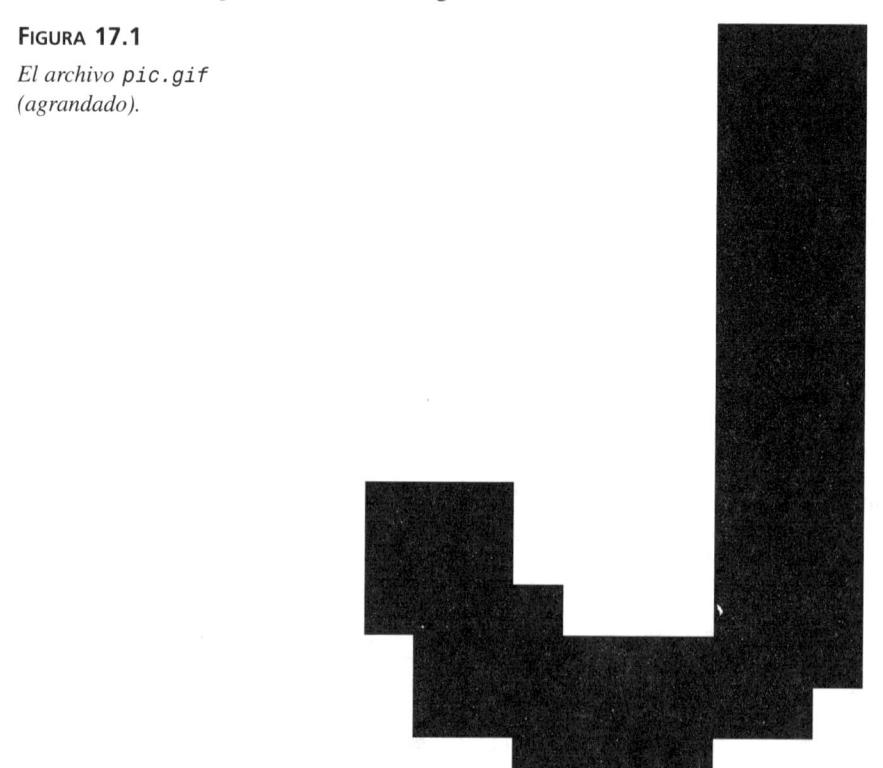

FIGURA 17.1

El archivo `pic.gif` (agrandado).

Filtrado de un flujo

TÉRMINO NUEVO *Flujos filtrados* son los que modifican la información enviada a través de un flujo ya existente. Se crean mediante las subclases `FilterInputStream` o `FilterOutputStream`.

De suyo estas clases no manejan ninguna operación de filtrado. En vez de eso, tienen subclases como `BufferInputStream` y `DataOutputStream` que manejan tipos específicos de filtración.

Filtros de bytes

La información llega más rápido si se puede enviar en cantidades grandes, incluso si dichas cantidades se reciben más rápido de lo que se pueden manejar.

Como un ejemplo de lo anterior, imagine cuál de las técnicas de lectura es más rápida:

- Alguien le presta un libro y usted lo lee completo.
- Alguien le presta un libro página por página, y no le da la página siguiente hasta que no haya terminado de leer la anterior.

Obviamente, la primera técnica va a ser más rápida y eficiente. La misma técnica se aplica en Java a los flujos almacenados en búfer.

TÉRMINO NUEVO Un *búfer* es un lugar donde se pueden guardar datos antes de ser utilizados por un programa que lee o escribe dichos datos. Mediante un búfer usted puede obtener datos sin tener que regresar a la fuente original de ellos.

Flujos almacenados en búfer

Un flujo de entrada almacenado en búfer, llena éste con datos que todavía no han sido manejados, y cuando un programa necesita esos datos, busca en el búfer antes de ir a la fuente original del flujo. Esto es mucho más eficiente; usar un flujo no almacenado en búfer es igual a recibir un libro página por página. Cualquier retraso en el flujo va a retrasar los esfuerzos por utilizarlo.

Los flujos de bytes almacenados en búfer, utilizan las clases `BufferedInputStream` y `BufferedOutputStream`.

Un flujo de entrada almacenado en búfer se crea con alguno de los dos constructores siguientes:

- `BufferedInputStream (InputStream)` Crea un flujo de entrada almacenado en búfer para el objeto específico `InputStream`.
- `BufferedInputStream(InputStream, int)` Crea el flujo específico `InputStream` almacenado en un búfer de tamaño `int`.

La forma más simple de leer datos desde un flujo de entrada almacenado en búfer, es llamar a su método `read()` sin argumentos, el cual devuelve normalmente un entero desde 0 a 255, que representa el próximo byte en el flujo. Si se llega al final del flujo y no hay byte disponible, devolverá -1.

También puede utilizar el método `read(byte[], int, int)` disponible para otros flujos de entrada, el cual carga los datos del flujo en un arreglo de bytes.

Un flujo de salida almacenado en búfer se crea con alguno de los dos constructores siguientes:

- `BufferedOutputStream(OutputStream)` Crea un flujo de salida almacenado en búfer para el objeto específico `OutputStream`.
- `BufferedOutputStream(OutputStream, int)` Crea el flujo específico `OutputStream` almacenado en un búfer de tamaño `int`.

El método `write(int)` del flujo de salida se puede usar para enviar un solo byte al flujo, y el método `write(byte[], int, int)` escribe múltiples bytes desde el arreglo de bytes especificado. Los argumentos para este método son el arreglo de bytes, el punto de inicio del arreglo y la cantidad de bytes que debe escribir.

> **Nota** Aunque el método `write()` toma un entero como entrada, el valor debería ser desde 0 a 255. Si usted especifica un número mayor que 255, será guardado como el residuo del número dividido entre 256. Esto lo podrá probar cuando ejecute el proyecto que creará más adelante en esta misma sección.

Cuando los datos se dirigen hacia un flujo almacenado en búfer, no serán enviados a su destino hasta que el flujo se llene o se llame al método `flush()` del flujo almacenado en búfer.

En el proyecto siguiente, la aplicación `BufferDemo` escribe una serie de bytes en un flujo de salida almacenado en búfer, asociado con un archivo de texto. El primero y el último enteros de la serie, están especificados como dos argumentos de línea de comandos, como en la siguiente instrucción:

```
java BufferDemo 7 64
```

Después de escribir en el archivo de texto, `BufferDemo` crea un flujo de entrada almacenado en búfer desde el archivo y vuelve a leer los bytes. El listado 17.3 contiene el código fuente.

ESCRIBA **LISTADO 17.3.** TEXTO COMPLETO DE BUFFERDEMO.JAVA.

```
1: import java.io.*;
2:
3: public class BufferDemo {
4:     public static void main(String[] arguments) {
5:         int start = 0;
6:         int finish = 255;
7:         if (arguments.length > 1) {
8:             start = Integer.parseInt(arguments[0]);
9:             finish = Integer.parseInt(arguments[1]);
```

```java
10:         } else if (arguments.length > 0)
11:             start = Integer.parseInt(arguments[0]);
12:         ArgStream as = new ArgStream(start, finish);
13:         System.out.println("\nWriting: ");
14:         boolean success = as.writeStream();
15:         System.out.println("\nReading: ");
16:         boolean readSuccess = as.readStream();
17:     }
18: }
19:
20: class ArgStream {
21:     int start = 0;
22:     int finish = 255;
23:
24:     ArgStream(int st, int fin) {
25:         start = st;
26:         finish = fin;
27:     }
28:
29:     boolean writeStream() {
30:         try {
31:             FileOutputStream file = new
32:                 FileOutputStream("numbers.dat");
33:             BufferedOutputStream buff = new
34:                 BufferedOutputStream(file);
35:             for (int out = start; out <= finish; out++) {
36:                 buff.write(out);
37:                 System.out.print(" " + out);
38:             }
39:             buff.close();
40:             return true;
41:         } catch (IOException e) {
42:             System.out.println("Exception: " + e.getMessage());
43:             return false;
44:         }
45:     }
46:
47:     boolean readStream() {
48:         try {
49:             FileInputStream file = new
50:                 FileInputStream("numbers.dat");
51:             BufferedInputStream buff = new
52:                 BufferedInputStream(file);
53:             int in = 0;
54:             do {
55:                 in = buff.read();
56:                 if (in != -1)
57:                     System.out.print(" " + in);
58:             } while (in != -1);
```

continúa

LISTADO 17.3. CONTINUACIÓN

```
59:                buff.close();
60:                return true;
61:            } catch (IOException e) {
62:                System.out.println("Exception: " + e.getMessage());
63:                return false;
64:            }
65:    }
66: }
```

La salida de este programa depende de los dos argumentos especificados en la línea de comandos. Si utiliza `java BufferDemo 4 13`, aparecerá la siguiente salida:

SALIDA

```
Writing:
4 5 6 7 8 9 10 11 12 13
Reading:
4 5 6 7 8 9 10 11 12 13
```

Esta aplicación consta de dos clases: `BufferDemo` y una clase de ayuda llamada `ArgStream`. `BufferDemo` obtiene los valores de los dos argumentos, si están disponibles, y los utiliza en el constructor `ArgStream()`.

El método `writeStream()` de `ArgStream` es llamado en la línea 14 para escribir las series de bytes en un flujo de salida almacenado en búfer, y el método `readStream()` es llamado en la línea 16 para volver a leer esos bytes.

Aunque estos datos se mueven en dos direcciones, los métodos `writeStream()` y `readStream()` son sustancialmente los mismos. Ambos toman el formato siguiente:

- Con el nombre de archivo, `numbers.dat`, se crea un flujo de entrada o salida de archivo.
- El flujo de archivo se usa para crear un flujo de entrada o salida almacenado en un búfer.
- El método `write()` del flujo almacenado en búfer se usa para enviar datos, y el método `read()` se utiliza para recibir datos.
- Se cierra el flujo almacenado en búfer.

Como los flujos de archivo y los flujos almacenados en búfer lanzan objetos `IOException`, en caso de que suceda un error, todas las operaciones que involucren flujos están incluidas en un bloque `try...catch` para esta excepción.

> **Tip:** Los valores booleanos devueltos en `writeStream()` y `readStream()`, indican si se terminó con éxito la operación del flujo. Esos valores no se usan en este programa, pero es una buena práctica dejar que los llamadores de estos métodos sepan si algo va mal.

Flujos de datos

Si necesita trabajar con datos que no están representados como bytes o caracteres, puede utilizar flujos de entrada y flujos de salida de datos. Éstos filtran un flujo de bytes de modo que se puedan leer o escribir, directamente del flujo, cada uno de los siguientes tipos primitivos: `boolean`, `byte`, `double`, `float`, `int`, `long`, y `short`.

Un flujo de entrada de datos se crea con el constructor `DataInputStream(InputStream)`. El argumento debe ser un flujo de entrada existente, como un flujo de entrada almacenado en búfer o un flujo de entrada de archivo.

Por otra parte, un flujo de salida de datos necesita el constructor `DataOutputStream(OutputStream)`, el cual indica el flujo de salida asociado.

La lista siguiente indica los métodos de lectura y escritura que se aplican a los flujos de entrada y salida de datos, respectivamente:

- `readBoolean()`, `writeBoolean(boolean)`
- `readByte()`, `writeByte(integer)`
- `readDouble()`, `writeDouble(double)`
- `readFloat()`, `writeFloat(float)`
- `readInt()`, `writeInt(int)`
- `readLong()`, `writeLong(long)`
- `readShort()`, `writeShort(int)`

Cada uno de los métodos de entrada devuelve el tipo primitivo de datos indicado por el nombre del método. Por ejemplo, el método `readFloat()` devuelve un valor `float`.

También hay métodos `readUnsignedByte()` y `readUnsignedShort()` que leen bytes y valores cortos sin signo. Estos tipos de datos no están soportados por Java, por lo que son devueltos como valores `int`.

> **Nota**
> Los bytes sin signo tienen valores que van de 0 a 255. Esto difiere del tipo variable `byte` de Java, el cual va de -128 a 127. Asimismo, un valor corto sin signo va de 0 a 65,535 en vez del rango -32,768 a 32,767 soportado por el tipo `short` de Java.

No todos los distintos métodos de lectura de un flujo de entrada de datos, devuelven valores que se puedan utilizar como un indicador de que se ha alcanzado el final del flujo.

Como una alternativa, puede esperar que una EOFException (excepción de fin de archivo) sea lanzada cuando el método de lectura alcance el final del flujo. El ciclo encargado de leer los datos se puede encerrar en un bloque try, y la instrucción asociada catch sólo debe manejar objetos EOFException. Llame a close() en el flujo y cuide otras tareas de limpieza dentro del bloque catch.

Esto queda demostrado en el próximo proyecto. Los listados 17.4 y 17.5 contienen dos programas que utilizan flujos de datos. La aplicación WritePrimes escribe los primeros 400 números primos como enteros, en un archivo llamado 400primes.dat. La aplicación ReadPrimes lee los enteros de este archivo y los despliega.

ESCRIBA LISTADO 17.4. TEXTO COMPLETO DE WRITEPRIMES.JAVA.

```java
 1: import java.io.*;
 2:
 3: class WritePrimes {
 4:     public static void main(String arguments[]) {
 5:         int[] primes = new int[400];
 6:         int numPrimes = 0;
 7:         // candidato: el número que podría ser primo
 8:         int candidate = 2;
 9:         while (numPrimes < 400) {
10:             if (isPrime(candidate)) {
11:                 primes[numPrimes] = candidate;
12:                 numPrimes++;
13:             }
14:             candidate++;
15:         }
16:
17:         try {
18:             // Escribe en el disco la salida
19:             FileOutputStream file = new
20:                 FileOutputStream("400primes.dat");
21:             BufferedOutputStream buff = new
22:                 BufferedOutputStream(file);
23:             DataOutputStream data = new
24:                 DataOutputStream(buff);
25:
26:             for (int i = 0; i < 400; i++)
27:                 data.writeInt(primes[i]);
28:             data.close();
29:         } catch (IOException e) {
30:             System.out.println("Error -- " + e.toString());
31:         }
32:     }
33:
34:     public static boolean isPrime(int checkNumber) {
35:         double root = Math.sqrt(checkNumber);
```

```
36:            for (int i = 2; i <= root; i++) {
37:                if (checkNumber % i == 0)
38:                    return false;
39:            }
40:            return true;
41:        }
42: }
```

> **ESCRIBA** **LISTADO 17.5.** TEXTO COMPLETO DE READPRIMES.JAVA.

```
 1: import java.io.*;
 2:
 3: class ReadPrimes {
 4:     public static void main(String arguments[]) {
 5:         try {
 6:             FileInputStream file = new
 7:                 FileInputStream("400primes.dat");
 8:             BufferedInputStream buff = new
 9:                 BufferedInputStream(file);
10:             DataInputStream data = new
11:                 DataInputStream(buff);
12:
13:             try {
14:                 while (true) {
15:                     int in = data.readInt();
16:                     System.out.print(in + " ");
17:                 }
18:             } catch (EOFException eof) {
19:                 buff.close();
20:             }
21:         } catch (IOException e) {
22:             System.out.println("Error -- " + e.toString());
23:         }
24:     }
25: }
```

La mayor parte de la aplicación WritePrimes la conforma la lógica para encontrar los primeros 400 números primos. Una vez que tenga un arreglo de enteros con los primeros 400 números primos, se escriben en las líneas 17–31 de un flujo de salida de datos.

Esta aplicación es un ejemplo de cómo utilizar más de un filtro en un flujo. El flujo se desarrolla en un proceso de tres pasos:

- Se crea un flujo de salida de archivo, que está asociado con un archivo llamado 400primes.dat.
- Un nuevo flujo de salida almacenado en búfer se asocia con el flujo de archivo.
- Un nuevo flujo de salida de datos se asocia con el flujo almacenado en búfer.

El método `writeInt()` del flujo de datos se utiliza para escribir los números primos en el archivo.

La aplicación `ReadPrimes` es más sencilla porque no necesita hacer nada con respecto a los números primos, sólo lee los enteros del archivo utilizando un flujo de entrada.

Las líneas 6–11 de `ReadPrimes` son casi idénticas a las instrucciones en la aplicación `WritePrimes`, excepto por el uso de clases de entrada en vez de clases de salida.

El bloque `try...catch`, que maneja los objetos `EOFException` está en las líneas 13–20. El trabajo de cargar los datos tiene lugar dentro del bloque `try`.

La instrucción `while(true)` crea un ciclo sin fin. Esto no representa un problema, porque ocurrirá un `EOFException` automáticamente cuando el final del flujo se encuentre en algún punto conforme se va leyendo el flujo de datos. El método `readInt()` en la línea 15 lee los enteros del flujo.

Las últimas líneas de salida de la aplicación `ReadPrimes` deben parecerse a lo siguiente:

SALIDA
```
2137 2141 2143 2153 2161 2179 2203 2207 2213 2221 2237 2239 2243 22
51 2267 2269 2273 2281 2287 2293 2297 2309 2311 2333 2339 2341 2347
 2351 2357 2371 2377 2381 2383 2389 2393 2399 2411 2417 2423 2437 2
441 2447 2459 2467 2473 2477 2503 2521 2531 2539 2543 2549 2551 255
7 2579 2591 2593 2609 2617 2621 2633 2647 2657 2659 2663 2671 2677
2683 2687 2689 2693 2699 2707 2711 2713 2719 2729 2731 2741
```

Flujos de caracteres

Una vez que sepa cómo manejar flujos de bytes, tendrá todos los conocimientos para manejar flujos de caracteres. Estos flujos se utilizan para trabajar con cualquier texto representado por un conjunto de caracteres ASCII o Unicode, este último es un conjunto internacional de caracteres que incluye ASCII.

Los archivos de ejemplo, con los que puede trabajar a través de un flujo de caracteres, son archivos de texto, documentos HTML y archivos fuente de Java.

Todas las clases utilizadas para leer y escribir estos flujos, son subclases de `Reader` y `Writer`. En vez de tratar directamente con los flujos de bytes, se deben utilizar estas clases para todas las entradas de texto.

Nota
Con la introducción de las clases `Reader` y `Writer` y sus subclases, las técnicas para manejar flujos de caracteres han mejorado mucho después de Java 1.0.2; ellas permiten soportar los caracteres de Unicode y un mejor manejo del texto. Un applet de Java listo para 1.0.2, puede leer caracteres mediante las clases de flujo de bytes descritas con anterioridad.

Cómo leer archivos de texto

`FileReader` es la clase principal que se utiliza para leer flujos de caracteres de un archivo. Esta clase hereda de `InputStreamReader`, la cual lee un flujo de bytes y los convierte en valores enteros que representan caracteres de Unicode.

Un flujo de entrada de caracteres se asocia con un archivo usando el constructor `FileReader(String)`. La cadena indica el archivo, y puede contener referencias a la ruta de la carpeta, además de un nombre de archivo.

La instrucción siguiente crea un nuevo `FileReader` llamado `look` y lo asocia con un archivo de texto llamado `index.html`:

```
FileReader look = new FileReader("index.html");
```

Una vez que tenga un lector de archivo, puede llamar a los siguientes métodos, incluidos en él, para leer los caracteres del archivo:

- `read()` devuelve como un entero, el siguiente carácter en el flujo.
- `read(char[], int, int)` lee caracteres en el arreglo de caracteres especificado con el punto inicial indicado y el número de caracteres a leer.

El segundo método funciona como los métodos similares para las clases de flujo de entrada de bytes. En vez de devolver el carácter siguiente, devuelve el número de caracteres que se leyeron, o devuelve -1 si no se leyeron caracteres antes de llegar al final del flujo.

El método siguiente carga un archivo de texto utilizando el objeto `text` de `FileReader` y despliega sus caracteres:

```
FileReader text = new
    FileReader("readme.txt");
int inByte;
do {
    inByte = text.read();
    if (inByte != -1)
        System.out.print( (char)inByte );
} while (inByte != -1);
System.out.println("");
text.close();
```

Debido a que el método `read()` de un flujo de caracteres devuelve un entero, debe convertir éste en un carácter antes de desplegarlo o guardarlo en un arreglo, o utilizarlo para formar una cadena. Cada carácter tiene un código numérico que representa su posición en el conjunto de caracteres de Unicode. El entero que se lee en la cadena representa este código numérico.

Si desea leer una línea de texto a la vez, en lugar de leer un archivo carácter por carácter, utilice la clase `BufferedReader` junto con un `FileReader`.

La clase `BufferedReader` lee un flujo de entrada de caracteres y los guarda en un búfer para hacerla más eficiente. Para crear una versión en búfer, debe tener un objeto `Reader` existente de algún tipo. Para crear un `BufferedReader` se puede utilizar el siguiente constructor:

- `BufferedReader(Reader)`   Crea un flujo de caracteres almacenado en búfer, asociado con el objeto especificado `Reader`, como `FileReader`.
- `BufferedReader(Reader, int)`   Crea un flujo de caracteres almacenado en búfer, asociado con el `Reader` especificado y con un búfer de tamaño `int`.

Un flujo de caracteres almacenado en búfer se puede leer utilizando los métodos `read()` y `read(char[], int, int)` descritos en `FileReader`. Puede leer una línea de texto usando el método `readLine()`.

El método `readLine()` devuelve un objeto `String` que contiene la próxima línea de texto en el flujo, sin incluir el carácter o caracteres que representan el final de una línea. Si se llega al final del flujo, el valor devuelto de la cadena será igual a `null`.

Un final de línea está indicado por cualquiera de los siguientes:

- Un carácter de línea nueva (`'\n'`)
- Un carácter de retorno de carro (`'\r'`)
- Un carácter de retorno de carro seguido de una línea nueva

El proyecto contenido en el listado 17.6, es una aplicación de Java que lee su propio archivo fuente a través de un flujo de caracteres almacenado en búfer.

ESCRIBA   **LISTADO 17.6.** TEXTO COMPLETO DE READSOURCE.JAVA.

```
 1: import java.io.*;
 2:
 3: public class ReadSource {
 4:     public static void main(String[] arguments) {
 5:         try {
 6:             FileReader file = new
 7:                 FileReader("ReadSource.java");
 8:             BufferedReader buff = new
 9:                 BufferedReader(file);
10:             boolean eof = false;
11:             while (!eof) {
12:                 String line = buff.readLine();
13:                 if (line == null)
14:                     eof = true;
15:                 else
16:                     System.out.println(line);
17:             }
18:             buff.close();
19:         } catch (IOException e) {
```

```
20:            System.out.println("Error -- " + e.toString());
21:        }
22:    }
23: }
```

Una buena parte de este programa se compara con los proyectos que hemos creado hoy, como se ilustra:

- **Líneas 6 y 7** Se crea una fuente de entrada: el objeto `FileReader` asociado con el archivo `ReadSource.java`.
- **Líneas 8 y 9** Un filtro de búfer se asocia con esa fuente de entrada: el objeto `buff` de `BufferedReader`.
- **Líneas 11–17** Un método `readLine()` se usa dentro de un ciclo while para leer el archivo de texto línea por línea. El ciclo termina cuando el método devuelve el valor `null`.

La salida de la aplicación `ReadSource` es el archivo de texto `ReadSource.java`.

Cómo escribir archivos de texto

Con la clase `FileWriter` se puede escribir un flujo de caracteres en un archivo. Es una subclase de `OutputStreamWriter`, la cual tiene el comportamiento para convertir caracteres de Unicode en bytes.

Hay dos constructores `FileWriter`: `FileWriter(String)` y `FileWriter(String, boolean)`. La cadena indica el nombre del archivo al que se va a dirigir el flujo de caracteres, la cual puede incluir una ruta para la carpeta. Si el archivo se va a anexar a un archivo actual de texto, el argumento booleano opcional debe ser igual a `true`. Al igual que con las otras clases de escritura de flujos, debe tener cuidado de no sobreescribir accidentalmente un archivo existente cuando no esté anexando datos.

Hay tres métodos de `FileWriter` con los que se pueden escribir datos en un flujo:

- `write(int)` Escribe un carácter.
- `write(char[], int, int)` Escribe caracteres del arreglo de caracteres especificado, con el punto de inicio y el número de caracteres a escribir.
- `write(String, int, int)` Escribe caracteres de la cadena especificada, con el punto de inicio y el número de caracteres a escribir.

El ejemplo siguiente escribe un flujo de caracteres en un archivo mediante la clase `FileWriter` y el método `write(int)`:

```
FileWriter letters = new FileWriter("alphabet.txt");
for (int i = 65; i < 91; i++)
    letters.write( (char)i );
letters.close();
```

Con el método `close()` se cierra el flujo una vez enviados todos los caracteres al archivo de destino. Éste es el archivo `alphabet.txt` que produce este código:

ABCDEFGHIJKLMNOPQRSTUVWXYZ

La clase `BufferedWriter` se utiliza para escribir un flujo de caracteres almacenado en búfer. Los objetos de esta clase se crean con los constructores `BufferedWriter(Writer)` o `BufferedWriter(Writer, int)`. El argumento `Writer` puede ser cualquier clase de flujos de salida de caracteres, como `FileWriter`. El segundo argumento opcional es un entero que indica el tamaño del búfer que se va a usar.

`BufferedWriter` tiene los mismos tres métodos de salida de `FileWriter`: `write(int)`, `write(char[], int, int)` y `write(String, int, int)`.

Otro método útil de salida es `newLine()`, el cual manda el carácter (o caracteres) preferido(s) de fin de línea de la plataforma que se está usando para ejecutar el programa.

> **Tip:** Los diversos marcadores de final de línea pueden crear confusión con las conversiones al transferir archivos de un sistema operativo a otro, como cuando los usuarios de Windows 95 cargan un archivo a un servidor Web que está ejecutando el sistema operativo Linux. Si utiliza `newLine()` en vez de una literal (como `'\n'`) hará que su programa sea más amigable para el usuario a través de las diversas plataformas.

El método `close()` es llamado para cerrar el flujo de caracteres almacenados en búfer y asegurarse que todos los datos almacenados en búfer se envíen al destino del flujo.

Archivos y filtros para los nombres de archivo

En todos los ejemplos que hemos usado hasta aquí, se ha utilizado una cadena para referirse al archivo incluido en la operación de un flujo. Esto suele ser suficiente para un programa que utiliza archivos y flujos, pero si quiere copiar archivos, cambiarles nombre o manejar otras tareas, se debe hacer mediante un objeto `File`.

`File`, que también es parte del paquete `java.io`, representa una referencia de archivo o carpeta.

Éstos son constructores `File` que se pueden usar:

- `File(String)`   Crea un objeto `File` con la carpeta especificada; no se indica un nombre de archivo, por lo tanto se refiere solamente a una carpeta de archivo.
- `File(String, String)`   Crea un objeto `File` con la ruta específica de la carpeta y el nombre especificado.
- `File(File, String)`   Crea un objeto `File` con su ruta representada por el `File` especifícado y su nombre indicado por el `String` especificado.

Usted puede llamar a varios métodos útiles en un objeto `File`.

El método `exists()` devuelve un valor booleano, indicando si existe el archivo bajo el nombre y ruta de carpeta establecidos cuando se creó el objeto `File`. Si existe ese archivo, puede utilizar el método `length()` para devolver un entero `long` que indica el tamaño del archivo en bytes.

El método `renameTo(File)` le cambia el nombre al archivo por el nombre especificado por el argumento `File`. Se devuelve un valor booleano indicando si la operación fue exitosa.

Para borrar un archivo o una carpeta, se debe llamar al método `delete()` o `deleteOnExit()`. El método `delete()` intenta un borrado inmediato (devolviendo un valor booleano que indica si la función fue satisfactoria). El método `deleteOnExit()` espera a que se haya terminado de ejecutar el resto del programa, para intentar la operación de borrado. Este método no devuelve un valor; usted no podría hacer nada con esa información y el programa debe terminar en algún punto para que pueda funcionar el método.

El método `mkdir()` se puede utilizar para crear la carpeta especificada por el objeto `File` en el que es llamado. Devuelve un valor booleano que indica el éxito o fracaso. Puesto que `delete()` se puede usar tanto en carpetas como en archivos, no hay un método comparable para eliminar carpetas.

Como en cualquier operación de manejo de archivos, estos métodos se deben manejar con cuidado para evitar el borrado de archivos y carpetas equivocados. No hay un método disponible para recuperar un archivo o una carpeta.

Si el programa no tiene los privilegios de seguridad para ejecutar la operación del archivo en cuestión, cada uno de los métodos lanzará una `SecurityException`, de ahí la necesidad de manejarlos con un bloque `try...catch` o una cláusula `throws` en una declaración de método.

El programa que aparece en el listado 17.7, convierte en mayúsculas todo el texto de un archivo. El archivo es leído mediante un flujo de entrada almacenado en búfer, y se lee un carácter a la vez. Una vez convertido en mayúscula, el carácter se envía a un archivo temporal por medio de un flujo de entrada almacenado en búfer. Los objetos `File` se usan en vez de las cadenas para indicar los archivos involucrados, lo cual hace posible cambiarles el nombre y borrarlos según se necesite.

ESCRIBA **LISTADO 17.7.** TEXTO COMPLETO DE ALLCAPSDEMO.JAVA.

```
1: import java.io.*;
2:
3: public class AllCapsDemo {
4:     public static void main(String[] arguments) {
5:         AllCaps cap = new AllCaps(arguments[0]);
```

continúa

LISTADO 17.7. CONTINUACIÓN

```
 6:            cap.convert();
 7:       }
 8: }
 9:
10: class AllCaps {
11:     String sourceName;
12:
13:     AllCaps(String sourceArg) {
14:         sourceName = sourceArg;
15:     }
16:
17:     void convert() {
18:         try {
19:             // crea objetos de archivo
20:             File source = new File(sourceName);
21:             File temp = new File("cap" + sourceName + ".tmp");
22:
23:             // crea flujos de entrada
24:             FileReader fr = new
25:                 FileReader(source);
26:             BufferedReader in = new
27:                 BufferedReader(fr);
28:
29:             // crea flujos de salida
30:             FileWriter fw = new
31:                 FileWriter(temp);
32:             BufferedWriter out = new
33:                 BufferedWriter(fw);
34:
35:             boolean eof = false;
36:             int inChar = 0;
37:             do {
38:                 inChar = in.read();
39:                 if (inChar != -1) {
40:                   char outChar = Character.toUpperCase( (char)inChar );
41:                   out.write(outChar);
42:                 } else
43:                     eof = true;
44:             } while (!eof);
45:             in.close();
46:             out.close();
47:
48:             boolean deleted = source.delete();
49:             if (deleted)
50:                 temp.renameTo(source);
51:         } catch (IOException e) {
52:             System.out.println("Error - " + e.toString());
53:         } catch (SecurityException se) {
54:             System.out.println("Error - " + se.toString());
```

```
55:        }
56:    }
57: }
```

Después de compilar el programa, necesita un archivo de texto que se pueda convertir a letras mayúsculas. Una opción sería hacer una copia de `AllCapsDemo.java` y darle un nombre como `TempFile.java`.

El nombre del archivo que se va a convertir se debe especificar en la línea de comandos, al ejecutar `AllCapsDemo`, como en el ejemplo siguiente:

```
java AllCapsDemo TempFile.java
```

Este programa no produce salida alguna. Para ver el resultado de la aplicación cargue en un editor de textos el archivo convertido.

Resumen

Hoy aprendió a trabajar con flujos en dos direcciones distintas: trayendo datos a un programa a través de un flujo de entrada, y enviando datos de un programa a través de un flujo de salida.

Para manejar el texto, utilizó flujos de bytes en muchos tipos de datos no textuales y en flujos de caracteres. Se asociaron filtros con flujos para alterar la forma en que se entregó la información a través de un flujo, o para alterar la información en sí.

La lección de hoy cubre la mayoría de las clases del paquete `java.io`, pero hay otros tipos de flujos que podría llegar a necesitar. Los flujos canalizados son útiles cuando se comunican datos entre distintos subprocesos, y los flujos de arreglos de bytes pueden conectar programas a la memoria de una computadora.

Dado que en Java las clases de flujos están estrechamente coordinadas, usted ya tiene la mayor parte del conocimiento necesario para usar estos otros tipos de flujos. Los constructores, métodos de lectura y métodos de escritura son casi idénticos.

Los flujos son una forma poderosa de ampliar la funcionalidad de sus programas de Java, porque ofrecen una conexión con cualquier tipo de datos en los que desee trabajar.

Mañana verá cómo alcanzan los flujos la fuente de datos más grande que se pueda imaginar: Internet.

Preguntas y respuestas

P **Un programa en lenguaje C que utilizo, crea un archivo de enteros y otros datos. ¿Puedo leerlos con un programa de Java?**

R Sí puede, pero algo que debe tomar en consideración es si su programa representa enteros en la misma forma que lo hace un programa de Java. Como recordará, todos los programas se pueden representar como un byte individual, o como una serie de bytes. En Java, un entero se representa utilizando cuatro bytes organizados en lo que se conoce como un orden big-endian. Puede determinar el valor del entero combinando los bytes de izquierda a derecha. Un programa en C implementado en una PC Intel, es probable que represente enteros en un orden little-endian, lo cual significa que los bytes deben arreglarse de derecha a izquierda para determinar el resultado. Para poder utilizar un archivo de datos creado con un lenguaje de programación distinto al de Java, tendría que aprender técnicas avanzadas, como corrimiento de bits.

SEMANA 3

DÍA 18

Comunicación a través de Internet

Desde su introducción, una de las características más notables de Java es su lenguaje respecto a Internet. Como recordará desde el día 1 ("Introducción a Java"), Java se desarrolló en su inicio como un lenguaje que podía controlar una red de dispositivos interactivos llamada Star7. Duke, la mascota animada de Sun, era la estrella de estos dispositivos.

La biblioteca de clases de Java incluye el paquete java.net, que hace posible la comunicación en una red con sus programas de Java. El paquete proporciona abstracciones de plataforma cruzada para operaciones simples en red, entre ellas la conexión y recuperación de archivos por medio de protocolos comunes de Web y la creación de sockets básicos tipo UNIX.

Si utilizamos este paquete conjuntamente con flujos de entrada y salida, leer y escribir archivos en la red es tan fácil como leer y escribir archivos en su disco local.

Hoy podrá escribir algunas aplicaciones de Java para Web y aprender por qué es más difícil hacer lo mismo con un applet. Creará un programa que pueda cargar un documento de World Wide Web e investigará cómo se crean los programas cliente–servidor.

Conectividad en Java

Término Nuevo *Conectividad* es la capacidad de hacer conexiones desde su applet o aplicación a un sistema, a través de la red. La conectividad en Java se implementa a través de las clases del paquete `java.net`.

Desde luego que hay restricciones. Los applets de Java no suelen leer o escribir del disco de la máquina en que está corriendo el navegador, ni se pueden conectar a otros sistemas distintos al sistema en que fueron guardados originalmente. Aun con tales restricciones, usted podrá lograr mucho y sacar ventaja de Web para leer y procesar información en la Red.

Esta sección describe dos formas sencillas de comunicarse con otros sistemas de la Red:

- `getInputStream()` es un método que abre una conexión a un URL y le permite sacar datos de esa conexión.
- Las clases de socket, `Socket` y `ServerSocket`, que le permiten abrir conexiones estándar de socket a hosts, y leer y escribir de esas conexiones.

Apertura de conexiones con Web

En vez de pedirle al navegador que sólo cargue el contenido de un archivo, sería mejor sacar provecho del contenido de ese archivo para usarlo en su applet. Si el archivo que desea abrir está guardado en Web y se le puede accesar a través de las formas más comunes de URL (http, FTP y más), su programa Java puede usar la clase `URL` para obtenerlo.

Por razones de seguridad, los applets sólo se pueden conectar al mismo hosts del que provienen originalmente. Esto significa que si ha guardado sus applets en un sistema llamado www.prefect.com, la única máquina con la que su applet puede abrir una conexión será con ese mismo host, y con el mismo nombre, así que tenga mucho cuidado con los "alias". Si el archivo que quiere recuperar el applet está en el mismo sistema, la forma más fácil de obtenerlo es mediante las conexiones URL.

Esta restricción de seguridad cambiará su forma de escribir y probar applets que cargan archivos a través de sus URLs. Puesto que usted no ha manejado conexiones de red, le ha sido posible hacer todas sus pruebas en el disco local con sólo abrir los archivos HTML en un navegador, o con la herramienta `appletviewer`. Esto no lo puede hacer con applets que abren conexiones de red. Para que esos applets puedan trabajar correctamente, tiene que hacer una de estas dos cosas:

- Ejecutar su navegador en la misma máquina en que está corriendo su servidor Web. Si no tiene acceso a ese servidor, puede instalar y ejecutar un servidor en su máquina local.
- Cargar sus archivos de clase y HTML en su servidor Web, cada vez que quiera probarlos. Entonces, en vez de ejecutar el applet en forma local, ejecútelo desde la página Web.
- En cuanto a la seguridad sobre si su applet y la conexión que está abriendo están en el mismo servidor, usted mismo se dará cuenta cuando esto no sea así. Si trata de cargar un applet o un archivo de servidores diferentes tendrá una excepción de seguridad, junto con muchos otros mensajes alarmantes de error impresos en la pantalla o en la consola de Java. Debido a eso, al conectarse a Internet y sus recursos, sería mejor que trabajara con aplicaciones.

Para recuperar archivos de Web, vaya a los métodos y las clases.

Apertura de un flujo a través de la red

Como lo aprendió durante el día 17, "Manejo de datos a través de los flujos de Java", hay varias formas de obtener información a través de un flujo para sus programas de Java. Las clases y los métodos que escoja dependerán del modo de la información que contengan y de lo que quiera hacer con ella.

Los documentos de texto que hay en Web son algunos de los recursos que puede obtener desde sus programas de Java.

Para cargar un documento de texto de Web y leerlo línea por línea, siga estos cuatro pasos:

- Cree un objeto `URL` que represente la dirección Web del recurso.
- Cree un objeto `URLConnection` que pueda cargar ese URL y hacer una conexión con el sitio que lo contiene.
- Utilice el método `getInputStream()` de ese objeto `URLConnection`, para crear un `InputStreamReader` que pueda leer un flujo de datos desde el URL.
- Mediante ese lector del flujo de entrada, cree un objeto `BufferedReader` que lea con eficiencia caracteres de un flujo de entrada.

Hay una gran interacción entre el punto A, que es el documento Web, y el punto B, su programa Java. Con el URL se establece una conexión URL, que se utiliza para establecer un lector de flujos de entrada, el cual a su vez sirve para establecer un lector de flujos de entrada almacenados en búfer. La necesidad de capturar las excepciones que ocurran durante el proceso lo hace más complejo.

Este proceso es muy confuso, por eso es útil seguir los pasos a través de un programa que lo implemente. El siguiente es un ejemplo de una aplicación que utiliza la técnica de los cuatro pasos para abrir una conexión con un sitio Web y leer un documento HTML. Cuando el documento esté totalmente cargado, se desplegará en un área de texto.

El listado 18.1 nos muestra el código; la figura 18.1 nos da el resultado de la lectura del archivo.

Figura 18.1

La aplicación GetFile.

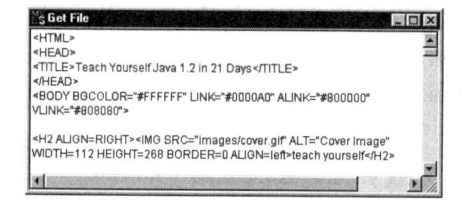

Listado 18.1. Texto completo de GETFILE.JAVA.

```
 1: import java.awt.*;
 2: import java.awt.event.*;
 3: import java.net.*;
 4: import java.io.*;
 5:
 6: public class GetFile extends Frame implements Runnable {
 7:     Thread runner;
 8:     URL page;
 9:     TextArea box = new TextArea("Getting text ...");
10:
11:     public GetFile() {
12:         super("Get File");
13:         add(box);
14:         try {
15:             page = new
                URL("http://www.prefect.com/java21/index.html");
16:         }
17:         catch (MalformedURLException e) {
18:             System.out.println("Bad URL: " + page);
19:         }
20:     }
21:
22:     public static void main(String[] arguments) {
```

```
23:            GetFile frame = new GetFile();
24:
25:            WindowListener l = new WindowAdapter() {
26:                public void windowClosing(WindowEvent e) {
27:                    System.exit(0);
28:                }
29:            };
30:            frame.addWindowListener(l);
31:
32:            frame.pack();
33:            frame.setVisible(true);
34:            if (frame.runner == null) {
35:                frame.runner = new Thread(frame);
36:                frame.runner.start();
37:            }
38:        }
39:
40:        public void run() {
41:            URLConnection conn = null;
42:            InputStreamReader in;
43:            BufferedReader data;
44:            String line;
45:            StringBuffer buf = new StringBuffer();
46:            try {
47:                conn = this.page.openConnection();
48:                conn.connect();
49:                box.setText("Connection opened ...");
50:                in = new InputStreamReader(conn.getInputStream());
51:                data = new BufferedReader(in);
52:                box.setText("Reading data ...");
53:                while ((line = data.readLine()) != null) {
54:                    buf.append(line + "\n");
55:                }
56:                box.setText(buf.toString());
57:            }
58:            catch (IOException e) {
59:                System.out.println("IO Error:" + e.getMessage());
60:            }
61:        }
62: }
```

Esta aplicación es una subclase de la clase Frame y contiene un solo componente: un área de texto. El programa contiene subprocesos, por lo que el proceso de carga del documento HTML ocurre en su propio subproceso. Esto es necesario porque las conexiones de red y los flujos de entrada pueden ser operaciones que demaandan mucho tiempo y esfuerzo del procesador. Si ponemos a trabajar esto en su propio subproceso, liberamos el resto del sistema de manejo de ventanas de Java para que maneje sus tareas normales, como actualizar el área de despliegue y recibir entradas de usuario.

El método constructor `GetFile()`, de las líneas 11–20, establece el objeto URL y el área de texto en que se desplegará el documento. El URL en este ejemplo es http://www.prefect.com/java21/index.html, el cual constituye la página principal del sitio Web de la versión en inglés de este libro. También podría ser cualquier otra página Web que usted conozca, experimente con otras si así lo desea.

El trabajo tiene lugar dentro del método `run()` (líneas 40–61). Primero, se inician los tres objetos necesarios para llegar a los datos del documento, URLConnection, InputStreamReader y BufferedReader. Además, se crean dos objetos para guardar los datos cuando lleguen: un String y un StringBuffer.

Las líneas 47 y 48 abren una conexión URL, la cual es necesaria para obtener un flujo de entrada desde esa conexión.

La línea 50 utiliza el método de conexión URL `getInputStream()`, para crear un nuevo lector de flujos de entrada.

La línea 51 aprovecha ese lector para crear un nuevo lector de flujos de entrada almacenados en búfer: un objeto BufferedReader llamado data.

Una vez que tenga este lector de entrada almacenada en búfer, puede usar su método `readLine()` para leer una línea de texto del flujo de entrada. Conforme van llegando, el lector pone los caracteres en un búfer y los saca cuando se le pide.

El ciclo while, de las líneas 53–55, lee el documento Web línea por línea anexando cada una al objeto StringBuffer, que fue creado para guardar el texto de la página. Se utiliza un búfer de cadena, en vez de una cadena, porque la cadena no se puede modificar de esa forma en tiempo de ejecución.

Una vez leídos todos los datos, la línea 56 utiliza el método `toString()` para convertir el búfer de cadena en una cadena simple, y pone el resultado en el área de texto del programa.

Hay algo que debemos notar en este ejemplo, y es que la parte del código que abrió la conexión a la red, leyó el archivo y creó una cadena, está rodeada por las instrucciones `try` y `catch`. Si ocurrieran errores durante la lectura o procesamiento del archivo, estas instrucciones le permiten recuperarse de ellos sin anular todo el programa. (En este caso, el programa saldría con un error porque, si la aplicación no puede leer el archivo, no hay nada más que hacer.) El `try` y `catch` le dan la oportunidad de manejar los errores y recuperarse de ellos.

> **Nota**
> Una de las cosas que no hemos comentado, es el código para el manejo de eventos que aparece en las líneas 25–30. Este código es necesario para que la aplicación se cierre correctamente cuando se cierre su ventana; durante el día 21 aprenderá más sobre "Manejo de eventos de usuario con Swing".

Sockets

Para las aplicaciones de conectividad de red más allá de lo que ofrecen las clases URL y URLconnection (por ejemplo, para otros protocolos o para aplicaciones de conectividad de red más generales), Java proporciona las clases Socket y ServerSocket como una abstracción de las técnicas de programación de sockets TCP estándar.

> **Nota**
> Java también proporciona los medios para usar sockets de datagramas (UDP), los cuales no están cubiertos en este apartado. Si tiene interés en trabajar con datagramas, consulte la documentación de Java para el paquete java.net.

La clase Socket proporciona una interfaz de socket para cliente, similar a los sockets estándar UNIX. Para abrir una conexión, cree una nueva instancia de Socket (en la que *nombreHost* es el host al que se debe conectar y *numPuerto* es el número de puerto).

```
Socket connection = new Socket(nombreHost, numPuerto);
```

> **Nota**
> Al utilizar sockets en un applet, todavía está sujeto a las restricciones predeterminadas de seguridad que evitan que se conecte a cualquier sistema distinto a aquél del que proviene el applet.

Una vez abierto el socket, puede utilizar los flujos de entrada y salida para leer y escribir desde dicho socket:

```
BufferedInputStream bis = new
    BufferedInputStream(connection.getInputStream());
DataInputStream in = new DataInputStream(bis);
BufferedOutputStream bos = new
    BufferedOutputStream(connection.getOutputStream());
DataOutputStream out= new DataOutputStream(bos);
```

Cuando haya terminado con el socket, no olvide cerrarlo. (Esto también cierra todos los flujos de entrada y salida que haya establecido para ese socket.)

```
connection.close();
```

Excepto el método accept(), los sockets del lado del servidor trabajan en forma similar. Un socket de servidor escucha en un puerto TCP en espera de la conexión de un cliente; cuando un cliente se conecta a ese puerto, el método accept() acepta la conexión de ese cliente. Mediante el uso de ambos sockets, cliente y servidor, usted puede crear aplicaciones para comunicarse con ellos en la red.

Para crear un socket de servidor y unirlo a un puerto, debe crear una nueva instancia de `ServerSocket` con el número del puerto:

```
ServerSocket sConnection = new ServerSocket(8888);
```

Para escuchar en ese puerto (y aceptar una conexión de clientes, si llegara a hacerse) utilice el método `accept()`:

```
sConnection.accept();
```

Una vez hecha la conexión del socket, puede utilizar flujos de entrada y salida para leer de y escribir al cliente.

En la próxima sección, "Trivia: un socket simple tipo cliente–servidor", trabajará con algunos códigos para implementar una aplicación simple basada en un socket.

Para ampliar el entorno de las clases para sockets (por ejemplo, para permitir que las conexiones de red trabajen a través de una firewall o de un proxy) puede utilizar la clase abstracta `SocketImpl` y la interfaz `SocketImplFactory` para implementar un nuevo socket de capa de transporte. Este diseño se ajusta a la meta original de las clases para sockets de Java: permitir que esas clases se puedan trasladar a otros sistemas que tengan mecanismos de transporte distintos. El problema con este mecanismo es que si bien es cierto que funciona en los casos sencillos, no le permite agregar otros protocolos encima del TCP (por ejemplo, para implementar un mecanismo de encriptación como el SSL) o tener múltiples implementaciones de sockets por cada unidad de tiempo de ejecución de Java.

Por estas razones, se ampliaron los sockets a partir de Java 1.0.2 de modo que las clases `Socket` y `ServerSocket` no fueran finales y sí susceptibles de ampliación. Puede crear subclases de estas clases, que utilicen la implementación predeterminada de sockets, o una de su propia creación. Esto permite posibilidades de red mucho más flexibles.

Hay otras características nuevas que se han agregado al paquete `java.net`:

- Nuevas opciones para sockets, basadas en las opciones BSD (por ejemplo, `TCP_NODELAY`, `IP_MULTICAST_LOOP`, `SO_BINDADDR`).
- Muchas nuevas subclases de la clase `SocketException`, para representar errores de red en un nivel de granularidad más fino que el de Java 1.0.2 (por ejemplo, `NoRouteToHostException` o `ConnectException`).

Trivia: un socket simple tipo cliente–servidor

Para terminar el comentario sobre conectividad en Java, aquí está un ejemplo de un programa de Java que utiliza las clases para sockets para implementar una aplicación simple basada en la red, denominada `Trivia`.

El ejemplo `Trivia` funciona así: El programa servidor espera pacientemente a que se conecte un cliente. Cuando esto sucede, el servidor manda una pregunta y espera una respuesta. En el otro extremo, el cliente recibe la pregunta y le pide una respuesta al usuario. El usuario escribe la respuesta, que viaja de regreso hasta el servidor. Éste verifica si la respuesta es correcta y lo notifica al usuario. A continuación, el servidor le pregunta al cliente si desea que le haga otra pregunta. En caso afirmativo, se repite el proceso.

Diseño del programa `Trivia`

Antes de combinar el código, una buena idea es hacer un bosquejo. Con éste en mente, revise lo que se requiere del servidor y cliente de `Trivia`. Del lado del servidor, necesita un programa que vigile un puerto determinado, para las conexiones del cliente, en la máquina del host. Cuando se detecta un cliente, el servidor escoge una pregunta al azar y se la envía al cliente a través del puerto especificado. El servidor entra en un estado de espera hasta que el cliente contesta. Cuando obtiene la respuesta del cliente, el servidor la verifica y le dice si es correcta o incorrecta. Entonces el servidor le pregunta al cliente si quiere otra pregunta, después de eso entra nuevamente en un estado de espera hasta que el cliente contesta. Por último, el servidor repite el proceso haciendo otra pregunta, o termina la conexión con el cliente. En resumen, el servidor realiza las tareas siguientes:

1. Espera la conexión de un cliente.
2. Acepta la conexión del cliente.
3. Envía una pregunta al azar.
4. Espera la respuesta del cliente.
5. Verifica la respuesta y notifica al cliente.
6. Le pregunta al cliente si desea que le haga otra pregunta.
7. Espera la respuesta del cliente.
8. Repite el paso 3, en caso necesario.

En este ejemplo de `Trivia`, el lado del cliente es una aplicación que se ejecuta desde una línea de comandos (es más fácil demostrarlo de esa manera). El cliente tiene la responsabilidad de conectarse al servidor y esperar la pregunta. Cuando la recibe, el cliente la despliega al usuario y le permite escribir una respuesta. Esta respuesta se envía al servidor y el cliente vuelve a esperar la respuesta. El cliente le muestra la respuesta al usuario y le permite confirmar si quiere, o no, otra pregunta. Si el usuario no desea más preguntas, entonces el cliente envía la respuesta del usuario y termina. Las primeras tareas del cliente consisten en:

1. Conectarse con el servidor.
2. Esperar una pregunta.
3. Desplegar la pregunta y aceptar una respuesta.
4. Enviar la respuesta al servidor.
5. Esperar una contestación del servidor.
6. Desplegar la contestación y pedirle al usuario que confirme si desea otra pregunta.
7. Enviar la respuesta del usuario.
8. Volver al paso 2, en caso necesario.

Implementación del servidor `Trivia`

El corazón del ejemplo Trivia está en el servidor. El programa del servidor Trivia se llama TriviaServer. Las variables de instancia definidas en la clase TriviaServer son:

```
private static final int PORTNUM = 1234;
private static final int WAITFORCLIENT = 0;
private static final int WAITFORANSWER = 1;
private static final int WAITFORCONFIRM = 2;
private String[] questions;
private String[] answers;
private ServerSocket serverSocket;
private int numQuestions;
private int num = 0;
private int state = WAITFORCLIENT;
private Random rand = new Random();
```

Todas las variables WAITFORCLIENT, WAITFORANSWER y WAITFORCONFIRM son constantes de estado que definen los diferentes estados del servidor; en un momento más verá estas constantes en acción. Las variables de pregunta y respuesta son arreglos de cadenas que se utilizan para guardar las preguntas y sus respuestas correspondientes. La variable de instancia serverSocket mantiene la conexión con el socket del servidor. Para guardar el número total de preguntas se utiliza numQuestions, en tanto que num es el número de las preguntas hechas. La variable state contiene el estado actual del servidor, como está definido por las tres constantes de estado (WAITFORCLIENT, WAITFORANSWER y WAITFORCONFIRM). Finalmente, la variable rand se utiliza para escoger preguntas al azar.

El constructor TriviaServer no hace mucho, excepto crear un ServerSocket en vez de un DatagramSocket. Verifíquelo:

```
public TriviaServer() {
    super("TriviaServer");
    try {
        serverSocket = new ServerSocket(PORTNUM);
        System.out.println("TriviaServer up and running ...");
```

```
        }
        catch (IOException e) {
            System.err.println("Exception: couldn't create socket");
            System.exit(1);
        }
    }
```

La mayor parte de la acción se desarrolla en el método run() de la clase TriviaServer. El código fuente para el método run() es el siguiente:

```
public void run() {
    Socket clientSocket = null;

    // inicializa los arreglos de preguntas y respuestas
    if (!initQnA()) {
        System.err.println("Error: couldn't initialize questions and answers");
        return;
    }

    // busca clientes y hace preguntas de la trivia
    while (true) {
        // espera a un cliente
        if (serverSocket == null)
            return;
        try {
            clientSocket = serverSocket.accept();
        }
        catch (IOException e) {
            System.err.println("Exception: couldn't connect to client socket");
            System.exit(1);
        }

        // ejecuta el procesamiento de pregunta/respuesta
        try {
            InputStreamReader isr = new InputStreamReader(clientSocket.getInputStream());
            BufferedReader is = new BufferedReader(isr);
            PrintWriter os = new PrintWriter(new
                BufferedOutputStream(clientSocket.getOutputStream()), false);
            String outLine;

            // le da salida a la solicitud del servidor
            outLine = processInput(null);
            os.println(outLine);
            os.flush();

            // procesa y le da salida a la entrada del usuario
            while (true) {
```

```
                String inLine = is.readLine();
                if (inLine.length() > 0) {
                    outLine = processInput(inLine);
                    os.println(outLine);
                    os.flush();
                    if (outLine.equals("Bye."))
                        break;
                }
            }

            // limpia todo
            os.close();
            is.close();
            clientSocket.close();
        }
        catch (Exception e) {
            System.err.println("Exception: " + e);
            e.printStackTrace();
        }
    }
}
```

El método `run()` analiza primero las preguntas y respuestas llamando a `initQnA()`. En un momento aprenderá más sobre el método `initQnA()`. A continuación se pasa a un ciclo infinito while, que espera la conexión de un cliente. Cuando un cliente se conecta, se crean los flujos I/O apropiados y se maneja la comunicación por medio del método `processInput()`. A continuación aprenderá acerca de `processInput()`. Éste procesa constantemente las respuestas del cliente y hace nuevas preguntas hasta que el cliente decide no recibir más preguntas. Esto se hace evidente porque el servidor envía la cadena `"Bye."`. Entonces, el método `run()` limpia los flujos y el socket del cliente.

El método `processInput()` mantiene el estado del servidor y maneja la lógica de todo el proceso pregunta/respuesta. El código fuente para `processInput` es el siguiente:

```
String processInput(String inStr) {
    String outStr = null;

    switch (state) {
        case WAITFORCLIENT:
            // hace una pregunta
            outStr = questions[num];
            state = WAITFORANSWER;
            break;

        case WAITFORANSWER:
            // verifica la respuesta
            if (inStr.equalsIgnoreCase(answers[num]))
                outStr = "That's correct! Want another? (y/n)";
            else
```

```
                outStr = "Wrong, the correct answer is " + answers[num] +
                    ". Want another? (y/n)";
                state = WAITFORCONFIRM;
                break;

            case WAITFORCONFIRM:
                // verifica si el cliente desea otra pregunta
                if (inStr.equalsIgnoreCase("Y")) {
                    num = Math.abs(rand.nextInt()) % questions.length;
                    outStr = questions[num];
                    state = WAITFORANSWER;
                }
                else {
                    outStr = "Bye.";
                    state = WAITFORCLIENT;
                }
                break;
        }
        return outStr;
    }
```

Lo primero que debemos notar acerca del método `processInput()` es la variable local `outStr`. Cuando `processInput` regresa, se envía el valor de esta cadena al cliente en el método `run`, de modo que esté atento a la forma en que `processInput` utiliza `outStr` para llevar la información hasta el cliente.

En `TriviaServer` el estado `WAITFORCLIENT` representa al servidor cuando está inactivo y en espera de la conexión con un cliente. En `processInput()`, cada instrucción de caso representa al servidor que abandona dicho estado. Por ejemplo, la instrucción del caso `WAITFORCLIENT` se ejecuta cuando el servidor acaba de salir del estado `WAITFORCLIENT`, es decir, cuando un cliente se acaba de conectar al servidor. Cuando esto sucede, el servidor envía la pregunta como cadena de salida y establece el estado en `WAITFORANSWER`.

Si el servidor abandona el estado `WAITFORANSWER` es porque el cliente ha dado una respuesta. `processInput()` verifica la respuesta del cliente contra la respuesta correcta y establece la cadena de salida de acuerdo con eso. Entonces, establece el estado en `WAITFORCONFIRM`.

El estado `WAITFORCONFIRM` representa al servidor en espera de una respuesta de confirmación del cliente. En `processInput()`, la instrucción del caso `WAITFORCONFIRM` indica que el servidor sale del caso porque el cliente ha devuelto una confirmación (sí o no). Si el cliente contestó sí (con una y), `processInput` selecciona una nueva pregunta y restablece el estado `WAITFORANSWER`. De otra forma, el servidor le dice `"Bye."` al cliente y devuelve el estado a `WAITFORCLIENT` en espera de una nueva conexión.

En `Trivia`, las preguntas y respuestas se guardan en un archivo de texto llamado `QnA.txt`, el cual está organizado con preguntas y respuestas en líneas alternas. Cada pregunta está seguida

de su respuesta en la línea siguiente, la cual, a su vez, está seguida por la siguiente pregunta.
He aquí una lista del archivo QnA.txt:

```
What caused the craters on the moon?
meteorites
How far away is the moon (in miles)?
239000
How far away is the sun (in millions of miles)?
93
Is the Earth a perfect sphere?
no
What is the internal temperature of the Earth (in degrees F)?
9000
```

El método initQnA() maneja el trabajo de leer las preguntas y respuestas del archivo de texto, y su almacenamiento en arreglos de cadenas separados, como se muestra a continuación:

```java
private boolean initQnA() {
    try {
        File inFile = new File("QnA.txt");
        FileInputStream inStream = new FileInputStream(inFile);
        byte[] data = new byte[(int)inFile.length()];

        // lee las preguntas y respuestas en un arreglo de bytes
        if (inStream.read(data) <= 0) {
            System.err.println("Error: couldn't read questions and answers");
            return false;
        }
        // ve cuántos pares de preguntas/respuestas hay
for (int i = 0; i < data.length; i++)
            if (data[i] == (byte)'\n')
                numQuestions++;
        numQuestions /= 2;
        questions = new String[numQuestions];
        answers = new String[numQuestions];

        // coloca las preguntas y respuestas en arreglos de cadenas
        int start = 0, index = 0;
        boolean isQ = true;
        for (int i = 0; i < data.length; i++)
            if (data[i] == (byte)'\n') {
                if (isQ) {
                    questions[index] = new String(data, start, i - start - 1);
                    isQ = false;
                }
                else {
                    answers[index] = new String(data, start, i - start - 1);
                    isQ = true;
```

```
                    index++;
                }
            start = i + 1;
        }
    }
    catch (FileNotFoundException e) {
        System.err.println("Exception: couldn't find the question file");
        return false;
    }
    catch (IOException e) {
        System.err.println("Exception: I/O error trying to read
questions");
        return false;
    }

    return true;
}
```

El método `initQnA()` utiliza dos arreglos y los llena con cadenas alternas del archivo QnA.txt: primero una pregunta, luego una respuesta, alternándolas hasta llegar al final del archivo.

El único método de `TriviaServer` que resta por analizar es `main()`; éste sólo crea el objeto server y se inicia con una llamada al método start:

```
public static void main(String[] arguments) {
    TriviaServer server = new TriviaServer();
    server.start();
}
```

El listado 18.2 contiene todo el código fuente para la aplicación del servidor.

ESCRIBA **LISTADO 18.2** TEXTO COMPLETO DE TRIVIASERVER.JAVA.

```
 1: import java.io.*;
 2: import java.net.*;
 3: import java.util.Random;
 4:
 5: public class TriviaServer extends Thread {
 6:     private static final int PORTNUM = 1234;
 7:     private static final int WAITFORCLIENT = 0;
 8:     private static final int WAITFORANSWER = 1;
 9:     private static final int WAITFORCONFIRM = 2;
10:     private String[] questions;
11:     private String[] answers;
12:     private ServerSocket serverSocket;
13:     private int numQuestions;
14:     private int num = 0;
```

continúa

LISTADO 18.2 CONTINUACIÓN

```
15:     private int state = WAITFORCLIENT;
16:     private Random rand = new Random();
17:
18:     public TriviaServer() {
19:         super("TriviaServer");
20:         try {
21:             serverSocket = new ServerSocket(PORTNUM);
22:             System.out.println("TriviaServer up and running ...");
23:         }
24:         catch (IOException e) {
25:             System.err.println("Exception: couldn't create socket");
26:             System.exit(1);
27:         }
28:     }
29:
30:     public static void main(String[] arguments) {
31:         TriviaServer server = new TriviaServer();
32:         server.start();
33:     }
34:
35:     public void run() {
36:         Socket clientSocket = null;
37:
38:         // inicia los arreglos de preguntas y respuestas
39:         if (!initQnA()) {
40:             System.err.println("Error: couldn't initialize questions
                    and answers");
41:             return;
42:         }
43:
44:         // busca clientes y hace preguntas de la trivia
45:         while (true) {
46:             // espera un cliente
47:             if (serverSocket == null)
48:                 return;
49:             try {
50:                 clientSocket = serverSocket.accept();
51:             }
52:             catch (IOException e) {
53:                 System.err.println("Exception: couldn't connect to
                        client socket");
54:                 System.exit(1);
55:             }
56:
57:             // ejecuta el procesamiento de pregunta/respuesta
58:             try {
59:                 InputStreamReader isr = new
                        InputStreamReader(clientSocket.getInputStream());
```

```
 60:                BufferedReader is = new BufferedReader(isr);
 61:                PrintWriter os = new PrintWriter(new
 62:                BufferedOutputStream(clientSocket.getOutputStream()),
                    false);
 63:                String outLine;
 64:
 65:                // le da salida a la solicitud del servidor
 66:                outLine = processInput(null);
 67:                os.println(outLine);
 68:                os.flush();
 69:
 70:                // procesa y da salida a la entrada del usuario
 71:                while (true) {
 72:                    String inLine = is.readLine();
 73:                    if (inLine.length() > 0) {
 74:                        outLine = processInput(inLine);
 75:                        os.println(outLine);
 76:                        os.flush();
 77:                        if (outLine.equals("Bye."))
 78:                            break;
 79:                    }
 80:                }
 81:
 82:                // limpia todo
 83:                os.close();
 84:                is.close();
 85:                clientSocket.close();
 86:            }
 87:            catch (Exception e) {
 88:                System.err.println("Exception: " + e);
 89:                e.printStackTrace();
 90:            }
 91:        }
 92:    }
 93:
 94:    private boolean initQnA() {
 95:        try {
 96:            File inFile = new File("QnA.txt");
 97:            FileInputStream inStream = new FileInputStream(inFile);
 98:            byte[] data = new byte[(int)inFile.length()];
 99:
100:            // lee las preguntas y respuestas en un arreglo de bytes
101:            if (inStream.read(data) <= 0) {
102:                System.err.println("Error: couldn't read questions
                    and answers");
103:                return false;
104:            }
105:
```

continúa

LISTADO 18.2 CONTINUACIÓN

```java
106:            // ve cuántos pares de preguntas/respuestas hay
107:            for (int i = 0; i < data.length; i++)
108:                if (data[i] == (byte)'\n')
109:                    numQuestions++;
110:            numQuestions /= 2;
111:            questions = new String[numQuestions];
112:            answers = new String[numQuestions];
113:
114:            // coloca las preguntas y respuestas en arreglos de
                // cadenas
115:            int start = 0, index = 0;
116:            boolean isQ = true;
117:            for (int i = 0; i < data.length; i++)
118:                if (data[i] == (byte)'\n') {
119:                    if (isQ) {
120:                        questions[index] = new String(data, start,
                                i - start - 1);
121:                        isQ = false;
122:                    }
123:                    else {
124:                        answers[index] = new String(data, start,
                                i - start - 1);
125:                        isQ = true;
126:                        index++;
127:                    }
128:                    start = i + 1;
129:                }
130:        }
131:        catch (FileNotFoundException e) {
132:            System.err.println("Exception: couldn't find the question
                file");
133:            return false;
134:        }
135:        catch (IOException e) {
136:            System.err.println("Exception: I/O error trying to read
                questions");
137:            return false;
138:        }
139:
140:        return true;
141:    }
142:
143:    String processInput(String inStr) {
144:        String outStr = null;
145:
146:        switch (state) {
147:            case WAITFORCLIENT:
148:                // hace una pregunta
```

```
149:                    outStr = questions[num];
150:                    state = WAITFORANSWER;
151:                    break;
152:
153:                case WAITFORANSWER:
154:                    // verifica la respuesta
155:                    if (inStr.equalsIgnoreCase(answers[num]))
156:                        outStr = "That's correct! Want another? (y/n)";
157:                    else
158:                        outStr = "Wrong, the correct answer is " +
                           answers[num] +
159:                            ". Want another? (y/n)";
160:                    state = WAITFORCONFIRM;
161:                    break;
162:
163:                case WAITFORCONFIRM:
164:                    // verifica si el cliente desea otra pregunta
165:                    if (inStr.equalsIgnoreCase("Y")) {
166:                        num = Math.abs(rand.nextInt()) %
                           questions.length;
167:                        outStr = questions[num];
168:                        state = WAITFORANSWER;
169:                    }
170:                    else {
171:                        outStr = "Bye.";
172:                        state = WAITFORCLIENT;
173:                    }
174:                    break;
175:            }
176:            return outStr;
177:        }
178: }
```

Implementación del cliente `Trivia`

Puesto que el lado del cliente del ejemplo `Trivia` le pide al usuario que escriba preguntas y recibe respuestas del servidor, es más directo implementarlo como una aplicación de la línea de comandos. Tal vez no luzca tan atractivo como un applet gráfico, pero hace más fácil la visión de los eventos de comunicación conforme se van desplegando. La aplicación del cliente se llama `Trivia.java`.

La única variable de instancia definida en la clase `Trivia` es `PORTNUM`, la cual define el número de puerto utilizado tanto por el cliente como por el servidor. También hay un solo método definido en la clase `Trivia`: `main()`. El código fuente para el método `main()` se incluye en el listado 18.3.

> **ESCRIBA** **LISTADO 18.3.** TEXTO COMPLETO DE TRIVIA.JAVA.

```
 1: import java.io.*;
 2: import java.net.*;
 3:
 4: public class Trivia {
 5:     private static final int PORTNUM = 1234;
 6:
 7:     public static void main(String[] arguments) {
 8:         Socket socket = null;
 9:         InputStreamReader isr = null;
10:         BufferedReader in = null;
11:         PrintWriter out = null;
12:         String address;
13:
14:         // verifica la dirección del host en los argumentos de la
            // línea de comandos
15:         if (arguments.length != 1) {
16:             System.out.println("Usage: java Trivia <address>");
17:             return;
18:         }
19:         else
20:             address = arguments[0];
21:
22:         // inicializa el socket y los flujos
23:         try {
24:             socket = new Socket(address, PORTNUM);
25:             isr = new InputStreamReader(socket.getInputStream());
26:             in = new BufferedReader(isr);
27:             out = new PrintWriter(socket.getOutputStream(),true);
28:         }
29:         catch (IOException e) {
30:             System.err.println("Exception: couldn't create stream socket "
31:                 + e.getMessage());
32:             System.exit(1);
33:         }
34:
35:         // procesa la entrada del usuario y las respuestas del servidor
36:         try {
37:             StringBuffer str = new StringBuffer(128);
38:             String inStr;
39:             int c;
40:
41:             while ((inStr = in.readLine()) != null) {
42:                 System.out.println("Server: " + inStr);
43:                 if (inStr.equals("Bye."))
44:                     break;
45:                 while ((c = System.in.read()) != '\n')
46:                     str.append((char)c);
```

```
47:             System.out.println("Client: " + str);
48:             out.println(str.toString());
49:             out.flush();
50:             str.setLength(0);
51:         }
52:         // limpia todo
53:         out.close();
54:         in.close();
55:         socket.close();
56:     }
57:     catch (IOException e) {
58:         System.err.println("I/O error: "+ e.toString());
59:     }
60: }
61: }
```

El primer punto interesante que notará en el método `main()`, es que busca un argumento de línea de comandos. La dirección del servidor, como `prefect.com`, es el argumento de línea de comandos requerido por el cliente `Trivia`. Puesto que ésta es una aplicación de Java y no un applet, no basta conectarse de nuevo con el servidor de donde vino el applet; no hay un servidor predeterminado, por lo que usted se puede conectar al que quiera. En la aplicación del cliente, tiene que codificar la dirección del servidor o pedirla como un argumento de línea de comandos. Si la codifica, deberá volver a compilar cada vez que quiera hacer algún cambio. ¡De ahí el argumento de línea de comandos!

> **Nota**
>
> Quizá la mayoría de los lectores no tengan acceso a un servidor Web que ejecute programas Java del lado del servidor, como la aplicación `TriviaServer`. En algunos sistemas operativos puede probar programas de servidor haciendo correr el servidor `Trivia` en una ventana y el cliente `Trivia` en otra, mediante el nombre de dominio "localhost". He aquí un ejemplo:
>
> `java Trivia "localhost"`
>
> Esto hace que Java busque en el host local; dicho de otra forma, el sistema ejecuta la aplicación buscando un servidor al que se pueda conectar. Dependiendo de cómo estén configuradas las conexiones de Internet en su sistema, tal vez sea necesario que inicie una sesión en Internet, antes de lograr una conexión exitosa entre el cliente `Trivia` y su servidor.

Si el argumento de línea de comandos que contiene la dirección del servidor es válido (no null), el método `main()` crea el socket necesario y los flujos de entrada y salida. A continuación pasa a un ciclo `while`, en el que procesará la información del servidor y transmite de vuelta al servidor las solicitudes del usuario. Cuando el servidor deja de enviar información, el ciclo `while` termina y el método `main()` limpia el socket y los flujos. ¡Y eso es todo para el cliente `Trivia`!

Trivia en acción

Al igual que en `Fortune`, el servidor `Trivia` debe estar en ejecución para que el cliente pueda trabajar. Para iniciar todo, primero debe ejecutar el servidor por medio del intérprete de Java. Esto se hace desde una línea de comandos como ésta:

`java TriviaServer`

El cliente `Trivia` también se ejecuta desde una línea de comandos, pero debe especificar la dirección de un servidor como único argumento. El siguiente es un ejemplo de cómo ejecutar el cliente `Trivia` y conectarse al servidor `localhost`:

`java Trivia "localhost"`

También puede tratar de ejecutarlo con la dirección IP que representa el puerto `"localhost"`. El comando es el siguiente:

`java Trivia "127.0.0.1"`

Después de ejecutar el cliente `Trivia` y responder algunas preguntas, el resultado que debe ver es similar a éste:

SALIDA
```
Server: What is the internal temperature of the Earth (in degrees
F)?
Client: meteorites
Server: Wrong, the correct answer is 9000. Want another? (y/n)
Client: y
Server: Is the Earth a perfect sphere?
Client: 93
Server: Wrong, the correct answer is no. Want another? (y/n)
Client: y
Server: What is the internal temperature of the Earth (in degrees
F)?
Client: 9000
Server: That's correct! Want another? (y/n)
Client: n
Server: Bye.
```

Resumen

La conectividad de redes tiene muchos que usted puede aprovechar en sus propias aplicaciones. Quizá no se ha dado cuenta, pero el proyecto `GetFile` fue un navegador Web rudimentario. Capturó una página de texto de Web y la desplegó en un programa de Java. Desde luego que la colocación de HTML es lo que convirtió un cúmulo de etiquetas en una página Web real. Sun escribió todo un navegador Web en Java: HotJava.

Hoy hemos aprendido a utilizar URLs y conexiones URL, junto con flujos de entrada, para sacar información desde Web y meterla en sus programas.

También aprendió a escribir programas cliente–servidor en Java y la forma en que un programa servidor se sitúa en un puerto de Internet, esperando un cliente que haga contacto con él.

Preguntas y respuestas

P **¿Cómo puedo imitar el envío de un formulario HTML en un applet de Java?**

R En realidad, los applets dificultan esto. La mejor manera (y la más fácil) es utilizar la notación GET para hacer que el navegador envíe la información del formulario.

Los formularios HTML se pueden enviar de dos maneras: mediante la solicitud GET o POST. Si usa GET, la información se codificará en el URL, algo así como:

`http://www.blah.com/cgi-bin/myscript?foo=1&bar=2&name=Laura`

Puesto que la información está codificada en el URL, puede escribir un applet de Java para imitar un formulario, obtener la entrada del usuario y construir un nuevo objeto URL con los datos incluidos al final; después, sólo pase ese URL al navegador por medio de getAppletContext(), showDocument() y éste enviará los resultados del formulario. Es todo lo que necesita para formularios simples.

P **¿Cómo puedo hacer envíos de formularios con POST?**

R Tiene que imitar lo que hace un navegador para enviar formularios por medio de POST. Abra un socket en el servidor y envíe los datos, lo cual se ve como lo siguiente. (El formato exacto está determinado por el protocolo HTTP; esto sólo es un subconjunto.)

```
POST /cgi-bin/mailto.cgi HTTP/1.0
Content-type: application/x-www-form-urlencoded
Content-length: 36

{sus datos codificados van aquí}
```

Si lo hizo bien, el servidor le dará el formulario CGI. Después, su applet se encargará de manejar ese resultado en forma adecuada. Note que si la salida es HTML, todavía no hay una forma de pasarla al navegador que ejecute su applet. Esta posibilidad podría darse en ediciones futuras de Java. Sin embargo, si le devuelven un URL, usted puede redireccionar el navegador hacia ese URL.

Semana 3

Día 19

JavaBeans y otras características avanzadas

En un lenguaje que crece tan rápido como Java, es fácil sentirse abrumado por la gran cantidad de clases que ofrece Sun. Cada nueva versión del lenguaje trae consigo características avanzadas como JavaBeans, JavaDatabase Connectivity y procesamiento de imágenes 2D.

Por fortuna, para estar en posibilidad de crear programas útiles no tiene que dominar todas las partes de la biblioteca estándar de clases de Java. Puede enfocar su atención en los paquetes y clases necesarios en su área de interés, y ampliar sus conocimientos hacia nuevas áreas conforme las vaya necesitando.

Hoy le presentaremos algunas de las características avanzadas que se ofrecen en las más recientes ediciones de Java, incluyendo las siguientes:

- JavaBeans.
- JDBC: Conectividad para Bases de Datos de Java.
- RMI: Invocación a Métodos Remotos.
- Seguridad.

En general, el objetivo de hoy es familiarizarlo con el tema como un primer paso hacia el uso de estas clases. Sin embargo, también tendrá la oportunidad de trabajar con transferencia de datos y comunicación entre un applet y el navegador.

JavaBeans

Una tendencia creciente en el campo del desarrollo de software es la idea de componentes reutilizables: elementos de un programa que se pueden utilizar con más de un paquete de software.

TÉRMINO NUEVO Un *componente de software* es una pieza aislada en una estructura separada, fácilmente reutilizable.

Si desarrolla partes de un programa de forma que sean independientes, sería posible ensamblar esos componentes en programas con un desarrollo mucho más eficiente. Esta idea de volver a utilizar software cuidadosamente empaquetado se tomó prestada, hasta cierto punto, de la idea de las líneas de ensamble tan popular en Estados Unidos durante la Revolución Industrial, mucho antes de la era moderna de la computación. La idea, tal como se aplica al software, es fabricar componentes pequeños y reutilizables una sola vez, y volverlos a usar tantas veces como sea posible, agilizando así todo el proceso de desarrollo.

Quizá la mayor dificultad a la que se ha enfrentado el software de componentes, es la gran variedad de microprocesadores y sistemas operativos que se utilizan en nuestros días. Ha habido una diversidad razonable de intentos en el software de componentes, pero siempre han estado limitados a un sistema operativo específico. Las arquitecturas de componentes VBX y OCX de Microsoft, han tenido mucho éxito en el mundo Intel de las PCs, pero no han hecho mucho por cerrar la brecha con los demás tipos de sistemas operativos.

Nota La tecnología Microsoft ActiveX, basada en su tecnología OCX, apunta hacia la idea de proporcionar una tecnología de componentes de usos múltiples, compatible con un amplio rango de plataformas. Sin embargo, considerando la dependencia de ActiveX del código Windows de 32 bits, todavía está por verse la forma en que Microsoft resolverá el tema de la dependencia de plataforma.

Algunas tecnologías de componentes también sufren por haber sido desarrolladas en un lenguaje particular de programación, o para un entorno particular de desarrollo. Así como la dependencia de las plataformas debilita a los componentes en el momento de su ejecución, limitar su desarrollo a un lenguaje particular de programación o entorno de desarrollo también los debilita al final del proceso. A los creadores de software les agradaría estar en posibilidad de decidir por sí mismos cuál es el lenguaje más apropiado para una tarea en particular. De igual forma, en vez de verse obligados a utilizar un entorno restringido por las limitaciones de una tecnología de componentes, estos desarrolladores desearían seleccionar el entorno de desarrollo que se ajuste mejor a sus necesidades. Por lo tanto, y a largo plazo, cualquier tecnología realista de componentes deberá tratar los temas de la dependencia de la plataforma y del lenguaje.

Java ha sido un factor importante en hacer realidad el desarrollo de un software realmente independiente de cualquier plataforma, y ofrece este desarrollo a través de JavaBeans.

JavaBeans es un conjunto de clases, independiente de plataformas y arquitecturas, para la creación y uso de los componentes del software de Java. Utilizando la plataforma portátil de Java como una base para proporcionar una solución completa de componentes de software, JavaBeans comienza donde las demás tecnologías de componentes terminan.

El objetivo de JavaBeans

El diseño de JavaBeans es compacto porque, con frecuencia, se utilizará en entornos distribuidos en los que todos los componentes se pueden transferir a través de una conexión Internet con baja amplitud de banda. La segunda parte de este objetivo se relaciona con la facilidad con que se construyen y utilizan los componentes. No es difícil imaginar componentes que sean fáciles de usar, pero crear una arquitectura que facilite su construcción es otra cosa.

Los componentes de JavaBeans están basados, en gran parte, en la estructura de clases que se utiliza en la programación tradicional de un applet de Java; además, los applets diseñados alrededor del AWT se pueden ajustar fácilmente a los nuevos componentes JavaBeans. Esto también tiene el efecto positivo de compactar los componentes JavaBeans porque, de por sí, los applets de Java son muy eficientes en términos de tamaño.

La segunda meta importante de JavaBeans es su total portabilidad. Como resultado de eso, los desarrolladores no tienen que preocuparse por incluir bibliotecas de plataformas específicas con sus applets de Java.

La arquitectura actual de Java ya ofrece un amplio rango de beneficios fácilmente aplicables a los componentes. Una de las características más importantes de Java, aunque poco mencionada, es su mecanismo interno de descubrimiento de clases, lo cual permite la interacción dinámica de los objetos entre sí. Esto da como resultado un sistema en el que los objetos se pueden integrar entre ellos sin importar sus orígenes o historia de desarrollo. Este mecanismo de descubrimiento de clases no es sólo otra de las características de Java, es un requisito necesario en cualquier arquitectura de componentes.

Término Nuevo Otra característica que JavaBeans hereda de la funcionalidad de Java es la *persistencia*, es decir, la capacidad de un objeto para guardar y recuperar su estado interno. En JavaBeans, la persistencia se maneja en forma automática por medio del mecanismo de serialización existente en Java. La *serialización* es el proceso de guardar o recuperar información a través de un protocolo estándar. En forma alternativa, y cada vez que sea necesario, los programadores pueden desarrollar soluciones persistentes personalizadas.

Aunque éste no es un elemento central de la arquitectura de JavaBeans, también proporciona soporte para computación distribuida. Los programadores de componentes de JavaBeans tienen la opción de seleccionar el enfoque de computación distribuida que se ajuste mejor a sus necesidades. JavaBeans ofrece una solución en su tecnología RMI (Invocación Remota de Métodos), aunque los desarrolladores de JavaBeans no están atados de ninguna forma a esta solución. Otras opciones incluyen CORBA (Arquitectura Común Intermediaria para Solicitud de Objetos) y DCOM (Modelo de Objetos Componentes Distribuido), de Microsoft, entre otras.

En JavaBeans la computación distribuida se ha resumido limpiamente para mantener las cosas ajustadas, sin dejar de ofrecer una amplia gama de opciones a los programadores que necesiten soporte distribuido. La meta final en el diseño de JavaBeans tiene que ver con los temas de tiempo de diseño y la forma en que los programadores construyen aplicaciones utilizando componentes de JavaBeans.

La arquitectura de JavaBeans incluye soporte para especificar propiedades en tiempo de diseño y mecanismos de edición, para facilitar la edición visual de sus componentes. El resultado es que los programadores están en posibilidad de utilizar herramientas visuales para ensamblar y modificar los componentes de JavaBeans en forma fluida, muy a la manera en que las herramientas visuales de las PCs trabajan con componentes como los controles VBX u OCX. De esta forma, los programadores especifican cómo se van a utilizar y manipular los componentes en un entorno de desarrollo.

Cómo se relacionan JavaBeans y Java

Aunque la naturaleza orientada a objetos de Java proporciona los medios para que los objetos trabajen en conjunto, hay reglas o estándares que gobiernan la forma en que se conduce esta interacción. Estos tipos de reglas son necesarios para obtener soluciones robustas para los componentes de software, y están disponibles a través de JavaBeans.

JavaBeans especifica un amplio conjunto de mecanismos para la interacción entre los objetos, junto con acciones comunes de soporte necesarias para la mayoría de los objetos, como la persistencia y el manejo de eventos.

JavaBeans proporciona el marco de trabajo que hace posible la comunicación del componente. Aún más importante es el hecho de que los componentes de JavaBeans se puedan manipular con facilidad a través de un conjunto estándar de propiedades bien definidas. JavaBeans une la potencia de los applets de Java totalmente desarrollados, con la solidez y reusabilidad de los componentes del AWT de Java, como los botones.

Sin embargo, los componentes de JavaBeans no están limitados a los objetos de la interfaz de usuario, como los botones. Con la misma facilidad, puede desarrollar componentes invisibles de JavaBeans que realicen alguna función en segundo plano en conjunto con otros componentes. De esta manera, JavaBeans une la potencia de los applets visibles de Java con las aplicaciones invisibles, todo ello dentro de un marco de trabajo consistente.

Término Nuevo Un *componente invisible* es cualquier componente que no tenga una salida visible. Cuando piense en componentes, en términos de objetos del AWT como botones y menús, esto le parecerá un poco extraño. Sin embargo, recuerde que un componente es simplemente un programa muy compactado que no tiene el requisito específico de ser visible. Un buen ejemplo es un componente medidor de tiempo, el cual inicia eventos de tiempo a intervalos específicos. Estos componentes son muy populares en otros entornos de desarrollo de componentes, como en Microsoft Visual Basic.

No es necesario que escriba algún código, por medio de herramientas visuales usted puede utilizar una gran variedad de componentes de JavaBeans juntos. Los componentes muestran sus propias interfaces y proporcionan los medios para editar sus propiedades sin tener que programar. Más aún, puede "dejar caer" un componente de JavaBeans directamente en una aplicación sin tener que escribir código por medio de un editor visual. Esto representa un nivel de flexibilidad y reusabilidad totalmente nuevo que Java no tenía antes por sí solo.

La API de JavaBeans

A fin de cuentas, JavaBeans es una interfaz de programación, lo que significa que todas sus características se implementan como extensiones de la biblioteca *estándar de clases* de Java y toda la funcionalidad proporcionada por JavaBeans se implementa en la API de JavaBeans, un conjunto de APIs menores dedicadas a funciones específicas (servicios). La siguiente es una lista de los principales servicios para componentes en la API de JavaBeans, que son necesarios para facilitar todas las características que ha estado aprendiendo hoy:

- Combinación de interfaces gráficas de usuario
- Persistencia
- Manejo de eventos
- Introspección
- Soporte para herramientas de construcción de aplicaciones

Si comprende la naturaleza de estos servicios y la forma en que trabajan, tendrá una mejor visión interna del tipo de tecnología de JavaBeans. Cada uno de estos servicios se implementa en forma de pequeñas APIs dentro de la API de JavaBeans mayor.

Las APIs de combinación de interfaz de usuario proporcionan los medios para que un componente una sus elementos con los de un contenedor. La mayoría de los contenedores tienen menús y barras de herramientas que necesitan desplegar cualquier característica especial proporcionada por el componente. Las APIs de combinación de interfaz permiten que los componentes agreguen características al menú y a la barra de herramientas del documento del contenedor. También definen el mecanismo que facilita el diseño de la interfaz entre los componentes y sus contenedores.

Las APIs de persistencia especifican el mecanismo por el cual se pueden guardar y recuperar los componentes dentro del contexto de un documento contenedor. En forma predeterminada, los componentes heredan el mecanismo de serialización automática proporcionado por Java. Basándose en las necesidades específicas de sus componentes, los programadores están en libertad de diseñar soluciones de persistencia más elaboradas.

Las APIs de manejo de eventos especifican una arquitectura que define la forma en que interactúan los componentes entre sí. El AWT de Java incluye un poderoso modelo para manejar eventos, el cual sirve de base para las APIs que manejan los eventos de los componentes. Estas APIs son muy importantes para darle a los componentes la libertad de interactuar entre ellos de manera consistente.

Las APIs de introspección definen las técnicas por las cuales los componentes hacen disponible su estructura interna al momento del diseño. Estas APIs tienen la funcionalidad necesaria para permitir que las herramientas de desarrollo le pregunten a un componente por su estado interno, incluyendo las interfaces, métodos y variables de los miembros de que consta el componente. Las APIs están divididas en dos secciones diferentes basadas en el nivel en que se utilizan. Por ejemplo, las APIs de introspección de bajo nivel le permiten a las herramientas de desarrollo el acceso directo a las partes internas del componente, la cual es una función que usted no querría en manos de los usuarios. Esto le lleva a las APIs de nivel superior. Éstas utilizan a las APIs de nivel inferior para determinar qué partes del componente se han de exportar para ser modificadas por el usuario, de modo que aunque las herramientas de desarrollo utilicen ambas APIs, sólo utilizarán las APIs de nivel superior cuando proporcionen información del componente al usuario.

Las APIs de soporte de herramientas de construcción de aplicaciones, proporcionan los elementos necesarios para editar y manejar los componentes al momento del diseño. Al construir una aplicación, las herramientas de desarrollo visual utilizan estas APIs para proporcionar un medio visual para el diseño y edición de los componentes. La sección de un componente con capacidades visuales de edición, está diseñada para estar separada físicamente del componente. Esto se debe a que los componentes autónomos de tiempo de ejecución pueden ser lo más compacto posible. En un entorno puro de tiempo de ejecución, los componentes se transfieren sólo con el componente de tiempo de ejecución necesario. Los programadores que quieran utilizar las facilidades de tiempo de diseño del componente, pueden adquirir con facilidad la porción de tiempo de diseño del componente.

Las especificaciones de JavaBeans están disponibles en el sitio Web de Java:

http://www.sun.com

Trucos con applets

TÉRMINO NUEVO Si usted es un usuario activo de Web, probablemente habrá visto applets de Java que despliegan mensajes en la *línea de estado*; esa línea que es la parte del navegador Web que indica (entre otras informaciones) a qué hipervínculo está conectado. Esta sección le enseñará a lograr este efecto y otras técnicas populares de applets.

El método showStatus()

El método `showStatus()` de la clase `Applet` le permite desplegar una cadena en la barra de estado del navegador que ejecuta el applet. Puede utilizarla para desplegar mensajes de error, hipervínculos, ayuda y otros mensajes de estado.

Este método puede ser llamado con una instrucción como la siguiente:

`getAppletContext().showStatus("Click applet window to begin");`

El método `getAppletContext()` le permite a su applet tener acceso a ciertas características del navegador que lo contiene. `showStatus()` utiliza este mecanismo para desplegar mensajes de estado.

Información del applet

El AWT proporciona un mecanismo para asociar su applet con información como el autor, fecha de registro de derechos y otros detalles importantes. Si el programador del applet la proporciona, un navegador Web podría incluir un mecanismo para desplegar esta información.

Para dar información acerca de su applet, sobreponga el método `getAppletInfo()` de la forma siguiente:

```
public String getAppletInfo() {
    return "GetRaven Copyright 1998 Laura Lemay";
}
```

Creación de vínculos dentro de los applets

Puesto que los applets se ejecutan dentro de los navegadores Web, es agradable poder utilizar la capacidad de ese navegador para cargar nuevas páginas Web. Java utiliza un mecanismo para decirle al navegador que cargue una página nueva. Una de las formas de utilizar este mecanismo sería crear mapas de imágenes animadas que carguen una nueva página al hacer clic en ellos.

Creará una nueva instancia de la clase URL para vincularla a una página nueva, aunque aquí es mucho más fácil trabajar con esa instancia que en el proyecto de ayer.

Para crear un nuevo objeto URL, utilice uno de estos cuatro distintos constructores:

- URL(*String*) crea un objeto URL desde una dirección completa de Web, tal como: http://www.prefect.com/java21 o ftp://ftp.netscape.com.
- URL(URL, *String*) crea un objeto URL con una dirección base proporcionada por el URL especificado y una ruta relativa dada por *String*. Utilice getDocumentBase() para el URL de la página que contiene su applet, o getCodeBase() para el URL del archivo de clase de su applet. La ruta relativa se añadirá a la dirección base.
- URL(*String, String, int, String*) crea un nuevo objeto URL, con un protocolo (como http, o ftp), el nombre de host (como www.prefect.com o ftp.netcom.com), número de puerto (80 para http) y un nombre de archivo o de ruta.
- URL(*String, String, String*) es igual al constructor anterior menos el número de puerto.

Al utilizar el constructor URL(*String*), tendrá que tratar con objetos MalformedURLException. Podría usar un bloque try...catch como se muestra a continuación:

```
try {
    theURL = new URL("http://www.mcp.com");
} catch (MalformedURLException e) {
    System.out.println("Bad URL: " + theURL);
}
```

Una vez obtenido un objeto URL, todo lo que tiene que hacer es pasarlo al navegador, con lo que el navegador cargará esa dirección:

getAppletContext().showDocument(theURL);

El navegador que contiene el applet de Java con este código, cargará y desplegará el documento en ese URL.

El listado 19.1 contiene dos clases: ButtonLink y una clase de ayuda llamada Bookmark. El applet ButtonLink despliega tres botones que representan posiciones importantes en Web; los botones se muestran en la figura 19.1. Haciendo clic en los botones, se carga el documento de las posiciones a las que se refieren los botones.

FIGURA 19.1

El applet ButtonLink.

> **Nota**
>
> Para hacer que los vínculos trabajen, este applet se debe ejecutar desde el navegador y se escribe por medio de las técnicas de manejo de eventos de 1.0.2, de modo que se pueda ejecutar en el rango más amplio de navegadores. Cuando lo compile con la herramienta `javac` del JDK1.2, recibirá un aviso de desaprobación.

ESCRIBA   **LISTADO 19.1.** TEXTO COMPLETO DE BUTTONLINK.JAVA.

```
 1: import java.awt.*;
 2: import java.net.*;
 3:
 4: public class ButtonLink extends java.applet.Applet {
 5:     Bookmark bmList[] = new Bookmark[3];
 6:
 7:     public void init() {
 8:         bmList[0] = new Bookmark("Sams Teach Yourself Java 1.2 in 21
            Days",
 9:             "http://www.prefect.com/java21");
10:         bmList[1] = new Bookmark("Macmillan Computer Publishing",
11:             "http://www.mcp.com");
12:         bmList[2]= new Bookmark("JavaSoft",
13:             "http://java.sun.com");
14:
15:         GridLayout gl = new GridLayout(bmList.length, 1, 10, 10);
16:         setLayout(gl);
17:         for (int i = 0; i < bmList.length; i++) {
18:             add(new Button(bmList[i].name));
19:         }
20:     }
21:
22:     public boolean action(Event evt, Object arg) {
23:         if (evt.target instanceof Button) {
24:             linkTo( (String)arg );
25:             return true;
26:         }
27:         else return false;
```

continúa

LISTADO 19.1 CONTINUACIÓN

```
28:     }
29:
30:     void linkTo(String name) {
31:         URL theURL = null;
32:         for (int i = 0; i < bmList.length; i++) {
33:             if (name.equals(bmList[i].name))
34:                 theURL = bmList[i].url;
35:         }
36:         if (theURL != null)
37:             getAppletContext().showDocument(theURL);
38:     }
39: }
40:
41: class Bookmark {
42:     String name;
43:     URL url;
44:
45:     Bookmark(String name, String theURL) {
46:         this.name = name;
47:         try {
48:             this.url = new URL(theURL);
49:         } catch (MalformedURLException e) {
50:             System.out.println("Bad URL: " + theURL);
51:         }
52:     }
53: }
```

Este applet se puede probar con el siguiente HTML:

```
<APPLET CODE="ButtonLink.class" HEIGHT=120 WIDTH=240>
</APPLET>
```

Hay dos clases que constituyen a este applet: la primera, ButtonLink, implementa el applet actual, la segunda, Bookmark, es una clase que representa un marcador. Los marcadores tienen dos partes: un nombre y un URL.

Este applet en particular crea tres instancias de marcadores (líneas 8–13) y las guarda en un arreglo de marcadores. El applet se puede modificar fácilmente para que acepte marcadores como parámetros de un archivo HTML. Para cada marcador, se crea un botón cuya etiqueta es el valor del nombre del marcador.

Al presionar los botones se llama al método linkTo(). Éste, tal como se define en las líneas 30–38, extrae del evento el nombre del botón, lo utiliza para ver el URL del objeto Bookmark, y le dice al navegador que cargue el URL nombrado por ese marcador.

Comunicación entre applets

Habrá veces en que desee tener una página HTML con varios applets. Para esto, todo lo que tiene que hacer es repetir varias veces la etiqueta <APPLET>. El navegador creará instancias diferentes de su applet para cada etiqueta que aparezca en la página HTML.

¿Qué pasa si desea comunicarse entre esos applets? ¿Qué pasa si desea un cambio en un applet que afecte a los otros? La mejor forma de hacerlo es a través del contexto del applet para obtener los otros applets que se encuentran en la misma página.

> **Nota**
> Esté sobre aviso de que antes de hacer un trabajo extenso de comunicación entre applets, el mecanismo descrito en esta sección se implementa en forma diferente (y con frecuencia no confiable) según los diversos navegadores y entornos de Java. Si necesita confiar en la comunicación entre applets en sus páginas Web, asegúrese de probar ampliamente esos applets en diferentes navegadores de plataformas distintas.

Término Nuevo
Como aprendió cuando manejaba gráficos, un *contexto* es un medio para describir el entorno del que algo es una parte. Un *contexto de applet*, que se define en la clase `AppletContext`, se usa para la comunicación entre applets.

Para tener una instancia de esta clase para su applet, utilice el método `getAppletContext()`, en vez de llamar a un constructor de cualquier tipo. Usted ya ha visto el uso del método `getAppletContext()` para otras cosas; también lo puede utilizar para trabajar con los otros applets en la página.

Por ejemplo, para llamar a un método denominado `sendMessage()` en todos los applets de la página, incluyendo el actual, use el método `getApplets()`, y un ciclo `for` que se parece a esto:

```
for (Enumeration e = getAppletContext().getApplets();
    e.hasMoreElements();) {
    Applet current = (MyAppletSubclass)(e.nextElement());
    current.sendMessage();
}
```

El método `getApplets()` devuelve un objeto `Enumeration` con una lista de los applets de la página. Si repite el objeto `Enumeration` en esta forma, tendrá acceso a cada elemento del `Enumeration` en turno. Note que cada elemento del objeto `Enumeration` es una instancia de la clase `Object`; para que ese applet se comporte como usted quiere (y acepte mensajes de otro applet), necesita convertirlo por cast para que sea una instancia de la subclase de su applet (en este caso, la clase `MyAppletSubclass`).

Llamar a un método en un applet específico, es un poco más complicado. Para hacer esto, déle un nombre a sus applets y luego refiérase a ellos por su nombre dentro del cuerpo del código de ese applet.

Para darle nombre a un applet, utilice el atributo NAME para <APPLET> en su archivo HTML:

```
<P>This applet sends information:
<APPLET CODE="MyApplet.class" WIDTH=100 HEIGHT=150
NAME="sender">
</APPLET>
<P>This applet receives information from the sender:
<APPLET CODE="MyApplet.class" WIDTH=100 HEIGHT=150
NAME="receiver">
</APPLET>
```

Para referirse a otro applet en la misma página, use el método getApplet() del contexto del applet con el nombre de ese applet. Esto le da una referencia para el applet de ese nombre. Entonces se podrá referir a ese applet como si fuera otro objeto: llamar a métodos, establecer sus variables de instancia y así sucesivamente. He aquí un código que hace eso:

```
// saca provecho del applet receptor
Applet receiver = (MyAppletSubclass)
getAppletContext().getApplet("receiver");
// le dice que se actualice a sí mismo
receiver.update(text, value);
```

En este ejemplo, usted utiliza el método getApplet() para obtener una referencia del applet denominado "receiver". Observe que el objeto devuelto por getApplet() es una instancia de la clase genérica Applet; probablemente tendrá que convertir ese objeto en una instancia de su subclase. Una vez dada la referencia al applet nombrado, puede llamar métodos en ese applet como si fuera otro objeto en su propio entorno. Aquí, por ejemplo, si ambos applets tienen un método update(), puede decirle al receptor que se actualice a sí mismo por medio de la información que tiene el applet actual.

Si le pone nombre a sus applets y se refiere a ellos por medio de los métodos descritos en esta sección, permitirá que sus applets se comuniquen y permanezcan en sincronía entre ellos, proporcionando un comportamiento uniforme entre todos los applets de su página.

Cortar, copiar y pegar

En la versión 1.1 de Java, se agregó el soporte para las operaciones de cortar, copiar y pegar entre los componentes de una interfaz de usuario del AWT y otros programas que se ejecuten en la misma plataforma, aunque no se hayan implementado en Java.

Con anterioridad, en el AWT sólo podía copiar y pegar datos entre componentes que tenían esta funcionalidad incluida en sus plataformas nativas (por ejemplo, se podía copiar texto y pegarlo entre campos y áreas de texto). Esto se amplió para que se pudieran transferir otros datos de un componente a otro.

Para poder transferir datos de un componente a otro, tiene que definir un objeto transferible y modificar o crear componentes con capacidad para transferir ese objeto.

Las clases e interfaces para hacer esto están contenidas en el paquete java.awt.datatransfer.

Creación de objetos transferibles

Término Nuevo Un *objeto transferible* es aquel que se puede mover de un componente a otro por medio del mecanismo de transferencia de datos del AWT, y encapsula algún conjunto de datos que se vaya a transferir (por ejemplo, texto formateado). En forma más específica un objeto transferible es el que implementa la interfaz Transferable.

Cuando crea un objeto transferible, primero debe decidir qué sabores soportará ese objeto. En esencia, un *sabor* es el formato de los datos transferidos. Por ejemplo, si usted copia texto HTML formateado de un navegador y trata de pegarlo en el objeto, los datos podrían quedar pegados en alguno de varios sabores: como texto formateado, como texto simple o como un código HTML. Los sabores de los datos determinan la forma en que lo copiado y lo pegado negocian la manera de transferir la información en sí. Si la fuente y el destino de la transferencia no soportan el mismo conjunto de sabores, los datos no se pueden transferir.

Los datos se describen por medio de tipos MIME, el mismo mecanismo de negociación de contenido utilizado por muchos programas de correo electrónico y por Web. Si no está familiarizado con los tipos MIME, la RFC 1521 contiene la especificación MIME (que encontrará en cualquier sitio Web o FTP que contenga los diversos documentos Internet RFC, por ejemplo, http://ds.internic.net/rfc/rfc1521.txt). Además del nombre lógico del sabor, el sabor de los datos tiene también un "nombre legible", el cual se puede traducir a otros idiomas internacionales. Los sabores de datos también pueden tener una clase de Java representativa; por ejemplo, si el sabor de los datos es una cadena de Unicode, la clase String representaría ese sabor. Si el sabor no tiene una clase que lo represente, se puede utilizar la clase InputStream.

Para crear un nuevo sabor de datos, debe crear una nueva instancia de la clase DataFlavor con alguno de estos dos constructores:

- DataFlavor(*Class, String*) crea un sabor de datos que representa una clase de Java. El argumento *String* es para la descripción del sabor "legible". El objeto DataFlavor resultante tendrá un tipo MIME de application/x-javaserializedobject.

- `DataFlavor(String, String)` crea un sabor de datos que representa un tipo MIME, en el que el primer argumento es el tipo MIME y el segundo es la cadena "legible" para el usuario. La clase que representa este sabor será `InputStream`.

Con ese objeto de sabor de datos, y para negociar la forma en que se transferirá la información, puede preguntar por sus valores o comparar los tipos MIME con otros objetos de sabor.

Los sabores de datos son utilizados por los objetos transferibles, los cuales se definen por medio de la interfaz `Transferable`. Un objeto transferible deberá incluir la información que se va a transferir y las instancias de cada sabor que represente a ese objeto. Para que su objeto se pueda negociar y transferir, también tiene que implementar los métodos `getTransferDataFlavors()`, `isDataFlavorSupported()`, y `getTransferData()`. (Para obtener más detalles, consulte la interfaz `Transferable`.)

Por medio de los objetos `DataFlavor` y la interfaz `Transferable`, la clase `StringSelection` implementa un objeto simple transferible para transmitir cadenas de texto. Si su interés principal es copiar texto, `StringSelection` es un lugar excelente para comenzar (y, de hecho, quizá es el único objeto transferible que necesita).

Observe que los objetos transferibles se usan para encapsular datos y para describir su formato; no hacen nada en ninguno de los extremos para formatear esa información. Esa es responsabilidad de su programa, al utilizar el portapapeles (Clipboard) para obtener datos de una fuente.

El portapapeles

Cuando tenga un objeto transferible, utilice un portapapeles para transferirlo entre componentes y desde Java a la plataforma nativa. Java 2 proporciona un mecanismo de portapapeles de uso fácil que le permite colocar datos en el portapapeles y recuperarlos del mismo. Puede utilizar el portapapeles estándar del sistema para mover información hacia, y desde, otros programas que se ejecuten en la misma plataforma nativa, o bien utilice sus propias instancias del portapapeles para crear portapapeles especiales o conjuntos múltiples de portapapeles especializados.

En Java los portapapeles están representados por la clase `Clipboard`, la cual también es parte del paquete `java.awt.datatransfer`. Puede acceder al `Clipboard` estándar del sistema a través de los métodos `getToolkit()` y `getSystemClipBoard()` (`getToolkit()` le da una forma de tener acceso a varias características del sistema nativo), como en el ejemplo siguiente:

```
Clipboard clip = getToolkit().getSystemClipboard()
```

Una observación importante en relación con el portapapeles del sistema, es que los applets no tienen acceso al sistema por razones de seguridad (podría haber información confidencial en ese portapapeles). Esto evita que los applets puedan copiar y pegar cualquier cosa en, o desde, la plataforma nativa. Sin embargo, puede utilizar su propio portapapeles interno para copiar y pegar entre los componentes en un applet.

Cualquier componente que desee utilizar el portapapeles, ya sea para colocar datos en él por medio de cortar o copiar, o para obtener datos con pegar, tiene que implementar la interfaz `ClipboardOwner`. Ésta interfaz tiene un método: `lostOwnership()`, al cual se llama cuando algún otro componente toma el control del portapapeles.

Para implementar las operaciones cortar o copiar, realice los pasos siguientes:

1. Cree una instancia de su objeto `Transferable` para guardar los datos que se van a copiar.
2. Cree una instancia del objeto que implementa la interfaz `ClipboardOwner` (que puede ser la clase actual, o el objeto `Transferable` que también puede implementar al dueño del portapapeles).
3. Si está utilizando el portapapeles del sistema, use `getSystemClipboard()` para obtener una referencia de ese portapapeles.
4. Llame al método `setContents()` del portapapeles con el objeto transferible y el objeto que implementa `ClipboardOwner` como argumentos. Con este método, su objeto afirma la "propiedad" del portapapeles.
5. Cuando otro objeto toma el control del portapapeles, se llama al método `lostOwnership()`. Cuando suceda esto, usted tendrá que implementar este método para hacer algo (o crear un método vacío en caso de que no le importe que alguien haya reemplazado el contenido de su portapapeles).

Complete los pasos siguientes para implementar una operación de pegar:

1. Utilice el método `getContents()`, que devuelve un objeto transferible.
2. Utilice el método `getTransferDataFlavors()` del objeto transferible para averiguar qué sabores soporta ese objeto transferible. Determine el sabor a usar.
3. Recupere los datos del sabor correcto con el método `getTransferData()` del objeto transferible.

Aquí tiene un ejemplo muy simple de una aplicación que utiliza el portapapeles para copiar texto de un campo de texto a otro (tal como se muestra en la figura 19.2). El listado 19.2 nos muestra el código para este ejemplo:

Figura 19.2

El applet `CopyPaste`.

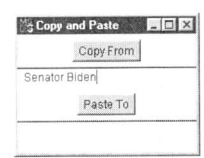

LISTADO 19.2. TEXTO COMPLETO DE COPYPASTE.JAVA.

```java
 1: import java.awt.*;
 2: import java.awt.event.*;
 3: import java.awt.datatransfer.*;
 4:
 5: public class CopyPaste extends Frame
 6:     implements ActionListener, ClipboardOwner {
 7:
 8:     Button copy, paste;
 9:     TextField tfCopy, tfPaste;
10:     Clipboard clip;
11:
12:     public static void main(String[] arguments) {
13:         CopyPaste test = new CopyPaste();
14:         WindowListener l = new WindowAdapter() {
15:             public void windowClosing(WindowEvent e) {
16:                 System.exit(0);
17:             }
18:         };
19:         test.addWindowListener(l);
20:         test.setSize(200, 150);
21:         test.show();
22:     }
23:
24:     CopyPaste() {
25:         super("Copy and Paste");
26:         clip = getToolkit().getSystemClipboard();
27:         FlowLayout flo = new FlowLayout();
28:         setLayout(flo);
29:
30:         copy = new Button("Copy From");
31:         tfCopy = new TextField(25);
32:         paste = new Button("Paste To");
33:         tfPaste = new TextField(25);
34:
35:         copy.addActionListener(this);
36:         paste.addActionListener(this);
37:         paste.setEnabled(false);
38:
39:         add(copy);
40:         add(tfCopy);
41:         add(paste);
42:         add(tfPaste);
43:     }
44:
45:     void doCopy() {
46:         if (tfCopy.getText() != null) {
47:             String txt = tfCopy.getText();
48:             StringSelection trans = new StringSelection(txt);
49:             clip.setContents(trans, this);
```

```
50:                 paste.setEnabled(true);
51:             }
52:         }
53:
54:         void doPaste() {
55:             Transferable toPaste = clip.getContents(this);
56:             if (toPaste != null) {
57:                 try {
58:                     String txt = (String)toPaste.getTransferData(
59:                         DataFlavor.stringFlavor);
60:                     tfPaste.setText(txt);
61:                     paste.setEnabled(false);
62:                 } catch (Exception e) {
63:                     System.out.println("Error - " + e.toString());
64:                 }
65:             }
66:         }
67:
68:         public void actionPerformed(ActionEvent e) {
69:             if (e.getSource() == copy)
70:                 doCopy();
71:             else if (e.getSource() == paste)
72:                 doPaste();
73:         }
74:
75:         public void lostOwnership(Clipboard clip,
76:             Transferable contents) {
77:         }
78: }
```

La mayor parte del código en la aplicación `CopyPaste` contiene el comportamiento para diseñar una interfaz gráfica de usuario y responder a los eventos del usuario. Durante los próximos dos días, aprenderá más sobre estas técnicas conforme vaya desarrollando las aplicaciones de `Swing` por medio de Java 2.

Las instrucciones específicas para copiar y pegar son:

- **Línea 3**   La instrucción `import` hace disponible el paquete `java.awt.datatransfer`.
- **Líneas 5 y 6**   La cláusula `implements` indica que esta clase implementará la interfaz `ClipboardOwner`.
- **Línea 10**   Se crea una referencia para un objeto del portapapeles llamado `clip`.
- **Línea 26**   El objeto portapapeles `clip` está asociado con el portapapeles del sistema a través de una llamada al método `getSystemClipboard()`.
- **Líneas 45–52**   Cuando un usuario hace clic en el botón Copy From, se llama al método `doCopy()`. Si hay algo en el campo de texto de Copy From, el texto se saca del

campo en la línea 47, se utiliza para crear un nuevo objeto transferible en la línea 48 y se coloca en el portapapeles en la línea 49. Después, se activa el botón Paste To.

- Líneas 54–66   Cuando se hace clic en el botón Paste To, se llama al método `doPaste()`. Para verificar el contenido del portapapeles, se utiliza el objeto `Transferable`. Si no está vacío, se recupera la información (líneas 58 y 59) y se coloca en el campo de texto Paste To (línea 60). Una vez hecho esto, Paste To queda desactivado.

- Líneas 75–77   Debido a que la clase implementa la interfaz `ClipboardOwner`, se requiere de un método `lostOwnership()`. Sin embargo, aquí no se ha hecho nada referente a cambios de propietario, por lo tanto el método está vacío.

Invocación a Métodos Remotos

La RMI (Invocación a Métodos Remotos) se utiliza para crear aplicaciones de Java que pueden comunicarse con otras aplicaciones de Java en una red. Para ser más específicos, la RMI permite que una aplicación llame a métodos de otra aplicación (estas aplicaciones podrían ejecutarse en diversos entornos de Java o en sistemas diferentes) y pasar objetos de ida y vuelta en una conexión de red. Puesto que los mecanismos y protocolos por los que usted se comunica entre objetos está definido y estandarizado en la RMI, ésta es un mecanismo más sofisticado para comunicarse entre objetos de Java distribuidos, que una simple conexión de socket. Usted le puede hablar a otro programa de Java, por medio de la RMI, sin tener que saber de antemano qué protocolo hablar, o cómo hablarlo.

> **Nota** Otra forma de comunicación entre objetos es la RPC (Llamadas a Procedimientos Remotos), en la cual usted puede llamar a métodos o ejecutar procedimientos de otros programas en una conexión de red. En tanto que la RPC y la RMI tienen muchas cosas en común, la diferencia más importante es que la RPC sólo envía llamadas a procedimientos, con argumentos pasados o descritos de modo que se puedan reconstruir en cualquiera de los extremos. La RMI pasa objetos enteros de ida y vuelta en la Red, y por lo tanto, incorpora mejor un modelo de objetos distribuidos completamente orientado a objetos.

Aunque el concepto de la RMI pudiera presentar visiones de objetos repartidos por todo el mundo comunicándose alegremente entre sí, en realidad se utiliza en situaciones más tradicionales cliente/servidor. Una sola aplicación de servidor recibe conexiones y solicitudes de un cierto número de clientes. La RMI sólo es el mecanismo de comunicación entre el cliente y el servidor.

La arquitectura de la RMI

Las metas de la RMI fueron integrar en Java un modelo de objetos distribuidos, sin interrumpir el lenguaje o el modelo de objetos existente, e interactuar con un objeto remoto con la misma facilidad con que se interactúa con un objeto local. Por ejemplo, usted debe estar en posibilidad de utilizar objetos remotos igual que los locales (asignarlos a variables, pasarlos como argumentos a los métodos, y así sucesivamente), y además, llamar métodos de objetos remotos debe ser igual que llamar métodos de objetos locales. Sin embargo, la RMI incluye mecanismos más sofisticados para llamar métodos de objetos remotos con el fin de pasar objetos completos o partes de objetos ya sea por referencia o por valor, así como excepciones adicionales para manejar los errores de la red que pudieran ocurrir durante la operación remota.

La RMI tiene varias capas para lograr estas metas, y una sola llamada de método cruza muchas de estas capas para llegar a su destino (consulte la figura 19.3). En realidad hay tres capas:

Figura 19.3

Las capas de la RMI.

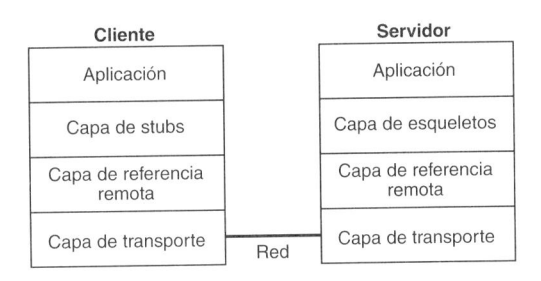

Cliente	Servidor
Aplicación	Aplicación
Capa de stubs	Capa de esqueletos
Capa de referencia remota	Capa de referencia remota
Capa de transporte	Capa de transporte

Red

- Las capas de "stubs" y de "esqueletos" en el cliente y el servidor, respectivamente. Estas capas se comportan como objetos sustitutos en cada lado, ocultando la "lejanía" de la llamada del método a las clases reales de implementación. Por ejemplo, en su aplicación cliente usted puede llamar métodos remotos de la misma forma que lo hace con los locales; el objeto stub es un sustituto local del objeto remoto.
- La capa de referencia remota, que maneja el empaquetamiento de una llamada de método, así como sus parámetros y valores devueltos para su transporte en la red.
- La capa de transporte, que es la conexión real a la red de un sistema a otro.

Estas tres capas de la RMI permiten el control o la implementación independiente de cada capa. Los stubs y los esqueletos permiten a las clases del cliente y el servidor comportarse como si los objetos con que tratan fueran locales, y utilizar exactamente las mismas características del lenguaje de Java para accesar a esos objetos. La capa de referencia remota separa el procesamiento de los objetos remotos en su propia capa, la cual se puede optimizar o volver a implementar, independientemente de las aplicaciones que dependen de ella. Por último, la capa de transporte de red se utiliza en forma independiente de las otras dos, de modo que usted puede usar distintos tipos de conexión de sockets para la RMI (TCP, UDP o TCP con algún otro protocolo, como el SSL).

Cuando una aplicación cliente hace una llamada a un método remoto, la llamada se pasa al stub y de ahí a la capa de referencia, la cual empaqueta los argumentos en caso necesario y los pasa al servidor por medio de la capa de transporte; una vez en el servidor, la capa de referencia desempaca los argumentos y los pasa al esqueleto y de ahí a la implementación del servidor. Luego, los valores devueltos para la llamada al método emprenden el viaje de regreso hacia el lado del cliente.

Término Nuevo Puesto que los objetos se deben convertir en algo que se pueda pasar por la red, la característica de empacar y pasar argumentos de método es uno de los aspectos más interesantes de la RMI. Esta conversión se denomina *serialización*. Mientras un objeto se pueda serializar, la RMI lo puede utilizar como un parámetro de método o un valor devuelto. Los objetos susceptibles de serialización incluyen todos los tipos primitivos de Java, objetos remotos de Java y cualquier otro objeto que implemente la interfaz `Serializeable` (la cual incluye muchas de las clases del JDK 1.2 estándar, como todos los componentes del AWT).

Los objetos remotos de Java, utilizados como parámetros de método o valores devueltos, se pasan por referencia tal como lo harían en forma local. Sin embargo, todos los demás objetos son copiados. Tome nota de que este comportamiento influirá en la forma en que escriba sus programas cuando éstos utilicen llamadas a métodos remotos; por ejemplo, usted no puede pasar un arreglo como un argumento a un método remoto, hacer que el objeto remoto cambie ese arreglo y esperar que el cambio se refleje sobre la copia local. Ésta no es la forma en que se comportan los objetos locales, en donde todos los objetos se pasan como referencias.

Creación de aplicaciones RMI

Para crear una aplicación que utilice RMI, debe usar las clases e interfaces definidas por los paquetes `java.rmi`, entre los cuales se incluyen los siguientes:

- `java.activation` Para activar los objetos remotos.
- `java.rmi.server` Para las clases del lado del servidor.
- `java.rmi.registry` Contiene las clases para localizar y registrar los servidores RMI en un sistema local.
- `java.rmi.dgc` Para recolectar la basura de los objetos distribuidos.

En sí el paquete `java.rmi` contiene las interfaces, clases y excepciones RMI generales.

Para implementar una aplicación cliente–servidor, basada en la RMI, primero debe definir una interfaz que contenga todos los métodos que soporte su objeto remoto. Todos los métodos de esa interfaz deben incluir una cláusula `throws RemoteException`, la cual manejará los problemas potenciales de la red; esto podría impedir la comunicación entre el cliente y el servidor.

El siguiente paso es la implementación de la interfaz remota en una aplicación del lado del servidor, la cual normalmente extiende la clase `UnicastRemoteObject`. Dentro de esa clase, usted implementará los métodos de la interfaz remota y también creará e instalará un administrador de seguridad para ese servidor (para prevenir que los clientes se conecten al azar y hagan conexiones y llamadas no autorizadas al método). Desde luego, usted puede configurar el administrador de seguridad para permitir o impedir diversas operaciones. En la aplicación del servidor, también podrá "registrar" la aplicación remota, la cual se liga a un host y un puerto.

En el lado del cliente implementará una aplicación simple que utilice la interfaz remota y llame a métodos de esa interfaz. Una clase `Naming` (en `java.rmi`) permite al cliente conectarse al servidor en forma transparente.

Una vez escrito el código, lo puede compilar usando el compilador estándar de Java, pero aún hay otro paso: Para generar las capas de stubs y esqueletos, necesarias para que la RMI pueda trabajar entre los dos lados del proceso, tiene que usar el programa `rmic`.

Por último, para que se puedan hacer las conexiones remotas, se utiliza el programa `rmiregistry` para conectar la aplicación del servidor a la propia red y unirla a un puerto.

Esto, desde luego, es una sobresimplificación del proceso que utilizará para crear una aplicación basada en la RMI. Para obtener más información sobre la RMI y cómo utilizar sus clases, un buen lugar para empezar es la información del sitio Web de Sun:

`http://www.sun.com`

Conectividad para bases de datos de Java

JDBC (Conectividad para Bases de Datos de Java) define una interfaz estructurada para las bases de datos SQL (Lenguaje de Consultas Estructurado); este último constituye el método estándar para accesar a las bases de datos relacionales. Al soportar SQL, JDBC permite al programador interactuar y dar soporte a un amplio rango de bases de datos. Esto significa que los detalles de bajo nivel de la plataforma de la base de datos resultan irrelevantes para JDBC, lo cual son buenas noticias para los programadores de Java.

Las bases de datos SQL se construyen de acuerdo con el estándar SQL, el cual es un estándar ampliamente aceptado porque define un protocolo estricto para el acceso y manejo de datos.

El enfoque de la API de JDBC para accesar a las bases de datos SQL, es comparable a las técnicas para desarrollar bases de datos, de modo que interactuar con una base de datos SQL por medio de JDBC, no difiere mucho de la interacción con una base de datos SQL por medio de las herramientas tradicionales. Esto debería dar a los programadores de Java con cierta experiencia en bases de datos, la confianza de que pueden utilizar JDBC sin problemas. La API de JDBC cuenta con el respaldo de los líderes de la industria, incluyendo algunos proveedores de herramientas de desarrollo que han anunciado el soporte a JDBC en sus productos.

La API de JDBC incluye clases para las construcciones comunes de bases de datos SQL, incluyendo conexiones, instrucciones SQL y conjuntos de resultados. Los programas Java que utilizan JDBC tienen la capacidad de usar el modelo de programación SQL para emitir instrucciones SQL y procesar los datos resultantes. La API de JDBC depende en gran parte de un administrador de controladores que soporte la conexión de múltiples controladores a diferentes bases de datos. Los controladores de bases de datos JDBC se pueden escribir totalmente en Java o implementar a través de métodos nativos para unir las aplicaciones de Java con las bibliotecas de acceso a la base de datos.

JDBC también incluye un puente entre JDBC y ODBC, la interfaz común de Microsoft para accesar a las bases de datos SQL. El puente JDBC-ODBC permite que los controladores JDBC se usen como controladores ODBC.

Las clases JDBC son parte de Java 2 como el paquete `java.sql` e incluyen clases para manejar controladores, establecer conexiones con las bases de datos, construir consultas SQL y procesar los resultados.

El sitio Web de Sun contiene una amplia información y especificaciones de JDBC.

Resumen

Cuando se publicó la versión 1 de Java, en 1995, el lenguaje se adaptaba más a la programación de applets que al diseño total de la aplicación.

Eso ya no sucede con Java 2, porque ahora el lenguaje ofrece un soporte sólido para las características como diseño de componentes para software, invocación a métodos remotos, conectividad con bases de datos y serialización de objetos.

El material que hemos cubierto hoy es un trampolín para mayores exploraciones de los paquetes y clases que ofrecen soporte para estas características. Una vez que domine las bases del lenguaje Java, estará listo para atacar estos temas avanzados en libros, cursos y en su propia exploración de la API de Java.

Durante los próximos dos días se concluirá su introducción al lenguaje Java. Aprenderá a crear interfaces gráficas de usuario por medio de Swing, la nueva solución de manejo de ventanas que ofrece Java 2, y cómo convertir esas interfaces en aplicaciones funcionales.

Preguntas y respuestas

P `showStatus()` **no funciona en mi navegador. ¿Cómo puedo darle información de estado a mis lectores?**

R Si el navegador soporta, o no, `showStatus()` depende de ese navegador. Si necesita mostrar el estado de su applet, cree una etiqueta de estado en el mismo applet, con la información actualizada que necesite presentar.

P **He estado tratando de comunicarme entre dos applets en mi página Web utilizando los métodos** `getAppletContext()` **y** `getApplet()`**. Mis applets se destruyen con errores de** `NullPointerException`**. ¿Qué significa esto?**

R El mecanismo descrito para la comunicación entre applets, es la forma en que Sun, y la biblioteca de clases de Java, dicen que debe funcionar. Sin embargo, al igual que `showStatus()`, si el navegador implementa ese mecanismo, o si está implementado en forma correcta, depende de ese navegador. Las versiones de Netscape e Internet Explorer anteriores a 3.0 tienen problemas extraños con la comunicación entre applets.

SEMANA 3

DÍA 20

Diseño de una interfaz de usuario con Swing

Durante los últimos dos días de este libro trabajará con un conjunto de clases llamado Swing, el cual puede implementar una interfaz de usuario denominada Metal.

Esto suena como que alguien en Sun es un entusiasta de la música o un músico frustrado. La próxima tecnología que tome el nombre prestado de un género musical, deberá llamarse Ska, Hiphop o Beer Barrel Polka.

Swing, que es parte de la biblioteca de clases fundamentales de Java, es una extensión del AWT que ha sido integrado en Java 2.

Swing ofrece una funcionalidad muy mejorada con respecto a su predecesor: nuevos componentes, características ampliadas de los componentes, mejor manejo de eventos y una apariencia seleccionable.

Hoy utilizará Swing para crear interfaces de Java y mañana aprenderá cómo convertir esas interfaces en programas completos.

> **Nota**
>
> Swing también está disponible en forma de complemento separado para Java 1.1. Si está escribiendo un applet o una aplicación con el JDK 1.1 puede usar las clases de Swing bajando de JavaSoft la versión de las clases fundamentales de Java compatible con el JDK 1.1, la cual está disponible en la página Web:
>
> http://java.sun.com/products/jfc/
>
> Puesto que Swing ha sido incorporado totalmente en Java 2, si usted está utilizando esa versión, no necesita bajarlo por separado.

Los beneficios de Swing

"Apariencia" es una expresión que se usa con mucha frecuencia cuando se describe la programación de una interfaz. El significado se explica por sí mismo: describe el aspecto de una interfaz gráfica de usuario y cómo la percibe el usuario.

Con la introducción de Swing, las clases para crear ventanas incluidas en Java 2, el aspecto es algo que toma mucha importancia en Java. Durante los últimos dos días de este libro, usted trabajará con Swing.

Swing permite a un programa de Java utilizar un aspecto diferente en el control del programa, e incluso del usuario del programa.

Esta característica ofrece el cambio más espectacular del AWT. Swing le permite crear un programa de Java con una interfaz que utiliza el estilo del sistema nativo de operación, como Windows o Solaris, o un nuevo estilo único de Java, al que se ha denominado Metal.

A diferencia de sus predecesores, las versiones anteriores del lenguaje Java, los componentes de Swing están totalmente implementados en Java. Esto significa mejor compatibilidad a través de las diferentes plataformas, que con los programas que hubiera podido crear usando el AWT.

Todos los elementos de Swing son parte del paquete javax.swing. Para poder utilizar una clase de Swing, tiene que utilizar una instrucción import con esa clase, como la siguiente:

```
import javax.swing.*;
```

El proceso de utilizar un componente de Swing no difiere en nada del de los componentes del AWT. Usted crea el componente llamando al método constructor, o llamando a los métodos del componente si fueran necesarios para la configuración apropiada, y agregando el componente a un contenedor.

> **Precaución:** Swing utiliza la misma infraestructura de clases que el AWT, lo cual hace posible combinar los componentes de ambos en la misma interfaz. Sin embargo, en algunos casos los dos tipos de componentes no se comportarán correctamente en un contenedor. Para evitar estos problemas, es mejor usar exclusivamente uno de estos sistemas de manejo de ventanas en un programa.

Todos los componentes de Swing son subclases de la clase JComponent.

Estructura de una aplicación

El primer paso para crear una aplicación simple de Swing es crear una clase que sea una subclase de JFrame. La clase JFrame es una extensión de Frame, y se puede utilizar de manera similar.

El código que aparece en el listado 20.1 puede ser una estructura para cualesquier aplicaciones que cree mediante una ventana principal.

ESCRIBA **LISTADO 20.1.** TEXTO COMPLETO DE FRAMEWORK.JAVA.

```
 1: import java.awt.GridLayout;
 2: import java.awt.event.*;
 3: import javax.swing.*;
 4:
 5: public class Framework extends JFrame {
 6:
 7:     public Framework() {
 8:         super("Application Title");
 9:
10:         // Agregue aquí los componentes
11:     }
12:
13:     public static void main(String[] args) {
14:         JFrame frame = new Framework();
15:
16:         WindowListener l = new WindowAdapter() {
17:             public void windowClosing(WindowEvent e) {
18:                 System.exit(0);
19:             }
20:         };
21:         frame.addWindowListener(l);
22:
23:         frame.pack();
24:         frame.setVisible(true);
25:     }
26: }
```

Esta aplicación es una subclase de JFrame, y todo el trabajo involucrado en la creación de la interfaz de usuario del marco se hace en el método constructor Framework().

Con el método super(Cadena), la línea 8 del constructor proporciona el texto para la barra de título del marco. La interfaz de usuario se debe construir dentro de este constructor; aquí se pueden agregar los componentes a los contenedores, y estos últimos al marco.

Lo siguiente tiene lugar en el método main() de la aplicación:

- Línea 14 Se usa el constructor Framework() para crear una nueva instancia de la clase JFrame. Esta instancia es la ventana principal de la aplicación.
- Líneas 16–21 Este código estándar de manejo de eventos, maneja la tarea de cerrar la aplicación cuando se cierra el marco. Mañana aprenderá sobre los manejadores de eventos como WindowListener.
- Línea 23 Llama al método pack() del marco y lo redimensiona al tamaño más pequeño posible para que contenga todos sus componentes. Por medio de pack(), usted puede agregar componentes al marco con la certeza de que habrá espacio suficiente para ellos.
- Línea 24 Hace visible el marco a través de su método setVisible(booleano). Si el argumento fuera false en vez de true, el marco se haría invisible.

Aunque puede compilar exitosamente esta estructura, no produce nada útil; la ventana del marco se abrirá al tamaño mínimo y no le será posible ver toda la barra de título.

Los componentes se tienen que agregar antes de que se empiece a ver como una aplicación real.

Cómo agregar componentes a un marco de Swing

Término Nuevo Trabajar con un objeto JFrame es más complicado que con su opuesto del AWT. En vez de añadir contenedores y componentes directamente al marco, deberá agregarlos a un contenedor intermedio llamado *panel de contenido.*

Un JFrame está subdividido en varios paneles diferentes. El panel principal con que trabaja es el panel de contenido, el cual representa toda el área de un marco al que se pueden agregar componentes.

Para agregar un componente a un panel de contenido, haga lo siguiente:

- Cree un objeto JPanel (ésta es la versión Swing de un panel).
- Agregue todos los componentes (que pueden ser contenedores) al JPanel a través de su método add(Componente).
- Convierta este JPanel en el panel de contenido con el método setContentPane(Contenedor). El objeto JPanel debe ser el único argumento.

Diseño de una interfaz de usuario con Swing

El programa del listado 20.2 usa la estructura de la aplicación y agrega un botón al panel de contenido del marco. El botón se crea desde la clase JButton, la versión Swing de un botón seleccionable. Este programa es similar al proyecto Slacker del día 11, "Construcción de interfaces de usuario sencillas para los applets".

ESCRIBA **LISTADO 20.2.** TEXTO COMPLETO DE SWINGER.JAVA.

```java
 1: import java.awt.GridLayout;
 2: import java.awt.event.*;
 3: import javax.swing.*;
 4:
 5: public class Swinger extends JFrame {
 6:
 7:     public Swinger() {
 8:         super("Swinger");
 9:
10:         String note = "I receive a disproportionate amount of " +
11:             "joy from being clicked. Please interact with me.";
12:         JButton hotButton = new JButton(note);
13:
14:         JPanel pane = new JPanel();
15:         pane.add(hotButton);
16:
17:         setContentPane(pane);
18:     }
19:
20:     public static void main(String[] args) {
21:         JFrame frame = new Swinger();
22:
23:         WindowListener l = new WindowAdapter() {
24:             public void windowClosing(WindowEvent e) {
25:                 System.exit(0);
26:             }
27:         };
28:         frame.addWindowListener(l);
29:
30:         frame.pack();
31:         frame.setVisible(true);
32:     }
33: }
```

La figura 20.1 muestra la salida de esta aplicación.

FIGURA 20.1

La aplicación Swinger.

El único material nuevo en el listado 20.2 son las líneas 10–17, en las que tiene lugar lo siguiente:

- Líneas 12 y 13   Se crea un objeto JButton mediante una cadena como su etiqueta. Este uso es idéntico al de uno de los constructores de la clase Button.
- Líneas 14 y 15   Se crea un objeto JPanel y se agrega el botón a este panel.
- Línea 17   Con el método setContentPane(Contenedor) se hace el panel que será el panel de contenido del marco.

Una vez que haya establecido el panel de contenido para un marco, utilice métodos como setLayout(AdministradorDeDiseño) y add(Componente) en ese panel. Usted no llama a esos métodos en el marco mismo.

> **Nota**
>
> Esto también es válido para los applets, los cuales se implementan en Swing a través de la clase JApplet. Tiene que crear un objeto JPanel, agregarle componentes, y hacer que ese panel sea el panel de contenido para el applet. Tome nota de que cualquier applet que cree con Swing y Java 2 no funcionará en navegadores Web que únicamente soporten Java 1.0.2. También tiene que encontrar la forma de que las clases de Swing estén disponibles para el applet; tomará mucho tiempo descargarlas en la página Web junto con los archivos que conforman el applet.

A trabajar con Swing

Hay componentes de Swing para cada uno de los componentes del AWT que ha aprendido hasta este punto. En la mayoría de los casos hay un constructor para el componente de Swing que concuerda con su similar del AWT, de modo que no tiene que aprender nada nuevo para trabajar con los componentes de Swing.

TÉRMINO NUEVO   También hay constructores para muchos de los componentes que toman un objeto Icon como argumento. Un *icono* es un gráfico pequeño, normalmente en formato GIF, que se puede utilizar en un botón, etiqueta u otro elemento de la interfaz, como un medio visual para identificar al componente que representa. Usted ve iconos todo el tiempo en las carpetas de archivo de los sistemas operativos gráficos como Windows 95 y MacOS.

La creación de un Icon se hace de la misma manera que con un objeto Image. El constructor toma el nombre de archivo o URL de un gráfico, como argumento único. El ejemplo siguiente carga un icono del archivo unabom.gif y crea un JButton con el icono como su etiqueta. La figura 20.2 nos muestra el resultado.

```
ImageIcon una = new ImageIcon("unabom.gif");
JButton button = new JButton(una);

JPanel pane = new JPanel();
pane.add(button);

setContentPane(pane);
```

FIGURA 20.2

Un icono en un JButton.

> **Nota**
>
> El icono Unabomber viene de la colección Pardon My Icons! de Jeffrey Zeldman, la cual incluye cientos de iconos que puede utilizar para sus propios proyectos. Si está buscando iconos para jugar con ellos en aplicaciones de Swing, puede encontrar los iconos Pardon My Icons! en el sitio Web:
>
> http://www.zeldman.com

El código fuente de este ejemplo está disponible en el sitio Web de este libro: http://www.prefect.com/java21 bajo el nombre de archivo UnaButton.java, y el gráfico del icono está en el archivo unabom.gif.

Etiquetas

En Swing, las etiquetas se implementan con la clase `JLabel`. La funcionalidad es comparable con la de las etiquetas del AWT, y ahora puede incluir iconos. Además, se puede especificar la alineación de una etiqueta con alguna de las tres variables de clase desde la clase `SwingConstants`: `LEFT`, `CENTER` o `RIGHT`.

Algunos de los métodos constructores que puede usar, incluyen los siguientes:

- `JLabel(Cadena, int)`   Es una etiqueta con el texto y alineación especificados.
- `JLabel(String, Icono, int)`   Es una etiqueta con el texto, icono y alineación especificados.

Botones

Como ya aprendió, los botones de Swing forman parte del cuerpo de la clase `JButton`. Pueden tener una etiqueta de texto como los botones del AWT, una etiqueta de icono o una combinación de ambos.

Algunos de los métodos constructores que puede utilizar incluyen los siguientes:

- `JButton(Cadena)` Es un botón con el texto especificado.
- `JButton(Icono)` Es un botón con el icono especificado.
- `JButton(Cadena, Icono)` Es un botón con el texto e icono especificados.

Campos de texto

En Swing, los campos de texto se implementan con la clase `JTextField`. La diferencia entre estos campos de texto y sus similares del AWT, estriba en que el método `setEchoChar(char)` no está soportado en `JTextField` para ocultar la entrada de texto.

Los métodos constructores que puede usar incluyen los siguientes:

- `JTextField(int)` Es un campo de texto con un ancho especificado.
- `JTextField(Cadena, int)` Es un campo de texto con un texto y un ancho especificados.

La clase `JPasswordField` se usa para crear un campo de texto que pueda utilizar un carácter para ocultar la entrada. Esta clase tiene los mismos métodos constructores que `JTextField`: `JPasswordField(int)` y `JPasswordField(Cadena, int)`.

Cuando haya creado un campo de texto con contraseña, puede utilizar el método `setEchoChar(char)` para ocultar la entrada con el carácter especificado.

Áreas de texto

En Swing, las áreas de texto se implementan con la clase `JTextArea`. Ésta toma los métodos constructores siguientes:

- `JTextArea(int, int)` Es un área de texto con el número especificado de filas y columnas.
- `JTextArea(Cadena, int, int)` Es un área de texto con el número especificado de texto, filas y columnas.

Casillas de verificación y botones de opción

En Swing, la clase `JCheckBox` es la implementación de casillas de verificación. El funcionamiento es similar al del AWT, con el agregado de etiquetas para los iconos.

Los métodos constructores que puede utilizar incluyen los siguientes:

- `JCheckBox(Cadena)` Una casilla de verificación con la etiqueta de texto especificada.
- `JCheckBox(Cadena, booleano)` Una casilla de verificación con la etiqueta de texto especificada, que se selecciona en caso de que el segundo argumento sea `true`.

- `JCheckBox(Icono)` Una casilla de verificación con la etiqueta de icono especificada.
- `JCheckBox(Icono, booleano)` Una casilla de verificación con la etiqueta de icono especificada, que se selecciona en caso de que el segundo argumento sea `true`.
- `JCheckBox(Cadena, Icono)` Una casilla de verificación con las etiquetas especificadas de texto e icono.
- `JCheckBox(Cadena, Icono, booleano)` Una casilla de verificación con las etiquetas especificadas de texto e icono, que se selecciona en caso de que el segundo argumento sea `true`.

En Swing, los grupos de casillas de verificación se implementan con la clase `ButtonGroup`. Como ha visto, en un grupo de casillas de verificación sólo se puede seleccionar un componente a la vez. Para agregar un componente al grupo debe crear un objeto `ButtonGroup` y agregarle casillas de verificación con el método `add(Componente)`.

En Swing, los botones de opción se implementan a través de la clase `JRadioButton`. Los métodos constructores son los mismos que los de la clase `JCheckBox`.

El cambio de nombre de `CheckboxGroup` a `ButtonGroup` refleja la ampliación de la funcionalidad; ahora ya se pueden agrupar botones y botones de opción.

Listas de selección

Las listas de selección, que se crearon en el AWT por medio de la clase `Choice`, son algunas de las implementaciones posibles con la clase `JComboBox`.

Para crear una lista de selección dé los pasos siguientes:

1. El constructor `JComboBox()` se utiliza sin argumentos.
2. Para agregar elementos a la lista, se usa el método `addItem(Objeto)` de los cuadros combinados.
3. El método `setEditable(booleano)`, de los cuadros combinados, se usa con el argumento `false`.

Este último método convierte el cuadro combinado en una lista de selección; las únicas selecciones que puede hacer el usuario son los elementos agregados a la lista.

Si el cuadro combinado es editable, el usuario puede escribir en el campo de texto en lugar de usar la lista de selección y tomar un elemento. Ésta es la razón por la cual los cuadros combinados se llaman así.

Barras de desplazamiento

En Swing, las barras de desplazamiento se implementan con la clase `JScrollBar`. El funcionamiento es idéntico al de las barras del AWT, y puede utilizar los siguientes métodos constructores:

- JScrollBar(*int*)   Es una barra de desplazamiento con la orientación especificada.
- JScrollBar(*int, int, int, int, int*)   Es una barra de desplazamiento con la orientación, valor inicial, tamaño del cuadro de desplazamiento, valor mínimo y valor máximo especificados.

La orientación se indica con las variables de clase HORIZONTAL o VERTICAL de SwingConstants.

Un ejemplo: la aplicación SwingColorTest

Si recuerda bien, uno de los proyectos del día 14, "Desarrollo de interfaces de usuario avanzadas con el AWT", era el applet ColorTest, el cual permitía seleccionar un color a través de sus valores RGB o HSB.

El siguiente proyecto crea la interfaz gráfica de usuario para este proyecto mediante Swing, y la convierte en una aplicación en vez de un applet. Mañana creará los métodos para manejo de eventos.

ESCRIBA **LISTADO 20.3.** TEXTO COMPLETO DE SWINGCOLORTEST.JAVA.

```
 1: import java.awt.*;
 2: import java.awt.event.*;
 3: import javax.swing.*;
 4:
 5: public class SwingColorTest extends JFrame {
 6:     SwingColorControls RGBcontrols, HSBcontrols;
 7:     JPanel swatch;
 8:
 9:     public SwingColorTest() {
10:         super("Color Test");
11:
12:         JPanel pane = new JPanel();
13:         pane.setLayout(new GridLayout(1, 3, 5, 15));
14:         swatch = new JPanel();
15:         swatch.setBackground(Color.black);
16:         RGBcontrols = new SwingColorControls(this, "Red",
17:             "Green", "Blue");
18:         HSBcontrols = new SwingColorControls(this, "Hue",
19:             "Saturation", "Brightness");
20:         pane.add(swatch);
21:         pane.add(RGBcontrols);
22:         pane.add(HSBcontrols);
23:
24:         setContentPane(pane);
25:     }
26:
27:     public static void main(String[] args) {
28:         JFrame frame = new SwingColorTest();
```

```
29:
30:            WindowListener l = new WindowAdapter() {
31:                public void windowClosing(WindowEvent e) {
32:                    System.exit(0);
33:                }
34:            };
35:            frame.addWindowListener(l);
36:
37:            frame.pack();
38:            frame.setVisible(true);
39:        }
40:
41:        public Insets getInsets() {
42:            return new Insets(10, 10, 10, 10);
43:        }
44: }
45:
46: class SwingColorControls extends JPanel {
47:     SwingColorTest frame;
48:     JTextField tfield1, tfield2, tfield3;
49:
50:     SwingColorControls(SwingColorTest parent,
51:         String l1, String l2, String l3) {
52:
53:         frame = parent;
54:         setLayout(new GridLayout(3,2,10,10));
55:         tfield1 = new JTextField("0");
56:         tfield2 = new JTextField("0");
57:         tfield3 = new JTextField("0");
58:         add(new JLabel(l1, JLabel.RIGHT));
59:         add(tfield1);
60:         add(new JLabel(l2, JLabel.RIGHT));
61:         add(tfield2);
62:         add(new JLabel(l3, JLabel.RIGHT));
63:         add(tfield3);
64:     }
65:
66:     public Insets getInsets() {
67:         return new Insets(10, 10, 0, 0);
68:     }
69: }
```

La figura 20.3 muestra la interfaz desarrollada para esta aplicación. Aunque los botones y otros componentes muestran un aspecto diferentes al del applet `ColorTest`, acerca de lo cual aprenderá hoy en la sección "Cómo establecer la apariencia ", el resto de las funciones de la interfaz son iguales a las de sus similares no Swing.

FIGURA 20.3

La aplicación `SwingColorTest`.

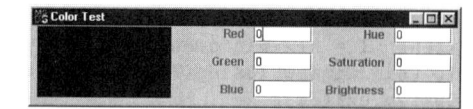

El programa `SwingColorTest` utiliza la estructura de la aplicación presentada con anterioridad, por lo que muchas partes del programa también ya han sido introducidas previamente.

Este programa se compone de tres clases: la clase principal `SwingColorTest`, la clase auxiliar privada `SwingColorControls` y la clase interna definida en las líneas 30–34.

Las clases `SwingColorTest` y `SwingColorControls` sobreponen el método `getInsets()`, lo cual permite que estos componentes se inserten desde los márgenes de su contenedor en un número designado de pixeles. Al igual que muchos otros aspectos de Swing, éste tiene el mismo soporte que los componentes del AWT.

La clase `SwingColorControls` es una subclase de `JPanel`. Esta clase se actualizó para Swing, al convertir los campos de texto y las etiquetas de los componentes del AWT en componentes de Swing. No se necesitaron más cambios.

En la clase `SwingColorTest`, los cambios siguientes actualizaron el código de manejo de ventanas para que trabajen con Swing en vez de con el AWT:

- El programa es una subclase de `JFrame`.
- El objeto `swatch`, el cual muestra el color seleccionado, se convierte en un objeto `JPanel` en vez de un `Canvas`. De hecho, no hay objetos `Canvas` en Swing, por lo que se deben usar paneles en su lugar.
- Se crea un objeto `JPanel` para que sea el panel principal de contenido del marco.
- Los componentes `swatch`, `RGBcontrols` y `HSBcontrols` se añaden al panel de contenido en vez de a la ventana principal del programa.

En muchos casos, se puede implementar una interfaz creada para el AWT utilizando Swing con pocos cambios mayores. Si está convirtiendo un applet escrito para Java 1.0.2 en un programa de Swing para Java 2, tendrá que ejecutar cambios más importantes en los métodos de manejo de eventos, los cuales comentaremos mañana.

Las nuevas características de Swing

Además de los componentes y contenedores que amplían la funcionalidad del AWT, Swing ofrece numerosas características completamente nuevas, incluyendo una apariencia definible, métodos abreviados, información sobre herramientas y cuadros de diálogo estándar.

Cómo establecer la apariencia

Usted ya está familiarizado con el concepto de los administradores de diseño, que son las clases que controlan la distribución de los componentes en una interfaz de usuario.

Swing tiene un administrador de interfaz de usuario que controla la apariencia de los componentes, es decir, la forma en que se presentan en la pantalla los botones, etiquetas y otros elementos.

Este administrador se maneja por medio de la clase UIManager del paquete javax.swing.*. Las selecciones de apariencia varían según el entorno de desarrollo de Java que esté utilizando. He aquí las que están disponibles con el JDK 1.2:

- Apariencia de Windows 95 o Windows NT
- Apariencia en el sistema Motif X-Window
- Metal, la nueva apariencia de Swing de plataforma cruzada

La clase UIManager tiene un método setLookAndFeel(*Apariencia*) que se utiliza para elegir la apariencia de un programa.

Para obtener un objeto LookAndFeel, que pueda utilizar con setLookAndFeel(), hágalo con alguno de los métodos de UIManager siguientes:

- getCrossPlatformLookAndFeelClassName()   Este método devuelve un objeto LookAndFeel que representa la apariencia Metal de plataforma cruzada de Java.
- getSystemLookAndFeelClassName()   Este método devuelve un objeto LookAndFeel que representa la apariencia de su sistema.

Si el método setLookAndFeel() no puede establecer la apariencia, lanza un UnsupportedLookAndFeelException.

Para designar Metal como la apariencia en cualquier programa, se deberán utilizar las instrucciones siguientes:

```
try {
    UIManager.setLookAndFeel(
        UIManager.getCrossPlatformLookAndFeelClassName());
    } catch (Exception e) {
        System.err.println("Can't set look and feel: " + e);
}
```

Para seleccionar la apariencia de su sistema, utilice getSystemLookAndFeelClassName(). Esto produce resultados diferentes en los distintos sistemas operativos. Si utiliza getSystemLookAndFeelClassName(), un usuario de Windows 95 obtendrá una apariencia de Windows 95. Un usuario de UNIX obtendrá la apariencia de Motif.

Métodos abreviados

TÉRMINO NUEVO Un *método abreviado de teclado*, llamado también *teclas aceleradoras*, es una secuencia de teclado con la que se puede controlar un componente en una interfaz de usuario. Ofrece una forma de utilizar un programa sin el ratón, y forma parte del soporte para la accesibilidad de Swing: nuevas clases que facilitan la ejecución de un programa de Java a invidentes y otras personas con diversas aptitudes.

Cuando se utilizan los métodos abreviados de teclado, simulan la acción del ratón, y la forma de uso varía según la plataforma en que se utilice. En una computadora que ejecute Windows 95, un método abreviado de teclado se ejecuta manteniendo oprimida la tecla Alt en combinación con otra tecla.

Los métodos abreviados de teclado se establecen llamando al método `setMnemonic(char)`, en el mismo componente en que se puede utilizar el método abreviado como control. El argumento `char` es la tecla que se debe usar como parte del método abreviado. El ejemplo siguiente crea un objeto JButton y asocia el carácter `'i'` con el botón:

```
JButton infoButton = new JButton("Information");
infoButton.setMnemonic('i');
```

Si presiona Alt+I el componente `infoButton` será seleccionado.

Información sobre herramientas

Otra forma de hacer que un programa sea más amigable para el usuario, es asociando información sobre herramientas con los componentes de una interfaz. Es probable que ya esté familiarizado con la información sobre herramientas, pues son los textos que aparecen en algunos programas cuando detiene el puntero del ratón durante unos segundos en un componente.

La información sobre herramientas describe el propósito del componente. Cuando esté aprendiendo a usar un programa por primera vez, la información sobre herramientas es un recurso excelente para su aprendizaje.

Para establecer una información sobre herramientas en un componente, llame al método `setToolTipText(Cadena)` del componente. La cadena debe ser una descripción concisa del propósito del componente.

El ejemplo siguiente crea un componente `JScrollBar` y se asocia a una información sobre herramientas.

```
JScrollBar speed = new JScrollBar();
speed.setToolTipText("Move to set animation speed");
```

El texto de una información sobre herramientas sólo puede tener un renglón de longitud, por lo que no puede utilizar el carácter (`'\n'`) de nueva línea para dividir el texto en varios renglones.

Descripciones y nombres de los componentes

Otra forma de hacer más accesible una interfaz, es proporcionando una descripción del texto de un componente de Swing. Esto se logra a través de un proceso de dos pasos:

1. Obtenga el objeto `AccessibleContext`, asociado con el componente, llamando al método getAccessibleContext() del componente.
2. Llame al método setAccessibleDescription(*Cadena*) en ese objeto AccessibleContext. El argumento de la cadena debe ser la descripción del texto del componente.

El ejemplo siguiente establece la descripción de un objeto JButton:

```
JButton quit = new JButton("Quit");
quit.getAccessibleContext().setAccessibleDescription(
    "When you click this button, the program terminates.");
```

El método setAccessibleName(*Cadena*) funciona igual que setAccessibleDescription(*Cadena*). Se puede utilizar para darle un nombre al componente que da una descripción sucinta de su propósito. "Quit Button" sería un nombre apropiado para el objeto quit del ejemplo anterior. El ejemplo siguiente establece como "Name Field" el nombre de un campo de texto llamado nm:

```
JTextField nm = new JTextField();
nm.getAccessibleContext().setAccessibleName("Name Field");
```

Cuadros de diálogo estándar

La clase JOptionPane ofrece varios métodos que se pueden utilizar para crear cuadros de diálogo estándar: pequeñas ventanas que hacen preguntas, le envían advertencias al usuario o proporcionan un mensaje importante corto. La figura 20.4 nos muestra un ejemplo de un cuadro de diálogo bajo la apariencia de Metal.

FIGURA 20.4

Un cuadro de diálogo estándar.

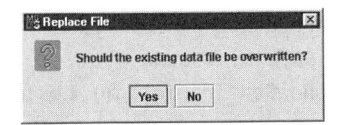

Probablemente usted ya ha visto cuadros de este tipo cuando se cae su sistema; aparece un cuadro estándar y le informa las malas noticias. Además, cuando borra archivos, podría utilizar un cuadro de diálogo para preguntarle si realmente quiere borrarlo. Estas ventanas son una forma efectiva de comunicarse con el usuario, sin la carga de crear una nueva clase para representar la ventana, añadirle componentes y escribir métodos de manejo de eventos. Cuando utiliza un cuadro de diálogo estándar ofrecido por JOptionPane, todas estas cosas se manejan automáticamente.

Hay cuatro cuadros de diálogo estándar:

- ConfirmDialog Es un cuadro de diálogo que hace una pregunta y tiene botones de respuesta para Sí, No y Cancelar.

- `InputDialog` Es un cuadro de diálogo que le pide una entrada de texto.
- `MessageDialog` Es un cuadro de diálogo que despliega un mensaje.
- `OptionDialog` Es un cuadro de diálogo que incluye los otros tres tipos de cuadros.

Cada cuadro de diálogo tiene su propio método en la clase `JOptionPane`.

Cuadros de diálogo de confirmación

El modo más fácil de crear un cuadro de diálogo Sí/No/Cancelar es con la siguiente llamada a método: `showConfirmDialog(Componente, Objeto)`. El argumento del componente especifica el contenedor que se debe considerar como el ancestro del cuadro de diálogo, y con esta información se determina en qué parte de la pantalla se debe desplegar la ventana de diálogo. Si usamos `null` en vez de un contenedor, o si el contenedor no es un objeto `Frame`, el cuadro aparecerá centrado en la pantalla.

El segundo argumento puede ser una cadena, un componente o un objeto `Icon`. Si es una cadena, ese texto aparecerá desplegado en el cuadro de diálogo. Si es un componente o un icono, se desplegará el objeto en lugar de un mensaje de texto.

Este método devuelve uno de tres posibles valores enteros, y cada uno es una variable de clase de `JOptionPane`: `YES_OPTION`, `NO_OPTION` y `CANCEL_OPTION`.

El siguiente es un ejemplo que utiliza un cuadro de diálogo de confirmación con un mensaje de texto y almacena la respuesta en la variable `response`:

```
int response;
response = JOptionPane.showConfirmDialog(null,
    "Should I delete all of your irreplaceable personal files");
```

Otro método ofrece más opciones para el diálogo de confirmación:
`showConfirmDialog(Componente, Objeto, Cadena, int, int)`. Los dos primeros argumentos son iguales a los del método `showConfirmDialog()`. Los tres últimos argumentos son:

- Una cadena que se desplegará en la barra de título del cuadro de diálogo.
- Un entero que indica qué botones de opción estarán visibles. Debe ser igual a las variables de clase `YES_NO_CANCEL_OPTION` o `YES_NO_OPTION`.
- Un entero que describe el tipo de cuadro de diálogo, por medio de las siguientes variables de clase: `ERROR_MESSAGE`, `INFORMATION_MESSAGE`, `PLAIN_MESSAGE`, `QUESTION_MESSAGE` o `WARNING_MESSAGE`. Con este argumento se determina qué icono se ha de dibujar junto con el mensaje.

```
int response = JOptionPane.showConfirmDialog(null,
        "Error reading file. Want to try again?",
        "File Input Error",
```

```
JOptionPane.YES_NO_OPTION,
JOptionPane.ERROR_MESSAGE);
```

La figura 20.5 muestra el cuadro de diálogo resultante bajo la apariencia de Windows.

FIGURA 20.5

Un cuadro de diálogo de confirmación.

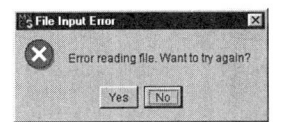

Cuadros de diálogo de entrada

Un cuadro de diálogo de entrada hace una pregunta y utiliza un campo de texto para guardar la respuesta. La figura 20.6 nos muestra un ejemplo con la apariencia de Motif.

FIGURA 20.6

Un cuadro de diálogo de entrada.

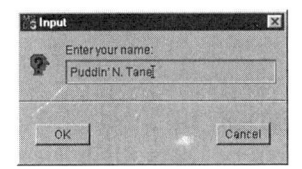

La forma más fácil de crear un diálogo de entrada es llamando al método showInput-Dialog(*Componente, Objeto*). Los argumentos son el componente ancestro y la cadena, el componente, o el icono que se va a desplegar en el cuadro.

La llamada al método de diálogo de entrada devuelve una cadena que representa la respuesta del usuario. La instrucción siguiente crea el cuadro de diálogo de entrada que aparece en la figura 20.6:

```
String response = JOptionPane.showInputDialog(null,
    "Enter your name:");
```

También puede crear un cuadro de diálogo de entrada con el método showInputDialog(*Componente, Objeto, Cadena, int*). Los dos primeros argumentos son iguales a los de la llamada abreviada del método, y los dos restantes son los siguientes:

- El título que se va a desplegar en la barra de título del cuadro de diálogo.
- Una de las cinco variables de clase que describen el tipo de cuadro de diálogo:
  ERROR_MESSAGE, INFORMATION_MESSAGE, PLAIN_MESSAGE, QUESTION_MESSAGE o
  WARNING_MESSAGE.

La instrucción siguiente crea un cuadro de diálogo de entrada a través de este método:

```
String response = JOptionPane.showInputDialog(null,
    "What is your ZIP code?",
    "Enter ZIP Code",
    JOptionPane.QUESTION_MESSAGE);
```

Cuadros de diálogo de mensaje

Un cuadro de diálogo de mensaje es una ventana simple que despliega cualquier tipo de información. La figura 20.7 nos muestra un ejemplo utilizando la apariencia de Metal.

FIGURA 20.7

Un cuadro de diálogo de mensaje.

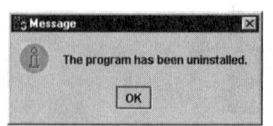

Un cuadro de diálogo de mensaje se puede crear con una llamada al método showMessage-Dialog(*Componente*, *Objeto*). Al igual que con los demás cuadros de diálogo, los argumentos son los componentes ancestro y la cadena, componente, o icono que se vaya a desplegar.

A diferencia de los otros cuadros de diálogo, los cuadros de diálogo de mensaje no devuelven ningún tipo de valor de respuesta. La instrucción siguiente crea el diálogo de mensaje que aparece en la figura 20.7:

```
JOptionPane.showMessageDialog(null,
    "The program has been uninstalled.");
```

También puede crear un cuadro de diálogo de entrada con el método showMessageDialog (*Componente, Objeto, Cadena, int*). El uso es idéntico al del método showInputDialog() con los mismos argumentos, excepto que showMessageDialog() no devuelve un valor.

La instrucción siguiente crea un cuadro de diálogo de mensaje utilizando este método:

```
JOptionPane.showMessageDialog(null,
    "An asteroid has destroyed the Earth.",
    "Asteroid Destruction Alert",
    JoptionPane.WARNING_MESSAGE);
```

Cuadros de diálogo de opción

El cuadro de diálogo más complejo es el cuadro de diálogo de opción, este cuadro combina las características de todos los otros diálogos. Se puede crear con el método showOptionDialog(*Componente, Objeto, Cadena, int, int, Icono, Objeto[ ], Objeto*).

Los argumentos para este método son los siguientes:

- El componente ancestro del diálogo.
- El texto, icono o componente que se va a desplegar.
- Una cadena para desplegar en la barra de título.
- El tipo de cuadro, con las variables de clase YES_NO_OPTION, YES_NO_CANCEL_OPTION o la literal 0 si va a usar otros botones.

- El icono que va a desplegar, con las variables de clase ERROR_MESSAGE, INFORMATION_MESSAGE, PLAIN_MESSAGE, QUESTION_MESSAGE, WARNING_MESSAGE o la literal 0 si no va a utilizar ninguno.
- Un objeto Icon, para desplegarlo en lugar de los iconos del argumento anterior.
- Si no se utilizan las opciones YES_NO_OPTION y YES_NO_CANCEL_OPTION, un arreglo de objetos que contenga los componentes u otros objetos que representen las opciones en el cuadro de diálogo.
- Si no se utilizan las opciones YES_NO_OPTION y YES_NO_CANCEL, el objeto que representa la opción predeterminada.

Los dos últimos argumentos le permiten crear un amplio rango de opciones para el cuadro de diálogo. Usted puede crear un arreglo de botones, de etiquetas, de campos de texto, o bien una combinación de varios componentes como un arreglo de objetos. Estos componentes se despliegan por medio del administrador de diseños de flujo, porque dentro del diálogo no hay forma de especificar otro administrador.

El ejemplo siguiente crea un cuadro de diálogo de opción que utiliza un arreglo de objetos JButton para las opciones del cuadro y el elemento gender[2] como la selección predeterminada:

```
JButton[] gender = new JButton[3];
gender[0] = new JButton("Male");
gender[1] = new JButton("Female");
gender[2] = new JButton("None of Your Business");
int response = JOptionPane.showOptionDialog(null,
    "What is your gender?",
    "Gender",
    0,
    JOptionPane.INFORMATION_MESSAGE,
    null,
    gender,
    gender[2]);
```

La figura 20.8 nos muestra el cuadro de diálogo resultante con la apariencia de Motif.

FIGURA 20.8

Un cuadro de diálogo de opción.

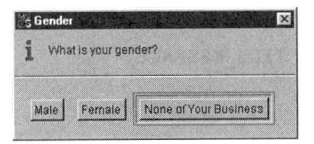

Un ejemplo: la aplicación Info

El proyecto siguiente nos da la oportunidad de ver una serie de cuadros de diálogo en un programa funcional. La aplicación Info utiliza diálogos para obtener información del usuario, la cual es colocada en los campos de texto de la ventana principal de la aplicación.

Escriba el listado 20.4 y compile el resultado.

ESCRIBA **LISTADO 20.4.** TEXTO COMPLETO DE INFO.JAVA.

```
 1: import java.awt.GridLayout;
 2: import java.awt.event.*;
 3: import javax.swing.*;
 4:
 5: public class Info extends JFrame {
 6:     private JLabel titleLabel = new JLabel("Title: ",
 7:         SwingConstants.RIGHT);
 8:     private JTextField title;
 9:     private JLabel addressLabel = new JLabel("Address: ",
10:         SwingConstants.RIGHT);
11:     private JTextField address;
12:     private JLabel typeLabel = new JLabel("Type: ",
13:         SwingConstants.RIGHT);
14:     private JTextField type;
15:
16:     public Info() {
17:         super("Site Information");
18:
19:         // nombre del sitio
20:         String response1 = JOptionPane.showInputDialog(null,
21:             "Enter the site title:");
22:         title = new JTextField(response1, 20);
23:
24:         // dirección del sitio
25:         String response2 = JOptionPane.showInputDialog(null,
26:             "Enter the site address:");
27:         address = new JTextField(response2, 20);
28:
29:         // tipo del sitio
30:         String[] choices = { "Personal", "Commercial", "Unknown" };
31:         int response3 = JOptionPane.showOptionDialog(null,
32:             "What type of site is it?",
33:             "Site Type",
34:             0,
35:             JOptionPane.QUESTION_MESSAGE,
36:             null,
37:             choices,
38:             choices[0]);
39:         type = new JTextField(choices[response3], 20);
40:
41:         JPanel pane = new JPanel();
42:         pane.setLayout(new GridLayout(3, 2));
43:         pane.add(titleLabel);
44:         pane.add(title);
45:         pane.add(addressLabel);
46:         pane.add(address);
```

```
47:         pane.add(typeLabel);
48:         pane.add(type);
49:
50:         setContentPane(pane);
51:     }
52:
53:     public static void main(String[] args) {
54:         try {
55:             UIManager.setLookAndFeel(
56:                 UIManager.getSystemLookAndFeelClassName());
57:         } catch (Exception e) {
58:             System.err.println("Couldn't use the system "
59:                             + "look and feel: " + e);
60:         }
61:
62:         JFrame frame = new Info();
63:
64:         WindowListener l = new WindowAdapter() {
65:             public void windowClosing(WindowEvent e) {
66:                 System.exit(0);
67:             }
68:         };
69:         frame.addWindowListener(l);
70:
71:         frame.pack();
72:         frame.setVisible(true);
73:     }
74: }
```

La figura 20.9 presenta la ventana principal de esta aplicación con la apariencia del sistema (en esta pantalla es Windows). Hay tres campos de texto con valores proporcionados por los cuadros de diálogo.

FIGURA 20.9

La ventana principal de la aplicación Info.

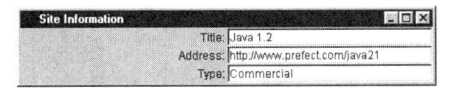

Mucho de esta aplicación es el código del modelo de texto que se puede utilizar con cualquier aplicación de Swing. Las líneas siguientes se relacionan con los cuadros de diálogo:

- Líneas 19–22   Es un diálogo de entrada que se usa para pedir al usuario que escriba un título de sitio. Éste se utiliza para el constructor del objeto JTextField, el cual pone el título en el campo de texto.

- Líneas 24–27   Es un diálogo similar al anterior, utilizado para pedir una dirección de sitio que se utilizará en el constructor de otro objeto JTextField.

- Línea 30 Se crea un arreglo de objetos `String` llamado `choices`, con tres elementos que son valores dados.
- Líneas 31–38 Se usa un cuadro de diálogo opcional para pedir el tipo de sitio. El arreglo `choices` es el séptimo argumento, el cual establece los tres botones del diálogo con las cadenas del arreglo: Personal, Commercial y Unknown. El último argumento, `choices[0]`, designa al primer elemento del arreglo como la selección predeterminada del diálogo. La figura 20.10 muestra este cuadro de diálogo de opción.
- Línea 39 Es la respuesta al diálogo de opción; un entero que identifica que el elemento del arreglo seleccionado está guardado en un componente `JTextField` llamado `type`.

FIGURA 20.10

El cuadro de diálogo de opción de tipo del sitio.

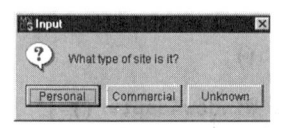

Resumen

Después que varios cientos de miles de programadores tuvieron la oportunidad de usar las primeras versiones de Java, una de las quejas principales se refería al AWT. Aunque permite crear una interfaz funcional, había algunos problemas para hacer que todas las interfaces trabajaran en plataformas diferentes y algunos elementos de una interfaz gráfica de usuario no estaban soportados por el AWT.

Swing es una respuesta efectiva a todas estas críticas por medio de un sofisticado sistema de ventanas que se adapta a muchos tipos distintos de programas de Java. Si le echa una mirada a la documentación incluida en Swing, encontrará más de treinta componentes distintos.

Mañana llevará a cabo un ejercicio para convertir una interfaz en una aplicación completa.

Preguntas y respuestas

P ¿Se puede crear una aplicación sin Swing?

R Desde luego. Swing es sólo una ampliación del AWT, y puede seguir utilizando el AWT para las aplicaciones con Java 2. En vez de usar las técnicas disponibles para los applets de Java 1.0.2, debe utilizar las técnicas de manejo de eventos, sobre las que hablaremos mañana. Acerca de si debe crear una aplicación sin Swing, ese es otro punto. No hay comparación entre las posibilidades que ofrece Swing y las del AWT. Con Swing, puede utilizar muchos más componentes y controlarlos de manera más sofisticada.

Semana 3

Día 21

Manejo de eventos de usuario con Swing

En este día hay dos grandes eventos: la conclusión de su viaje de tres semanas a través del lenguaje de programación Java y los eventos que aprenderá para manejar los programas de Swing.

Para convertir una interfaz de Java en un programa, tendrá que hacer que la interfaz sea receptiva a los eventos de usuario.

Usted ya ha tratado con eventos antes de este día, cuando aprendió a manejar clics de ratón y otras entradas de usuario con el AWT. Este conocimiento se usó para crear los applets compatibles de Java 1.0.2.

Término Nuevo A través de un conjunto de clases llamadas *escuchadores de eventos*, Swing maneja los eventos de manera diferente. Hoy aprenderá a agregar escuchadores de todo tipo para sus programas de Swing, incluso aquellos que manejan eventos de acción, eventos de ratón y otras interacciones.

Cuando haya terminado, celebrará el evento realizando una aplicación de Java por medio del conjunto de clases de Swing.

El evento principal

En el sistema de manejo de eventos que aprendió la semana anterior, los eventos se manejaban a través de un conjunto de métodos que están disponibles en todos los componentes. Métodos como mouseDown(), keyDown() y action(), se podrían sobreponer en cualquier programa del AWT que quisiera manejar esos eventos.

Puesto que las versiones subsecuentes del lenguaje ofrecen soluciones muy mejoradas para los eventos, este sistema de manejo de eventos se aplica solamente a Java 1.0.2.

Para crear aplicaciones de Swing, utilice el nuevo sistema.

Escuchadores de eventos

Dentro del sistema de manejo de eventos de Java 2, si una clase desea responder a un evento de usuario debe implementar la interfaz que maneje los eventos. Estas interfaces se llaman escuchadores de eventos.

Cada escuchador maneja un tipo específico de evento, y una clase puede implementar tantos escuchadores de eventos como sea necesario.

He aquí los siguientes escuchadores de eventos disponibles:

- ActionListener   Eventos de acción que se generan cuando un usuario realiza una acción en un componente, por ejemplo hacer clic en un botón.
- AdjustmentListener   Eventos de ajuste al activar un componente, como el movimiento de una barra de desplazamiento.
- FocusListener   Eventos de enfoque de teclado que surjen cuando un componente, por ejemplo un campo de texto, gana o pierde el enfoque.
- ItemListener   Son eventos de elemento que se dan al cambiar un elemento, como una casilla de verificación.
- KeyListener   Eventos de teclado que suceden cuando un usuario escribe texto con el teclado.
- MouseListener   Eventos de ratón generados por clics de un ratón al entrar a (y salir de) un área del componente.
- MouseMotionListener   Son eventos de movimiento de ratón que han servido para llevar un registro de todos los movimientos del ratón en un componente.
- WindowListener   Eventos de ventana generados al aumentar, disminuir, mover o cerrar la ventana de la aplicación principal.

La clase siguiente se declara para que pueda manejar eventos de acción y de texto:

```
public class Suspense extends JFrame implements ActionListener,
    TextListener {
    // ...
}
```

El paquete java.awt.event contiene todos los escuchadores de eventos básicos, así como todos los objetos que representan eventos específicos. Para utilizar estas clases en sus programas, las puede importar en forma individual o mediante una instrucción como la siguiente:

```
import java.awt.event.*;
```

Cómo establecer los componentes

Al convertir una clase en un escuchador de evento, establece un tipo específico de evento para ser escuchado por esa clase. Aunque eso no sucederá nunca si no da un segundo paso: agregar al componente un escuchador de evento coincidente. Ese escuchador de evento generará los eventos cada vez que se use el componente.

Después de crear un componente, para asociarle un escuchador de evento llame a alguno de los siguientes métodos del componente:

- addActionListener() Componentes de JButton, JCheckBox, JComboBox, JTextField, y JRadioButton.
- addAdjustmentListener() Componentes de JScrollBar.
- addFocusListener() Todos los componentes de Swing.
- addItemListener() Componentes de JButton, JCheckBox, JComboBox y JRadioButton.
- addKeyListener() Todos los componentes de Swing.
- addMouseListener() Todos los componentes de Swing.
- addMouseMotionListener() Todos los componentes de Swing.
- addWindowListener() Todos los componentes de JWindow y JFrame.

> **Precaución** Hay un error muy fácil de cometer en un programa de Java, y éste es modificar un componente después de agregarlo a un contenedor. Antes de agregar el componente al contenedor, tiene que agregarle los escuchadores de eventos y manejar cualquier otra configuración, pues de lo contrario estos ajustes serán ignorados al ejecutar el programa.

El ejemplo siguiente crea un objeto JButton y le asocia un escuchador de evento de acción:

```
JButton zap = new JButton("Zap");
zap.addActionListener(this);
```

Todos los métodos agregados toman un argumento: el objeto escuchador de evento de esa clase. Por medio de `this`, usted indica que la clase actual es el escuchador de evento. También puede especificar un objeto diferente, siempre y cuando la clase del objeto implemente el escuchador de evento apropiado.

Métodos manejadores de eventos

Cuando usted asocia una interfaz a una clase, la clase debe manejar todos los eventos contenidos en la interfaz.

En el caso de los escuchadores de eventos, cuando tiene lugar el evento de usuario correspondiente, el sistema de ventanas llama a cada método en forma automática.

La interfaz `ActionListener` tiene un solo método. Todas las clases que `ActionListener` implementa deben tener un método con una estructura como la siguiente:

```
public void actionPerformed(ActionEvent evt) {
    // maneje el evento aquí
}
```

Si en la interfaz gráfica de usuario de su programa hay un solo componente con un escuchador de evento para los eventos de acción, utilice el método `actionPerformed()` para responder a un evento generado por ese componente.

Si hay más de un componente con un escuchador de evento de acción, deberá utilizar el método para deducir qué componente se usó y actuar en su programa de acuerdo con ello.

Quizá habrá notado en el método `actionPerformed()` que, cuando se llama al método, se envía un objeto `ActionEvent` como argumento. Este objeto se puede utilizar para descubrir los detalles acerca del componente que generó el evento.

El objeto `ActionEvent` y todos los otros objetos de evento son parte del paquete `java.awt.event`, y a su vez son subclases de la clase `EventObject`.

Cada método de manejo de eventos envía un objeto de evento de alguna clase. Para determinar qué componente envió el evento, utilice el método del objeto `getSource()`, como en el ejemplo siguiente:

```
public void actionPerformed(ActionEvent evt) {
    Object src = evt.getSource();
}
```

El objeto devuelto por el método `getSource()` se puede comparar con los componentes si usa el operador `==`. Las instrucciones siguientes se podrían utilizar dentro del ejemplo `actionPerformed()` anterior:

Manejo de eventos de usuario con Swing

```
if (src == quitButton)
    quitProgram();
else if (src == sortRecords)
    sortRecords();
```

Si el objeto `quitButton` generó el evento, este ejemplo llamará al método `quitProgram()` y, en caso de que sea el botón `sortRecords` el que generó ese evento, llamará al método `sortRecords()`.

Hay muchos métodos de manejo de eventos que llamarán a un método diferente para cada clase de evento o componente. Esto hace que el método de manejo de eventos sea más fácil de leer. Por añadidura, si hay más de un método de manejo de eventos en una clase, cada uno puede llamar al mismo método para que haga el trabajo.

Otra técnica muy útil dentro de un método de manejo de eventos, es utilizar la palabra clave `instanceof` para verificar el tipo de componente que generó el evento. El siguiente ejemplo se podría usar en un programa con un botón y un campo de texto, los cuales generarían un evento de acción:

```
void actionPerformed(ActionEvent evt) {
    Object src = evt.getSource();
    if (src instanceof JTextField)
        calculateScore();
    else if (src instanceof JButton)
        quitProgram();
}
```

El programa del listado 21.1 utiliza la estructura de aplicación para crear un `JFrame` y agregarle componentes. El programa en sí tiene dos componentes `JButton` que sirven para cambiar el texto en la barra de título del marco.

ESCRIBA **LISTADO 21.1.** TEXTO COMPLETO DE CHANGETITLE.JAVA.

```
 1: import java.awt.event.*;
 2: import javax.swing.*;
 3: import java.awt.*;
 4:
 5: public class ChangeTitle extends JFrame implements ActionListener {
 6:     JButton b1 = new JButton("Rosencrantz");
 7:     JButton b2 = new JButton("Guildenstern");
 8:
 9:     public ChangeTitle() {
10:         super("Title Bar");
11:
12:         b1.addActionListener(this);
13:         b2.addActionListener(this);
14:         JPanel pane = new JPanel();
```

continúa

LISTADO 21.1. CONTINUACIÓN

```
15:            pane.add(b1);
16:            pane.add(b2);
17:
18:            setContentPane(pane);
19:        }
20:
21:        public static void main(String[] args) {
22:            JFrame frame = new ChangeTitle();
23:
24:            WindowListener l = new WindowAdapter() {
25:                public void windowClosing(WindowEvent e) {
26:                    System.exit(0);
27:                }
28:            };
29:            frame.addWindowListener(l);
30:
31:            frame.pack();
32:            frame.setVisible(true);
33:        }
34:
35:        public void actionPerformed(ActionEvent evt) {
36:            Object source = evt.getSource();
37:            if (source == b1)
38:                setTitle("Rosencrantz");
39:            else if (source == b2)
40:                setTitle("Guildenstern");
41:            repaint();
42:        }
43: }
```

Esta aplicación se muestra en la figura 21.1.

FIGURA 21.1

La aplicación `ChangeTitle`.

En esta aplicación sólo se necesitan 12 líneas para responder a los eventos de acción de esta aplicación:

- La línea 1 importa el paquete `java.awt.event`.
- Las líneas 12 y 13 agregan escuchadores de eventos de acción a los dos objetos `JButton`.
- Las líneas 35–42 responden a los eventos de acción derivados de los dos objetos `Jbutton`. El método `getSource()` del objeto `evt` se utiliza para determinar la fuente

del evento. Si es igual al botón b1, el título del marco es Rosencrantz; si es igual a b2, el título es Guildenstern. Después de cualquier cambio de título ocurrido en el método, se requiere llamar a repaint() para dibujar de nuevo el marco.

Trabajo con métodos

Las secciones siguientes detallan la estructura de cada método de manejo de eventos y los métodos que se pueden utilizar en ellos.

Para determinar el objeto que generó el evento, además de los métodos descritos, se puede usar el método getSource() en cualquier objeto de evento.

Eventos de acción

Los eventos de acción ocurren cuando un usuario termina una acción por medio de uno de los siguientes componentes: JButton, JCheckBox, JComboBox, JTextField o JRadioButton.

Para poder manejar estos eventos, se tiene que implementar la interfaz ActionListener desde una clase. Además, se debe llamar al método addActionListener() de cada componente que genere un evento de acción, a no ser que quiera ignorar los eventos de acción de ese componente.

Sólo hay un método en la interfaz ActionListener: actionPerformed(*ActionEvent*):

```
public void actionPerformed(ActionEvent evt) {
    // ...
}
```

Para descubrir más información sobre la fuente del evento, además del método getSource(), utilice el método getActionCommand() en el objeto ActionEvent.

El comando de acción predeterminado es el texto asociado con el componente, como la etiqueta en un JButton. También puede establecer un comando de acción diferente para un componente, llamando a su método setActionCommand(*Cadena*). El argumento de la cadena debe ser el texto del comando de la acción.

Por ejemplo, las instrucciones siguientes crean un JButton y un JTextField y le dan a ambos el comando de acción "Sort Files":

```
JButton sort = new JButton("Sort");
JTextField name = new JTextField();
sort.setActionCommand("Sort Files");
name.setActionCommand("Sort Files");
```

> **Nota** Los comandos de acción son excepcionalmente útiles cuando escribe un programa en el que más de un componente debería provocar la misma acción. Un ejemplo de esto sería un programa con un botón Quit y una opción Quit en un menú desplegable. Si en un método de manejo de eventos le da el mismo comando de acción a los dos componentes, los podrá manejar con el mismo código.

Eventos de ajuste

Los eventos de ajuste se dan cuando se mueve un componente JScrollBar por medio de las flechas de la barra, el cuadro de desplazamiento o haciendo clic en cualquier parte de la barra. Para manejar estos eventos, una clase debe implementar la interfaz AdjustmentListener.

Sólo hay un método en la interfaz AdjustmentListener:

adjustmentValueChanged(*EventoDeAjuste*): Toma la forma siguiente:

```
public void adjustmentValueChanged(AdjustmentEvent evt) {
    // ...
}
```

Para ver cuál es el valor actual de JScrollBar, dentro de este método de manejo de eventos, llame al método getValue() en el objeto AdjustmentEvent. Este método devuelve un entero que representa el valor de la barra de desplazamiento.

También puede determinar la forma en que el usuario movió la barra de desplazamiento, a través del método AdjustmentEvent del objeto getAdjustmentType(). Esto devuelve uno de cinco valores, cada uno de los cuales es una variable de clase de la clase Adjustment:

- UNIT_INCREMENT   Es un aumento de 1 en el valor, el cual puede ser causado dando clics en una flecha de la barra de desplazamiento o usando una tecla de cursor.
- UNIT_DECREMENT   Es una reducción de 1 en el valor.
- BLOCK_INCREMENT   Es un aumento mayor al valor, causado al dar clics en la barra de desplazamiento, en el área entre el cuadro de desplazamiento y la flecha.
- BLOCK_DECREMENT   Es una reducción mayor al valor.
- TRACK   Es un cambio en el valor causado por un movimiento del cuadro de desplazamiento.

El programa que aparece en el listado 21.2, nos muestra el uso de la interfaz AdjustmentListener. Cada vez que se mueve la barra de desplazamiento, se le agrega al marco una barra de desplazamiento y un campo de texto no editable, y se despliegan mensajes en el campo.

ESCRIBA **LISTADO 21.2.** TEXTO COMPLETO DE WELLADJUSTED.JAVA.

```java
 1: import java.awt.event.*;
 2: import javax.swing.*;
 3: import java.awt.*;
 4:
 5: public class WellAdjusted extends JFrame implements AdjustmentListener {
 6:     BorderLayout bord = new BorderLayout();
 7:     JTextField value = new JTextField();
 8:     JScrollBar bar = new JScrollBar(SwingConstants.HORIZONTAL,
 9:         50, 10, 0, 100);
10:
11:     public WellAdjusted() {
12:         super("Well Adjusted");
13:
14:         bar.addAdjustmentListener(this);
15:         value.setHorizontalAlignment(SwingConstants.CENTER);
16:         value.setEditable(false);
17:         JPanel pane = new JPanel();
18:         pane.setLayout(bord);
19:         pane.add(value, "South");
20:         pane.add(bar, "Center");
21:
22:         setContentPane(pane);
23:     }
24:
25:     public static void main(String[] args) {
26:         JFrame frame = new WellAdjusted();
27:
28:         WindowListener l = new WindowAdapter() {
29:             public void windowClosing(WindowEvent e) {
30:                 System.exit(0);
31:             }
32:         };
33:         frame.addWindowListener(l);
34:
35:         frame.pack();
36:         frame.setVisible(true);
37:     }
38:
39:     public void adjustmentValueChanged(AdjustmentEvent evt) {
40:         Object source = evt.getSource();
41:         if (source == bar) {
42:             int newValue = bar.getValue();
43:             value.setText("" + newValue);
44:         }
45:         repaint();
46:     }
47: }
```

La figura 21.2 muestra una pantalla de la aplicación.

FIGURA 21.2

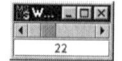

La salida de la aplicación WellAdjusted.

TÉRMINO NUEVO Usted se preguntará por qué hay un conjunto vacío de comillas en la llamada a setText() en la línea 43 de este programa. Las comillas vacías se denominan una *cadena null*, y están concatenadas al entero newValue para convertir el argumento en una cadena. Como podrá recordar, si concatena una cadena con un tipo diferente, Java siempre manejará el resultado como una cadena. La cadena null es un método abreviado para cuando quiera desplegar algo que todavía no es una cadena.

Eventos de enfoque

TÉRMINO NUEVO Los *eventos de enfoque* suceden cuando cualquier componente gana o pierde la entrada de enfoque en una interfaz gráfica de usuario. El enfoque describe al componente que está activo para recibir entradas desde el teclado. Si uno de los campos tiene el enfoque (en una interfaz de usuario con varios campos de texto editables), lo mostrará por medio de un cursor parpadeando en ese campo.

El enfoque se aplica a todos los componentes que pueden recibir una entrada. En un objeto JButton, el botón con el enfoque aparece rodeado por una línea punteada.

Para manejar un evento de enfoque, deberá implementer la interfaz FocusListener desde una clase. Hay dos métodos en las interfaces focusGained(EventoDeEnfoque) y focusLost(EventoDeEnfoque), de este modo toman la forma siguiente:

```
public void focusGained(FocusEvent evt) {
    // ...
}

public void focusLost(FocusEvent evt) {
    // ...
}
```

Para determinar cuál es el objeto que ganó o perdió el enfoque, se puede llamar al método getSource() en el objeto FocusEvent enviado como argumento a los métodos focusGained() y focusLost().

Eventos de elemento

TÉRMINO NUEVO   Los *eventos de elemento* suceden cuando se selecciona o deselecciona un elemento en cualquiera de los siguientes componentes: JButton, JCheckBox, JComboBox o JRadioButton. Para poder manejar estos eventos se tiene que implementar la interfaz ItemListener desde una clase.

La interfaz ItemListener tiene un solo método: itemStateChanged(*EventoDeElemento*), y toma la forma siguiente:

```
void itemStateChanged(ItemEvent evt) {
   // ...
}
```

Para determinar el elemento en el que ocurrió el evento, se debe llamar al método getItem() en el objeto ItemEvent.

También puede determinar si el elemento fue seleccionado o deseleccionado, a través del método getStateChange(). Este método devuelve un entero que será igual a la variable de clase ItemEvent.DESELECTED o a la ItemEvent.SELECTED.

En el listado 21.3 se muestra el uso de los eventos de elemento. La aplicación SelectItem despliega la selección desde un cuadro combinado en un campo de texto.

ESCRIBA   **LISTADO 21.3.** TEXTO COMPLETO DE SELECTITEM.JAVA.

```
 1: import java.awt.event.*;
 2: import javax.swing.*;
 3: import java.awt.*;
 4:
 5: public class SelectItem extends JFrame implements ItemListener {
 6:     BorderLayout bord = new BorderLayout();
 7:     JTextField result = new JTextField(27);
 8:     JComboBox pick = new JComboBox();
 9:
10:     public SelectItem() {
11:         super("Select Item");
12:
13:         pick.addItemListener(this);
14:         pick.addItem("Navigator");
15:         pick.addItem("Internet Explorer");
16:         pick.addItem("Opera");
17:         pick.setEditable(false);
18:         result.setHorizontalAlignment(SwingConstants.CENTER);
19:         result.setEditable(false);
20:         JPanel pane = new JPanel();
21:         pane.setLayout(bord);
22:         pane.add(result, "South");
```

continúa

LISTADO 21.3. CONTINUACIÓN

```
23:            pane.add(pick, "Center");
24:
25:            setContentPane(pane);
26:        }
27:
28:        public static void main(String[] args) {
29:            JFrame frame = new SelectItem();
30:
31:            WindowListener l = new WindowAdapter() {
32:                public void windowClosing(WindowEvent e) {
33:                    System.exit(0);
34:                }
35:            };
36:            frame.addWindowListener(l);
37:
38:            frame.pack();
39:            frame.setVisible(true);
40:        }
41:
42:        public void itemStateChanged(ItemEvent evt) {
43:            Object source = evt.getSource();
44:            if (source == pick) {
45:                Object newPick = evt.getItem();
46:                result.setText(newPick.toString() + " is the selection.");
47:            }
48:            repaint();
49:        }
50: }
```

La figura 21.3 muestra esta aplicación con el elemento Opera como la selección actual en el cuadro combinado. El método toString() del objeto se utiliza para recuperar el texto del objeto devuelto por getItem().

FIGURA 21.3

La salida de la aplicación SelectItem.

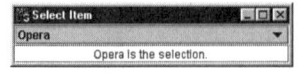

Eventos de tecla

TÉRMINO NUEVO Los *eventos de tecla* ocurren cuando se presiona una tecla en el teclado. Cualquier componente puede generar estos eventos y, para dar soporte a los eventos, se tiene que implementar una interfaz KeyListener desde una clase.

En la interfaz `KeyListener` hay tres eventos: `keyPressed(`*EventoDeTecla*`)`, `keyReleased(`*EventoDeTecla*`)`, y `keyTyped(`*EventoDeTecla*`)`, que toman la forma siguiente:

```
public void keyPressed(KeyEvent evt) {
    // ...
}
public void keyReleased(KeyEvent evt) {
    // ...
}
public void keyTyped(KeyEvent evt) {
    // ...
}
```

El método `getKeyChar()` de `KeyEvent`, devuelve el carácter de la tecla asociada con el evento. Si no hay un carácter Unicode que pueda ser representado por la tecla, `getKeyChar()` devolverá un valor de carácter igual a la variable de clase `KeyEvent.CHAR_UNDEFINED`.

Eventos de ratón

Los eventos de ratón se generan por varios tipos diferentes de interacciones del usuario:

- Un clic de ratón.
- Un ratón entrando al área de un componente.
- Un ratón saliendo del área de un componente.

Cualquier componente puede generar estos eventos, los cuales se implementan desde una clase por medio de la interfaz `MouseListener`. Esta interfaz tiene cinco métodos:

`mouseClicked(`*EventoDeRatón*`)`

`mouseEntered(`*EventoDeRatón*`)`

`mouseExited(`*EventoDeRatón*`)`

`mousePressed(`*EventoDeRatón*`)`

`mouseReleased(`*EventoDeRatón*`)`

Cada uno toma la misma forma básica de `mouseReleased(`*EventoDeRatón*`)`:

```
public void mouseReleased(MouseEvent evt) {
    // ...
}
```

Los métodos siguientes funcionan para los objetos `MouseEvent`:

- `getClickCount()` Devuelve, como un entero, el número de veces que dio un clic con el ratón.
- `getPoint()` Devuelve, como un objeto `Point`, las coordenadas x,y dentro del componente en el que dio clics con el ratón.
- `getX()` Devuelve la posición x.
- `getY()` Devuelve la posición y.

Eventos de movimiento del ratón

Los eventos de movimiento del ratón ocurren cada vez que se mueve el ratón en un componente. Al igual que con cualquier otro evento de ratón, cualquier componente puede generar eventos de movimiento del ratón. Para darles soporte, se debe implementar la interfaz `MouseMotionListener` desde una clase.

En la interfaz `MouseMotionListener` hay dos métodos: mouseDragged(*EventoDeMovimientoDelRatón*) y mouseMoved(*EventoDeMovimientoDelRatón*), y toman la forma siguiente:

```
public void mouseDragged(MouseEvent evt) {
    // ...
}
public void mouseMoved(MouseEvent evt) {
    // ...
}
```

A diferencia de las otras interfaces escuchadoras de eventos que ha manejado hasta este punto, la interfaz `MouseMotionListener` no tiene su propio tipo de evento. En vez de eso utiliza objetos `MouseEvent`.

Debido a esto, puede llamar a los mismos métodos `getClick()`, `getPoint()`, `getX()` y `getY()`, que llamaría para los eventos de ratón.

Eventos de ventana

Los eventos de ventana suceden cuando un usuario abre o cierra un objeto de ventana tal como un `JFrame` o un `JWindow`. Cualquier componente puede generar estos eventos y se tiene que implementar una interfaz `WindowListener`, desde una clase, para dar soporte a los eventos.

Hay siete métodos en la interfaz `WindowListener`:

windowActivated(*EventoDeVentana*)

windowClosed(*EventoDeVentana*)

windowClosing(*EventoDeVentana*)

windowDeactivated(*EventoDeVentana*)

windowDeiconified(*EventoDeVentana*)

windowIconified(*EventoDeVentana*)

windowOpened(*EventoDeVentana*)

Todos toman la misma forma del método windowOpened():

```
public void windowOpened(WindowEvent evt) {
    // ...
}
```

Los métodos windowClosing() y windowClosed() son semejantes, pero se llama a uno al cerrar la ventana, y al otro una vez cerrada. De hecho, para detener el cierre de una ventana, puede utilizar un método windowClosing().

Un ejemplo: la aplicación SwingColorTest

Ayer creó una interfaz gráfica de usuario para el programa de conversión RGB a HSB a través de componentes Swing.

Para obtener más experiencia al trabajar con el modelo de manejo de eventos en vez de Swing, convertirá la interfaz SwingColorTest en un programa.

Ayer se crearon dos clases para este proyecto: SwingColorTest y SwingColorControls. La primera contiene la ventana de aplicación y el método main() que se usa para establecer la ventana. SwingColorControls, una clase auxiliar, es un panel que retiene tres etiquetas y tres campos de texto utilizados para escoger un color.

Todas las entradas de usuario de este programa tienen lugar en los controles de color, los campos de texto se usan para definir los valores de RGB o HSB.

Por esta razón, todo el comportamiento del manejo de eventos se agregará a la clase SwingColorControls.

Lo primero es hacer que la clase SwingColorControls maneje dos tipos de eventos: eventos de acción y eventos de enfoque. Para implementar las interfaces ActionListener y FocusListener, hay que agregar la cláusula implements a la instrucción de la declaración class, como se muestra a continuación:

```
class SwingColorControls extends JPanel
    implements ActionListener, FocusListener {
```

Luego se deben agregar escuchadores de eventos de acción y de enfoque a los tres campos de la clase: tfield1, tfield2 y tfield3. Estos escuchadores de eventos se deben añadir después de crear los campos de texto, pero antes hay que agregarlos a un contenedor. Para eso, utilice las instrucciones siguientes:

```
tfield1.addFocusListener(this);
tfield2.addFocusListener(this);
tfield3.addFocusListener(this);
tfield1.addActionListener(this);
tfield2.addActionListener(this);
tfield3.addActionListener(this);
```

Por último, agregue todos los métodos definidos en las dos interfaces que implementa esta clase: actionPerformed(*EventoDeAcción*), focusLost(*EventoDeEnfoque*) y focusGained(*EventoDeEnfoque*).

Los controles de color se usan para registrar un valor numérico para un color, y esto hace que el color se dibuje en un panel. También actualiza los otros controles de color para que reflejen el cambio de color.

Hay dos formas para que un usuario pueda terminar una nueva elección de color: presionando Intro en un campo de texto, lo cual genera un evento de acción, o saliéndose del campo para editar otro campo diferente, lo cual genera un evento de enfoque.

Las instrucciones siguientes implementan los métodos actionPerformed() y focusLost() que se deben agregar a la clase:

```
public void actionPerformed(ActionEvent evt) {
    if (evt.getSource() instanceof TextField)
        frame.update(this);
}
public void focusLost(FocusEvent evt) {
    frame.update(this);
}
```

Uno de ellos, focusGained(), no necesita manejo. Entonces, se debe agregar una definición de método vacío:

```
public void focusGained(FocusEvent evt) { }
```

Los métodos manejadores de eventos agregados a SwingColorControls, llaman a un método en su clase madre, update(SwingColorControls).

Este método no contiene ningún comportamiento para el manejo de eventos, sólo actualiza la muestra del color y todos los controles para que reflejen un cambio de color. Es idéntico a la versión creada durante el día 14, "Desarrollo de interfaces de usuario avanzadas con el AWT".

El listado 21.4 contiene la aplicación, incluyendo las clases SwingColorTest y SwingColorControls.

ESCRIBA **LISTADO 21.4.** TEXTO COMPLETO DE SWINGCOLORTEST.JAVA.

```java
 1: import java.awt.*;
 2: import java.awt.event.*;
 3: import javax.swing.*;
 4:
 5: public class SwingColorTest extends JFrame {
 6:     SwingColorControls RGBcontrols, HSBcontrols;
 7:     JPanel swatch;
 8:
 9:     public SwingColorTest() {
10:         super("Color Test");
11:
12:         JPanel pane = new JPanel();
13:         pane.setLayout(new GridLayout(1, 3, 5, 15));
14:         swatch = new JPanel();
15:         swatch.setBackground(Color.black);
16:         RGBcontrols = new SwingColorControls(this, "Red",
17:             "Green", "Blue");
18:         HSBcontrols = new SwingColorControls(this, "Hue",
19:             "Saturation", "Brightness");
20:         pane.add(swatch);
21:         pane.add(RGBcontrols);
22:         pane.add(HSBcontrols);
23:
24:         setContentPane(pane);
25:     }
26:
27:     public static void main(String[] args) {
28:         JFrame frame = new SwingColorTest();
29:
30:         WindowListener l = new WindowAdapter() {
31:             public void windowClosing(WindowEvent e) {
32:                 System.exit(0);
33:             }
34:         };
35:         frame.addWindowListener(l);
36:
37:         frame.pack();
38:         frame.setVisible(true);
39:     }
40:
41:     public Insets getInsets() {
42:         return new Insets(10, 10, 10, 10);
43:     }
44:
45:     void update(SwingColorControls controlPanel) {
46:         Color c;
```

continúa

LISTADO 21.4. CONTINUACIÓN

```
47:         // obtiene valores de cadena de cadena de los campos de texto
48:         // y los convierte en enteros
49:         int value1 = Integer.parseInt(controlPanel.tfield1.getText());
50:         int value2 = Integer.parseInt(controlPanel.tfield2.getText());
51:         int value3 = Integer.parseInt(controlPanel.tfield3.getText());
52:
53:         if (controlPanel == RGBcontrols) {
54:             // RGB ha cambiado, actualiza HSB
55:             c = new Color(value1, value2, value3);
56:
57:             // convierte los valores RGB en HSB
58:             float[] HSB = Color.RGBtoHSB(value1, value2, value3,
59:                 (new float[3]));
60:             HSB[0] *= 360;
61:             HSB[1] *= 100;
62:             HSB[2] *= 100;
63:
64:             // restablece los campos HSB
65:             HSBcontrols.tfield1.setText(String.valueOf((int)HSB[0]));
66:             HSBcontrols.tfield2.setText(String.valueOf((int)HSB[1]));
67:             HSBcontrols.tfield3.setText(String.valueOf((int)HSB[2]));
68:
69:         } else {
70:             // HSB ha cambiado, actualiza RGB
71:             c = Color.getHSBColor((float)value1 / 360,
72:                 (float)value2 / 100, (float)value3 / 100);
73:
74:             // restablece los campos RGB
75:             RGBcontrols.tfield1.setText(String.valueOf(c.getRed()));
76:             RGBcontrols.tfield2.setText(String.valueOf(c.getGreen()));
77:             RGBcontrols.tfield3.setText(String.valueOf(c.getBlue()));
78:         }
79:
80:         // actualiza la muestra
81:         swatch.setBackground(c);
82:         swatch.repaint();
83:     }
84: }
85:
86: class SwingColorControls extends JPanel
87:     implements ActionListener, FocusListener {
88:
89:     SwingColorTest frame;
90:     JTextField tfield1, tfield2, tfield3;
91:
92:     SwingColorControls(SwingColorTest parent,
93:         String l1, String l2, String l3) {
94:
95:         frame = parent;
```

```
96:        setLayout(new GridLayout(3,2,10,10));
97:        tfield1 = new JTextField("0");
98:        tfield2 = new JTextField("0");
99:        tfield3 = new JTextField("0");
100:       tfield1.addFocusListener(this);
101:       tfield2.addFocusListener(this);
102:       tfield3.addFocusListener(this);
103:       tfield1.addActionListener(this);
104:       tfield2.addActionListener(this);
105:       tfield3.addActionListener(this);
106:       add(new JLabel(l1, JLabel.RIGHT));
107:       add(tfield1);
108:       add(new JLabel(l2, JLabel.RIGHT));
109:       add(tfield2);
110:       add(new JLabel(l3, JLabel.RIGHT));
111:       add(tfield3);
112:   }
113:
114:   public Insets getInsets() {
115:       return new Insets(10, 10, 0, 0);
116:   }
117:
118:   public void actionPerformed(ActionEvent evt) {
119:       if (evt.getSource() instanceof JTextField)
120:           frame.update(this);
121:   }
122:
123:   public void focusLost(FocusEvent evt) {
124:       frame.update(this);
125:   }
126:
127:   public void focusGained(FocusEvent evt) { }
128: }
```

La figura 21.4 muestra el producto terminado.

FIGURA 21.4

La aplicación `SwingColorTest`.

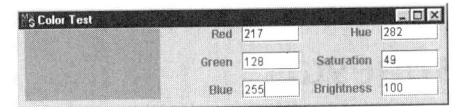

Resumen

Por dentro, el sistema de manejo de eventos utilizado por Swing es mucho más robusto y de fácil ampliación para que maneje nuevos tipos de interacciones de usuario.

Por fuera, el nuevo sistema también debe tener más sentido, desde el punto de vista de un programador. El manejo de eventos se agrega al programa a través de los mismos pasos:

- Una interfaz escuchadora de eventos se agrega a la clase que deberá contener los métodos para el manejo de eventos.
- A cada componente que genere los eventos que va a manejar se agrega un escuchador de eventos.
- Se agregan los métodos, cada uno con una clase `EventObject` como el único argumento para el método.
- Los métodos de esa clase `EventObject`, como `getSource()`, se utilizan para saber qué componente generó el evento y qué clase de evento era.

Una vez que conozca estos pasos, podrá trabajar con cada una de las distintas interfaces de escuchadores y clases de eventos. También aprenderá acerca de los nuevos escuchadores de eventos, conforme se vayan agregando a Swing junto con los nuevos componentes.

Esto nos lleva al evento principal: la conclusión de nuestro viaje de 21 días a través del lenguaje Java. Ahora que ha tenido la oportunidad de trabajar con la sintaxis y las clases centrales que componen Java, ya está listo para la gran tarea: sus propios programas.

Este libro tiene un sitio oficial en Web: `http://www.prefect.com/java21`. Ofrece respuestas a las preguntas más populares de los lectores, y todos los códigos fuente del libro. ¡Felicidades! Ahora que le hemos presentado el lenguaje de programación más extraordinario de la década, está en usted hacer cosas aún más maravillosas con él.

Conforme invierta tiempo en sus propios programas, aprendiendo nuevas características y ampliando las clases de Java en sus propios paquetes, aprenderá otra razón para entender el porqué la tan alta inspiración del nombre del lenguaje.

Java, como su similar con cafeína, puede crear hábito.

> **Nota** "No dejen que acabe así. Díganles que dije algo."
> —Últimas palabras de Pancho Villa (1877-1923)

Preguntas y respuestas

P ¿Se puede poner el comportamiento de manejo de eventos de un programa en su propia clase, en vez de incluirlo con el código que crea la interfaz?

R Sí se puede, y muchos programadores le dirán que es una buena forma de diseñar sus propios programas. Si separa el diseño de la interfaz y el código de manejo de eventos, esto le permitirá desarrollar ambos en forma separada; la aplicación `SwingColorTest` de hoy le muestra el método alternativo. Esto hace más fácil mantener el proyecto; el comportamiento asociado se conjunta y aísla del comportamiento no relacionado.

Apéndices

A Resumen del lenguaje Java

B Recursos de Java en Internet

C Configuración del JDK

D Uso de un editor de texto con el JDK

APÉNDICE A

Resumen del lenguaje Java

Este apéndice contiene un resumen del lenguaje Java, tal como se describe en este libro.

> **Nota**
> Esto no es un repaso de gramática, ni una visión técnica del lenguaje en sí. Es una referencia rápida que podrá utilizar luego de conocer los fundamentos de cómo funciona el lenguaje. Si necesita una descripción técnica del lenguaje, puede visitar la sección de documentación en el sitio Web de JavaSoft en `http://java.sun.com/docs`. Uno de los documentos que se ofrecen con acceso total, es la especificación oficial del lenguaje Java, el cual incluye una gramática completa.

Los símbolos y palabras clave del lenguaje se muestran en `fuente monoespaciada`. Los argumentos y otras partes que se vayan a substituir, están en *cursivas monoespaciadas*.

Las partes opcionales se indican entre corchetes (excepto en la sección de sintaxis de arreglos). En caso de que haya varias opciones que se excluyan mutuamente, se presentan separadas con símbolos de canalización (¦) como esto:

```
[ public ¦ private ¦ protected ] tipo nombrevariable
```

Palabras reservadas

Las palabras siguientes están reservadas para el uso del propio lenguaje Java. (Algunas de ellas están reservadas pero no se usan actualmente.) No debe utilizar estos términos para referirse a clases, métodos o nombres de variables:

abstract	do	import	return	void
boolean	double	instanceof	short	volatile
break	else	int	static	while
byte	extends	interface	super	
case	final	long	switch	
catch	finally	native	synchronized	
char	float	new	this	
class	for	package	throw	
const	goto	private	throws	
continue	if	protected	transient	
default	implements	public	try	

Las palabras `true`, `false` y `null` también están reservadas para ser usadas como literales.

Comentarios

```
/* éste es un comentario que
 puede abarcar varias líneas*/

// éste es un comentario de una sola línea

/** éste es un comentario Javadoc */
```

Literales

número	Tipo int
número[l ¦ L]	Tipo int
0x*númhexadecimal*	Entero hexadecimal
0X*númhexadecimal*	Entero hexadecimal
0*númoctal*	Entero octal

`[ `*número*` ].`*número*	Tipo `double`
número`[ f ¦ F]`	Tipo `float`
número`[ d ¦ D]`	Tipo `double`
`[ + ¦ - ]`*número*	Con signo
número`[e ¦ E]`*número*	Exponente
`'`*carácter*`'`	Un solo carácter
`"`*caracteres*`"`	Cadena de caracteres
`""`	Cadena vacía
`\b`	Retroceso
`\t`	Tabulador
`\n`	Avance de línea
`\f`	Avance de hoja
`\r`	Retorno de carro
`\"`	Comilla doble
`\'`	Comilla sencilla
`\\`	Diagonal invertida
`\u`*númhexadecimal*	Escape Unicode
`null`	Nulo
`true`	Booleano (verdadero)
`false`	Booleano (falso)

Declaración de variables

`[ byte ¦ short ¦ int ¦ long ] `*nombrevariable*	Entero (seleccionar un tipo)
`[ float ¦ double ] `*nombrevariable*	Flotante (seleccionar un tipo)
`char `*nombrevariable*	Caracteres
`boolean `*nombrevariable*	Booleano
nombreclase *nombrevariable*	Tipos de clases
tipo *nombrevariable*`, `*nombrevariable*`, `*nombrevariable*	Múltiples variables

Las opciones siguientes están disponibles sólo para las variables de clase e instancia. Cualquiera de ellas se puede utilizar con una declaración de variable:

`[ static ] declaraciónDeVariable`	Variable de clase
`[ final ] declaraciónDeVariable`	Constantes
`[ public ¦ private ¦ protected ] declaraciónDeVariable`	Control de acceso

Asignación de variables

`variable = valor`	Asignación
`variable++`	Incremento posterior
`++variable`	Incremento previo
`variable--`	Decremento posterior
`--variable`	Decremento previo
`variable += valor`	Suma y asigna
`variable -= valor`	Resta y asigna
`variable *= valor`	Multiplica y asigna
`variable /= valor`	Divide y asigna
`variable %= valor`	Obtiene el residuo y asigna
`variable &= valor`	AND y asigna
`variable ¦ = valor`	OR y asigna
`variable ^= valor`	XOR y asigna
`variable <<= valor`	Desplaza a la izquierda y asigna
`variable >>= valor`	Desplaza a la derecha y asigna
`variable >>>= valor`	Rellena de ceros, desplaza a la derecha y asigna

Operadores

`arg + arg`	Suma
`arg - arg`	Resta
`arg * arg`	Multiplicación
`arg / arg`	División
`arg % arg`	Módulo o residuo

`arg < arg`	Menor que
`arg > arg`	Mayor que
`arg <= arg`	Menor o igual a
`arg >= arg`	Mayor o igual a
`arg == arg`	Igual
`arg != arg`	Desigual
`arg && arg`	AND lógico
`arg ¦¦ arg`	OR lógico
`! arg`	NOT lógico
`arg & arg`	AND
`arg ¦ arg`	OR
`arg ^ arg`	XOR
`arg << arg`	Desplazamiento a la izquierda
`arg >> arg`	Desplazamiento a la derecha
`arg >>> arg`	Desplaza a la derecha y rellena con ceros
`~ arg`	Complemento
`(tipo)cosa`	Conversión mediante cast
`arg instanceof clase`	Instancia de
`test ? trueOp : falseOp`	Operador ternario (`if`)

Objetos

`new clase();`	Crea una nueva instancia
`new clase(arg, arg, arg...)`	Nueva instancia con parámetros
`new tipo(arg, arg, arg...)`	Crea una nueva instancia de una clase anónima
`Primary.new tipo(arg, arg, arg...)`	Crea una nueva instancia de una clase anónima
`objeto.variable`	Variable de instancia
`objeto.varclase`	Variable de clase
`Clase.varclase`	Variable de clase
`objeto.método()`	Método de instancia (sin argumentos)
`objeto.método(arg, arg, arg...)`	Método de instancia

`objeto.classmethod()`	Método de clase (sin argumentos)
`objeto.classmethod(arg, arg, arg...)`	Método de clase
`Clase.métodoclase()`	Método de clase (sin argumentos)
`Clase.métodoclase(arg, arg, arg...)`	Método de clase

Arreglos

En esta sección, los corchetes son partes de la creación del arreglo o de las instrucciones de acceso. No denotan partes opcionales, como en otras partes de este apéndice.

`tipo nombrevariable[]`	Variable de arreglo
`tipo[] nombrevariable`	Variable de arreglo
`new tipo[númElementos]`	Nuevo objeto de arreglo
`new tipo[] {inicializador}`	Nuevo objeto de arreglo anónimo
`arreglo[índice]`	Acceso a un elemento
`arreglo.longitud`	Longitud de arreglo

Ciclos y condicionales

`if ( prueba ) bloque`	Condicional
`if ( prueba ) bloque` `else bloque`	Condicional con `else`

`switch ( prueba ) {}`
`case valor:instrucciones`
`case valor:instrucciones`
`...`
`default : instrucción`
	switch (sólo con tipos integer o char)

`for ( inicializador; prueba; cambio ) bloque`	Ciclo for
`while ( prueba ) bloque`	Ciclo while
`do bloque` `while (prueba)`	Ciclo do

```
break [ etiqueta ]          Interrupción de ciclo o switch
continue [ etiqueta ]       Continuación de ciclo
label:                      Etiquetado de ciclo
```

Definiciones de clases

```
class nombreclase bloque           Definición de clase simple
```

A la definición de clase se le puede agregar cualquiera de los siguientes modificadores opcionales:

```
[ final ] class                    Sin subclases
nombreclase bloque

[ abstract ] class                 No instanciable
nombreclase bloque

[ public ] class                   Accesible desde fuera del paquete
nombreclase bloque

class nombreclase [ extends        Hereda de una superclase
Superclase ] bloque

class nombreclase                  Implementa una o más interfaces
[implements interfaces] bloque

interface nombreInterfaz           Definición de interfaz simple
[extends otraInterfaz,
... ] bloque
```

Definiciones de métodos y constructores

El método básico luce así, donde `tipoDevuelto` es un nombre de tipo, un nombre de clase o void:

```
tipoDevuelto nombreMétodo() bloque      Método básico

tipoDevuelto nombreMétodo               Método con parámetros
(parámetro, parámetro...)bloque
```

Los parámetros de método aparecen así:

```
tipo nombreParámetro
```

Las variaciones de método pueden incluir cualesquier palabras clave opcionales siguientes:

`[ abstract ]` *tipoDevuelto* *nombreMétodo()* *bloque*	Método abstracto
`[ static ]` *tipoDevuelto* *nombreMétodo()* *bloque*	Método de clase
`[ native ]` *tipoDevuelto* *nombreMétodo()* *bloque*	Método nativo
`[ final ]` *tipoDevuelto* *nombreMétodo()* *bloque*	Método final
`[ synchronized ]` *tipoDevuelto* *nombreMétodo()* *bloque*	Método sincronizado
`[ public ¦ private ¦ protected]` *tipoDevuelto* *nombreMétodo()* `bloque`	Control de acceso

Los constructores lucen así:

nombreclase() *bloque*	Constructor básico
nombreclase(parámetro, parámetro, parámetro...) *bloque*	Constructor con parámetros
`[ public ¦ private ¦ protected ]` *nombreclase()* *bloque*	Control de acceso

En el cuerpo del método/constructor, utilice estas referencias y métodos:

`this`	Se refiere al objeto actual
nombreclase`.this`	Se refiere a un objeto particular de clase interna
`super`	Se refiere a la superclase
`super.`*nombreMétodo()*	Llama a un método de la superclase
`this(...)`	Llama a un constructor de la misma clase
`super(...)`	Llama a un constructor de la superclase
tipo`.class`	Devuelve el objeto de clase para el tipo
`return [` *valor* `]`	Devuelve un valor

Importación

`import` *paquete.nombreclase*	Importa una clase específica
`import` *paquete.*`*`	Importa todas las clases del paquete
`package` *nombrePaquete*	Las clases en este archivo pertenecen a este paquete
`[ public ] interface` *nombreInterfaz bloque*	Interfaz pública
`[ abstract ] interface` *nombreInterfaz bloque*	Interfaz abstracta

Protección

`synchronized (` *objeto* `)` *bloque*	Espera un bloqueo sobre el objeto
`try` *bloque*	Instrucciones protegidas
`catch (` *excepción* `)` *bloque*	Se ejecuta si se lanza una excepción
`[ finally` *bloque* `]`	Se ejecuta siempre
`try` *bloque* `[ catch (` *excepción* `)` *bloque* `] finally` *bloque*¦	Igual al anterior (se puede utilizar la opcional `catch` ¦ `finally` ahora, pero no ambos)

Apéndice B

Recursos de Java en Internet

Este apéndice contiene una lista de libros, sitios Web, foros de discusión en Internet y otros recursos que puede utilizar para ampliar su conocimiento de Java.

Sitio Web de este libro

Rogers Cadenhead, coautor de este libro, mantiene el sitio oficial del mismo en Web, en la dirección siguiente:

`http://www.prefect.com/java21`

Visite este sitio para tener el código fuente de todos los proyectos del libro, aclaraciones, conexiones actualizadas y cualquier otra información al respecto.

Otros títulos a considerar

Prentice Hall Hispanoamericana publica una diversidad de títulos sobre Java que usted debe tomar en cuenta conforme vaya ampliando sus conocimientos. La lista siguiente incluye los números de ISBN, pues en caso de que las librerías no tuvieran el título en existencia, dichos números son necesarios para solicitarlo:

- *Aprendiendo Java 1.1 en 24 horas*, Roger Cadenhead, ISBN: 970-17-0085-6
- *Cree sus Applets en Web con Java*, David Gulbransen y Ben Rawlings, ISBN: 968-880-782-6
- *Aprendiendo Java 1.1 en 21 días*, Laura Lemay y Charles L. Perkins, ISBN: 970-17-0054-6
- *Aproveche las noches con Java*, Jason Wheling, Vidya Bharat y otros, ISBN: 970-17-0034-1
- *Java Soluciones instantáneas*, Michael Afergan, ISBN: 968-880-804-0
- *Aprendiendo Visual J++ en 21 días*, Patrick Winters y Laura Lemay, ISBN: 968-880-884-9

Estos libros están disponibles en el sitio Web de Prentice Hall Hispanoamericana: `http://www.prentice.com.mx`. También puede consultar el sitio `http://www.mcp.com` para mayores detalles de los libros referidos en su idioma original. El sitio incluye los sitios Web de los autores.

El sitio de Sun Microsystems

Tal como lo aprendió durante el Día 1, "Introducción a Java", Sun mantiene un sitio Web en la siguiente dirección:

`http://java.sun.com`

Sun produce nuevas versiones del JDK (Kit de Desarrollo de Java), la biblioteca de clases de Java y otros productos. Si desea información sobre el lenguaje Java, este sitio es el primer lugar que debe visitar. Aquí encontrará las nuevas versiones del JDK y muchos otros recursos de programación.

Al momento de esta edición, el sitio de Sun está dividido en las áreas siguientes:

- **What's New?** Esta área contiene anuncios relacionados con la publicación de actualizaciones para los productos y eventos como JavaOne, la consulta semestral para los programadores de Java. También incluye las publicaciones y la programación de las sesiones de capacitación que se ofrecen.
- **Documentation** Son artículos relacionados con el lenguaje, orientados hacia el público que descubre Java por primera vez. Éste es un buen punto para iniciar porque presenta temas pensando en los principiantes.
- **Products & APIs** Aquí están todos los productos y documentación que puede copiar de Sun, incluyendo el JDK, documentación sobre el lenguaje y otros archivos.
- **Applets** Éste es un escaparate para todos los programas de Java que se ejecutan en Web, incluyendo más de dos docenas que ofrece Sun, y que se pueden adaptar para su uso en sus propias páginas Web. También tiene conexiones con varios directorios de applets de Internet, incluyendo Developer.Com's Gamelan en http://www.gamelan.com y el JARS (Servicio Java de Clasificación de Applets) en http://www.jars.com.
- **For Developers** Éste es un punto de partida hacia JDC (Java Developer Connection), un recurso establecido de soporte oficial de Sun, así como la documentación para el lenguaje Java en formato HTML. Aquí encontrará información de las conferencias sobre el lenguaje, libros oficiales de Java y otros recursos.
- **Java in the Real World** Características y líneas de tiempo sobre las "historias exitosas" del lenguaje Java en lugares tan diversos como U.S. Postal Service, UCLA Medical Center, Ergon Informatik y la misión Mars Pathfinder.
- **Business & Licensing** Proporciona los lineamientos para obtener licencias y registros para el uso de los productos de Java.
- **Support & Services** Un listado de los servicios de soporte técnico, soporte a clientes y ventas.
- **Employment** Una lista actualizada de oportunidades de trabajo en ingeniería, escritura técnica, mercadotecnia/ventas y otros departamentos de Sun.
- **Java Store** Un catálogo de la mercancía oficial de Java que se puede adquirir a través de Web, incluyendo camisas de mezclilla, tazas para café, playeras y gorras de béisbol.
- **A-Z Index** APIs, productos y los principales conceptos de la tecnología de Java, en orden alfabético. ¿Perdido? También se proporcionan algunos tips para navegar en este sitio.

Este sitio se actualiza constantemente con recursos de uso libre para los programadores de Java. Una de las partes que podría aprovechar de inmediato es la página Documentation en la dirección siguiente:

`http://java.sun.com/docs/index.html`

Otros sitios Web sobre Java

Debido a que gran parte del fenómeno Java se ha inspirado en su uso en páginas Web, un gran número de sitios Web están enfocados en Java y su programación.

La página de libros de Java

Como una forma de selección entre los cientos de libros publicados sobre Java, se han compilado varios sitios de revisión que contienen listas de libros nuevos, actualizados y fuera de edición.

JavaWorld es una revista en línea sobre el lenguaje Java y tecnología relacionada, mantiene una lista de libros actuales y por editarse. La puede encontrar en la dirección siguiente:

`http://www.javaworld.com/javaworld/books/jw-books-index.html`

Elliotte Rusty Harold, autora de varios libros descritos en la página Web, presenta otra selección de libros relacionados con Java, junto con las revisiones de muchos de esos libros. La lista de Harold se puede consultar en:

`http://sunsite.unc.edu/javafaq/books.html`

Directorio Java de Gamelan

Puesto que Java es un lenguaje de programación orientado a objetos, es fácil utilizar en sus propios programas recursos creados por otros programadores. Antes de iniciar un programa importante de Java, debe explorar en Web en busca de recursos que pudiera utilizar en su programa.

El lugar para iniciar esta búsqueda es Developer.Com's Gamelan, el sitio Web que presenta un catálogo de programas, recursos de programación y más información de Java, en la siguiente dirección:

`http://www.gamelan.com`

Gamelan es el directorio más amplio en su clase dentro de Web, superando incluso a Sun en cuanto a la profundidad de su cobertura. Se ha convertido en el primer lugar de registro de información para los programadores de Java, tan pronto como terminan el programa. Los miembros del equipo Gamelan actualizan el sitio diariamente. Gamelan también realiza las mejores presentaciones en su directorio de la página:

http://www.gamelan.com/special/picks.html

Servicio de clasificación de applets de Java

Para accesar a otro directorio de clasificación de applets de Java, dirija su navegador hacia la página:

http://www.jars.com

El logotipo de la manzana del JARS aparece en los numerosos applets que se ofrecen en las páginas Web. El sitio JARS ha sido ampliado recientemente para incluir las novedades acerca del lenguaje y los desarrollos relacionados, revisiones de las herramientas de desarrollo para Java, y otra información de utilidad.

JavaWorld

Una de las mejores revistas que han surgido al servicio de la comunidad de programadores de Java, y también es la más económica. *JavaWorld* está disponible en forma gratuita en la siguiente dirección Web:

http://www.javaworld.com

JavaWorld suele publicar artículos tutoriales, junto con novedades de desarrollos de Java y otras características, las cuales se actualizan cada mes. En el área de artículos de manual, el formato único de Web ofrece una ventaja sobre las revistas impresas (como *Java Report*). En cuanto un artículo va enseñando un concepto particular o tipo de programación, *JavaWorld* ofrece un applet de Java que muestra la lección.

Preguntas más frecuentes en Java

Como complemento a las listas de FAQs (preguntas más frecuentes) sobre Java que están disponibles en el sitio Web de Sun Microsystems, los programadores de Java que utilizan los grupos de discusión de Internet, han colaborado con sus propias listas de preguntas y respuestas.

Elliotte Rusty Harold, patrocinador de la página Web sobre libros de Java, ofrece también la lista actualizada de Java FAQ en la dirección siguiente:

http://sunsite.unc.edu/javafaq/javafaq.html

Otro recurso similar, la "Unofficial Obscure Java FAQ", se inició como un esfuerzo para contestar algunas preguntas menos frecuentes. Se localiza en la dirección siguiente:

http://k2.scl.cwru.edu/~gaunt/java/java-faq.html

Grupos de noticias de Java

Uno de los mejores recursos para los programadores de Java, tanto principiantes como experimentados, es Usenet; la red internacional de grupos de discusión disponible para la mayoría de usuarios de Internet. A continuación se describen algunos de los grupos de discusión de Java en Usenet:

- `comp.lang.java.misc` Aunque este grupo ha sido designado como el área de discusión y comentario de Java para todos los temas que no pertenecen a ningún otro grupo, es más utilizado que los demás. Reemplazó a `comp.lang.java` a mediados de 1996. Aquí se puede comentar cualquier tema relacionado con Java.

- `comp.lang.java.advocacy` Este grupo está dedicado a cualquier comentario sobre Java que inspire debates acalorados o comparativos. Si desea discutir sobre los méritos de Java contra cualquier otro lenguaje, éste es el lugar. También puede ser un buen sitio de consulta para saber si Java es la elección correcta para un proyecto en el que esté trabajando.

- `comp.lang.java.announce` Este grupo difunde anuncios, publicidad y artículos de interés para la comunidad de desarrolladores de Java. Es un grupo moderado, por lo que todos los artículos se deben someter a su aprobación antes de difundirlos.

- `comp.lang.java.api` Este grupo está dedicado a la discusión sobre las APIs (Interfaces de Programación de Aplicaciones) del lenguaje Java, los programas de toda la biblioteca de clases que viene con el JDK, y otras implementaciones del lenguaje.

- `comp.lang.java.programmer` Este grupo contiene preguntas y respuestas relacionadas con la programación de Java. Esto lo convierte en otro buen lugar que deben frecuentar los nuevos programadores.

- `comp.lang.java.security` Este grupo de discusión está dedicado a temas de seguridad relacionados con Java, en particular los que se refieren a la ejecución de los programas de Java y cualquier otro contenido susceptible de correr en Web.

- `comp.lang.java.setup` Este grupo proporciona un lugar para presentar problemas de instalación, relacionados con las herramientas de programación de Java y temas similares.

- `comp.lang.java.tech` El más avanzado de los grupos de discusión sobre Java, este grupo está dedicado a discutir la implementación del lenguaje, temas relacionados con su adaptación a las nuevas máquinas, las especificaciones de la JVM (Máquina Virtual de Java) y otros temas similares.

Oportunidades de empleo

Si está aprendiendo Java como un medio para encontrar trabajo, debe revisar alguna de las listas relacionadas con ese tema en Web. Varios de los recursos que aparecen en este apéndice cuentan con una sección dedicada a las oportunidades de trabajo.

JavaWorld ofrece una página Career Opportunities que suele presentar listas de ocasión para desarrolladores de Java:

`http://www.javaworld.com/javaworld/common/jw-jobop.html`

Algo de lo que puede hacer para que las personas que contratan servicios estén al tanto de sus habilidades con Java, es registrarse en el directorio Gamelan, que le incluirá en su sitio, y podría dar como resultado una comunicación por correo electrónico relacionada con trabajos en Java. Para averiguar cómo registrarse personalmente, diríjase a la dirección siguiente, en la sección Add a Resource, de Gamelan.

`http://www.gamelan.com/submit/submit_person.shtml`

Aunque esta página Web no es un recurso específico para encontrar trabajo como programador de Java, el sitio Career Path le permite buscar en los anuncios clasificados de más de dos docenas de periódicos en Estados Unidos. Para utilizar este sitio tiene que registrarse, pero el servicio es gratuito, y hay más de 100,000 anuncios clasificados en los que puede buscar, mediante palabras clave como `Java` o `Internet`. Visite la dirección siguiente:

`http://www.careerpath.com`

APÉNDICE C

Configuración del JDK

El JDK, o Kit de Desarrollo de Java, es un conjunto de utilerías de línea de comandos que sirven para crear, compilar y ejecutar programas de Java. El JDK requiere el uso de un indicador de comandos porque usted ejecuta cada uno de los programas del JDK escribiendo su nombre junto con cualquiera de los argumentos necesarios.

Configuración de Windows 95 y Windows NT

Los usuarios de Windows 95 y Windows NT pueden configurar el JDK por medio del indicador de comandos del MS-DOS, disponible en Inicio | Programas | MS-DOS, desde la barra de tareas.

Al utilizar el indicador de comandos del MS-DOS, se abre una ventana en la que puede escribir comandos del MS-DOS para navegar a través de las carpetas de su sistema. La carpeta de inicio estará en la carpeta \WINDOWS de su disco duro (normalmente en C:\WINDOWS).

Un ejemplo de un comando, una vez instalado el JDK, es el siguiente:

```
java -version
```

Este comando ejecuta el intérprete `java.exe` de Java, el cual es parte del JDK. El argumento, `-version`, despliega el número de versión del intérprete.

Si está utilizando el JDK 1.2, haga un intento con este comando y le desplegará el siguiente mensaje en respuesta:

```
java version "1.2"
```

Las versiones más nuevas del JDK 1.2 le responderán con un número de versión ligeramente distinto.

Si obtiene un error, como un número equivocado de versión o un mensaje de `File not found`, esto quiere decir que su sistema tiene problemas para localizar al intérprete de Java. Para corregir esta situación, necesita hacer algunos cambios en la configuración del sistema.

Lo primero que debe hacer cuando se encuentre con un problema de configuración del JDK en Windows es averiguar dónde se localiza `java.exe` en su sistema. Para buscar `java.exe` en el disco duro en que instaló el JDK, utilice el comando Buscar (Inicio | Buscar | Archivos o carpetas) desde la barra de tareas.

Si no encuentra `java.exe`, necesita reinstalar el JDK y asegurarse, antes de volverlo a ejecutar, que el archivo de instalación sea del tamaño correcto.

Si encuentra `java.exe`, y tiene versiones anteriores del JDK en su sistema, podría encontrar más de una versión de ese archivo. Para determinar los nombres de las carpetas que contienen versiones de `java.exe`, busque en la columna `In Folder` (En carpeta) de la ventana Find (Buscar). Una de estas columnas debe tener una referencia de la carpeta en la que instaló el JDK 1.2.

En la figura D.1 aparecen anotadas dos versiones de `java.exe` en la ventana Find. La que se refiere a la instalación del JDK actual en este ejemplo es: `C:\jdk1.2beta2\bin`.

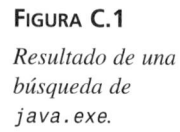

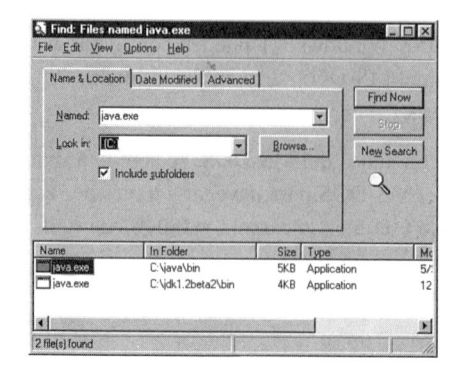

FIGURA C.1

Resultado de una búsqueda de `java.exe`.

Tome nota de esta carpeta tal como está anotada en `In Folder`. Ésta es la carpeta `Path` del JDK, y la tendrá que utilizar muy pronto.

Verifique la instrucción PATH

Para asegurarse que su sistema está buscando los archivos del JDK 1.2 en el lugar correcto, necesita buscar la configuración PATH en su sistema. Cuando escribe el nombre de un programa en un indicador de comandos de MS-DOS (como `java -version`), PATH establece el sitio dónde buscar el programa.

Para desplegar la configuración actual de PATH, escriba lo siguiente en el indicador de comandos:

ENTRADA `path`

Verá una lista de todas las carpetas en que Windows busca programas de MS-DOS; éstos vienen separados por signos de punto y coma. He aquí un ejemplo:

`PATH=C:\WINDOWS;C:\WINDOWS\COMMAND;C:\JDK1.2\BIN`

En este listado de PATH, el texto `C:\JDK1.2\BIN` se refiere a la carpeta PATH del JDK, que es la carpeta donde el sistema buscará el archivo `java.exe`. También hay otras dos carpetas anotadas en PATH, que son `C:\WINDOWS` y `C:\WINDOWS\COMMAND`.

Su configuración de PATH debe incluir una referencia a la carpeta PATH del JDK. (Las letras mayúsculas no son importantes en esta instancia, `C:\JDK1.2\BIN` es igual que `C:\jdk1.2\bin`.)

Si PATH no incluye la carpeta PATH del JDK, necesitará editar su configuración de PATH y agregársela.

Cambie su configuración de PATH

La configuración de PATH se cambia editando `autoexec.bat`, que es un archivo de texto en la carpeta raíz del disco duro de su sistema (normalmente es el disco C).

Para cambiar la configuración de PATH en un sistema Windows NT, no tiene que abrir un archivo de texto para editarlo. En vez de eso, seleccione Panel de Control | Configuraciones (Control Panel | Settings) desde la barra de tareas.

Para cambiar PATH en un sistema Windows 95, debe editar el archivo de texto `autoexec.bat`. Haga clic con el botón derecho del ratón en el archivo y seleccione el comando Edición para abrir `autoexec.bat` en el Bloc de notas.

El archivo `autoexec.bat` contendrá mucho material técnico incomprensible para los principiantes en el sistema MS-DOS.

Busque una línea que comience con el texto PATH=, SET PATH= o PATH seguido de un espacio en blanco.

Problema: no hay una instrucción PATH

Si no encuentra una instrucción PATH, debe agregar una al archivo autoexec.bat. Vaya al final del archivo de texto y añada una línea en blanco. En esa línea escriba el texto PATH= seguido de la carpeta PATH del JDK. Si su JDK está localizado en la carpeta C:\jdk1.2 de su sistema, utilice la siguiente línea:

```
PATH=C:\jdk1.2\bin
```

Después de hacer el cambio, guarde el archivo. Para que el cambio surta efecto, tiene que reiniciar el sistema. Si el archivo java.exe está en la carpeta que indicó en la instrucción PATH, podrá ejecutar java -version con éxito.

Problema: no existe la carpeta JDK 1.2 en la instrucción PATH

Si encuentra una instrucción PATH en el archivo autoexec.bat que no contenga referencias de la carpeta Path del JDK, busque el texto %JAVA_HOME% en ese renglón seguido de otro texto como \bin.

Si encuentra %JAVA_HOME%, bórrelo junto con el texto que le sigue hasta el siguiente signo de punto y coma (pero sin incluirlo). Reemplace ese texto con la carpeta PATH del JDK. Asegúrese de no borrar ningún signo de punto y coma de los que se utilizan para separar los nombres de las carpetas.

Si no encuentra %JAVA_HOME% en la instrucción PATH, coloque el cursor al final de la línea que contiene la instrucción PATH. En ese punto, agregue punto y coma (;) seguido de la carpeta PATH del JDK. Si la carpeta PATH de su JDK es C:\jdk1.2\bin, el final de la instrucción PATH se deberá ver como la última parte de la línea siguiente:

```
PATH=C:\WINDOWS;C:\WINDOWS\COMMAND;C:\jdk12\bin
```

En la instrucción PATH no se debe hacer referencia a ninguna otra versión del JDK. Si ve una carpeta en la línea de PATH que haga referencia a una versión previa del JDK, borre la referencia de esta carpeta. Si eso da como resultado una línea PATH con dos caracteres juntos de punto y coma (;;), borre uno.

Después de hacer los cambios, guarde el archivo. Para que el cambio tenga efecto, tendrá que reiniciar el sistema. Si el archivo java.exe está en la carpeta que indicó en la instrucción PATH, podrá ejecutar java -version con éxito.

Cómo reparar los errores Class not found

Los programas de Java se compilan con el JDK al ejecutar el compilador javac de Java con el nombre del archivo fuente como argumento. Por ejemplo, si estuviera en la misma carpeta que el archivo fuente HelloDan.java, podría compilarlo con el comando siguiente:

```
javac HelloDan.java
```

Configuración del JDK

> **Tip**
> Si todavía no ha tratado de compilar un programa de Java para probar el JDK, puede usar el archivo `HelloDan.java` del sitio Web de este libro en: http://www.prefect.com/java21.

Si al utilizar el compilador de Java en un archivo fuente obtiene el error `Class not found`, lo primero que debe verificar es si escribió el nombre correctamente respetando las mayúsculas y minúsculas. Asegúrese de estar en la carpeta que contiene el archivo fuente que trata de compilar y vuelva a verificar el nombre del archivo.

Los usuarios de Windows pueden utilizar el comando `dir`, en un indicador de comandos de MS-DOS, para hacer una lista de todos los archivos que están en una carpeta. El nombre completo de cada archivo se desplegará en la columna que está más a la derecha de la lista de carpetas, tal como aparece en la figura D.2. Los nombres abreviados de los archivos que aparecen en el lado izquierdo de la lista se deben ignorar, ya que son nombres que utiliza Windows para manejar los archivos.

FIGURA C.2

Lista de archivos en una ventana de MS-DOS.

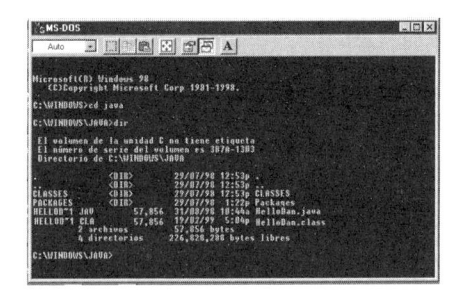

Si el nombre del archivo fuente es el correcto y no hay errores en el código fuente de Java, su sistema está teniendo problemas para encontrar `tools.jar`, un archivo que contiene todos los archivos de clases de Java necesarios para compilar y ejecutar con éxito los programas de Java 1.2.

El JDK busca `tools.jar` en dos formas. Primero, utiliza la configuración de CLASSPATH para el sistema (en caso de que se haya establecido alguna). Segundo, busca `java.exe` y utiliza la ubicación del archivo para determinar dónde se puede encontrar `tools.jar`.

La mayoría de los errores `Class not found` se pueden arreglar mediante la configuración de CLASSPATH para indicar la ubicación de `tools.jar`.

Una forma de encontrar `tools.jar` es abrir la carpeta en que instaló el JDK (como `\jdk1.2`). Ahí debe haber una subcarpeta llamada `lib` que contiene `tools.jar`.

En Windows 95 o Windows NT, utilice el comando Buscar (Inicio | Buscar | Buscar archivos o carpetas) desde la barra de tareas para buscar `tools.jar` en la misma unidad en que instaló el JDK (como se muestra en la figura D.3).

FIGURA C.3

Resultado de una búsqueda de `tools.jar`.

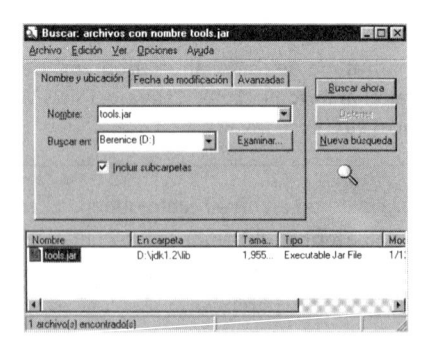

Algunas veces habrá más de un archivo llamado `classes.zip` en su sistema. Algunos de ellos podrían pertenecer a versiones anteriores del JDK y otras herramientas de desarrollo de Java, y otros podrían ser utilizados por navegadores Web que soportan Java.

Busque en la columna In Folder (En carpeta) para ver el nombre completo (incluyendo la letra de la unidad de disco duro) de cada carpeta que contenga un archivo llamado `tools.jar`. Busque el que incluya la referencia a la carpeta en que instaló el JDK 1.2. (En la figura D.3, es `C:\jdk1.2beta2\lib`.)

Tome nota del nombre de esta carpeta. Esta carpeta seguida de `\tools.jar` debe estar en la configuración de su CLASSPATH.

Verificación de la instrucción CLASSPATH

Para asegurarse que su sistema está buscando `tools.jar` del JDK 1.2 en el lugar correcto, necesita ver la configuración de CLASSPATH en su sistema.

Los usuarios de Windows pueden desplegar la configuración actual de CLASSPATH introduciendo lo siguiente en el indicador de MS-DOS:

ENTRADA `echo %CLASSPATH%`

Asegúrese de incluir los signos de porcentaje (%) antes y después del término CLASSPATH. Si su sistema tiene instalado CLASSPATH, usted verá una lista de todas las carpetas y archivos donde las herramientas del JDK buscarán las clases de Java. Cada carpeta y nombre de archivo están separados por punto y coma. He aquí un ejemplo:

`.;C:\jdk1.2\lib\tools.jar`

En este listado de CLASSPATH, el texto `C:\jdk1.2\lib\tools.jar` indica un lugar desde el que se pueden copiar clases de Java. También aparece un punto (.) como primer elemento; esta referencia garantiza que las utilerías del JDK buscarán en esta carpeta las clases que no puedan encontrar en otras carpetas.

Si `CLASSPATH` no incluye la referencia a la copia de `classes.zip` del JDK 1.2, necesitará editar la configuración de su `CLASSPATH` y agregársela.

Cómo cambiar la configuración de su `CLASSPATH`

La configuración de `CLASSPATH` se debe cambiar editando `autoexec.bat`, un archivo de texto ubicado en la carpeta raíz del disco duro (normalmente es el dispositivo C).

Para cambiar la configuración de `CLASSPATH`, en un sistema Windows NT, no tiene que abrir un archivo de texto para editarlo, sólo seleccione Panel de Control | Configuraciones en la barra de tareas.

Para cambiar `CLASSPATH` en un sistema Windows 95, deberá editar el archivo de texto `autoexec.bat`. Haga clic con el botón derecho del ratón en el archivo y seleccione el comando Editar para abrir `autoexec.bat` en el Bloc de notas.

El archivo `autoexec.bat` contiene mucho material técnico que es incomprensible para los principiantes.

Busque un renglón que empiece con el texto `CLASSPATH=`, `SET CLASSPATH=` o `CLASSPATH` seguido de un espacio en blanco.

Problema: no hay una instrucción `CLASSPATH`

Si no encuentra una instrucción `CLASSPATH`, debe agregarle una al archivo `autoexec.bat`. Desplácese hasta el final del archivo de texto y agregue un renglón en blanco. En esa línea escriba el texto `CLASSPATH=` seguido de la carpeta `Path` del JDK, como en el ejemplo siguiente:

`CLASSPATH=.;C:\jdk1.2\lib\tools.jar`

Guarde el archivo después de hacer el cambio. Para que este cambio surta efecto deberá reiniciar el sistema. Si el archivo `tools.jar` está en la carpeta que indicó en la instrucción `CLASSPATH`, podrá compilar programas con éxito.

Problema: no hay una carpeta JDK 1.2 en la instrucción `CLASSPATH`

Si encuentra una instrucción `CLASSPATH` en el archivo `autoexec.bat` que no contenga referencias de la ubicación correcta de `tools.jar`, busque el texto `%JAVA_HOME%` en esa línea.

Puede ser que encuentre `%JAVA_HOME%` seguido del texto `\lib\tools.jar`, como en `CLASSPATH=%JAVA_HOME%\lib\tools.jar` o `CLASSPATH=%JAVA_HOME%\..\lib\tools.jar`.

Si encuentra `%JAVA_HOME%`, bórrelo junto con el texto que le sigue hasta el siguiente punto y coma. Reemplace ese texto con la ubicación correcta de `tools.jar`. Asegúrese de no borrar ningún punto y coma de los que se utilizan para separar los nombres de las carpetas.

Si no encuentra %JAVA_HOME% en la instrucción CLASSPATH, coloque el cursor al final de la línea que contiene la instrucción CLASSPATH. En ese lugar, añada un punto y coma (;) seguido de la ubicación correcta de tools.jar. Si el texto es C:\jdk1.2\lib\tools.jar, el final de la instrucción CLASSPATH se debe ver como la última parte de la siguiente línea:

CLASSPATH=.;C:\DEV\CHATSERVER\;C:\jdk1.2\lib\tools.jar

En la instrucción CLASSPATH no se debe hacer referencia a ninguna otra versión del JDK. Si ve una carpeta, en la línea de PATH, que haga referencia a una versión previa del JDK, borre la referencia de esta carpeta. Si eso da como resultado una línea de PATH con dos caracteres juntos de punto y coma (;;), borre uno. Después de hacer el cambio, guarde el archivo. Para que el cambio tenga efecto, tendrá que reiniciar el sistema. Si el archivo tools.jar correcto está en la carpeta que había indicado en la instrucción CLASSPATH, podrá ejecutar y compilar con éxito programas de muestra, como HelloDan.

Configuración de UNIX

Para configurar el JDK en un sistema Solaris, agregue el directorio java/bin o jdk/bin a su ruta de ejecución. Por lo común esto se hace agregando a su archivo profile, .cshrc, o .login una línea como la siguiente:

set path= (~/java/bin/ $path)

Esta línea supone que usted ya instaló el JDK en el directorio java de su directorio base. Una instalación en cualquier otro sitio, requiere de un cambio en el directorio que se agregó a su ruta de ejecución.

Estos cambios no tendrán efecto hasta que cierre la sesión actual e inicie otra, o utilice el comando source con el nombre del archivo que cambió. Si alteró de alguna forma el archivo .login, el comando source será el siguiente:

source ~/.login

Reparación de errores `Class` not found en otras plataformas

Para corregir cualquier error Class not found en los sistemas Solaris, lo mejor que puede hacer es asegurarse que la variable de entorno CLASSPATH no se ha establecido automáticamente al momento de iniciar la sesión.

Para ver si se estableció CLASSPATH, escriba lo siguiente en el indicador de comandos:

ENTRADA echo $CLASSPATH

Si se estableció un valor de CLASSPATH, puede borrarlo escribiendo el comando siguiente:

unsetenv CLASSPATH

Para que este cambio sea permanente, debe retirar el comando que estableció CLASSPATH de su archivo .profile, .cshrc o .login.

Estos cambios no tendrán efecto hasta que cierre la sesión actual e inicie otra, o utilice el comando source con el nombre del archivo que cambió. Si alteró de alguna forma el archivo .login, el comando source será el siguiente:

source ~/.login

Apéndice D

Uso de un editor de texto con el JDK

A diferencia de las herramientas de desarrollo de Java, como Visual Café y el Java WorkShop de SunSoft, el JDK (Kit de Desarrollo de Java) no incluye un editor de texto que se pueda utilizar para crear archivos fuente.

En este apéndice aprenderá a seleccionar un editor para usarlo con el JDK y a configurar su sistema para que trabaje con el editor.

Seleccione un editor de texto

Para que un editor o procesador de palabras pueda trabajar con el JDK, debe tener la capacidad de guardar textos sin formato.

Esta característica toma nombres distintos según el editor. Cuando guarde un documento o establezca sus propiedades, busque una opción de formato como las siguientes:

- Texto simple
- Texto ASCII

- Texto DOS
- Sólo texto

Si está utilizando Windows 95, hay varios editores incluidos en el sistema operativo, que puede utilizar.

El Bloc de notas de Windows (Programas | Accesorios | Block de notas) disponible desde el botón Inicio, es un editor de texto sin adornos que solamente trabaja con archivos simples de texto. Sólo puede manejar un documento a la vez.

El programa WordPad de Windows (Programas | Accesorios | WordPad) disponible desde el botón Inicio, está un paso arriba del Bloc de notas. Puede manejar más de un documento a la vez en texto simple y en formatos de Microsoft Word. También recuerda los últimos documentos con que trabajó y los puede llamar desde el menú Archivo.

El programa Edit del DOS, que se puede ejecutar desde un indicador de comandos de MS-DOS con el comando `edit`, es otro editor simple que maneja documentos de texto simple. Parecerá rústico para un usuario de Windows 95 que no esté familiarizado con MS-DOS, pero tiene una característica que no tienen los otros dos: Edit muestra el número de la línea en que se encuentra el cursor.

La capacidad de mostrar el número de la línea en que se está editando el texto, está presente en el Edit del DOS y en algunos otros editores de texto. La numeración comienza con 1 para la primera línea del archivo y aumenta conforme se va moviendo hacia abajo. La figura E.1 muestra Edit; el número de la línea aparece en el ángulo inferior derecho de la ventana del programa.

Figura D.1

Un archivo fuente de Java abierto en el Edit del DOS.

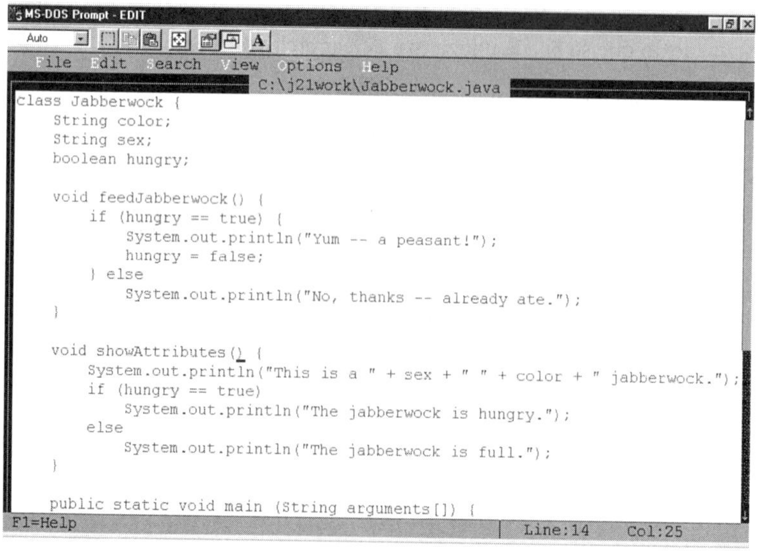

El número de la línea es una gran ayuda en la programación de Java, porque muchos de sus compiladores indican el número de línea en que se cometió el error. Déle una mirada al siguiente error generado por el compilador del JDK:

```
Palindrome.java:2: Class Font not found in type declaration.
```

Este error incluye un signo de dos puntos (:) seguido de un número después del nombre del archivo fuente de Java. El número es la línea que disparó el error del compilador.

Con un editor de texto que soporte la numeración, puede ir directamente a la línea y empezar a buscar el error. En un paquete comercial de programación de Java hay mejores medios para depurar un programa, pero los usuarios del JDK deben buscar los errores generados por el compilador, por medio de la línea del renglón indicado por la herramienta javac. Por esta razón, es mejor utilizar un editor de texto que soporte la numeración.

Cómo crear una asociación de archivos en Windows 95

Después de seleccionar un editor de texto, los usuarios de Windows 95 deben asociar ese editor con la extensión de archivo .java. Esto permite abrir un archivo fuente .java haciendo clic en su nombre en la carpeta; también evita los editores, como Bloc de notas, al agregar en forma incorrecta la extensión de archivo .txt a los archivos fuente .java.

Para crear una asociación de archivos, primero debe tener un archivo para trabajar en él. Abra un archivo en Windows 95 y cree un nuevo documento de texto seleccionando File | New | Text Document (Archivo | Nuevo | Documento de texto) en la barra de menús de la carpeta (vea la figura E.2).

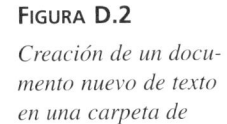

FIGURA D.2

Creación de un documento nuevo de texto en una carpeta de Windows 95.

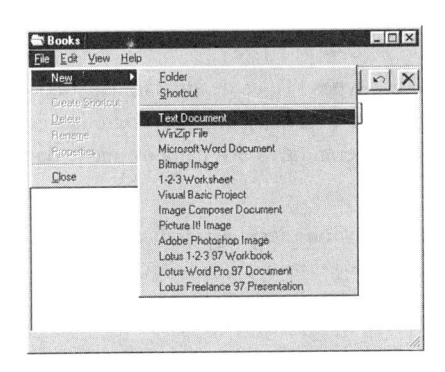

Se crea un nuevo documento de texto llamado New Text Document.txt, y tiene la oportunidad de cambiarle el nombre de inmediato. Cambie el nombre a Anything.java y acepte cuando Windows 95 le pregunte si desea cambiar la extensión del archivo.

Después de crear `Anything.java` haga doble clic en el archivo. Si su sistema no asocia la extensión de archivo .java con ningún programa, verá una ventana Open With (Abrir con). Utilice esta ventana para asociar la extensión de archivo .java con su editor seleccionado. Vaya a "Cómo crear una nueva asociación" en este mismo apéndice.

Si sucediera algo extraño, debe borrar la asociación existente de .java, antes de crear una nueva asociación.

Cómo borrar una asociación de archivo

Si su sistema ya tiene algo asociado con la extensión de archivo .java, puede retirar esta asociación de cualquier carpeta de Windows 95. Seleccione View | Options (Ver | Opciones de carpeta) desde la barra de menús de una carpeta, y se abrirá una ventana de Opciones con tres fichas. Seleccione la ficha File Types (Tipos de archivo) (vea la figura E.3).

FIGURA D.3

La ficha File Types.

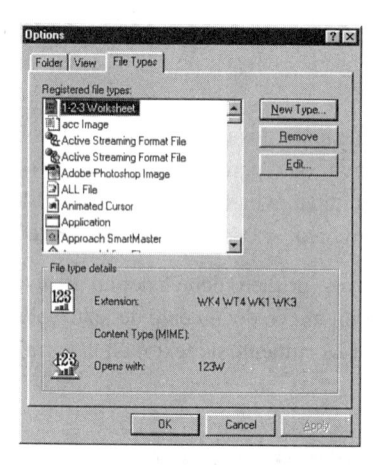

El cuadro de lista Registered file types (Tipos de archivo registrados) en esta ventana, muestra todas las extensiones de archivo asociadas con los programas de su sistema. Resalte un tipo de archivo en la lista y aparecerán otros dos campos que le darán información acerca del archivo:

- El campo `Extension` (Extensión) despliega todas las extensiones de archivo que trabajan con este tipo de archivo.
- El campo `Opens with` (Se abre con) despliega el programa que se utiliza para abrir este tipo de archivo.

El tipo de archivo 1-2-3 Worksheet de la figura E.4 tiene cuatro extensiones de archivo: `WK4`, `WT4`, `WK1`, y `WK3`. Cualquier archivo que tenga estas extensiones se puede abrir con el programa `123W` (el cual es la aplicación de hoja de cálculo de Lotus 1-2-3).

Desplácese a través de la lista Registered file types hasta que encuentre el tipo que incluya a JAVA en su campo `Extension`. El lugar más probable para encontrarlo es bajo un título como `Java files` o `Java programs`, pero ese podría no ser el caso en su sistema.

Cuando encuentre el tipo correcto de archivo, necesitará borrar la asociación existente para reemplazarla con una nueva. Seleccione Remove (Quitar) para borrar la asociación actual, y haga clic en Yes (Sí) para confirmar que desea borrarla.

Una vez hecho esto, puede crear una nueva asociación para la extensión de archivo `.java`.

Cómo crear una nueva asociación

Al hacer doble clic en un archivo que no tenga una asociación conocida para su extensión de archivo, se abre una ventana Open With (Abrir con), que se muestra en la figura E.4.

Figura D.4

Asociación de una extensión de archivo con un programa.

Para crear una asociación de archivo `.java`, dé los pasos siguientes:

- En el cuadro de texto Description of '.java' files (Descripción dr archivos ".java") escriba `Archivo fuente de Java` o algo parecido.
- En el cuadro de lista Choose the program you want to use (Elija el programa que desea utilizar) busque el editor de texto o procesador de palabras que desea utilizar con los archivos fuente de Java. Si no lo encuentra, seleccione el botón Other (Otros) y busque manualmente el programa. Si está utilizando el programa Edit del DOS lo puede encontrar, en la mayoría de los sistemas, en la carpeta `\Windows\Command` con el nombre de archivo `edit` o `edit.exe`.
- Asegúrese de seleccionar la opción Always use this program to open this file (Utilizar siempre este programa para abrir este archivo).

Al hacer clic en OK para confirmar esta configuración, su editor elegido abrirá el archivo `Anything.java` y cualquier otro archivo con la extensión `.java`.

Cómo asociar un icono con un tipo de archivo

Después de asociar los archivos .java con el editor seleccionado, en forma predeterminada se le asigna un icono a todos los archivos .java de su sistema.

Si desea cambiar este icono, seleccione View | Options | File Types (Ver | Opciones de carpeta | Tipos de archivo) desde la barra de menús de una carpeta para ver el cuadro de diálogo File Types. Desplácese a través de Registered File Types (Tipos de archivo registrados) para encontrar el que está asociado con la extensión de archivo JAVA.

Cuando este tipo de archivo esté resaltado, seleccione Edit (Editar) para abrir una ventana Edit File Type (Editar tipo de archivo), como la que se muestra en la figura E.5.

FIGURA D.5
La ventana Edit File Type.

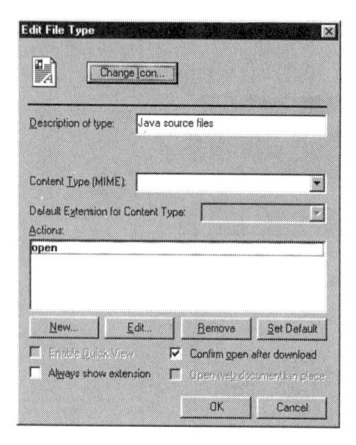

Seleccione Change Icon (Cambiar icono) en la ventana Edit File Type y podrá elegir un icono diferente para desplegar todos los archivos .java.

Si le gusta alguno de los iconos desplegados en la ventana Current Icon (Icono actual), márquelo y haga clic en OK para hacer el cambio. Si desea ver otros iconos, seleccione Browse (Examinar) para ver los iconos de los archivos de su sistema.

Para ver qué iconos contienen, puede abrir cualquier archivo de iconos, programa de Windows 95, o un archivo .DLL. Después de seleccionar un archivo, sus iconos se desplegarán en la ventana Current Icon.

Una vez encontrado el icono que desea, resáltelo y haga clic en OK para seleccionarlo.

ÍNDICE

Símbolos

& (ampersand), 83
* (asterisco), 180, 395
{ } (llaves), 67, 118
[ ] (corchetes), 112
^ (circunflejo), 83
= (signo igual)
    operador de asignación, 68, 72
    operador igual, 105
! (signo de exclamación)
    operador desigual (!=), 105
    operador NOT (!), 83
- (guión), 81
. (punto), 93-94
| (barra vertical), 83
+ (signo más),
    operador de concatenación (+), 86
    operador de incremento (++), 81
; (punto y coma), 66
/*...*/ anotación de comentario, 72
/**...*/ anotación de comentario, 73
// anotación de comentario, 72
2D, gráficos, 200-201, 580-581
    applet Map2D, 225-228
    arcos
        dibujo, 208, 224
        ejemplo, 209-211
        relleno, 209
    atributos de transformación
        color, 220
        trazos de dibujo, 222
        patrones de relleno, 220-221
    coordinar espacios, 219
    coordinar sistema, 202
    elipses, 223
    funciones copiar/pegar, 212
    Graphics2D, objetos, 219
    líneas, 203, 223
    óvalos, 207
    polígonos
        agregar puntos a, 206
        dibujo, 205, 224-225
    rectángulos
        dibujo, 203, 223
        esquinas redondeadas, 204-205
        patrones de relleno, 204

A

abrir
    conexiones de socket, 467
    conexiones en Web, 462-463
    flujos en Internet
        BufferedReader, objetos, 464
        GetFile, aplicación de muestra, 464-466
        getInputStream(), método, 463
        URLConnection, objetos, 463
Abstract Windowing Toolkit, *vea* **AWT**
acceso
    control de, 382-383, 386-387
    elementos de arreglo, 114-115
    herencia, 387
    métodos de, 387-388, 412
    paquetes
        predeterminado, 398
        privado, 384-385
        protegido, 385-386
        público, 385, 398-399
    variables
        de clase, 96

Índice

de instancia, 93-94
AccessControlContext, clase, 610
AccessController, clase, 610
acción, eventos de, manejo, 341-343, 537
action(), método
  argumentos, 341-342
  definición, 341
  valor devuelto, 342
ActionListener, escucha de evento, 532, 537
actionPerformed(), método, 534, 537
ActiveX, 486
addActionListener(), método, 537
addItem(), método, 278
addLine(), método, 328
addPoint(), método, 206
addSpot(), método, 322
AdjustmentListener, escucha de evento, 532
  adjustmentValueChanged(), método, 538
  programa de muestra, 538-540
adjustmentValueChanged(), método, 538
administradores de diseño
  alternativas de, 315
  combinar, 298-299
  creación, 292
  definición de, 268
  de bordes, 296-298
  de cuadrícula, 294-296
  de cuadrícula de bolsa
    creación, 304-307
    determinar proporciones, 307-309
    diseño, 303-304
    ejemplo, 311-313
    organización de componentes, 309-311
    panorama, 302
    relleno de celdas, 313
  de flujo
    ejemplo, 293-294
    FlowLayout(), constructor, 294

de naipes
  agregar, 299
  creación, 299
  desplegar, 300
  ejemplo, 300-302
  especificación, 292-293
  márgenes, 313
alcance
  clases internas, 411
  definición de, 118
  de léxico, 134
  de variables, 142-143
ALIGN (etiqueta <APPLET>), atributo, 185
alineación
  applets, 185
  componentes, 292-293
    diseños de bordes, 296-298
    diseños de cuadrícula, 295-296
    diseños de cuadrícula de bolsa, 302-313
    diseños de flujo, 293-294
    diseños de naipe, 299-302
    márgenes, 313
    paneles, 298-299
AmoebaMath.java, programa, (ejemplo aritmético sencillo), 78-79
ampersand (&), 83
ampliación de interfaces, 407-408
anchor, restricción, 310-311
AND, operadores, 83
Andreessen, Marc, 14
animación
  de imágenes
    carga, 243
    dibujo, 245
    muestra del applet Fillmore, 246-247
    observadores, 246
    recuperación, 243
    rutas relativas de archivo, 244
  doble búfer
    creación, 257-258
    definición de, 257
    ejemplo de applet Checkers, 258-261

  limitaciones, 257
  eliminación de un objeto Graphics, 256
  Neko, applet
    capturar imágenes, 248
    color de fondo, 253
    compilación, 256
    copiar imágenes, 248-249
    listado del código fuente 253-256
    técnica de animación, 249-253
  panorama,231-232
  parpadeo
    ejemplo, 240
    panorama, 239
    reducción, 240-243
  pintar/repintar, 232-233
  sonido
    ciclos, 262-264
    ejecución, 262
    formatos de archivo, 261
  subprocesos
    definición, 233
    DigitalClock, ejemplo, 236-239
    ejecución, 234-236
    inicio, 235
    paro, 235
  vea también gráficos
aplicación de Trivia (socket cliente/servidor), 468
  cliente
    diseñar, 469-470
    ejecutar, 482
    listado del código fuente, 479-481
  servidor
    constructor, 470
    ejecutar, 482
    initQnA(), método, 474-475
    listado del código fuente, 475-479
    main(), método, 475
    processInput(), método, 472-473
    QnA.txt, archivo, 474
    run(), método, 471-472
    variables de instancia, 470
  WAITFORANSWER, estado, 473

Índice 591

WAITFORCLIENT,
    estado, 473
WAITFORCONFIRM,
    estado, 473
aplicaciones
    AllCapsDemo, 457-459
    argumentos
        manejo, 148-151
        pasar, 148
    ArrayTest
        clase, 116
        código fuente, 115-116
        main(), método, 117
        printNames(), método, 116
        salida, 116
    BaseFrame1, 355-356
    cerrar, 378
    clases auxiliares, 147-148
    comparadas con applets, 13, 174, 377
    CopyArrayWhile
        código fuente, 129
        main(), método, 129-130
        salida, 129
    CopyPaste, 500-501
    ChangeTitle, 535-537
    de compilación
        plataformas de Windows, 28-30
        sistemas Solaris, 31
    definición, 146
    DoTest, 131
    EchoArgs, 149
    EvenSteven, 120-121
    HelloDan
        archivo fuente, 26-28
        compilación, 28-31
        ejecución, 30-31
    independientes del AWT, 364-365
    Info, 527-530
    LabelTest, 133
    main(), método, 147
    NamesLoop, 127-128
    NumberReader, 124-125
    políticas de seguridad, 434-435
    PopUpWindow, 354-356
    SeeMethod (ejemplo de reflexión), 108-109
    SumAverage, 150

Swing, marco de trabajo, 511-512
SwingColorTest, 518-520
    clases, 545
    escuchas de eventos, 545
    listado del código fuente, 546-549
    métodos, 545
Trivia cliente/servidor, 468
    ejecución, 482
    implementación del cliente, 479-481
    implementación del servidor, 469-479
    presentación, 470
vea también applets; listados
Applet, clase, 177
<APPLET> etiqueta (HTML), 60
    atributos
        ALIGN, 185
        CODE, 183, 186
        CODEBASE, 187
        HSPACE, 186
        VSPACE, 186
    ejemplo, 182-183
applets, 11-13
    asociar información con, 491
    cargar un servidor Web, 184
    clase Applet, 177
    colores de fondo, 218
    ColorSwirl, 240-241
    ColorTest, 366
        diseño, 367
        inicio, 368
        listado de código fuente, 375-377
        manejo de eventos, 371
        marcado de HTML, 377
        resultados de actualización, 372-374
        subpaneles, 369-370
    comparado con las aplicaciones, 13, 174, 377
    comunicación entre
        getApplet(), método, 496
        getAppletContext(), método, 495
        getApplets(), método, 495
    creación, 177-178

cuadros de diálogo, anexar, 360
Checkers, 258
    doble búfer, 259
    listado del código fuente, 260-261
definición de, 11
depurar salida, 197
despliegue en pantalla, 180
destrucción, 179-180
detención, 179, 233
DigitalClock
    ciclo while(), 237
    listado del código fuente, 236-237
    paint(), método, 238
    repaint(), método, 238
    run(), método, 238
    sleep(), método, 238
    variables de instancia, 238
Dominos, 12
ejemplo Palindrome
    archivo HTML, 182-183
    listado del código Java, 180-181
    paint(), método, 181
Fillmore, 246-247
firmas digitales
    autoridades de certificación, 431
    certificados, 430
    ejemplo, 431-433
    navegador específico, 433-434
formatos de archivado
    archivos CAB, 190
    archivos JAR, 188-189
    archivos Zip, 189-190
HTML, marcado
    alineación, 185-186
    <APPLET>, etiqueta, 182-185
    espaciado, 186
    <OBJECT>, etiqueta, 187-188
    <PARAM>, etiqueta, 191-192
    rompimientos de línea, 185-186
inicio, 178-179, 233
limitaciones, 175

línea de estado, 491
líneas
   addLine(), método, 328
   init(), método, 326
   listado del código fuente, 329-331
   marcado de HTML, 331
   mouseDown(), método, 327-328
   mouseDrag(), método, 328
   mouseUp(), método, 328
   paint(), método, 329
   Points, clase, 327
manejo de eventos
   clics de ratón, 319-325
   de acción, 341-343
   de área de texto, 344
   de barra de desplazamiento, 344-345
   de enfoque, 343-344
   de lista de barra de desplazamiento, 344
   de teclado, 331-338
   ejemplo de applet SetBack, 345-348
   handleEvent(), método, 318-319, 338-340
   movimientos de ratón, 325-331
   tipos de eventos, 318
Map2D, 225-228
métodos, 178
NewPalindrome
   archivo HTML, 194-195
   código fuente de Java, 193-194
   pasar parámetros a ejemplo, 192-195
   getParameter(), método, 191
   <PARAM>, etiqueta, 191
   valores nulos, 192, 195
políticas de seguridad, 434-435
prueba, 183-184
seguridad, 177
SetBack, 345
   action(), método, 346-347
   changeColor(), método, 347

init(), método, 346
listado del código fuente, 348
marcado de HTML, 348
Spots
   addSpot(), método, 322
   definición de clase, 321
   init(), método, 322
   listado del código fuente, 323-324
   marcado de HTML, 324
   mouseDown(), método, 322
   paint(), método, 323
   repaint(), método, 323
teclas, 333
   definición de clase, 334
   init(), método, 334
   keyDown(), método, 335
   listado del código fuente, 336-337
   marcado de HTML, 337
   paint(), método, 335
vea también aplicaciones; listados
versiones Java, 176-177
vinculación, 491
   ButtonLink, ejemplo, 492-494
   linkTo(), método, 494
   objetos URL, 492
   visualización, 60-61
appletviewer, herramienta, 60-61
apuntadores (C/C++), 100
   vea también referencias
arcos
   dibujo
      Arc2D.Float, clase 224
      método drawArc(), 208
   ejemplo, 209-211
   relleno, 209
archivos
   asociaciones
   borrar, 457
   cambiar nombre, 457
   class.dat, 442
   devolver tamaño, 457
   formatos
      CAB, 190-191
      JAR, 188-189

      Zip, 190
   iconos de tipo de archivo, 646
   objetos File, 456
archivos de ciclos de sonidos, 262-264
áreas de texto
   control, 283
   creación, 282
   ejemplo de, 282-283
   manejo de eventos, 344
   Swing, 516
ArgStream(), método, 448
argumentos
   manejo, 148
      EchoArgs, ejemplo, 149
      SumAverage, ejemplo, 150-151
   pasar a:
      aplicaciones, 148
      applets, 191-195
      métodos, 143-145
arrastrar y colocar
   definición, 16
   paquete java.awt.dnd
      clases, 577
      interfaces, 576
ArrayIndexOutOfBounds, excepción, 417
ArrayTest, aplicación
   clase, 116
   código fuente, 115-116
   main(), método, 117
   printNames(), método, 116
   salida, 116
arreglos, 560
   elementos
      accesar, 114-115
      cambiar, 115-117
      tipos de datos, 114
   implementación, 112
   multidimensionales, 117-118
   objetos, 113-114
   programa de muestra
      ArrayTest, clase, 116
      código fuente, 115-116
      main(), método, 117
      printNames(), método, 116
      salida, 116
   subíndices, 114
   variables, 112-113

Índice

asignación
    restricciones a componentes, 306
    valores variables, 68, 72, 88, 558
asistentes, JDK Setup, 23-24
asociación
    componentes con escuchas de eventos, 533-534
    información con applets, 491
asterisco (*), 180, 395
atrapar excepciones, 418
    bloques try...catch, 419-421
    instrucción finally, 421-422
atributos de eliminación (Java2D)
    color, 220
    patrones de relleno, 220-221
    trazos de dibujo, 222
atributos, de clase, 38-39
atributos (HTML)
    <APPLET>, etiqueta
        ALIGN, 185
        CODE, 60, 183, 187
        CODEBASE, 187
        HEIGHT, 60, 183
        HSPACE, 186
        VSPACE, 186
        WIDTH, 60, 183
    <PARAM> etiqueta, 190
audio
    formatos de archivo, 261
    reproducción
        ciclos, 262-264
        play (), método 262
AWT (Kit de herramientas de manejo abstracto de ventanas)
    administradores de diseño
        alternativas, 315
        combinar, 298-299
        creación, 292
        de bordes, 296-298
        de cuadrícula, 294-296
        de flujo, 293-294
        de rejilla de bolsa, 302-313
        de tarjeta, 299-302
        especificación, 292-293
        márgenes, 313
        panorama, 292

animación
    applet Neko, 248-256
    cargar imagen, 243
    dibujo de imágenes, 245
    doble búfer, 257-261
    eliminación de un objeto Graphics, 256
    observadores de imagen, 246
    parpadeo, 239-243
    pintar/repintar, 232-233
    recuperación de imagen, 243
    resumen, 231-232
    rutas relativas de archivo, 244
    sonidos, 261-264
    subprocesos, 233-239
aplicaciones independientes, 364-365
clases, 268, 569
ColorTest, applet, 366
    diseño, 367
    inicio, 368
    listado del código fuente, 375-377
    manejo de eventos, 371
    marcado de HTML, 377
    resultados de actualización, 372-374
    subpaneles, 369-370
componentes
    agregar a contenedores, 269-270
    áreas de texto, 282-283
    barras de desplazamiento, 285-286
    botones, 273
    campos de texto, 279-282
    casillas de verificación, 274-277
    etiquetas, 271-272
    lienzos, 287-288
    lista de selección, 277-279
    listas desplazables, 283-285
cuadros de diálogo
    agregar a los applets, 360
    creación, 357

    definición, 356
    ejemplo de TextDialog, 357-360
    modal, 356
    objetos de archivo de diálogo, 361
    ventanas de diálogo, 357
diferencias en plataformas, 268
marcos
    creación, 352
    definición de, 352
    dimensionamiento, 353
    ejemplo de BaseFrame, 355-356
menús
    activar, 363
    barras de menús, 362
    desactivar, 363
    elementos de menús, 363-364
    eventos, 364
peer, 315
ventanas, 352
    despliegue, 353
    ejemplo de una ventana contextual, 354-356
    eventos, 361-362
    mensaje Unsigned Java Applet Window, 353
    ocultar, 353
    vea también gráficos; JFC

B

Bad command o error en nombre de archivo, mensaje, 26
barras de desplazamiento
    creación, 285-286
    ejemplo, 286
    manejar valores de, 286
    manejo de eventos, 344-345, 538-540
    Swing, 517-518
barras de menús, 362
BaseFrame1, aplicación, 355-356
BasicPermission, clase, 610
beans, *vea* **JavaBeans**
bibliotecas de clases, 38

bloques, 118-119
   definición, 67
   try...catch, 419-421
Boole, George, 42
BorderLayout(), método, 297
borrar archivos 457
botones
   creación, 273
   ejemplo, 273
   etiquetado, 273
   de opción
      creación, 274
      ejemplo, 275-277
      Swing, 517
   manejo de eventos
      de acción, 537
      de elementos, 541-542
   Swing, 515-516
BR, etiqueta, 185-186
BreakIterator, clase, 616
BufferedInputStream(), método, 445
BufferedOutputStream(), método, 446
BufferedReader(), método, 454
BufferedWriter(), método, 456
buildConstraints(), método, 304-309
buildRect(), método
   declaración, 155-156
   sobrecarga, 156
button(), método, 273
ButtonGroup, clase, 517
ButtonLink, applet de muestra, 492-494
bytes, filtros de, 445
bytes, flujos de, 438-440
   archivos de entrada
      creación, 440
      lectura, 440-442
   archivos de salida
      creación, 443
      escribir en, 443-444
bytes, tipos de datos, 70

C

CAB (gabinete), archiveros, 190-191
CABarc, herramienta, 190

CABBASE (etiqueta <PARAM>), atributo, 190
cadenas, 76-77
   clases
      StringSelection, 498, 576
      StringTokenizer, 620
   de caracteres, 76-77
   de concatenación, 86
   null, 540
cálculo distribuido, 488
cambio
   elementos de un arreglo, 115-117
   fuentes de etiquetas, 271
   valores de variable de clase, 96
   valores de variable de instancia, 94-95
campos de texto
   caracteres de ocultamiento, 280
   control, 281-282
   creación, 279-280
   ejemplo, 280-281
   manejo de eventos
      eventos de acción, 537
      eventos de elemento, 541-542
   Swing, 516
capacidades de Java, panorama, 11
caracteres de fin de línea, 454-456
CardLayout(), método, 299
cargar
   clases, 180
   imágenes, 243, 248-249
cargar applets a un servidor Web, 184
casillas de verificación
   botones de opción, 274-277
   creación, 274
   devolver estado de, 274
   ejemplo, 274
   manejo de eventos
      eventos de acción, 537
      eventos de elemento, 541-542
   no excluyentes, 274
   Swing, 516-517
   verificar/no verificar, 274

Cerrar
   aplicaciones, 378
   conexiones de socket, 467
   flujos, 439
certificados (firmas digitales), 430-431
Certificate
   clase, 613
   interfaz, 609
ciclos,
   interrupción de, 131-132
   repetición de, 128-130
   dibujar, 207
   do...while, 130-131
   for
      ejemplo, 127-128
      errores comunes, 127
      instrucciones vacías, 127
      panorama, 125-126
      valores de índice, 126
   while, 128-130
circunflejo (^), 83
clases, 35-36, 62, 135
   abstractas, 392-393
   AbstractCollection, 618
   agregar a paquetes, 398
   Applet, 177
   Arc2D.Float, 224
   atributos, 38-39, 620
   auxiliares, 147-148
   ButtonGroup, 517
   CLASSPATH, variable, 397
   compilar, 43-44
   conflictos de nombre, 396
   constantes, 137-138
   Constructor, 109
   CountInstances, 389
   creación
      definición de, 41
      métodos, 42-43
      variables de instancia, 41
   Choice, 277-279
   definición, 136
   diseño, 36-38
   Ellipse2D.Float, 223
   Error, 416
   Field, 109
   FileDialog, 361
   finales, 392
   FontMetrics, 214

Índice

herencia
    múltiple, 54, 401
    panorama, 48-50
    simple, 54, 401
importar, 58, 180, 395
internas, 409-410
    alcance, 411
    ejemplo, 410
    nombrar, 411
    ventajas, 410
Jabberwock example, 45-47
JButton, 515
JComboBox, 517
JCheckBox, 516
jerarquías
    creación, 50-52
    diseño, 52
    métodos, 53
JFrame, 511
JLabel, 515
JPasswordField, 516
JRadioButton, 517
JScrollBar, 517
JTextArea, 516
JTextField, 516
Line2D.Float, 223
Method, 109
Modifier, 109
MyRect
    buildRect(), método, 155-156
    definición de clase, 155
    listado del código fuente, 156-157
MyRect2, 161-162
NamedPoint, 167
Person, 159
PrintClass, 163
PrintSubClass, 163
PrintSubClass2, 164
ServerSocket, 467
Socket, 467
SocketImpl, 468
StringSelection, 498
subclases
    creación, 55-60
    definición, 48, 62
superclases
    definición, 48, 63
    indicar, 136
TextDialog, 358-359

TextField, 279, 574
Throwable, 416
UIManager, 521
variables
    de clase, 138
    de instancia, 136-137
vea también interfaces
Windows, 352
Class not found, mensaje de error, 30-31, 397
class, palabra clave, 136
class.dat, archivo, 442
CLASSPATH (configuración del JDK), 397
clave de interrupción, 131
claves
    privadas, 433
    públicas, 433
clearRect(), método, 212
clickCount, variable, 324
clientes
    aplicación de Trivia
        ejecución, 482
        listado del código fuente, 479-481
    sockets, 467
Clipboard, 498
    aplicación de muestra, 499-502
    ClipboardOwner, interfaz, 499
    operaciones de copiar/pegar, 499
close(), método, 439
closePath(), método, 225
CMYK, sistema de color, 216
CODE (etiqueta <APPLET>), atributo, 183, 187
CODEBASE (etiqueta <APPLET>), atributo, 187
CodeSource, clase, 610
código de bytes, 18
código de máquina, 16
códigos de escape, 75
color
    atributo de transformación, 220, 216-218
    búsqueda del color actual, 218
    CMYK, sistema de color, 216
    de fondo, 218
    ColorTest, applet, 366

    diseño, 367
    inicio, 368
    listado del código fuente, 375-377
    manejo de eventos, 371
    marcado de HTML, 377
    resultados de la actualización, 372-374
    subpaneles, 369-370
    sistema de color RGB, 216
    tramado, 216
colores de fondo, 218
ColorSwirl, applet, 240-241
ColorTest, applet, 366
    diseño, 367
    inicialización, 368
    listado del código fuente
        ColorControls, clase 376-377
        ColorTest, clase 375-376
        marcado de HTML, 377
    manejo de eventos, 371
    resultados de la actualización
        getHSBColor(), método, 374
        RGBtoHSB(), método, 373
        update(), método, 372
    subpaneles, 369-370
comando cd, 28
combinar administradores de diseño, 298-299
comentarios, 72-73
comparación entre objetos, 105-106
componentes
    ActiveX, 486
    administrador de la interfaz de usuario, 521
    agregar a las aplicaciones, 269-270, 512-514
    alineación, 292-293
        diseños de borde, 296-298
        diseños de cuadrícula, 295-296
        diseños de cuadrícula de bolsa, 302-313
        diseños de flujo, 293-294
        diseños de naipes, 299-302
        márgenes, 313
    paneles, 298-299

áreas de texto
　control, 283
　creación, 282
　ejemplo, 282-283
　Swing, 516
asociación con escuchas de
　evento, 533-534
barras de desplazamiento
　creación, 285-286
　manejo de valores de, 286
　Swing, 517-518
botones
　creación, 273
　ejemplo, 273
　etiquetar, 273
　Swing, 515-516
botones de opción, 274-277, 517
campos de texto
　caracteres de
　　ocultamiento, 280
　control, 281-282
　creación, 279-280
　ejemplo, 280-281
　Swing, 516
casillas de verificación
　creación, 274
　ejemplo, 274
　estado de devolución, 274
　no excluyentes, 274
　Swing, conjunto,
　　516-517
　verificar/no verificar, 274
creación de descripciones
　para, 522
definición, 268, 486
etiquetas
　creación, 271
　ejemplo, 271-272
　fuentes, 271
　Swing, conjunto, 515
　texto, 271
　ventajas, 271
invisibles, 489
JavaBeans
　API de introspección,
　　490
　API de manejo de
　　eventos, 490
　API de persistencia,
　　490
　arquitectura, 487

　comparados con Java,
　　488-489
　interfaz de usuario/conso-
　　lidación de API, 490
　mecanismo para descubrir
　　clases, 487
　persistencia, 487
　portátil, 487
　serialización, 488
　sitio Web, 491
　soporte de computación
　　distribuida, 488
　temas de tiempo de
　　diseño, 488
lienzos, 287-288
listas de selección
　agregar a contenedores,
　　278
　agregar elementos a, 278
　control, 279
　creación, 277-278
　ejemplo, 278-279
　Swing, conjunto, 517
listas desplazables
　agregar a contenedores,
　　284
　agregar elementos a, 284
　control, 285
　creación, 283-284
　ejemplo, 284-285
métodos abreviados de
　teclado, 522
nombrar, 523
restricciones
　anchor, 310-311
　fill, 310
　gridheight, 306
　gridwidth, 306
　gridx, 306
　gridy, 306
　weightx, 307
　weigthy, 307
sugerencias, 522
ventajas, 486
componentes de software, *vea*
　componentes
comunicación entre applets
　getApplet(), método, 496
　getAppletContext(), método,
　　495
　getApplets(), método, 495

condicionales, 560-561
　definición, 119
　if
　　ejemplos, 120-121
　　palabra clave else, 119
　operador condicional,
　　121-122
　switch
　　ejemplos, 123-125
　　limitaciones, 123
conectividad de redes
　conexiones Web, 462-463
　definición, 462
　flujos
　　BufferedReader, objetos,
　　　464
　　GetFile sample, apli-
　　　cación, 464-466
　　getInputStream(), método,
　　　463
　　URLConnection, objetos,
　　　463
　sockets
　　del lado del cliente, 467
　　del lado del servidor,
　　　467-468
　　implementación de la
　　　capa de transporte, 468
　Trivia, aplicación, 468
　　diseño, 469-470
　　ejecución, 482
　　implementación de
　　　cliente, 479-481
　　implementación del
　　　servidor, 470-479
　conexiones en Web,
　　462-463
**conflictos de nombres (clases),
　396**
constantes, 137-138
Constructor, clase, 109
contenedores
　componentes, agregar,
　　269-270
　definición, 268
continue, palabra clave, 132
conversión
　de texto a mayúsculas,
　　457-459
　de tipos primitivos a objetos,
　　104-105

Índice 597

conversión por cast
  definición, 101
  objetos
    a clases, 103-104
    a interfaces, 104, 405
    Graphics2D, 219
    tipos primitivos, 102
convertidor RGB a HSB, 366
  diseño del applet, 367
  inicio, 368
  listado del código fuente
    ColorControls, clase, 376-377
    ColorTest, clase, 375-376
  manejo de eventos, 371
  marcado de HTML, 377
  resultados de la actualización
    getHSBColor(), método, 374
    RGBtoHSB(), método, 373
    update(), método, 372
  subpaneles, 369-370
convertIt(), método, 124
convertNum(), método, 125
coordinate spaces, (gráficos), 219
coordinate system, (gráficos), 202
copiar/pegar, operaciones
  Clipboard, 498-499
    aplicación de muestra, 499-502
    ClipboardOwner, interfaz, 499
  objetos transferibles
    cadenas de texto, 498
    definición de, 497
    sabores de datos, 497-498
    soporte para, 496-497
copyArea(), método, 212
CopyArrayWhile, programa, 129-130
corchetes ([ ]), 112
cortar/pegar, operaciones
  Clipboard, 498-499
    aplicación de muestra, 499-502
    ClipboardOwner, interfaz, 499
  objetos transferibles
    cadenas de texto, 498

    definición de, 497
    sabores de datos, 497-498
    soporte para, 496-497
CountInstances, clase, 389
countItems(), método, 279
cuadrícula de bolsa, administrador del diseño de
  comparado con el administrador del diseño de cuadrícula, 302
  componentes, arreglo de, 309-311
  creación, 302-303
  diseño de muestra, 311-313
  relleno de celdas, 313
cuadrículas
  creación, 305
  administrador del diseño de cuadrícula, 295-296
  administrador del diseño de cuadrícula de bolsa, 304-307
  diseño, 303-304
  proporciones renglón/columna, 307-309
  relleno de celdas, 313
cuadros combinados
  eventos
    de acción, 537
    de elemento, 541-542
cuadros de diálogo
  anexar a los applets, 360
  creación, 357, 523-524
    aplicación de ejemplo, 527-530
    de confirmación, 524-525
    de entrada, 525
    de mensaje, 526
    de opción, 526-527
  definición, 356
  modales, 356
  objetos de diálogo de archivo, 361
  TextDialog, ejemplo, 357-360
  ventanas, 357
changeColor(), método, 347
ChangeTitle, aplicación, 535-537
charAt(), método, 98

charWidth(), método, 214
checkbox(), método, 274
CheckboxGroup, clase, 275-276
Checkers, applet, 258
  doble búfer, 259
  listado del código fuente, 260-261
checkEven(), método, 121
Choice, clase, 277-279

D

DataFlavor(), método, 497
DataInputStream(), método, 449
DataOutputStream(), método, 449
datos, flujos de
  aplicaciones de muestra
    ReadPrimes, 451
    WritePrimes, 450-451
  creación, 449
  lectura, 449
datos, sabores de
  creación, 497-498
  definición de, 497
declaración
  arreglos
    arreglos de arreglos, 117-118
    variables, 112-113
  clases, 136, 561
  constantes, 137-138
  interfaces, 405-406
  métodos, 139, 561-562
    constructores, 562
    de clase, 145-146
    ejemplo, 139
    listas de parámetros, 140
    this, palabra clave, 141-142
  variables, 67, 557-558
    de clase, 95
    de instancia, 136-137
    múltiples, 68
decremento, operador de (—), 81
degradados acíclicos, 220
degradados cíclicos, 220
delete(), método, 457
deleteOnExit(), método, 457

desarrollo, historia de Java
   endoso de Netscape, 14
   navegador HotJava, 14
   proyecto Green, 13-14
   versiones de Java, 15
desborde (asignación de variable), 88
descargar
   CABarc, 190
   JDK, 22-23
   JFC, 510
despliegue
   applets
      appletviewer, 60-61
      paint(), método, 180
   JDK, parámetros de configuración
   ventanas, 353
destroy(), método, 179
destrucción de applets, 179-180
diagonal (/), 72
Dialog(), método, 357
dibujar
   arcos, 209-211
      Arc2D.Float, clase, 224
      drawArc(), método, 208
   espacios coordenados, 219
   imágenes, 245
   líneas
      drawLine(), método, 203
      Line2D.Float, clase, 223
   óvalos
      drawOval(), método, 207
      Ellipse2D.Float, clase, 223
   polígonos, 206, 225
      drawPolygon(), método, 205
      Java2D, 224-225
   rectángulos, 204-205
      drawRect(), método, 203
      Rectangle2D.Float, clase, 223
   sistemas coordenados, 202
   texto, 200-201
   transformación, especificación de atributos
      color, 220
      patrones de relleno, 220-221
      trazos de dibujo, 222

Digital Clock, applet
   ciclo while, 237
   listado del código fuente, 236-237
   métodos, 238
   variables de instancia, 238
dir, comando, 29
disable(), método, 363
diseño
   clases, 36-38
   conexiones de socket, 469-470
   cuadrículas, 303-304
   jerarquías de clase, 51-52
dispose(), método, 256
do...while, ciclos, 130-131
doble búfer
   creación, 257-258
   Checkers, ejemplo del applet, 258-261
   definición, 257
   limitaciones, 257
doble clic, eventos de, 324-325
Dominos applet, sitio Web, 12
dot, notación, 93-94
DoTest, programa de muestra, 131
drawArc(), método, 208
drawImage(), método, 245-246
drawLine(), método, 203
drawOval(), método, 207
drawPolygon(), método, 205-206
drawRect(), método, 203
drawRoundRect(), método, 204
drawString(), método, 200, 214

E

EchoArgs, aplicación, 149
editores (texto), 26
   asociaciones de archivo
      borrar, 586-587
      creación, 585-587
      iconos de tipo de archivo, 588
   Bloc de notas, 584

   DOS, Edit, 584
   selección, 641-643
ejecutar archivos de sonido
   ciclos, 262-264
   play(), método, 262
elementos en arreglos
   acceso, 114-115
   cambio, 115-117
   tipos de datos, 114
elipses, dibujo
   drawOval(), método, 207
   Ellipse2D.Float, clase, 223
else, palabra clave, 119
Ellipse2D.Float, clase, 223
empleo, oportunidades, 571
enable(), método, 363
encapsulación, 383
enfoque
   manejo de eventos
      getFocus(), método, 343-344
      lostFocus(), método, 343-344
entrada/salida
   flujos
      almacenamiento en búfer, 445-448
      cerrar, 439
      creación, 438
      definición, 438
      de bytes, 438-440
      de caracteres, 438, 452-456
      de datos, 449-451
      de entrada de archivos, 440-442
      de salida de archivos, 443-444
      escribir a, 439
      filtro, 439, 444-445
      lectura, 438
enumeración de listas enlazadas, 408-409
envío de formas, 483
EOFException, excepciones, 417
equals(), método, 105
errores, 435
   Error, clase, 416
   manejo tradicional de errores, 414-415

Índice

mensajes
    Class not found, 30-31, 634-639
    Comando o nombre de archivo incorrecto, 26
vea también excepciones
escribir en flujos, 439
    con almacenamiento en búfer, 446-448
    de caracteres, 455-456
    de salida de archivos, 443-444
escuchas de eventos, 532
    ActionListener, 537
    AdjustmentListener
        adjustmentValueChanged(), método, 538
        programa de muestra, 538-540
    asociar componentes con, 533-534
    definición de, 531
    FocusListener, 532, 540
    importación, 533
    ItemListener
        itemStateChanged(), método, 541
        programa de muestra, 541-542
    KeyListener, 542-543
    MouseListener, 543
    MouseMotionListener, 544
    WindowListener, 544
espacio coordenado de usuario, 219
espacios de color, 216
estilos
    de enlaces (trazos de dibujo), 222
    de tapa final (trazos de dibujo), 222
etiquetas
    cambiar texto, 271
    ciclos, 132-133
    creación, 271
    ejemplo, 271-272
    etiquetas de botón, 273
    fuentes, 271
    Swing, 515
    ventajas, 271

etiquetas (HTML)
    <APPLET>
        ALIGN, atributo, 185
        CODE, atributo, 183, 186
        CODEBASE, atributo, 187
        ejemplo, 182-183
        HSPACE, atributo, 186
        VSPACE, atributo, 186

, 185-186
    <OBJECT>, 187-188
    <PARAM>, 191-192
EvenSteven, programa de prueba, 120-121
eventos de ajuste, manejo, 538-540
eventos de clic, manejo
    elemento, 541-542
    mouseDown(), método, 319-320
    mouseUp(), método, 320
    Spots, applet de muestra, 321-324
eventos de ratón, 319, 543-544
    botones múltiples del ratón, 337-338
    doble clic, 324-325
    Lines, applet de muestra, 326-331
    métodos
        mouseDown(), 319-320
        mouseDrag(), 325
        mouseEnter(), 326
        mouseExit(), 326
        mouseMove(), 325
        mouseUp(), 320
    Spots, applet de muestra, 321-324
excepciones
    atrapar, 418
    bloques try...catch, 419-421
    creación, 427
    cuándo utilizarlas y cuándo no, 428-429
    definición, 414
    EOFException, 417
    errores de compilador, 429-430
    explícitas, 424
    implícitas, 424

instrucción finally, 421-422
jerarquía de clase
    Error, clase, 416
    Exception, clase, 417
    IOException, clase, 417
    Throwable, clase, 416
lanzar, 422-427
    definición de, 416
    excepciones explícitas, 424
    excepciones implícitas, 424
    temas de herencia 425-426
    throws, palabra clave, 423
limitaciones, 429
MalformedURLException, 417
manejadores anidados, 427-428
panorama, 436
pasar, 424-425
tiempo de ejecución, 417
verificación de consistencia, 418
exists(), método, 457
expresiones
    definición, 66, 77
    notación de punto, 94
    valores devueltos, 66, 77
    vea también operadores
extends, palabra clave, 136, 407

F

f option (comando de jar), 189
feedJabberwock(), método, 42
Field, clase, 109
file(), método, 456
File, objeto, 456
FileDialog(), método, 361
FileDialog, clase, 361
FileInputStream(), método, 440
FileOutputStream(), método, 443
FileReader(), método, 453
FileWriter(), método, 455
filtro de flujos, 439, 444-445
fill, restricción, 310

fillArc(), método, 208
Fillmore, applet de muestra, 246-247
fillOval(), método, 207
fillPolygon(), método, 205-206
fillRect(), método, 203
fillRoundRect(), método, 204
final,
    clases, 392
    métodos, 391
    palabra clave, 137, 390
    variables, 391
finalize(), método, 168-169
finalizer, métodos, 154, 168-169
finally, instrucción, 421-422
firmar código, *vea* **firmas digitales**
firmas (digitales)
    autoridades de certificación, 431
    certificados, 430
    ejemplo, 431-433
    navegador específico, 433-434
    panorama, 430
float, tipo de datos, 71
flujos
    abrir en Internet
        BufferedReader, objetos, 464
        GetFile, aplicación de muestra, 464-466
        getInputStream(), método, 463
        objetos de conexión URL, 463
    cerrar, 439
    con almacenamiento en búfer
        creación, 445-446
        escribir en, 446-448
        lectura, 445
    creación, 438
    definición, 438
    de bytes, 438-440
        flujos de entrada de archivos, 440-442
        flujos de salida de archivos, 443-444
    de caracteres, 438, 452
        archivos de escritura de texto, 455-456
        archivos de lectura de texto, 453-455
    de datos
        aplicaciones de muestra, 450-451
        creación, 449
        leer, 449
    de lectura, 438
        aplicación de muestra, 441
        class.dat, archivo, 442
        read(), método, 440
    escribir en, 439
    filtrar, 439, 444-445
focusGained(), método, 540
FocusListener, escucha de evento, 532
focusLost(), método, 540
folder structure (paquetes), 398
folders, creación/borrar, 457
Font(), método, 213
FontMetrics, clase, 214
for, ciclos, 125-126
    ejemplo, 127-128
    errores comunes, 127
    instrucciones vacías, 127
formas,
    arcos
        dibujo, 208
        ejemplo, 209-211
        relleno, 209
    líneas, 203
    óvalos, 207
    polígonos
        agregar puntos a, 206
        dibujo, 205
    rectángulos
        dibujo, 203
        esquinas redondeadas, 204-205
        relleno, 204
    sistema de coordenadas, 202
formatos de archivado
    CAB, 190
    JAR, 188-189
    Zip, 189-190
Framework(), método, 512
fuentes,
    devolver información acerca de, 214-215
    de etiquetas, 271
    establecer, 213-214
    Font, objetos, 213
funciones, *ver* **métodos**
funciones miembro, *ver* **métodos**
futuro de Java, 16

G

gabinete (CAB), archiveros, 190-191
Gamelan, sitio Web, 32, 568-569
generadores de números aleatorios, 91
GeneralPath, clase, 225
geometría, *vea* **formas**
getAccessibleContext(), método, 523
getActionCommand(), método, 537
getAdjustmentType(), método, 538
getAppletContext(), método, 491, 495
getAppletInfo(), método, 491
getAudioClip(), método, 262
getClass(), método, 107
getClickCount(), método, 543
getCodeBase(), método, 244
getColor(), método, 218
getCrossPlatformLookAndFeel ClassName(), método, 521
getCurrent(), método, 277
getDocumentBase(), método, 244
getFile(), método, 466
getFile, aplicación de muestra
    BufferedReader, objeto, 466
    GetFile(), constructor, 466
    getInputStream(), método, 466
    listado del código fuente, 464-465
    manejo de error, 466
    readLine(), método, 466
    run(), método, 466
getFontMetrics(), método, 214
getHeight(), método, 214, 245
getHSBColor(), método, 374
getInputStream(), método, 463

Índice 601

getInsets(), método, 313
getItem(), método, 279
getKeyChar(), método, 543
getLabel(), método, 273
getMessage(), método, 419
getParameter(), método, 192
getParent(), método, 360
getPoint(), método, 543
getSelectedIndex(), método, 279
getSelectedIndexes(), método, 285
getSelectedItem(), método, 279
getSelectedItems(), método, 285
getSize(), método, 212
getSource(), método, 534, 537
getState(), método, 274
getStateChange(), método, 541
getSystemClipBoard(), método, 498
getSystemLookAndFeelClass Name(), método, 52
getText(), método, 271, 281
getToolkit(), método, 498
getValue(), método, 286
getWidth(), método, 245
getX(), método, 543
getY(), método, 543
Gosling, James, 13
gotFocus(), método, 343
Gráficos
   animación
      applet Neko, 248-256
      cargar imágenes, 243
      dibujar imágenes, 245
      disposición de objetos Graphics, 256
      doble búfer, 257-261
      observadores de imágenes, 246
      panorama, 231-232
      parpadeo, 239-243
      pintar/repintar 232-233
      recuperación de imágenes, 243
      rutas relativas de archivo, 244
      subprocesos, 233-239
   arcos
      dibujo, 208, 224
      ejemplo, 209-211
      relleno, 209

   atributos de transformación
      color, 220
      patrones de relleno, 220-221
      trazos de dibujo, 222
   elipses, 223
   espacios coordenados, 219
   funciones copiar/pegar, 212
   Graphics2D, objetos, 219
   GUI, componentes
      áreas de texto, 282-283
      barras de desplazamiento, 285-286
      botones, 273
      campos de texto, 279-282
      casillas de verificación, 274-277
      etiquetas, 271-272
      lienzos, 287-288
      listas de selección, 277-279
      listas desplazables, 283-285
   iconos
      creación, 514
      definición, 514
      Pardon My Icons! Web site, 515
   líneas, 203, 223
   Map2D, ejemplo, 225-228
   óvalos, 207
   panorama, 199-200
   polígonos
      agregar puntos a, 206
      dibujo, 205, 224-225
   rectángulos
      dibujo, 203, 223
      orillas redondeadas, 204-205
      rellenar, 204
   sistema coordenado, 202
   texto, 200-201
   vea también AWT; GUIs
Graphics2D, clase, 219
Green, proyecto, 13-14
Gridheight, orden, 306
GridLayout(), método, 295
gridwidth, restricción, 306
gridx, restricción, 306
gridy, restricción, 306
grupos de noticias, 32, 570

guión (-), 81
GUIs (Interfaces Gráficas de Usuario), 268-269
   administradores de diseño
      alternativas de, 315
      combinación, 298-299
      creación, 292
      de bordes, 296-298
      de cuadrícula, 294-296
      de cuadrícula de bolsa, 302-313
      de flujo, 293-294
      de naipes, 299-302
      especificación, 292-293
      márgenes, 313
      panorama, 292
   aplicaciones independientes del AWT, 364-365
   ColorTest, applet de muestra, 366
      actualización de resultados, 372-374
      diseño, 367
      inicialización, 368
      listado del código fuente, 375-377
      manejo de eventos, 371
      marcado de HTML, 377
      subpaneles, 369-370
   componentes
      agregar a contenedores, 269-270
      áreas de texto, 282-283
      barras de desplazamiento, 285-286
      botones, 273
      campos de texto, 279-282
      casillas de verificación, 274-277
      etiquetas, 271-272
      lienzos, 287-288
      listas desplazables, 283-285
      listas de selección, 277-279
   cuadros de diálogo
      agregar a applets, 360
      aplicación de muestra, 527-530
      confirmar diálogos, 524-525

Índice

creación, 357, 523-524
definición, 356
de entrada, 525
de mensaje, 526
de opción, 526-527
modales, 356
objetos de archivos de diálogo, 361
TextDialog, ejemplo, 357-360
ventanas de diálogo, 357
diferencias en plataformas, 268
manejo de eventos
   clics de ratón, 319-325, 543-544
   ChangeTitle, aplicación de muestra, 535-537
   de acción, 341-343, 537
   de ajuste, 538-540
   de área de texto, 344
   de barra de desplazamiento, 344-345
   de elemento, 541-542
   de enfoque, 343-344, 540
   de lista desplazable, 344
   de teclado, 331-338, 542-543
   de ventana, 544-545
   escuchas de eventos, 531-533
   establecer componente, 533-534
   handleEvent(), método, 318-319, 338-340
   métodos, 534-535
   movimientos de ratón, 325-331, 543-544
   SetBack, applet de ejemplo, 345-348
   SwingColorTest, aplicación, 545-549
   tipos de evento, 318
marcos
   BaseFrame, ejemplo, 355-356
   creación, 352
   definición, 352
   dimensionar, 353

menús
   activar, 363
   barras de menús, 362
   desactivar, 363
   elementos de, 363-364
   eventos, 364
Swing, 509
   administrador de interfaz de usuario, 521
   áreas de texto, 516
   barras de desplazamiento, 517-518
   botones, 515-516
   botones de opción, 517
   campos de texto, 516
   casillas de verificación, 516-517
   descripciones de componentes, 522
   etiquetas, 515
   listas de selección, 517
   marco de trabajo de aplicación, 511-512
   métodos abreviados de teclado, 522
   nombres de componentes, 523
   paneles de componentes, 512-514
   Sugerencias, 522
   SwingColorTest, aplicación, 518-520
   ventajas, 510-511
ventanas
   despliegue, 353
   eventos, 361-362
   ocultar, 353
   ventana desplegable, ejemplo, 354-356
   Window, clase, 352

H

handleDeselect(), método, 344
handleEvent(), método, 318-319, 338-340
handleSelect(), método, 344
HEIGHT, atributo (<APPLET> etiqueta), 60

HelloDan, aplicación de muestra
   archivo fuente, 26-28
   compilación
      plataformas de Windows, 28-30
      sistema Solaris, 31
   ejecución
      plataformas de Windows, 30
      sistemas Solaris, 31
herencia
   control de acceso, 387
   definición de, 48
   excepciones, 425-426
   jerarquías de clase
      creación, 50-52
      diseño, 52
      métodos, 53
   múltiple, 54, 401
   panorama. 48-50
   sencilla, 54, 401
   subclases, 55-60
herramientas
   CABarc, 190
   jar, 188
   keytool, 432
   policytool, 435
hide(), método, 353
historia de Java
   endoso de Netscape, 14
   Green, proyecto 13-14
   HotJava, navegador, 14
   versiones de Java, 15
HotJava, navegador, 14
HSB (tono, matiz, brillantez) sistema de color, convertir a, 366
   actualización de resultados
      getHSBColor(), método, 374
      RGBtoHSB(), método, 373
      update(), método, 372
   despliegue del applet, 367
   inicio, 368
   listado del código fuente
      ColorControls, clase, 376-377
      ColorTest, clase, 375-376
   manejo de eventos, 371

Índice 603

marcado de HTML, 377
subpaneles, 369-370
HTML (Lenguaje de Marcado de Hipertexto)
etiquetas
<APPLET>, 182-186

, 185-186
<OBJECT>, 187-188
<PARAM>, 191-192

I

iconos
asociación con tipos de archivos, 588
creación, 514
definición de, 514
Pardon My Icons!, sitio Web, 515
if, instrucciones
ejemplos, 120-121
else, palabra clave, 119
imágenes
carga, 243, 248-249
dibujo, 245
mapas de bits, 582-586
observadores, 246
recuperación, 243
rutas relativas de archivos, 244
vea también gráficos
ImageObserver, interfaz, 246
implementar
interfaces
ejemplo, 408-409
interfaces múltiples, 403-404
interfaces sencillas, 402-403
sockets de capa de transporte, 468
implements, palabra clave, 234, 402
import, instrucción, 395-396
importación
clases, 58, 180, 395
escuchas de eventos, 533
paquete del AWT, 268
paquetes, 59, 395-396
resumen del lenguaje Java, 563

incremento, operador de (++), 81
independencia de plataforma
máquina virtual, 17-18
nivel fuente, 18
temas de desempeño, 19
ventajas, 16-17
indexOf(), método, 98
indicador de comandos, 25
Info application, (ejemplo de cuadro de diálogo), 527-530
inicialización de applets, 178
inicio
applets, 178-179, 233
subprocesos, 235
init(), método
Keys, applet, 334
Lines, applet, 326
sobreponer, 178
Spots, applet de muestra, 322
initQnA(), método, 474-475
insertText(), método, 283
instalar el JDK
probar la instalación, 25-26
sistemas Solaris, 24-25
Windows 95, 23-24
Windows NT, 23-24
instanceof, operador, 84, 107, 535
instancias, *vea* **objetos**
instrucciones
bloques, 67, 118-119, 419-421
carácter de terminación, 66
ciclos
do, 130-131
for, 125-128
valores del índice, 126
while, 128-130
condicionales, 560-561
definición de, 119
if, 119-121
operador condicional, 121-122
switch, 122-125
expresiones, 66, 77
finally, 421-422
importar, 395-396
paquete, 398
switch
ejemplos, 123-125

limitaciones, 123
panorama, 122-123
int, tipo de datos, 70
interfaces, 54-55, 62, 400-401
ampliación, 407-408
ClipboardOwner, 499, 576
como tipo de variable, 404
comparadas con clases, 402
conversión por casting de objetos en, 405
creación, 405-406
de usuario, *vea* GUIs
gráficas de usuario, *vea* GUIs
ImageObserver, 246
implementación
ejemplo, 408-409
interfaces múltiples, 403-404
interfaces sencillas, 402-403
Runnable, 234
interfaz/fusión de usuario de API (JavaBeans), 490
Internet Explorer, 434
interrupciones de línea, marcado de HTML, 185-186
InterruptedException, excepciones, 419
introspección API (JavaBeans), 490
introspección, *vea* **reflexión**
invocación remota de métodos, *vea* **RMI**
invoking, método, 96-98
isEditable(), método, 282
ItemListener, escucha de eventos, 532
itemStateChanged(), método, 541

J

Jabberwock, ejemplo de clase
atributos, 38-41
código fuente, 42-47
compilar, 43-44
definición de clase, 41
ejecución, 44

métodos, 39-42
  feedJabberwock(), 42, 48
  main(), 45-47
  showAttributes(), 43, 47
JAR (Java archive), archivos, 188-189
jar, herramienta, 188
JARS (Servicio de Monitoreo de Java Applet), 569
Java Development Kit, vea JDK
Java FAQs, sitio Web, 569
Java Plug-in, 19, 176
Java, portátil,
  código fuente, 18
  máquina virtual, 17-18
  temas de desempeño, 19
  ventajas, 16-17
Java2D, 218
  applet de muestra, 225-228
  arcos, 224
  elipses, 223
  espacios coordinados, 219
  Graphics2D, objetos, 219
  líneas, 223
  polígonos, 224-225
  presentar atributos
    color, 220
    patrones de relleno, 220-221
    trazos de dibujo, 222
  rectángulos, 223
JavaBeans
  comparada con Java, 488-489
  definición de, 487
  interfaz de usuario/consolidación API, 490
  introspección, APIs de, 490
  manejo de eventos, APIs de, 490
  persistencia, APIs de, 490
  sitio Web, 491
  ventajas
    arquitectura compacta, 487
    mecanismo de descubrimiento de clase, 487

persistencia, 487
portátil, 487
propiedades de tiempo diseño, 488
serialización, 488
soporte distribuido de computación, 488
javac
  plataformas de Windows, 28-30
  sistemas Solaris, 31
JavaScript, 32
JavaWorld, sitio Web, 569
Jbutton, clase, 515-516
JcomboBox, clase, 517
JcheckBox, clase, 516
JDBC (Connectividad de Java Database), 505-506
JDK (Kit de Desarrollo de Java)
  configuración de Windows 95/Windows NT, 573-575
    Class not found, errores, 576-578
    CLASSPATH, instrucción, 578-580
    PATH, instrucción, 575-576
  configuración UNIX, 580-581
  copiar, 22-23
  disponibilidad, 15
  instalación
    asistente, 23-24
    probar la instalación, 25-26
    sistemas Solaris, 24-25
    Windows 95, 23-24
    Windows NT, 23-24
  número de versión, verificar, 574
  panorama, 21-22
JDK, edición de parámetros de configuración
  CLASSPATH, 579
  PATH, 575
JFC (Clases Fundamentales de Java)
  arrastrar y colocar, 16
  descarga, 510

Swing,
  administrador de interfaz de usuario, 521
  aplicaciones, 511-512, 518-520
  componentes, 512-518
  cuadros de diálogo, 523-530
  definición de, 16
  manejo de eventos, 531-545
  métodos abreviados de teclado, 522
  panorama, 509
  ventajas, 510-511
  vea tambien AWT; gráficos
Jframe, clase, 511
Jlabel, clase, 515
JpasswordField, clase, 516
JradioButton, clase, 517
JscrollBar, clase, 517-518
JtextArea, clase, 516
JtextField, clase, 516

K

keyDown(), método, 332
KeyListener, escucha de evento, 532
keyPressed(), método, 542
keyReleased(), método, 543
Keys, applet de muestra, 333
  definición de clase, 334
  listado del código fuente, 336-337
  marcado de HTML, 337
  métodos
    init(), 334
    keyDown(), 335
    paint(), 335
keytool, utilería 432
keyTyped(), método, 543
keyUp(), método, 332

L

label(), método, 271
LabelTest, programa de muestra, 133
lienzos, 287-288

Line2D.Float, clase, 223
línea de comandos (MS-DOS)
    cd, 28
    dir, 29
línea de estado (applets), 491
línea/barra (¦) de canalización, carácter, 83
líneas, dibujo de
    drawLine(), método, 203
    Line2D.Float, clase, 223
Lines, applet de muestra
    listado del código fuente, 329-331
    marcado de HTML, 331
    métodos
        addLine(), 328
        init(), 326
        mouseDown(), 327-328
        mouseDrag(), 328
        mouseUp(), 328
        paint(), 329
    Points, clase, 327
lineTo(), método, 225
LinkedList, clase, 619
linkTo(), método, 494
list(), método, 284
listados
    administradores de diseño
        de bordes, 297
        de cuadrícula, 295-296
        de cuadrícula de bolsa, 311-313
        de flujo, 293-294
        de naipes, 300-301
    AllCapsDemo, aplicación, 457-459
    ArrayTest, aplicación, 115-116
    BaseFrame1, aplicación, 355
    bloques try...finally, 421-422
    ButtonLink, applet, 493-494
    ciclos
        de audio, 263-264
        do...while, 131
        etiquetados, 132-133
        for, 127-128
        while, 129
    ColorSwirl, applet, 240-241

ColorTest, applet
    ColorControls, clase, 376-377
    ColorTest, clase, 375-376
control de acceso a paquete, 399-400
CopyPaste, aplicación, 500-501
CountInstances, clase, 389
Checkers, applet, 260-261
DigitalClock, applet, 236-237
EchoArgs, aplicación, 149
ejemplo aritmético simple, 78-79
ejemplo de método constructor, 159
Fillmore, applet, 246
flujos, aplicaciones
    BufferDemo, 446-448
    ReadBytes, 441
    ReadPrimes, 451
    ReadSource, 454-455
    WriteBytes, 443
    WritePrimes, 450-451
FontMetrics, ejemplo de clase, 214
GetFile, aplicación, 464-465
GUI, componentes
    áreas de texto, 282-283
    barras de desplazamiento, 286
    botones de opción, 276-277
    botones, 273
    campos de texto, 281
    casillas de verificación, 275
    etiquetas, 272
    lienzos, 287
    listas de selección, 278
    listas desplazables, 284
HelloDan, aplicación, 27
instrucciones
    if, 120
    switch, 124-125
Jabberwock, ejemplo
    aplicación, 45-46
    clase, 42-44
Key,s applet, 336-337
LinkedList, aplicación, 408-409

manejo de eventos, aplicaciones
    ChangeTitle, 535-536
    SelectItem, 541
    SwingColorTest, 546-549
    WellAdjusted, 539
Map, applet
    archivo HTML, 201
    código fuente de Java, 200, 210-211
Map2D, applet
    archivo HTML, 227
    código fuente de Java, 226-227
métodos
    definición, 140-141
    llamar a, 97
MyRect, clase, 155-157
MyRect2, clase, 161-162
NamedPoint, clase, 167
Neko, applet, 253-256
NewPalindrome, applet de muestra
    archivo HTML, 194-195
    código fuente de Java, 192-194
OBJECT, etiqueta, 188
objetos
    comparación, 106
    creación, 91
Palindrome, applet de muestra
    archivo HTML, 182
    código fuente de Java, 181
Palindrome, ejemplo de clase
    código fuente, 59
    marcado de HTML, 60
pasar por referencia, 143-144
PopUpWindow, aplicación, 354-355
PrintClass, clase, 163
printMe(), método, 165
PrintSubClass, clase, 163
PrintSubClass2, clase, 164
referencias, 99
reflexión, 108
ScopeTest, programa, 142-143
SetBack, applet, 348
Spots, applet, 323-324
SumAverage, aplicación, 150

Swing
        Info, aplicación, 528-529
        marco de trabajo de la aplicación, 511
        SwingColorTest, aplicación, 518-519
        Swinger, aplicación, 513
    TextDialog, clase, 358-359
    Trivia, aplicación de,
        cliente, 480-481
        servidor, 475-479
    variables de instancia
        definición, 136
        prueba/modificación, 94-95
    WritePrimes, aplicación, 450
listas
    de selección
        agregar a contenedores, 278
        agregar elementos a, 278
        control, 279
        creación, 277-278
        ejemplo, 278-279
    desplazables
        agregar a contenedores, 284
        agregar elementos a, 284
        control, 285
        creación, 283-284
        ejemplo, 284-285
    desplegables
        agregar a contenedores, 278
        control, 279
        creación, 277-278
        ejemplo, 278-279
        elementos, agregar, 278
    vinculadas, enumeración de, 408-409
literales, 556-557
    booleanas, 74-75
    cadenas, 76-77
    códigos de escape, 75
    definición, 73
    de carácter, 75
        vea también conjunto de caracteres Unicode
    enteras, 73-74
    numéricas, 73-74
loop(), método, 262

lostFocus(), método, 343
lostOwnership(), método, 499
llamar a métodos, 96-98, 160
llaves ({ }), 67, 118

M

Macmillan Computer Publishing, sitio Web, 277, 566
main(), método
    firma, 147
    Jabberwock.java, ejemplo, 45-47
    TriviaServer, aplicación, 475
makeRange(), método, 140-141
MalformedURLException, excepciones, 417
manejadores de excepciones anidadas, 427-428
manejo de eventos, 531
    clics de ratón, 543-544
        doble clic, 324-325
        mouseDown(), método, 319-320
        mouseUp(), método, 320
        Spots, applet de muestra, 321-324
    ColorTest applet, 371
    ChangeTitle.java, ejemplo, 535-537
    escuchas de eventos
        ActionListener, 537
        AdjustmentListener, 538-540
        asociar componentes con, 533-534
        definición, 531
        FocusListener, 532, 540
        importación, 533
        ItemListener, 541-542
        KeyListener, 542-543
        MouseListener, 543
        MouseMotionListener, 544
        WindowListener, 544
    eventos
        de acción, 537
        de ajuste, 538-540
        de elementos, 541-542

        de enfoque, 540
        de teclado, 542-543
        de ventana, 361-362, 544-545
    handleEvent(), método, 318-319
    JavaBeans, 490
    menús, 364
    métodos
        actionPerformed(), 534
        getSource(), 534
        instanceof, palabra clave, 535
    movimientos de ratón, 544
        Lines, applet de muestra, 326-331
        mouseDrag(), método, 325
        mouseEnter(), método, 326
        mouseExit(), método, 326
        mouseMove(), método, 325
    SwingColorTest application
        clases, 545
        escuchas de eventos, 545
        listado del código fuente, 546-549
        métodos, 545
    teclado, 331
        keyDown(), método, 332
        Keys, applet de muestra, 333-337
        keyUp(), método, 332
        teclas modificadoras, 337-338
        teclas predeterminadas, 332-333
    tipos de eventos, 318
manejo de la memoria, 93
Map2D, applet, 225-228
mapas de bits
    clases, 583-586
    interfaces, 582-583
máquina virtual
    panorama, 17-18
    soporte para el navegador, 19
marcos
    creación, 352
    dimensionar, 353

Índice

márgenes
  insets(), método, 313
  Insets, clase, 572
menús
  activar, 363
  barras de, 362
  definición de, 362
  desactivar, 363
  elementos de
    creación, 363-364
    tipos, 363
  eventos, 364
Method, clase, 109
métodos, 39-40, 62, 98-99, 145-146
  abstractos, 392-393
  action()
    argumentos, 341-342
    definir, 341
    valor devuelto, 342
  actionPerformed(), 534, 537
  addActionListener(), 537
  addItem(), 278
  addLine(), 328
  addPoint(), 206
  addSpot(), 322
  adjustmentValueChanged(), 538
  ArgStream(), 448
  BorderLayout(), 297
  BufferedInputStream(), 445
  BufferedOutputStream(), 446
  BufferedReader(), 454
  BufferedWriter(), 456
  buildConstraints(), 304-309
  buildRect(), 155-156
  button(), 273
  CardLayout(), 299
  clearRect(), 212
  close(), 439
  closePath(), 225
  constructores, 92, 153, 158
    definir, 562
    ejemplo, 159
    llamar desde otro constructor, 160
    nombres, 159
    sobrecargar, 160-162
    sobreponer, 166-168
  control de acceso, 382-387
    predeterminado, 383
  privado, 384-385
  protegido, 385-386
  público, 385
  herencia, 387
  convertIt(), 124
  convertNum(), 125
  copyArea(), 212
  countItems(), 279
  changeColor(), 347
  charAt(), 98
  charWidth(), 214
  checkbox(), 274
  checkEven(), 121
  DataFlavor(), 497
  DataInputStream(), 449
  DataOutputStream(), 449
  definición, 561-562
    ejemplo, 139
    listas de parámetros, 140
    this, palabra clave, 141-142
  delete(), 457
  deleteOnExit(), 457
  destroy(), 179
  de acceso, 387-388, 412
  de entrada, 581-582
  Dialog(), 357
  disable(), 363
  dispose(), 256
  drawArc(), 208
  drawImage(), 245-246
  drawLine(), 203
  drawOval(), 207
  drawPolygon(), 205-206
  drawRect(), 203
  drawRoundRect(), 204
  drawString(), 200, 214
  enable(), 363
  equals(), 105
  estático, 388-390
  exists(), 457
  feedJabberwock(), 42
  File(), 456
  FileDialog(), 361
  FileInputStream(), 440
  FileOutputStream(), 443
  FileReader(), 453
  FileWriter(), 455
  fillArc(), 208
  fillOval(), 207
  fillPolygon(), 205-206
  fillRect(), 203
  fillRoundRect(), 204
  final, métodos, 391
  finalizadores, 154, 168-169
  finalize(), 168-169, 179
  firmas, 139, 154
  flowLayout(), 293-294
  focusGained(), 540
  focusLost(), 540
  Font(), 213
  Framework(), 512
  getAccessibleContext(), 523
  getActionCommand(), 537
  getAdjustmentType(), 538
  getAppletContext(), 491, 495
  getAppletInfo(), 491
  getAudioClip(), 262
  getClass(), 107
  getClickCount(), 543
  getCodeBase(), 244
  getColor(), 218
  getCrossPlatformLookAnd FeelClassName(), 521
  getCurrent(), 277
  getDocumentBase(), 244
  GetFile(), 466
  getFontMetrics(), 214
  getHeight(), 214, 245
  getHSBColor(), 374
  getInputStream(), 463
  getInsets(), 313
  getItem(), 279
  getKeyChar(), 543
  getLabel(), 273
  getMessage(), 419
  getParameter(), 192
  getParent(), 360
  getPoint(), 543
  getSelectedIndex(), 279
  getSelectedIndexes(), 285
  getSelectedItem(), 279
  getSelectedItems(), 285
  getSize(), 212
  getSource(), 534, 537
  getState(), 274
  getStateChange(), 541
  getSystemClipBoard(), 498
  getSystemLookAndFeelClass Name(), 521
  getText(), 271, 281
  getToolkit(), 498
  getValue(), 286

getWidth(), 245
getX(), 543
getY(), 544
gotFocus(), 343
GridLayout(), 295
handleDeselect(), 344
handleEvent(), 318-319, 338-340
handleSelect(), 344
hide(), 353
indexOf(), 98
init()
    Keys, applet, 334
    Lines, applet, 326
    sobreponer, 178
    Spots, applet de muestra, 322
initQnA(), 474-475
insertText(), 283
insets(), 313
isEditable(), 282
itemStateChanged(), 541
JButton(), 516
JComboBox(), 517
JCheckBox(), 516
JLabel(), 515
JScrollBar(), 518
JTextArea(), 516
JTextField(), 516
keyDown(), 332
keyPressed(), 543
keyReleased(), 543
keyTyped(), 543
keyUp(), 332
label(), 271
lineTo(), 225
linkTo(), 494
list(), 284
loop(), 262
lostFocus(), 343
lostOwnership(), 499
llamar, 96-98
main()
    firma, 147
    Jabberwock.java, ejemplo, 45-47
    TriviaServer, aplicación, 475
makeRange(), 140-141
mkdir(), 457
mouseDown()

eventos de clic, 319-320
eventos de doble clic, 324-325
    Lines, applet, 327
    Spots, applet, 322
mouseDrag(), 325
mouseDragged(), 544
mouseEnter(), 326
mouseExit(), 326
mouseMove(), 325
mouseMoved(), 544
mouseRelcased(), 543
mouseUp(), 320
moveTo(), 225
nekoRun(), 250
nekoScratch(), 252
nekoSleep(), 252
newAudioClip(), 262
newFrame(), 352
newLine(), 456
nextDouble(), 92
onetoZero(), 144
pack(), 353, 512
paint(), 57-58, 178-180, 232-233
    Keys, applet, 335
    Lines, applet, 329
para lanzar excepciones, 422-427
    cuestiones de herencia, 425-426
    definición, 416
    explícitas, 424
    implícitas, 424
    throws, palabra clave, 423
parseInt(), 146
passing, argumentos para, 143-145
play(), 262
POST, 483
printLn(), 79
printMe(), 165
printNames(), 116
processInput(), 472-473
read(), 438
readFloat(), 449
readLine(), 454, 466
readStream(), 448
readUnsignedByte(), 449
readUnsignedShort(), 449

renameTo(), 457
repaint(), 232-233
replaceText(), 283
requestFocus(), 335
reshape(), 315
resize(), 353
return types, 139
RGBtoHSB(), 373
run()
    applets subprocesadas, 235
    TriviaServer, aplicación, 471-472
scrollbar(), 285
select(), 279
setAccessibleDescription(), 523
setAccessibleName(), 523
setActionCommand(), 537
setBackground(), 218
setColor(), 217, 220
setConstraints(), 306
setContentPane(), 512
setCurrent(), 277
setEchoChar(), 516
setEchoCharacter(), 280
setEditable(), 282
setFont(), 213-214, 271
setForeground(), 218
setHelpMenu(), 363
setLabel(), 273
setLayout(), 292, 298
setLookAndFeel(), 521
setMenuBar(), 362
setMnemonic(), 522
setPaint(), 220
setState(), 274
setString(), 271
setStroke(), 222
setText(), 281, 540
setToolTipText(), 522
setValue(), 286
setVisible(), 512
show(), 300, 353
showAttributes(), 43
showConfirmDialog(), 524
showInputDialog(), 525
showMessageDialog(), 526
showOptionDialog(), 526
showStatus(), 491
size(), 212

Índice 609

sobrecargados
    creación, 154-158
    definición, 153-154
    ventajas, 154
sobreposición de, 53, 154, 162-164
    super, palabra clave, 165-166
    ventajas, 165
start(), 179, 233
static, 388-390
stop(), 179, 233
stringWidth(), 214
substring(), 98
testBlock(), 118
textArea(), 282
textField(), 279
toUpperCase(), 98
update(), 240-243, 372
update(), 240-243
URL(), 492
valueOf(), 98
windowClosed(), 545
windowClosing(), 544
windowOpened(), 544
write(), 439, 455
writeInt(), 452
writeStream(), 448
Microsoft, sitio Web, 190
minúscula, convertir a mayúscula, 457-459
mkdir(), método, 457
modales, cuadros de diálogo, 356
    vea también cuadro de diálogo
modificadores, *vea* **palabras clave**
Modifier, clase, 109
mouseDrag(), método, 325
mouseDragged(), método, 544
mouseEnter(), método, 326
mouseExit(), método, 326
MouseListener, escucha de evento, 532
MouseMotionListener, escucha de evento, 532
mouseMove(), método, 325
mouseMoved(), método, 544
mouseReleased(), método, 543

mouseUp(), método, 320
moveTo(), método, 225
MS-DOS
    cd, 28
    comandos
    dir, 29
    indicador de comandos, 25
multimedia
    animación
        applet Neko, 248-256
        cargar imagen, 243
        dibujar/redibujar, 232-233
        doble búfer, 257-261
        eliminación de objetos Graphics, 256
        imágenes de dibujo, 245
        observadores de imagen, 246
        panorama, 213-232
        parpadeo, 239-243
        recuperación de imagen, 243
        rutas relativas de archivos, 244
        subprocesos, 233-239
    sonido
        ciclos, 262-264
        ejecutar, 262
        formatos de archivos, 261
    vea también gráficos; GUIs
multitareas, 233
MyRect, clase
    buildRect(), método
        declaración, 155-156
        sobrecarga, 156
    definición de clase, 155
    listado del código fuente, 156-157
MyRect2, clase, 161-162

N

NamedPoint, clase, 167
NamesLoop, programa de muestra, 127-128
navegadores
    firmas específicas de navegador, 433-434
    HotJava, 14
    Java Plug-in, 176

    Plug-in, mejoramiento de navegador, 19
Navigator, 434
Neil/Fred's Gigantic List of Palindromes, sitio Web, 61
Neko, applet
    color de fondo, 253
    compilación, 256
    imágenes
        carga, 248-249
        conjunto, 248
        recolección, 248
    listado del código fuente, 253-256
    técnica de animación, 249-253
nekoRun(), método, 250
nekoScratch(), método, 252
nekoSleep(), método, 252
Netscape Navigator, 434
Netscape Signing Tool, 434
newAudioClip(), método, 262
newFrame(), método, 352
newLine(), método, 456
NewPalindrome, applet de muestra
    archivo HTML, 194-195
    código fuente de Java, 192-194
nextDouble(), método, 92
nombrar
    componentes de Swing, 523
    paquetes, 397-398
    variables, 69-70
NOT, operador, 83
notación exponencial, 74
NT
    aplicaciones de Java
        compilación, 28-30
        ejecución, 30
    configuración del JDK, 23-24, 631-633
        Class not found errors 634-636
        CLASSPATH, instrucción, 636-638
        PATH, instrucción, 633-634
null, cadenas, 540
null, palabra clave, 113, 127
NullPointerException, errores de, 417, 507

NumberReader, programa de muestra, 124-125
número pseudo aleatorio, generación, 91
números
 de punto flotante, 71, 74
 hexadecimales, 74
 negativos, representar como literales, 74
 octales, 74

O

<OBJECT> etiqueta (HTML), 187-188
objetos
 arreglos, 113-114
 cadenas de texto, 498
 comparar, 105-106
 conversión por casting
  a clases, 103-104
  a interfaces, 104, 405
 convertir a tipos primitivos, 104-105
 creación
  administradores de memoria, 93
  argumentos, 90-91
  constructores, 92
  nuevo operador, 90-92
 CheckboxGroup, 275-276
 definición de, 35, 62
 determinar la clase de, 107
 File, 456
 Font, 213
 GeneralPath, 225
 Graphics2D, 219
 Random, 91-92
 referencias, 99-100
 sabores de datos, 497-498
 transferibles
  cadenas de texto, 498
  definición de, 497
  sabores de datos, 497-498
 URL, 492
 vea también clases
ocultar
 caracteres en campos de texto, 280

ventanas, 353
onetoZero(), método, 144
operadores
 asignación, 79-80
 comparación, 82
 concatenación (+), 86
 condicional, 121-122
 decremento (—), 81
 desigualdad (!=), 105
 igualdad (= =), 105
 incremento (++), 81
 instanceof, 84, 107
 lógicos, 83-84
 matemáticos, 77-79
 new, 85
  creación de objetos, 90-92
  instanciación de arreglos, 113
 NOT, 83
 OR, 83
 precedencia, 84-85
 ternario, 121-122
oportunidades de empleo (Java), 571
orden de precedencia (operadores), 84-85
organización, *vea* **alineación**
óvalos, dibujar
 drawOval(), método, 207
 Ellipse2D.Float, clase, 223

P

pack(), método, 353, 512
package, instrucción, 398
paint(), método, 57-58, 178-180, 232-233
 Keys, applet, 335
 Lines, applet, 329
palabras clave
 abstract, 392
 break, 131
 class, 136
 continue, 132
 else, 119
 extends, 136, 407
 final, 137, 390
 implements, 234, 402

instanceof, 535
null, 113
private, 384-385
protected, 385
public, 56, 385
static, 95, 138, 388
super, 165-166
this, 141-142, 160, 235
throws, 423
palabras reservadas, 556
 vea también palabras clave
Palindrome, applet de muestra
 archivo HTML, 182-183, 188
 listado del código Java, 180-181
 paint(), método, 181
 prueba, 183-184
Palindrome, ejemplo de clase
 clases importadas, 58
 código fuente, 59
 compilación, 59
 definición de clase, 56-57
 marcado de HTML, 60-61
 paint(), método, 57-58
paneles
 ColorTest, applet de muestra, 369-370
 creación, 298
 márgenes, 313
paquetes
 clases, 597-601
 control de acceso
  predeterminado, 398
  público, 399-400
 creación
  clases, 398
  estructura de la carpeta, 398
  nombres, 397-398
 definición, 62
 importación, 59, 395-396
 interfaces, 597
 Owner, interfaz, 612
 panorama, 55, 393
 referencia
  nombres de clase, 394
  nombres de paquetes, 395
 vea también clases; interfaces
 ventajas, 393-394
paquetes personalizados
 clases, agregar, 398

control de acceso
  predeterminado, 398
  público, 399-400
  estructura de la carpeta, 398
  nombre, 397-398
<PARAM> etiqueta (HTML), 191-192
parámetros, pasar a applets
  ejemplo, 192-195
  getParameter() método, 192
  <PARAM> etiqueta, 191
  valores null, 192, 197
  vea también argumentos
Pardon My Icons!, sitio Web, 515
paro
  applets, 179, 233
  subprocesos, 235
parpadeo (animación)
  ejemplo, 240
  panorama, 239
  reducción
    doble búfer, 257-261
    sobreponer el método update(), 240-243
parseInt(), método, 146
pasar
  argumentos
    a aplicaciones, 148
    a applets, 191-195
    a métodos, 143-145
  excepciones, 424-425
PATH, configuración (parámetros del JDK)
  agregar, 576
  cambiar, 575
  corrección de errores, 576
  desplegar, 575
patrones de relleno
  arcos, 208-209
  Java2D, 220-221
  óvalos, 207
  polígonos, 205-206
  rectángulos, 203-204
peer, 315
pegar, operaciones de,
  Clipboard, 498-499
    aplicación de muestra, 499-502
    ClipboardOwner, interfaz, 499

objetos transferibles
  cadenas de texto, 498
  definición de, 497
  sabores de datos, 497-498
  soporte para, 496-497
permisos, 431
persistencia, 487
Person, clase, 159
Personal Bookshelf, programa, 277
plataforma cruzada, cuestiones de, 11
play(), método, 262
Plug-in, 19, 176
policytool, utilería, 435
polígonos
  agregar puntos a, 206
  dibujar
    drawPolygon(), método, 205
    Java2D, 224-225
PopUpWindow, aplicación, 354-356
POST, método, 483
PrintClass, clase, 163
printLn(), método, 79
printMe(), método, 165
printNames(), método, 116
PrintSubClass, clase, 163
PrintSubClass2, clase, 164
prioridad (operadores), 84-85
processInput(), método, 472-473
prueba
  applets, 183-184
  instalación del JDK, 25-26
punto (.), 93-94
punto y coma (;), 66

Q-R

QnA.txt, archivo (aplicación TriviaServer), 473
Random, clase, 91-92
read(), método, 438
readFloat(), método, 449
readLine(), método, 454, 466
ReadPrimes, aplicación, 451
readStream(), método, 448
readUnsignedByte(), método, 449

readUnsignedShort(), método, 449
Rectangle.Float, clase, 223
Rectangle2D.Float, clase, 223
rectángulos
  dibujar
    drawRect(), método, 203
    Rectangle2D.Float, clase, 223
  esquinas redondeadas, 204-205
  relleno, 204
recursos de carrera, 571
recursos de Internet (en relación con Java)
  grupos de noticias, 570
  JARS, 569
  Java FAQs, 569
  JavaSoft, 566-568
  JavaWorld, 569
  Macmillan Computer Publishing, 566
  sitios Web
    Gamelan, 568-569
    recursos de empleo, 571
redimensionamiento de marcos, 353
ReferencesTest.java, aplicación, 99
referencias, 99-100
reflexión, 107-109
  ejemplo, 108
  java.lang.reflect, paquete, 109
reiniciando ciclos, 132
relleno, 313
rellenos de degradado, 220
relleno de una celda, 313
renameTo(), método, 457
renombrar archivos, 457
repaint(), método, 232-233
replaceText(), método, 283
requestFocus(), método, 335
reshape(), método, 315
resize(), método, 353
restricciones
  anchor, 310-311
  asignación a componentes, 304-306
  fill, 310
  gridheight, 306
  gridwidth, 306
  gridx, 306

gridy, 306
weightx, 307
weighty, 307
RGBtoHSB(), método, 373
RMI (Invocación Remota de Métodos)
  aplicaciones, 504-505
  arquitectura, 503-504
  panorama, 502
  serialización, 504
  sitio Web, 505
Rmiregistry, programa, 505
RPC (Llamadas de Procedimiento Remoto), 502
run(), método
  applets con subprocesos, 235
  TriviaServer, aplicación, 471-472
Runnable, interfaz, 234
rutas relativas de archivo, 244

S

sabores (datos), 497-498
salida, *vea* **entrada/salida**
salir
  aplicaciones, 378
  ciclos, 131-132
ScopeTest, programa, 142-143
SCROLL_ABSOLUTE, evento, 345
SCROLL_LINE_DOWN, evento, 345
SCROLL_LINE_UP, evento, 345
SCROLL_PAGE_DOWN, evento, 345
SCROLL_PAGE_UP, evento, 345
scrollbar(), método, 285
SeeMethod, aplicación (ejemplo de reflexión), 109
seguridad
  applets, 175-177
  firmas digitales
    autoridades de certificación, 431
    certificados, 430
    ejemplo, 431-433

navegador específico, 433-434
grupos de noticias, 570
políticas, 434-435
select(), método, 279
semejante, 315
sensibilidad a mayúsculas y minúsculas, en Java, 69
separadores (menús), 364
serialización (RMI), 488, 504
ServerSocket, clase, 467
servidores (aplicación de Trivia)
  constructor, 470
  ejecutar, 482
  initQnA(), método, 474-475
  listado del código fuente, 475-479
  main(), método, 475
  processInput(), método, 472-473
  QnA.txt, archivo, 474
  run(), método, 471-472
  variables de instancia, 470
  WAITFORANSWER, estado, 473
  WAITFORCLIENT, estado, 473
  WAITFORCONFIRM, estado, 473
setAccessibleDescription(), método, 523
setAccessibleName(), método, 523
setActionCommand(), método, 537
SetBack, applet de muestra, 345
  listado del código fuente, 348
  marcado de HTML, 348
  métodos
    action(), 346-347
    changeColor(), 347
    init(), 346
setBackground(), método, 218
setColor() method, 217, 220
setConstraints(), método, 306
setContentPane(), método, 512
setCurrent(), método, 277
setEchoChar(), método, 516

setEchoCharacter(), método, 280
setEditable(), método, 282
setFont(), método, 213-214, 271
setForeground(), método, 218
setHelpMenu(), método, 363
setLabel(), método, 273
setLayout(), método, 292, 298
setLookAndFeel(), método, 521
setMenuBar(), método, 362
setMnemonic(), método, 522
setPaint(), método, 220
setState(), método, 274
setString(), método, 271
setStroke(), método, 222
setText(), método, 281, 540
setToolTipText(), método, 522
setValue(), método, 286
setVisible(), método, 512
show(), método, 300, 353
showAttributes(), método, 43
showConfirmDialog(), método, 524
showInputDialog(), método, 525
showMessageDialog(), método, 526
showOptionDialog(), método, 526
showStatus(), método, 491
Signing Tool (Netscape), 434
signo de exclamación (!), 83
signo igual (=)
  operador de asignación, 68, 72
  operador de igualdad, 105
signo más (+),
  operador de concatenación (+), 86
  operador de incremento (++), 81
simplicity of Java, 20
sistema de color RGB (rojo, verde, azul), 216
sistema numérico base-16, 74
sistema numérico base-8, 74
sistemas Solaris
  aplicaciones de Java, compilar/ejecutar, 31
  instalación del JDK, 24-25
sistemas SPARC, instalación del JDK, 24-25
sitios Web
  Code Signing, página de recurso, 434

documentación de Java 1.2, 73
Dominos, applet, 12
Gamelan, 32, 568-569
JARS, 569
Java 1.2 documentation, 73
Java FAQs, 569
JavaWorld, 569
JDBC, 506
JDK, 22
libros relacionados con Java, 568
Macmillan Computer Publishing, 277, 565
Microsoft, 190
Neil/Fred's Gigantic List of Palindromes, 61
Netscape Signing Tool, 434
Pardon My Icons!, 515
recursos de empleo, 571
Unicode Consortium, 76
size(), método, 212
skeleton, capa (RMI), 503
Socket, clase, 467
SocketImpl, clase, 468
sockets
  aplicación de Trivia, 468
    diseño, 469-470
    ejecución, 482
    implementación de cliente, 479-481
    implementación del servidor, 470-479
  del lado del cliente, 467
  del lado del servidor, 467
  implementación de la capa de transporte, 468
solución de problemas
  Class not found errors
    plataformas UNIX, 580-581
    plataformas Windows, 576-578
  manejo tradicional de errores, 414-415
  vea también errores
sonido
  formatos de archivo, 261
  reproducción
    ciclos, 262-264
    play(), método, 262
Spots, applet de muestra
  definición de clase, 321

listado del código fuente, 323-324
marcado de HTML, 324
métodos
  addSpot(), 322
  init(), 322
  mouseDown(), 322
  paint(), 323
  repaint(), 323
Star7, sistema operativo, 13
start(), método, 233
  sobreposición, 179
static, método, 388-390
static, palabra clave, 95, 138, 388
static, variables, 95, 388-390
stop(), método, 233
  sobreponer, 179
stringWidth(), método, 214
Stroustrup, Bjarne, 13
subclases, 50
  creación, 55-60
  definición, 48, 62
subíndices (arreglos), 114
subprocesos
  definición, 233
  inicio, 235
  paro, 235
  programas de animación, 233-234
    DigitalClock, ejemplo, 236-239
    implementación, 234-236
substring(), método, 98
Sugerencias, (información sobre herramientas) 522
SumAverage, aplicación, 150
super, palabra clave, 165-166
superclases
  definición de, 48, 63
  indicación, 136
Swing
  administrador de interfaz de usuario, 521
  aplicaciones
    marco de trabajo, 511-512
    componentes
      agregar a las aplicaciones, 512-514
      áreas de texto, 516

      barras de desplazamiento, 517-518
      botones, 515-516
      botones de opción, 517
      campos de texto, 516
      casillas de verificación, 516-517
      creación de descripciones para, 522
      etiquetas, 515
      listas de selección, 517
      nombrar, 523
      panorama, 514-515
      Sugerencias, 522
  cuadros de diálogo
    aplicación de muestra, 527-530
    creación, 523-524
    de confirmación, 524-525
    de entrada, 525
    de mensaje, 526
    de opción, 526-527
  definición de, 16
  manejo de eventos, 531
    ChangeTitle.java, ejemplo, 535-537
    escucha de eventos, 531-533
    establecer componente, 533-534
    de acción, 537
    de ajuste, 538-540
    de elemento, 541-542
    de enfoque, 540
    de ratón, 543-544
    de teclado, 542-543
    de ventana, 544-545
    instanceof, palabra clave, 535
    método, 534
  métodos abreviados de teclado, 522
  panorama, 509
  ventajas, 510-511
SwingColorTest, aplicación de muestra, 518-520
  clases, 545
  escuchas de eventos, 545
  listado del código fuente, 546-549
  métodos, 545

T

TCP (Protocolo de Control de Transmisión), sockets
 aplicación de Trivia
  diseño, 469-470
  ejecución, 482
  implementación del lado del cliente, 479-481
  implementación del lado del servidor, 470-479
 del lado del cliente, 467
 del lado del servidor, 467
 implementación de la capa de transporte, 468
teclado
 manejo de eventos, 331, 542-543
  keyDown(), método, 332
  Keys, applet, muestra, 333-337
  keyUp(), método, 332
  teclas modificadoras, 337-338
  teclas predeterminadas, 332-333
 métodos abreviados, 522
testBlock(), método, 118
textArea(), método, 282
TextDialog, clase, 358-359
textField(), método, 279
TextField, clase, 279
texto
 convertir a mayúsculas, 457-459
 dibujo, 200-201
 etiquetas de, 271
Thawte Certification, 431
this, palabra clave, 141-142, 160, 235
Throwable, clase, 416
tipos de datos, 70-71, 110
 booleanos, 42
 conversión por cast, 101-102
 convertir a objetos, 104-105
tipos primitivos, 70-71, 110
 conversión por cast, 101-102
 convertir a objetos, 104-105
toUpperCase(), método, 98
tramado 216
try...catch, bloques
 ejemplo, 419-421
 finally, cláusula, 421-422

U

UIManager, clase, 521
Unicode, conjunto de caracteres, 69
 códigos de escape, 75
 Unicode Consortium, sitio Web, 76
UNIX, JDK, configuración, 580-581
Unofficial Obscure Java FAQ, sitio Web, 569
update(), método, 240-243, 372
URL(), método, 492
URL, objetos, 492
Usenet, grupos de noticias, 32, 570
utilerías, *vea* **herramientas**

V

valueOf(), método, 98
variables
 alcance, 118
  alcance de léxico, 134
  ScopeTest, programa 142-143
 asignación, 68, 72, 558
 clase, 39, 62, 67
  definición, 95
  valores de acceso, 96
  valores de cambio, 96
  valores iniciales, 69
 CLASSPATH, 397
 constante
  declaración, 137-138
  definición, 137
 control de acceso, 382-387
  predeterminado, 383
  privado, 384-385
  protegido, 385-386
  público, 385
 conversión por cast, 101-102
 declaración, 67, 557-558
  variables de arreglos, 112-113
  variables múltiples, 68
 decremento, 80-81
 definición de, 67
 desborde, 88
 estático, 388-390
 finales, 391
 globales, 67
 incremento, 80-81
 instancia, 39, 62, 67
  acceso a valores, 93-94
  cambio de valores, 94-95
  definición, 136-137
  valores iniciales, 69
 locales, 67
  declaración, 68
  valores, 69
 nombrar, 69-70
 tipo de interfaz, 404
 tipos de clases, 71
 tipos de datos, 70-71
  booleanos, 42
  convertir a objetos, 104-105
variables de objeto, *vea* **variables de instancia**
ventanas
 advertencia de Unsigned Java Applet Window, 353
 desplegar, 353
 ejemplo de ventana desplegable, 356
 eventos de, 361-362
 manejar eventos de, 544-545
 marcos
  creación, 352
  definición, 352
  dimensionar, 353
  ejemplo de BaseFrame, 355-356
 ocultamiento, 353
 Window, clase, 352
verificación de consistencia (excepciones), 418
VeriSign, 431

Vinculación
   applets, 491
      ButtonLink, ejemplo, 492-494
      linkTo(), método, 494
      URL, objetos, 492
visualización, *vea* **despliegue**

W

WAITFORANSWER, estado (TriviaServer), 473
WAITFORCLIENT, estado (TriviaServer), 473
WAITFORCONFIRM, estado (TriviaServer), 473
Web, publicación de applets, 184
weightx, restricción, 307

weighty, restricción, 307
WIDTH, atributo (<APPLET> etiqueta), 60
Window, clase, 352
WINDOW_DEICONIFY, evento, 362
WINDOW_DESTROY, evento, 362
WINDOW_EXPOSE, evento, 362
WINDOW_ICONIFY, evento, 362
WINDOW_MOVED, evento, 362
windowClosed(), método, 544
windowClosing(), método, 544
WindowListener, escucha de evento, 532
windowOpened(), método, 544
Windows 95/Windows NT
   aplicaciones de Java
      compilar, 28-30
      ejecutar, 30

   configuración del JDK, 23-24, 631-633
      CLASSPATH, instrucción, 636-638
      errores Class not found, 634-636
      PATH, instrucción, 633-634
write(), método, 439, 455
writeInt() method, 452
WritePrimes, aplicación, 450-451
writeStream(), método, 448

X-Z

XOR, operador, 83

Zip, archiveros, 190

LA BOMBA DE TIEMPO DEL 2000

Edward y Jennifer Yourdon

Debido a viejos errores de programación, los expertos anuncian una verdadera crisis computacional en el año 2000, cuyos efectos podrían acabar con empresas, ocasionar accidentes y provocar desastres financieros, médicos y de abastecimiento. Descubra:

- ✓ Cómo le puede afectar la crisis computacional del año 2000
- ✓ El impacto del problema en los empleos, los servicios públicos, los bancos, los alimentos, las noticias, la medicina, el gobierno, la educación, etcétera
- ✓ Consejos de contingencia para mantenerse a salvo

Nivel: Todos los niveles
Formato: 14 x 21 cm
ISBN: 970-17-0188-7

MANUAL DE ACTUALIZACIÓN Y REPARACIÓN DE PCs

Scott Mueller

Si desea conservar su computadora actualizada y dando el mejor rendimiento, es necesario que aprenda algunos secretos de su hardware. A través de la lectura de este libro usted sabrá cómo:

- ✓ Diagnosticar y solucionar los problemas de su equipo
- ✓ Agregar memoria y solucionar problemas de audio, video y tarjetas de red
- ✓ Instalar controladores, actualizar los procesadores y las tarjetas madre, y mucho más

Nivel: Avanzado y experto
Formato: 18.5 x 23.5 cm
ISBN: 970-17-0173-9

Visítenos en: http://www.pearson.com.mx

¿Quién está llevando al mundo a .com?

Hoy se dice que .com es esto... y que .com significa aquello.

Usted quizá ya esté más que familiarizado con ".com". Pero ¿qué tanto con la compañía que está detrás de todo esto? Durante los últimos 16 años, en Sun hemos incorporado miles de organizaciones a la Era de la Red. Todo lo que creamos, lo que hacemos (y que siempre hemos hecho) está encaminado a impulsar a las compañías hacia la computación en red.

Y esto es lo que implica .com.

Nuestras tecnologías, sistemas de cómputo y servicios permiten a las empresas integrarse a la Red y llevar su negocio a .com. Desde proveedores de servicios de Internet como UUNET o EarthLink hasta empresas de entretenimiento como Sony.

Y desde negocios especializados en el comercio electrónico como Music Boulevard hasta proveedores de acceso de información como Excite. Con nuestra tecnología Java™ extendemos la Red, integrando todos los dispositivos electrónicos de uso masivo en .com -desde tarjetas inteligentes y teléfonos celulares,

.com

hasta aplicaciones domésticas- y la estamos posicionando en un nuevo nivel de interacción comercial. Con el respaldo de nuestras tecnologías, miles de compañías -algunas con años de experiencia y otras apenas con horas- ya están realizando, por igual, negocios exitosos, reinventándose todos los días... y todas las noches.

Somos el punto en .com.

¿Qué podemos hacer en **.com** por usted?

Sun microsystems

Información: 5 258 6100   Fax: 5 258 6199   Sin costo: 01 800 9098 600   http://www.sun.com.mx   info@sunmexico.sun.com

Sun, Java y sus elementos de identificación institucional son marcas con propiedad internacional de Sun Microsystems. Las marcas registradas mencionadas son propiedades de sus respectivas compañías.

Visite el sitio Web de la versión en inglés de este libro en:

http://www.prefect.com/java21

Este sitio Web contiene información diversa, actualizada por los autores, como:

- **Erratas y aclaraciones:** Cuando se encuentren errores, se describirán en el sitio con el texto corregido, así como cualquier elemento relevante.
- **Respuestas a preguntas de los lectores:** Un espacio para las preguntas que no aparecen en la sección de preguntas y respuestas.
- **Archivos del libro:** El código fuente, archivos de clases y applets funcionales de los programas que creó durante los 21 días de este libro.
- **Programas muestra de Java:** En el sitio estarán disponibles versiones funcionales de algunos programas presentados en este libro.
- **Vínculos actualizados a los sitios mencionados en este libro:** Si algún sitio sufriera alguna modificación, aquí lo encontrará actualizado.

Contenido del CD-ROM

El CD-ROM que acompaña a este libro incluye:

- Java Development Kit y documentación pertinente
- HotJava
- Java 3D
- Java Web Server
- Java Media Foundation
- Plug-ins y demás aplicaciones

Nota: Todo el contenido de este CD-ROM ha sido facilitado por Sun Microsystems de México, S.A. de C.V. Su inclusión en este libro es *totalmente gratuita* y con la finalidad de apoyar el aprendizaje del software correspondiente. Para obtener más información y actualizaciones, visite: http://java.sun.com.mx/cd

Para instrucciones sobre instalación del contenido del CD-ROM, consulte el archivo Léeme

Al terminar el proceso de instalación, favor de consultar el archivo **License** para conocer el Acuerdo de Licencia de Sun Microsystems.

Java™ Development Kit
Versión 2

This software and documentation is the confidential and propietary information of Sun Microsystems, Inc. ("Confidential Information"). You shall not disclose such Confidential Information and shall use it only in accordance with the terms of the license agreement you entered into with Sun.

SUN MAKES NO REPRESENTATIONS OR WARRANTIES ABOUT THE SUITABILITY OF THE SOFTWARE, EITHER EXPRESS OR IMPLIED, INCLUDING BUT NOT LIMITED TO THE IMPLIED WARRANTIES OF MERCHANTABILITY, FITNESS FOR A PARTICULAR PURPOSE, OR NON-INFRINGEMENT. SUN SHALL NOT BE LIABLE FOR ANY DAMAGES SUFFERED BY LICENSEE AS A RESULT OF USING, MODIFYING OR DISTRIBUITNG THIS SOFTWARE OR ITS DERIVATIES.

Developed by Sun Microsystems, Inc.
901 San Antonio Rd., Palo Alto, CA 94303 USA
Copyright ©, 1994-1998 Sun Microsystems. Inc.
All rights reserved

PEARSON
PEARSON EDUCACIÓN LATINOAMÉRICA

Addison Wesley Longman

PRENTICE HALL

le ofrecen:

- ✔ Administración
- ✔ Computación
- ✔ Contabilidad
- ✔ Divulgación Científica
- ✔ Economía
- ✔ Electrónica
- ✔ Ingeniería
- ✔ Mercadotecnia
- ✔ Negocios
- ✔ Nueva Tecnología
- ✔ Textos Universitarios

Gracias por su interés en este libro.

Quisiéramos conocer más a nuestros lectores. Por favor complete y envíe por correo o fax esta tarjeta.

Título del libro/autor: _____
Adquirido en: _____
Comentarios: _____

❏ Por favor envíenme su catálogo de libros de computación, estoy interesado en libros de las áreas:

- ❏ Hardware
- ❏ Sistemas operativos
- ❏ Redes y telecomunicaciones
- ❏ Internet
- ❏ Bases de datos
- ❏ Lenguajes y programas

- ❏ Aplicaciones de oficina
- ❏ Paquetes Integrados
- ❏ Diseño
- ❏ Nuevas tecnologías
- ❏ Diccionarios
- ❏ Cliente/Servidor

Mi nombre: _____
Mi compañía: _____
Puesto: _____
Domicilio casa: _____
Domicilio compañía: _____
Teléfono: _____

Tenemos descuentos especiales para compras corporativas e institucionales.

Para mayor información de nuestros títulos llame al (525) 358-8400
Por favor, llene esta tarjeta y envíela por correo o fax: (525) 357-0404,
Página web http://www.prentice.com.mx

Prentice-Hall Hispanoamericana, S.A.
División Computación / Negocios
Calle Cuatro No. 25, 2º Piso
Col. Fracc. Alce Blanco
Naucalpan de Juárez
Edo. de México   C.P. 53370
MÉXICO